Die elektronische Signatur im deutschen und griechischen Recht

Saarbrücker Studien
zum Privat- und Wirtschaftsrecht

Herausgegeben von Johann Paul Bauer,
Michael Martinek (geschäftsführender Herausgeber)
und Helmut Rüßmann

Band 59

PETER LANG
Frankfurt am Main · Berlin · Bern · Bruxelles · New York · Oxford · Wien

Komninos Komnios

Die elektronische Signatur im deutschen und griechischen Recht

PETER LANG
Europäischer Verlag der Wissenschaften

Bibliografische Information der Deutschen Nationalbibliothek
Die Deutsche Nationalbibliothek verzeichnet diese Publikation in der Deutschen Nationalbibliografie; detaillierte bibliografische Daten sind im Internet über <http://www.d-nb.de> abrufbar.

Zugl.: Saarbrücken, Univ., Diss., 2006

Gedruckt mit Unterstützung des
Deutschen Akademischen Austauschdienstes und der
Alexandros-Onassis-Stiftung.

D 291
ISSN 1433-8866
ISBN-10: 3-631-56333-7
ISBN-13: 978-3-631-56333-5

www.peterlang.de

Saarbrücker Studien zum Privat- und Wirtschaftsrecht

Die Schriftenreihe "Saarbrücker Studien zum Privat- und Wirtschaftsrecht" bildet in erster Linie ein Forum für rechtswissenschaftliche Doktorarbeiten der Universität des Saarlandes auf zwei juristischen Schwerpunktgebieten. Zum einen sollen Dissertationen im klassischen Privatrecht, vor allem im bürgerlichen Vermögensrecht der ersten drei Bücher des BGB und ihrer Nebengesetze vorgestellt werden. Zum anderen findet das Wirtschaftsrecht im Sinne des Wirtschaftsprivatrechts besondere Berücksichtigung, womit namentlich die Gebiete des Handelsrechts einschließlich des Bilanzrechts, des Personen- und Kapitalgesellschaftsrechts einschließlich des Konzernrechts, des Gewerblichen Rechtsschutzes sowie des Wettbewerbs- und Kartellrechts bezeichnet sind. Es versteht sich, daß nicht nur rechtsdogmatische Studien, sondern auch rechtstatsächlich, rechtspolitisch oder interdisziplinär angelegte Arbeiten in die Schriftenreihe Aufnahme finden. Denn die Rechts- und Wirtschaftswissenschaftliche Fakultät der Universität des Saarlandes vereinigt unter *einem* Dach die Fachbereiche Rechtswissenschaft und Wirtschaftswissenschaft und regt damit Studenten und Hochschullehrer in besonderer Weise zu fachübergreifender Lehre und Forschung an. Die Schriftenreihe steht aber nicht nur sehr guten und ausgezeichneten Dissertationen, sondern auch anderen "Studien" zu privat- und wirtschaftsrechtlichen Themen offen, bis hin zu Materialien und Skripten des akademischen Unterrichts. Die drei Herausgeber, die zugleich stellvertretend für ihre anderen Saarbrücker Fakultätskollegen des Privat- und Wirtschaftsrechts handeln, verbinden mit den "Saarbrücker Studien zum Privat- und Wirtschaftsrecht" den Wunsch, daß die hier veröffentlichten Arbeiten die verdiente Resonanz in der breiteren juristischen Fachöffentlichkeit finden.

Meinen Eltern
Georgios und Anastasia
in Dankbarkeit gewidmet

Vorwort

Die vorliegende Arbeit lag im Wintersemester 2006/2007 der Rechts- und Wirtschaftswissenschaftlichen Fakultät der Universität des Saarlandes als Dissertation vor. Sie geht auf eine Anregung meiner Lehrer, Frau Prof. Dr. *Pelayia Yessiou-Faltsi* und Herrn Prof. Dr. *Athanassios Kaissis*, Thessaloniki/Griechenland, zurück. Sie haben meine Arbeit wohlwollend gefördert und ich danke ihnen an dieser Stelle herzlichst.

Mein aufrichtiger Dank gilt in erster Linie meinem verehrten Doktorvater, Herrn Professor Dr. Dr. h.c. *Helmut Rüßmann*, für seine wertvolle wissenschaftliche und moralische Unterstützung in allen Phasen der Entstehung dieser Arbeit, für die Freiheit, die er mir dabei gelassen hat und nicht zuletzt für die schöne Zeit, die ich an seinem Lehrstuhl verbringen durfte. Zu danken habe ich weiterhin Herrn Professor Dr. *Maximilian Herberger*, der die Last des Zweitgutachtens auf sich genommen hat. Lange und fruchtbare Diskussionen mit Frau Prof. Dr. *Panajotta Lakkis* haben die Auseinandersetzung mit sowohl juristischen als auch sprachlichen Problemen wesentlich gefördert und die stilistische Vereinfachung der Arbeit erst ermöglicht. Schließlich gebührt dem *Deutschen Akademischen Austauschdienst* und der *Alexandros-Onassis-Stiftung* Dank für die mir großzügig gewährten Stipendien.

Saarbrücken, Dezember 2006 Komninos Komnios

Inhaltsverzeichnis

Abkürzungsverzeichnis

A

a.A.	anderer Ansicht
a.a.O.	am angegebenen Ort
ABA	American Bar Association
ABl.EG	Amtsblatt der Europäischen Gemeinschaften
Abs.	Absatz
AcP	Archiv für die civilistische Praxis (Zeitschrift)
a.F.	alte Fassung
AG	Amtsgericht
AGB	Allgemeine Geschäftsbedingungen
Allg. Auff.	Allgemeine Auffassung
AO	Abgabenordnung
APEC	Asia-Pacific Economic Cooperation
ArbG	Arbeitsgericht
ArbGG	Arbeitsgerichtsgesetz
Art.	Artikel

B

BB	Betriebs-Berater (Zeitschrift)
BDSG	Bundesdatenschutzgesetz
BetrVG	Betriebsverfassungsgesetz
BGB	Bürgerliches Gesetzbuch
BGBl.	Bundesgesetzblatt
BGH	Bundesgerichtshof
BGHZ	Sammlung der Entscheidungen des Bundesgerichtshofs in Zivilsachen
BMJ	Bundesministerium der Justiz
BNetzA	Bundesnetzagentur für Elektrizität, Gas, Telekommunikation, Post und Eisenbahnen
BRAGebO	Bundesgebührenordnung für Rechtsanwälte
BR-Drs.	Bundesrats-Drucksache
BSI	Bundesamt für Sicherheit in der Informationstechnik
BT-Drs.	Bundestags-Drucksache
BTX	Bildschirmtext
BVerfG	Bundesverfassungsgericht
bzw.	beziehungsweise
B2C	Business to Consumer

C

CD-ROM	Compact Disc- Read only Memory

CEN	Comité Européen de Normalisation
cic	Culpa in contrahendo
CLSR	Computer Law & Security Report (Zeitschrift)
CPS	Certification Practice Statement
CPU	Central Processing Unit
CR	Computer und Recht (Zeitschrift)
CRi	Computer und Recht international (Zeitschrift)
CWA	CEN Workshop Agreement

D

DB	Der Betrieb (Zeitschrift)
d.h.	das heißt
ders.	derselbe
dies.	dieselbe
DNotZ	Deutsche Notar-Zeitschrift (Zeitschrift)
DÖV	Die Öffentliche Verwaltung (Zeitschrift)
DRiZ	Deutsche Richterzeitschrift (Zeitschrift)
DStR	Deutsches Steuerrecht (Zeitschrift)
DuD	Datenschutz und Datensicherheit (Zeitschrift)
DVD	Digital Versatile Disc

E

E-Commerce	Electronic Commerce
EDI	Electronic Data Interchange
EDV	elektronische Datenverarbeitung
EESSI	European Electronic Standardization Initiative
EGG	Elektronischer Geschäftsverkehrgesetz
EGV	Vertrag zur Gründung der Europäischen Gemeinschaft
E-Mail	Electronic Mail
EMRK	Konvention zum Schutze der Menschenrechte und Grundfreiheiten
endg.	endgültig
engl.	Englisch
ETSI	European Telecommunication Standard Institute
EU	Europäische Union
EuGH	Europäischer Gerichtshof
EuGVO	Verordnung (EG) Nr. 44/2001 des Rates vom 22. Dezember 2000 über die gerichtliche Zuständigkeit und die Anerkennung und Vollstreckung von Entscheidungen in Zivil- und Handelssachen, Abl. 2001 L 12, S. 1
EWR	Europäischer Wirtschaftsraum

F

f.	folgende
ff.	fort folgende
FGG	Gesetz über die Angelegenheiten der freiwilligen Gerichtsbarkeit
FGO	Finanzgerichtsordnung
Fn.	Fußnote
FormanpassungsG	Gesetz zur Anpassung der Formvorschriften des Privatrechts und anderer Vorschriften an den modernen Rechtsgeschäftsverkehr
FS	Festschrift
FTP	File Transfer Protocol

G

gem.	gemäß
GewO	Gewerbeordnung
GG	Grundgesetz
GKG	Gerichtskostengesetz
GmS-OBG	Gemeinsamer Senat der obersten Gerichtshöfe des Bundes
grStGB	griechisches Strafgesetzbuch
GRUR	Gewerblicher Rechtsschutz und Urheberrecht (Zeitschrift)
GRUR Int.	Gewerblicher Rechtsschutz und Urheberrecht International (Zeitschrift)
grZGB	griechisches Zivilgesetzbuch
grZPO	griechische Zivilprozessordnung
grVO	Verordnung für die Erbringung von Zertifizierungsdiensten, Entscheidung 248/71 der Nationalen Kommission für Telekommunikation und Post
GS	Gedächtnisschrift
GUIDEC	General Usage for International Digitally Ensured Commerce

H

HGB	Handelsgesetzbuch
h.M.	herrschende Meinung
hrsg.	herausgegeben
HTML	Hyper Text Markup Language
HTTP	Hyper Text Transport Protocol

I

ICC	International Chamber of Commerce
i.d.R.	in der Regel
i.E.	im Ergebnis

insb.	insbesondere
IP	Internet Protocol
IPRax	Praxis des Internationalen Privat- und Verfahrensrechts (Zeitschrift)
i.S.	im Sinne
i. S. v.	im Sinne von
ITRB	IT-Rechtsberater (Zeitschrift)
IuKDG	Informations- und Kommunikationsdienstegesetz
i.V.m.	in Verbindung mit

J

JILT	Journal of Information, Law and Technology (Zeitschrift)
JKomG	Justizkommunikationsgesetz
JURA	Juristische Ausbildung (Zeitschrift)
JurPC	JurPC Internetzeitschrift für Rechtsinformatik, abrufbar unter <http://www.jurpc.de> (Zeitschrift)
JuS	Juristische Schulung (Zeitschrift)
Jusletter	Jusletter, abrufbar unter <http://www.jusletter.ch> (Zeitschrift)
JZ	Juristen Zeitung (Zeitschrift)

K

K&R	Kommunikation und Recht (Zeitschrift)
KJ	Kritische Justiz (Zeitschrift)

L

LG	Landgericht
lit.	Buchstabe

M

MDR	Monatsschrift für deutsches Recht (Zeitschrift)
MDStV	Staatsvertrag über Mediendienste (Mediendienstestaatsvertrag)
m.E.	meines Erachtens
MMR	Multimedia und Recht (Zeitschrift)
m.w.N.	mit weiteren Nachweisen

N

NachwG	Nachweisgesetz
NatKTP	Nationale Kommission für Telekommunikation und Post
n.F.	neue Fassung
NJW	Neue Juristische Wochenschrift (Zeitschrift)

NJW-CoR	Neue Juristische Wochenschrift - Computerreport (Zeitschrift)
NJW-RR	Neue Juristische Wochenschrift/Rechtsprechungsreport (Zeitschrift)
Nr.	Nummer
NVwZ	Neue Zeitschrift für Verwaltungsrecht (Zeitschrift)
NZA	Neue Zeitschrift für Arbeitsrecht (Zeitschrift)
O	
OECD	Organisation for Economic Co-Operation and Development
öSigG	Österreichisches Signaturgesetz
öZPO	Österreichische Zivilprozessordnung
OLG	Oberlandesgericht
P	
PC	Personal Computer
PDF	Portable Document Format
PE	Präsidialerlass
PGP	Pretty Good Privacy
PIN	Personal Identification Number
PKI	Public-Key-Infrastruktur
ProdHaftG	Produkthaftungsgesetz
PVV	positive Vertragsverletzung
R	
RAM	Random Access Memory
RDV	Recht der Datenverarbeitung (Zeitschrift)
RegTP	Regulierungsbehörde für Post und Telekommunikation
RHDI	Revue Hellénique de Droit International (Zeitschrift)
RIW	Recht der Internationalen Wirtschaft (Zeitschrift)
RL	Richtlinie
Rn.	Randnummer
RNotZ	Rheinische Notar-Zeitschrift (Zeitschrift)
RSA	Verschlüsselungs- und Signieralgorithmus nach Rivest, Shamir und Adleman
Rz.	Randziffer
S	
S.	Seite
SeemG	Seemannsgesetz
SET	Secure Electronic Transaction
SGB X	Sozialgesetzbuch - Zehntes Buch

SGG	Sozialgerichtsgesetz
SigÄndG	Erstes Gesetz zur Änderung des Signaturgesetzes
SigG	Signaturgesetz
SigRL	Signaturrichtlinie
SigV	Signaturverordnung
SMS	Short Message Service
sog.	so genannte (r)
SSL	Secure Socket Layer
StDÜV	Steuerdaten-Übermittlungsverordnung
StGB	Strafgesetzbuch
T	
TAN	Transaktionsnummer
TCP/IP	Transmission Control Protocol/Internet Protocol
TDDSG	Teledienstedatenschutzgesetz
TDG	Teledienstegesetz
TKG	Telekommunikationsgesetz
TVG	Tarifvertragsgesetz
TzBfG	Teilzeit- und Befristungsgesetz
U	
u.a.	unter andere, unter anderem
UCC	Uniform Commercial Code
UETA	Uniform Electronic Transactions Act
UN	United Nations
UNCITRAL	United Nations Commission on International Trade Law
US	United States
UStG	Umsatzsteuergesetz
usw.	und so weiter
V	
v.	vom
VerbrKrG	Verbraucherkreditgesetz
VereinsG	Vereinsgesetz
VfAZ	Verordnung über die freiwillige Akkreditierung von Zertifizierungsdiensteanbietern
vgl.	vergleiche
VwGO	Verwaltungsgerichtsordnung
VwVfG	Verwaltungsverfahrensgesetz
W	
www	World Wide Web

Z

z.B.	zum Beispiel
ZEuP	Zeitschrift für Europäisches Privatrecht (Zeitschrift)
ZfRV	Zeitschrift für Rechtsvergleichung, Internationales Privatrecht und Europarecht (Zeitschrift)
zit.	zitiert
ZPGB	Zivilprozessgesetzbuch
ZPO	Zivilprozessordnung
ZRP	Zeitschrift für Rechtspolitik (Zeitschrift)
ZUM	Zeitschrift für Urheber- und Medienrecht (Zeitschrift)
ZZP	Zeitschrift für Zivilprozess (Zeitschrift)

Einleitung

Schon zum 1. August 1997 ist in Deutschland das „Gesetz zur digitalen Signatur“[1] (SigG 1997) als Art. 3 des Informations- und Kommunikationsdienstegesetzes in Kraft getreten. Es folgte die „Verordnung zur digitalen Signatur“ (SigV 1997)[2], die zum 1. 11. 1997 in Kraft trat. Auf europäischer Ebene wurde die Richtlinie 1999/93/EG des Europäischen Parlaments und des Rates vom 13. Dezember 1999 über gemeinschaftliche Rahmenbedingungen für elektronische Signaturen (SigRL) verabschiedet. Die SigRL wollte den Benutzern des Internets die Möglichkeit eröffnen, andere Benutzer des Netzes sicher zu identifizieren und damit den elektronischen Geschäftsverkehr voranbringen[3]. Des Weiteren wurde die Richtlinie 2001/31/EG des Europäischen Parlaments und des Rates vom 8. Juni 2000 über bestimmte rechtliche Aspekte der Dienste der Informationsgesellschaft, insbesondere des elektronischen Geschäftsverkehrs, im Binnenmarkt („Richtlinie über den elektronischen Geschäftsverkehr“ - ECRL) verabschiedet.

Die Umsetzung dieser beiden Richtlinien und andere Aspekte führten zum einen zur Novellierung des zum 22. Mai 2001 in Kraft getretenen Signaturgesetzes (SigG), der zum 22. November 2001 in Kraft getretenen Signaturverordnung (SigV) und zur Schaffung des Gesetzes zur Anpassung der Formvorschriften des Privatrechts und anderer Vorschriften an den modernen Rechtsgeschäftsverkehr, welches genau vier Jahre nach dem ersten SigG, zum 1. August 2001 in Kraft getreten ist. Eingeführt wurde neben der so genannten elektronischen Form nach § 126a BGB auch ein auf dieser Form basierender Anscheinsbeweis, § 371a Abs. 1 S. 2 ZPO[4]. Am 11. 1. 2005 trat weiterhin das Erste Gesetz zur Änderung des Signaturgesetzes (1. SigÄndG) in Kraft[5]. Mit diesem Gesetz sollen Rechtsfragen behoben werden, die bei der Anwendung des SigG aufgetreten sind.

Neben Deutschland unternehmen auch die übrigen Mitgliedstaaten der Europäischen Gemeinschaft erhöhte Anstrengungen, um den von der Europäischen Kommission aufgestellten Anpassungs- und Umsetzungserfordernissen gerecht zu werden. Dementsprechend verabschiedete Griechenland den Präsidialerlass 150/2001[6] zur Umsetzung der Signaturrichtlinie und den Präsidialerlass

---

[1] BGBl. I 1997, S. 1870. - Das erste Gesetz überhaupt über elektronische Signaturen trat im US-Staat Utah am 1.05.1995 in Kraft (Utah Digital Signature Act); vgl. u.a. *Bierekoven*, S. 262 ff.; *Miedbrodt*, DuD 1998, S. 389 f.

[2] BGBl. I 1997, S. 2498.

[3] Vgl. SigRL 1999/93, Erwägungsgrund 3 und 23.

[4] § 292a ZPO wurde durch das Justizkommunikationsgesetz aufgehoben und sein Regelungsgehalt wurde in die Generalvorschrift zur Beweiskraft elektronischer Dokumente als § 371a Abs.1 S. 2 ZPO überführt.

[5] BGBl. I 2005, S. 2.

[6] Griechisches Amtsblatt (ΦΕΚ) Α΄ 125/25.06.2001.

131/2003 zur Umsetzung der E-Commerce Richtlinie[7]. Mit dem Präsidialerlass 342/2002[8] hat Griechenland den Einsatz der elektronischen Signatur speziell für die Kommunikation zwischen Behörden und zwischen Behörden und juristischen Personen des Privatrechts oder natürlichen Personen geregelt.

Die vorliegende Arbeit widmet sich der Untersuchung zweier Fragenkomplexe: zum einen, wie sich die Rechtslage in Deutschland nach der Umsetzung der SigRL darstellt, und zum anderen, ob der griechische Gesetzgeber die SigRL korrekt in griechisches Recht umgesetzt hat. Untersucht werden insbesondere die Regelungen zur elektronischen Signatur rechtsvergleichend im Rahmen des Zivil- und Zivilverfahrenrechts. Neben der Gleichstellung von elektronischer Signatur bestimmter Art und Handunterschrift sind die beweisrechtlichen Aspekte der elektronischen Signatur (Beweiskraft und Beweiswürdigung elektronisch signierter Dokumente), einige Haftungsfragen und die jeweils nationalen Regelungen der Sicherheitsinfrastruktur zu besprechen. In diesen Bereichen finden sich deutliche Unterschiede in der Regelungstechnik in der Bundesrepublik Deutschland und in Griechenland. Es soll aufgezeigt werden, inwieweit sich hier Regelungsprobleme ergeben. Ferner soll der Einfluss der normativen Besonderheiten der deutschen und griechischen Rechtsordnung auf die Signaturregulierung insgesamt beleuchtet werden.

Gegenstand der Untersuchung

In einem ersten Teil der Arbeit soll in die Sicherheitsprobleme im Internet und in die technischen Grundlagen elektronischer Signaturverfahren eingeführt werden. An seinem Ende finden sich zudem einige Überlegungen zur Beziehung zwischen herkömmlicher Unterschrift und Signatur. In einem deskriptiven zweiten Kapitel wird auf einige supranationale Initiativen zu elektronischen Signaturen eingegangen. Das dritte und vierte Kapitel befassen sich mit der Gemeinschaftsrechtslage, wie sie mit der SigRL und die ECRL geschaffen worden ist. Nach einem Überblick über das deutsche SigG 1997 (Kapitel 5) wird zunächst die Regelung des neuen SigG eingehend dargestellt (Kapitel 6). Der anschließende Teil der Arbeit widmet sich der Formqualität elektronischer Signaturen (Kapitel 7) und der beweisrechtlichen Behandlung elektronischer Dokumente im deutschen Recht (Kapitel 8). In einem weiteren Teil über die Regelung im griechischen Recht wird in die materiell- und beweisrechtlichen Grundlagen eingeführt und die griechische Gesetzeslage im Hinblick auf die elektronische Signatur rechtsvergleichend hinterfragt. Hierbei soll die griechische Rechtslage kritisch gewürdigt werden. Zum Schluss folgt eine Zusammenfassung der Ergebnisse in Thesen.

---

[7] Griechisches Amtsblatt (ΦΕΚ) Α΄ 116/16.05.2003.
[8] Griechisches Amtsblatt (ΦΕΚ) Α΄ 284/22.11.2002.

Kapitel 1. Grundlagen

A. Sicherheitsprobleme im Internet

In diesem Kapitel sollen die Sicherheitsprobleme dargelegt werden, die mit dem elektronischen Rechts- und Geschäftsverkehr im Allgemein zusammenhängen. Hierbei wird neben der Darstellung der Funktionsweise des Internet insbesondere auf einige technische Begriffe eingegangen.

I. Kurzfassung der Funktionsweise des Internet

Das Internet ist die Gesamtheit aller weltweit zusammengeschlossenen Computer-Netzwerke, die nach einem standardisierten Verfahren miteinander kommunizieren. Jeder Rechner im Internet erhält zu diesem Zweck eine eindeutige Adressierung, die IP-Adresse[9]. Zum Internet gehören einerseits die dauernd über Standleitungen[10] verbundenen Knotenrechner (Router) und Server. Andererseits sind auch die Computer der Internet-Nutzer, die nur zeitweise meist über Telefonleitungen verbunden sind, Teil des Internet.

Die gemeinsame technische Basis für das Internet ist das TCP/IP-Protokoll[11]. TCP/IP bezeichnet zumeist die ganze Familie von Protokollen, die ursprünglich für das US-Verteidigungsministerium entwickelt wurden, um Computer in verschiedenen Netzwerken miteinander zu verbinden. Das Internet Protokoll (IP) übernimmt den Transport der Daten, während sich das TCP um die Zustellung kümmert[12]. Die zu übermittelnden Daten werden in Pakete aufgeteilt und durch Knotenrechner weitergereicht. Auf dem TCP/IP basieren die verschiedenen Dienste, die im Internet zur Verfügung stehen, wie E-Mail, das File Transfer Protocol (FTP), oder das World Wide Web (www). Die Daten der Dienste werden zur Übermittlung in TCP/IP „verpackt".

Die papierlose Übermittlung und Archivierung ohne Postversand und Archivierung der körperlichen Papiermassen bedeutet ein großes Potential an Effizienzsteigerung und Kostenreduzierung in allen Bereichen der privaten Dienstleistungsbranche und der öffentlichen Verwaltung. Allerdings ist mit der elektronischen Datenübermittlung via Internet die Gefahr von Missbrauch und Datenma-

---

[9] Über die Entstehung und die technische Struktur des Internet vgl. z.B. *Bierekoven*, S. 2 ff.; *Borges*, S. 9 ff.; *Camp*, S. 5; *Sieber*, in Hoeren/Sieber, Handbuch Multimedia-Recht, Teil 1 Rn. 1 ff.

[10] Anbindung an das Telefonnetz, bei der keine Zeitgebühren verrechnet werden, sondern nur einmalige Anschlusskosten und eine Monatspauschale.

[11] Abkürzung für „Transmission Control Protocol/Internet Protocol". Vgl. hierzu *Camp*, S. 27.

[12] Für eine Einführung in TCP/IP s. etwa *Lienemann*, S. 59 ff.; vgl. auch *Cordes*, S. 12; *Sieber*, in Hoeren/Sieber, Handbuch Multimedia-Recht, Teil 1Rn. 2.

nipulation gestiegen. Das Internet ist neben all seinen positiven Seiten auch mit dem Auftreten gewisser Unsicherheitsfaktoren verbunden. In der Diskussion über die Sicherheit in der elektronischen Kommunikation stehen vier Schlüsselbegriffe im Mittelpunkt des Interesses, nämlich Vertraulichkeit, Datenintegrität, Authentifizierung und Nichtbestreitbarkeit[13].

1. Vertraulichkeit

Bei der Datenübermittlung besteht immer die Gefahr unbefugter Einsichtnahme durch Dritte[14]. Vertraulichkeit deutet, dass der Inhalt von Nachrichten nur von bestimmten dazu befugten Personen gelesen werden soll. Da TCP/IP-Pakete normalerweise unverschlüsselt übermittelt werden, sind sowohl übermittelte E-Mail als auch www-Seiten grundsätzlich von jedem Router aus lesbar. Folglich ist die Vertraulichkeit von über das Internet übermittelten Daten ohne zusätzliche Hilfsmittel nicht gewährleistet. Zudem tritt das Sicherheitsproblem der Nachvollziehbarkeit des Datenverkehrs durch unberechtigte Dritte (Datenspuren)[15].

2. Authentifizierung

Authentifizierung im Rahmen des elektronischen Datenverkehrs bedeutet das Sicherstellen der Identität eines Benutzers von kritischen Systemen und Anwendungen[16]. Hierunter versteht man also die Zuordnung einer Datei zu einem Urheber[17]. Kein anderer soll sich als Urheber ausgeben können. Im elektronischen Datenverkehr muss sichergestellt werden können, dass der Benutzer tatsächlich derjenige ist, für den er sich ausgibt. Die Authentifizierung des Ausstellers einer Erklärung durch ungesicherte E-Mails ist durchaus problematisch[18]. Die Absenderadressen von E-Mails sind in der Regel durch den Anwender in der E-Mail-Software frei eingestellt und sind damit beliebig fälschbar. Es ist daher sehr einfach, eine fremde Absenderadresse zu simulieren und unter falschem Namen und falscher Absenderadresse E-Mails zu versenden. Im World Wide Web ist die Authentizität von Daten ebenfalls nicht sicher, da jeder unter falschen Daten

---

[13] *Schneier*, S. 2; vgl. auch hierzu *Bierekoven*, S. 8; *Camp*, S. 66 ff.; *Hindelang*, JILT 2002 (1), unter 2. <http://elj.warwick.ac.uk/jilt/02-1/hindelang.html>; *Lapp*, in Gounalakis, Rhb. Electronic Business, § 18 Rn. 1 ff.; *Mason*, CLSR 2002, S. 175.

[14] Ausführlich hierzu *Ernst*, in Ernst, Hacker, Cracker & Computerviren, Rn. 228 ff.

[15] Vgl. *Köhntopp /Köhntopp*, CR 2000, S. 248 ff.

[16] Vgl. *American Bar Association*, S. 32 f. S. auch *Schneier*, S. 2. - Der Begriff „kritisches System“ wird oft damit verbunden, dass von solchen Systemen eine potenzielle Gefährdung von Menschen, Investitionen und Umwelt ausgeht.

[17] *Strack*, K&R 2000, Beilage 2 zu Heft 10/2000, S. 24.

[18] Vgl. nur *Roßnagel/Pfitzmann*, NJW 2003, S. 1210 m.w.N.

„surfen“ kann. Ferner ist es den Nutzern möglich, ihre eigenen IP-Adressen zu verschleiern (Masquerading) und ihre Fußspuren zu verwischen (Spoofing)[19].

3. Datenintegrität

Dieser Begriff bezieht sich auf den Zustand der Daten. Hierunter versteht man die Übereinstimmung der beim Empfänger ankommenden Daten mit den vom Absender versandten Daten. Wenn Daten unverändert sind und eine Manipulation ausgeschlossen ist, verfügen sie über Integrität. Wenn sie manipuliert worden sind oder durch Unberechtigte verändert worden sind, wurde ihre Integrität verletzt oder vermindert[20]. Die auf einem Computer gespeicherten Daten können sehr einfach und spurlos verändert werden. Dies gilt auch für empfangene oder versandte E-Mails oder für nicht zur Nachbearbeitung vorgesehene Dokumentenformate (PDF-Dateien). Leicht veränderbar ist ebenso das Erstellungsdatum einer Datei. Bei der Datenübermittlung über das Internet kann ein Angreifer die über einen für ihn zugänglichen Router geleiteten Datenpakete nicht nur lesen, sondern auch verändern[21]. Weder bei der Speicherung von Daten noch bei der Übermittlung über das Internet ist die Datenintegrität gewährleistet. In diesem Zusammenhang ist noch darauf hinzuweisen, dass die Unterscheidung zwischen Authentizität und Integrität streng genommen nicht sinnvoll ist. Denn wenn ein Text als nicht authentisch gilt, hat die Prüfung der Integrität keinen Sinn, und wenn ein Text nicht integer ist, ist er gleichzeitig auch nicht mehr authentisch[22].

4. Nichtbestreitbarkeit (Non-reputation)

Eine Nachricht ist verbindlich, wenn der Urheber seine Urheberschaft nicht abstreiten kann. Der Absender einer Nachricht kann aber behaupten, eine Erklärung bestimmten Inhalts nicht abgegeben zu haben. Es muss daher sichergestellt sein, dass der Sender die Autorenschaft nicht leugnen kann (Nichtbestreitbarkeit)[23]. Da im elektronischen Datenverkehr weder Authentizität noch Datenintegrität gewahrt sind, ist auch die Nichtbestreitbarkeit nicht gegeben.

---

[19] *Pierrot*, in Ernst, Hacker, Cracker & Computerviren, Rn. 75 f.

[20] Vgl. *American Bar Association*, S. 51 f.

[21] *Rüßmann*, in Veröffentlichungen der Wissenschaftlichen Vereinigung für Internationales Verfahrensrecht, S. 151 f.

[22] Guide to Enactment of the UNCITRAL Model Law on Electronic Signatures, Nr. 124.

[23] Vgl. *American Bar Association*, S. 52 f.; *Ellison/Schneier*, Computer Security Journal 2000, S. 2. - Ausführlich zu der juristischen und kryptographischen Bedeutung von “ Non-re putation” *Mason*, CLSR 2002, S. 177 f.

B. Technische Grundlagen

Die Probleme hinsichtlich Vertraulichkeit, Authentizität, Datenintegrität sowie Nichtbestreitbarkeit können durch Kryptographie angegangen werden.

I. Kryptographie

Dem Vorteil elektronischer Dokumenten bei der Verarbeitung, Übertragung und Archivierung steht ein wesentlicher Nachteil gegenüber. Im Unterschied zu Papier können sie spurlos manipuliert werden. Um Integrität, Sicherheit der Urheberschaft und Vertraulichkeit von elektronisch übermittelten Daten gewährleisten zu können, ist die Verwendung verschiedener, spezieller und ständig weiterentwickelter Verschlüsselungstechniken und Verfahren notwendig[24].

Die Kryptologie ist ein Teilgebiet der angewandten Mathematik[25] und Oberbegriff für Kryptographie und Kryptoanalyse[26]. Die so genannte „Kryptographie" ist ein Teil der Kryptologie beschäftigt sich mit den Möglichkeiten der Verschlüsselung von Informationen (engl. encryption)[27] und ermöglicht es vertrauliche Daten vor Kenntnisnahme, Veränderung oder Vervielfältigung zu schützen. Kryptoanalyse hingegen betrifft die unbefugte Entschlüsselung (engl. decryption), um den geheimen Inhalt lesbar zu machen[28]. Zur besseren Veranschaulichung der oben erwähnten Unterschiede soll folgende Skizze dienen:

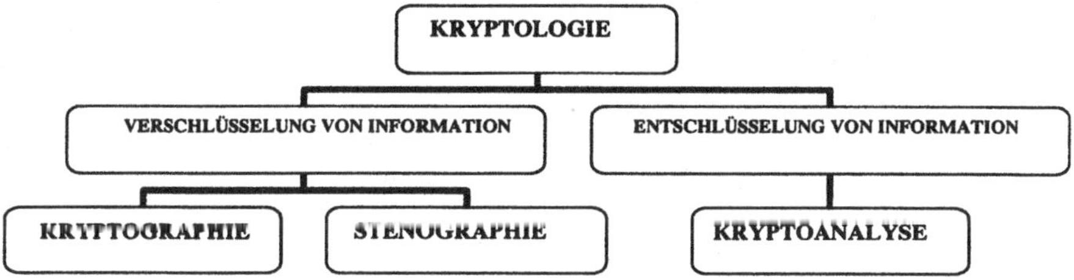

[24] In diesem Zusammenhang kommt auch das Verfahren der Steganographie in Betracht. Die Steganographie bezeichnet den verdeckten Gebrauch eines Verfahrens, mit dessen Hilfe eine Botschaft in einem scheinbaren Klartext versteckt wird, d.h. auch die Tatsache des Verschlüsselns selbst bleibt geheim. Steganographie [von griechisch „steganos": umhüllt], ist die Wissenschaft vom Verstecken von Daten. S. dazu *Bauer*, S. 9.

[25] *Bauer*, S. 3; *Schneier*, S. 1.

[26] *Bauer*, S. 8; *Kuner*, in Hoeren/Sieber, Handbuch Multimedia-Recht, Teil 17 Rn. 12.

[27] *Bauer*, S. 27.

[28] *Bauer*, S. 236 f.; *Schneier*, S. 1.

Die Kryptographie als Disziplin, nahezu so alt wie das geschriebene Wort selbst, befasst sich mit der Entwicklung und Bewertung von Verfahren der Verschlüsselung geheimer Daten. Der Begriff wurde aus dem Griechischen abgeleitet. Dabei steht „kryptos“ für geheim und „graphein“ für schreiben. Im ursprünglichen Sinne handelt es sich folglich um die Kunst der Geheimschrift. Die Überlieferung belegt, dass schon in Sparta im 5. Jh. v. Chr. eine Methode zur Verschlüsselung von militärischen Nachrichten eingesetzt wurde[29]. Um eine Nachricht zu verfassen, wickelte der Absender ein Pergamentband oder einen Streifen Leder spiralförmig um die Skytale, schrieb die Botschaft längs dem Stab auf das Band und wickelte es dann ab. Das Band ohne den Stab wird dem Empfänger überbracht. Fällt das Band in die falschen Hände, so kann die Nachricht nicht gelesen werden, da die Buchstaben scheinbar willkürlich auf dem Band angeordnet sind. Der richtige Empfänger des Bandes konnte die Botschaft mit einer identischen Skytale (einem Stab mit dem gleichen Durchmesser) lesen. Der Durchmesser des Stabes ist somit der geheime Schlüssel bei diesem Verschlüsselungsverfahren. Zur modernen Kryptographie wird nicht mehr nur die Verschlüsselung von Nachrichten gezählt, sondern auch Verfahren zur Absicherung von Datenintegrität und Authentizität.

1. Signierungsvorgang

Die elektronische Signatur ist der Oberbegriff für sämtliche Verfahren der Kryptographie. Die elektronische Signatur umfasst grundsätzlich jedes technische Verfahren, das zur Authentifizierung dienen kann. Europäische wie nationale Gesetzgebung verwenden diesen sehr weit gefassten Begriff, um die Anwendbarkeit legislativer Vorgaben auch für künftige technische Verfahren sicherzustellen. Die digitale Signatur insbesondere ist ein Verfahren, das dem heutigen Stand der Technik entspricht und dementsprechend grundsätzlich zur Anwendung gelangt[30]. Sie stellt ein mathematisches Verfahren dar, mit dem Authentizität und Integrität von Daten ermöglicht werden kann[31]. Zum besseren Verständnis des Verfahrens ist an dieser Stelle eine kurze Beschreibung der technischen Abläufe vonnöten[32].

---

[29] *Brockhaus Enzyklopädie Online* (2005), unter dem Begriff „Kryptographie“; vgl. auch hierzu *Bauer*, S. 105; *Beutelspacher*, S. 3.

[30] Oft wird der Begriff der digitalen Signatur als Synonym der elektronischen Signatur missverstanden. S. z.B. *Hähnchen*, NJW 2001, S. 2832 Fn. 9. Zur Beziehung zwischen „elektronischen“ und „digitalen“ Signaturen s. u.a. *Dumortier*, in Langenbach/Ulrich, Elektronische Signaturen, S. 10 ff. S. auch kritisch hierzu *Mason*, CLSR 2002, S. 247.

[31] *Rüßmann*, Jusletter 8. November 2004 Rz. 18.

[32] Vgl. hierzu ausführlich *Gassen*, S. 29; s. auch *Kühn*, in Hoeren/Schüngel, Rechtsfragen der digitalen Signatur S. 66 ff.; *Lapp*, in Gounalakis, Rhb. Electronic Business, § 18 Rn. 17 ff.

2. *Symmetrische Verschlüsselung*

Um eine Verschlüsselung einsetzen zu können, müssen die Kommunikationspartner über so genannte kryptographische Schlüssel verfügen. Dies sind miteinander mathematisch korrelierende, mehrhundertstellige Zahlen, die auf Grund der Technik nicht erraten werden können. Verwenden Sender und Empfänger denselben Schlüssel zur Ver- und Entschlüsselung, handelt es sich um symmetrische Kryptographie[33]. Zur Durchführung einer symmetrischen Verschlüsselung muss der Schlüssel beiden Kommunikationspartnern schon im Vorhinein bekannt sein, er muss also ausgetauscht werden. Die Notwendigkeit eines sicheren Kommunikationskanals zur Übermittlung des Schlüssels ist jedoch problematisch. Der Schutz ist nur auf Veränderung durch Dritte begrenzt. Es besteht also immerhin die Gefahr der Veränderung der Daten durch den Empfänger selbst, da der Schlüssel auch vom Empfänger zum Verschlüsseln verwendet werden kann. Des Weiteren ist für eine sichere Verschlüsselung für jedes mögliche Kommunikationspaar ein eigener Schlüssel nötig. Dies bedeutet eine astronomische Anzahl von Schlüsseln, was dieses Verfahren für eine Massenkommunikation mit elektronischen Signaturen ungeeignet macht.

3. *Asymmetrische Verschlüsselung*

Die digitale Signatur beruht auf dem Prinzip der asymmetrischen Verschlüsselung oder „Public Key Encryption", welches 1975 entwickelt wurde. Im Gegensatz zur weniger sicheren symmetrischen Verschlüsselung, bei welcher ein einziger, sowohl dem Sender wie auch dem Empfänger bekannter Schlüssel ausreicht, werden bei der asymmetrischen Verschlüsselung zwei, in komplementärer Weise zueinander stehende Schlüssel zur Ver- und Entschlüsselung benötigt[34].

Im Rahmen der asymmetrischen Verschlüsselung kommen ein privater Schlüssel, der absolut geheim zu halten ist, und ein öffentlicher Schlüssel zur Anwendung. Der öffentliche Schlüssel steht in einer speziellen mathematischen Umkehrbeziehung zu dem privaten Schlüssel und ist allgemein zugänglich[35]. Aus dieser Tatsache leitet sich auch die Bezeichnung Public-Key-Verfahren für asymmetrische Verschlüsselung ab. Der öffentliche Schlüssel ist aus dem priva-

---

[33] *Bauer*, S. 190; *Camp*, S. 60. - Ein solches Verfahren ist das DES (Data Encryption Standard)-Verfahren, das z.B. bei ec-Karten eingesetzt wird. Eine Darstellung einiger bekannter symmetrischer und asymmetrischer Algorithmen s. in *Jungermann*, S. 18 ff.

[34] Vgl. die Verfahrensbeschreibung bei *Pordesch/Nissen*, CR 1995, S. 562 f. S. auch hierzu *Camp*, S. 61. - Einer der bekanntesten Algorithmen ist der RSA-Algorithmus, benannt nach seinen Erfindern Ron Rivest, Adi Shamir und Leonard Adleman.

[35] Der öffentliche Schlüssel wird veröffentlicht etwa auf einer öffentlich zugänglichen Datenbank (Key Server).

ten nicht ableitbar. Zudem kann - nach dem heutigen Stand der Technik – die Ableitbarkeit in umgekehrter Weise ebenfalls ausgeschlossen werden[36]. Der private Signaturschlüssel ist in der Regel auf einem Datenträger gespeichert und kann nur in Verbindung mit einer geheimen Personenidentifikationsnummer (PIN) und/oder mit der Eingabe einer Passphrase, aktiviert werden.

Beide Schlüssel können Dateien verschlüsseln. Allerdings ist eine Botschaft, die mit einem bestimmten privaten Schlüssel verschlüsselt wurde, allein durch den dazu passenden öffentlichen Schlüssel entschlüsselbar. Sobald die Verschlüsselung mit dem privaten Schlüssel des Absenders durchgeführt wird, kann jeder mit Hilfe des öffentlichen Schlüssels diese Nachricht entschlüsseln[37]. Da asymmetrische Verschlüsselungsverfahren relativ langsam sind, wird in der Regel nicht der gesamte Text verschlüsselt, sondern nur eine dafür repräsentative komprimierte Datenkombination. Diese wird mit Hilfe eines speziellen Algorithmus - der so genannten Hash-Funktion[38] - ermittelt. Ein derartiger Hash-Wert[39] des Dokumentes (engl. Hash Result) ist zwar bei jedem Dokument gleich lang, in seiner konkreten Ausformung jedoch immer verschieden. Es handelt sich bei diesem Hash-Wert – untechnisch gesprochen – um eine Ziffer, die sich ändert, wenn auch nur ein Zeichen des zugrunde liegenden Dokuments verändert wird. Dieser stellt einen „digitalen Fingerabdruck"[40] der Nachricht dar. Nur dieser Hash-Wert wird mit dem privaten Schlüssel verschlüsselt. Die verschlüsselte Kurzfassung des Dokuments bildet die eigentliche digitale Signatur und wird als Anhang zur übermittelten Nachricht dem Empfänger übermittelt. Dieser kann nur mit dem öffentlichen Schlüssel den mit dem privaten Schlüssel verschlüsselten Hash-Wert entschlüsseln. Die digitale Signierung des Dokuments gewährleistet somit die Authentizität einer Willenserklärung, denn die Signatur wird dem Inhaber des privaten Schlüssels zugeordnet. Aus dem empfangenen

---

[36] Die zurzeit als sicher geltende Schlüssellänge beträgt 1024 bit, was etwa einer 300-stelligen Zahl entspricht; verwendet werden auch Schlüssel bis zu 2048 bit.

[37] Der private Schlüssel wird ebenfalls als Signaturschlüssel bezeichnet. Er wird in § 2 Nr. 4 SigG (=Signaturschlüssel) legal definiert. S. auch § 2 Nr. 5 SigG (=Signaturprüfschlüssel) für den öffentlichen Schlüssel. Was die griechische Legaldefinition der Schlüssel betrifft, s. den SigRL-ähnlichen Art. 2 Nr. 4 des Präsidialerlasses 150/2001 (=Δεδομένα δημιουργίας υπογραφής: Signaturerstellungsdaten) und Art. 2 Nr. 7 des Präsidialerlasses 150/2001 (=Δεδομένα επαλήθευσης υπογραφής: Signaturprüfdaten).

[38] Hash (englisch): Gehacktes; hash up: Fleisch (zer)hacken. Die Hash-Funktion ist ein Algorithmus zum „Hashen" von Daten, der die zu signierenden Daten auf einen Hashwert, d.h. eine Bitfolge fester kurzer Länge, reduziert. Zur Sicherheitseignung der verwendeten Algorithmen vgl. *Frye/Pordesch*, DuD 2003, S. 73 ff.

[39] Zum „Hash-Wert" *Brisch/Brisch*, in Hoeren/Sieber, Handbuch Multimedia-Recht, Teil 13.3 Rn. 2 f.; *Raßmann*, CR 1998, S. 38. Vgl. auch *Mellulis*, MDR 1994, S. 111, der hierfür den Begriff „Quersumme" benutzt.

[40] Begründung des Regierungsentwurfs, BT-Drs. 13/7385, S. 29.

Dokument wird nochmals der dafür repräsentative Hash-Wert gebildet, in dem Sinne, dass auch der Empfänger wie der Absender die unverschlüsselte Datei durch dieselbe Hash-Funktion laufen lässt. Entsprechen sich nun die beiden ermittelten Werte (Hash Results), so ist damit die Integrität der Daten, d.h. ihre Unverändertheit und Vollständigkeit, gesichert[41].

Will der Unterzeichner nicht nur die Authentizität und Integrität der Nachricht sicherstellen, sondern auch die Vertraulichkeit gewährleisten, so hat er das Dokument als Ganzes, mit dem öffentlichen Schlüssel des Empfängers, zu verschlüsseln. Die Nachricht ist nun für Dritte unlesbar gemacht, sie kann lediglich durch den privaten Schlüssel des Empfängers entschlüsselt und damit wieder verständlich gemacht werden. Es können auch beide Varianten miteinander verknüpft werden. Verschlüsselt der Sender eine Nachricht bzw. deren Hash-Wert etwa zuerst mit dem öffentlichen Schlüssel des Empfängers und nachher mit dem eigenen privaten Schlüssel, so ist die Echtheit, Unverfälschtheit, Zurechenbarkeit und Vertraulichkeit auf beiden Seiten gesichert. Mögliche Sicherheitsrisiken durch die Ermittlung von Schlüsseln durch Bedrohung, Erpressung, Folter oder Bestechung können hingegen nicht ausgeschlossen werden.

Die Ver- bzw. Entschlüsselung sind soweit automatisiert, dass der jeweilige Anwender sie durch Erteilung von einfachen Steuerbefehlen („signieren" bzw. „Signatur prüfen") durchführt. Das Ergebnis wird ihm auf dem Bildschirm angekündigt. Um bei der derzeit als sicherste geltenden asymmetrischen Verschlüsselung eine digitale Signatur erzeugen zu können, benötigt man einen Datenträger, z.B. eine Chipkarte, auf dem der private Signaturschlüssel gespeichert ist, und einen Rechner mit Chipkartenlesegerät und Signaturfunktion. Für die Prüfung genügt ein Rechner mit Signaturfunktion. Weder der Signierungsvorgang selbst noch die darauf folgende Signaturprüfung verlangen detaillierte technische Vorkenntnisse. Das Verfahren läuft - wie soeben dargelegt - über ein spezielles Programm mehr oder weniger automatisch ab. Die Signatur wird dem zu versendenden Dokument automatisch angehängt.

4. Zertifizierung

Das soeben dargestellte Verschlüsselungsverfahren ermöglicht noch nicht die Zuordenbarkeit des verwendeten Schlüssels zu dem Absender, so dass sich theoretisch jeder als Absender ausgeben könnte, der Inhaber des geheimen Schlüssels ist. Es muss also darüber hinaus sichergestellt werden, dass der in einem öffentlichen Schlüsselverzeichnis stehende Schlüssel tatsächlich zu dem Unter-

[41] Zur Verifikation von digitalen Signaturen vgl. *Spitz*, DuD 2001 S. 459. - Zur Bedeutung von Schalenmodell und Kettenmodell bei der Verifikation s. *Lo Iacono/Dietze*, DuD 2005, S. 14.

zeichner gehört und dass dieser Schlüssel nicht etwa unter falschem Namen veröffentlicht worden ist[42]. Die sicherste Methode zur Gewährleistung der Zuordenbarkeit ist die persönliche Übergabe des öffentlichen Schlüssels, wobei es sehr unpraktisch ist, da nicht jeder öffentliche Schlüssel jedem Kommunikationspartner persönlich übergeben werden kann.

Dafür ist die Schaffung einer eigenen Infrastrukturder Signaturschlüsselzuordnung, einer so genannten Public Key Infrastructure (PKI)[43], notwendig. In der Regel setzt sich diese aus einer Vielzahl von „vertrauenswürdigen Dritten", so genannten Zertifizierungsdiensteanbietern (Trusted Third Parties, Certification Authorities[44], Trust Centers) zusammen. Deren Aufgabe besteht im Ausstellen digitaler Zertifikate[45] und im Bestätigen der Zuordnung eines öffentlichen Schlüssels zu einer bestimmten Person. Zertifizierung ist der Vorgang der Ausstellung eines Zertifikats. Dadurch wird die Zugehörigkeit eines öffentlichen Schlüssels zu seinem Inhaber bestätigt.

Das Zertifikat enthält einige Daten zur Identifikation des Schlüssel-Inhabers, wie etwa Name, Wohnort, Steuernummer, den öffentlichen Schlüssel, eine Seriennummer, den Namen des Zertifizierungsdiensteanbieters usw.[46]. Sollte eine Verwechslungsgefahr bestehen, muss diese durch einen Zusatz ausgeräumt werden[47]. Gefordert wird zudem, dass die Signatur nicht nur den Hash-Wert der zu signierenden Datei, sondern auch das vom Zertifizierungsdiensteanbieter signierte Zertifikat beinhaltet, da auf einen öffentlichen Schlüssel mehrere Zertifikate ausgestellt werden können[48]. Die Zertifizierungsdiensteanbieter haben eigene Verzeichnisse zu führen, die eine Auflistung sämtlicher von ihnen ausgegebener Zertifikate enthalten. Dadurch wird es den Nutzern ermöglicht, jederzeit online zu überprüfen, ob ein Zertifikat zum Zeitpunkt der Erzeugung einer elektronischen Signatur Gültigkeit hatte oder aber etwa bereits gesperrt war.

---

[42] Zu den verschiedenen Modellen der Zuordnung des Schlüssels zu einer Person vgl. z.B. *Rüßmann*, Jusletter 8. November 2004 Rz. 26 ff.
[43]Vgl. z.B. *Murray*, JILT 2003 (1), unter 3. <http://www2.warwick.ac.uk/fac/soc/law/elj/jilt/2003_1/murray/>. Zum elektronischen Transaktionssiegel als alternative zu herkömmlichen PKI-Lösungen vgl. *Hansen*, DuD 2004, S. 233.
[44] *American Bar Association*, S. 35 ff.
[45] S. hierzu *Schneier*, S. 219 ff.
[46] Vgl. u.a. *Schicker*, JurPC Web-Dok. 139/2001, Abs. 26 ff.
[47] § 7 Abs. 1 S. 1 SigG.
[48] Begründung zu § 5 SigG, BT-Drs. 14/4662, S. 22.

II. Biometrische Zugangskontrollverfahren

Die Sicherheit digitaler Signaturen beruht vorwiegend auf dem einmaligen Signaturschlüssel und auf der absoluten Geheimhaltung des privaten Schlüssels. Herkömmliche Methoden zur Authentifizierung von Personen sind wissens- oder besitzorientiert. Im ersten Fall erfolgt die Authentifizierung durch etwas, was eine Person weiß (z.B. PIN oder Passwort) und im zweiten Fall durch etwas, was eine Person besitzt (z.B. Schlüssel oder Magnetkarte). Konventionelle Systeme können allerdings verwendete Passwörter oder PIN-Chipkarte nicht daraufhin überprüfen, ob der Nutzer, der die korrekten Daten liefert, auch deren rechtmäßiger Inhaber ist. Darüber hinaus kann es nicht verhindert werden, dass der Inhaber des privaten Schlüssels diesen (zusammen mit der PIN oder dem Passwort) weitergibt[49].

Als Lösungsmöglichkeit bietet sich die biometrische Bindung des Schlüssels an den Signaturschlüssel-Inhaber an. So können für den Schutz vor einem unberechtigten Einsatz des Signaturschlüssels auch biometrische Verfahren eingesetzt werden, welche die Möglichkeit eines Missbrauchs durch Unbefugte weiter einschränken[50] und die Nichtbestreitbarkeit im Prinzip gewährleisten. Der Begriff „Biometrie“ oder „Biometrik“ steht für die Technik der Erkennung einer Person anhand persönlicher physiologischer oder verhaltenstypischer Charakteristika[51]. Zur biometrischen Authentisierung werden physiologische oder verhaltenstypische Merkmale untersucht. Die biometrischen Verfahren der ersten Kategorie nennt man statische (auch physische) biometrische Verfahren, die der zweiten dynamische (auch verhaltensorientierte) biometrische Verfahren[52]. Statische biometrische Verfahren analysieren ein sich nicht (oder nur wenig) veränderndes körperliches Merkmal, wie Fingerabdruck, Iris, Retina, Gesicht, Handfläche oder Venenstruktur. Dynamische Verfahren analysieren ein für die Person typisches Verhaltensmuster, wie Lippenbewegung, Spracherkennung oder dynamische Unterschrift. Da biometrische Verfahren mit personengebundenen Merkmalen arbeiten, die weder verloren noch vergessen und auch nicht so leicht gestohlen werden können, versprechen sie neue Qualitäts-, Komfort- und Sicherheitsdimensionen bei der Personenauthentifizierung. Zu den Vorteilen von biometrischen Authentiserungsverfahren gehört, dass biometrische Eigenschaf-

---

[49] *Pordesch/Nissen*, CR 1995, S. 564.

[50] BT-Drs. 14/4662, S. 28; § 5 Abs. 1 SigV.

[51] Der Begriff stammt aus dem Griechischen und bildet sich aus den Wörtern „bios“ für Leben und „metron“ für Maß. Danach ist die Biometrie die Wissenschaft der Körpermessung an Lebewesen.

[52] *Bäumler/Gundermann/Probst*, S. 9; *Probst*, DuD 2000, S. 323 f.; *Tönnesen*, DuD 1999, S. 161. - Einen Überblick zu den einzelnen Verfahren gibt *Wirtz*, DuD 1999, S. 129 ff. Über die verschiedenen biometrische Merkmale s. auch *Scheuermann/Schwiderski-Grosche/Struif*, EU-BioSign, S. 27-39.

ten nicht auf Dritte übertragbar sind[53]. Eine Prüfung anhand biometrischer Merkmale des Signaturschlüssel-Inhabers wie etwa Fingerabdruck, Iris oder dynamische Unterschrift kann daher sicherstellen, dass nur der Berechtigte die digitale Signatur einsetzt.

Die deutsche Signaturverordnung hat biometrische Sicherungsverfahren ermöglicht[54]. Nach § 15 Abs. 1 S. 1 SigV muss die sichere Signaturerstellungseinheit gewährleisten, dass der Signaturschlüssel erst nach Identifikation des Inhabers durch Besitz und Wissen oder alternativ durch Besitz und ein oder mehrere biometrische Merkmale angewendet werden kann. Biometrische Verfahren dürfen aber nur dann genutzt werden, wenn eine unbefugte Nutzung des Signaturschlüssels ausgeschlossen ist und eine Sicherheit gegeben ist, die dem wissensbasierten Verfahren, also der Nutzung einer PIN, gleichwertig ist[55].

Die Sicherheit biometrischer Erkennungsverfahren wird im Allgemeinen als sehr hoch eingeschätzt[56], der Einsatz biometrischer Verfahren wirft jedoch Probleme auf. Bedenklich ist z.B. die Abhängigkeit biometrischer Verfahren vom Altern und von ethnologischen Charakteristika des Unterzeichners, die wechselhaft sind[57]. Weitere Bedenken bestehen hinsichtlich des Datenschutzes, da biometrische Informationen mit personenbezogenen Daten zusammenhängen[58]. Sie unterliegen damit dem Schutz des informationellen Selbstbestimmungsrechts und dem Schutz der Menschenwürde[59].

1. Biometrische Signaturverfahren

Der oben beschriebene Einsatz biometrischer Verfahren tritt nicht an die Stelle der Signatur, sondern sichert nur den privaten Signaturschlüssel ab. Das Einlesen des Fingerabdrucks z.B. wird als Zugangsverfahren anstelle von Passwör-

---

[53] *Scheuermann/Schwiderski-Grosche/Struif*, EU-BioSign, S. 45.

[54] *Roßnagel*, BB 2002, S. 263; vgl. § 16 Abs. 2 S. 3 SigV 1997, wonach biometrische Sicherungsverfahren nur zusätzlich und nicht ersatzweise zur Anwendung kommen durften.

[55] § 15 Abs. 1 S. 3 SigV.

[56] Zur Bewertung verschiedener biometrischer Verfahren s. *Laßmann*, DuD 1999, S. 135 ff.

[57] *Struif/Scheuermann/Müller*, Bionorm, S. 22 ff.

[58] Zur Problematik, unter welchen Umständen biometrische Daten personenbezogene Daten sind, s. *Bäumler/Gundermann/Probst*, S. 14. Die griechische Datenschutzbehörde hält in Ihrer Entscheidung Nr. 52/2003 den Einsatz biometrischer Verfahren (Fingerabdruck und Iris) für die Identifizierung der Fluggäste des Internationalen Flughafens Athen „Eleftherios Venizelos" für rechtswidrig. Die Behörde sieht einen Verstoß gegen das griechische Datenschutzgesetz 2472/1997 als gegeben an. Die Einwilligung der Betroffenen sei ebenfalls unwirksam.

[59] Vgl. hierzu *Albrecht*, DuD 2000, S. 337; *Büllingen/Hillebrand*, DuD 2000, S. 342; *Borking/Verhaar*, DuD 1999, S. 138 ff. Zur anonymen Biometrie vgl. *Donnerhacke*, DuD 1999, S. 151 ff.

tern oder PIN verwendet[60]. Das elektronische Signieren wird jedoch erst mit einer weiteren Handlung bewirkt. Bei dem biometrischen Signaturverfahren hingegen werden die biometrischen Merkmale einer Person direkt zur Signaturerzeugung benutzt. Allerdings entspricht es heute herrschender Meinung, dass der Stand der technischen Entwicklung nicht zulässt, dass biometrische Merkmale in offenen Systemen als Signaturverfahren eingesetzt werden[61]. Biometrische Daten können zwar als eindeutige Identifizierungsmerkmale verwendet werden, sind aber zur direkten Verwendung als Schlüssel ungeeignet, da sie nicht geheim sind und ohne Kombination mit Public-Key-Kryptographie nicht zur Sicherung der Datenintegrität dienen können. Der Kryptographieexperte Bruce Schneier bemerkt diesbezüglich[62]:

„Biometrics are powerful and useful, but they are not keys. They are useful in situations where there isa trusted path from the reader to the verifier; in those cases all you need is a unique identifier. They are not useful when you need the characteristics of a key: secrecy, randomness, the ability to update or destory. Biometrics are unique identifiers, but they are not secrets".

C. Herkömmliche Unterschrift und Signatur

Eine digitale Signatur ist keine Unterschrift im herkömmlichen Sinn, sondern eine komplexe Reihenfolge von Buchstaben und Zahlenkombinationen. Durch die Kompliziertheit des Signierungsverfahrens sind die Möglichkeiten von Verfälschung und Manipulation viel geringer als bei eigenhändigen Unterschriften. Die herkömmlichen Unterschriften können ohne große Anstrengung kopiert werden[63].

Die *eigenhändige* Unterzeichnung eines Dokuments dient verschiedenen Zwecken[64], an denen sich eine Signatur messen lassen muss. Zum einen ermöglicht sie die zweifelsfreie Feststellung der Identität des Unterzeichners (Identifizierungsfunktion). Darin liegt die wichtigste Funktion der eigenhändigen Unterschrift[65]. Sie lässt die Identität des Ausstellers als individuelle Persönlichkeit klar und berechenbar erkennen. Zum anderen soll sie den Unterzeichner vor Übereilung schützen und erfüllt damit eine für einige Willenserklärungen konsti-

---

[60] *Laßmann*, DuD 1999, S. 135.

[61] *Bäumler/Gundermann/Probst*, S. 21; *Rapp*, S. 22; *Schwemmer*, DuD 2000, S. 70.

[62] *Schneier*, Crypto-Gram; abrufbar unter <http://www.schneier.com/crypto-gram-9808.html #biometrics> (zuletzt 01.12.2006).

[63] A.A. *Holzhauer*, Die eigenhändige Unterschrift, S. 207. - Hiernach sei die eigenhändige Unterschrift als eigentümliches Zeichen des Ausstellers schwer zu fälschen; vgl. auch *Schippel*, FS Odersky, S. 659.

[64] S. z.B. BT-Drs. 14/4987, S. 16; vgl. auch *Erber-Faller*, CR 1996, S. 377.

[65] *Holzhauer*, a.a.O., S. 206 f.

tutive Warnfunktion. Eine Unterschrift bezeichnet weiterhin den Abschluss einer Willenserklärung und beendet damit das Entwurfsstadium des Dokuments (Abschlussfunktion)[66]. Die Beweiskraft der Urkunde ist mit der Eindeutigkeit und der Sicherheit der Ermittlung ihres Ausstellers durch die Erkennung seiner eigenhändigen Schreibbewegung verbunden[67]. Die eigenhändige Unterschrift unter einem fixierten Text dient dem Interesse an der Beweisführung und Offenlegung des Geschäftsinhalts und führt zu dauerhafter Klarheit (Beweisfunktion)[68]. Die eigenhändige Unterschrift dient auch dem Zweck, den Nachweis erbringen zu können, dass die unterschriebene Erklärung auch inhaltlich von dem im Dokument benannten Aussteller herrührt (Echtheitsfunktion, die mit der Identitäts- und Beweisfunktion eng zusammenhängt).

Die *digitale* Signatur erfüllt im Wesentlichen[69] sämtliche wichtigen Funktionen einer handschriftlichen Unterschrift. Durch die speziellen Methoden der Ver- und Entschlüsselung wird die Echtheit und Unverfälschtheit des Dokuments sichergestellt. Nachträgliche Veränderungen des Textes, wie z.B. das Hinzufügen oder Wegnehmen von einem einzigen Bit ohne Wissen des Signierenden werden sofort sichtbar gemacht. Die Warnfunktion wird erfüllt durch die Aufwendigkeit des Verfahrens, die vorherige Darstellung des gesamten zu signierenden Dokuments und die verpflichtend vorgesehenen, rechtlichen Belehrungen durch die Zertifizierungsdiensteanbieter. Immerhin kann eine digitale Signatur keinesfalls versehentlich erzeugt werden, denn sie wird erst durch die Eingabe des geheimen PIN-Codes ausgelöst. Die Anforderung der Identifizierung des Ausstellers wird im Rahmen einer Public-Key-Infrastruktur von einem elektronischen Zertifikat erfüllt, in dem der Name des Unterzeichners klar und deutlich verzeichnet ist. Die Signaturtechnik gewährleistet auch die Abschlussfunktion, indem der gesamte Erklärungsinhalt in einem Hash-Wert komprimiert und dann mit dem privaten Signaturschlüssel des Unterzeichners verknüpft wird[70]. Dies bedeutet, dass die Signatur erst nach vollständiger Fertigstellung des Dokuments erfolgen kann[71]. Die Beweisfunktion digital signierter Daten soll über ihre faktische Sicherheit erreicht werden, da davon auszugehen ist, dass die Gerichte diese im Rahmen der freien Beweiswürdigung honorieren werden[72]. Zusammenfassend

---

[66] *Köhler*, AcP 1982, S. 148.
[67] *Maniotis*, FS Geimer, S. 620.
[68] BT-Drs. 14/4987, S. 16.
[69] Vgl. nur *Noack*, in Dauner-Lieb/Heidel/Lepa/Ring, Das neue Schuldrecht, S. 443 Rn. 4. Zur Funktionsäquivalenz der elektronischen Form vgl. BT-Drs. 14/4987, S. 16 f.; *Leue*, S. 128 ff.
[70] So BT-Drs. 14/4987, S. 16.
[71] *Nowak*, MDR 2001, S. 843.
[72] Vgl. BT-Drs. 14/4987, S. 17. - Die Beweisfunktion der elektronischen Form ist im deutschen Recht durch die Einführung des § 371a Abs. 1 S. 2 ZPO zu Gunsten des Erklärungsempfängers gestärkt worden.

ist davon auszugehen, dass bestimmte Signaturverfahren grundsätzlich in der Lage sind, eine Funktionsäquivalenz zu gewährleisten.

Kapitel 2. Supranationale Initiativen

Bevor auf die deutschen und griechischen Regelungen eingegangen wird, soll die Materie anhand verabschiedeter supranationaler Rechtsvorschriften dargelegt werden. Ziel ist dabei weniger eine detaillierte Darstellung der einzelnen Regelungen als eine solche, die sich auf die groben Züge beschränkt und dem Leser ermöglichen soll, die deutsche und hellenische Signaturgesetzgebung im internationalen Kontext zu sehen. Eine Darstellung der US-amerikanischen Gesetzgebung würde indessen den Rahmen dieser Abhandlung sprengen[73].

A. Organization of Economic Cooperation and Development (OECD)

Die OECD fördert seit langem die Normierung von sowohl technisch als auch gesetzlich sicheren Rahmenbedingungen für den elektronischen Geschäftsverkehr. Verschiedene Berichte, Empfehlungen und Konferenzen stellen die auf die Sicherheit des Datenaustausches bezogenen Probleme vor. Im Oktober 1998 veröffentlichte die OECD, während der in Ottawa gehaltenen ministeriellen Sitzung der Mitgliedstaaten, ein umfassendes Bestandsverzeichnis der elektronischen Authentifizierungsgesetzgebung in den OECD-Mitgliedländern und verabschiedete eine Deklaration für die Authentifizierung im elektronischen Geschäftsverkehr. Die Deklaration ermutigte Initiativen, die die internationale Regulierung fördern, eine technologische Neutralität unterstützen und die Bedeutung der Parteiautonomie anerkennen. Sie betonte auch den potenziellen Einfluss, den unterschiedliche nationale Gesetzgebungen auf die Entwicklung des elektronischen Geschäftsverkehrs haben könnten; ferner werden die Mitgliedstaaten dazu ermuntert, die internationale Gültigkeit und gegenseitige Anerkennung von elektronischen Signaturen zu bekräftigen.In diesem Rahmen wurde die so genannte Kryptographie-Richtlinie schon im Jahre 1997 vom OECD-Rat angenommen. Sie hat lediglich empfehlenden Charakter und weist die Mitgliedstaaten an, für ihre Umsetzung auf nationaler Ebene zu sorgen. Darin werden in acht Prinzipien die grundlegenden Voraussetzungen für nationale und internationale Regelungen bezüglich der Kryptopolitik festgehalten:

---

[73] Zum „Electronic Signatures Act" vgl. *Borges*, S. 155 ff.; vgl. auch z.B. *Geiger*, K&R 2001, S. 445 ff.; *Miedbrodt*, S. 119 ff., *dies.*, DuD 2000, S. 541; *dies.*, DuD 1998, S. 389; *dies.*, DuD 1998, S. 194 ff. - Eine Gegenüberstellung der Signatursysteme der EU und der Vereinigten Staaten von Amerika geben *Bell/Gomez/Hodgel/Mayer-Schönberger*, CLSR 2001, S. 399; vgl. auch *Spyrelli*, JILT 2002 (2), unter 4. <http://www2.warwick.ac.uk/fac/soc/law/elj/jilt/2002_2/spyrelli/> .

- Verwendung von vertrauensschaffenden kryptographischen Verfahren.
- Nutzer sollen entsprechend der anzuwendenden Gesetze über das Recht verfügen, jedes beliebige kryptographische Verfahren wählen zu können.
- Marktorientierte Entwicklung von kryptographischen Verfahren: Die am Markt zum Angebot stehenden Verfahren haben sich an den individuellen Bedürfnissen von Verbrauchern, Wirtschaft und Regierungen zu orientieren.
- Technische Standards, Kriterien und Protokolle für kryptographische Verfahren sollten entwickelt und auf nationaler und internationaler Ebene verbreitet werden.
- Berücksichtigung und Wahrung der Persönlichkeitsrechte und Datenschutz in der Kryptopolitik
- Nationale Kryptopolitik kann den gesetzlichen Zugang zum Klartext verschlüsselter Daten oder zu kryptographischen Schlüsseln erlauben. Diese Politik muss die anderen Prinzipien, die in den Richtlinien enthalten sind, in einem größtmöglichen Ausmaß berücksichtigen.
- Die Haftung von natürlichen oder juristischen Personen, die kryptographische Dienste anbieten oder kryptographische Schlüssel vorhalten bzw. einen Zugang zu kryptographischen Schlüsseln ermöglichen, sollte, ob durch Vertrag oder Gesetzgebung, klar festgestellt werden.
- Zwischenstaatliche Koordinierung der Kryptopolitik und Zusammenarbeit.

Dementsprechend ist in den meisten Mitgliedstaaten der OECD - wie auch in der EU - die Freiheit der elektronischen Verschlüsselung gesichert.

B. International Chamber of Commerce (ICC)/ Asia-Pacific Economic Cooperation (APEC)

Das International Chamber of Commerce (ICC) hat 1997 den GUIDEC - General Usage for International Digitally Ensured Commerce - ausgegeben[74]; der GUIDEC hat zum Ziel, ohne technologiespezifisch zu sein, einen allgemeinen Rahmen für den Einsatz digitaler Signaturen im internationalen Geschäftverkehr zu schaffen, der sich auf die schon bestehende Gesetzgebung und Praxis der verschiedenen Rechtsysteme stützt, um allgemeine Grundsätze für den Einsatz digitaler Signaturen im internationalen Geschäftsverkehr festzulegen und zu fördern[75]. Er versucht ebenso ein Terminologieproblem digital signierter Dokumente zu umgehen, das darin besteht, dass es sich bei der digitalen Signatur nicht um eine traditionelle Unterschrift sondern um eine Technik handelt, indem er den

[74] Früher war GUIDEC als "Uniform International Authentication and Certification Practices (UIACP)" bekannt. GUIDEC ist unter < http://www.iccwbo.org/home/guidec/guidec_one/gui dec.asp> abrufbar (zuletzt 01.12.2006).

[75] GUIDEC, Preface, I., 1.

Begriff „ensure“ (sichern) verwendet, um die digitale Signierung von elektronischen Daten zu beschreiben. So will GUIDEC eine begriffliche Verwirrung vermeiden. Dazu bietet er eine Liste gemeinsamer Definitionen und auf Geschäftserfahrungen basierender bester Verfahrensweisen zur Zertifizierung des elektronischen Handels[76].

GUIDEC wurde von den „Digital Signature Guidelines“ des Informationssicherheitskomitees der Wissenschafts- und Technologieabteilung der amerikanischen Anwaltskammer entscheidend beeinflusst[77]. Es wurde sogar versucht, einige der darin dargelegten Konzepte auf internationaler Ebene in Geltung zu bringen. Er baut weiterhin darauf und erweitert existierende internationale Gesetzgebung für digitale Signaturen, insbesondere das UNCITRAL-Model Law on electronic Commerce[78]. Im Oktober 2001 hat das ICC den GUIDEC II erlassen, der hauptsächlich die Thesen des GUIDEC wiederholt.

Im März 1997 setzte die APEC-Telekommunikationsarbeitsgruppe eine „Public Key Authentication Task Group“ ein. Die Gruppe besteht aus Vertretern Australien, Japan, Hongkong, China, Korea, Singapur, Chinese Taipei und den USA. Ihr Ziel war anfänglich „Informationen über internationale Trends in der öffentlichen Verwaltung in Bezug auf die Public Key Authentifikation zu versammeln“. Die Gruppe, die in „APEC Telecommunications and Information Working Group-(TEL)“ umbenannt wurde, hat 2002 einen umfassenden Bericht über die elektronische Authentifizierung sowohl aus technischer als auch aus juristischer Sicht veröffentlicht[79].

C. *United Nations Commission on International Trade Law (UNCITRAL)*

Die Handelsrechtkommission der Vereinten Nationen (United Nations Commission on International Trade Law, im Folgenden: UNCITRAL) beschäftigte sich seit 1992 mit den Problemen rund um den elektronischen Geschäftsverkehr und die elektronische Signatur. Die UNCITRAL hat das Mandat, für die weltweite Harmonisierung des internationalen Handelsrechtes und die Abschaffung von Handelshemmnissen zu sorgen, die sich aus divergierenden nationalen handels-

---

[76] GUIDEC, The Core Concepts, VI.

[77] Information Security Committee of the Science and Technology Division of the American Bar Association. S. hierzu <http://www.abanet.org/scitech/ec/isc/dsg.pdf> (zuletzt 01.12.2006).

[78] GUIDEC, Preface, V., 1.

[79] Der Bericht ist unter <http://www.apectelwg.org/contents/documents/eaTG/EA_text.pdf> abrufbar (zuletzt 01.12.2006).

rechtlichen Ansätzen ergeben. Die Modellgesetze der UNCITRAL dienen ihren Mitgliedsländern als Muster für nationale Gesetzesreformen[80].

I. Model Law on Electronic Commerce

Schon 1996 hat die UNCITRAL mit ihrer „Model Law on Electronic Commerce“ versucht, den Grundstein für einen rechtssichereren Raum im elektronischen Geschäftsverkehr zu legen[81]. Das Modellgesetz findet gemäß Art. 1 auf alle Arten von Informationen in Form einer Datennachricht („data message“) in Zusammenhang mit Handelsaktivitäten („commercial activities“) Anwendung. Der Begriff „commercial activities“ ist weit auszulegen, um alle wirtschaftliche Angelegenheiten, auch nicht vertraglicher Art einzubeziehen[82]. Beziehungen zwischen Unternehmern und Verbrauchern sowie von Verbrauchern untereinander werden auch erfasst[83].

Dieses Modellgesetz, welches auf dem Ansatz der „funktionellen Äquivalenz“ beruht[84], setzt Standards für den Abschluss elektronischer Verträge, damit Rechtssicherheit auch bei elektronisch abgeschlossenen Verträgen bestehen kann. Das verfolgte Konzept der funktionellen Äquivalenz beruht auf einer Analyse der Zwecke und Funktionen der traditionellen papierbasierten Anforderungen, um festzustellen, wie diese Anforderungen mittels E-Commerce-Verfahren erfüllt werden können. Das Hauptziel des Modellgesetzes ist, die Überwindung gesetzlicher Hindernisse, die darin bestehen, dass für die Wirksamkeit von Verträgen papierbasierte Kommunikation verlangt wird[85]. Dies wird durch die Anpassung der an der Schriftlichkeit orientierten Gesetze an die Bedingungen der elektronischen Kommunikation erreicht. So wird z.B. der Begriff „writing“ durch den Begriff „data message“ ersetzt. Alle vertragsrechtlichen Komponenten, die auch für den traditionellen Vertragsabschluss notwendig sind, werden

---

[80] Im November 2005 wurde die „United Nations Convention on the Use of Electronic Communications in International Contracts“ von der UN-Vollversammlung verabschiedet. Der Text des Übereinkommens ist abrufbar unter < http://www.uncitral.org/pdf/english/texts/elect com/2005Convention.pdf> (zuletzt 01.12.2006).

[81] UNCITRAL Model Law on Electronic Commerce with Guide to Enactment, 1996, with additional article 5 *bis* as adopted in 1998, <http://www.uncitral.org/pdf/english/texts/electcom/05-89450_Ebook.pdf> (zuletzt 01.12.2006). Zum historischen Hintergrund des UNCITRAL Model Law on Electronic Commerce s. *Sanner*, S. 212 f. Vgl. auch hierzu <http://www.jus.uio.no/lm/un.electronic.commerce.model.law.1996/history.background.html > (zuletzt 01.12.2006).

[82] Art. 1 Fußnote****, UNCITRAL Model Law on Electronic Commerce.

[83] Guide to Enactment, Nr. 27.

[84] Es handelt sich um den so genannten „Functional equivalence Approach“. S. hierzu Guide to Enactment, Nr. 16.

[85] Guide to Enactment, Nr. 2.

also im Lichte des elektronischen Geschäftsverkehrs spezifiziert. Um höchste Allgemeingültigkeit zu erreichen, wurde das Gesetz technikneutral formuliert, damit die Hemmung technischer Weiterentwicklungen vermieden wird. In seiner heutigen Form wurde dieses Modellgesetz von der Vollversammlung 1996 verabschiedet und 1998 nur noch um einen Artikel erweitert. Die UNCITRAL kündigt regelmäßig an, welche Staaten und Jurisdiktionen Gesetze auf der Grundlage des Modellgesetzes erlassen haben[86]. Die Tatsache, dass das Modellgesetz von den Ländern Europas nicht adoptiert wurde, ist durchaus nachvollziehbar, da die EU mit der SigRL und der ECRL die E-Commerce-Problematik gemeinschaftsrechtlich geregelt hat. Das Modellgesetz hat allerdings andere Modellgesetze, z.B. den Uniform Electronic Transactions Act (UETA) der USA und den Uniform Electronic Commerce Act von Kanada beeinflusst[87].

Das Modellgesetz ist in zwei Teile gegliedert. Der erste Teil enthält allgemeine Vorschriften bezüglich des elektronischen Rechtverkehrs, während der zweite Teil Sonderregeln für spezifische Bereiche normiert[88]. Eine ausführliche Darstellung aller Regelungen des Modellgesetzes dürfte für die Zwecke dieser Untersuchung dahin stehen. Art. 2 enthält die Begriffsdefinitionen, Art. 3 bezieht sich auf die Auslegung des Modellgesetzes, während Art. 4 klar stellt, dass die Vorschriften des Kapitels 3. abdingbar sind[89].

Was die materiellrechtlichen Vorschriften betrifft, wird durch das Model Law on Electronic Commerce in seiner Kernvorschrift Art. 5[90] lediglich vorgeschlagen, dass der in der Form der „data message“[91] abgegebenen Erklärung nicht schon auf Grund dieser Form ihre Rechtswirkung, Gültigkeit oder Durchsetzbarkeit abgesprochen werden darf. Es handelt sich daher um die Normierung des Prinzips der Nichtdiskriminierung von elektronischen Datennachrichten auf internationaler Ebene, was allerdings nicht dahin missinterpretiert werden soll, dass Art. 5 die Rechtsgültigkeit jeglicher Datennachrichten oder darin enthalte-

---

[86] <http://www.uncitral.org/uncitral/en/uncitral_texts/electronic_commerce/1996Model_status.html> (zuletzt 01.12.2006).

[87] Vgl. *Borges*, S. 77 f.

[88] Guide to Enactment, Nr. 11. Dieser Teil besteht aus einem Kapitel zum Gütertransport.

[89] Vgl. Guide to Enactment, Nr. 20.

[90] "*Article 5. Legal recognition of data messages*
Information shall not be denied legal effect, validity or enforceability solely on the grounds that it is in the form of a data message."

[91] "*Article 2. Definitions*
For the purposes of this Law:
(a) "Data message" means information generated, sent, received or stored by electronic, optical or similar means including, but not limited to, electronic data interchange (EDI), electronic mail, telegram, telex or telecopy;
(b) ..."

nen Informationen begründe[92]. Mittels dieser Datennachrichten können die Parteien Verträge durch Angebotsabgabe und Annahme elektronisch abschließen[93]. Dem Vertrag darf die Wirksamkeit nicht abgesprochen werden, weil er unter Einsatz elektronischer Datennachrichten geschlossen wurde (Art. 11). Im Juni 1998 wurde Art. 5 bis eingeführt, wonach das Prinzip der Nichtdiskriminierung des Art. 5 auch dann gilt, wenn die elektronische Datennachricht die Information nicht unmittelbar selbst einhält, sondern hierauf verweist[94]. Eine solche „Einbeziehung durch Verweis" wird in der elektronischen Umgebung oft als wesentlich für den Einsatz von EDI, E-Mails, digitalen Zertifikaten und anderen Formen des elektronischen Geschäftsverkehrs betrachtet[95].

Art. 6 regelt die Gleichstellung von elektronischen Datennachrichten mit Urkunden. So kann nach Art. 6 (1) ein gesetzliches Schriftformerfordernis von einer Datennachricht erfüllt werden, wenn die in ihr enthaltenen Informationen für eine spätere Bezugnahme zugänglich sind. Art. 6 (3) ermöglicht dem nationalen Gesetzgeber, Ausnahmen von dieser Gleichstellung einzuführen.

Art. 7 konzentriert sich auf die zwei grundlegenden Funktionen einer Unterschrift, nämlich den Autor eines Dokumentes zu identifizieren und zugleich zu bestätigen, dass der Autor den Inhalt dieses Dokuments anerkennt[96]. Für die Erfüllung eines Unterschrifterfordernisses durch eine „data message" ist gemäß Art. 7 (1) ein Verfahren zu verwenden, welches die Person identifiziert und anzeigt, dass sie die in der Datennachricht enthaltenen Informationen anerkennt (a); dieses Verfahren muss - in Anbetracht aller Umstände, auch etwaiger Parteivereinbarungen - so verlässlich sein, wie für den Zweck der Erstellung oder Mitteilung der Datennachricht erforderlich ist (b). Gleichgültig ist wiederum, ob das Erfordernis ausdrücklich vorgesehen ist oder lediglich Konsequenzen für den Fall seiner Nichterfüllung vorgesehen sind, Art. 7 (2) Model Law. Art. 7 beruht auf der Feststellung der Funktionen einer Unterschrift in einer papierbasierenden Umgebung[97]. Das Modellgesetz folgt insofern dem Ansatz der Technologieneutralität. Der nationale Gesetzgeber kann nach Art. 7 (3) Model Law im Zuge der Umsetzung die Anwendbarkeit der Vorschrift für bestimmte Fälle ausschließen[98]. Artikel 8 enthält Vorschriften, die bestimmen, wann eine elektronische Datennachricht als unverfälschtes Original präsentiert oder bewahrt werden kann.

---

[92] So ausdrücklich Guide to Enactment, Nr. 46.
[93] Art. 11 Model Law on Electronic Commerce.
[94] *Borges*, S. 80 und dort Fn. 80.
[95] Guide to Enactment, Nr. 46-2.
[96] Vgl. hierzu Guide to Enactment, Nr. 56.
[97] Guide to Enactment, Nr. 53.
[98] Vgl. *Sanner*, S. 214.

Art. 9 (1)[99] regelt das Problem der beweisrechtlichen Zulässigkeitsbeschränkungen und den Beweiswert von Datennachrichten. Die Zulässigkeit der „data message" als Beweismittel in Gerichtsverfahren soll nicht abgesprochen werden allein deshalb, weil es eine elektronische Datennachricht ist; des weiteren soll ihre Zulässigkeit nicht allein deshalb verneint werden, weil es sich nicht um das Original handelt, soweit die elektronische Datennachricht das beste Beweismittel ist[100], das der Beweisführer vernünftigerweise beschaffen konnte. In Art. 9 (2) wird bezüglich des Beweiswertes einer in Form der „data message" abgegebenen Erklärung verlangt, dass dieser angemessen sein sollte, wobei bei der Bemessung des Beweiswertes vor allem die Zuverlässigkeit des eingesetzten Verfahrens zu berücksichtigen ist. Es wird jedoch nicht erwähnt, ob eine Bewertung im Rahmen der freien Beweiswürdigung oder durch gesetzliche Beweisregel erfolgen soll. Dies soll vielmehr den einzelnen Staaten überlassen bleiben.

Das 3. Kapitel (Artikel 11-15) enthält Regelungen für den Vertragsabschluss durch elektronische Datennachrichten und für die Wirksamkeit solcher Verträge (Art. 11, 12), für die Zurechnung von Datennachrichten zu einer Person (Art. 13), für die Empfangsbestätigungen von Datennachrichten (Art. 14) und den Zeitpunkt und Ort ihrer Absendung und Zugang (Art. 15).

Da bestimmte Regelungen für Zertifizierungsdienste fehlen, kann der Nutzer eines Signaturverfahrens nicht sicher sein, dass dieses ein Äquivalent zur eigenhändigen Unterschrift darstellt. Das Modellgesetz sieht keine Vorabprüfung der Zuverlässigkeit eines Signaturverfahrens in Form einer Akkreditierung vor. Aus diesen Gründen wären die Parteien, die Signaturverfahren anwenden möchten, dazu gezwungen, vor Gericht klären zu lassen, ob die angewendete elektronische Signatur einer gesetzlichen Formvorschrift genüge tut[101]. Das Risiko, das die Parteien in Kauf nehmen sollen ist hoch, da dies im Einzelfall die Nichtig-

---

[99] "*Article 9. Admissibility and evidential weight of data messages*
(1) In any legal proceedings, nothing in the application of the rules of evidence shall apply so as to deny the admissibility of a data message in evidence:
(a) on the sole ground that it is a data message; or,
(b) if it is the best evidence that the person adducing it could reasonably be expected to obtain, on the grounds that it is not in its original form.
(2) Information in the form of a data message shall be given due evidential weight. In assessing the evidential weight of a data message, regard shall be had to the reliability of the manner in which the data message was generated, stored or communicated, to the reliability of the manner in which the integrity of the information was maintained, to the manner in which its originator was identified, and to any other relevant factor."

[100] Es handelt sich um die so genannte „Best Evidence Rule"; vgl. hierzu *Borges*, S. 400 ff.; *Britz*, S. 53, 55 ff.

[101] Guide to Enactment of the UNCITRAL Model Law on Electronic Signatures, Nr. 118.

keit des Rechtgeschäfts bedeuten kann. Insofern werfen Kritiker der Modellgesetzgebung vor, dass das Gesetz Rechtsunsicherheit verursachen könne[102].

Im Juli 2005 hat UNCITRAL in ihrer 38. Sitzung in Wien den Entwurf des Übereinkommens über den Einsatz elektronischer Kommunikationen beim internationalen Vertragsabschluss angenommen, mit dem einheitliche Regelungen und Vereinfachungen für elektronische internationale Vertragsabschlüsse geschaffen werden sollen. Der Übereinkommensentwurf baut auf den Grundsätzen des Modellgesetzes von 1996 und des Modellgesetzes über elektronische Signaturen auf.

II. Model Law on Electronic Signatures

1. Allgemeines

Trotzt der Verabschiedung des UNCITRAL Model Law on Electronic Commerce herrschte die Überlegung, dass die Verbreitung des elektronischen Geschäftsverkehrs nur mit einer Stärkung des Vertrauens in die Sicherheit des Datenaustausches erreicht werden könne[103], was der Grund für die Erarbeitung von Anforderungen an elektronischen Signaturen gewesen ist. Maßgeblich hierfür war auch die Tatsache, dass die in vielen Staaten beabsichtigte oder bereits verabschiedete Signaturgesetzgebung divergierende Konzepte verfolgt hat, was eine Gefahr für die Verbreitung und Interoperabilität elektronischer Signaturen darstellen könnte. Die Regelung von Art. 7 des Model Law on Electronic Commerce lässt eine Reihe von Fragen im Bereich der elektronischen Signatur unbeantwortet. Aus diesem Grund beauftragte die Handelrechtskommission der Vereinten Nationen (UNCITRAL) im Jahre 1996 die Working Group on Electronic Commerce, die Wünschbarkeit und Machbarkeit detaillierter einheitlicher Regeln für diesen Bereich abzuklären[104]. Am 23.11.1998 hat die UNCITRAL einen Entwurf einheitlicher Regeln über elektronische Signaturen veröffentlicht[105]. Am 12. Dezember 2001 wurde auf der 85. Sitzung der Generalversammlung das „UNCITRAL Model Law on Electronic Signatures with Guide to Enactment" angenommen[106], welches als Muster für nationale Gesetzgebung über elektronische Signaturen dienen soll. Das Modellgesetz über elektronische Signaturen enthält 12 Artikel.

---

[102] S. die Kritik von *Sanner*, S. 218.
[103] *Blum*, K&R 2000, S. 64.
[104] Guide to Enactment of the UNCITRAL Model Law on Electronic Signatures, Nr. 12.
[105] S. dazu *Sanner*, S. 219 ff.
[106] UNCITRAL Model Law on Electronic Signatures with Guide to Enactment, 2001, <http://www.uncitral.org/pdf/english/texts/electcom/ml-elecsig-e.pdf> (zuletzt 01.12.2006).

2. Ziel und Anwendungsbereich des Modellgesetzes

Das Modellgesetz zielt auf die Erleichterung der Verwendung elektronischer Signaturen und auf die Nichtdiskriminierung elektronischer Dokumente ab[107]. Auf den Grundsätzen des Modellgesetzes zum elektronischen Geschäftsverkehr und insbesondere auf dessen Art. 7 aufbauend, soll er die Staaten bei der Schaffung eines modernen, harmonisierten und fairen Rechtsrahmens unterstützen[108]. Allerdings stellt das Modellgesetz lediglich ein Rahmengesetz dar, welches nicht alle Regelungen umfasst, die im Einzelnen zur Erreichung des Ziels nötig sein mögen[109].

Es wird nicht beabsichtigt, jeden Aspekt der Verwendung von elektronischen Signaturen abzudecken. Was das rechtliche Verhältnis des Model Law on Electronic Signatures zum Model Law on Electronic Commerce betrifft, wird klargestellt, dass, obwohl das zweite Modellgesetz als eine erweiterte Version des ersten Modellgesetzes erlassen werden könnte, es ein eigenständiges „Rechtsinstrument" darstellt[110].

Der Anwendungsbereich des Modellgesetzes beschränkt sich auf die Verwendung elektronischer Signaturen im kommerziellen Gebiet, was aber weit ausgelegt werden soll. Das Gesetz will zudem die gesetzlichen Verbraucherschutzregeln nicht beeinträchtigen[111]. Die Vorschrift des Art. 1 stimmt daher mit Art. 1 des Modellgesetzes zum elektronischen Geschäftsverkehr überein. Die Staaten sollen allerdings in keinster Weise von der Ausdehnung des Anwendungsbereichs des Modellgesetzes abgehalten werden[112]. Gleichwohl sollen die Parteien hinsichtlich der Anwendung des Modellgesetzes weitgehende Freiheit haben. Gemäß Art. 5 sind die Regelungen des Modellgesetzes ius dispositivum, soweit das anwendbare nationale Recht nichts anders bestimmt. Die Parteien sind somit frei, die Anforderungen an die zwischen ihnen eingesetzten elektronischen Signaturen vertraglich zu heben oder zu senken. Laut Art. 5 werden zwingende nationale Bestimmungen die Grenze der Parteiautonomie darstellen.

Was die Auslegung des Modellgesetzes im Konfliktfall betrifft, legt Art. 4 (1) fest, dass diese unter Berücksichtigung des internationalen Ursprungs des Modellgesetzes und des Grundsatzes von Treu und Glauben erfolgen soll; die Notwendigkeit der Schaffung von Uniformität soll ebenfalls ein Kriterium dazu

---

[107] Guide to Enactment of the UNCITRAL Model Law on Electronic Signatures, Nr. 5.

[108] Guide to Enactment of the UNCITRAL Model Law on Electronic Signatures, Nr. 4.

[109] Vgl. Guide to Enactment of the UNCITRAL Model Law on Electronic Signatures, Nr. 69.

[110] Guide to Enactment of the UNCITRAL Model Law on Electronic Signatures, Nr. 65.

[111] Art. 1 S. 2 UNCITRAL Model Law on Electronic Signatures; vgl. Guide to Enactment of the UNCITRAL Model Law on Electronic Signatures, Nr. 91.

[112] Guide to Enactment of the UNCITRAL Model Law on Electronic Signatures, Nr. 91.

sein[113]. Soweit das Modellgesetz etwaige in ihrem Zusammenhang auftretende Fragen nicht ausdrücklich klärt, sind diese im Einklang mit den allgemeinen Grundsätzen des Modellgesetzes zu klären, Art. 4 (2).

3. *Definitionen – Technologieneutralität*

Die allgemeinen Grundsätze des Modellgesetzes zum elektronischen Geschäftverkehr sind im neuen Modellgesetz wieder hervorgebracht worden. Insoweit sollte das Model Law on Electronic Signatures im Einklang mit dem technologieneutralen Ansatz des Model Law on Electronic Commerce stehen und insbesondere die Nutzung verschiedener Signaturverfahren nicht entmutigen[114].

In Art. 2 werden die wichtigsten Begriffe legal definiert. So definiert Art. 2 (a) die elektronische Signatur als „Daten in elektronischer Form, die einer Datennachricht beigefügt oder logisch mit dieser verknüpft sind, die zur Identifikation des Unterzeichners bezüglich dieser Datennachricht verwendet werden können und die Zustimmung des Unterzeichners zu den in der Datennachricht enthaltenen Informationen zum Ausdruck bringen[115]. Die Definition der elektronischen Datennachrichten in Art. 2 (c) wurde von der „data message" Definition des Art. 2 (a) Modellgesetz zum elektronischen Geschäftverkehr übernommen. „Unterzeichner" ist gemäß Art. 2 (d) eine Person, die Signaturerstellungsdaten verfügt und entweder im eigenen oder im fremden Namen handelt. Die Definitionen der Begriffe „Zertifikat" und „Zertifizierungsdiensteanbieter" stimmen im Wesentlichen mit den entsprechenden Definitionen der SigRL überein. Es ist hervorzuheben, dass im Modellgesetz keine spezielle Regelung über digitale Signaturen vorgesehen ist.

Wie schon aus der Definition der elektronischen Signatur hervorgeht, wurde im Modellgesetz - wie auch bei der SigRL - rechtstechnisch das Prinzip der Technologieneutralität gefolgt. Dementsprechend wird in Art. 3 die rechtliche Gleichbehandlung der verschiedenen Signaturverfahren geregelt, solange sie die Anforderungen des Art. 6 erfüllen[116]. Dies bedeutet, dass weder elektronisch signierte Datennachrichten im Verhältnis zu eigenhändig unterschriebenen Pa-

---

[113] Artikel 4 wurde vom Artikel 3 des UNCITRAL Model Law on Electronic Commerce übernommen, welcher seinerseits vom Artikel 7 der United Nations Convention on Contracts for the International Sale of Goods angefeuert ist.

[114] Guide to Enactment of the UNCITRAL Model Law on Electronic Signatures, Nr. 5, 107.

[115] Anders als in Art. 2 (a) UNCITRAL Uniform Rules on Electronic Signatures Draft, verzichtet das Modellgesetz über elektronische Signaturen auf die Definition unterschiedlicher Signaturarten.

[116] Obwohl das Gesetz auf dem Ansatz der Technologieneutralität basiert, verweist es in einigen Bestimmungen auf die allein für Public-Key-Verfahren relevanten Zertifizierungsdienste; vgl. z.B. Art. 9 UNCITRAL Model Law on Electronic Signatures.

pierdokumenten, noch unterschiedliche Typen elektronisch signierter Datennachrichten unterschiedlich behandelt werden dürfen, solange sie die Anforderungen des Art. 6 erfüllen[117].

4. Rechtsfolgen elektronischer Signaturen

Art. 6, welcher elektronische Signaturen der eigenhändigen Unterschrift gleichstellt, entspricht der Formulierung des Art. 7 Modellgesetz zum elektronischen Geschäftsverkehr. Nach Art. 6 (1) und (2) sollen elektronische Signaturen, die eine für den Zweck der signierten Datennachricht angemessene Sicherheit aufweisen, das gesetzliche (Absatz 1) oder gewillkürte (Absatz 2) Unterschriftserfordernis erfüllen. In Art. 6 (3) wird diesbezüglich eine vermutungsähnliche Regelung aufgestellt, wonach eine elektronische Signatur als verlässlich i.S.d. Art. 6 (1) anzusehen ist, wenn (a) die Signaturerstellungsdaten ausschließlich dem Unterzeichner zugeordnet sind; (b) die Signaturerstellungsdaten im Zeitpunkt der Signierung unter der alleinigen Kontrolle des Unterzeichners standen; (c) jede nachträgliche Veränderung der Signatur erkannt werden kann; (d) dort, wo der Zweck eines gesetzlichen Unterschriftserfordernisses darin besteht, Sicherheit hinsichtlich der Integrität der Informationen, auf die sie sich bezieht zu schaffen, jede nachträgliche Veränderung der Informationen erkannt werden kann. Mit welcher Technik diesen Anforderungen gerecht wird, ist vom Modellgesetz offen gelassen[118]. Ob das Kriterium der Zuverlässigkeit nach Art 6 (1) als Vermutung oder als materiell-rechtliche Regelung normiert wird, wird ebenfalls dem nationalen Gesetzgeber überlassen[119]. Art. 6 (4) stellt klar, dass Art. 6 (3) nicht die Möglichkeiten beschränken soll, einerseits auf jede andere Weise die Zuverlässigkeit einer elektronischen Signatur nachzuweisen und andererseits Beweis dafür anzutreten, dass eine elektronische Signatur nicht verlässlich ist. Art. 7 ermöglicht den das Modellgesetz übernehmenden Staaten, eine Stelle zu bestimmen, welche die Befugnis hat, die Arten von elektronischen Signaturen festzulegen, die die Anforderungen des Art. 6 erfüllen, dies ist jedoch nicht zwingend. Jedenfalls bleibt das Recht der Parteien erhalten, vor einem Gericht oder einem Schiedsgericht darzulegen, dass das Verfahren, das sie verwendet haben, die Anforderungen des Art. 6 erfüllt, auch wenn dies nicht ex ante geprüft wurde[120].

---

[117] Guide to Enactment of the UNCITRAL Model Law on Electronic Signatures, Nr. 107.

[118] Art. 3 UNCITRAL Model Law on Electronic Signatures.

[119] Guide to Enactment of the UNCITRAL Model Law on Electronic Signatures, Nr. 118; vgl. auch *Blum*, K&R 2000, S. 66.

[120] Guide to Enactment of the UNCITRAL Model Law on Electronic Signatures, Nr. 133.

5. Verhaltenspflichten der Beteiligten

Das Modellgesetz stellt in Art. 8, 9 und 11 eine Reihe von Verhaltenspflichten für Unterzeichner, Zertifizierungsdiensteanbieter und Empfänger einer signierten Datennachricht auf. Die Artikel sind so konzipiert worden, um einen minimalen „Verhaltenskodex" der verschiedenen Parteien auszudrücken[121]. Grundsätzlich sollen die Beteiligten mit angemessener Sorgfalt handeln und Missbrauch verhindern bzw. aufdecken.

Die grundlegende Verpflichtung des Unterzeichners ist es, einen unberechtigten Gebrauch seiner Signaturerstellungsdaten mit angemessener Sorgfalt zu verhindern (Art. 8 Abs.1 (a)). Darüber hinaus hat er jede Person, die sich vernünftigerweise aus seiner Sicht auf seine elektronische Signatur verlassen könnte, ohne ungebührliche Verzögerung mit angemessener Sorgfalt zu benachrichtigen, wenn seine Signaturerstellungsdaten kompromittiert wurden oder ein erhebliches entsprechendes Risiko einer Kompromittierung besteht. Bei dieser Mitteilungspflicht ist der Kreis der zu benachrichtigenden Personen schwer abzuschätzen. Es wäre jedoch übermäßig beschwerlich, vom Unterzeichner zu verlangen, jede Person zu benachrichtigen, die sich auf die Signatur verlassen könnte. Der Begriff „reasonable efforts" sollte also im Licht des in Art. 4 (1) enthaltenen allgemeinen Grundsatzes des guten Glaubens ausgelegt werden[122]. Wenn ein Zertifikat zur Unterstützung der elektronischen Signatur zum Einsatz kommt, muss der Unterzeichner für die Genauigkeit und Vollständigkeit der darin enthaltenen Angaben gewährleisten. Kommt der Unterzeichner diesen Anforderungen nicht nach, haftet er hierfür gemäß Art. 8 Abs. 2 UNCITRAL-Modellgesetz. Das Modellgesetz legt allerdings die Konsequenzen und die Grenzen der Haftung nicht fest, sondern überlässt dies dem nationalen Recht[123].

Sofern Zertifizierungsdiensteanbieter Dienste anbietet, die eine rechtswirksame elektronische Signatur unterstützen, müssen sie nach Art. 9

- in Übereinstimmung mit den Angaben hinsichtlich ihrer Taktiken und Praktiken (Certification Practice Statement) handeln;
- in angemessener Sorgfalt die Genauigkeit und Vollständigkeit aller für das Zertifikat während seiner Gültigkeitsdauer relevanten oder in das Zertifikat einbezogenen Angaben gewährleisten;
- den auf Signaturen vertrauenden Parteien auf angemessene Weise zugängliche Mittel zur Verfügung stellen, um das Zertifikat zu überprüfen[124];

[121] Guide to Enactment of the UNCITRAL Model Law on Electronic Signatures, Nr. 137.
[122] Guide to Enactment of the UNCITRAL Model Law on Electronic Signatures, Nr. 139.
[123] Guide to Enactment of the UNCITRAL Model Law on Electronic Signatures, Nr. 141.
[124] Vgl. Art. 9 (c) und (d) UNCITRAL Model Law on Electronic Signatures.

- für die Vertrauenswürdigkeit ihrer eingesetzten Systeme, Verfahren und Arbeitskräfte sorgen. Diese Anforderungen des Art. 9 (f) werden in Art. 10 präzisiert.

Gemäß Art. 9 Abs. 2 ist der Zertifizierungsdiensteanbieter für die Einhaltung der gesetzlichen Anforderungen haftbar. Wie Art. 8 Abs. 2 bleibt auch hier die Ausgestaltung der Folgen einer etwaigen Haftung dem nationalen Recht überlassen.

Art. 2 (f) führt den Begriff „vertrauende Partei" ein. Dieser umfasst jede Partei, die auf eine elektronische Signatur vertrauen könnte, also sowohl Vertragspartner und nicht Vertragspartner des Unterzeichners als auch den Zertifizierungsdiensteanbieter selbst[125]. Die vertrauende Partei ist gemäß Art. 11 dafür verantwortlich, dass sie durch angemessene Schritte die Zuverlässigkeit einer elektronischen Signatur und gegebenenfalls die Gültigkeit, Suspendierung oder Sperrung eines Zertifikats überprüft. Unterlässt sie dies, hat sie die rechtlichen Konsequenzen zu tragen[126].

6. Die Anerkennung ausländischer Zertifikate und elektronischer Signaturen

Ausländische Zertifikate und elektronische Signaturen dürfen gemäß Art. 12 (1) nicht auf Grund ihrer geographischen Herkunft oder dem Ort der Niederlassung des Zertifizierungsdiensteanbieters diskriminiert werden. Solange eine ausländische elektronische Signatur oder ein Zertifikat ein mit inländischen Signaturen bzw. Zertifikaten vergleichbares Maß an Zuverlässigkeit aufweist, so sollen sie dieselben Rechtsfolgen haben (Art. 12 (2) und (3)). Zur Beurteilung der Sicherheit sind internationale Standards heranzuziehen. Vereinbaren die Parteien, im internationalen Verkehr bestimmte Signaturen oder Zertifikate zu verwenden, so soll diese Vereinbarung für die grenzüberschreitende Anerkennung ausreichend sein, Art. 12 (5).

7. Verbreitung des Modellgesetzes

Die UNCITRAL gibt bekannt, dass per 01.12.2006 nur China, Thailand, Mexiko und Viet Nam Signaturgesetze auf der Grundlage des Modellgesetzes erlassen haben[127]. Der Grund der noch beschränkten Verbreitung des Modellgesetzes

---

[125] Guide to Enactment of the UNCITRAL Model Law on Electronic Signatures, Nr. 150.

[126] Normen mit Verbraucherschutzzweck sind explizit ausgenommen. Gemäß Art. 1 S. 2 ist das Modellgesetz nicht dazu bestimmt irgendwelche Regelungen zum Schutz der Verbraucher zu verdrängen.

[127] Vgl. <http://www.uncitral.org/uncitral/en/uncitral_texts/electronic_commerce/2001Model_status.html>.

liegt darin, dass zahlreiche Rechtsordnungen wie die USA und die EU bereits vor die Verabschiedung des Modellgesetzes Gesetze bzw. Richtlinien über die elektronische Signaturen erlassen haben. Welche zukünftige Verbreitung dem Modellgesetz zukommen wird, ist derzeit nicht absehbar.

Kapitel 3. Richtlinie 1999/93/EG des Europäischen Parlaments und des Rates vom 13. Dezember 1999 über gemeinschaftliche Rahmenbedingungen für elektronische Signaturen

A. Hindergrund und Ziel

Die Richtlinie 1999/93/EG des Europäischen Parlaments und des Rates vom 13. Dezember 1999 über gemeinschaftliche Rahmenbedingungen für elektronische Signaturen (nachfolgend: SigRL) ist am 19. Dezember 1999 mit der Veröffentlichung im Amtsblatt in Kraft getreten[128]. Ihre Entstehung wurde maßgeblich vom deutschen Signaturgesetz und von den einschlägigen Gesetzen in den USA beeinflusst.

Die Initiativen betreffend die Erlassung einer Signaturrichtlinie begannen im Jahre 1997 in Form von Mitteilungen der Kommission mit den Titeln „Europäische Initiative für den elektronischen Geschäftsverkehr“[129] und „Sicherheit und Vertrauen in elektronische Kommunikation – Ein europäischer Rahmen für digitale Signaturen und Verschlüsselung“[130]. Die Kommission verdeutlichte dort die Gefahren für den elektronischen Handel und den Binnenmarkt, sollte nicht ein einheitlicher Rahmen für die Verwendung elektronischer Signaturen gefunden werden. Die Kommission, die am 01.12.1997 vom Rat dafür beauftragt wurde, legte am 13. Mai 1998 den „Vorschlag für eine Richtlinie des Europäischen Parlaments und des Rates über gemeinsame Rahmenbedingungen für elektronische Signaturen“ vor, der eine einheitliche Rechtsgrundlage für die Mitgliedstaaten der EU schaffen sollte[131]. Nach offizieller Vorlage folgten Stellungnahmen des Wirtschafts- und Sozialausschusses[132] und des Ausschusses der Regionen[133]. Am 13. Januar 1999 befürwortete und billigte das Parlament in 1. Lesung den Vorschlag der Kommission, jedoch mit 32 Änderungsvorschlägen[134].

---

[128] Die Umsetzungsfrist ist am 19.07.2001 abgelaufen.
[129] KOM (97) 157 vom 16.04.1997.
[130] KOM (97) 503 vom 08.10.1997.
[131] KOM (98) 297 vom 13.05.1998.
[132] Stellungnahme des Wirtschafts- und Sozialausschusses, ABl. EG Nr. C 40 vom 15.02. 1999.
[133] Stellungnahme des Ausschusses der Regionen zu dem „Vorschlag für eine Richtlinie des Europäischen Parlaments und des Rates über gemeinsame Rahmenbedingungen für elektronische Signaturen“, ABl. EG Nr. C 93 vom 06.04.1999.
[134] S. hierzu *Roßnagel*, MMR 1999, S. 262.

Die Kommission hat die Mehrzahl der Änderungen in den geänderten Vorschlag[135] ohne weitere Korrekturen übernommen. Am 22.04.1999 legte der Europäische Rat den Gemeinsamen Standpunkt für die Richtlinie fest, der dem Europäischen Parlament zur Behandlung in 2. Lesung übermittelt wurde. Schließlich wurde der Vorschlag am 30.11.1999 durch den Rat angenommen. Die Richtlinie wurde am 13.12.1999 erlassen und trat am 19.01.2000 in Kraft[136]. Sie war gemäß Art. 12 innerhalb von 18 Monaten, nämlich bis 19.07.2001 umzusetzen[137].

Die Richtlinie verfolgt einen doppelten Zweck[138]: Sie hat das Ziel, die Verwendung elektronischer Signaturen zu erleichtern und zu ihrer rechtlichen Anerkennung beizutragen[139]. Zu diesem Zweck legt sie rechtliche Rahmenbedingungen für elektronische Signaturen und für bestimmte Zertifizierungsdienste fest, um das Vertrauen der Nutzer in die Sicherheit des Internet zu stärken[140]. Was das erste Ziel der SigRL betrifft, ist Art. 1 SigRL umsichtig formuliert. Die Richtlinie enthält keine allumfassende Regulierung elektronischer Signaturen, sondern sie zielt nur darauf ab, ihre Verwendung zu „erleichtern". Darüber hinaus hat die SigRL nicht vor, die ganze Problematik der rechtlichen Anerkennung elektronischer Signaturen zu lösen. Sie will lediglich dazu „beitragen". Dabei lässt sie durch explizite Regelungen wie in Art. 1 Abs. 2 oder Art. 3 Abs. 7 erhebliche Gestaltungsspielräume, die allerdings unter Wahrung der Ziele der SigRL und nicht zur Verfolgung eigener nationaler Interessen zu nutzen sind. Sie sollen dabei die Umsetzung der Richtlinie entsprechend den bestehenden Strukturen des jeweiligen Rechtssystems ermöglichen.

Durch die Schaffung eines harmonisierten rechtlichen Rahmens für die Verwendung elektronischer Signaturen in der Europäischen Gemeinschaft wird versucht, das reibungslose Funktionieren des Binnenmarktes zu gewährleisten. Denn divergierende Regeln über die rechtliche Anerkennung elektronischer Signaturen und die Akkreditierung von Zertifizierungsdiensteanbietern in den Mitgliedstaaten können ein ernsthaftes Hindernis für die elektronische Kommunika-

[135] KOM (99) 195 vom 29.04.1999.

[136] Zu der Entstehungsgeschichte der SigRL vgl. auch *Roßnagel*, in Geis, Die digitale Signatur, S. 195 f.; *ders.*, in Ehlers/Wofgangl/Pünder, Rechtsfragen, S. 59 ff.; *ders.*, MMR 1998, S. 331, *ders.*, MMR 1999, S. 261. S. auch *Brisch*, CR 1998, S. 492; *Geis*, MMR 1998, S. 236; *Gravesen/Dumortier/van Eecke*, MMR 1999, S. 577; *Neuser*, MMR 1999, S. 67; *Schlechter*, K&R 1998, S. 147; *Schumacher*, CR 1998, S. 760 f.

[137] Ausführlich über die unterschiedlichen Umsetzungen der Mitgliedstaaten *Dumortier/Kelm/Nilsson/Skouma/Van Eecke*, Electronic Signatures in Europe, S. 1 ff.

[138] *Dumortier/Kelm/Nilsson/Skouma/Van Eecke*, Electronic Signatures in Europe, S. 27.

[139] Art. 1 Abs. 1 SigRL. S. hierzu *Dumortier*, in *Lodder/Kaspersen*, eDirectives, S. 40 ff.

[140] SigRL 1999/93, Erwägungsgrund 4.

tion und den elektronischen Geschäftsverkehr darstellen[141]. Die SigRL beschränkt sich nicht ausdrücklich auf den elektronischen Geschäftsverkehr; es werden daher auch Erklärungen erfasst, welche nicht dem Vertragsabschluss dienen. Weiterhin erstreckt sie sich auf die Verwendung und rechtliche Anerkennung elektronischer Signaturen in offenen Netzen[142]; ausgespart sind somit elektronische Signaturen, die im Rahmen eines geschlossenen Systems verwendet werden. In dieser Hinsicht sollten die Geschäftspartner im Rahmen des jeweiligen innerstaatlichen Rechts selbst vereinbaren können, inwieweit sie elektronischen Signaturen in ihren Geschäftsbeziehungen rechtliche Wirksamkeit beimessen wollen.

Nach Art. 1 Abs. 2 SigRL sind Aspekte im Zusammenhang mit dem Abschluss und der Gültigkeit von Verträgen oder anderen rechtlichen Verpflichtungen, für die nach einzelstaatlichem Recht oder Gemeinschaftsrecht Formvorschriften zu erfüllen sind, nicht erfasst. Erwägungsgrund 17 stellt in diesem Zusammenhang klar, dass die SigRL nicht darauf abzielt „nationales Vertragsrecht, insbesondere betreffend den Abschluss und die Erfüllung von Verträgen, oder andere, außervertragliche Formvorschriften bezüglich der Unterschriften zu harmonisieren".

Kernelement der SigRL ist weiterhin die Gewährleistung der Interoperabilität von Produkten für elektronische Signaturen. Es sind grundlegende Anforderungen zu erfüllen, die speziell für Produkte für elektronische Signaturen gelten, um so den freien Verkehr im Binnenmarkt zu gewährleisten und das Vertrauen in elektronische Signaturen zu fördern.

B. Grundsätze der Richtlinie – Vorschriften der SigRL

Da bereits eine Vielzahl unterschiedlicher Authentifizierungsverfahren existiert und noch mehr zu erwarten sind, wurde bei der SigRL ein technologieneutraler Ansatz bevorzugt[143]. Die rasche technologische Entwicklung und der globale Charakter des Internet erfordern ein Konzept, das verschiedenen Technologien und Dienstleistungen im Bereich der elektronischen Authentifizierung offen steht. Dieser Ansatz soll gewährleisten, dass die SigRL nicht nur auf die zurzeit sicherste Art der elektronischen Signatur - nämlich die Technik der digitalen Signatur – anwendbar ist, sondern auch andere Signaturverfahren erfasst.

---

[141] SigRL 1999/93, Erwägungsgrund 4 und 5.

[142] SigRL 1999/93, Erwägungsgrund 16.

[143] Vgl. nur *Baker/Yeo*, ILPF Survey of International Electronic and Digital Signature Initiatives, Kapitel IB, abrufbar unter <http://www.ilpf.org/groups/survey.htm> (zuletzt 01.12.2006).

Die SigRL beruht auf den folgenden Prinzipien:

- Das Prinzip der Technologieneutralität: Die Richtlinie orientiert sich zwar an der digitalen Signatur und der PKI-Authentifizierungsverfahren[144], steht aber offen zu anderen Authentifizierungsverfahren[145]. Die sehr breite Legaldefinition des Terminus „elektronische Signatur" spiegelt diese technologieneutrale Ausrichtung der SigRL wider: Daten in elektronischer Form, die anderen elektronischen Daten beigefügt oder logisch mit ihnen verknüpft sind und die zur Authentifizierung dienen[146]. Die Begriffsauswahl „elektronische Signatur" soll gewährleisten, dass zukünftige technologische Entwicklungen auch vom Anwendungsbereich der SigRL abgedeckt werden[147]. Es ist hervorzuheben, dass der Begriff „digitale Signatur" im verbindlichen Richtlinientext nicht erwähnt wird[148].
- Das Verbot jeglicher ex ante-Genehmigungsverfahren[149]: Um das gemeinschaftsweite Anbieten von Zertifizierungsdiensten zu fördern, legt die SigRL fest, dass Anbieter von Zertifizierungsdiensten ihre Arbeit ungehindert ohne vorherige Genehmigung bereitstellen können[150]. Dabei stellt Erwägungsgrund 10 der Richtlinie klar, dass hier unter vorheriger Genehmigung nicht nur eine Erlaubnis zu verstehen ist, wonach der betreffende Zertifizierungsdiensteanbieter einen ausdrücklichen Bescheid der einzelstaatlichen Stellen einholen muss, bevor er seine Zertifizierungsdienste erbringen darf. Ebenso untersagt sind in ihrer Wirkung einem Genehmigungsverfahren gleichkommende Maßnahmen. Die vom deutschen und griechischen Gesetzgeber vorgesehene Anzeigepflicht ist allerdings keine mit einem Genehmigungsverfahren vergleichbare Maßnahme, denn die Zertifizierungsdiensteanbieter müssen nicht auf eine behördliche Genehmigung warten. Vielmehr gibt es keine Wartezeit für eine Prüfung vor Betriebsaufnahme.
- Das Prinzip der Anerkennung der Rechtswirkung elektronischer Signaturen: Gemäß Art. 5 Abs. 2 SigRL darf die rechtliche Wirksamkeit einer elektronischen Signatur und ihre Zulässigkeit als Beweismittel in Gerichtsverfahren nicht allein deshalb abgesprochen werden, weil sie in elektronischer Form vorliegt. Des Weiteren regelt die SigRL im Kern die Anforde-

[144] Vgl. nur *Murray*, JILT 2003 (1), unter 6. <http://www2.warwick.ac.uk/fac/soc/law/elj/jilt/2003_1/murray/>.
[145] SigRL 1999/93, Erwägungsgrund 8; vgl. *Dumortier*, in Lodder/Kaspersen, eDirectives, S. 33.
[146] Art. 2 Nr. 1 SigRL.
[147] *Büllesbach/Miedbrodt*, CR 2000, S. 752. Kritisch zur Technologieneutralität der SigRL *Roßnagel*, in Geis, Die digitale Signatur, S. 203 ff. S. ebenso *Gravesen/Dumortier/van Eecke*, MMR 1999, S. 585.
[148] Vgl. aber SigRL 1999/93, Erwägungsgrund 5.
[149] Art. 3 Abs. 1 SigRL.
[150] SigRL 1999/93, Erwägungsgrund 10.

rungen an eine sichere Infrastruktur für elektronische Signaturen, die der handschriftlichen Unterschrift nach Art. 5 Abs. 1 SigRL gleichzustellen sind. Rechtliche Anerkennung in diesem Zusammenhang bedeutet, dass elektronische Signaturen, die auf einem qualifizierten Zertifikat beruhen, das von einem Zertifizierungsdiensteanbieter ausgestellt wurde, der den in Anhang II niedergelegten Anforderungen genügt, der Schriftform genügen und in Gerichtsverfahren in gleicher Weise wie handschriftliche Unterschriften als Beweismittel zugelassen sind.

I. Art. 1 - Anwendungsbereich

Die SigRL soll nach Art. 1 die Verwendung elektronischer Signaturen erleichtern und zu ihrer rechtlichen Anerkennung beitragen. Sie legt rechtliche Rahmenbedingungen für elektronische Signaturen fest, damit das reibungslose Funktionieren des Binnenmarktes gewährleistet ist. Da für die Nutzung von Signaturverfahren und das Anbieten von Zertifizierungsdiensten auch technische Komponenten nötig sind, befasst die SigRL auch mit diesen[151]. Die SigRL regelt allerdings nicht sämtliche Zertifizierungsdienste, sondern der jeweilige nationale Gesetzgeber wird in Erwägungsgrund 9 aufgerufen, sich bei der Definition von Produkten und Diensten bezüglich elektronischer Signaturen nicht nur an der Ausstellung und Verwaltung von Zertifikaten zu orientieren. Vielmehr sollen die Mitgliedstaaten alle sonstigen Dienste berücksichtigen. So werden beispielsweise Registrierungsdienste, Zeitstempeldienste, Verzeichnisdienste, Recherchedienste und Beratungsdienste erwähnt.

Wie schon in Erwägungsgrund 17 angedeutet, werden durch die Richtlinie weder Aspekte im Zusammenhang mit dem Abschluss und der Gültigkeit von Verträgen oder anderen rechtlichen Verpflichtungen, für die nach einzelstaatlichem Recht oder Gemeinschaftsrecht Formvorschriften zu erfüllen sind, erfasst, noch werden im einzelstaatlichen Recht oder im Gemeinschaftsrecht vorgesehene Regeln und Beschränkungen für die Verwendung von Dokumenten berührt[152].

Es ist daran zu erinnern, dass die auf freiwillige privatrechtliche Vereinbarung zwischen einer bestimmten Anzahl von Teilnehmern beruhenden Systeme, die so genannten „geschlossenen Systeme“ wie z.B. Intranets, von der SigRL nicht berührt werden[153].

---

[151] *Roßnagel*, in Geis, Die digitale Signatur, S. 201.
[152] Art. 1 Abs. 2 SigRL.
[153] SigRL 1999/93, Erwägungsgrund 16.

II. Art. 2 – Definitionen

Die in der SigRL verwendeten Fachbegriffe werden in Art. 2 im Einzelnen definiert. In Anlehnung an die Technikoffenheit der Richtlinie sind die Begriffe technologieneutral formuliert.

1. Elektronische Signatur

Unter „elektronischer Signatur" versteht Art. 2 Nr. 1 SigRL „ Daten in elektronischer Form, die anderen elektronischen Daten beigefügt oder logisch mit ihnen verknüpft sind und die zur Authentifizierung dienen". Diese Begriffsbestimmung weißt große Ähnlichkeit mit dem entsprechenden Begriff in Art. 2 (a) UNCITRAL Model Law on Electronic Signatures auf. Das entscheidende Merkmal ist, dass die verwendeten Daten zur Authentifizierung dienen. Hierunter fallen sämtliche elektronischen Authentifizierungsverfahren, die den Aussteller einer elektronischen Datei identifizieren können, ohne die Integrität der Datei und eine zuverlässige Prüfung der Urheberschaft zu gewährleisten. An solche „einfachen" elektronischen Signaturen werden keinerlei Sicherheitsanforderungen gestellt[154]. Eine eingescannte Unterschrift, die jederzeit gefälscht oder entfernt werden kann, oder die einfache Erwähnung des Namens des Herstellers in einer E-Mail reicht bereits aus[155], um die Anforderungen zu erfüllen[156].

Eine „fortgeschrittene elektronische Signatur" ist nach Art. 2 Nr. 2 SigRL eine elektronische Signatur im oben genannten Sinne, die folgende vier Anforderungen erfüllt:
a) Sie ist ausschließlich dem Unterzeichner zugeordnet;
b) sie ermöglicht die Identifizierung des Unterzeichners;
c) sie wird mit Mitteln erstellt, die der Unterzeichner unter seiner alleinigen Kontrolle halten kann;
d) sie ist so mit den Daten, auf die sie sich bezieht, verknüpft, dass eine nachträgliche Veränderung der Daten erkannt werden kann.

Dabei ist der „Unterzeichner" eine Person, die eine Signaturerstellungseinheit besitzt und die entweder im eigenen Namen oder im Namen der von ihr vertretenen Stelle oder juristischen oder natürlichen Person handelt; der Begriff „Unterzeichner" ist offensichtlich deswegen gewählt, weil der Gemeinschaftsgesetzgeber die Funktion der elektronischen Signatur als elektronischen Ersatz einer konventionellen Unterschrift unterstreichen wollte. Diese Definition ist insoweit problematisch, als sie den Eindruck erweckt, es handle sich um die Person, die

---

[154] *Roßnagel*, in Ehlers/Wofgangl/Pünder, Rechtsfragen, S. 63.
[155] Vgl. *Blum*, DuD 2001, S. 71; *Geis*, MMR 2000, S. 669.
[156] A.A. allerdings *Christodoulou*, S. 64 f.

die elektronische Signatur erzeugt. In Wirklichkeit ist der Signaturschlüssel-Inhaber gemeint[157].

2. Signaturerstellungs- und Signaturprüfdaten

Das wesentliche Merkmal der Definition des „Unterzeichners" ist der Besitz einer Signaturerstellungseinheit. Hierbei handelt es sich um die zur Implementierung der Signaturerstellungsdaten konfigurierte Software oder Hardware, Art. 2 Nr. 5 SigRL. Unter „Signaturerstellungsdaten" sind Daten wie Codes oder der private kryptographische Schlüssel zu verstehen, die vom Unterzeichner zur Erstellung einer elektronischen Signatur verwendet werden und unter allen Umständen geheim zu halten sind. Die Signaturerstellungseinheit besteht also aus dem privaten Schlüssel, der i.d.R. auf einer Chipkarte gespeichert ist, und der entsprechenden Software und Hardware. Das Gegenstück zu den Signatur*erstellungs*daten sind die Signatur*prüf*daten. Darunter ist u.a. der öffentliche Schlüssel zu verstehen. Diese Daten sollen der Überprüfung der elektronischen Signatur durch den Signaturempfänger dienen. Gewissermaßen das komplementäre Gegenstück zu der Signaturerstellungseinheit ist die „Signaturprüfeinheit", d.h. eine konfigurierte Software oder Hardware, die zur Implementierung der Signaturprüfdaten verwendet wird, Art. 2 Nr. 8 SigRL.

Auf Grund ihres technikoffenen Ansatzes verwendet zwar die SigRL die technikneutralen Begriffe „Signaturerstellungs- und Signaturprüfdaten", es wird allerdings bei den entsprechenden Definitionen deutlich, dass sich die fortgeschrittene Signatur sich an der asymmetrischen Kryptographie digitaler Signaturverfahren orientiert[158].

3. Zertifikat

Die Zuordnung der Signaturprüfdaten (Signaturschlüssel) zu einer bestimmten Person erfolgt durch ein Zertifikat, eine elektronische Bescheinigung, die die Identifizierung des Unterzeichners ermöglicht[159]. Es handelt sich um eine Art elektronischen Ausweis, mit dem Signaturprüfdaten einer Person zugeordnet werden und die Identität dieser Person bestätigt wird[160]. Diese Verknüpfung von Personen und Signaturprüfdaten, welche durch das Zertifikat erfolgt, ist not-

---

[157] *Dumortier/Kelm/Nilsson/Skouma/Van Eecke*, Electronic Signatures in Europe, S. 31.

[158] Vgl. *Dumortier/Kelm/Nilsson/Skouma/Van Eecke*, Electronic Signatures in Europe, S. 31; - kritisch insoweit *Roßnagel*, in *Lehmann*, Electronic Business, S. 137 Rn. 14, mit dem Hinweis, dass das Konzept der Technologieoffenheit eine Verkomplizierung darstelle und praktisch irrelevant sei.

[159] SigRL 1999/93, Erwägungsgrund 20.

[160] Art. 2 Nr. 9 SigRL.

wendig um das Hauptziel der elektronischen Signatur, nämlich die Authentifizierung von Daten (Art. 1 Nr. 1 SigRL), zu ermöglichen. Die elektronische Signatur bestätigt ihrerseits, dass die Daten vom Inhaber des privaten Signaturschlüssels stammen und auch nicht verändert wurden, während das Zertifikat bestätigt, dass der Inhaber des privaten Signaturschlüssels tatsächlich derjenige ist, der bei der Prüfung als Inhaber aufscheint.

Das Zertifikat wird von einer unabhängigen dritten Stelle, dem Zertifizierungsdiensteanbieter[161], ausgestellt und enthält einige Daten zur Identifikation des Unterzeichners selbst, den ihm zugeordneten öffentlichen Schlüssel und andere Angaben. Der Gemeinschaftsgesetzgeber unterscheidet zwischen einfachen und qualifizierten Zertifikaten. Qualifiziertes Zertifikat ist jenes, das die Anforderungen des Anhangs I erfüllt und von einem Zertifizierungsdiensteanbieter bereitgestellt wird, der die Anforderungen des Anhangs II erfüllt[162].

Weiterhin ist es von großer Bedeutung, ob die Ausstellung von Zertifikaten auf natürliche oder juristische Personen beschränkt wird, insbesondere im Hinblick darauf, dass die nationalen Regelungen im Umfeld des Signaturrechts voneinander abweichen[163]. Dies ist in großem Umfang Sache der Mitgliedstaaten, da die SigRL hierzu keine Regelung trifft.

4. Zertifizierungsdiensteanbieter

Art. 2 Nr. 11 SigRL definiert die Zertifizierungsdiensteanbieter als Stellen oder juristische oder natürliche Personen, die Zertifikate ausstellen oder anderweitige Dienste im Zusammenhang mit elektronischen Signaturen bereitstellen. Es werden zwei Arten von Zertifizierungsdiensteanbietern unterschieden, die „einfachen" und diejenigen, die qualifizierte Zertifikate ausstellen. Die Richtlinie stellt keine Anforderungen an „einfache" Zertifizierungsdiensteanbieter. Anhang II definiert dagegen in allgemeiner Form[164] zwölf Anforderungen an Zertifizierungsdiensteanbieter, die qualifizierte Zertifikate ausstellen. Die Zertifizierungsdienste sollen europaweit ungehindert angeboten werden können[165]. Die Mitgliedstaaten sollen jedoch nach Art. 3 Abs. 3 SigRL ein geeignetes Aufsichtssystem zur Überwachung der in ihrem Hoheitsgebiet niedergelassenen Zertifi-

[161] Die Begriffe „Trusted Third Party", „Certification Authority" oder „Trust Center" sind synonym.
[162] Art. 2 Nr. 10 SigRL.
[163] *Dumortier/Kelm/Nilsson/Skouma/Van Eecke*, Electronic Signatures in Europe, S. 30 f.; vgl. z.B. zur Rechtslage in Großbritannien bei *Reed*, JILT 2000 (3), unter I.1. <http://www2.warwick.ac.uk/fac/soc/law/elj/jilt/2000_3/reed/>.
[164] S. dazu die Kritik von *Roßnagel*, MMR 1999, S. 264.
[165] SigRL 1999/93, Erwägungsgrund 10.

zierungsdiensteanbieter einrichten, die öffentlich qualifizierte Zertifikate ausstellen.

III. Art. 3 – Marktzugang und Zulassungsfreiheit

Art. 3 SigRL normiert den freien Marktzugang für die Zertifizierungsdiensteanbieter. Dieser Grundsatz stellt einen wichtigen Unterschied zum deutschen Rechtsrahmen des SigG 1997 dar, welcher für den Markteintritt der Zertifizierungsdiensteanbieter erhebliche Anforderungen regelte[166]. Die Mitgliedstaaten dürfen nicht die Bereitstellung von Zertifizierungsdiensten von einer vorherigen Genehmigung abhängig machen, Art. 3 Abs. 1 SigRL. Wie schon dargestellt sind ebenso in ihrer Wirkung einer Genehmigungspflicht gleichkommende Maßnahmen, wie etwa eine Vorlagepflicht mit Wartezeit, untersagt. Die bloße Pflicht eines Zertifizierungsdiensteanbieters, die Aufnahme seiner Tätigkeit einer nationalen Behörde anzuzeigen, fällt allerdings nicht unter den Begriff der Genehmigung. Diese Erleichterung für die Zertifizierungsdiensteanbieter hinsichtlich des Marktzugangs soll das gemeinschaftsweite Anbieten von Zertifizierungsdiensten über offene Netze fördern und Verbrauchern und Unternehmern neue Möglichkeiten des sicheren Informationsaustausches und elektronischen Geschäftsverkehrs eröffnen[167].

Praktisch jeder kann insoweit durch bloße Aufnahme der Tätigkeit als Zertifizierungsdiensteanbieter arbeiten. Als Gleichgewicht für das Vertrauensdefizit wegen nicht vorabgeprüfter Zertifizierungsdiensteanbieter wird die Einführung bzw. Beibehaltung freiwilliger Akkreditierungssysteme auf Ebene der Mitgliedstaaten ermöglicht, Art. 3 Abs. 2 SigRL. Diese Wahlmöglichkeit ist vor allem auf Wunsch der Bundesrepublik Deutschland aufgenommen worden[168]. Unter „freiwillige Akkreditierung“ im Sinne des Art. 2 Nr. 13 SigRL ist eine Erlaubnis zu verstehen, mit der die Rechte und Pflichten für die Erbringung von Zertifizierungsdiensten festgelegt werden. Diese Erlaubnis wird auf Antrag des betreffenden Zertifizierungsdiensteanbieters von der öffentlichen oder privaten Stelle erteilt, die für die Festlegung dieser Rechte und Pflichten sowie für die Überwachung ihrer Einhaltung zuständig ist; der Zertifizierungsdiensteanbieter darf die sich aus der Erlaubnis ergebenden Rechte nicht ausüben, bevor er den Bescheid der Stelle erhalten hat. Freiwillige Akkreditierungssysteme zielen auf höherwertige Zertifizierungsdienste ab und räumen den jeweiligen Anbietern besondere Rechte ein[169], wie etwa die Berechtigung, sich im Geschäftsverkehr als akkreditierter Zertifizierungsdiensteanbieter zu bezeichnen, was einen bedeutenden

[166] Vgl. § 4 SigG 1997.
[167] SigRL 1999/93, Erwägungsgrund 10.
[168] *Bröhl/Tettenborn*, S. 27.
[169] SigRL 1999/93, Erwägungsgrund 11.

Werbeffekt mit sich bringt[170]. Die im Rahmen des Akkreditierungssystems aufgestellten Anforderungen müssen allerdings nach Art. 3 Abs. 2 S. 2 SigRL den Grundsätzen von Objektivität, Transparenz, Verhältnismäßigkeit und Nichtdiskriminierung entsprechen. Die Mitgliedstaaten sollen es Anbietern von Zertifizierungsdiensten nicht untersagen, auch ohne freiwillige Akkreditierung tätig zu sein und dürfen die Zahl der akkreditierten Zertifizierungsdiensteanbieter nicht aus Gründen einschränken, die in den Geltungsbereich der SigRL fallen.

1. Überwachung und Kontrolle

Nach Art. 3 Abs. 3 SigRL sind die Mitgliedstaaten verpflichtet, geeignete Infrastruktur zum Zwecke ordnungsgemäßer Kontrolle und Überwachung der in ihrem Hoheitsgebiet niedergelassenen Zertifizierungsstellen, die öffentlich qualifizierte Zertifikate ausstellen, zu schaffen. Im Rahmen eines solchen Aufsichtssystems sind etwa Notifizierungs- oder Registrierungsverfahren sowie regelmäßige Kontrollen zulässig. Die Mitgliedstaaten können dabei entscheiden, wie sie die Überwachung der Einhaltung der Bestimmungen der Richtlinie ausgestalten. Die Überwachungssysteme dürfen auch privatwirtschaftlich organisiert sein[171]. Die Mitgliedstaaten haben also hinsichtlich der Gestaltung des Überwachungssystems einen großen Freiraum. Gemäß Art. 3 Abs. 4 SigRL ist zusätzlich die Übereinstimmung sicherer Signaturerstellungseinheiten mit den Anforderungen des Anhangs III von geeigneten öffentlichen oder privaten Stellen festzustellen.

Die Mitgliedstaaten sind verpflichtet, nur für die Überwachung der Zertifizierungsdiensteanbieter zu sorgen, die Zertifikate an die Öffentlichkeit ausstellen. Der Begriff „öffentlich" wird in der SigRL nicht konkretisiert, wird jedoch von der Kommission so interpretiert, dass Zertifizierungsdiensteanbieter, die Zertifikate an geschlossene Benutzergruppen, wie Intranets oder an einen beschränkten Nutzerkreis ausstellen, nicht erfasst werden[172].

2. Standardisierungsinitiativen

In Anhang II lit. f) und Anhang III SigRL werden die Anforderungen an sichere Produkte für elektronische Signaturen festgelegt. Art. 3 Abs. 5 SigRL eröffnet der Kommission die Möglichkeit der Festlegung von Referenznummern für allgemein anerkannte Normen für Signaturprodukte, welche sodann im Amtsblatt der Europäischen Gemeinschaften zu veröffentlichen sind. Dementsprechend hat die Kommission die Entscheidung 2003/511/EG vom 14. Juli 2003 über die

---

[170] *Dumortier/Kelm/Nilsson/Skouma/Van Eecke*, Electronic Signatures in Europe, S. 38.

[171] SigRL 1999/93, Erwägungsgrund 13.

[172] *Dumortier/Kelm/Nilsson/Skouma/Van Eecke*, Electronic Signatures in Europe, S. 39 und dort Fn. 18.

Veröffentlichung von Referenznummern für allgemein anerkannte Normen für Produkte für elektronische Signaturen getroffen[173]. Entspricht ein Produkt für elektronische Signaturen den Normen des Anhangs der Entscheidung 2003/511/EG, ist davon auszugehen, dass die Anforderungen nach Anhang II lit. f) und Anhang III erfüllt sind, Art. 3 Abs. 5 S. 2 SigRL. Die Entscheidung der Kommission beruht auf der Plattform von CEN (Europäisches Komitee für Normung) und ETSI (Europäisches Institut für Telekommunikationsnormen), die im Rahmen von EESSI (Europäische Initiative zur Normung elektronischer Signaturen) Normen für Produkte für elektronische Signaturen auf der Grundlage der Anforderungen der Anhänge der SigRL entwickelt haben[174].

3. Elektronische Signaturen im öffentlichen Bereich

Elektronische Signaturen werden im öffentlichen Bereich innerhalb der staatlichen und gemeinschaftlichen Verwaltungen und im Kommunikationsverkehr zwischen diesen Verwaltungen sowie zwischen diesen und den Bürgern und Wirtschaftsteilnehmern eingesetzt, z.B. in den Bereichen öffentliche Auftragsvergabe, Steuern, soziale Sicherheit, Gesundheit und Justiz[175]. Weiteren Spielraum räumt die SigRL den Mitgliedstaaten in Art. 3 Abs. 7 SigRL ein[176]. Sie können den Einsatz elektronischer Signaturen im öffentlichen Bereich zusätzlichen Anforderungen unterwerfen, beispielsweise die Langprüfbarkeit elektronischer Signaturen oder die Verwendung von Zertifikaten eines akkreditierten Anbieters. Nach einer Auffassung bezieht sich diese Regelung nur auf „technische Anforderungen..., nicht aber auf rechtlich-formale Anforderungen"[177]. Diese Behauptung lässt sich allerdings aus Art. 3 Abs. 7 SigRL nicht entnehmen[178]. Darüber hinaus sind an die Geltendmachung dieser Möglichkeit be-

---

173 Entscheidung der Kommission vom 14. Juli 2003 über die Veröffentlichung von Referenznummern für allgemein anerkannte Normen für Produkte für elektronische Signaturen gemäß der Richtlinie 1999/93/EG des Europäischen Parlaments und des Rates (2003/511/EG), ABl. EG Nr. L 175 vom 15. 07.2003.

174 CWA — CEN „Workshop Agreement" und ETSI TS — ETSI technical specification.

175 SigRL 1999/93, Erwägungsgrund 19.

176 Teilweise wird die Meinung vertreten, dass Art. 3 Abs. 7 SigRL den öffentlichen Bereich aus dem Geltungsbereich der Richtlinie ausnimmt, weil die Europäische Gemeinschaft für diesen Bereich keine Kompetenz habe; so *Roßnagel*, K&R 2000, S. 321; *ders.*, DÖV 2001, S. 225. Wäre allerdings der öffentliche Bereich aus dem Geltungsbereich der SigRL ausgenommen, würde der Binnenmarkt durch unterschiedliche nationale Signaturregulierung in der Verwaltung stark beeinträchtigt (vgl. SigRL 1999/93, Erwägungsgrund 7). Die SigRL wird deswegen ausdrücklich auf Art. 95 EGV gestützt, wonach die Gemeinschaft die Befugnis zur Harmonisierung mitgliedstaatlicher Rechts- und Verwaltungsvorschriften, die dem Funktionieren des Binnenmarkts entgegenstehen, hat.

177 *Gravesen/Dumortier/van Eecke*, MMR 1999, S. 580. Ähnlich *Dumortier/Kelm/Nilsson/Skouma/Van Eecke*, Electronic Signatures in Europe, S. 5, 11 und 41.

178 Ausführlich *Schreiber*, Elektronisches Verwalten, S. 111 f.

stimmte Bedingungen geknüpft, die eng auszulegen sind. Diese Anforderungen müssen objektiv, transparent, verhältnismäßig und nicht diskriminierend sein. Diese den Mitgliedstaaten angebotene Möglichkeit wird jedoch in Art. 3 Abs. 7 S. 1 SigRL eingeschränkt. Hiernach dürfen die Bürger durch solche zusätzlichen Anforderungen an der Inanspruchnahme grenzüberschreitender Dienste nicht gehindert oder beschränkt werden. Dies bedeutet, dass es sichergestellt werden muss, dass der Bürger sein Signaturverfahren auch im grenzüberschreitenden Rechtsverkehr einsetzen kann.

IV. Art. 4 – Binnenmarktgrundsätze

Der Binnenmarkt ermöglicht es Zertifizierungsdiensteanbietern, grenzüberschreitend tätig zu werden, um ihre Wettbewerbsfähigkeit zu steigern und damit Verbrauchern und Unternehmen ohne Rücksicht auf Grenzen neue Möglichkeiten des sicheren Informationsaustausches und elektronischen Geschäftsverkehrs zu eröffnen[179]. Art. 4 sieht die Einhaltung der Binnenmarktgrundsätze für die Bereitstellung von Zertifizierungsdiensten und Produkten für elektronische Signaturen vor. In dieser Norm findet sich die zentrale Regelung der SigRL im Hinblick auf das Angebot von Zertifizierungsdiensten im Binnenmarkt, denn hier wird das so genannte Herkunftslandprinzip (country of origin-principle) für Zertifizierungsdienste normiert. Das Herkunftslandprinzip hat sich in der Rechtsprechung des EuGH[180] und in der EU-Gesetzgebung[181] zu einem bedeutenden Bestandteil des Binnenmarkts entwickelt. Hiernach wendet jeder Mitgliedstaat auf die in seinem Hoheitsgebiet niedergelassenen Zertifizierungsdiensteanbieter und deren Dienste die innerstaatlichen Bestimmungen an, darf allerdings nicht die Bereitstellung von Zertifizierungsdiensten, die aus anderen Mitgliedstaaten stammen, einschränken. Der Vorteil für die Zertifizierungsdiensteanbieter liegt klar auf der Hand: Sie müssen sich nur nach einer Rechtsordnung richten. Dies hat allerdings die gegenseitige Anerkennung der Zertifizierungsdienste der anderen Mitgliedsstaaten zur Folge.

Der Gemeinschaftsgesetzgeber zielt u.a. auf die grenzüberschreitende, gegenseitige Anerkennung von elektronischen Signaturen und Zertifikaten und ihren Rechtswirkungen sowohl zwischen den Mitgliedstaaten der EU als auch im Verhältnis zu außerhalb der EU stehenden Drittländern ab. Konsequenterweise soll auch die Interoperabilität von Produkten für elektronische Signaturen gefördert werden[182]. Nach Art. 4 Abs. 2 SigRL sollen die Produkte für elektronische

---

[179] SigRL 1999/93, Erwägungsgrund 10.
[180] Vgl. *Dumortier/Kelm/Nilsson/Skouma/Van Eecke*, Electronic Signatures in Europe, S. 36.
[181] Vgl. Art. 3 der Richtlinie über den elektronischen Geschäftsverkehr (ECRL).
[182] SigRL 1999/93, Erwägungsgrund 5.

Signaturen, die den Anforderungen der SigRL entsprechen, frei im Binnenmarkt verkehren.

V. Art. 5 – Rechtswirkung elektronischer Signaturen

Die zentrale und mutigste Regelung der SigRL findet sich in Art. 5. Die oben erwähnte Vorschrift ist der eigentliche Grund für die Verabschiedung dieser Richtlinie: Sie normiert die Rechtswirkungen elektronischer Signaturen im Rechts- und Geschäftsverkehr. Es wird unterschieden zwischen fortgeschrittenen Signaturen auf der Basis qualifizierter Zertifikate unter Einsatz von sicheren Signaturerstellungseinheiten (Art. 5 Abs. 1 SigRL) und sonstigen Signaturen (Art. 5 Abs. 2 SigRL).

1. Art. 5 Abs. 1 – Gleichsetzung

In Art. 5 Abs. 1 SigRL ist die unter Umständen rechtliche Gleichstellung der elektronischen Signatur mit der eigenhändigen Unterschrift festgelegt. Die Mitgliedstaaten haben hiernach dafür Sorge zu tragen, dass fortgeschrittene elektronische Signaturen, die auf einem qualifizierten Zertifikat beruhen und die von einer sicheren Signaturerstellungseinheit nach Art. 2 Nr. 6 SigRL erstellt werden, a) die rechtlichen Anforderungen an eine Unterschrift in Bezug auf in elektronischer Form vorliegende Daten in gleicher Weise erfüllen wie handschriftliche Unterschriften in Bezug auf Urkunden, und b) in Gerichtsverfahren als Beweismittel zugelassen sind.

Die besonderen Form- und Beweiswirkungen der SigRL gelten jedoch nur für die so genannten „fortgeschrittenen elektronischen Signaturen“. Nach Art. 2 Nr. 2 stellt die „fortgeschrittene elektronische Signatur“ eine elektronische Signatur dar, die folgende Anforderungen erfüllt:
a) Sie ist ausschließlich dem Unterzeichner zugeordnet;
b) sie ermöglicht die Identifizierung des Unterzeichners;
c) sie wird mit Mitteln erstellt, die der Unterzeichner unter seiner alleinigen Kontrolle halten kann;
d) sie ist so mit den Daten, auf die sie sich bezieht, verknüpft, dass eine nachträgliche Veränderung der Daten erkannt werden kann.
Nur fortgeschrittene elektronische Signaturen, die auf einem qualifizierten Zertifikat beruhen und die von einer sicheren Signaturerstellungseinheit erstellt werden, sind der eigenhändigen Unterschrift gleichgestellt. Die rechtliche Gleichsetzung elektronischer Signaturen ist dementsprechend an die Erfüllung der in den Anhängen I bis III dargestellten Anforderungen geknüpft. Dadurch wird eine dritte Art von elektronischen Signaturen beschrieben, die im deutschen SigG als „qualifizierte elektronische Signatur“ bezeichnet wird. Der Begriff „qualifi-

zierte elektronische Signatur" ist nicht der SigRL entnommen und ist in der griechischen Signaturgesetzgebung nicht zu finden. Die Anhänge I bis III regeln in anderen Worten die notwendigen Voraussetzungen an die Sicherheitsinfrastruktur für elektronische Signaturen, die der handschriftlichen Unterschrift gleichgesetzt werden können. Anhang I regelt die Anforderungen an qualifizierte Zertifikate. Danach müssen die Zertifikate bestimmte Angaben enthalten, um als „qualifiziert" nach der Richtlinie zu gelten. Im Anhang II sind die Anforderungen an Zertifizierungsdiensteanbieter, die qualifizierte Zertifikate nach Anhang I anbieten, im Anhang III die Anforderungen an die sicheren Signaturerstellungseinheiten geregelt.

Dem Wortlaut zufolge könnte aus dem Art. 5 Abs. 1 a) SigRL der Schluss gezogen werden, dass hieraus eine Umsetzungspflicht für eine elektronische Form besteht, sofern eine „fortgeschrittene elektronische Signatur" vorliegt. Auf der einen Seite sollen einzelstaatliche Formvorschriften wie die des § 126 BGB oder des Art. 160 Abs. 1 grZGB[183] nicht erfasst werden[184], auf der anderen sei die „qualifizierte elektronische Signatur" aber der „handschriftlichen Unterschrift" gleichzustellen. Einzelstaatliche Formvorschriften, die den Abschluss von Verträgen oder die Festlegung des Ortes eines Vertragsabschlusses betreffen, bleiben weiterhin durchaus in Geltung[185]. Die SigRL zielt nicht auf eine Harmonisierung von Formvorschriften der Mitgliedstaaten ab[186]. Harmonisiert wird nur die Zulassung elektronischer Signaturen für den Fall, dass nationale Formvorschriften eine eigenhändige Unterschrift verlangen. Die Harmonisierung von Formvorschriften für elektronische Verträge wird in Art. 9 ECRL geregelt.

Die Vorschrift des Art. 5 Abs. 1 b) SigRL in Bezug auf die Zulassung „qualifizierter" elektronischer Signaturen als Beweismittel zielt in erster Linie auf die in einigen Ländern bekannten Beweismittelbeschränkungen (i.d.R. eine beweisrechtliche Vorschrift, welche zum Beweis von Ansprüchen ab einer bestimmten Höhe eine handschriftlich unterzeichnete Urkunde voraussetzt) und die damit einhergehende Diskriminierung elektronischer Dokumente ab[187]. Die Ansicht,

---

[183] Art. 160 Abs. 1 grZGB: „Wenn durch das Gesetz oder von den Parteien für das Rechtsgeschäft die schriftliche Form vereinbart wurde, muss die Urkunde die eigenhändige Unterschrift des Ausstellers tragen".

[184] SigRL 1999/93, Art. 1 Abs. 2 und Erwägungsgrund 17.

[185] *Dumortier/Kelm/Nilsson/Skouma/Van Eecke*, Electronic Signatures in Europe, S. 27.

[186] *Dumortier/Kelm/Nilsson/Skouma/Van Eecke*, Electronic Signatures in Europe, S. 49 f.; *Gravesen/Dumortier/van Eecke*, MMR 1999, S. 579; *Roßnagel*, K&R 2000, S. 320 f.; vgl. auch *Roßnagel*, in Lehmann, Electronic Business, S. 141 ff. Rn. 24-27.

[187] Vgl. hierzu *Rüßmann*, in Veröffentlichungen der Wissenschaftlichen Vereinigung für Internationales Verfahrensrecht, S. 158 ff. Dazu gehört z.B. Art. 1341 des französischen Code Civil. Ähnlich ist nach Art. 393 grZPO für Verträge und Kollektivverträge, die einen Wert von 5.900 € übersteigen, kein Zeugenbeweis, sondern nur ein Urkundenbeweis möglich.

diese Regelung sei überflüssig, da alle Mitgliedsstaaten die elektronischen Dokumente als Beweismittel zulassen[188], kann daher nicht geteilt werden. Art. 5 Abs. 1 b) der SigRL ergibt sich allerdings sowieso aus Art. 5 Abs. 2 SigRL; denn die qualifizierte elektronische Signatur fällt unter den Oberbegriff „elektronische Signatur" des Art. 5 Abs. 2 SigRL. Nach Erwägungsgrund 21 lässt die SigRL die Befugnis der einzelstaatlichen Gerichte, über die Übereinstimmung mit den Anforderungen dieser Richtlinie zu befinden, unberührt. Sie berührt auch nicht die einzelstaatlichen Vorschriften über die freie gerichtliche Würdigung von Beweismitteln.

2. *Art. 5 Abs. 2 – Nichtdiskriminierung*

Art. 5 Abs. 2 SigRL legt ausdrücklich fest, dass einer elektronischen Signatur die rechtliche Wirksamkeit und die Zulässigkeit als Beweismittel in Gerichtsverfahren nicht allein deshalb abgesprochen werden darf, weil sie i) in elektronischer Form vorliegt, ii) nicht auf einem qualifizierten Zertifikat beruht, iii) nicht auf einem von einem akkreditierten Zertifizierungsdiensteanbieter ausgestellten qualifizierten Zertifikat beruht oder iv) nicht von einer sicheren Signaturerstellungseinheit erstellt wurde. In diesem Diskriminierungsverbot liegt die einzige Rechtswirkung, die die SigRL für einfache[189] elektronische Signaturen vorsieht[190]. Demgemäß dürfen einfache elektronische Signaturen im Rechts- und Geschäftsverkehr weder rechtlich diskriminiert noch verboten werden[191]. Das Diskriminierungsverbot gilt für alle elektronischen Signaturen, also auch für solche, die den Anforderungen der Anhänge I bis III SigRL nicht entsprechen. Solche sonstige Signaturen haben zwar nicht dieselben Rechtswirkungen einer traditionellen Unterschrift, die gerichtliche oder behördliche Anerkennung kann ihnen aber lediglich nach entsprechender Bewertung bei nachgewiesener man-

---

Art. 393 grZPO:

1. Verträge und Kollektivverträge dürfen nicht mit Zeugen bewiesen werden, soweit ihr Gegenstandswert 5.900 € übersteigt.

2. Der Beweis mit Zeugen gegen den Inhalt einer Urkunde ist nicht erlaubt, auch wenn der Gegenstandswert des Rechtsgeschäfts niedriger ist als 5.900 €

3. Zusätzliche Vereinbarungen vor, während oder nach einem Rechtsgeschäft, das schriftlich abgefasst wurde, dürfen nicht mit Zeugen bewiesen werden, auch wenn sie dem Inhalt der Urkunde nicht zuwiderlaufen.

[188] Vgl. *Dumortier/Kelm/Nilsson/Skouma/Van Eecke*, Electronic Signatures in Europe, S. 50.

[189] Der Begriff der „einfachen elektronischen Signatur" wird weder in der SigRL noch im deutschen SigG verwendet. Dieser Terminus dient lediglich als Vereinfachung der Abgrenzung zur „qualifizierten" bzw. „fortgeschrittenen elektronischen Signatur".

[190] *Roßnagel*, in Geis, Die digitale Signatur, S. 216.

[191] S. aber *Redeker*, CR 2000, S. 456, der davon ausgeht, die nicht qualifizierte Signatur sei überflüssig.

gelnder Sicherheit verweigert werden[192]. Dem Erwägungsgrund 21 lässt sich allerdings entnehmen, dass Art. 5 Abs. 2 SigRL die Befugnis der einzelstaatlichen Gerichte, über die Übereinstimmung mit den Anforderungen dieser Richtlinie zu befinden, unberührt lässt. Diese Regelung berührt auch nicht die einzelstaatlichen Vorschriften über die freie gerichtliche Würdigung von Beweismitteln. Das Diskriminierungsverbot sieht lediglich die grundsätzliche Zulässigkeit von elektronischen Signaturen im Rechts- und Geschäftsverkehr vor. Die SigRL zielt nicht darauf, nationales Beweisrecht zu harmonisieren. Die Festlegung, in welchen Bereichen die elektronische Signatur zulässig sein soll, verbleibt weiterhin im Rahmen einzelstaatlicher Kompetenz.

VI. Art. 6 – Haftung der Zertifizierungsdiensteanbieter

Art. 6 SigRL statuiert eine Haftungsregelung für gewisse Pflichtverletzungen der Zertifizierungsdiensteanbieter. Dies war ein zentrales Anliegen der Kommission insbesondere im Hinblick auf den Verzicht eines entsprechenden Genehmigungsverfahrens für Zertifizierungsdiensteanbieter[193], um die Sicherheit und das Vertrauen in elektronischen Signaturen zu fördern. Anbieter, die ein Zertifikat als qualifiziertes Zertifikat öffentlich ausstellen oder für ein derartiges Zertifikat öffentlich einstehen, haften im Falle eines Fehlers. Der Haftungsumfang des Art. 6 SigRL bezieht sich nur auf qualifizierte Zertifikate. Da aber diese Regelung ausdrücklich als Mindestregelung vorgesehen ist, dürfen die Mitgliedstaaten eine strengere Haftungsregelung bei der Umsetzung der SigRL einführen, z.B. ein Haftungssystem, das auch einfache Zertifikate einbezieht[194]. Mit der ungeschickten Formulierung „öffentlich einstehen" ist i.d.R. der Fall des Art. 7 Abs. 1 b) SigRL gemeint, wonach ein in der EU niedergelassener Zertifizierungsdiensteanbieter für qualifizierte Zertifikate aus Drittstaaten einsteht. Die Überkreuzzertifizierung[195] (Cross-Certification) stellt allerdings kein Einstehen im Sinne des Art. 6 SigRL dar.

Durch die Formulierung „...ein Zertifizierungsdiensteanbieter, der ein Zertifikat als qualifiziertes Zertifikat öffentlich ausstellt" wird klargestellt, dass ein Zertifizierungsdiensteanbieter, der ein Zertifikat als qualifiziertes ausgibt auch dann

---

[192] *Gravesen/Dumortier/van Eecke*, MMR 1999, S. 579.

[193] *Roßnagel*, in Geis, Die digitale Signatur, S. 214.

[194] Art. 6 Abs. 1 SigRL. - So ist die Aufnahme einer Haftungsregelung für Zertifizierungsdiensteanbieter, die „einfache" Zertifikate ausstellen Richtliniekonform. Eine solche Regelung wurde z.B. in das Signaturgesetz Spaniens (Art. 22 Abs. 1 Gesetz 59/2003) aufgenommen. Zum spanischen Gesetz für elektronische Signaturen vgl. *Schriewer*, RIW 2005, S. 833 ff.

[195] Hierbei zertifizieren sich die Zertifizierungsdiensteanbieter gegenseitig. Das dient dazu, eine Kette zu bilden, die durchlaufen werden kann, um ein Zertifikat für jeden Zertifizierungsdiensteanbieter überprüfen zu können.

haftet, wenn es sich tatsächlich um kein qualifiziertes Zertifikat handelt. Es genügt, dass er das Zertifikat als qualifiziertes ausgestellt hat[196]. Nach Erwägungsgrund 22 der SigRL unterliegen die Diensteanbieter, die ihre Zertifizierungsdienste *öffentlich* anbieten, den einzelstaatlichen Haftungsregelungen. Die Haftungsregelungen gelten mithin im Bereich von geschlossenen Benutzergruppen nicht[197].

Art. 6 der Richtlinie orientiert sich an einer Verschuldenshaftung mit Umkehr der Beweislast und Mindesthaftung. Ein Zertifizierungsdiensteanbieter qualifizierter Zertifikate haftet gegenüber jeder Person, die vernünftigerweise auf das Zertifikat vertraut, dafür dass

- alle darin enthaltenen Informationen zum Zeitpunkt seiner Ausstellung richtig sind;
- alle Anforderungen der Richtlinie bei der Ausstellung des qualifizierten Zertifikats erfüllt wurden, d.h. alle für ein qualifiziertes Zertifikat erforderliche Angaben enthalten sind;
- der in dem qualifizierten Zertifikat angegebene Unterzeichner zum Zeitpunkt der Ausstellung des Zertifikats im Besitz der Signaturerstellungsdaten war, die den im Zertifikat angegebenen bzw. identifizierten Signaturprüfdaten entsprechen;
- die von dem Zertifizierungsdiensteanbieter erstellten Signaturerstellungsdaten wie auch die Signaturprüfdaten in komplementärer Weise funktionieren.

Die Angaben müssen gemäß Art. 6 SigRL nur zum Zeitpunkt der Ausstellung eingehalten werden[198]. Weiterhin haftet ein Zertifizierungsdiensteanbieter gemäß Art. 6 Abs. 2 SigRL für die unverzügliche Registrierung des Widerrufs eines qualifizierten Zertifikats. Die Haftung besteht gegenüber Personen, die vernünftigerweise auf das Zertifikat vertrauen[199]. Dadurch sollen die Fälle ausgeschlossen werden, in denen die Unrichtigkeit von in einem Zertifikat enthaltenen Angaben ganz offensichtlich ist. Ist die Falschheit für einen durchschnittlichen Nutzer sofort erkennbar, so soll die Haftung nach der SigRL grundsätzlich ausgeschlossen sein. Vielmehr wird die Haftung gegenüber Bösgläubigen ausgeschlossen, die die Ungenauigkeit des Zertifikats positiv wissen. In solchen Fällen wäre es völlig ungerechtfertigt, die Zertifizierungsdiensteanbieter zu belasten.

---

[196] *Dumortier/Kelm/Nilsson/Skouma/Van Eecke*, Electronic Signatures in Europe, S. 52.

[197] Vgl. SigRL 1999/93, Erwägungsgrund 16. S. auch *Geis*, in Geis, Die digitale Signatur, S. 163; *Tettenborn*, in Geis, Die digitale Signatur, S. 248; *ders.*, CR 2000, S. 690. Ebenso *Thomale*, S. 124.

[198] Kritisch hierzu *Thomale*, S. 128, wonach diverse Anforderungen auch nach Ausstellung eingehalten werden.

[199] Vgl. auch Art. 11 Model Law on electronic Signatures.

Es wird in der SigRL nicht klargestellt, ob auch der „Unterzeichner“ unter die Haftungsregelung des Art. 6 SigRL fällt oder nicht. Es bleibt also den Mitgliedstaaten unbenommen, insoweit restriktivere Regelungen vorzusehen oder nicht. Allerdings könnte aus der Tatsache, dass die Haftungsbestimmungen der SigRL im Bereich von geschlossenen Benutzergruppen nicht gelten[200], weil die Parteien frei sein sollen, die Bedingungen ihrer Kommunikation zu vereinbaren, der Schluss gezogen werden, dass die Haftung des Zertifizierungsdiensteanbieters gegenüber dem Unterzeichner ebenfalls nach den jeweiligen vertraglichen Vereinbarungen geregelt wird.

Die Richtlinie normiert eine Verschuldenhaftung mit Beweislastumkehr zu Lasten des Zertifizierungsdiensteanbieters. Der Zertifizierungsdiensteanbieter kann sich durch den Nachweis, nicht fahrlässig gehandelt zu haben, von der Haftung befreien. Hat mit anderen Worten der Zertifizierungsdiensteanbieter die Verletzung nicht zu vertreten, so ist die Haftung ausgeschlossen. Eine Pflicht des Zertifizierungsdiensteanbieters, Deckungsvorsorge zu treffen, ist in Anhang II lit. h) SigRL vorgeschrieben, wird jedoch von niemandem kontrolliert. Ferner steht die SigRL einer Übertragung von Aufgaben des Zertifizierungsdiensteanbieters auf Dritte nicht entgegen. Eine Haftung des Zertifizierungsdiensteanbieters beim Einsatz Dritter ist ebenfalls nicht vorgeschrieben.

Nach Art. 6 Abs. 3 und 4 SigRL kann die Haftung der Zertifizierungsdiensteanbieter durch die Einschränkung der Verwendung des jeweiligen qualifizierten Zertifikates auf bestimmte Arten von Rechtsgeschäften[201], auf einen bestimmten Maximalwert der jeweiligen Transaktion[202], oder auf bestimmte Länder begrenzt werden. In diesen Fällen haften die Zertifizierungsdiensteanbieter nicht für Schäden, die sich aus der Überschreitung dieses Maximalwertes oder aus einer über diese Beschränkungen hinausgehenden Verwendung des qualifizierten Zertifikats ergeben. Die Beschränkungen müssen jedoch für Dritte erkennbar sein, was auch in Anhang I lit. i) und lit. j) der SigRL gefordert wird. Diese Einschränkungen schließen jedoch nicht eine Haftung außerhalb der SigRL nach einzelstaatlichen Vorschriften aus[203].

VII. Art. 7 – Internationale Aspekte

Nach Erwägungsgrund 16 leistet die SigRL einen Beitrag zur Verwendung und rechtlichen Anerkennung elektronischer Signaturen in der Gemeinschaft. Demzufolge müssen qualifizierte Zertifikate innerhalb der Europäischen Union ohne

---

[200] SigRL 1999/93, Erwägungsgrund 16.
[201] Art. 6 Abs. 3 SigRL.
[202] Art. 6 Abs. 4 SigRL.
[203] *Dumortier/Kelm/Nilsson/Skouma/Van Eecke*, Electronic Signatures in Europe, S. 56.

weitere Voraussetzungen anerkannt werden, da die Einhaltung der Anforderungen der Anhänge I und II SigRL bei EU-Zertifizierungsdiensteanbietern durch die jeweiligen nationalen Aufsichtssysteme kontrolliert werden. In Art. 7 wird die Anerkennung von elektronischen Signaturen und Zertifikaten aus Drittstaaten geregelt und damit dem grenzüberschreitenden Charakter des elektronischen Geschäftsverkehrs Rechnung getragen. Art. 7 Abs. 1 SigRL regelt insbesondere die Gleichstellung von Zertifikaten, die von einem Zertifizierungsdiensteanbieter eines Drittstaates öffentlich als qualifizierte ausgestellt werden, mit qualifizierten Zertifikaten im Sinne der SigRL. Art. 7 Abs. 2 SigRL will einen Rahmen für die künftige Anerkennung fortgeschrittener elektronischer Signaturen, die aus Drittländern stammen, schaffen. Hiernach unterbreitet die Kommission gegebenenfalls Vorschläge mit dem Ziel, die effiziente Umsetzung von Normen und internationalen Vereinbarungen über Zertifizierungsdienste zu erreichen. Es ist hervorzuheben, dass die SigRL keine Regelung über die Anerkennung sicherer Signaturerstellungseinheiten aus Drittstaaten – deren Verwendung für die Gleichsetzung einer elektronischen Signatur mit einer handschriftlichen Unterschrift notwendig ist - getroffen hat.

Die SigRL sieht in Art. 7 Abs. 1 drei Möglichkeiten vor, wie die Zertifikate aus Drittstaaten den EU-Zertifikaten gleichgestellt werden können. Die von einem Nicht-EU-Mitgliedstaat ausgestellten qualifizierten Zertifikate sind denen eines EU-Mitgliedstaates gleichwertig, soweit der jeweilige Zertifizierungsdiensteanbieter die Anforderungen der SigRL einhält und im Rahmen eines freiwilligen Akkreditierungssystems eines Mitgliedstaates akkreditiert wird. Diese Variante ist allerdings nicht klar formuliert. Es wird zwar verlangt, dass die nicht in der EU niedergelassenen Zertifizierungsdiensteanbieter die Anforderungen der SigRL erfüllen müssen, aber dies soll nicht – im Gegensatz zu den europäischen Zertifizierungsdiensteanbietern – durch die jeweiligen nationalen Aufsichtssysteme kontrolliert werden. Aus diesem Grund wurde die Anforderung der Akkreditierung zusätzlich festgelegt. Das Problem liegt allerdings darin, dass die freiwilligen Akkreditierungssysteme, wie sie in der SigRL vorgesehen sind, nicht zwangsläufig auf die Kontrolle der Einhaltung der Anforderungen der SigRL durch die Zertifizierungsdiensteanbieter abzielen. Vielmehr umfasst Art. 3 Abs. 2 SigRL alle Akkreditierungssysteme, die zur Steigerung des Niveaus der erbrachten Zertifizierungsdienste dienen. Es ist also davon auszugehen, dass die Mitgliedstaaten im Rahmen des Art. 7 Abs. 1 a) SigRL die freiwilligen Akkreditierungssysteme für die in der EU niedergelassenen Zertifizierungsdiensteanbieter so gestalten, dass die Erfüllung der Anforderungen der SigRL gewährleistet wird.

Weiterhin erfolgt eine Gleichsetzung der Zertifikate aus Drittstaaten, soweit ein in der Gemeinschaft niedergelassener Anbieter, der wiederum den Anforderungen der SigRL erfüllt, für das ausländische Zertifikat einsteht. Eine letzte Möglichkeit der Gleichsetzung liegt im Abschluss von bi- bzw. multilateralen Vereinbarungen betreffend die gegenseitige Anerkennung von Zertifikaten[204].

VIII. Art. 8-Datenschutz

Zur Stärkung des Vertrauens der Nutzer in die elektronische Kommunikation und den elektronischen Geschäftsverkehr müssen die Zertifizierungsdiensteanbieter und die für die Akkreditierung und Aufsicht zuständigen nationalen Stellen die Vorschriften über den Datenschutz und den Schutz der Privatsphäre[205] einhalten[206], Art. 8 Abs. 1 SigRL.

Nach Art. 8 Abs. 2 SigRL dürfen Zertifizierungsdiensteanbieter, die öffentlich Zertifikate ausstellen, personenbezogene Daten nur unmittelbar von der betroffenen Person oder mit ausdrücklicher Zustimmung der betroffenen Person und nur insoweit einholen, als dies zur Ausstellung und Aufrechterhaltung des Zertifikats erforderlich ist. Die Daten dürfen ohne ausdrückliche Zustimmung der betroffenen Person nicht für anderweitige Zwecke erfasst oder verarbeitet werden[207]. Eine Weitergabe der Daten zu kommerziellen (z.B. Werbung) oder zu anderen Zwecken ist damit unzulässig.

Weiterhin ist die Erstellung eines Zertifikats unter Verwendung eines Pseudonyms zu ermöglichen. Auf diese Möglichkeit wird in der Praxis bei Massengeschäften oder anderen geringfügigen Transaktionen zurückgegriffen werden, bei denen der Unterzeichner keine „Spur“ durch das Internet hinterlassen möchte und bei denen auch der Vertragspartner kein besonderes Interesse daran hat, die genauen Daten des Unterzeichners zu kennen. Die Mitgliedstaaten dürfen zwar nicht die Ausstellung von Zertifikaten auf Pseudonymen behindern, sie sind aber frei, den Umfang[208] und die Aufdeckung von Pseudonymen zu regeln[209]. Die Aufdeckung von Pseudonymen richtet sich also nach den innerstaatlichen Rechtsvorschriften. Gleichwohl müssen qualifizierte Zertifikate, die ein Pseudo-

---

204 Vgl. SigRL 1999/93, Erwägungsgrund 23.

205 Richtlinie 95/46/EG des Europäischen Parlaments und des Rates vom 24. Oktober 1995 zum Schutz natürlicher Personen bei der Verarbeitung personenbezogener Daten und zum freien Datenverkehr, ABl. EG Nr. L 281 vom 23.11.1995, S. 31.

206 Vgl. SigRL 1999/93, Erwägungsgrund 24.

207 Vgl. Art. 7 der Datenschutzrichtlinie (Richtlinie 95/46/EG).

208 Beispielsweise darf das Pseudonym gemäß § 9 Abs. 4 S. 2 öSigG weder anstößig noch offensichtlich zur Verwechslung mit Namen oder Kennzeichen geeignet sein.

209 Vgl. SigRL 1999/93, Erwägungsgrund 25.

nym verwenden, sicher stellen, dass das als solches zu identifizieren ist[210]. Die Datenschutzregelungen gelten für alle Zertifizierungsdiensteanbieter, d.h. auch für diejenigen, die lediglich einfache elektronische Signaturen anbieten.

Viele Mitgliedstaaten - wie z.B. Österreich, Frankreich, Deutschland, Schweden, Polen - haben den Art. 8 Abs. 1 SigRL nicht ausdrücklich in der jeweiligen nationalen Gesetzgebung implementiert, da die Zertifizierungsdiensteanbieter und die für die Akkreditierung und Aufsicht zuständigen nationalen Stellen sowieso unter dem Anwendungsbereich der jeweiligen nationalen Datenschutzgesetzgebung fallen[211].

IX. Art. 9 und 10 – Ausschuss

Die Kommission wird von einem Ausschuss mit beratender Funktion unterstützt, dem so genannten „Ausschuss für elektronische Signaturen", welcher EU-weit einheitliche technische Anforderungen der SigRL präzisieren sowie Normen und Kriterien festlegen soll. Dabei gelten Art. 4 und 7 des Beschlusses 1999/468/EG. Der Ausschuss besteht gemäß Art. 9 Abs. 2 SigRL i.V.m. Art. 4 Abs. 1 des Beschlusses 1999/468/EG aus den Vertretern der Mitgliedstaaten. Stimmen die von der Kommission getroffenen Maßnahmen mit der Stellungnahme des Ausschusses nicht überein, so teilt die Kommission dies dem Rat der Europäischen Union sofort mit. Die Durchführung der von der Kommission beschlossenen Maßnahmen ist in diesem Fall um drei Monate zu verschieben[212]. Der Rat kann allerdings innerhalb dieses Zeitraums mit qualifizierter Mehrheit einen anders lautenden Beschluss fassen. Der Ausschuss präzisiert die in den Anhängen festgelegten Anforderungen, die Kriterien nach Art. 3 Abs. 4 SigRL und die allgemein anerkannten Normen für Produkte für elektronische Signaturen, die gemäß Art. 3 Abs. 5 SigRL festgelegt und veröffentlicht werden, Art. 10 SigRL. Die Arbeit dieses Ausschusses ist für die europaweite Standardisierung sowie für die Anpassung der technischen Infrastruktur und Interoperabilität der Systeme von zentraler Bedeutung.

---

[210] Anhang I c) SigRL. Die Verwendung von Pseudonymen in qualifizierten Zertifikaten ist in Bulgarien und Estland nicht gestattet. S. hierzu *Dumortier/Kelm/Nilsson/Skouma/Van Eecke*, Electronic Signatures in Europe, S. 97.

[211] *Dumortier/Kelm/Nilsson/Skouma/Van Eecke*, Electronic Signatures in Europe, S. 95.

[212] Art. 9 Abs. 2 SigRL i.V.m. Art. 4 Abs. 3 Beschluss 1999/468/EG des Rates vom 28. Juni 1999 zur Festlegung der Modalitäten für die Ausübung der der Kommission übertragenen Durchführungsbefugnisse, ABl. EG Nr. L 184 vom 17.07.1999, S. 23.

X. Art. 11- Notifizierung

Die Mitgliedstaaten haben der Kommission sobald wie möglich folgende Informationen zu übermitteln:

- Angaben zu nationalen freiwilligen Akkreditierungssystemen einschließlich zusätzlicher Anforderungen beim Einsatz elektronischer Signaturen im öffentlichen Bereich;
- Name und Anschrift der für Akkreditierung und Aufsicht zuständigen nationalen sowie der in Art. 3 Abs. 4 genannten Stellen;
- Name und Anschrift der akkreditierten nationalen Zertifizierungsdiensteanbieter.

C. Anhang I – Anforderungen an qualifizierte Zertifikate

Anhang I der SigRL regelt die von qualifizierten Zertifikaten zu erfüllenden Anforderungen. Diese müssen einen Hinweis darüber enthalten, dass das Zertifikat als qualifiziertes Zertifikat ausgestellt wird, den Namen des ausstellenden Zertifizierungsdiensteanbieters und seinen Niederlassungsstaat, den Namen bzw. das Pseudonym des Unterzeichners, Platz für ein spezifisches Attribut des Unterzeichners (wie z.B. Adresse, Vollmacht, Steuernummer), das gegebenenfalls je nach Bestimmungszweck des Zertifikats aufgenommen wird, den zum privaten Schlüssel komplementären öffentlichen Schlüssel, die Angaben zu Beginn und Ende der Gültigkeitsdauer des Zertifikats, einen Identitätscode des Zertifikats, die fortgeschrittene elektronische Signatur des ausstellenden Zertifizierungsdiensteanbieters, und vor allem gegebenenfalls Haftungsbeschränkungen des Transaktionswertes und/oder des Geltungsbereichs des Zertifikats. Es handelt sich um die Mindestanforderungen an qualifizierte Zertifikate, d.h. zusätzliche Angaben dürfen im Zertifikat aufgenommen werden.

D. Anhang II-Anforderungen an Zertifizierungsdiensteanbieter, die qualifizierte Zertifikate ausstellen

Anhang II der SigRL definiert eine größere Zahl von Mindestanforderungen an die Zertifizierungsdiensteanbieter, die qualifizierte Zertifikate ausstellen. Darunter fallen die Zuverlässigkeit ihrer Systeme und die ausreichenden Fachkenntnisse und Qualifikation des Personals, die Bereitstellung von geeigneten und sicheren Verzeichnis- und Widerrufsdiensten, die Überprüfung der Identität der Unterzeichner mit geeigneten Mitteln, die Verwendung von vertrauenswürdigen Systemen und Produkten, sowie die Aufzeichnung und Aufbewahrung der Informationen über qualifizierte Zertifikate für Gerichtsverfahren. Neben diesen Vorgaben bei der Ausstellung qualifizierter Zertifikate ist in Anhang II lit. h) SigRL die Verfügbarkeit über ausreichende Finanzmittel als Voraussetzung für die Bereitstellung ihrer qualifizierten Zertifizierungsdienste ausdrücklich genannt. Dies kann durch Abschluss einer entsprechenden Versicherung erfolgen. Die Zertifizierungsdiensteanbieter müssen die Antragsteller zudem vor dem Vertragsabschluss mit einem dauerhaften Kommunikationsmittel (auch elektronisch) in klar verständlicher Sprache über die Bedingungen der Verwendung des Zertifikats informieren, also etwa über Nutzungsbeschränkungen, über die Existenz eines freiwilligen Akkreditierungssystems oder das Vorgehen im Streitfalle.

E. Anhang III-Anforderungen an sichere Signaturerstellungseinheiten

Im Anhang III sind die Anforderungen an sichere Signaturerstellungseinheiten geregelt. Als Signaturerstellungseinheit wird in Art. 2 Nr. 5 SigRL „eine konfigurierte Software oder Hardware, die zur Implementierung der Signaturerstellungsdaten verwendet wird", definiert. Damit eine derartige Einheit als „sicher" bewertet wird, muss nach Art. 2 Nr. 6 SigRL, der auf Anhang III verweist, gewährleistet sein, dass die Signaturerstellungsdaten praktisch nur einmal auftreten können und ihre Geheimhaltung hinreichend gewährleistet ist, Anhang III Nr. 1 lit. a) SigRL. Nach Anhang III Nr. 1 lit. b) SigRL muss zudem gewährleistet sein, dass die Signaturerstellungsdaten mit hinreichender Sicherheit nicht abgeleitet werden können und die Signatur vor Fälschungen bei Verwendung der jeweils verfügbaren Technologie geschützt ist. Nach Anhang III Nr. 1 lit. c) SigRL müssen die Verfahren gewährleisten, dass die Signaturerstellungsdaten vom rechtmäßigen Unterzeichner vor der Verwendung durch andere verlässlich geschützt werden können. Die zu unterzeichnenden Daten dürfen zudem durch den Signaturvorgang nicht verändert werden, und es wird verlangt, dass die Daten dem Unterzeichner vor dem Signaturvorgang dargestellt werden können, Anhang III Nr. 2 SigRL. So kann der Unterzeichner erkennen, ob tatsächlich diejenigen Daten signiert werden, die er signieren möchte[213].

Die Übereinstimmung sicherer Signaturerstellungseinheiten mit den Anforderungen nach Anhang III wird nach Art. 3 Abs. 4 SigRL von geeigneten Stellen festgestellt, die von den Mitgliedstaaten zu benennen sind. Die Kommission hat Kriterien festgelegt, anhand derer die Mitgliedstaaten bestimmen, ob eine Stelle zur Benennung geeignet ist[214]. Insbesondere muss die Stelle von den beteiligten Parteien unabhängig sein. Deshalb darf es sich bei der Stelle, ihrem Geschäftsführer und dem für die Konformitätsbewertung zuständigen Personal weder um

---

[213] Vgl. aber zur Falschpräsentation *Pordesch*, S.101.

[214] „Entscheidung der Kommission 2000/709/EG vom 6. November 2000 über die Mindestkriterien, die von den Mitgliedstaaten bei der Benennung der Stellen gemäß Art. 3 Abs. 4 der Richtlinie 1999/93/EG des Europäischen Parlaments und des Rates über gemeinschaftliche Rahmenbedingungen für elektronische Signaturen zu berücksichtigen sind", ABl. EG Nr. L 289 vom 16.11.2000, S. 42.

einen Entwickler, Hersteller, Lieferanten oder Installierer sicherer Signaturerstellungseinheiten noch um einen Zertifizierungsdiensteanbieter, der an die Allgemeinheit Zertifikate ausstellt, oder einen bevollmächtigten Vertreter dieser Parteien handeln[215]. Darüber hinaus fordert die Kommission die finanzielle Unabhängigkeit der Stelle. Dies schließt jedoch die Möglichkeit eines Austausches technischer Informationen zwischen Hersteller und benannter Stelle nicht aus. Die Arbeitsmethoden der Stelle dürfen nicht diskriminierend sein. Die Stelle muss Personal mit den erforderlichen Fachkenntnissen, Erfahrungen und Qualifikationen beschäftigen. Die Unabhängigkeit des Personals muss sichergestellt sein. Die Stelle trifft darüber hinaus angemessene Vorkehrungen zur Deckung der Haftung, die sie für ihre Tätigkeiten zu übernehmen hat, zum Beispiel durch den Abschluss einer entsprechenden Versicherung[216]. Die benannte Stelle kann eine andere Einrichtung mit der Durchführung eines Teils der Konformitätsbewertung betrauen. Allerdings ist sicherzustellen, dass diese Einrichtung zur Ausführung der betreffenden Dienste befähigt ist. Die benannte Stelle übernimmt die uneingeschränkte Verantwortung für die im Rahmen solcher Vereinbarungen durchgeführten Arbeiten.

F. Anhang IV – Empfehlungen für die sichere Signaturprüfung

Anhang IV bestimmt eine Reihe von Voraussetzungen für Signaturprüfeinheiten und hat, wie bereits der Titel des Anhangs klarstellt, lediglich empfehlenden Charakter. Unter Signaturprüfeinheit ist nach Art. 2 Nr. 8 SigRL eine konfigurierte Software oder Hardware zu verstehen, die zur Implementierung der Signaturprüfdaten verwendet wird. Eine sichere Signaturprüfung soll gewährleisten, dass die signierten Daten und ihre Integrität, die Identität des Unterzeichners, die Verwendung eines Pseudonyms und das Prüfresultat hinsichtlich Gültigkeit des Zertifikats zuverlässig und korrekt angezeigt werden. Zudem soll die Signaturprüfung zuverlässig sein und das Ergebnis dieser Überprüfung korrekt angezeigt werden. Diese Verwendung von sicheren Signaturprüfeinheiten ist allerdings nicht erforderlich für die Gleichsetzung der elektronischen Signatur mit der eigenhändigen Unterschrift.

G. Kritische Würdigung der SigRL

Die EU-Mitgliedstaaten haben - mehr oder weniger wortwörtlich - die Signaturrichtlinie in ihre nationale Gesetzgebung umgesetzt[217]. Die mit der SigRL verfolgten Ziele müssen bei einer sachgerechten Evaluierung berücksichtigt werden. Diese wurden schon dargestellt, sollen aber dennoch noch einmal kurz zu-

---

[215] Art. 3 Entscheidung der Kommission 2000/709/EG.
[216] Art. 9 Entscheidung der Kommission 2000/709/EG.
[217] *Dumortier/Kelm/Nilsson/Skouma/van Eecke*, DuD 2004, S. 141 ff.

sammengefasst werden. Wesentliches Ziel der SigRL ist es, klare gemeinschaftliche Rahmenbedingungen für elektronische Signaturen zu schaffen und die Interoperabilität von Zertifizierungsdienstleistungen und Signaturprodukte europaweit zu fördern[218]. Ferner wird eine Harmonisierung der Bestimmungen zu elektronischen Signaturen und deren Rechtsfolgerungen in allen EU-Mitgliedstaaten bezweckt[219]. Die SigRL hat ebenfalls das Prinzip der Nicht-Di skriminierung von elektronischen Signaturen und handschriftlichen Unterschriften festgelegt, Art. 5 Abs. 2 SigRL.

Die SigRL darf sich als Verdienst anrechnen lassen, den nationalen gesetzgeberischen Blick der EU-Mitgliedstaaten erweitert zu haben. Darüber hinaus hat die SigRL sowohl internationale Standardisierungsinitiativen[220] als auch juristische und technische Tätigkeiten außerhalb der EU beeinflusst[221]. Ferner ermöglicht es die SigRL Zertifizierungsdiensteanbietern, grenzüberschreitend tätig zu werden, um ihre Wettbewerbsfähigkeit zu steigern und damit ungehindert Verbrauchern und Unternehmen ohne Rücksicht auf Grenzen Zertifizierungsdienste anzubieten. Ohne die Umsetzung der SigRL wäre dies nicht selbstverständlich.

Ihr juristisches Ziel hat die SigRL zumindest zum Teil erreicht: Ihre Umsetzung hat zu einer europaweiten Harmonisierung der entsprechenden Gesetzgebung entscheidend beigetragen. Somit wurden einheitliche Grundlagen für die Zulassung, die Haftung, den Betrieb und die Sicherheitsbestimmungen von Zertifizierungsdiensteanbietern geschaffen. Sie hat allerdings lediglich einen ausfüllungsbedürftigen Rechtsrahmen für die nationalen Gesetzgebungen zu elektronischen Signaturen vorgegeben: Die Regeln bedürfen in vielen Fällen der Konkretisierung. Dies dient zwar der Flexibilität, lässt aber gleichzeitig erheblichen Raum für unterschiedliche Interpretationen. Die SigRL wurde im Ergebnis von den Mitgliedstaaten unterschiedlich in nationales Recht umgesetzt. In vielen Rechtsordnungen erfolgte die Umsetzung sogar nicht so, dass das Hauptziel der SigRL, die europaweite Harmonisierung, im Vordergrund stand. Eine Studie für die Kommission kam beispielsweise zu dem Ergebnis, dass verschiedene Mitgliedstaaten Überwachungssysteme eingeführt haben, die einer vorherigen Genehmigung ähnlich sind und insofern eine Verletzung des Art. 3 Abs. 1 SigRL darstel-

---

[218] Vgl. SigRL 1999/93, Erwägungsgrund 4 und 5.

[219] Vgl. SigRL 1999/93, Erwägungsgrund 16 und 20.

[220] Wie z.B. die Internet Engineering Task Force (IETF) Standardisierung über qualifizierte Zertifikate.

[221] Einige durch die SigRL eingeführte Begriffe (wie „qualifiziertes Zertifikat", „fortgeschrittene elektronische Signatur, „Zertifizierungsdiensteanbieter") wurden von den EWR-Ländern, der Schweiz und von den Beitrittskandidaten übernommen. S. hierzu *Dumortier/Kelm/Nilsson/Skouma/Van Eecke*, Electronic Signatures in Europe, S. 4.

len könnten[222]. Da die meisten Zertifizierungsdiensteanbieter zurzeit lediglich in ihrer Heimat tätig sind, werden diese Abweichungen erst dann markthindernd wirken, wenn grenzüberschreitende Dienste angeboten werden. Es ist jedenfalls zu erwarten, dass die Europäische Kommission die notwendigen Maßnahmen gegen die Mitgliedstaaten, die ein funktionales Äquivalent zu der vorherigen Genehmigung eingeführt haben, treffen wird.

Ferner haben nicht alle Mitgliedstaaten dafür Sorge getragen, dass ein geeignetes System zur Überwachung der Zertifizierungsdiensteanbieter, die öffentlich qualifizierte Zertifikate ausstellen, eingerichtet wird. Dadurch besteht die Gefahr, dass in solchen Mitgliedstaaten niedergelassene Zertifizierungsdiensteanbieter ohne entsprechende Überwachung in anderen Mitgliedstaaten qualifizierte Zertifikate ausstellen könnten. Zur Ausfüllung der Anforderung von Art. 3 Abs. 3 SigRL wäre daher ein Leitfaden der Kommission insbesondere im Hinblick auf ein richtlinienkonformes Überwachungssystem von großem Nutzen. In diesem Zusammenhang ist bezüglich der internationalen Anerkennung von Zertifikaten zu beachten, dass die Mitgliedstaaten im Rahmen des Art. 7 Abs. 1 a) SigRL die freiwilligen Akkreditierungssysteme für die in der EU niedergelassenen Zertifizierungsdiensteanbieter so gestalten, dass die Erfüllung der Anforderungen der SigRL gewährleistet wird.

Der Erfolgsnachweis der SigRL wäre die Verbreitung von elektronischen Signaturen in Europa. Das Fehlen breiter Durchsetzung nach mehreren Jahren praktischer Umsetzung belegt aber leider den wirtschaftlichen Misserfolg der SigRL[223]. Der Verbreitungsgrad der elektronischen Signaturen bleibt sehr gering. Die Zahl der Zertifizierungsdiensteanbieter, die qualifizierte Zertifikate anbieten, schwankt von Rechtsordnung zu Rechtsordnung. In einigen Staaten ist sogar nur ein Zertifizierungsdiensteanbieter tätig[224]. Von besonderem Interesse ist die mangelnde Nachfrage für qualifizierte Zertifikate im EU-Markt. Die unterschiedlichen Signatur- und Zertifizierungsstandards und die damit für den Zertifizierungsdiensteanbieter und Verbraucher verbundenen Kosten haben am Markt keine Akzeptanz gefunden. Es wurde zu Recht festgestellt, dass der Miss-

[222] *Dumortier/Kelm/Nilsson/Skouma/Van Eecke*, Electronic Signatures in Europe, S. 5; vgl. auch *Dumortier/Rinderle*, CRi 2001, S. 6.

[223] Vgl. *Dumortier/Kelm/Nilsson/Skouma/Van Eecke*, Electronic Signatures in Europe, S. 103. S. auch Bundesministerium für Wirtschaft und Arbeit, Evaluierung der EG-Signaturrichtlinie 1999/93/EG (EGSRL)- Stellungnahme der Bundesregierung der Bundesrepublik Deutschland, S. 3, Stellungnahme des Deutschen Industrie- und Handelskammertages, S. 4.

[224] Vgl. *Dumortier/Kelm/Nilsson/Skouma/Van Eecke*, Electronic Signatures in Europe, Anhang III, S. 164 ff.

erfolg der SigRL auf die Umsetzungsverschiedenheiten in dem jeweiligen nationalen Recht beruhe[225].

Im Übrigen ist die in Art. 8 Abs. 3 SigRL vorgesehene Möglichkeit, im Zertifikat ein Pseudonym anstelle des Namens des Unterzeichners anzugeben, auf Kritik gestoßen[226]: Elektronische Signaturen sollten zur Identifizierung von Personen und zur Authentifizierung bei Prozessen eingesetzt werden, in denen eine verbindliche Zuordnung zu einem Urheber wichtig sei. Ein Anspruch auf Pseudonymität oder Anonymität, wie er bereits im SigG 1997 geregelt war[227], widerspreche diesem praktischen Bedürfnis und solle daher neu geregelt werden. Diese Kritik ist aus folgenden Gründen nicht zuzustimmen: Ein Pseudonym ist eine Fantasiebezeichnung, unter der eine bestimmte natürliche Person im täglichen Rechtsverkehr auftreten kann. Es wurde als ein unverzichtbares Mittel des Selbstdatenschutzes in der Informationsgesellschaft bezeichnet[228]. Damit soll es dem Benutzer ermöglicht werden, am elektronischen Rechts- und Geschäftsverkehr teilzunehmen, ohne seine Anonymität aufgeben zu müssen. Andernfalls könnten elektronische Signaturen missbraucht werden, um online Benutzungsgewohnheiten zu verfolgen, da mit jeder elektronischen Transaktion eine Datenspur, die zu dem jeweiligen Unterzeichner zurückführt, hinterlassen wird. Pseudonyme dienen dazu, das Recht auf informationelle und kommunikative Selbstbestimmung zu schützen und sind mithin für einen modernen Datenschutz im elektronischen Rechtsverkehr von entscheidender Bedeutung[229]. Die hinter dem Zertifikat stehende natürliche Person - der Unterzeichner - ist keineswegs anonym, sondern lediglich pseudonym[230]. Dies bedeutet, dass die Identität zwar nicht direkt aus dem Zertifikat bestimmt werden kann, sehr wohl aber bestimmbar ist. Nach § 14 Abs. 2 SigG z.B. hat der Zertifizierungsdienstanbieter die Daten über die Identität der hinter dem Zertifikat stehenden natürlichen Person auf Ersuchen an die zuständigen Stellen zu übermitteln, soweit dies unter anderem zur Abwehr von Gefahren für die öffentliche Sicherheit oder Ordnung erforderlich ist.

Die SigRL enthält im Wesentlichen Regelungen bezüglich der Zertifizierungsdiensteanbieter, sie enthält aber keine Rahmenbedingungen über Signaturprodukte. Die Einführung einer europäischen Zertifizierung von Produkten für e-

---

225 *Dumortier/Kelm/Nilsson/Skouma/Van Eecke*, a.a.O., S. 9.

226 Stellungnahme des TeleTrust e.V. zur Evaluierung der EG – Signatur-Richtlinie 1999/93/EG, S. 6 f.

227 Vgl. § 5 Abs. 3 SigG 1997.

228 *Roßnagel*, in Lehmann, Electronic Business, S. 138 f. Rn. 18 m.w.N.

229 S. hierzu *Roßnagel/Pfitzmann/Garstka*, Modernisierung des Datenschutzrechts, S. 101 ff.

230 Der Unterzeichner ist nur dem Zertifizierungsdiensteanbieter bekannt. Zum Datenschutz durch Anonymität und Pseudonymität s. *Roßnagel/Scholz*, MMR 2000, S. 721 ff.

lektronische Signaturen wäre wünschenswert. Diese Möglichkeit ist in der SigRL gemäß Art. 3 Abs. 5 bereits vorbehalten und ist in der Entscheidung der Kommission K (2003) 511 vom 14. Juli 2003 „über die Veröffentlichung von Referenznummern für allgemein anerkannte Normen für Produkte für elektronische Signaturen" umgesetzt worden. Diese europäische Zertifizierung sollte ebenfalls weitere Komponenten einbeziehen, um die Unsicherheit bei Zertifizierungsdiensteanbietern, die ihre Signaturprodukte nicht nur für einen nationalen Markt, sondern für den europäischen Markt anbieten zu beseitigen.

Der von der SigRL angeblich verfolgte Grundsatz der Technologieneutralität, der mit Begriffen wie „elektronische Signatur", „Signaturerstellungs- und -prüfdaten", „Signaturerstellungs- und -prüfeinheiten" demonstriert wird, erweist sich als ein Lippenbekenntnis[231]: Zwar soll die Richtlinie zu anderen Technologien und Dienstleistungen im Bereich der elektronischen Authentifizierung offen stehen, sie orientiert sich aber in der Praxis an der digitalen Signatur und der PKI-Authentifizierungsverfahren[232]. Nur eine digitale Signatur ist zurzeit in der Lage, die Anforderungen an eine fortgeschrittene elektronische Signatur zu erfüllen. Dies gilt ebenfalls für die Anforderungen aller vier Anhänge, die sich auf digitale Signaturverfahren und eine PKI beziehen.

In Bezug auf die Systematik der Richtlinie ist zu vermerken, dass sie auf Grund ihrer Entstehungsgesichte[233] kein einheitliches Regelungskonzept enthält. Sie stellt einen komplizierten Rahmen dar und versucht zwischen einem marktorientierten und einem technologiespezifischen Regelungskonzept ein Gleichgewicht zu erstellen[234]. Ferner ist anzumerken, dass die in der SigRL verwendeten Begriffe und Rechtskonstruktionen häufig kompliziert sind. Diese Verkomplizierung dient aber nicht der Rechtsklarheit und Rechtssicherheit und sie macht einige Artikel der SigRL schwer verständlich. Eine Änderung der SigRL sollte aber nur ultima ratio sein[235]. Eventuelle Änderungen der Richtlinie würden sowohl die

---

[231] SigRL 1999/93, Erwägungsgrund 8. Kritisch hierzu *Roßnagel*, in Geis, Die digitale Signatur, S. 203, der das Konzept der Technologieoffenheit als „Augenwischerei" bezeichnet. S. auch hierzu *ders.*, in Lehmann, Electronic Business, S. 137 Rn. 14; *Gravesen/Dumortier/van Eecke*, MMR 1999, S. 585.

[232] So *Roßnagel*, in Geis, Die digitale Signatur, S. 203; *Dumortier*, in Lodder/Kaspersen, eDirectives, S. 33 f.; *Gravesen/Dumortier/van Eecke*, MMR 1999, S. 585.

[233] S. hierzu *Roßnagel*, in Geis, Die digitale Signatur, S. 195 ff.; *ders.*, in Ehlers/Wofgangl/Pünder, Rechtsfragen, S. 59 ff.; *ders.*, MMR 1998, S. 331, *ders.*, MMR 1999, S. 261. S. auch *Brisch*, CR 1998, S. 492; *Geis*, MMR 1998, S. 236; *Gravesen/Dumortier/van Eecke*, MMR 1999, S. 577; *Neuser*, MMR 1999, S. 67; *Schlechter*, K&R 1998, S. 147; *Schumacher*, CR 1998, S. 760 f.

[234] *Roßnagel*, in Geis, Die digitale Signatur, S. 200 f.

[235] So auch *Dumortier/Kelm/Nilsson/Skouma/Van Eecke*, Electronic Signatures in Europe, S. 9; Bundesministerium für Wirtschaft und Arbeit, Evaluierung der EG-Signaturrichtlinie

Verbreitung elektronischer Signaturen in Europa als auch die Umsetzung und Akzeptanz auf nationaler Ebene bedeutend anhalten. Eine „gemeinschaftsorientierte“ Auslegung und weitere Erläuterungen sind jedoch notwendig[236].

1999/93/EG (EGSRL)- Stellungnahme der Bundesregierung der Bundesrepublik Deutschland, S. 4.

[236] *Dumortier/Kelm/Nilsson/Skouma/Van Eecke*, Electronic Signatures in Europe, S. 9.

Kapitel 4. Richtlinie 2000/31/EG des Europäischen Parlaments und des Rates vom 8. Juni 2000 über bestimmte rechtliche Aspekte der Dienste der Informationsgesellschaft, insbesondere des elektronischen Geschäftsverkehrs, im Binnenmarkt

A Zielsetzung und Überblick über die Vorschriften der ECRL

In engem Zusammenhang mit der Richtlinie über gemeinsame Rahmenbedingungen für elektronische Signaturen steht die „Richtlinie über bestimmte rechtliche Aspekte der Dienste der Informationsgesellschaft, insbesondere des elektronischen Geschäftsverkehrs, im Binnenmarkt“[237]. Ihr Ziel ist die Förderung des elektronischen Geschäftsverkehrs im Binnenmarkt und der Wettbewerbsfähigkeit der europäischen Wirtschaft[238]. Mittel hierzu ist die Harmonisierung von Vorschriften zum elektronischen Geschäftsverkehr. Die ECRL enthält Vorschriften über den Binnenmarkt (Art. 3 ECRL) und die Niederlassung der Diensteanbieter (Art. 4 ECRL), ferner über allgemeine Informationspflichten der Diensteanbieter (Art. 5 ECRL) und kommerzielle Kommunikationen (Art. 6 und 7 ECRL), elektronische Verträge (Art. 9 bis 11 ECRL), die Verantwortlichkeit von Vermittlern (Art. 12 bis 15 ECRL) sowie Verhaltenskodizes (Art. 16 ECRL) und Systeme zur außergerichtlichen Streitbeilegung (Art. 17 ECRL), ferner Vorschriften über die Klagemöglichkeiten (Art. 18 ECRL) und die Zusammenarbeit der Mitgliedstaaten (Art. 19 ECRL)[239]. Die Richtlinie musste bis zum 17. Januar 2002 in nationales Recht umgesetzt werden[240].

Die ECRL soll den freien Verkehr so genannter Dienste der Informationsgesellschaft zwischen den Mitgliedstaaten sicherstellen[241]. Unter dem Begriff „Dienste der Informationsgesellschaft“ sind der ECRL entsprechend Dienstleistungen zu verstehen, „die in der Regel gegen Entgelt im Fernabsatz mittels Geräten für die elektronische Verarbeitung und Speicherung von Daten auf individuellen Abruf eines Empfängers erbracht werden“[242]. Unter „im Fernabsatz erbrachte Dienstleistungen“ sind solche zu verstehen, die ohne gleichzeitige physische Anwe-

---

[237] ECRL, ABl. EG Nr. L 178 vom 17.07.2000; vgl. *Maennel*, in Lehmann, Electronic Business, S. 61 Rn. 33.

[238] ECRL, Erwägungsgrund 3.

[239] Vgl. zu den einzelnen Vorschriften u.a. *Spindler*, in *Lehmann*, Electronic Business, S. 219 ff. Rn. 6 ff.;. *Tettenborn/Bender/Lübben/Karenfort*, BB 2001 Beilage 10 zu Heft 50, S. 4 ff.

[240] Art. 22 Abs. 1 ECRL. Zur Umsetzung der ECRL im griechischen Recht vgl. *Komnios*, ZfRV 2005, S. 63 ff.

[241] Art. 1 Abs. 1 ECRL.

[242] Art. 2 a) ECRL und Erwägungsgrund 17 ECRL mit Hinweis auf die Definition in der Richtlinie 98/34/EG des Europäischen Parlaments und des Rates vom 22. Juni 1998 über ein Informationsverfahren auf dem Gebiet der Normen und technischen Vorschriften und der Vorschriften über die Dienste der Informationsgesellschaft, ABl. EG Nr. L 204 vom 22. Juni 1998.

senheit der Vertragsparteien erbracht werden. Ferner ist eine Dienstleistung „auf individuellen Abruf" erbracht, wenn sie auf individuelle Anforderung hin durch Übertragung von Daten geleistet wird. Es muss sich dazu um eine geldwerte Leistung mit gewerblichem Charakter handeln. Dienste der Informationsgesellschaft sind dementsprechend der Online–Verkauf von Waren sowie Informationsübermittlung über Kommunikationsnetze, Zugangsvermittlung zu Kommunikationsnetzen, kommerzielle Kommunikation (Werbung), Online-Informationsdienste, Instrumente zur Datensuche usw. [243].

B Elektronischer Vertragabschluss

An dieser Stelle ist besonders der Art. 9 der ECRL über den Abschluss von Verträgen auf elektronischem Weg (Online-Verträge) von Bedeutung. Den zentralen Grundsatz enthält Art. 9 Abs. 1 ECRL. Danach haben die Mitgliedstaaten sicherzustellen, dass ihr Rechtssystem den Abschluss von Verträgen auf elektronischem Wege ermöglicht[244]. In Erwägungsgrund 34 ECRL wird auch festgestellt, dass „jeder Mitgliedstaat seine Rechtsvorschriften zu ändern hat, in denen Bestimmungen festgelegt sind, die die Verwendung elektronisch geschlossener Verträge behindern könnten; dies gilt insbesondere für Formerfordernisse." Was die Formulierung des Art. 9 ECRL betrifft, ist hervorzuheben, dass sich die ECRL auf privatrechtliche „Verträge" bezieht und den allgemeinen Begriff des „Rechtsgeschäfts" vermeidet; und dies um einen zu weit gehenden Einfluss auf die Rechtsordnungen zu vermeiden[245]. Die Verpflichtung der Mitgliedstaaten zur Beseitigung sämtlicher Hemmnisse bezieht sich allerdings nur auf rechtliche Barrieren und nicht auf praktische Hindernisse, die dadurch entstehen, dass in bestimmten Fällen elektronische Mittel nicht genutzt werden können[246].

Dementsprechend haben die Mitgliedstaaten Formvorschriften und beweisrechtliche Vorschriften, die die Durchsetzbarkeit elektronisch geschlossener Verträge aufhalten, zu ändern. Von diesem Anpassungserfordernis umfasst sind sämtliche Phasen der Entstehung bzw. Erarbeitung eines Vertrages bis hin zu dessen Abschluss und Archivierung, besonders relevant sind aber Vorschriften, die die Verwendung elektronischer Mittel für den Vertragsabschluss einschränken oder verhindern[247]. Verlangen beispielsweise gesetzliche Vorschriften die physische Anwesenheit beider Geschäftspartner bei Vertragsabschluss oder schreiben sie

---

[243] ECRL, Erwägungsgrund 18.

[244] Es handelt sich um das so genannte „Enabling Principal" (Ermöglichungsgrundsatz). S. hierzu *Lindholm/Maennel*, CRi 3/2000, S. 65; *Maennel*, MMR 1999, S. 190.

[245] *Maennel*, in Lehmann, Electronic Business, S. 60 Rn. 33.

[246] Vgl. ECRL, Erwägungsgrund 37. S. auch *Spindler*, in Lehmann, Electronic Business, S. 268 Rn. 131.

[247] ECRL, Erwägungsgrund 34.

einen bestimmten Ort vor, so machen diese die Verwendung elektronischer Technologien unmöglich. Unzulässig wäre etwa auch das Erfordernis der Hinterlegung einer Kopie des abgeschlossenen elektronischen Vertrags bei einer Behörde, sofern dies beim konventionell abgeschlossenen Vertrag nicht ebenfalls vorgeschrieben ist[248]. Mit anderen Worten wird dem Erfordernis des Ermöglichungsgrundsatzes durch Änderungen „pro forma" nicht Genüge getan. Die Aufrechterhaltung bzw. Festlegung allgemeiner oder spezifischer Erfordernisse für sichere elektronische Signaturen, ist, soweit diese auf elektronischem Wege erfüllt werden können, weiterhin zulässig[249].

Nach Art. 9 Abs. 2 der ECRL 2000/31 können folgende Vertragsarten durch die Mitgliedstaaten von dem Grundsatz der Anerkennung elektronischer Verträge ausgenommen werden[250]:

- Verträge über die Begründung oder Übertragung von Rechten an Immobilien. Ausgenommen hiervon sind Mietrechte.
- Verträge, bei denen die Mitwirkung von Gerichten, Behörden oder öffentliche Befugnisse ausübenden Berufen gesetzlich vorgeschrieben ist. Dies gilt auch dann, wenn die Mitwirkung erforderlich ist, damit die Verträge gegenüber Dritten wirksam sind. Ferner werden Verträge nicht erfasst, bei denen eine notarielle Beurkundung oder Beglaubigung gesetzlich vorgeschrieben ist.
- Bürgschaftsverträge und Verträge über Sicherheiten, jedoch nur insoweit, als diese von Personen außerhalb ihrer gewerblichen, geschäftlichen oder beruflichen Tätigkeit eingegangen werden; und
- Verträge im Bereich des Familien- und Erbrechts, wie etwa die Eheschließung oder die Testamenterstellung[251].

Nach Art. 9 Abs. 3 ECRL sollen die jeweiligen Mitgliedstaaten der Kommission eine vollständige Liste von den Vorschriften ihres nationalen Rechts, die Art. 9 Abs. 2 ECRL entsprechen, übermitteln.

C Der Regelungskonflikt der Richtlinien 1999/93/EG-2000/31/EG

Die Richtlinie 2000/31 steht in Zusammenhang mit der SigRL. Beide ergänzen sich gegenseitig und wirken im Regelungsbereich der Erfüllung von Formvorschriften unmittelbar zusammen. Die ECRL beschäftigt sich mit Problemen des Online-Vertragsschlusses, während die SigRL einen europäischen Rechtsrah-

---

[248] *Lindholm/Maennel*, CRi 2000, S. 68; *Maennel*, in Lehmann, Electronic Business, S. 61 Rn. 35.
[249] ECRL, Erwägungsgrund 35; SigRL, Erwägungsgrund 4.
[250] S. auch dazu ECRL, Erwägungsgrund 36.
[251] Vgl. aber die Kritik von *Hoeren*, Internetrecht, S. 260, dass das Familien- und Erbrecht sowieso nichts mit den Binnenmarkt an sich zu tun haben.

men für die elektronischen Signaturen schaffen will[252]. Die Interpretation der in Art. 5 Abs. 1a) SigRL beschriebenen „Rechtswirkung elektronischer Signaturen" und der in Art. 9 der ECRL gestellten Anforderungen an elektronische geschlossene Verträge ist allerdings äußerst kompliziert[253]. Der Anwendungsbereich beider Regelungen scheint sich zu überschneiden[254]. Demnach könnte davon auszugehen sein, dass Art. 9 ECRL die Regelung des Art. 5 SigRL überflüssig macht[255], oder andersherum, dass Art. 9 ECRL durch Art. 5 SigRL obsolet wird[256]. Dieser Konflikt lässt sich durch genaue Betrachtung der Zielsetzung der einzelnen Richtlinien lösen. Durch Art. 5 Abs. 1 a) SigRL wird keine Harmonisierung der Formvorschriften der Mitgliedstaaten angestrebt[257], diese Regelung lässt die gesetzlichen Formvorschriften vielmehr unberührt[258]. Erwägungsgrund 21 SigRL stellt ergänzend klar, dass die Festlegung der Rechtsgebiete, in denen elektronische Dokumente und elektronische Signaturen verwendet werden können, einzelstaatlichem Recht unterliegt. Demgegenüber wird eine solche Harmonisierung von Formvorschriften von Art. 9 ECRL angestrebt. Erwägungsgrund 34 ECRL weist darauf hin, dass jeder Mitgliedsstaat seine Rechtsvorschriften zu ändern hat, in denen Bestimmungen festgelegt sind, die die Verwendung elektronisch geschlossener Verträge behindern könnten. Es wird zudem betont, dass „die rechtliche Wirksamkeit elektronischer Signaturen bereits Gegenstand der Richtlinie 1999/93/EG" ist. Als Ergebnis bleibt demnach festzuhalten, dass Art. 5 Abs. 1 a) SigRL und Art. 9 ECRL einen unterschiedlichen Regelungsgehalt aufweisen[259].

Kapitel 5. Das deutsche Signaturgesetz 1997

Der Deutsche Bundestag hat am 13. Juni 1997 das Gesetz zur digitalen Signatur als Art. 3 des Gesetzes zur Regelung der Rahmenbedingung für Informations- und Kommunikationsdienste [Informations- und Kommunikationsdienstegesetz - IuKDG] verabschiedet, das am 1. August 1997 in Kraft trat[260]. Mit dem SigG 1997 war die Bundesrepublik Deutschland das erste Land weltweit, in dem ein

[252] *Maennel*, in Lehmann, Electronic Business, S. 61 Rn. 33.
[253] *Roßnagel*, in Lehmann, Electronic Business, S. 142 Rn. 25.
[254] *Redeker*, CR 2000, S. 458.
[255] *Hoeren*, MMR 1999, S. 198.
[256] *Tettenborn*, K&R 1999, S. 257.
[257] SigRL 1999/93, Erwägungsgrund 17.
[258] S. *Gravesen/Dumortier van Eecke*, MMR 1999, S. 579; *Roßnagel*, in Geis, Die digitale Signatur, S. 217 f.
[259] *Roßnagel*, in Lehmann, Electronic Business, S. 142 Rn. 26.
[260] Artikel 3 des Gesetzes zur Regelung der Rahmenbedingung für Informations- und Kommunikationsdienste [Informations- und Kommunikationsdienstegesetz-IuKDG], BGBl. I 1997, S. 1870. Für einen Überblick zum IuKDG s. *Engel-Flechsig/Maennel/Tettenborn*, NJW 1997, S. 2981 ff.

rechtlicher Rahmen für die Nutzung digitaler Signaturen geschaffen wurde[261]. Der Gesetzgeber hatte sich zwischen drei verschiedenen Ansätzen zu entscheiden[262]: Nach dem ersten Ansatz waren besondere gesetzliche Regelungen überflüssig[263]. Nach dem zweiten Ansatz sollte die digitale Signatur der eigenhändigen Unterschrift und der schriftlichen Urkunde gleichgestellt werden[264]. Dem dritten Ansatz entsprechend sollte als erstes eine Sicherungsinfrastruktur geregelt und Form- und Beweisvorschriften nach und nach angepasst werden[265]. Das SigG 1997 hat sich für die letzte Alternative entschieden.

Ziel des Gesetzes war es, wie sich aus § 1 Abs. 1 SigG 1997 ergibt, „Rahmenbedingungen für digitale Signaturen zu schaffen, unter denen diese als sicher gelten und Fälschungen digitaler Signaturen oder Verfälschungen von signierten Daten zuverlässig festgestellt werden können". Damit wurde das Konzept verfolgt, durch eine Rahmenregelung der Sicherungsinfrastruktur eine hohe faktische Sicherheit elektronischer Signaturen herzustellen[266]. Von daher scheint es ein Technikgesetz zu sein[267]. Der Gesetzgeber ging davon aus, dass Daten, die mit einem Verfahren signiert wurden, das den Vorgaben des Gesetzes entsprach, im Falle eines Rechtstreites vom Richter im Wege der freien Beweiswürdigung als echt angesehen würden[268].

Das Gesetz hatte in erster Linie Experimentcharakter. Es sollte vermieden werden, durch zu weitgehenden regulatorischen Eingriff die technische Entwicklung einzuschränken[269]. Dementsprechend hatte der Gesetzgeber keine Beweisregel über elektronisch signierte Dokumente übernommen, ebenfalls keine Formvorschrift eingeführt. Vielmehr hat er die Rechtswirkung der elektronischen Signatur völlig unbehandelt gelassen[270]. Die einzige Vorschrift bezüglich der Rechtswirkung der Signatur war § 1 Abs. 1 SigG 1997, wonach Signaturen, die mit einem den Vorgaben des Gesetzes entsprechenden Verfahren erzeugt werden,

---

[261] Allerdings trat das erste Gesetz über elektronische Signaturen überhaupt im US-Staat Utah am 1.5.1995 in Kraft (Utah Digital Signatur Act).

[262] S. hierzu *Roßnagel*, Recht der Multimedia-Dienste, Einl. SigG Rn. 49 ff.

[263] Vgl. *Roßnagel*, DuD 1997, S. 75 f.

[264] Vgl. u.a. *Erber-Faller*, CR 1996, S. 379 f.; *Mellulis*, MDR 1994, S. 114.

[265] *Roßnagel*, Recht der Multimedia-Dienste, Einl. SigG Rn. 52 ff.

[266] Vgl. BR-Drs. 966/96, S. 28.

[267] *Roßnagel*, NJW 1999, S. 1592.

[268] Begründung des Regierungsentwurfs, BT-Drs. 13/7385, S. 26.

[269] Begründung des Regierungsentwurfs, BT-Drs. 13/7385, S. 26, III.

[270] *Roßnagel*, DuD 1997, S. 78 hat aus diesem Grund auf die Ungenauigkeit des Gesetzestitels hingewiesen. Kritisch zur fehlenden Regelung der rechtlichen Bedeutung von elektronischen Signaturen *Geis*, NJW 1997, S. 3000 ff., 3002 f., der das SigG 1997 als „gesetzgeberisches Torso" bezeichnet. S. auch hierzu *Geis*, MMR 2000, S. 671. Ebenso *Mertes*, CR 1996, S. 771, der das SigG 1997 als „zahnlosen Tiger" apostrophiert.

„als sicher gelten“ können. Der Bundestag war sich des Experimentiercharakters des SigG 1997 bewusst und aus diesem Grund wurde die Bundesregierung beauftragt, das Gesetz spätestens zwei Jahre nach Inkrafttreten zu evaluieren[271].

In § 16 SigG 1997 wurde eine Verordnungsermächtigung eingefügt, um die Flexibilität der gestellten Anforderungen jederzeit voll gewährleisten zu können. Auf dessen Grundlage erging bereits am 8. Oktober 1997 die Verordnung zur digitalen Signatur, die die Details betreffend Anforderungen an die einzelnen technischen Komponenten des Signaturverfahrens, Genehmigungsverfahren, Technik und Gebührenleistung enthielt. Hierin wurden insbesondere die Maßnahmen festgelegt, die zur Durchführung von §§ 3 bis 15 SigG erforderlich waren. §§ 12 Abs. 2 SigV 1997 und 16 Abs. 6 SigV 1997 sahen zudem die Erarbeitung von so genannten Maßnahmenkatalogen vor, welche als Orientierungshilfe für Verbraucher, Zertifizierungsstellen[272], Regulierungsbehörde, Prüf- und Bestätigungsstellen den Einsatz bestimmter technischer Komponenten in rechtlich unverbindlicher Weise empfahlen[273].

A. Technische Vorkehrungen

Das SigG 1997 konzentrierte sich darauf, ein möglichst sicheres Signaturverfahren zu schaffen Entsprechend dieser Zielsetzung regelte er die Sicherungsinfrastruktur auf sehr detaillierte Art und Weise im Sinne des geschilderten technikrechtlichen Ansatzes. Die digitale Signatur wurde definiert als „ein mit einem privaten Signaturschlüssel erzeugtes Siegel zu digitalen Daten, das mit Hilfe eines zugehörigen öffentlichen Schlüssels, der mit einem Signaturschlüssel-Zertifikat einer Zertifizierungsstelle oder der Behörde nach § 3 versehen ist, den Inhaber des Signaturschlüssels und die Unverfälschtheit der Daten erkennen

[271] S. hierzu den Bericht der Bundesregierung über die Erfahrungen und Entwicklungen bei den neuen Informations- und Kommunikationsdiensten im Zusammenhang mit der Umsetzung des Informations- und Kommunikationsdienste-Gesetzes (IuKDG), BT-Drs. 14/1191, S. 17-20. Über die Schlussfolgerungen der vom Deutschen Bundestag geforderten Evaluierung des SigG 1997 und der SigV 1997 vgl. *Tettenborn*, in Geis, Die digitale Signatur, S. 231 ff.; vgl. auch *Fox*, DuD 1999, S. 508 ff.

[272] Das SigG 1997 sprach von „Zertifizierungsstellen“. Aus diesem Grund wird in diesem Kapitel auch dieser Begriff verwendet.

[273] Zur dogmatischen Einordnung dieser Maßnahmenkataloge als Verwaltungsvorschriften s. *Lisch*, in Hoeren/Schüngel, Rechtsfragen der digitalen Signatur S. 362 ff. *Lisch* vertritt jedoch die Ansicht, dass die Maßnahmenkataloge grundsätzlich verbindlich sind. S. a.a.O., S. 338. Das Bundesamt für Sicherheit in der Informationstechnik hat - gestützt auf § 12 Abs. 2 SigV - einen Maßnahmenkatalog zur Gewährleistung der Sicherheit von Zertifizierungsstellen verfasst.

lässt". Daher liegt dem SigG 1997 die asymmetrische Kryptografie zugrunde[274]. Signaturverfahren, die nicht auf asymmetrischer Verschlüsselung beruhen, konnten jedoch eingesetzt werden, da das SigG 1997 die Anwendung gesetzlicher Signaturen nicht vorschrieb[275]. Im Übrigen wurde die Auffassung vertreten, dass die Offenheit des SigG 1997 in Bezug auf andere Verfahren nur scheinbar war. Denn nur gesetzliche Signaturen hatten im Wettbewerb den Vorteil, dass sie gemäß § 1 Abs. 1 SigG 1997 „als sicher" galten[276].

Gemäß §§ 14 Abs. 1 SigG 1997 und 16 Abs. 1 und 2 SigV 1997 war für die Erzeugung und Speicherung von Signaturschlüsseln sowie für die Erzeugung und Prüfung digitaler Signaturen der Einsatz technischer Komponenten mit Sicherheitsvorkehrungen erforderlich, die Fälschungen digitaler Signaturen und Verfälschungen signierter Daten zuverlässig erkennbar machten und gegen unberechtigte Nutzung privater Signaturschlüssel schützten. Ebenso wurde verlangt, dass für die Überprüfung signierter Daten technische Komponenten mit Sicherheitsvorkehrungen eingesetzt wurden, „die feststellen lassen, ob die signierten Daten unverändert sind, auf welche Daten sich die digitale Signatur bezieht und welchem Signaturschlüssel-Inhaber die digitale Signatur zuzuordnen ist"[277]. Biometrische Identifikationsformen als Zusatz zur Identifikation durch Wissen (z.B. PIN) waren ausdrücklich zugelassen[278].

In § 5 SigG 1997 wurde die Vergabe von Zertifikaten geregelt. Die Zertifizierungsstellen hatten die Zuordnung eines öffentlichen Signaturschlüssels zu einer identifizierten Person durch ein Signaturschlüssel-Zertifikat zu bestätigen. Die Zertifikate waren jederzeit für jeden über öffentlich erreichbare Telekommunikationsverbindungen nachprüfbar und mit Zustimmung des Signaturschlüssel-Inhabers abrufbar zu halten, § 5 Abs. 1 S. 2 SigG 1997. Außerdem schlossen sich Zertifizierungsstellen zusammen, um Interoperabilitätsspezifikationen zu schaffen, die den Einsatz und die Kompatibilität von Produkten unterschiedlicher Hersteller ermöglichen sollten[279].

---

[274] Es handelte sich um ein Public Key System. Vgl. u.a. *Schweppe*, in Hoeren/Queck, Informationsgesellschaft, S. 122.

[275] § 2 Abs. 2 SigG 1997: „Die Anwendung anderer Verfahren für digitale Signaturen ist freigestellt, soweit nicht digitale Signaturen nach diesem Gesetz durch Rechtsvorschrift vorgeschrieben sind".

[276] *Roßnagel*, DuD 1997, S. 78.

[277] § 14 Abs. 2 S. 2 SigG 1997 und § 16 Abs. 3 S. 2 SigV 1997.

[278] § 16 Abs. 2 S. 3 SigV 1997.

[279] BT-Drs. 14/1191, S. 20.

B. Genehmigungsverfahren

Ein wesentlicher Unterschied zur SigRL liegt darin, dass nach dem Konzept des SigG 1997 die ordnungsgemäße Tätigkeit der Zertifizierungsstellen durch eine umfassende behördliche Kontrolle gewährleistet werden sollte. Gemäß § 4 Abs. 1 SigG 1997 bedurfte der Betrieb einer Zertifizierungsstelle einer Genehmigung der Regulierungsbehörde für Telekommunikation und Post als zuständige Behörde (RegTP)[280], welche auf Antrag zu erteilen war, sofern die von Gesetz und Verordnung aufgestellten Voraussetzungen gegeben waren[281]. Die Formulierung dieser Vorschrift hat zu dem Missverständnis geführt, dass es sich bei dem Genehmigungserfordernis um einen Erlaubnisvorbehalt handelte; sie wurde dementsprechend als generelle Genehmigungspflicht für den Betrieb von Zertifizierungsstellen betrachtet[282]. Die herrschende Meinung wertete jedoch die Regelung anders: Eine Genehmigung sei erforderlich lediglich für Zertifizierungsdienste im Sinne des SigG 1997, um Zertifikate für gesetzliche digitale Signaturen ausstellen zu können, nicht aber um als Zertifizierungsstelle tätig zu werden[283]. Die Anwendung anderer als der im SigG 1997 vorgesehenen Verfahren war gemäß § 1 Abs. 2 SigG 1997 ausdrücklich zugelassen, soweit nicht digitale Signaturen nach dem Gesetz vorgeschrieben waren[284].

Die Regulierungsbehörde für Telekommunikation und Post war nach §§ 3 SigG 1997, 77 Telekommunikationsgesetz zuständig für die Erteilung von Genehmigungen, die Ausstellung von Zertifikaten, die zum Signieren von Zertifikaten der Zertifizierungsstellen eingesetzt worden waren, sowie für die Überwachung der Einhaltung des Gesetzes und der Rechtsverordnung. Ferner übte sie die Aufsicht über die Zertifizierungsstellen aus.

Zusammen mit der Erteilung der Genehmigung wurde der Zertifizierungsstelle gemäß § 4 Abs. 5 SigG 1997 durch die Genehmigungsbehörde ein besonderes Zertifikat – das Wurzelzertifikat - ausgestellt, mit dem die Zertifikate der Zertifizierungsstelle überprüfbar waren. Dieses Zertifikat signierte die Regulierungs-

---

[280] S. § 3 SigG 1997. Auf der Grundlage des Gesetzes zur Neuregelung des Energiewirtschaftsrechts (BGBl. I 2005, S. 1970, verkündet am 12.07.2005) wurde der Name der RegTP in „Bundesnetzagentur für Elektrizität, Gas, Telekommunikation, Post und Eisenbahnen" (BNetzA) geändert; vgl. hierzu <http://www.bundesnetzagentur.de>.

[281] Vgl. § 4 Abs. 2 SigG 1997.

[282] *Brisch*, CR 1998, S. 495 f.; *Miedbrodt*, S. 63.

[283] *Roßnagel*, Recht der Multimedia-Dienste, Einl. SigG Rn. 3, § 4 Rn. 49; vgl. auch *Allenstein*, in Hoeren/Schüngel, Rechtsfragen der digitalen Signatur, S. 33 f.; *Blaurock/Adam*, ZEuP 2001, S. 108; *Büllesbach/Rieß/Miedbrodt*, in Geis, Die digitale Signatur, S. 10; *Kuner*, CR 1997, S. 643; *Rapp*, S. 28; *Redeker*, CR 2000, S. 456; *Roßnagel*, NJW 2001, S. 1817; *ders.*, MMR 1998, S. 77.

[284] So *Gravesen/Dumortier/van Eecke*, MMR 1999, S. 578.

behörde mittels ihres privaten Schlüssels. Durch das Ausstellen von Zertifikaten für die Zertifizierungsstellen wirkte die Regulierungsbehörde als Wurzelinstanz, die alle Zertifizierungsstellen zertifizierte[285]. Damit hatte sich der Gesetzgeber für eine hierarchische Zertifizierungsstruktur entschieden[286]. Diese Infrastruktur sah die Mitwirkung von drei Akteuren vor: a. des Unterzeichners, der die Signatur im elektronischen Rechtsverkehr einsetzte; b. der privaten Zertifizierungsstelle, die durch die Ausstellung von Zertifikaten bescheinigte, dass der öffentliche Schlüssel des Schlüsselpaars dem Unterzeichner gehörte; und c. der Regulierungsbehörde für Telekommunikation und Post, die durch ein von ihr signiertes Zertifikat bestätigte, dass die von den Zertifizierungsstellen hergestellten und verwendeten öffentlichen Schlüssel wirklich den verfügungsberechtigten Personen der Zertifizierungsstelle gehörten[287].

C. *Pflichtdienstleistungen*

Die Aufgaben der Zertifizierungsstellen waren im SigG 1997 detailliert geregelt. Den Zertifizierungsstellen oblag als wichtigste Aufgabe die Ausstellung der Zertifikate, § 5 SigG 1997. Nach § 5 Abs. 1 SigG 1997 und 3 Abs. 1 SigV 1997 hatte die Zertifizierungsstelle Personen, die ein Zertifikat beantragten, zuverlässig zu identifizieren. Da die Signaturschlüssel vom Teilnehmer selbst oder von der Zertifizierungsstelle erzeugt werden können, wurde dazu verlangt, dass in beiden Fällen sowohl für die Erzeugung als auch für die Speicherung und Anwendung des privaten Signaturschlüssels geeignete technische Komponenten eingesetzt werden. Erzeugte der Antragssteller die Signaturschlüssel selbst, dann hatte sich die Zertifizierungsstelle davon zu überzeugen, dass dabei geeignete technische Komponenten eingesetzt wurden[288]. Die Schlüssel und Identifikationsdaten mussten persönlich an die Teilnehmer übergeben werden, § 6 SigV 1997. Durch das Zertifikat bestätigte die Zertifizierungsstelle die Zuordnung des öffentlichen Schlüssels zu dem Teilnehmer. Das Zertifikat war über öffentlich erreichbare Kommunikationsverbindungen nachprüfbar zu halten[289]. Die Zertifizierungsstelle hatte ferner die ausgestellten Zertifikate so zu dokumentieren, dass die Daten und ihre Unverfälschtheit jederzeit nachprüfbar blieben. Eine weitere Pflichtdienstleistung der Zertifizierungsstellen bestand in der Unterhaltung eines

[285] Stellungnahme des Bundesrats zum IuKDG, BR-Drs. 966/96, S. 32 f.

[286] *Allenstein*, in Hoeren/Schüngel, Rechtsfragen der digitalen Signatur, S. 27. - Diese Konzentration auf eine Wurzelinstanz war mit der Gefahr verbunden, dass die Sicherheit des gesamten Systems bei Kompromittierung eines privaten Schlüssels der Regulierungsbehörde zweifelhaft wäre; vgl. auch die Kritik von *Fox*, DuD 1999, S. 510. Diese Gefahr besteht allerdings auch bei anderen Zertifizierungsstrukturen.

[287] *Herchenbach*, K&R 2000, Beilage 2 zu Heft 10, S. 6.

[288] Vgl. § 5 SigV 1997.

[289] § 5 Abs. 1 SigG 1997, § 8 Abs. 1 SigV 1997.

Sperrdienstes gemäß §§ 8 SigG 1997, 9 SigV 1997. Eine rückwirkende Sperrung war unzulässig. Ein Zertifikat war zu sperren, wenn

1. ein Signaturschlüssel-Inhaber oder sein Vertreter es verlangten,
2. das Zertifikat auf Grund falscher Angaben zu § 7 SigG 1997erwirkt wurde,
3. die Zertifizierungsstelle ihre Tätigkeit beendete und keine andere Stelle die Zertifikate übernahm,
4. die Regulierungsbehörde nach § 13 Abs. 5 S. 2 SigG 1997 eine Sperrung anordnete,
5. die Eignung der verwendeten Algorithmen und dazugehörigen Parameter nicht mehr gegeben war,
6. ein Signaturschlüssel kompromittiert wurde,
7. eine dritte Person die Sperrung verlangte, zu der das Zertifikat Angaben nach §§ 5 Abs. 2 und 7 Abs. 2 SigG 1997 enthielt[290].

Darüber hinaus war die Zertifizierungsstelle nach § 9 SigG 1997 verpflichtet, Zeitstempeldienste bereitzustellen[291]. Gegenüber dem Antragsteller oblag der Zertifizierungsstelle auch eine Unterrichtungspflicht (z.B. Geheimhaltung der Personenidentifikationsnummer usw.)[292]. So hatte die Zertifizierungsstelle im Rahmen des Zertifizierungsverfahrens den Antragsteller nach § 6 SigG 1997 über die Maßnahmen zu unterrichten, die notwendig sind, um zu sicheren digitalen Signaturen und deren zuverlässiger Prüfung beizutragen, sowie um einen Missbrauch seines Signaturschlüssels durch Unbefugte und eine Signierung falscher Daten zu verhindern.

D. Haftung der Zertifizierungsstellen

Eine Haftung der Zertifizierungsstellen kommt bei Fällen in Betracht, in denen haftungsbegründende Ereignisse, wie technische Defekte, betrügerisches Handeln oder fahrlässiges Fehlverhalten von Mitarbeitern, aus ihrem eigenen Einflussbereich stammen, während die Zertifizierungsstellen ihre Pflichtdienstleistungen nicht ordnungsgemäß erbringen[293]. Als mögliche Geschädigte kommen drei verschiedene Personenkreise in Betracht: die Signaturschlüssel-Inhaber, die Dritten, die gemäß § 7 Abs. 2 SigG 1997 in Attribut-Zertifikaten[294] als Vertrete-

---

[290] § 8 Abs. 2 SigG 1997.

[291] S. hierzu *Roßnagel*, Recht der Multimedia-Dienste, § 9 SigG, Rn. 18.

[292] Vgl. §§ 6 SigG 1997, 4 SigV 1997.

[293] Über die verschiedenen Haftungsszenarien s. *Breme*, S. 68 ff., insbesondere S. 72; *Fünten*, S. 20 ff.

[294] Zu den Attribut-Zertifikaten vgl. § 2 Abs. 3 SigG 1997. Ein Attributzertifikat ist ein Zertifikat, das nicht einen Signaturprüfschlüssel enthält, sondern auf ein anderes (Haupt-)Zertifikat verweist und zusätzliche Attribute des entsprechenden Signaturschlüssel-Inhabers (wie Vertretungsrechte, berufsrechtliche Zulassungen usw.) enthält.

ne bezeichnet werden und die sonstigen Vertragspartner des Signaturschlüssel-Inhabers. Das SigG 1997 sah hinsichtlich der Haftung der Zertifizierungsstellen keine spezielle Haftungsregelung vor[295], stattdessen wurde auf das allgemeine Haftungsrecht verwiesen[296]. Das Fehlen einer Haftungsregelung wurde vom Bundesrat in seiner Stellungnahme kritisiert[297], denn dieses Manko führte zu erheblicher Unsicherheit. Der Signaturschlüssel-Inhaber und der Dritte, der in einem Attribut-Zertifikat als Vertretener bezeichnet wurde, konnten durch vertragliche Schadensersatzansprüche geschützt werden. Ansprüche aus Amtshaftung wären an der privatrechtlichen Organisation der Zertifizierungsstellen gescheitert. Es war darüber hinaus unklar, ob und inwieweit die geschädigten Dritten, die nicht Vertragspartner waren, aber auf die Angaben der Zertifikate vertrauten, Ansprüche gegen die Zertifizierungsstellen hatten.

I. Haftung gegenüber dem Signaturschlüssel-Inhaber

Wie oben bereits ausgeführt, waren neben der eigentlichen Zertifizierung auch die Identifizierung des Teilnehmers, die Schüsselerzeugung, die Einrichtung und Unterhaltung eines Zertifikatsverzeichnisses und eines Sperrdienstes und die Zeitstempelung Bestandteile eines Zertifizierungsvertrages. Der Schlüssel-Inhaber schuldete bei diesem Vertrag die Zahlung eines Entgelts. Nach herrschender Meinung werden die Aufgaben der Zertifizierungsstellen dem Privatrecht zugeordnet, mit der Folge, dass zwischen Zertifizierungsstelle und Antragsteller ein privatrechtliches Vertragsverhältnis besteht. Dieser Vertrag wird – auch im Rahmen des neuen SigG - teilweise als Vertrag sui generis[298] mit vorwiegend dienstvertraglichen[299] und kaufvertraglichen Elementen und teilweise als Werkvertrag angesehen[300]. Die Zertifizierungsstelle haftete für die Schäden,

---

[295] Das Fehlen von speziellen Haftungsregeln wurde in der Literatur kritisiert; vgl. *Gounalakis/Rhode*, K&R 1998, S. 233 f.; *Haas*, FS Heinrichs, S. 283 ff.; *Leier*, MMR 2000, S. 17; *Roßnagel*, RDV 1998, S. 15; *ders.*, DuD 1997, S. 287; *ders.*, DuD 1997, S. 79; *Schweppe*, in Hoeren/Queck, Informationsgesellschaft, S. 125 f.

[296] Begründung des Regierungsentwurfs, BT-Drs. 13/7385, S. 27.

[297] Stellungnahme des Bundesrates, BT-Drs. 13/7385, S. 59; vgl. hierzu *Engel-Flechsig/Maennel/Tettenborn*, NJW 1997, S. 2989.

[298] *Timm*, DuD 1997, S. 525 f.

[299] *Peters/Wernsmann*, in Hoeren/Schüngel, Rechtsfragen der digitalen Signatur, S. 135 f.; vgl. auch *Bieser*, CR 1996, S. 565; *Emmert*, CR 1999, S. 245; *Leier*, MMR 2000, S. 14; *Timm*, DuD 1997, S. 526.

[300] Hinsichtlich der eventuellen Schlüsselgenerierung durch die Zertifizierungsstelle sind werkvertragliche Regeln anwendbar. S. aber *Gounalakis/Rhode*, K&R 1998, S. 227, die den Zertifizierungsvertrag für einen reinen Werkvertrag halten. Für ein Hauptgewinn der werkvertraglichen Komponente plädieren ebenfalls *Büllesbach/Pooth/Stauder*, in Hoeren/Schüngel, Rechtsfragen der digitalen Signatur, S. 195 f.; vgl. auch *Roßnagel*, Recht der Multimedia-Dienste, § 7 SigG Rn. 74 (Fn. 2). *Fünten*, S. 109, geht davon aus, dass es sich um einen typengemischten Vertag handele. In dem Fall einer Schlüsselgenerierung entstehen in erster

die sie ihrem Vertragspartner schuldhaft verursachte[301]. Aus diesem gemischten Schuldverhältnis ergaben sich Schutz- und Fürsorgepflichten gegenüber dem Vertragspartner. Falls der Signaturschlüssel-Inhaber durch das schuldhafte Verhalten des Erfüllungsgehilfen einer Zertifizierungsstelle Schaden erleidete[302], haftete die Zertifizierungsstelle wegen positiver Vertragsverletzung[303] (§ 280 Abs. 1 S. 1 BGB n.F. i.V.m. § 278 BGB). Ferner konnte die Zertifizierungsstelle ihre Haftung durch allgemeine Geschäftsbedingungen nicht völlig ausschließen: Ein Haftungsausschluss in den allgemeinen Geschäftsbedingungen des Anbieters würde gegen § 305b BGB verstoßen[304].

In diesem Zusammenhang stellt sich die Frage, ob insbesondere die Dritten, die fälschigerweise in einem Attribut-Zertifikat als Vertretene angegeben werden, Rechte aus dem Vertrag der Zertifizierungsstelle mit dem Signaturschlüssel-Inhaber herleiten können. Neben dem eigentlichen Vertrag zugunsten Dritter wurde von der Rechtssprechung als besondere Art der Drittberechtigung den Vertrag mit Schutzwirkung für Dritte entwickelt[305]. Bei dem Vertrag mit Schutzwirkung zugunsten Dritter[306] handelt es sich um den gesetzlich nicht geregelten Fall eines selbständigen Vertragstypus, der bestimmte Rechtsfolgen zugunsten eines Dritten besitzt[307].

Gegenüber Dritten, die in Attribut-Zertifikaten fälschlich als Vertretene auf Fehlern der Zertifizierungsstelle bezeichnet wurden, konnte regelmäßig eine vertragliche Haftung über die Grundsätze des Vertrages mit Schutzwirkung zugunsten Dritter bejaht werden[308]. Wenn ein solcher Vertrag vorliegt, hat der Dritte im

---

Linie werklieferungsvertragliche Leistungspflichten. Ansonsten bewertet er die anderen Leistungspflichten nach Kauf-, Dienst- und Werkvertragsrecht. Befürwortend auch *Thomale*, S. 70 ff.

[301] S. hierzu *Thomale*, S. 67, der den Schaden nicht ausschließlich als Vermögensschaden betrachtet, da die elektronische Signatur ebenfalls für die Beantragung und Erlassung von Verwaltungsakten eingesetzt werden könne.

[302] Zu den möglichen Pflichtverletzungen der Zertifizierungsstellen vgl. *Haas*, FS Heinrichs, S. 268 ff.

[303] *Thomale*, S. 70. S. auch *Leier*, MMR 2000, S. 17; *Rapp*, S. 31; *Timm*, DuD 1997, S. 526.

[304] Ausführlich hierzu *Thomale*, S. 72 ff., m.w.N.

[305] Bamberger/Roth-*Janoschek*, § 328 Rn. 46 m.w.N.

[306] Zu den einzelnen Voraussetzungen des Vertrages mit Schutzwirkung zugunsten Dritter vgl. u.a. *Larenz*, Schuldrecht AT, S. 224 ff.; MüKo-*Gottwald*, § 328 Rn. 97 ff.; Palandt-*Heinrichs*, § 328 Rn. 13 ff. S. auch Bamberger/Roth-*Janoschek*, § 328 Rn. 50 ff.

[307] Zur dogmatischen Herleitung des Vertrages mit Schutzwirkung zugunsten Dritter vgl. u.a. MüKo-*Gottwald*, § 328 Rn. 100. S. auch hierzu *Breme*, S. 82; *Fünten*, S. 184.

[308] *Sanner*, S. 164 ff., insbesondere S. 169. Nach *Rapp*, S. 31, sind dabei die Voraussetzungen des Vertrages mit Schutzwirkung zugunsten Dritter („Leistungsnähe“, „Drittbezogenheit“, „Erkennbarkeit des geschützten Personenkreises “, „Schutzbedürftigkeit des Dritten“) regelmäßig erfüllt.

Sinne des § 7 Abs. 2 SigG 1997 einen eigenen Schadensersatzanspruch aus den Grundsätzen der Vertragshaftung[309] mit der Beweiserleichterung entsprechend § 280 Abs. 1 S. 2 BGB. Daneben kommen auch deliktische Schadensersatzansprüche in Bertacht.

II. Haftung der Zertifizierungsstelle gegenüber Vertragspartnern des Signaturschlüssel-Inhabers

Die einfachste Möglichkeit für einen Dritten, Empfänger einer signierten Nachricht bestände darin, einen Anspruch gegenüber seinem Vertragspartner, d.h. dem Signaturschlüssel-Inhaber, durchzusetzen; denn der Beschädigte kann dadurch die Vorteile genießen, die die Rechtsordnung bei vertraglichem Schadensersatz und der culpa in contrahendo gewährt. Dies setzt allerdings voraus, dass der Signaturschlüssel-Inhaber schuldhaft handelt.

1. Haftung auf Grund eines Vertrags mit Schutzwirkung zugunsten Dritter

Anders sieht die Situation aus bei Ansprüchen Dritter gegen die Zertifizierungsstelle. Das Fehlen einer eigenständigen Haftungsregelung konnte zu unbefriedigenden Ergebnissen führen, wenn Nicht-Vertragspartner der Zertifizierungsstellen, die auf die Sicherheit der Signaturen und die Korrektheit der Zertifikate vertrauten, geschädigt wurden. Der Bundesrat hat darauf hingewiesen, dass in diesem Fall Haftungslücken entstehen würden[310]. Da zwischen den Dritten und der Zertifizierungsstelle keine Vertragsbeziehung besteht und die beiden sich ebenfalls nicht bei der Vertragsanbahnung befinden, lässt sich eine Haftung der Zertifizierungsstelle wegen positiver Vertragsverletzung nicht begründen. Die Tatsache, dass der Dritte ein Zertifikat bei der Zertifizierungsstelle nachprüft oder abruft, konnte nicht zu dem Schluss führen, dass ein Vertrag zwischen den beiden entsteht, da zu der Bereitstellung dieser Dienste die Zertifizierungsstelle gesetzlich verpflichtet war[311]. Die alleinige Abfrage eines Zertifikats lässt also keinen Auskunftsvertrag zwischen den jeweils Beteiligten entstehen.

Um die günstigen Regelungen der Vertragshaftung auch auf die Dritten auszudehnen, wurde der Zertifizierungsvertrag in der Literatur teilweise als Vertag mit Schutzwirkung zugunsten Dritter qualifiziert[312]. Die Kriterien der Leistungs-

[309] MüKo-*Gottwald*, § 328 Rn. 118; Bamberger/Roth-*Janoschek*, § 328 Rn. 55a.
[310] Stellungnahme des Bundesrates, BT-Drs. 13/7385, S. 59.
[311] *Haas*, FS Heinrichs, S. 271 f.
[312] *Emmert*, CR 1999, S. 246; *Haas*, FS Heinrichs, S. 277; *Leier*, MMR 2000, S. 15. Ebenso Palandt-*Heinrichs* (2002), § 328 Rn. 32. Diese Auffassung wurde aber in den nachfolgenden Auflagen. nicht weiter vertreten.

und Gläubigernähe liegen nach herrschender Meinung vor[313]. Problematisch erscheint dabei die Voraussetzung der Erkennbarkeit des geschützten Personenkreises, da bei Vertragsschluss die Anzahl der potentiellen Vertragspartner des Signaturschlüssel-Inhabers, gegenüber denen er die digitale Signatur einsetzen wird, praktisch nicht zu übersehen ist[314]. Darüber hinaus wurde ein Anspruch des Dritten aus den Grundsätzen der Drittschadensliquidation ebenfalls als ausgeschlossen betrachtet[315].

2. *Deliktische Haftung*

Ferner kamen außervertragliche Anspruchsgrundlagen der Dritten gegen die Zertifizierungsstelle in Betracht.

a) Haftung nach § 823 Abs. 1 BGB

Beim Dritten wird sich Schaden als reiner Vermögensschaden darstellen, so dass aus den Bestimmungen des § 823 Abs. 1 BGB i.V.m. § 831 Abs. 1 S. 1 BGB keine Haftung der Zertifizierungsstelle für Vermögensschaden gegenüber Vertragspartnern des Signaturschlüssel-Inhabers abgeleitet werden konnte[316]; denn primäre Vermögensschäden werden von dieser Norm nicht erfasst[317]. Sofern ausnahmsweise das Leben, der Körper, die Gesundheit, die Freiheit, das Eigentum oder ein sonstiges Recht des Dritten verletzt wird, wurde zurecht darauf hingewiesen, dass die Zertifizierungsstelle von der Einstandspflicht für ihre Mitarbeiter dadurch befreit werden könnte, dass sie entweder ein pflichtgemäßes Auswahl- und Überwachungsverfahren ihr Personal betreffend oder das Fehlen jeglicher Kausalität für den eingetretenen Schaden nachweist[318]. Durch diese Exkulpationsmöglichkeit wäre es der Zertifizierungsstelle möglich, sich von einer potenziellen Haftung gemäß § 831 Abs. 1 S. 2 BGB zu befreien.

---

[313] *Fünten*, S. 190 und S. 192; *Haas*, FS Heinrichs, S. 273 f.; *Leier*, MMR 2000, S. 15; *Rapp*, S. 33

[314] So *Thomale*, S. 75 ff., insbesondere S. 77; vgl. auch *Breme*, S. 97; *Büllesbach/Pooth/Stauder*, in Hoeren/Schüngel, Rechtsfragen der digitalen Signatur, S. 212; *Gounalakis/Rhode*, K&R 1998, S. 227; *Fünten*, S. 198; *Miedbrodt*, S. 75 ff.; *Rapp*, S. 33; *Sanner*, S. 174. Ebenso MüKo-*Gottwald*, § 328 Rn. 159.

[315] Dazu vgl. *Breme*, S. 97 ff. Ebenso *Thomale*, S. 78 f.; *Miedbrodt*, S. 75. Zur Institution der Drittschadenliquidation im Allgemeinen vgl. unter anderem *Larenz*, Schuldrecht AT, S. 462 ff.; MüKo-*Oetker* § 249 Rn. 277 ff.

[316] Vgl. nur *Leier*, MMR 2000, S. 16; *Rapp*, S. 33. S. auch *Gounalakis/Rhode*, K&R 1998, S. 228; *Seck*, S. 86 f.

[317] Einhellige Auffassung, s. nur *Canaris*, FS Larenz, S. 36; *Larenz*, Schuldrecht AT, S. 122; *Larenz/Canaris*, BT Band II/2, § 75 I 3b; vgl. auch Staudinger/*Hager*, § 823 Rn. 192 ; MüKo-*Wagner* § 823 Rn. 176.

[318] *Breme*, S. 129 ff.; *Thomale*, S. 79 f.

b) Haftung gemäß § 823 Abs. 2 BGB

Eine Haftung der Zertifizierungsstellen gemäß § 823 Abs. 2 BGB und dadurch der Ersatz eines Vermögensschadens wären nur möglich, wenn die Normen des SigG 1997 bzw. der SigV 1997 als Schutzgesetze im Sinne dieser Vorschrift zu qualifizieren waren[319].

Ein Schutzgesetz im Sinne des § 823 Abs. 2 BGB ist nur eine Norm, die den Individualschutz des Geschädigten bezweckt[320]. Um festzustellen, ob eine Norm individualschützenden Charakter hat, ist auf den Inhalt und den Zweck des Gesetzes nach dem Willen des Gesetzgebers[321] abzustellen[322]. Da das SigG 1997 gem. § 1 Abs. 1 lediglich die Schaffung technischer und administrativer Rahmenbedingungen beabsichtigte, unter denen digitale Signaturen als sicher gelten könnten, ist nach herrschender Auffassung die Schutzgesetzqualität des SigG 1997 und damit eine Qualifizierung der Bestimmungen des SigG 1997 als Schutzgesetze zu verneinen[323]. Der Wortlaut und die Intention des Gesetzes waren insofern eindeutig[324].

Eine denkbare Anspruchsgrundlage für den geschädigten Dritten wäre die Bestimmung des § 826 BGB, da aus dieser Norm der Ersatz von Vermögensschäden möglich ist[325]. Ein Anspruch des Signaturempfängers wegen vorsätzlicher sittenwidriger Schädigung seines Vermögens wäre allerdings nur dann begründet, wenn das Verhalten der Zertifizierungsstelle vorsätzlich ist und gegen die guten Sitten verstößt[326].

Zusammenfassend wurde die Erwartung des Gesetzgebers, dass sich die aus der Anwendung des SigG 1997 ergebenden Haftungsprobleme aus dem allgemeinen Haftungsrecht beantworten ließen, nicht allgemein geteilt. Der Streit in der Lite-

---

[319] Ausführlich hierzu *Gounalakis/Rhode*, K&R 1998, S. 228 ff.

[320] BGHZ 116, 7, 13; BGHZ 100, 13, 14; BGHZ 84, 312, 314. Zum Individualschutz zugunsten des Geschädigten im Rahmen des § 823 Abs. 2 BGB vgl. *Canaris*, FS Larenz, S. 46; *Larenz/Canaris*, BT Band II/2, § 77 II 2. S. auch Bamberger/Roth-*Spindler*, § 823 Rn. 155.

[321] Vgl. allerdings zum Willen des Gesetzgebers *Koch/Rüßmann*, S. 211.

[322] BGHZ 116, 7, 13. Ebenso *Leier*, MMR 2000, S. 16.

[323] Ausführlich *Thomale*, S. 81 ff. Ebenso *Rapp*, S. 33 f.; vgl. auch *Büllesbach/Pooth/Stauder*, in Hoeren/Schüngel, Rechtsfragen der digitalen Signatur, S. 224 ff.; *Haas*, FS Heinrichs, S. 280; *Leier*, MMR 2000, S. 16; *Rott*, NJW-CoR 1998, S. 427; *Schweppe*, in Hoeren/Queck, Informationsgesellschaft, S. 126; *Seck*, S. 92 f.; Bamberger/Roth-*Spindler*, § 823 Rn. 197; *Timm*, DuD 1997, S. 527. A.A. *Breme*, S. 120; *Emmert*, CR 1999, S, 247; *Fünten*, S. 129 ff., 199; *Gounalakis/Rhode*, K&R 1998, S. 228 ff.

[324] Begründung des Regierungsentwurfs, BT-Drs. 13/7385, S. 26.

[325] *Larenz/Canaris*, BT Band II/2, § 78 I 1a. Vgl. auch Bamberger/Roth-*Spindler*, § 826 Rn. 1; Jauernig/ *Teichmann*, § 826 Rn. 5; MüKo-*Wagner* § 826 Rn. 1.

[326] Vgl. hierzu *Breme*, S. 127 ff.

ratur über die Haftung der Zertifizierungsstellen, insbesondere in Verhältnis zu Dritten, hat im Ergebnis bewiesen, dass die gesetzliche Regelung des Problems sinnvoll gewesen wäre und der Rechtsicherheit gedient hätte[327].

E. Sicherheitsvermutung

Der Gesetzgeber hat im SigG 1997 bewusst keine Beweisregel für die digitalen Signaturen eingeführt. Vielmehr sollte die Beweisfunktion signierter digitaler Daten „über die faktische Sicherheit gesetzlicher digitaler Signaturen erreicht werden, die durch die Justiz im Rahmen der freien Beweiswürdigung honorieren werden“[328]. Die Kernaussage des SigG 1997 traf § 1 Abs. 1 SigG 1997, welcher eine Vermutung für die Sicherheit einer mit dem Gesetz in Übereinstimmung stehenden digitalen Signatur aufstellte. Dementsprechend konnten digitale Signaturen, welche die Anforderungen der technischen und administrativen Rahmenbedingungen des SigG 1997 erfüllen, als sicher gelten. Die Wendung „als sicher gelten“ schaffte allerdings keine Beweisregel, sondern eine Sicherheitsvermutung[329]; die Vorschrift des § 1 Abs. 1 SigG 1997 beinhaltete allerdings keine Vermutung im herkömmlichen Sinne von § 292 ZPO[330]; hingegen ist sie eher als ein „vorgezogener Anscheinsbeweis“ angesehen worden[331], so dass dadurch eine Beweiserleichterung zugunsten des Signaturempfängers eintreten konnte.

In der soeben dargestellten Sicherheitsvermutung lag die einzige Rechtsfolge des SigG 1997[332]. Vermutet wurde, dass die Signatur vom berechtigten Signaturschlüssel-Inhaber erzeugt wurde und Fälschungen der Signatur sowie Verfäl-

---

327 *Tettenborn*, in Geis, Die digitale Signatur, S. 248.

328 Begründung des Regierungsentwurfs, BT-Drs. 13/7385, S. 26.

329 Begriff übernommen von *Roßnagel*, NJW 1998, S. 3312 ff. - Diese Sicherheitsvermutung war umstritten. Nach *Ondarza*, S. 93 ff. und 101, sei die rechtliche Vermutung rechtspolitisch unnötig, weil alleine das tatsächliche Sicherheitsniveau maßgeblich sei. Kritisch zu der Sicherheitsvermutung *Rieß*, DuD 2000, S. 532. Uneinigkeit besteht auch bezüglich ihrer Reichweite. Während etwa *Bieser*, DStR 2001, S. 30, die Meinung vertritt, dass auch willentliche Signaturerzeugung vermutet werden könne, sieht *Roßnagel*, Recht der Multimedia-Dienste, § 1 SigG Rn. 46, diesen Aspekt als nicht von der Sicherheitsvermutung erfasst an.

330 § 1 Abs. 1 SigG 1997 wurde nicht „als sicher gelten“, sondern „als sicher gelten können“ formuliert. So *Roßnagel*, NJW 1998, S. 3316. Ebenso *Ondarza*, S. 97 ff. A.A. *Abel*, MMR 1998, S. 647.

331 *Roßnagel*, NJW 1998, S. 3316; vgl. auch *Blum*, K&R 2000, S. 67; *Geis*, NJW 1997, S. 3003 f.; *Harnier*, S. 55 f.; *Malzer*, DNotZ 1998, S. 100 ff.; *Miedbrodt*, S. 43 ff. Gegen eine Qualifizierung von § 1 SigG 1997 als Beweisregel, *Foerste*, in Musielak ZPO 2000, § 286 Rn. 14.

332 *Blum*, K&R 2000, S. 67; *Roßnagel*, K&R 2000, S. 315.

schungen der signierten Daten zuverlässig festgestellt werden konnten[333]. Die beweisbelastete Partei musste die Unverfälschtheit dieser und ihre Übereinstimmung mit den Anforderungen des SigG 1997 nachweisen. Die Vermutung konnte dann widerlegt werden, wenn der Beweisgegner nachwies, dass die Anforderungen des Gesetzes oder der Signaturverordnung nicht eingehalten wurden oder, dass der Signaturschlüssel-Inhaber eine Pflichtverletzung begangen hat[334]. Zur Erschütterung der Sicherheitsvermutung genügten der Nachweis einer Verletzung der im SigG 1997 und SigV 1997 vorgesehen Sicherheitsmaßnahmen, wie z.B. die gemeinsame Aufbewahrung des Schlüsseldatenträgers zusammen mit der PIN, die Behauptung, dass der Einsatz unzureichender technischer Komponenten möglich war oder, dass das Personal der Zertifizierungsstelle nicht die nötige Qualifikation besaß[335].

Gleichwohl war mit dem SigG 1997 keine Rechtsfolge im Bezug auf Formvorschriften verbunden. Das SigG 1997 regelte lediglich eine Sicherungsinfrastruktur und stellte die digitale Signatur nicht der traditionellen Unterschrift gleich. Die elektronischen Dokumente, die digital signiert wurden, erfüllten somit die Anforderung der gesetzlichen Schriftform nicht.

F. Internationale Anerkennung ausländischer Zertifikate

Bezüglich der Gleichwertigkeit und der Anerkennung ausländischer Zertifikate wird in § 15 SigG 1997 zwischen Zertifikaten aus einem anderen Mitgliedstaat der EU sowie den Vertragsstaaten des Abkommens über den Europäischen Wirtschaftsraum und Zertifikaten aus anderen Staaten differenziert. Während für Zertifikate einer in einem anderen Mitgliedstaat der Europäischen Union oder einem anderen Vertragsstaat des Abkommens über den Europäischen Wirtschaftsraum niedergelassenen Zertifizierungsstelle „gleichwertige Sicherheit" aufzuweisen hatten, um ebenfalls in den Genuss der Sicherheitsvermutung des § 1 Abs. 1 SigG 1997 zu kommen (§ 15 Abs. 1 SigG 1997), war bei Zertifikaten von nicht EU-Staaten zusätzlich ein überstaatliches bzw. zwischenstaatliches Übereinkommen notwendig (§ 15 Abs. 2 SigG 1997).

G. Bewertung des SigG 1997

Bis zum Inkrafttreten des neuen deutschen Signaturgesetzes am 22. Mai 2001 waren keine gerichtlichen Entscheidungen zum SigG 1997 ergangen. Die Si-

---

333 *Roßnagel*, NJW 1998, S. 3316. So *Blum*, K&R 2000, S. 67; *Harnier*, S. 55 ff. S. aber *Ondarza*, S. 96 ff.

334 *Roßnagel*, NJW 1998, S. 3317.

335 Vgl. *Roßnagel*, NJW 1998, S. 3317.

cherheit digitaler Signaturen nach dem SigG 1997 ist allgemein anerkannt[336]. Trotz der im Prinzip positiven Beurteilung[337] des SigG 1997 ist hervorzuheben, dass es nicht die erhoffte Durchsetzung erzielte[338]. Die Anzahl ausgestellter Zertifikate lag weit unter den anfänglichen Erwartungen. Nur dreihundert Nutzer digitaler Signaturen wurden bis Oktober 1999 in ganz Deutschland registriert[339]. Trotz erheblicher Investitionen in die Infrastrukturen, Sicherheitskonzepte und Produkte war das Interesse an das Authentifizierungsverfahren des SigG 1997 so gering[340], dass *Hoeren* das Gesetz über die digitale Signatur gar als „Totgeburt" qualifizierte[341].

Die Kritik ging aber ebenfalls dahin, dass an die Einhaltung der Standards des Gesetzes keinerlei Rechtswirkungen geknüpft wurden[342]. Die Entscheidung des Gesetzgebers, vorweg die notwendige Sicherheitsinfrastruktur zu regeln, wurde jedoch als richtig eingesehen[343]. Fast zwei Jahre nach dem Inkrafttreten des SigG 1997 wurde dem Deutschen Bundestag im Rahmen des IuKDG im Juni 1999 auf Initiative des Bundestages ein Evaluierungsbericht des Gesetzes vorgelegt (BT-Drs. 14/1191). Die Unterrichtung der Bundesregierung war durchaus positiv[344]. Die Ansicht der Bundesregierung, dass kein wesentlicher Anpassungsbedarf der Signaturvorschriften auf Grund der SigRL bestehe[345], kann nicht geteilt werden[346].

---

336 S. z.B. *Geis*, MMR 2000, S. 668 m.w.N.; *Schwemmer*, DuD 2000, S. 70.

337 S. u.a. *Thomale*, S. 39 ff.; vgl. auch *Gassen*, S. 161.

338 *Mankowsi*, NJW 2002, S. 2828; vgl. auch *Becker*, S. 23; *Fox*, DuD 1999, S. 509.

339 *Hillebrand/Büllingen*, DuD 2000, S. 80; vgl. auch *Bizer*, Willkommen in der Wirklichkeit ! – Vom Staub der Blütenträume, abrufbar unter <http://www.politik-digital.de/egovernment /esignatur/sig_wirk.shtml> (zuletzt 01.12.2006). Der Autor weist darauf hin, dass die Zahl der Kunden der Zertifizierungsstellen sehr gering war.

340 *Meinel/Lutz*, JurPC Web-Dok. 223/2002, Abs. 7.

341 *Hoeren*, CR 2002, S. 295.

342 *Geis*, NJW 1997, 3002 („gesetzgeberischer Torso"). Ebenso *Mertes*, CR 1996, S. 771. S. aber OLG Karlsruhe, NJW 1998, S. 1650, 1651: "…bei deren Einsatz (von digitalen Signaturen) jedenfalls in Erwägung zu ziehen wäre, ob dadurch der gesetzlichen Schriftform Genüge getan ist…„. Das war aber dort nicht zu entscheiden.

343 Vgl. *Gassen*, S. 161; *Thomale*, S. 40 f.

344 BT-Drs. 14/1191, S. 17-20, 33 f. S. aber die pessimistische Einschätzung von *Kelm*, DuD 1999, S. 526 ff.; vgl. auch *Gassen*, S. 164 f. Zur Evaluierung das SigG 1997 s. auch *Bröhl/Tettenborn*, S. 23-26; *Fox*, DuD 1999, S. 508; *Kuner*, DuD 1999, S. 227; *Roßnagel*, NVwZ 2000, S. 629 f.; *ders.*, NJW 1999, S. 1591.

345 BT-Drs. 14/1191, S. 20. Ebenso *Roßnagel*, in Geis, Die digitale Signatur, S. 220; *ders.*, MMR 1999, S. 262. S. aber *ders.*, NJW 2001, S. 1818, der die Novellierung des SigG 1997 für notwendig hält, um die SigRL ins nationale Recht umgesetzt zu werden.

346 S. nur *Tettenborn*, MMR 1999, S. 520.

Nach § 4 Abs. 1 SigG 1997 bedurfte der Betrieb einer Zertifizierungsstelle einer Genehmigung der zuständigen Behörde, welche auf Antrag zu erteilen war, sofern die von Gesetz und Verordnung aufgestellten Voraussetzungen gegeben waren. Dieses Genehmigungsverfahren wurde teilweise als generelle Genehmigungspflicht für den Betrieb von Zertifizierungsdiensten missverstanden, richtigerweise war eine Genehmigung jedoch nur für Zertifizierungsdienste im Sinne des Gesetzes, nicht aber für andere Verfahren, die gemäß § 1 Abs. 2 SigG 1997 explizit zugelassen waren, soweit nicht digitale Signaturen nach dem Gesetz vorgeschrieben waren.

Als gravierendes Manko des deutschen SigG 1997 wurde zu Recht das gänzliche Fehlen von Haftungsregelungen betrachtet. Während der europäische Gesetzgeber durch die Einführung des Art. 6 SigRL dem geschädigten Signaturempfänger die Beweisführung erheblich zu erleichtern versucht, hielt das SigG 1997 an dem, für den Dritten wesentlich nachteiligeren, allgemeinen Haftungsrecht fest. Die Nichtanwendbarkeit der Grundsätze des Vertrags mit Schutzwirkung zugunsten Dritter sowie die Ansicht, dass die Regelungen des SigG 1997 keine Schutzgesetze im Sinne von § 832 Abs. 2 BGB sind, waren nicht unstreitig. Insoweit bereitete der Verzicht auf Haftungsregelungen dem Signaturempfänger und den Zertifizierungsstellen eklatante Unsicherheit im Hinblick auf den Umfang der Haftung, da es zu dieser Frage keine Rechtsprechung gab. Ein spezifisches Haftungssystem war daher notwendig, weil es neben dem individuellen Schadensausgleich hauptsächlich der Vertrauensbildung dient. Hierdurch wird für die Zertifizierungsstellen ein weiterer Anreiz geschaffen, die gesetzlichen Anforderungen einzuhalten.

Es ist festzuhalten, dass das SigG 1997 einen wichtigen Schritt im Hinblick auf die Schaffung einer technischorientierten Grundlage für die Verwendung eines digitalen Signaturverfahrens dargestellt hat. Die zivilrechtliche und zivilprozessuale Qualität der digital signierten Dokumente sowie die Haftungsfragen blieben allerdings der Wissenschaft und Rechtsprechung überlassen. Der Vorschlag der Bundesnotarkammer, zivilrechtliche und zivilprozessrechtliche Rechtfolgen mit der digitalen Signatur zu verbinden, wurde vom Gesetzgeber nicht übernommen[347]. Auf Grund der zum Teil erheblichen Unterschiede zwischen der SigRL und den Vorschriften des SigG 1997 wurde es vorgeschlagen, statt einer

[347] Zum Gesetzgebungsvorschlag der Bundesnotarkammer vgl. *Schippel*, FS Odersky, S. 660 ff.; hierzu auch *Erber-Faller*, CR 1996, S. 357 ff. - Die Lösung der Bundesnotarkammer kann wegen der dort vorgesehenen Verbindung der „elektronischen Unterschrift" mit einer notariellen Urkunde nicht überzeugen. Eine solche Lösung würde das elektronisch signierte Dokument unpraktisch machen. Denn die Vorteile einer elektronischen Signatur würden wegen des erforderlichen Vorhandenseins eines elektronisch signierten Dokuments und einer zusätzlichen herkömmlichen Urkunde wegfallen.

Anpassung des alten Signaturgesetzes eine Trennung der digitalen Signatur nach SigG 1997 und der fortgeschrittenen Signatur der SigRL vorzunehmen, soweit dies möglich wäre[348]. Die Problematik der fehlenden Rechtswirkungen digitaler Signaturen und die entsprechende wissenschaftliche Auseinandersetzung sind allerdings auf Grund der SigRL und des neuen SigG überholt. Der deutsche Gesetzgeber entschied sich seinerseits zu einer vollständigen Novellierung des SigG 1997.

Kapitel 6. Gesetz über Rahmenbedingungen für elektronische Signaturen und zur Änderung weiterer Vorschriften (SigG) vom 16.05.2001

A. Allgemeines

Am 22. Mai 2001 ist das Gesetz über Rahmenbedingungen für elektronische Signaturen in Kraft getreten. Das Gesetz hebt das seit 1. August 1997 geltende Signaturgesetz auf. Die Gesetzes-Novelle diente erstens der Umsetzung der Richtlinie 1999/93/EG und zwar vor dem Ende der Umsetzungsfrist am 19.07.2001[349]. Zweitens greift sie die Ergebnisse der Evaluierung des SigG 1997 auf, wie sie im IuKDG-Bericht der Bundesregierung aufgeführt sind[350]. Im unmittelbaren Anschluss an die Gesetzesnovelle wurde auch die Änderung der SigV 1997 in Angriff genommen. Die neue SigV enthält erhebliche Änderungen gegenüber den Bestimmungen der alten Verordnung und löst die SigV 1997 ab. Am 11. 1. 2005 trat weiterhin das Erste Gesetz zur Änderung des Signaturgesetzes (1. SigÄndG) in Kraft[351]. Mit diesem Gesetz sollen Rechtsprobleme behoben werden, die bei der Anwendung des SigG aufgetreten sind. Es ermöglicht vor allem den Vertrieb von Signaturkarten mit qualifizierten elektronischen Signaturen in einem einheitlichen Verfahrensprozess vollständig auf elektronischem Weg[352]. Damit soll den Kreditinstituten ermöglicht werden, Signaturverfahren mit ihren Bankkarten zu verbinden[353]. Insbesondere soll die Erlangung eines qualifizierten Zertifikats im elektronischen Verfahren ermöglicht werden.

---

[348] *Roßnagel*, MMR 1999, S. 264. Ebenso *Gravesen/Dumortier/Van Eecke*, MMR 1999, S. 582.

[349] Zum Anpassungsbedarf vgl. *Kilian*, BB 2000, S. 734; *Redeker*, CR 2000, S. 457. S. aber *Roßnagel*, in Lehmann, Electronic Business, S. 144, der die Meinung vertritt, dass der Regelungsansatz des SigG 1997, auf Grund der in der SigRL bestehenden Freiräume beibehalten werden konnte. Zum neuen SigG vgl. z.B. *Miedbrodt/Mayer*, MDR 2001, S. 432.

[350] *Bröhl/Tettenborn*, S. 22 f.; *Tettenborn*, CR 2000, S. 683.

[351] BGBl. I 2005, S. 2. S. hierzu *Bergfelder*, CR 2005, S. 148 ff.

[352] Vgl. BT-Drs. 15/3417, S. 6. Kritisch hierzu *Bettendorf*, RNotZ 2005, S. 288.

[353] *Roßnagel*, NJW 2005, S. 385. In der Literatur wird das 1. SigÄndG daher zu Recht als „Lex Deutsche Bank" bezeichnet, vgl. *Skrobotz*, DuD 2004, S. 410 ff., der diese Bezeichnung von *Roßnagel*, NJW 2003, S. 475, bezüglich der StDÜV übernimmt.

Das SigG ist in sechs Abschnitte geteilt: Allgemeine Begriffsbestimmungen in den §§ 1-3 SigG im ersten Abschnitt; der zweite Abschnitt betrifft die Zertifizierungsdiensteanbieter (§§ 4-14 SigG) und der dritte Abschnitt regelt die freiwillige Akkreditierung in den §§ 15 und 16 SigG. Im vierten Abschnitt finden sich Bestimmungen zur technischen Sicherheit (§§ 17 und 18 SigG) während der fünfte Abschnitt die Aufsicht in den §§ 19 und 20 SigG normiert. Im sechsten Abschnitt sind schließlich Schlussbestimmungen zu finden (§§ 21-25 SigG).

Der deutsche Gesetzgeber hat sich – im Gegensatz zu Griechenland – für ein Regelungsmodell entschieden, das die technischen Rahmenbedingungen elektronischer Signaturen von deren Rechtsfolgen trennt. Dementsprechend regelt das SigG grundsätzlich die Anforderungen an die Sicherheitsinfrastruktur, die für die Nutzung elektronischer Signaturen notwendig sind. Die Rechtsfolgen, die sich aus der Verwendung der gesetzlich definierten elektronischen Signatur ergeben, werden durch das Artikelgesetz „zur Anpassung der Formvorschriften des Privatrechts und anderer Vorschriften an den modernen Rechtsgeschäftsverkehr" bestimmt. Das oben erwähnte Gesetz beinhaltet Änderungen des BGB, der ZPO und 30 weiterer Gesetze. Durch das „Dritte Gesetz zur Änderung verwaltungsverfahrensrechtlicher Vorschriften" vom 21.8.2002 wurde auch das Verwaltungsrecht an den elektronischen Rechtsverkehr angepasst.Die wesentlichen Neuerungen bestehen aus der Unterteilung der elektronischen Signatur in vier Klassen und der Einführung einer Haftungsregelung. Der neue Name des SigG bedeutet nicht, dass digitale Signaturen nicht mehr geregelt werden. Das Signaturgesetz wählt durch den Ausdruck der „elektronischen Signatur" ebenfalls einen technologieneutralen Ansatz, der sich nicht auf die zurzeit zur Anwendung kommende digitale Verschlüsselungstechnik beschränkt. Vielmehr ist darunter jedes der Authentifizierung, also der Feststellung der Identität des Unterzeichners dienende Verfahren zu verstehen, wie z.B. eine eingescannte Unterschrift oder eine Signatur durch biometrisches Verfahren. Der Begriff „elektronische Signatur" ist dementsprechend ein technologieneutraler Oberbegriff, der den engeren Begriff „digitale Signatur" beinhaltet[354].

B. Zweck und Anwendungsbereich

Der in § 1 sehr allgemein gehaltene Regelungsbereich des SigG konzentriert sich im Wesentlichen auf folgende Punkte:

---

[354] S. hierzu *Aalberts/van der Hof*, Digital Signature Blindness, Analysis of legislative approaches toward electronic authentication, S. 8; *Baker/Yeo*, ILPF Survey of International Electronic and Digital Signature Initiatives, Fn. 1; *Bröhl/Tettenborn*, S. 48; *European Electronic Standardization Initiative* (EESSI), Final Report of the EESSI Expert Team, S. 15; *Mason*, The Law Librarian, S. 84; *Roßnagel*, in Geis, Die digitale Signatur, S. 202.

- Das neue SigG verfolgt den Zweck „Rahmenbedingungen für elektronische Signaturen zu schaffen" (§ 1 Abs. 1 SigG). In § 2 SigG finden sich 15 Legaldefinitionen[355]. Die Definition der elektronischen Signaturen ist in § 2 Abs. 1 SigG identisch mit der Definition der SigRL in Art. 2 Nr. 1. Das Signaturgesetz kennt und unterscheidet nach der Vorbild der SigRL drei Signaturtypen: „einfache", „fortgeschrittene" und „qualifizierte" elektronische Signaturen. Der Begriff „qualifizierte" elektronische Signaturen als solcher ist nicht in der SigRL zu finden[356]. Obwohl das SigG alle Signatur-Definitionen der Signaturrichtlinie übernimmt, regelt es allein qualifizierte elektronische Signaturen. Zudem wird auch ein akkreditiertes Signaturverfahren[357] vorgesehen, das an die Erfüllung verschärfter Sicherheitsanforderungen geknüpft ist. Das SigG verwendet in § 15 Abs. 1 S. 4 SigG den Begriff „qualifizierte elektronische Signatur mit Anbieter-Akkreditierung"[358]. Der Gesetzgeber hat für die akkreditierte elektronische Signatur keine Legaldefinition getroffen.

- Gemäß § 1 Abs. 2 lässt das SigG, inhaltlich übereinstimmend mit § 1 Abs. 2 SigG 1997, auch andere Signaturverfahren zu, die nicht die Anforderungen des Signaturgesetzes erfüllen. Diese Klarstellung war erforderlich, da das Signaturgesetz zwar der Vorschrift nach für alle Signaturverfahren gilt, aber im Kern nur die materiellen Anforderungen an „qualifizierte elektronische Signaturen" und die durch die SigRL hierfür vorgegebenen Sicherheitsinfrastrukturen (Art. 5 SigRL) regelt. Diese anderen elektronischen Signaturen sind in ihrer Verwendung frei und unbehindert, müssen jedoch die Bestimmungen des § 14 Abs. 3 SigG erfüllen[359].

- Nach dem Vorbild des Art. 3 Abs. 7 SigRL können für die Verwendung im öffentlichen Bereich zusätzliche Anforderungen an qualifizierte elektronische Signaturen gestellt werden. Gemäß § 1 Abs. 3 S. 2 SigG sollen allerdings diese zusätzlichen Anforderungen objektiv, verhältnismäßig und nicht diskriminierend sein[360].

---

[355] Das SigG 1997 enthielt lediglich vier.

[356] Die qualifizierte elektronische Signatur wird in § 2 Nr. 3 legal definiert. Im österreichischen Bundesgesetz über elektronische Signaturen (§ 2 Z. 3 öSigG) wurde stattdessen der Terminus „sichere elektronische Signaturen" ausgewählt.

[357] Begriff von *Roßnagel*, MMR 2000, S. 452; *ders*., NJW 2001, S. 181.

[358] Dieser Begriff ist auf heftige Kritik gestoßen und als irreführend bezeichnet; vgl. hierzu *Roßnagel*, in Lehmann, Electronic Business, S. 149.

[359] *Roßnagel*, NJW 2001, S. 1819.

[360] S. dazu ausführlich *Roßnagel*, in Roßnagel, öffentliche Verwaltung, S. 13 ff.

- Elektronische Signaturen, die ausschließlich in Systemen verwendet werden, die auf freiwilligen Vereinbarungen in geschlossenen Benutzergruppen beruhen („Intranet"), sind vom Anwendungsbereich des Gesetzes ausgenommen[361].

Die Technologieoffenheit des SigG wird im Gesetzentwurf wiederholt[362]. Allerdings finden sich im SigG nur für qualifizierte elektronische Signaturen konkrete technische Anforderungen. Sowohl diese Anforderungen als auch die Begriffsdefinitionen - wie auch die der SigRL - basieren ohne Zweifel auf die Technologie der asymmetrischen Kryptographie mit Public-Key-Infrastructure (PKI). In diesem Sinn schränkt das SigG seine Technologieneutralität ein, da es der qualifizierten elektronischen Signatur eine bestimmte Technik zugrunde legt[363]. *Roßnagel* bemerkt hierzu, dass die Regelungen des SigG unzureichend seien, sollte eine andere Technologie eingeführt werden[364]. Allerdings schreibt das Gesetz explizit keine Signaturverfahren vor, sondern es ist als Angebot an die Wirtschaft zu verstehen, den bestehenden Rechtsrahmen freiwillig zugrunde zu legen.

C. § 2 – Begriffsbestimmungen

Der Katalog der in § 2 SigG enthaltenen Definitionen orientiert sich stark am Aufbau der SigRL. Dabei wurde aber teilweise an den mit dem SigG 1997 eingeführten Begriffen festgehalten. Dies betrifft folgende Begriffe:

- **„Signaturschlüssel-Inhaber" statt „Unterzeichner"**
  An Stelle des in der SigRL verwendeten Begriffs „Unterzeichner" wird der Begriff „Signaturschlüssel-Inhaber" aus dem SigG 1997[365] beibehalten, der den Begriff „Unterzeichner" umfasst, aber den Sachverhalt genauer trifft[366]. Denn nach der Definition in Art. 2 Nr. 3 SigRL handelt es sich um die Person, die die Signaturerstellungseinheit besitzt, und nicht um diejenige, die die elektronische Signatur erstellt. Diese Bezeichnung des deutschen SigG ist insoweit präziser und somit zutreffend[367].

---

[361] BT-Drs. 14/4662, S. 17; vgl. auch SigRL 1999/93, Erwägungsgrund 16.
[362] BT-Drs. 14/4662, S. 14, 16, 17, 21, 31.
[363] *Rapp*, S. 53; *Roßnagel*, NJW 2001, S. 1819. Ähnlich auch *Schwemmer*, DuD 2000, S. 70. Zu einer ähnlichen Kritik an der SigRL *Roßnagel*, in Geis, Die digitale Signatur, S. 203 ff. S. ebenso *Dumortier*, in Lodder/Kaspersen, eDirectives, S. 33; *Gravesen/Dumortier/van Eecke*, MMR 1999, S. 585.
[364] *Roßnagel*, NJW 2001, S. 1819.
[365] Vgl. § 2 Abs. 1 und § 7 Abs. 1 Nr. 1 SigG 1997.
[366] BT-Drs. 14/4662, S. 19.
[367] *Lapp*, in Gounalakis, Rhb. Electronic Business, § 10 Rn. 38.

Durch Art. 1 Nr. 1 des 1. SigÄndG wird der Begriff des Signaturschlüssel-Inhabers modifiziert und Klarheit dahingehend geschafft, dass für die Erzeugung fortgeschrittener elektronischer Signaturen kein qualifiziertes Zertifikat erforderlich ist. War es in der vorherigen Fassung des § 2 Nr. 9 SigG noch erforderlich, dass auch für fortgeschrittene Signaturen einem Signaturschlüssel-Inhaber ein qualifiziertes Zertifikat zugeordnet sein muss[368], so ist dies jetzt gemäß Neufassung des § 2 Nr. 9 SigG nur noch für qualifizierte Signaturen notwendig.

Die Definition des § 2 Nr. 9 SigG macht zudem deutlich, dass nur eine natürliche Person als Inhaber eines Signaturschlüssels in Betracht kommen kann. Der Signaturschlüssel-Inhaber kann entweder für sich selbst oder im Rahmen einer Vertretungsbefugnis für eine juristische Person handeln, wobei bei einer Signierung in fremdem Namen die Vertretungsmacht im jeweiligen Zertifikat aufzuscheinen hat. Die Einschränkung auf natürliche Personen ist zulässig und gemeinschaftsrechtskonform. Die SigRL lässt durch Art. 2 Nr. 3 SigRL dem nationalen Gesetzgeber hier Entscheidungsspielraum, indem ein Unterzeichner lediglich als „eine Person, die eine Signaturerstellungseinheit besitzt und die entweder im eigenen Namen oder im Namen der von ihr vertretenen Stelle oder juristischen oder natürlichen Person handelt“ definiert wird[369].

Bei qualifizierten Zertifikaten von Zertifizierungsdiensteanbietern kann gem. § 2 Nr. 7 lediglich eine natürliche Person als Unterzeichner auftreten. Will eine juristische Person Rechtsgeschäfte abschließen, so kann sie nur durch ihre vertretungsbefugten Organe tätig werden. Da in geschlossenen Bereichen der Privatautonomie Vorrang eingeräumt wird, steht es hier den Vertragsparteien weiterhin frei, auch juristische Personen als Unterzeichner zuzulassen.

- **„Signaturschlüssel“ statt „Signaturerstellungsdaten“- Signaturprüfschlüssel“ statt „Signaturprüfdaten“**
  Die zur Erzeugung einer elektronischen Signatur verwendeten Daten (wie die privaten kryptographischen Schlüssel) werden gemäß § 2 Nr. 4 SigG „Signaturschlüssel“ genannt. Die zur Überprüfung einer elektronischen

368 Für eine teleologische Reduktion des alten § 2 Nr. 9 SigG *Roßnagel*, MMR 2003, S. 165; vgl. auch *Skrobotz*, DuD 2004, S. 210 f.

369 Die Fassung der Richtlinie 1999/93/EK in griechischer Sprache bezüglich Art. 2 Nr. 3 SigRL ist bei der Begriffsbestimmung des „Unterzeichners“ etwas konkreter: „Unterzeichner“: natürliche oder juristische Person, die eine Signaturerstellungseinheit besitzt und die entweder im eigenen Namen oder im Namen der von ihr vertretenen Stelle oder juristischen oder natürlichen Person handelt.

Signatur verwendeten Daten (wie die öffentlichen kryptographischen Schlüssel) werden gemäß § 2 Nr. 5 SigG „Signaturprüfschlüssel“ genannt.

- **„Signaturanwendungskomponenten“ statt „Signaturprüfeinheit“**
  Mit dem Begriff „Signaturanwendungskomponenten“ wird Art. 2 Nr. 8 SigRL umgesetzt. Durch die Formulierung des § 2 Nr. 11 SigG werden zusätzlich die Empfehlungen des Anhangs IV SigRL für die sichere Signaturprüfung in Bertacht bezogen[370].

Abweichend von der SigRL sieht § 2 SigG keine explizite Definition für die „Signaturerstellungseinheit“ vor. Dieser Begriff wurde jedoch bei der Definition des Begriffs „sichere Signaturerstellungseinheit“ in § 2 Nr. 10 SigG berücksichtigt. Zu beachten ist ebenfalls die gegenüber der SigRL einschränkende Definition der „Zertifizierungsdiensteanbieter“. Die Definition des § 2 Nr. 8 SigG erfasst nur Zertifizierungsdiensteanbieter, die qualifizierte Zertifikate oder qualifizierte Zeitstempel ausstellen[371], da das SigG allein qualifizierte elektronische Signaturen regelt. Ferner enthält § 2 Nr. 14 SigG eine eigenständige Definition für „qualifizierte Zeitstempel“, während die SigRL keine Definition für den in Anhang II lit. c) SigRL geregelten Zeitstempeldienst normiert.

D. Arten elektronischer Signaturverfahren nach dem SigG

Im Gegensatz zu Art. 2 SigRL unterscheidet das SigG in § 2 Nr. 1–3 insgesamt drei Arten von Signaturen: elektronische Signaturen, fortgeschrittene elektronische Signaturen und qualifizierte elektronische Signaturen. Über die Begriffsbestimmungen der SigRL hinaus sieht § 2 Nr. 3 SigG eine eigene Definition für „qualifizierte elektronische Signaturen“. Die Definition von einfachen und fortgeschrittenen elektronischen Signaturen dienen grundsätzlich als Definitionsbestandteile für die Bestimmung „qualifizierter“ elektronischer Signaturen[372]. Nur dieser Signaturtypus wird - entsprechend der SigRL - im SigG näher geregelt und mit Rechtwirkungen versehen[373]. Dies sind die elektronischen Signaturen, die den Anforderungen des Art. 5 Abs. 1 SigRL entsprechen. Die anderen elektronischen Signaturen werden zwar legal definiert, aber ohne dass damit weitere Anforderungen oder Rechtsfolgen verbunden werden. Sie sind keine signaturgesetzkonformen Signaturen und gehören zu den folgenlosen sonstigen Verfahren i.S.d. § 1 Abs. 2 SigG.

---

370 Vgl. hierzu *Bröhl/Tettenborn*, S. 53, wo versehentlich auf Anhang III statt Anhang IV SigRL verwiesen wird.

371 Vgl. aber Art. 2 Nr. 11 SigRL.

372 *Roßnagel*, in Lehmann, Electronic Business, S. 145.

373 *Bieser*, RDV 2000, S. 264; *Roßnagel*, NJW 2001, S. 1819.

I. Einfache elektronische Signatur

Die Definition der (einfachen) elektronischen Signatur findet sich in § 2 Nr. 1 SigG:

„Daten in elektronischer Form,

1. die anderen elektronischen Daten beigefügt oder logisch mit ihnen verknüpft sind und
2. die zur Authentifizierung dienen".

Dieser Definition genügen z.B. eingescannte Unterschriften, Autosignaturen der Mailprogramme oder sonst der Name des angeblichen Absenders, also Daten, die jederzeit gefälscht oder entfernt werden können[374]. An die einfache elektronische Signatur wird als einzige Anforderung die Beachtung der Datenschutzbestimmungen nach § 14 Abs. 3 SigG gestellt. Das bloße Beifügen oder logische Verknüpfen von Daten i.S.d. § 2 Nr. 1 SigG gibt allerdings keine Gewähr für die Integrität und Authentizität einer elektronischen Erklärung. Derartige einfache elektronische Signaturen können nicht mit Sicherheit einer Person zugeordnet werden. Sie sind zwar nicht verboten, aber der Schriftform auch nicht gleichgestellt (§ 126 Abs. 3 BGB). Da aber im BGB i.d.R. der Grundsatz der Formfreiheit herrscht, kann dieser Signaturtyp für den Großteil rechtsgeschäftlichen Handelns benutzt werden. Ihm kommt zwar kein erhöhter Beweiswert zu, er ermöglicht aber eine Sicherung des Geschäftsverkehrs auf niedrigem Niveau. Für die gewillkürte elektronische Form nach § 127 Abs. 3 S. 1 BGB sind einfache elektronische Signaturen ausreichend[375].

II. Fortgeschrittene elektronische Signatur

Die fortgeschrittene elektronische Signatur wird in § 2 Nr. 2 SigG definiert (wenn auch nicht näher geregelt). Sie muss zumindest vier Funktionen erfüllen[376]:

1. ausschließlich dem Signaturschlüssel-Inhaber zugeordnet sein,
2. die Identifizierung des Signaturschlüssel-Inhabers ermöglichen,
3. mit Mitteln erzeugt werden, die der Signaturschlüssel-Inhaber unter seiner alleinigen Kontrolle halten kann, und
4. mit den Daten, auf die sie sich bezieht, so verknüpft sein, dass eine nachträgliche Veränderung der Daten erkannt werden kann.

Die fortgeschrittenen elektronischen Signaturen stellen eine „Zwischenstufe" zwischen den (einfachen) elektronischen Signaturen und den qualifizierten e-

---

[374] Eine in der Textform des § 126b BGB vorliegende Erklärung wird z.B. die Voraussetzungen für eine einfache elektronische Signatur erfüllen.
[375] *Bettendorf*, RNotZ 2005, S. 282.
[376] Ausführlich zu den einzelnen Tatbestandsmerkmalen der fortgeschrittenen elektronischen Signatur *Roßnagel*, MMR 2003, S. 164 ff.

lektronischen Signaturen dar[377]. Weitere Anforderungen an die Sicherheit der organisatorischen Prozesse der Schlüsselverwaltung oder an die Sicherheit der eingesetzten technischen Komponenten werden nicht gestellt[378]. Die Anbieter fortgeschrittener Signaturverfahren unterliegen ihrerseits nicht den spezifischen Anforderungen des SigG bezüglich Zertifizierungsdiensteanbieter. Als einzige signaturrechtliche Anforderung für sie wird nach § 14 Abs. 3 SigG die Einhaltung der Regelungen zum Datenschutz (§ 14 Abs. 1 und 2 SigG) vorgesehen.

Bei fortgeschrittenen Signaturen reicht – im Unterschied zu den qualifizierten elektronischen Signaturen, die mit einer sicheren[379] Signaturerstellungseinheit erstellt werden müssen - die Speicherung des geheimen Schlüssels auf der PC-Festplatte, wobei der Schutz des Schlüssels dem Signaturschlüssel-Inhaber überlassen bleibt[380]. Eine Public-Key-Infrastructure, deren wesentlicher Bestandteil eine Zertifizierungsstelle als vertrauenswürdiger Dritter ist, ist bei den Sicherheitsanforderungen fortgeschrittener elektronischer Signaturen nicht vorausgesetzt[381].

Obwohl der Sicherheitsunterschied zwischen der einfachen und der fortgeschrittener elektronischen Signatur beträchtlich ist, lässt der Gesetzgeber beide Formen gleichsam ungeregelt. Die fortgeschrittenen elektronischen Signaturen entsprechen nicht den Anforderungen des SigG und werden mithin nicht von diesem erfasst[382]. Für sie sind im deutschen Recht keine spezifischen Rechtsfolgen geregelt, jedoch kann der Anwender selbst entscheiden, welche Form der elektronischen Kommunikation er nutzen will. Der Beweiswert der fortgeschrittenen elektronischen Signatur dürfte allerdings im Rahmen der freien Beweiswürdigung aufgrund des Sicherheitsunterschieds höher sein[383].

---

[377] BT-Drs. 14/4662, S. 18 linke Sp
[378] *Roßnagel*, NJW 2001, S. 1819.
[379] Mit „sicher" wird der Schutz vor Zugriffen Dritter gemeint.
[380] BT-Drs. 14/4662, S. 18 linke Sp.
[381] *Geis*, MMR 2000, S. 669. - Die Anforderungen an fortgeschrittene elektronische Signaturen erfüllt z.B. das Signaturverfahren Pretty Good Privacy (PGP), das aus dem Netz herunterladen werden kann <http://www.pgpi.org> und bei denen die Signaturschlüssel auf Diskette, Festplatte des PCs und auf andere lesbare Datenträger gespeichert werden können. S. hierzu BT-Drs. 14/4662, S. 18. Zum PGP und zum asymmetrischen Signaturverfahren vgl. *Deville/Kalthegener*, NJW-CoR 1997, S. 169. *Roßnagel*, MMR 1999, S. 266, hatte zuerst sowohl das PGP Signaturverfahren als auch die „Secure Electronic Transaction (SET)" und „Secure Sockets Layer (SSL)" in der einfachen Signaturverfahren eingeordnet. S. aber *ders.*, NJW 2001, S. 1819, Fn. 44, der das PGP als eine fortgeschrittene elektronische Signatur bezeichnet.
[382] *Roßnagel*, MMR 2003, S. 168.
[383] *Bettendorf*, RNotZ 2005, S. 282.

Bemerkenswert ist, dass nur natürliche Personen fortgeschrittener (und damit auch qualifizierter) elektronischer Signaturen berechtigt sind[384]. Damit sind juristische Personen als Signaturschlüssel-Inhaber ausgeschlossen, während andere EU – Mitgliedstaaten elektronische Signaturen auch für juristische Personen zulassen[385].

III. Qualifizierte elektronische Signatur

Sowohl die Definition der (einfachen) elektronischen Signatur als auch die der fortgeschrittenen elektronischen Signatur entsprechen denjenigen der SigRL. Gemäß Art. 5 Abs. 1 der SigRL erfüllen fortgeschrittene elektronische Signaturen, die (zusätzlich) den Voraussetzungen der Anhänge I bis III der SigRL genügen (d. h. auf einem qualifizierten Zertifikat basieren und mittels einer sicheren Signaturerstellungseinheit erzeugt wurden), die rechtlichen Anforderungen an eine Unterschrift in Bezug auf elektronische Daten in gleicher Weise wie handschriftliche Unterschriften in Bezug auf Daten in Papierform und sind im Gerichtsverfahren als Beweismittel zuzulassen. Das SigG bezeichnet derartige Signaturen als „qualifizierte elektronische Signaturen". Der Einführung dieses Begriffs war sinnvoll, da er der besseren Abgrenzung zur „fortgeschrittenen elektronischen Signatur" dient[386]. Der Begriff der qualifizierten Signatur ist in § 2 Nr. 3 SigG, inhaltlich übereinstimmend mit der Vorschrift der SigRL, geregelt. Eine qualifizierte elektronische Signatur ist danach eine fortgeschrittene elektronische Signatur, die auf einem zum Zeitpunkt ihrer Erzeugung gültigen qualifizierten Zertifikat beruht und mit einer sicheren Signaturerstellungseinheit erzeugt wird. Sie allein stellt das gesetzkonforme Signaturverfahren dar.

Qualifizierte Zertifikate sind gemäß § 2 Nr. 7 SigG elektronische Bescheinigungen für natürliche Personen, mit denen Signaturprüfschlüssel einer Person zugeordnet werden und die Identität dieser Person bestätigt wird[387], die die Voraussetzungen des § 7 SigG erfüllen und von Zertifizierungsdiensteanbietern ausgestellt werden, die mindestens die Anforderungen nach den §§ 4 bis 14 oder § 23 SigG und der sich darauf beziehenden Vorschriften der SigV erfüllen. § 7 SigG regelt den notwendigen Inhalt qualifizierter Zertifikate und fordert deren Unterzeichnung durch eine qualifizierte elektronische Signatur des Ausstellers. Um ein qualifiziertes Zertifikat zu erhalten, muss sich der Antragsteller gemäß § 5 Abs. 1 S. 1 SigG bei einem Anbieter eines qualifizierten Zertifizierungsdienstes

---

[384] Vgl. § 2 Nr. 2 SigG i.V.m. § 2 Nr. 9 SigG.

[385] So z.B. Art. 7 Abs. 4 des spanischen Signaturgesetzes 59/2003. Vgl. hierzu *Schriewer*, RIW 2005, S. 837.

[386] Vgl. *Sieber/Nöding*, ZUM 2001, S. 201.

[387] Dies entspricht der Begriffsbestimmung für die Zertifikate in § 2 Nr. 6 SigG, die aber auch juristischen Personen zugeordnet werden können.

i.d.R. mit einem gültigen Personalausweis oder Reisepass ausweisen und einen Antrag auf ein Zertifikat stellen. § 5 Abs. 1 S. 2 SigG ermöglicht es dem Zertifizierungsdiensteanbieter mit Einwilligung des Antragsstellers auf bereits vorliegende Identifizierungsdaten zurückzugreifen, sofern diese Daten eine zuverlässige Identifizierung des Antragsstellers nach § 5 Abs. 1 S. 1 SigG gewährleisten[388].

„Sichere Signaturerstellungseinheiten" sind nach § 2 Nr. 10 SigG Software- oder Hardwareeinheiten zur Speicherung und Anwendung des jeweiligen Signaturschlüssels, die für qualifizierte elektronische Signaturen bestimmt sind und die Gesetzesanforderungen erfüllen[389]. Bei qualifizierten Signaturverfahren wird der geheime Schlüssel i.d.R. auf einer PIN bzw. auf einer biometrisch geschützten Chipkarte gespeichert[390].

Für den formbedürftigen elektronischen Geschäftsverkehr sind vor allem qualifizierte elektronische Signaturen von Bedeutung, da nur für sie das deutsche Recht bestimmte Rechtsfolgen vorsieht: Sie können nach § 126 Abs. 3 BGB die gesetzliche Schriftform ersetzen und sind für die Identifizierung im elektronischen Geschäftsverkehr geeignet. Der Gesetzgeber hat für sie zusätzlich in § 371a Abs. 1 S. 2 ZPO eine besondere Beweiserleichterung vorgesehen. Ähnliches gilt für den elektronischen Rechtsverkehr. So bezieht sich z.B. § 130a ZPO bezüglich elektronischer Schriftsätze ausschließlich auf qualifizierte elektronische Signaturen[391].

IV. Technische Sicherheitsvorgaben

Das SigG hat nur für die signaturgesetzkonformen qualifizierten elektronischen Signaturen technische Rahmenbedingungen geschaffen. So wird in § 17 SigG die technische Sicherheit von Produkten für qualifizierte elektronische Signaturen geregelt. Die Vorschrift setzt Anhang II, III und IV SigRL um.

Nach § 17 Abs. 1 SigG muss gewährleistet sein, dass durch Anwendung sicherer Signaturerstellungseinheiten Fälschungen und Verfälschungen signierter Daten zuverlässig erkennbar gemacht werden können. Weiterhin müssen die Signaturschlüssel vor unberechtigter Nutzung geschützt sein. Die Einmaligkeit und Geheimhaltung der Signaturschlüssel sind noch zu gewährleisten, während eine

---

388 Diese Regelung wurde gemäß Art. 1 Nr. 3 1. SigÄndG eingefügt. Damit soll es insbesondere Kreditinstituten ermöglicht werden bereits nach § 154 AO oder §§ 2 und 9 Geldwäschegesetz vorgenommene Identifizierungen genügen zu lassen.

389 Vgl. hierzu *Lapp*, in Gounalakis, Rhb. Electronic Business, § 18 Rn. 37-39.

390 BT-Drs. 14/4662, S. 29 f.

391 Dazu *Viefhues*, NJW 2005, S. 1011.

Speicherung außerhalb der sicheren Signaturerstellungseinheit auszuschließen ist[392]. Die Vorschrift, die auf § 14 Abs. 1 SigG 1997 zurückgreift, setzt Anhang III SigRL um.

Bei der Anwendung qualifizierter elektronischer Signaturen muss der Unterzeichner sicher sein können, dass er nur das signiert, was ihm angezeigt wird und was er signieren will. Vorgaben, die dieses so genannte Präsentationsproblem[393] betreffen, sind in Anhang III Nr. 2 SigRL vorgesehen. Das Präsentationsproblem besteht darin, dass die eingesetzte Software zwar das vom Signaturschlüssel-Inhaber gewollte Dokument auf dem Bildschirm anzeigt, im Hintergrund aber ein anderes Dokument signiert werden könnte. Die Anforderungen der SigRL beschränken sich allerdings darauf, dass sichere Signaturerstellungseinheiten *nicht verhindern* sollen, dass die zu unterzeichnenden Daten dem Unterzeichner vor dem Signiervorgang dargestellt werden, eine Anzeige der Daten vor dem Signiervorgang wird nicht vorgeschrieben. Das SigG geht diesbezüglich über die SigRL hinaus. § 17 Abs. 2 S. 1 SigG bestimmt insofern, dass die Erzeugung einer qualifizierten elektronischen Signatur vorher eindeutig anzeigen und feststellen lassen muss, auf welche Daten sich die Signatur bezieht[394]. In dieser Regelung werden auch Anforderungen an geeignete Signaturanwendungskomponenten gestellt. Die Nutzung geeigneter Signaturanwendungskomponenten bleibt aber nach § 17 Abs. 2 S. 4 SigG in das Ermessen der Signaturschlüssel-Inhaber gestellt. Auch die amtliche Begründung geht davon aus, dass die Verwendung von geeigneten Signaturanwendungskomponenten nicht Voraussetzung für die Erzeugung einer qualifizierten elektronischen Signatur ist[395].

§ 17 Abs. 3 SigG verlangt, dass Zertifizierungsdiensteanbieter vertrauenswürdige Systeme und Produkte einsetzen, die vor Veränderung geschützt sind und die die technische und kryptographische Sicherheit der von ihnen unterstützten Verfahren gewährleisten[396]. Gemäß § 17 Abs. 3 Nr. 2 SigG sind qualifizierte Zertifikate, die über einen öffentlichen Verzeichnisdienst nachprüfbar oder abrufbar sind, vor unbefugter Veränderung und unbefugtem Abruf zu schützen. Die Regelung setzt Anhang II lit. l) der SigRL um.

Gemäß § 17 Abs. 4 SigG muss eine Vorabprüfung und Bestätigung der für die Speicherung von Signaturschlüsseln sowie für die Erzeugung qualifizierter elektronischer Signaturen einzusetzenden sicheren Signaturerstellungseinheiten

---

[392] § 17 Abs. 3 Nr. 1 SigG.

[393] *Pordesch*, S. 20; vgl. auch hierzu *Pordesch/Nissen*, CR 1995, S. 562 ff.

[394] Ähnlich § 14 Abs. 2 S. 1 SigG 1997. *Bovenschulte/Eifert*, DuD 2002, S. 78, betrachten diese Anforderung des SigG als technisch nicht realisierbar.

[395] BT-Drs. 14/4662, S. 30; vgl. hierzu *Bovenschulte/Eifert*, DuD 2002, S. 76 f.

[396] Vgl. Anhang II f) SigRL.

erfolgen. Abweichend aber von den Anforderungen des § 14 SigG 1997, die für alle geregelten technischen Komponenten eine Prüfung und Bestätigung ihrer ausreichenden Sicherheit forderte, verlangt dies § 17 Abs. 4 SigG nur noch für sichere Signaturerstellungseinheiten beim Nutzer und beim Zertifizierungsdiensteanbieter. Die Prüfung und Bestätigung der Sicherheit wird nicht mehr vorausgesetzt für Signaturanwendungskomponenten zur Darstellung zu signierender Daten und zur Prüfung elektronischer Signaturen, und auch nicht für technische Komponenten für Verzeichnis-, Sperr- und Zeitstempeldienste[397]; für diese genügt eine Herstellererklärung[398]. Die Verwendung von geeigneten Signaturanwendungskomponenten ist sowieso keine Voraussetzung für die Erzeugung einer qualifizierten elektronischen Signatur[399]. Die Signaturanwendungskomponenten werden jedoch gemäß § 15 Abs. 7 SigG vorab überprüft für ihren Einsatz in akkreditierten Signaturverfahren[400].

V. Akkreditierte elektronische Signatur

Das SigG unterscheidet zwischen qualifizierten elektronischen Signaturen und solchen mit Anbieter-Akkreditierung nach § 15 Abs.1 SigG[401]. Die im Klammerzusatz von § 15 Abs. 1 S. 4 SigG enthaltene Definition - qualifizierte elektronische Signaturen mit Anbieter-Akkreditierung - ist nach *Roßnagel* nicht nur umständlich, sondern auch irreführend und sie macht die Unterschiede zu den qualifizierten Signaturen nicht deutlich. Die Definition könne den falschen Eindruck erwecken, dass der Unterschied zwischen qualifizierten und akkreditierten elektronischen Signaturen nur in der Anbieterakkreditierung bestünde. Es wird als zutreffender die Bezeichnung „akkreditierte Signatur" vorgeschlagen[402], welche sich in der Praxis etablieren zu haben scheint, obwohl nicht die Signatur, sondern der Zertifizierungsdiensteanbieter akkreditiert wird. Das akkreditierte Signaturverfahren entspricht den Signaturen nach SigG 1997.

Für „akkreditierte elektronische Signaturen" gibt es in § 2 SigG keine Legaldefinition[403]. Die Erläuterung des Begriffs benötigt zunächst eine Beschreibung des Verfahrens und der Anforderungen der Akkreditierung. Bei den Zertifizierungsdiensteanbietern sind zwei Kategorien zu unterscheiden: die „behördlich angezeigten Zertifizierungsdiensteanbieter" (§ 4 Abs. 3 S. 1 SigG) und die

---

[397] *Roßnagel*, NJW 2001, S. 1821.
[398] Vgl. § 17 Abs. 4 S. 2 SigG.
[399] § 17 Abs. 2 S. 3 SigG; vgl. auch BT-Drs. 14/4662, S. 30.
[400] Vgl. *Pordesch*, S. 107.
[401] Gegen eine Qualifizierung der qualifizierten elektronischen Signaturen mit Anbieter-Akkreditierung als eine gesonderte höhere Stufe elektronischer Signaturen *Bröhl/Tettenborn*, S. 92. Kritisch hierzu *Roßnagel*, in Roßnagel, öffentliche Verwaltung, S. 31 und dort Fn. 76.
[402] *Roßnagel*, in Lehmann, Electronic Business, S. 149; *ders.*, NJW 2001, S. 1822.
[403] Kritisch hierzu *Roßnagel*, in Lehmann, Electronic Business, S. 149.

„freiwillig akkreditierten Zertifizierungsdiensteanbieter“ (§ 15 Abs. 1 SigG). Es steht den Zertifizierungsdiensteanbietern frei, sich nach § 15 SigG akkreditieren zu lassen oder sich auf die Anzeige des Betriebes nach § 4 Abs. 3 SigG zu beschränken.

Bei der Akkreditierung handelt es sich um ein Qualitätssicherungssystem. Abweichend von der Vorabprüfung der Zertifizierungsdiensteanbieter des § 4 SigG 1997, aber im Einklang mit Art. 3 Abs. 2 SigRL normieren die §§ 15 und 16 SigG die Möglichkeit eines freiwilligen Akkreditierungsverfahrens. Die freiwillige Akkreditierung war ein Angebot an EU-Mitgliedstaaten, die bereits wie Deutschland und Italien die digitale Signatur gesetzlich geregelt hatten, ihr bestehendes System als freiwilliges System EU-rechtskonform aufrechtzuerhalten. Bisher bereits genehmigte Zertifizierungsstellen gelten nach § 25 Abs. 1 SigG als akkreditiert. Das Verfahren der freiwilligen Akkreditierung nach § 15 SigG steht jedem ausländischen Anbieter offen. Der ausländische Anbieter unterliegt den gleichen Bedingungen wie deutsche Anbieter.

Auf Antrag können Zertifizierungsdiensteanbieter von der zuständigen Behörde akkreditiert werden, § 15 Abs. 1 S. 1 SigG. Hierbei wird die Einhaltung der gesetzlichen Anforderungen vorab kontrolliert; die Kontrolle wird nach sicherheitserheblichen Veränderungen sowie in regelmäßigen Zeitabständen wiederholt. Es wird für das Akkreditierungsverfahren auf die Bundesnetzagentur (frühere Regulierungsbehörde für Telekommunikation und Post - RegTP) zurückgegriffen, da diese über die notwendigen Erfahrungen im Zusammenhang mit dem der freiwilligen Akkreditierung ähnlichen Genehmigungsverfahren nach SigG 1997 verfügt. Die Bundesnetzagentur kann sich hierbei – wie bereits beim Genehmigungsverfahren nach dem alten SigG – privater Stellen bedienen. Eine Akkreditierung kann sowohl vor als auch nach Betriebsaufnahme erfolgen. § 3 SigG betraut die Bundesnetzagentur mit dem Vollzug des Gesetzes. Dieser obliegt ebenfalls die Aufsicht über die Zertifizierungsdiensteanbieter und sie verfügt nach § 19 SigG über weitgehende Aufsichtsbefugnisse[404]. Die Zertifizierungsdiensteanbieter unterliegen zwar der Aufsicht der BNetzA, doch erfolgen keine regelmäßigen Prüfungen „von Amts wegen“, ob die in § 4 Abs. 2 SigG genannten Betriebsvoraussetzungen noch vorliegen. Der Zertifizierungsdiensteanbieter hat allerdings „Umstände, die dies nicht mehr ermöglichen, der zuständigen Behörde unverzüglich anzuzeigen“, § 4 Abs. 4 SigG.

Die Akkreditierung ist zu erteilen, wenn die Zertifizierungsdiensteanbieter vor Aufnahme ihrer Tätigkeit nachweisen, dass die Vorschriften nach dem SigG und

---

[404] S. hierzu *Blum*, DuD 2001, S. 77 f.

der SigV erfüllt sind, andernfalls ist sie zu versagen[405]. Akkreditierte Zertifizierungsdienste erhalten ein Gütezeichen und dürfen sich im Geschäftsverkehr als akkreditierte Zertifizierungsdienste bezeichnen, § 15 Abs. 1 S. 3 SigG. Mit diesem Gütezeichen „wird der Nachweis der umfassend geprüften technischen und administrativen Sicherheit für die auf ihren qualifizierten Zertifikaten beruhenden qualifizierten elektronischen Signaturen (qualifizierte elektronische Signaturen mit Anbieter-Akkreditierung) zum Ausdruck gebracht“[406].

Des Weiteren sollen sich akkreditierte Zertifizierungsdiensteanbieter nach § 15 Abs. 1 S. 5 SigG im Rechts- und Geschäftsverkehr „auf die nachgewiesene Sicherheit berufen können“. Dies wird so interpretiert, dass mit § 15 Abs. 1 S. 4 SigG das Gesetz die bisherige Sicherheitsvermutung aus § 1 Abs.1 SigG 1997 für akkreditierte Signaturverfahren übernimmt[407]. Die Gesetzesbegründung erläutert die Vermutungswirkung wie folgt: Bei einer akkreditierten elektronischen Signatur „kann sicher davon ausgegangen werden, dass sie mit dem Signaturschlüssel des im zugrunde liegenden qualifizierten Zertifikat angegebenen Signaturschlüssel-Inhabers erzeugt wurde und dass die signierten Daten danach nicht verändert wurden. Auf Grund der nach dem Signaturgesetz und der Signaturverordnung vorgesehenen Sicherheitsvorkehrungen ist weiter zu vermuten, dass der im qualifizierten Zertifikat benannte Signaturschlüssel- Inhaber die Signatur erzeugt oder die Erzeugung autorisiert hat, soweit im Einzelfall nicht andere Fakten entgegenstehen. Die mögliche Autorisierung einer anderen Person (z.B. durch Weitergabe der sicheren Signaturerstellungseinheit und PIN) kann ausgeschlossen werden, indem die Signaturerstellungseinheit über die Nutzung biometrischer Merkmale ausschließlich an eine Person gebunden wird[408]“.

Die Zertifizierungsstruktur mit der BNetzA als Wurzelzertifizierungsstelle wird nur für akkreditierte Signaturverfahren beibehalten. Die BNetzA stellt nach § 16 Abs. 1 SigG den akkreditierten Zertifizierungsdiensteanbietern die benötigten qualifizierten Zertifikate aus und nimmt diese Zertifikate in einem Verzeichnis nach § 16 Abs. 2 SigG auf. Akkreditierte elektronische Signaturen können am Wurzelzertifikat der BNetzA erkannt werden. Die Identität der Zertifizierungsdiensteanbieter wird so von der BNetzA bestätigt, wodurch das Vertrauen am elektronischen Geschäftverkehr gestärkt werden wird. Das SigG verzichtet auf eine Wurzelinstanz für nicht akkreditierte Zertifizierungsdiensteanbieter. Die Zertifizierungsdiensteanbieter sind frei, sich ihre eigene Zertifizierungsstruktur zu schaffen. Dies bedeutet, dass sich die nicht akkreditierten Zertifizierungsdiensteanbieter für ihre eigenen qualifizierten elektronischen Signaturen i.d.R.

---

405 Vgl. § 15 Abs. 4 SigG.
406 § 15 Abs. 1 S. 3 SigG.
407 *Roßnagel*, NJW 2001, S. 1822; vgl. auch BT-Drs. 14/4662, S. 28.
408 BT-Drs. 14/4662, S. 28.

qualifizierte Zertifikate durch einen anderen Zertifizierungsdiensteanbieter ausstellen lassen müssen (Kreuzzertifizierung). Denn die von ihnen ausgestellten qualifizierten Zertifikate müssen nach § 7 Abs. 1 S. 1 SigG ihre qualifizierte elektronische Signatur tragen, welche ihrerseits auf einem qualifizierten Zertifikat nach § 2 Nr. 3 SigG beruhen muss. Die andere - dem Vertrauen der Teilnehmer nicht dienende[409] - Möglichkeit ist, dass der Zertifizierungsdiensteanbieter seine Signaturschlüssel selbst zertifiziert (Selbstzertifikat)[410]. Alle in Deutschland angezeigten Zertifizierungsdiensteanbieter haben sich für die freiwillige Akkreditierung entschieden, da diese noch einige Vorteile bietet, welche später genauer erläutert werden[411].

Generell ist der Betrieb eines Zertifizierungsdienstes im Rahmen des SigG genehmigungsfrei, allerdings darf nur derjenige einen Zertifizierungsdienst betreiben, der die nach § 4 Abs. 2 SigG geforderten Voraussetzungen erfüllt. Wer den Betrieb eines Zertifizierungsdienstes aufnimmt, hat dies der zuständigen Behörde, also der „Bundesnetzagentur für Elektrizität, Gas, Telekommunikation, Post und Eisenbahnen“, spätestens mit der Betriebsaufnahme anzuzeigen[412]. Mit der Anzeige ist in einem Sicherheitskonzept schriftlich darzulegen, wie die gesetzlichen Voraussetzungen erfüllt werden und ob sie geeignet und praktisch umgesetzt sind. Mit der Aufnahme des Betriebs unterliegt ein Zertifizierungsdiensteanbieter gemäß § 19 Abs. 1 SigG der Aufsicht der Bundesnetzagentur. Einen Zertifizierungsdienst darf nur betreiben, wer die für den Betrieb erforderliche Zuverlässigkeit und Fachkunde sowie eine Deckungsvorsorge nachweist und die weiteren Voraussetzungen für den Betrieb nach dem Signaturgesetz und der Signaturverordnung gewährleistet. § 19 Abs. 3 SigG normiert eine Pflicht der BNetzA, den Betrieb vorübergehend, teilweise oder ganz zu untersagen, wenn Tatsachen die Annahme rechtfertigen, dass der Zertifizierungsdiensteanbieter nicht die erforderliche Zuverlässigkeit besitzt, wenn er nicht nachweisen kann, dass die für den Betrieb erforderliche Fachkunde vorliegt, nicht über die erforderliche Deckungsvorsorge verfügt, ungeeignete Produkte für qualifizierte elektronische Signaturen verwendet oder die weiteren gesetzlichen und verordnungsrechtlichen Voraussetzungen für den Betrieb eines Zertifizierungsdienstes nicht erfüllt[413]. In Zusammenhang damit steht die Bußgeldvorschrift des § 21 SigG, nach der Verstöße des Zertifizierungsdiensteanbieters gegen Verpflich-

---

409 Vgl. *Brandner/Pordesch/Roßnagel/Schachermeyer*, DuD 2002, S. 100. S. auch *Roßnagel*, in Roßnagel, öffentliche Verwaltung, S. 33 f.
410 *Roßnagel*, MMR 2002, S. 217 m.w.N. A.A. *Rapp*, S. 56.
411 S. die Auflistungen auf der Homepage der Bundesnetzagentur <http://www.bundesnetzagentur.de>.
412 § 4 Abs. 3 SigG.
413 Die Vorschrift greift auf § 4 Abs. 2 und § 13 Abs. 1 S. 2 SigG 1997 zurück.

tungen aus dem SigG und der SigV zusätzlich mit einem Bußgeld geahnt werden können.

E. Unterschiede zwischen akkreditierten und qualifizierten Signaturverfahren

Von qualifizierten Signaturen unterscheiden sich akkreditierte Signaturverfahren vor allem durch weitergehende Pflichten im Hinblick auf die Sicherheitsstruktur sowie durch den umfassenden Nachweis ausreichender Sicherheit und der Vorabprüfung durch die nach § 3 SigG zuständige Bundesnetzagentur[414].

Zum Nachweis ausreichender technischer und administrativer Sicherheit muss das Sicherheitskonzept des Zertifizierungsdiensteanbieters durch eine Prüf- und Bestätigungsstelle[415] „umfassend und auf seine Eignung und praktische Umsetzung geprüft und bestätigt sein". Die Prüfung und Bestätigung ist nach sicherheitserheblichen Veränderungen sowie in regelmäßigen Zeitabständen zu wiederholen[416]. Nach § 15 Abs. 7 SigG müssen bei akkreditierten Signaturverfahren nicht nur die sicheren Signaturerstellungseinheiten, sondern auch die Signaturanwendungskomponenten (§ 2 Nr. 11 SigG) und die technischen Komponenten für Zertifizierungsdienste (§ 2 Nr. 12 SigG) vor ihrer Anwendung nach dem Stand von Wissenschaft und Technik hinreichend darauf geprüft und bestätigt worden sein, dass sie die Anforderungen des SigG erfüllen[417]. Der Nachweis dieser Prüfung kann nach § 16 Abs. 3 SigG mit einer von der BNetzA zu erstellenden Bescheinigung erbracht werden. Qualifizierte Signaturverfahren müssen auch die Anforderungen des SigG erfüllen. Für sie sind allerdings keine Vorabprüfungen gesetzlich vorgeschrieben. Der akkreditierte Anbieter hat qualifizierte Zertifikate nur für Personen auszustellen, die nachweislich nach diesem hohen Maßstab geprüfte und bestätigte sichere Signaturerstellungseinheiten besitzen[418]. Er muss außerdem den Signaturschlüssel-Inhaber im Rahmen des § 6 Abs. 1 SigG über Signaturanwendungskomponenten unterrichten, die die hohen Anforderungen erfüllen, d.h. die elektronische Bescheinigung nach § 16 Abs. 3 SigG besitzen[419]. Zu beachten ist indessen, dass die Gesetzeskonformität von Signa-

---

[414] Ausführliche Darstellung der rechtlichen Unterschiede in *Roßnagel*, in Roßnagel, öffentliche Verwaltung, S. 31-42.
Vgl. auch *Roßnagel*, MMR 2000, S. 453.

[415] Vgl. § 18 SigG.

[416] § 15 Abs. 2 S. 2 SigG. Die regelmäßigen Prüfungen sind § 11 Abs. 2 S. 2 im Abstand von drei Jahren durchzuführen.

[417] Bei der Prüfung und Bestätigung der Sicherheit von Produkten für qualifizierte elektronische Signaturen sind nach § 11Abs. 3 SigV die Vorgaben des Abschnitts I der Anlage 1 SigV zu beachten.

[418] § 15 Abs. 7 S. 2 Nr. 2 SigG.

[419] Kritisch hierzu *Rieß*, DuD 2000, S. 533.

turanwendungskomponenten - wie soeben dargelegt – keine Voraussetzung für die Erzeugung von qualifizierten elektronischen Signaturen ist.

Allein akkreditierte Signaturen sind langfristig prüfbar[420]. Ihre Zertifikate sind für über dreißig Jahre online prüfbar in einem Verzeichnis zu halten[421]. Durch Signaturerneuerung vor Ablauf der Gültigkeitsdauer der Zertifikate kann der Sicherheitswert darüber hinaus erhalten werden[422]. Im Falle des Widerrufs oder der Rücknahme einer Akkreditierung oder im Falle der Einstellung der Tätigkeit eines akkreditierten Zertifizierungsdiensteanbieters, wie z.B. in der Insolvenz, muss die BNetzA eine Übernahme der Tätigkeit durch einen anderen akkreditierten Zertifizierungsdiensteanbieter oder die Abwicklung der Verträge mit den Signaturschlüssel-Inhabern sicherstellen. Übernimmt kein anderer akkreditierter Zertifizierungsdiensteanbieter, hat die BNetzA nach § 15 Abs. 6 SigG die Zertifikate zu übernehmen. Dagegen müssen die Zertifikate bei qualifizierten Verfahren nur für die Dauer ihrer Gültigkeit plus fünf Jahre in einem Verzeichnis gemäß den Vorgaben nach § 5 Abs. 1 S. 3 SigG verfügbar sein. Danach müssen sie gelöscht werden. Wird über das Vermögen des Anbieters das Insolvenzverfahren eröffnet, besteht die Gefahr, dass sie früher verloren gehen[423].

Ein weiterer Unterschied liegt in der rechtlichen Behandlung von ausländischen qualifizierten elektronischen Signaturen. Um dem deutschen akkreditierten Signaturverfahren rechtlich gleichgestellt werden zu können, müssen ausländische elektronische Signaturen nachweislich gleichwertige Sicherheit aufweisen[424]. Elektronische Signaturen aus der Europäischen Gemeinschaft und dem Europäischen Wirtschaftsraum, die auf einem ausländischen qualifizierten Zertifikat beruhen und die Voraussetzungen nach Art. 5 Abs. 1 SigRL erfüllen, werden jedoch deutschen qualifizierten elektronischen Signaturen automatisch, also ohne dass deren Sicherheit überprüft wird, gleichgestellt[425].

Zusammenfassend verfügt die qualifizierte Signatur über eine „behauptete organisatorische und technische Sicherheit", während die Sicherheit der akkreditierten Signatur durch eine Prüfung des Zertifizierungsdiensteanbieters durch die BNetzA nachgewiesen wird[426].

---

[420] Vgl. *Brandner/Pordesch/Roßnagel/Schachermeyer*, DuD 2002, S. 100.
[421] § 4 Abs. 2 SigV; vgl. auch BT-Drs. 14/4662, S. 28.
[422] *Roßnagel/Fischer-Dieskau/Pordesch/Brandner*, CR 2003, S. 305.
[423] *Roßnagel*, NJW 2001, S. 1823.
[424] § 23 Abs. 2 SigG.
[425] § 23 Abs. 1 SigG.
[426] Vgl. *Roßnagel*, in Roßnagel, öffentliche Verwaltung, S. 32.

F. Besondere Rechtswirkungen akkreditierter elektronischer Signaturen?

Es ist zu überlegen, ob akkreditierte elektronische Signaturen besondere Rechtswirkungen haben. Dies wird nach einer Auffassung verneint: Es sei in der rechtlichen Behandlung der qualifizierten elektronischen Signaturen kein Unterschied zu finden, egal ob diese von einem akkreditierten Anbieter oder einem angezeigten Anbieter stammen. Akkreditierte Signaturen sollen sonach keine verstärkte Rechtswirkung haben[427]. In dieser Hinsicht wird geltend gemacht, dass es falsch und die Systematik der SigRL missverstehend sei, die Akkreditierten Signaturen als eine gesonderte Stufe zu qualifizieren[428].

Qualifizierte Verfahren verfügen nur über eine behauptete Sicherheit[429]. Dies bedeutet jedoch nicht, dass ihr Sicherheitsniveau zwangsläufig niedriger ist. Ihnen fehlt lediglich das Gütesiegel und der Nachweis ihrer geprüften Sicherheit[430]. Es ist zwar richtig, dass sich die akkreditierte Signatur in ihrer Formwirksamkeit (126a BGB) und Beweisfunktion (§ 371a Abs. 1 S. 2 ZPO) nicht von der qualifizierten elektronischen Signatur unterscheidet, sie bietet allerdings einige Vorteile, die erst bei näherer Betrachtung zu Tage treten. Die akkreditierte Signatur ist im folgenden Sinn privilegiert: Ihr Sicherheitsniveau entspricht dem der digitalen Signaturen nach dem SigG 1997. So wird die Beweisfunktion von Signaturen aus akkreditierten Verfahren durch zwei Beweiserleichterungen unterstützt. Wer mit ihnen den Beweis führen will, kann zum einen wie bei einer qualifizierten Signatur den Anscheinsbeweis des § 371a Abs. 1 S. 2 ZPO. Ihm kommt aber zusätzlich die technisch-organisatorische Sicherheitsvermutung gem. § 15 Abs. 1 S. 4 zugute, die sich auf den Nachweis der umfassend geprüften technischen und administrativen Sicherheit des Verfahrens bezieht. Diese Sicherheitsvermutung kann für qualifizierte elektronische Signaturen ohne Vorabprüfung nicht zur Anwendung kommen[431]. Bei letzteren bleibt bis zu einer Überprüfung in einem Gerichtsverfahren offen, ob sie die Anforderungen des SigG und der SigV tatsächlich erfüllen. Die Behauptung, akkreditierte und qualifizierte Signaturverfahren seien in der Rechtsqualität gleich, kann demnach nicht geteilt werden. In der Praxis sind zurzeit alle in Deutschland niedergelassenen Zertifizierungsdiensteanbieter akkreditiert, so dass eine nicht akkreditierte qualifizierte Signatur lediglich von ausländischen Anbietern erhältlich ist.

---

427 So *Bröhl/Tettenborn*, S. 92; *Hoffmann*, S. 107; *Tettenborn*, CR 2000, S. 688.

428 *Bröhl/Tettenborn*, S. 92; a.A. *Roßnagel*, NJW 2001, S. 1820 ff.; *ders.*, MMR 2000, S. 452; *ders.*, MMR 1999, S. 264 ff.; *ders.*, in Müller/Rannenberg, Multilateral Security in Communications, S. 247 f.

429 *Roßnagel*, NJW 2001, S. 1823.

430 *Tettenborn*, CR 2000, S. 688.

431 *Roßnagel*, NJW 2001, S. 1819; *ders.*, MMR 2000, S. 452; *ders.*, in Roßnagel, öffentliche Verwaltung, S. 22.

G. *Akkreditierte Signaturen im öffentlichen Bereich*

In § 15 Abs. 2 des Signaturgesetzentwurfs war vorgesehen, dass für den öffentlichen Bereich qualifizierte elektronische Signaturen, die auf einem qualifizierten Zertifikat eines akkreditierten Zertifizierungsdiensteanbieters beruhen, durch Rechtsvorschrift verlangt werden können[432]. Die Vorschrift machte von der Option des Art. 3 Abs. 7 SigRL Gebrauch, wonach die Mitgliedstaaten den Einsatz elektronischer Signaturen im öffentlichen Bereich „möglichen zusätzlichen Anforderungen" unterwerfen können[433], wegen einer Intervention der Europäischen Kommission sie wurde jedoch gestrichen[434]. Der deutsche Gesetzgeber hat sich entschlossen, Art. 3 Abs. 7 SigRL als § 1 Abs. 3 SigG zu übernehmen. So sieht § 1 Abs. 3 S. 1 SigG vor, dass Rechtsvorschriften für die öffentlich-rechtliche Verwaltungstätigkeit bestimmen können, dass der Einsatz qualifizierter elektronischer Signaturen zusätzlichen Anforderungen unterworfen wird. Der nationale Gesetzgeber ist bei der Bestimmung der „zusätzlichen Anforderungen" allerdings nicht frei, sondern er muss die Voraussetzungen des Art. 3 Abs. 6 SigRL berücksichtigen: Diese Anforderungen müssen objektiv, transparent, verhältnismäßig und nichtdiskriminierend sein (so auch § 1 Abs. 3 S. 2 SigG) und dürfen sich nur auf die spezifischen Merkmale der betreffenden Anwendung beziehen. Sie dürfen darüber hinaus für grenzüberschreitende Dienste für den Bürger kein Hindernis darstellen (Art. 3 Abs. 7 S. 3 SigRL).

I. Elektronische Kommunikation mit der öffentlichen Verwaltung

Die neue Informations- und Kommunikationstechnik ermöglicht es der Verwaltung, verbesserte Dienstleistungen zeitlich und räumlich unbegrenzt, transparenter, effizienter, flexibler, unbürokratischer und zudem zu geringeren Kosten anzubieten[435]. Das dritte VwVfÄG vom 01.02.2003 macht das Verwaltungsrecht tauglich für den elektronischen Rechtsverkehr. Es handelt sich um ein Artikelgesetz mit 74 Artikeln, das für die drei Verfahrensgesetze und für weitere 67 Gesetze und Verordnungen Novellierungen enthält. Für die Anpassung wurde in das VwVfG eine Generalklausel aufgenommen (§ 3a Abs. 2 VwVfG). Damit wird die elektronische Form im gesamten Anwendungsbereich des Verwaltungsverfahrensrechts der Schriftform gleichgesetzt. § 3a VwVfG ist für alle im VwVfG geregelten Verfahrensarten anwendbar[436].

---

432 BT-Drs. 14/4662, S. 9.

433 Vgl. *Gravesen/Dumortier/van Eecke*, MMR 1999, S. 580; s. hierzu auch *Roßnagel*, K&R 2000, S. 321 f.

434 *Roßnagel*, in Lehmann, Electronic Business, S. 152 Rn. 48.

435 *Roßnagel*, in Roßnagel, öffentliche Verwaltung, S. 14 ff.; *ders.*, DÖV 2001, S. 221.

436 BT-Drs. 14/9000, S. 28; vgl. auch *Meyer*, in Knack VwVfG, § 3a Rn. 21.

Diese Reform hat in der Praxis die Tür zum „Electronic Government" geöffnet[437]. Der das Verwaltungsverfahrensrecht prägende Grundsatz der Nichtförmlichkeit des Verwaltungshandelns[438] erlaubte schon vor den neuen Bestimmungen die Anwendung elektronischer Verfahren. Die Schriftform im Verwaltungsrecht verlangt nicht immer die eigenhändige Unterschrift des Dokumentes, dennoch war bislang die Substitution der Schriftform durch die elektronische Form mangels Verkörperung und unmittelbar lesbarer Schriftzeichen nicht möglich[439]. Die elektronische Form ist mit Generalklauseln in den drei Verwaltungsverfahrensgesetzen aufgenommen, die die Gleichwertigkeit einer durch Rechtvorschrift angeordneten Schriftform und der mit einer qualifizierten elektronischen Signatur verbundenen elektronischen Form vorsehen (§ 3a Abs. 2 S. 1 VwVfG, § 36a Abs. 2 S. 1 SGB I, § 87a AO). Die somit eingeführte elektronische Form entspricht inhaltlich der Formulierung des § 126a BGB. Im Gegensatz zur elektronischen Form im Privatrecht[440] verzichtet das Verwaltungsverfahrensgesetz auf die überflüssige Forderung, das Dokument mit dem Namen des Unterzeichners zu versehen.

Die Kommunikation mittels E-Mail ist zulässige Handlungsform der Verwaltung, soweit keine abweichenden gesetzlichen Regelungen bestehen. Dies gilt sowohl für die Kommunikation zwischen Behörde und Bürger als auch für die Kommunikation zwischen Behörde und Behörde. Wie im Privatrecht ist eine qualifizierte elektronische Signatur nur dort erforderlich, wo in den Verwaltungsgesetzen die Schriftform gefordert ist[441]. Ist die Schriftform durch Rechtvorschrift nicht angeordnet, dann steht die Nutzung auch einfacher elektroni-

---

[437] Zu Perspektiven eines „Electronic Government" *Boehme-Neßler*, NVwZ 2001, S. 374; zur Jobcard als Anwendungsprojekt des „E-Government" vgl. *Hornung/Roßnagel*, K&R 2004, S. 263.

[438] § 10 VwVfG, § 9 SGB X; vgl. *P. Stelkens/Schmitz*, in Stelkens/Bonk/Sachs VwVfG, § 10 Rn. 1. - Der Grundsatz der Formfreiheit wurde jedoch von einer Reihe von Schriftformerfordernissen eingeschränkt; vgl. hierzu BT-Drs. 14/9000, S. 26. Diese wurden in Rechtsvorschriften durch unterschiedliche Begriffe, wie „schriftlich", „schriftliche Form", „Schriftform" bestimmt oder durch Formulierungen wie „Unterschrift", „Unterschriftenliste", „Niederschrift" vorausgesetzt. Zur Reduzierung der Schriftform vgl. *Bovenschulte/Jäger/Viering*, in Roßnagel, öffentliche Verwaltung, S. 72 ff.

[439] BT-Drs. 14/9000, S. 26. - Es wurde bereits zum alten VwVfG die Ansicht vertreten, dass die Auslegung bestehender Formvorschriften die Zulässigkeit elektronischer Übermittlung in Einzelbereichen ergäbe. So *Eifert*, K&R Beilage 2 zu Heft 10/2000, S. 12 ff. Zum Konflikt der Quantität der öffentlich-rechtlichen Vorschriften, die die Schriftlichkeit fordern, vgl. *Schreiber*, elektronisches Verwalten, S. 78 f.

[440] § 126a Abs. 1 BGB. - Es ist allgemein anerkannt, dass § 126 ff. BGB im öffentlichen Recht weder unmittelbar noch mittelbar gelten; vgl. hierzu *Eifert/Schreiber*, MMR 2000, S. 342 f.; *Roßnagel*, DÖV 2001, S. 226. S. auch *Schreiber*, elektronisches Verwalten, S. 76 f. und S. 80 f; a.A. *E. Geis*, NVwZ 2002, S. 386.

[441] *Meinel/Lutz*, JurPC Web-Dok. 89/2003, Abs. 2; *Roßnagel*, NJW 2003, S. 471.

scher Kommunikation den Kommunikationspartnern ohnehin zur Verfügung. In solchen Fällen wird vielmehr eine fortgeschrittene Signatur oder eine einfache elektronische Signatur ausreichen.

Ein elektronisches Dokument, das mit einer qualifizierten elektronischen Signatur versehen ist, soll gemäß § 3a Abs. 2 S. 1 VwVfG gesetzlich angeordneten Schriftformerfordernissen genügen. Ausnahmen bedürfen einer gesonderten Regelung. Von der grundsätzlichen Ersetzbarkeit der Schriftform durch qualifizierte elektronische Signaturen wird in einigen Fällen abgewichen: Zum Ersten werden für bestimmte Verwaltungsakte, bei denen eine langfristige Überprüfbarkeit gefordert wird, weitere Anforderungen an die verwendeten Signaturen gestellt (§ 37 Abs. 4 VwVfG)[442]. Zum Zweiten wird in den Fällen, in denen keine Beweis- oder Sicherheitsanforderungen bestehen, von einer Signatur abgesehen oder die Anforderungen werden verringert. Zum Dritten wird die elektronische Form in einigen Regelungen ausdrücklich oder durch die Verwendung bestimmter Begriffe ausgeschlossen, etwa wenn ein bestimmter Papiervordruck oder eine bestimmte Papierqualität gefordert wird[443]. Ausschlüsse der elektronischen Form betreffen besonders formal ausgestaltete Verwaltungsentscheidungen[444]. Die elektronische Form ist beispielsweise ausgeschlossen durch die Änderung des Bundesbeamtengesetzes für die Beamtenernennung[445], durch die Änderung des Soldatengesetzes für die Soldatenernennung [446], durch die Änderung des Grunderwerbsteuergesetzes für die elektronische Übermittlung der Anzeige[447] und Bescheinigung[448], durch die Änderung des Personenbeförderungsgesetzes für Genehmigungen, einstweilige Erlaubnisse und Bescheinigungen oder deren Widerruf[449]. Die Ausstellung von Urkunden in Staatsangehörigkeitssachen in elektronischer Form ist ebenfalls ausgeschlossen[450].

Die Verwendung eines Pseudonyms ist - außer im Steuerverfahren[451] - im öffentlichen Recht sowohl für den Bürger als auch für die Verwaltung möglich[452].

---

442 Vgl. z.B. 69 Abs. 2 VwVfG.
443 BT-Drs. 14/9000, S. 26.
444 *Meyer*, in Knack VwVfG, § 3a Rn. 9.
445 § 6 Abs. 2 Bundesbeamtengesetz.
446 § 4 Abs. 1 Soldatengesetz.
447 § 18 Abs. 1 S. 3 Grunderwerbsteuergesetz.
448 § 22 Abs. 2 Grunderwerbsteuergesetz.
449 § 5 Personenbeförderungsgesetz.
450 § 38a Staatsangehörigkeitsgesetz.
451 Vgl. auch § 36a Abs. 2 S. 3 SGB I. Für das Steuerverfahren schließt § 87a AO die Verwendung eines Pseudonyms ausdrücklich aus. Näher hierzu *Roßnagel*, K&R 2003, S. 379 ff.
452 In allen vorhergehenden Entwürfen wurde jedoch Folgendes bestimmt: „Die Signatur mit einem Pseudonym ersetzt nicht die Schriftform". Vgl. zu dieser nicht angenommenen Vor-

Beim Bürger sprechen Erwägungen des Datenschutzes hierfür[453], bei der Verwaltung kann der einzelne Mitarbeiter, unter dem Namen der jeweiligen Behörde handeln. Damit wird z.B. die Signierung durch eine erlassende Behörde – ohne Nennung des Bearbeiters – mittels Pseudonyms zugelassen (z.B. Stadt Saarbrücken)[454]. Allerdings muss gemäß § 3a Abs. 2 S. 3 VwVfG über das Pseudonym die Identifizierung der handelnden Person ermöglicht werden, was bei einem Pseudonym nach § 7 Abs. 1 Nr. 1 SigG über die Dokumentation des Zertifizierungsdiensteanbieters möglich ist. Mit dieser der Rechtsklarheit dienenden Vorschrift will der Gesetzgeber eine etwaige missbräuchliche Inanspruchnahme der Verwaltung durch nicht-identifizierbare Pseudonyme verhindern[455]. Dies ist durchaus nachvollziehbar, da bei der rechtsverbindlichen Kommunikation mit der Verwaltung die Identifikationsfunktion der Formerfordernisse eine Hauptrolle spielt[456]. Zulässig sind allerdings Ordens- und Künstlernamen, welche die Identifizierung der Person nicht verhindern.

II. Übermittlung elektronischer Dokumente

Das reformierte Verwaltungsverfahrensgesetz sieht im neuen § 3a Abs. 1 VwVfG vor, dass die Übermittlung von elektronischen Dokumenten nur zulässig ist, wenn der Empfänger hierfür einen Zugang eröffnet hat. Sowohl die betreffende Behörde, als auch der einzelne Bürger können also die elektronische Form ausschließen. Was insbesondere die Verwaltung betrifft, besteht ein Recht und keine Verpflichtung zur Einrichtung elektronischer Zugänge[457]. Es wurde allerdings die Meinung vertreten, dass die Verpflichtung der Behörden Anträge in schriftlicher Form oder zur Niederschrift entgegenzunehmen[458] auf die elektronische Kommunikation übertragen werden kann[459]. Nach dieser Ansicht soll eine Verpflichtung der Verwaltung zur Herstellung elektronischer Zugänge vorhanden sein. Diese Verpflichtung wurde aber vom Autor in der Präzisierung relativiert: Eine Verpflichtung bestehe jedenfalls, wenn die Behörde durch eine Angabe in allgemein zugänglichen Verzeichnissen oder auf Briefbogen den Zugang eröffnet. Das Merkmal der „Zugangseröffnung" beinhaltet hierbei zum einen als objektives Element das Vorliegen der technischen Voraussetzungen für

---

schrift die Kritik von *Roßnagel/Pfitzmann/Garstka*, Modernisierung des Datenschutzrechts, S. 150.

[453] S. hierzu *Roßnagel*, NJW 2003, S. 472 m.w.N.

[454] BT-Drs. 14/9000, S. 31.

[455] BT-Drs. 14/9000, S. 31.

[456] S. aber *Storr*, MMR 2002, S. 583.

[457] Ebenso *Lutz*, elektronisches Verwalten, S. 117 ff.; *Roßnagel*, NJW 2003, S. 472; *Schlatmann*, in Roßnagel, öffentliche Verwaltung, S. 66; vgl. auch *Meyer*, in Knack VwVfG, § 3a Rn. 28.

[458] § 24 Abs. 3 i.V.m. § 64 VwVfG.

[459] *Geis*, K&R 2003, S. 22.

eine elektronische Kommunikation, zum anderen als subjektives Element deren konkrete Nutzungsbestimmung durch den Bürger auch für eine Kommunikation mit der Verwaltung.

Unklarheit herrscht im Hinblick auf die Voraussetzung der Zugangseröffnung. Bei Geschäftsleuten und Behörden stellt allein die Angabe einer E-Mail-Adresse auf deren Briefbögen – so die Begründung des Gesetzentwurfs der Bundesregierung und die herrschende Meinung der Literatur – eine entsprechende Widmung dafür dar. Sie haben zusätzlich durch organisatorische Maßnahmen sicherzustellen, dass z.B. E-Mail-Postfächer regelmäßig abgefragt werden. Falls kein Empfangen elektronischer Dokumente gewünscht wird, muss ausdrücklich eine „Sperrerklärung" abgegeben werden z.B. durch Hinweise auf dem Briefkopf oder auf die Internetseite[460]. Der Bürger hingegen muss gemäß § 3a Abs. 1 VwVfG seine Bereitschaft, elektronische Daten zu empfangen der Behörde explizit anzeigen[461]. Beim Bürger wird also die bloße Angabe einer E-Mail-Adresse auf seinem Briefkopf heute noch nicht dahin gehend verstanden werden können, dass er damit seine Bereitschaft zum Empfang von rechtlich verbindlichen Erklärungen auf diesem Weg signalisiert. Bei ihm kann in aller Regel von der Eröffnung eines Zugangs nur ausgegangen werden, wenn er dies gegenüber der Behörde ausdrücklich erklärt hat[462]. Nimmt allerdings der Bürger mit der Verwaltung auf elektronischem Weg Kontakt auf, ist richtigerweise davon auszugehen, dass er konkludent mit einer elektronischen Antwort zumindest mittels nicht signierter elektronischer Dokumenten grundsätzlich einverstanden ist. Besonders im Fall von formbedürftigen Erklärungen ist ferner zu prüfen, ob der jeweilige Empfänger überhaupt in der Lage ist, die entsprechende elektronische Signatur zu überprüfen. Da hierfür geeignete Prüfprogramme erforderlich sind, geht die Verkehrsanschauung davon aus, dass der Empfänger dem Zugang explizit oder konkludent - durch die vorherige Übermittlung eines elektronisch signierten Dokumentes - zustimmen muss[463]. Im letzteren Fall kann davon ausgegangen werden, dass der Empfänger über eine Signaturprüfeinheit verfügt, da diese zum Leistungspaket des Zertifizierungsdiensteanbieters gehört.

Was insbesondere den elektronischen Rechtsverkehr zwischen öffentlichen Verwaltung und Justiz betrifft, eröffnete schon der aufgehobene § 86a Abs. 1

---

460 BT-Drs. 14/9000, S. 31; vgl. auch *Ibisch*, JurPC Web-Dok. 210/2001, Abs. 2; *Schlatmann*, in Roßnagel, öffentliche Verwaltung, S. 66.

461 *Nedden*, in Roßnagel, öffentliche Verwaltung, S. 113.

462 BT-Drs. 14/9000, S. 31. Ebenso *Geis*, K&R 2003, S. 22; *Meyer*, in Knack VwVfG, § 3a Rn. 33 m.w.N.; *Roßnagel*, NJW 2003, S. 473; *Storr*, MMR 2002, S. 581.

463 *Roßnagel*, NJW 2003, S. 473.

VwGO[464] die Möglichkeit, dass Verfahrensbeteiligte gegenüber Gerichten vorbereitete Schriftsätze und deren Anlagen, Anträge und Erklärungen sowie Auskünfte, Aussagen und Gutachten als elektronisches Dokument einreichen können, wenn das jeweilige elektronische Dokument für die Bearbeitung durch das Gericht geeignet waren[465]. Die verantwortende Person sollte das Dokument mit einer qualifizierten elektronischen Signatur nach dem Signaturgesetz versehen (aufgehobener § 86a Abs. 1. S. 2 VwGO). Der Gesetzgeber hat zur elektronischen Kommunikation und zur elektronischen Aktenführung ähnliche Regelungen in § 55a VwGO (elektronische Dokumentenübermittlung) und in § 55b VwGO (elektronische Aktenführung) getroffen. § 55a VwGO stellt sicher, dass die in § 130a ZPO für den Zivilprozess getroffenen Regelungen auch für den Prozess vor den Verwaltungsgerichten gelten. Dabei werden die Bundesregierung und die Landesregierungen ermächtigt, durch Rechtsverordnung[466] die technischen Rahmenbedingungen festzulegen und den Zeitpunkt zu bestimmen, von dem an ganz oder teilweise elektronisch kommuniziert werden kann. Für die Rechtsverordnung enthält § 55a Abs. 1 S. 3 VwGO die Vorgabe, dass für Dokumente, die, wenn sie schriftlich eingereicht würden, nach den Bestimmungen des Verfahrensrechts zu unterschreiben wären, grundsätzlich die qualifizierte elektronische Signatur nach § 2 Nr. 3 SigG vorzusehen ist[467].

III. Technische Probleme und Übertragbarkeit

Bei der Vielzahl von heute existierenden Kommunikations- und Dateiformaten und Signiertechniken kann es immer wieder zu Kompatibilitätsproblemen kommen. In diesem Fall ist die Behörde gemäß § 3a Abs. 3 VwVfG verpflichtet, den Absender der Erklärung unverzüglich, also ohne schuldhaftes Zögern (§ 121 Abs. 1 S. 1 BGB), zu benachrichtigen, und ihn über die bei der Behörde verwendete Technik zu informieren. Die Behörde kann Probleme bei der Kommunikation dadurch vermeiden, dass auf ihrer Homepage die technischen und organisatorischen Rahmenbedingungen nennt, die von potentiellen elektronischen Kommunikationspartnern eingehalten werden müssen. Für den Fall, dass ein Erklärungsempfänger die von der Behörde abgegebene elektronische Erklärung nicht lesen kann und dies anzeigt, hat die Behörde ihm die Erklärung in einer für

[464] Die Vorschrift wurde durch Art. 8 des Gesetzes zur Anpassung der Formvorschriften des Privatrechts und anderer Vorschriften an den modernen Rechtsgeschäftsverkehr eingefügt. § 86a VwGO wurde durch das Justizkommunikationsgesetz mit Wirkung vom 1. 4. 2005 aufgehoben.

[465] Vgl. die fast wortgleichen Regelungen: § 130a ZPO, § 21 FGG, § 46b ArbGG, § 108a SGG und § 77a FGO.

[466] Vgl. hierzu *Rudisile*, in Schoch/Schmidt-Aßmann/Pietzner VwGO, § 86a.

[467] Begr. zum JKomG-Entwurf, B. Einzelbegründung, S. 87.

ihn lesbaren Form zukommen zu lassen, d.h. die Erklärung in einem geeigneten elektronischen Format oder als Schriftstück zu übermitteln.

Der Zugang der Erklärung erfolgt erst zu dem Zeitpunkt, zu dem selbige in einer für den Empfänger lesbaren Form in dessen Herrschaftsbereich eintrifft. Als problematisch erweist sich dieser Vorgang besonders bei formbedürftigen Erklärungen, also bei der Verwendung von qualifizierten Signaturen, da bei einer Umwandlung des Formates und erst recht beim Ausdruck von elektronisch signierten Dokumenten die durch die digitale Signatur gewährte Sicherheit verloren geht. Um dieses Problem zu beseitigen ermöglicht das VwVfG die Beglaubigung von Dokumenten[468]: Dies ist sowohl möglich, wenn der Ausdruck eines elektronisch signierten Dokumentes beglaubigt werden soll, als auch wenn von einem in Papierform vorliegenden Dokument eine elektronische Kopie erstellt oder das Format eines elektronischen Dokumentes geändert wird. Hierbei ist zu beachten, dass bei der Beglaubigung eines elektronischen Dokumentes sowohl die Ergebnisse einer vorherigen Signaturprüfung, als auch die im Zertifikat enthaltenen Attribute in selbiger ausgewiesen sein müssen.

Nach §§ 15 und 41 Abs. 2 VwVfG wird vermutet, dass ein elektronisch übermitteltes Dokument am dritten Tag nach der Absendung zugegangen ist (Drei-Tages-Vermutung). Dies gilt nicht, wenn feststeht, dass das Dokument den Empfänger nicht oder zu einem späteren Zeitpunkt erreicht hat[469]. Im Zweifel hat der Sender den Zugang und den Zeitpunkt des Zugangs nachzuweisen. Zwar benötigt die Übermittlung über das Internet nur Sekunden. Um Unterschiede bei der Übermittlung zu unterschiedlichen Tageszeiten auszugleichen, wird der Zugang erst am dritten Tag nach der Absendung vermutet, was eine positive Regelung ist. Wer erst einmal den elektronischen Zugang gemäß § 3a Abs. 1 VwVfG eröffnet hat, wird nach §§ 15 und 41 Abs. 2 VwVfG dem faktischen Zwang ausgesetzt, zumindest zweimal wöchentlich das E-Mail Konto zu überprüfen, anderenfalls wird die Zugangsvermutung greifen.

IV. Der elektronische Verwaltungsakt

§ 37 Abs. 2 VwVfG ermöglicht neben dem schriftlichen und dem mündlichen auch den elektronischen Verwaltungsakt, für den die Anforderungen des § 37 Abs. 3 VwVfG gelten. Dabei müssen sowohl die ausstellende Behörde als auch deren Leiter bzw. dessen Stellvertreter oder der entsprechende Beauftragte erkennbar sein. Für Verwaltungsakte, die Schriftform verlangen, besteht die Möglichkeit, diese durch eine qualifizierte elektronische Signatur zu ersetzen. In die-

---

468 § 33 VwVfG.
469 BT-Drs. 14/9000, S. 33. S. auch *Geis*, K&R 2003, S. 23; *Storr*, MMR 2002, S. 582.

sem Fall muss auch das entsprechende Zertifikat direkt oder über ein qualifiziertes Attribut-Zertifikat die Behörde erkennbar machen.

Für Verwaltungsakte von besonderer Bedeutung enthält § 37 Abs. 4 VwVfG erhöhte Anforderungen. Durch Rechtsvorschrift kann die dauerhafte Überprüfbarkeit der Signatur vorgeschrieben werden. Die dauerhafte Überprüfbarkeit einer qualifizierten elektronischen Signatur soll sicherstellen, dass Verwaltungsakte von besonderer Bedeutung über lange Zeiträume beweiskräftig bleiben. Denn für Verwaltungsakte kann sich noch nach Jahren oder Jahrzehnten die Notwendigkeit ergeben, auf das Original zurückzugreifen[470]. Bei solchen Verwaltungsakten mit hoher Wichtigkeit und besonders bei Dauerverwaltungsakten kann jedoch ein qualifiziertes Zertifikat die Anforderungen, die an die Dauerhaftigkeit der Erklärung gestellt werden, nicht erfüllen. Das Zertifikat nach §§ 4 und 8 SigV wird nur für fünf Jahre nach Ablauf seiner Gültigkeit prüfbar gehalten. In diesem Fall kann gemäß § 37 Abs. 4 VwVfG durch Rechtsvorschrift die dauerhafte Überprüfbarkeit vorgeschrieben werden. Daher verdrängt § 37 Abs. 4 VwVfG die Generalklausel des § 3a Abs. 2 VwVfG, wenn das Fachrecht die langfristige Überprüfbarkeit anordnet. Der Verwaltungsakt muss, wenn dies vom Betroffenen gefordert wird, nachträglich schriftlich bestätigt werden[471]. Ausdrücklich normiert wurde das Erfordernis der dauerhaften Überprüfbarkeit z.B. bereits in § 33 Abs. 5 Nr. 2 VwVfG für elektronische Beglaubigungen und gemäß § 69 Abs. 2 S. 2 VwVfG für elektronische Verwaltungsakte bei Abschluss eines förmlichen Verwaltungsverfahrens i.S.v. § 63 Abs.1 VwVfG[472]. Mit der Regelung des § 37 Abs. 4 VwVfG dürfte die Forderung nach einer akkreditierten elektronischen Signatur gemeint sein, da für eine dauerhafte Überprüfbarkeit - nach dem heutigen Stand der Technik - eine akkreditierte elektronische Signatur benutzt werden muss[473]. Diese Signatur ist nach ihrer Gültigkeitsdauer dreißig Jahre von dem akkreditierten Zertifizierungsdiensteanbieter aufzubewahren[474].

Die Anwendung akkreditierter elektronischer Signaturen für die Signierung von elektronischen Verwaltungsakten und für das rechtsverbindliche Handeln der Behörden ist unter bestimmten Bedingungen im Einklang mit dem Art. 3 Abs. 7

[470] BT-Drs. 14/9000, S. 33; vgl. auch *Roßnagel*, NJW 2003, S. 473; *Storr*, MMR 2002, S.583 f.

[471] § 37 Abs. 2 S. 2 VwVfG.

[472] S. auch u.a. §§ 3 Abs. 4 S. 1, 16 Abs. 2 S. 1 VereinsG, § 4 Abs. 2a Investitionsvorganggesetz, § 5 Personenbeförderungsgesetz, §§ 2b Abs. 2 und 17 Abs. 1 Atomgesetz.

[473] BT-Drs. 14/9000, S. 31, 33. Die Anforderungen entsprechen denen für die akkreditierten gleichgestellten ausländischen Signaturen im Sinne von § 23 Abs. 2 SigG. S. auch hierzu *Meyer*, in Knack VwVfG, § 37 Rn. 29a.

[474] § 4 Abs. 2 SigV.

S. 1 der SigRL, der für die Mitgliedstaaten die Möglichkeit eröffnet, den Einsatz elektronischer Signaturen im öffentlichen Bereich zusätzlichen Anforderungen zu unterwerfen[475]. Diese Anforderungen müssen objektiv, transparent, verhältnismäßig und nichtdiskriminierend sein[476] und sie dürfen sich nur auf die spezifischen Merkmale der betreffenden Anwendung beziehen. Die Voraussetzungen, unter denen besondere Anforderungen für den Bereich der öffentlichen Verwaltung gestellt werden können, sind ebenfalls in § 1 Abs. 3 SigG aufgenommen worden, um den Ausnahmecharakter dieser Regelung zu unterstreichen. Die Voraussetzung, dass sich die Anforderungen nur auf die spezifischen Merkmale der betreffenden Anwendung beziehen dürfen, bedeutet für den nationalen Gesetzgeber, dass er nur ausnahmsweise und unter spezieller Begründung von der Regel der Verwendung der richtliniekonformen qualifizierten Signatur abweichen darf. Zusätzliche Anforderungen und somit der Einsatz akkreditierter elektronischer Signaturen im öffentlichen Bereich sind dementsprechend nur dann zulässig, wenn sie sich auf individuelle Dienstleistungen beziehen und wenn diese Verwendung objektiv gerechtfertigt ist. Eine durch eine Generalklausel eingefügte Verpflichtung zur Verwendung von qualifizierten Zertifikaten eines akkreditierten Zertifizierungsdiensteanbieters für alle elektronischen Transaktionen zwischen Bürgern und Verwaltung steht mithin im Widerspruch zu dem Art. 3 Abs. 7 SigRL[477]. Außerdem würde eine solche Vorschrift ebenfalls gegen den Grundsatz der Nichtdiskriminierung gemäß Art. 5 Abs. 2 SigRL verstoßen, der auch für den öffentlichen Bereich gilt.

In Rahmen transeuropäischer Verfahren ist weiter die Grenze des Art. 3 Abs. 7 S. 3 SigRL zu berücksichtigen: Nach dieser Vorschrift dürfen die zusätzlichen Anforderungen für grenzüberschreitende Dienste für den Bürger kein Hindernis darstellen. Diese Regelung ist nicht eindeutig formuliert[478]. Gemeint ist, dass die zusätzlichen Anforderungen (wie z.B. die Verwendung akkreditierter elektronischer Signaturen) für Bürger aus anderen Mitgliedstaaten der Europäischen Union nicht mit einem unvertretbar hohen Aufwand verbunden sein dürfen. So muss z.B. bei europaweiten Ausschreibungen gewährleistet sein, dass nicht nur in Deutschland akkreditierte Zertifikate zugelassen sind, sondern auch Zertifikate aus anderen Mitgliedsstaaten anerkannt werden[479]. Ist die Erfüllung einer An-

---

[475] Vgl. *Dix*, K&R Beilage 2 zu Heft 10/2000, S. 20. S. auch *European Electronic Standardization Initiative* (EESSI), Final Report of the EESSI Expert Team, S. 17 f.; *Roßnagel*, in Roßnagel, öffentliche Verwaltung, S. 44 ff.; *ders.*, DÖV 2001, S. 221 ff.; *ders.*, K&R 2000, 321 ff.; *ders.*, MMR 2000, S. 444 f.; *ders.*, MMR 1999, S. 265; a.A. *Gravesen/Dumortier/van Eecke*, MMR 1999, S. 580.

[476] S. näher hierzu *Storr*, MMR 2002, S.584.

[477] Vgl. aber *Roßnagel*, MMR 1999, S. 265.

[478] *Dumortier/Kelm/Nilsson/Skouma/Van Eecke*, Electronic Signatures in Europe, S. 40 f.; *Dumortier*, in Lodder/Kaspersen, eDirectives, S. 46 f.; *Roßnagel*, K&R 2000, S. 322.

[479] *Roßnagel*, K&R 2000, S. 322 f.

forderung von einem anderen Mitgliedstaat aus nicht möglich, stellt diese Anforderung ein Hindernis für grenzüberschreitende Zertifizierungsdienste dar. Nach dieser Auslegung muss der deutsche Gesetzgeber qualifizierte elektronische Signaturen genügen lassen, wenn solche grenzüberschreitende Kontakte mit Bürgern zu erwarten sind. Die Einschränkungen des Art. 3 Abs. 7 gelten allerdings nur, soweit die zusätzlichen Anforderungen den Bürger betreffen. So ist vom Bürger grundsätzlich nur die Verwendung qualifizierter elektronischer Signaturen im Rahmen des E-Government zu verlangen[480]. Rechtsvorschriften, die beim rechtsverbindlichen Handeln der Behörden das Erfordernis einer Signatur im Sinne von § 37 Abs. 4 VwVfG vorsehen, dürfen daher kein Hindernis i.S.v Art. 3 Abs. 7 S. 3 SigRL darstellen[481].

Allerdings müssen die Mitgliedstaaten dabei die Einschränkung nach Erwägungsgrund 11 SigRL beachten. Danach sollte es Zertifizierungsdiensteanbietern freistehen, sich akkreditieren zu lassen und Akkreditierungssysteme zu nutzen. Die Forderung einer vorherigen Akkreditierung des Anbieters für die Teilnahme in E-Government-Programmen würde zu der erheblichen Einschränkung der Freiheit führen, sich akkreditieren zu lassen oder nicht. Solche Versuche sind nicht richtlinienkonform und widersprechen dem klaren Wortlaut von Erwägungsgrund 11. Eine solche Regelung würde ebenfalls den Wettbewerb zwischen den Zertifizierungsdiensteanbietern verhindern und wäre mithin nicht nur nichtrichtlinienkonform[482] sondern möglicherweise auch ein Verstoß gegen EU-Recht (Art. 86 EGV).

Auffallend ist, dass im Text der SigRL vom „öffentlichen Bereich" gesprochen wird, das Signaturgesetz diesen Terminus jedoch nicht übernimmt. Stattdessen ist in § 1 Abs. 3 SigG von der „öffentlich-rechtlichen Verwaltungstätigkeit" die Rede[483]. Da die Differenzierung zwischen öffentlichem und privatem Bereich oftmals Probleme aufwirft und der Begriff „öffentlicher Bereich" im deutschen Recht nicht üblich ist, stellt der Gesetzgeber auf die öffentlich-rechtliche Verwaltungstätigkeit der Behörde ab[484]. Dementsprechend fällt richtigerweise lediglich die Hoheitsverwaltung und nicht die gesamte Privatwirtschaftsverwaltung unter den Regelungsbereich des § 1 Abs. 3 SigG. Handelt die Verwaltung im

[480] So wurde z.B. in § 14 Abs. 3 UStG 2005 für die elektronische Rechnung eine qualifizierte oder eine akkreditierte elektronische Signatur vom Bürger gefordert.

[481] *Roßnagel*, in Roßnagel, öffentliche Verwaltung, S. 44 m.w.N.

[482] SigRL 1999/93, Erwägungsgrund 12.

[483] Vgl. hierzu den nicht übernommenen § 15 Abs. 2 SigG Regierungsentwurf, der auf Grund einer Intervention der Europäischen Kommission gestrichen wurde: „Für den öffentlichen Bereich können qualifizierte elektronische Signaturen, die auf einem qualifizierten Zertifikat eines Zertifizierungsdiensteanbieters nach Abs. 1 beruhen, durch Rechtsvorschrift verlangt werden".

[484] Vgl. § 1 Abs. 1 VwVfG.

elektronischen Geschäftsverkehr nicht hoheitlich, sondern fiskalisch als Vertragspartner, z.B. bei Kauf- oder Mietverträgen, sind im Hinblick auf die SigRL keine darüber hinausgehenden Anforderungen zulässig. Nur für die öffentlichrechtlichen Verfahrenshandlungen der Verwaltung sind unter Voraussetzungen zusätzliche Anforderungen wie akkreditierte elektronische Signaturen möglich.

V. Öffentlichrechtlicher Vertrag

Der Abschluss eines öffentlichrechtlichen Vertrags setzt nach § 57 VwVfG grundsätzlich die Schriftform voraus. Dieses Formerfordernis gilt ebenfalls für die Anpassung oder nach § 60 Abs. 2 VwVfG für die Kündigung des Vertrags. Die Schriftform kann gemäß § 3a Abs. 2 VwVfG durch die elektronische Form ersetzt werden. Dadurch ist ein Rückgriff auf § 126a BGB nach § 62 S. 2 VwVfG ausgeschlossen[485]. Ein öffentlichrechtlicher Vertrag kann durch einfache E-Mails nicht geschlossen werden, da § 57 VwVfG nur strengere Formen als die Schriftform zulässt[486].

VI. Die Rolle der öffentlichen Verwaltung bei der Zertifizierung

Das Dritte Verwaltungsverfahrensänderungsgesetz hat die Frage der Zertifizierung der Verwaltung völlig ausgeklammert. In diesem Zusammenhang ergibt sich die Frage, ob die Zertifizierung für die öffentliche Verwaltung durch eigene Zertifizierungsstelle der Verwaltung oder durch fremde Zertifizierungsdiensteanbieter als Tätigkeit der Verwaltung im Auftrag eines fremden Zertifizierungsdiensteanbieters bzw. als Zertifizierung im Auftrag der Verwaltung stattfinden wird[487]. Da eine gesetzliche Regelung nicht zu finden ist und die Gesetzesbegründung zu dieser Frage schweigt, lauert die Gefahr der Rechtsunsicherheit.

Die Bundesregierung geht insoweit von einer Zertifizierung durch privatrechtlich organisierte Zertifizierungsdiensteanbieter auch für den Staat aus[488]. Das Bundesamt für Sicherheit in der Informationstechnik (BSI) unterzeichnete am 09. August 2002 mit der TC TrustCenter AG einen Vertrag zur Integration der behördlichen Kunden von TC TrustCenter in die Sicherheitsinfrastruktur für die

---

[485] *Roßnagel*, NJW 2003, S. 474.

[486] *Bonk*, in Stelkens/Bonk/Sachs VwVfG, § 57 Rn. 22.

[487] Für die bestehenden Möglichkeiten s. ausführlich *Roßnagel*, in Roßnagel, öffentliche Verwaltung, S. 53 ff.

[488] Beschluss der Bundesregierung zur Sicherheit im elektronischen Rechts- und Geschäftsverkehr mit der Bundesverwaltung vom 16. Januar 2002, S. 5: „Zertifikate...werden am Markt beschafft" und S. 8 „Die Behörden können damit Zertifikate für qualifizierte Signaturen und für die Kommunikationssicherheit von einer Zertifizierungsstelle am Markt beziehen".

öffentliche Verwaltung. Damit darf dieser Zertifizierungsdiensteanbieter für Behörden auf Bundes- und Landesebene Zertifikate innerhalb der Verwaltungs-PKI (Public Key-Infrastruktur) ausstellen. In dieser Alternative betreibt die Verwaltung keinen eigenen Zertifizierungsdiensteanbieter, sie ist ausschließlich Kunde des Zertifizierungsdiensteanbieters, der Leistungen des privaten Zertifizierungsdiensteanbieters in Anspruch nimmt, um die Mitarbeiter mit elektronischen Signaturen auszustatten.

Eine solche Einordnung ist als problematisch kritisiert worden[489]. Durch die Übertragung der Zertifizierungsdienstleistung auf Private wären Unternehmen in der Lage, über die Gültigkeit behördlicher oder gerichtlicher Akte zu entscheiden, da ein elektronischer Verwaltungsakt zur Erfüllung des § 3a Abs. 2 VwVfG des Zertifikats eines Zertifizierungsdiensteanbieters bedarf[490]. Europarechtlichen Bedenken über die Zulässigkeit des Betriebs eines Zertifizierungsdiensteanbieters durch die Verwaltung sind nicht zuzustimmen. Nach der SigRL dürfen Zertifizierungsdienste entweder von einer öffentlichen Stelle oder einer juristischen oder natürlichen Person angeboten werden[491]. Ein Beispiel für die erste Variante ist die finnische Regelung, welche für die Zertifizierungsdiensteanbieter, die Zertifikate für die Verwaltung erstellen, den Status einer öffentlichen Behörde verlangt.

VII. Die qualifizierte elektronische Signatur mit Einschränkungen (§ 87a Abs. 6 AO)

1. Die elektronische Übermittlung von Steuererklärungen

Der Art. 4 des 3. Verwaltungsverfahrensänderungsgesetzes hat mit Wirkung vom 28.08.2002 die allgemeinen Vorschriften der Abgabenordnung an die Entwicklung der Kommunikationstechnik angepasst und für die Finanzverwaltung die rechtlichen Rahmenbedingungen für eine „elektronische Akte" geschaffen[492]. Wird die Schriftform von einem Steuergesetz vorgeschrieben, sieht § 87a AO als Option hierzu die elektronische Form mit einer qualifizierten elektronischen Signatur vor. Die elektronische Form wird durch die Regelung des § 87a Abs. 3 S. 2 AO der Schriftform gleichgestellt, solange das elektronische Dokument mit einer qualifizierten elektronischen Signatur unterschrieben ist. Eine

---

[489] *Hoeren*, NJW 1998, S. 2853. Vgl. auch *Malzer*, DNotZ 1998, S. 113 ff.

[490] *Skrobotz*, JurPC Web-Dok. 86/2002, Abs. 49.

[491] SigRL 1999/93, Erwägungsgrund 12; vgl. *Dumortier/Kelm/Nilsson/Skouma/Van Eecke*, Electronic Signatures in Europe, S. 149.

[492] BT-Drs. 14/9000, S. 35. Was die elektronische Übermittlung von Steuererklärungen und sonstigen für das Besteuerungsverfahren erforderlichen Daten betrifft, wird diese gemäß §1 Abs. 1 StDÜV mit Wirkung vom 28.01.2003 ermöglicht.

einfache oder eine fortgeschrittene elektronische Signatur genügen daher den Anforderungen des § 87a AO nicht.

Es besteht kein Zwang für die Bürger oder die Finanzbehörde, elektronische Dokumente zu akzeptieren[493]. Gemäß § 87a Abs. 1 AO wird die Übermittlung elektronischer Dokumente zugelassen, wenn hierfür ein Zugang eröffnet ist. Dies gilt sowohl für Anträge, Erklärungen und Mitteilungen der Steuerpflichtigen als auch für Verwaltungsakte oder sonstige Maßnahme der Finanzbehörden. Hier wird jedoch der Zugang an die Voraussetzung geknüpft, dass der Empfänger in der Lage ist, das elektronische Dokument zu bearbeiten[494]. Andernfalls ist das elektronische Dokument nicht zugegangen. Das Dokument muss allerdings aus objektiven Gründen nicht bearbeitet werden können[495]. Diese Regelung, die nur zugunsten der Finanzbehörde getroffen wurde und bei der umgekehrten Übermittlung von der Behörde an den Bürger nicht Anwendung findet, ist höchst bedenklich. Bei fristgebundenen Verfahren birgt sie die Gefahr, dass für den Absender eines elektronischen Dokuments eine Frist abläuft, weil die Finanzbehörde auf Grund ihrer besonderen Anforderungen die empfangenen Daten nicht bearbeiten kann. Die Vorschrift des § 87a Abs. 2 AO, die den Absender verpflichtet, innerhalb angemessener Zeit das Dokument in einer Form nachzureichen, die durch die Behörde verarbeitet werden kann, genügt der Interessenwahrung der Finanzbehörde. Die zusätzliche Anforderung des § 87a Abs. 1 S. 1 AO ist daher unnötig. Sind die vom Bürger übermittelten elektronischen Daten nicht zur Bearbeitung geeignet, hat die Finanzbehörde - § 87a Abs. 2 S. 1 AO - dies unverzüglich dem Absender mitzuteilen und ihn über die bei der Behörde verwendete Technik zu informieren.

Ist durch Gesetz für Verwaltungsakte oder sonstige Maßnahmen der Finanzbehörden die Schriftform angeordnet, kann sie, soweit nicht durch Gesetz etwas anderes bestimmt wird, durch die elektronische Form ersetzt werden[496]. Auch hierfür ist eine qualifizierte elektronische Signatur erforderlich. Für den Anwendungsbereich der AO ist die – nach dem SigG zulässige – Signierung mit einem Pseudonym nicht zulässig, § 87a Abs. 3 S. 3 AO[497]. Erfüllt das Dokument die elektronische Form, ermöglicht § 87a Abs. 5 S. 2 AO einen Anscheinsbeweis[498].

---

[493] *Ax/Große/Melchior*, Abgabenordnung, S. 193, Rn. 991b.
[494] § 87a Abs. 1 S. 2 AO; vgl. auch § 3a Abs. 1 VwVfG.
[495] Subjektives Unvermögen zur Bearbeitung, weil z.B. der Bearbeiter nicht genügend ausgebildet ist, hindert den Zugang nicht, *Brockmeyer*, in Klein AO, § 87a Rn. 4.
[496] § 87a Abs. 4 AO.
[497] Das Pseudonymverbot des § 87a Abs. 3 S. 3 AO ist im Vergleich zu § 3a Abs. 2 S. 3 VwVfG absolut.
[498] § 87a Abs. 5 AO übernimmt die Regelung des alten § 292a ZPO (Art. 371a Abs. 1 S. 2 ZPO). Danach soll der Anschein der Echtheit einer in elektronischer Form vorliegenden Willenserklärung (§ 126a BGB), der sich auf Grund der Prüfung nach dem Signaturgesetz ergibt,

Das der Signatur zugrunde liegende qualifizierte Zertifikat nach § 7 Abs. 1 Nr. 9 SigG oder ein zugehöriges qualifiziertes Attribut-Zertifikat nach § 7 Abs. 2 SigG müssen zusätzlich die erlassende Behörde erkennen lassen[499].

Zusammengefasst ist die Verwendung der elektronischen Form statt der Schriftform grundsätzlich immer zulässig und greift in das gesamte Steuerrecht ein. In bestimmten Fällen ist allerdings die Möglichkeit der elektronischen Form ausdrücklich ausgeschlossen. Sind Anträge, Anzeigen usw. „auf" (nicht „nach") amtlich vorgeschriebenem Vordruck abzugeben[500], ist die elektronische Form ausgeschlossen, solange die Verwaltung die entsprechenden Formulare nicht für eine elektronische Verwendung bereitstellt[501]. In § 150 Abs. 1 S. 2 AO wird klargestellt, dass die Regelungen des § 87a AO zur elektronischen Übermittlung elektronischer Dokumente anwendbar sind, soweit auf Grund eines Gesetzes oder einer nach § 150 Abs. 6 AO erlassenen Rechtsverordnung die Steuererklärung auf maschinell verwertbarem Datenträger oder durch Datenfernübertragung übermittelt werden darf.

2. *Ein zusätzliches Signaturverfahren*

Die AO verlangt durch die Generalklauseln des § 87a Abs. 3 und 4 für die rechtliche Gleichsetzung von Schriftform und elektronischer Form – in Übereinstimmung mit den Regelungen im Privat-, Verwaltungs- und Sozialrecht – eine qualifizierte elektronische Signatur nach § 3 Nr. 3 SigG. In der Begründung des Gesetzentwurfs wurde allerdings davon ausgegangen[502], dass die „bei einer qualifizierten elektronischen Signatur erforderliche kostenpflichtige Einschaltung einer Zertifizierungsstelle sowie die unzureichende Verbreitung und Nutzung der dafür erforderlichen sicheren Signaturerstellungseinheit ... zumindest in der nahen Zukunft den angestrebten zügigen Aufbau der elektronischen Kommunikation zwischen den Steuerpflichtigen und der Finanzverwaltung noch erheblich behindern" und „die Weiterentwicklung des Projekts ELSTER[503]" gefährden wird.

---

nur durch Tatsachen erschüttert werden können, die ernstliche Zweifel daran begründen, dass die Erklärung mit dem Willen des Signaturschlüssel-Inhabers abgegeben worden ist.

[499] § 119 Abs. 3 S. 3 AO. Kritisch *Roßnagel*, K&R 2003, S. 379 f., der diese Regelung für überflüssig und nutzlos hält.

[500] S. beispielsweise § 46 Abs. 3 AO, § 138 Abs. 1 AO.

[501] BT-Drs. 14/9000, S. 35.

[502] BT-Drs. 14/9000, S. 36.

[503] „ELSTER-ELektronische STeuerERklärung" ist ein Projekt der deutschen Steuerverwaltung, das die sichere elektronische Übermittlung von Steuerdaten zum Ziel hat. S. hierzu unter <http://www.elster.de>.

Aus diesen Gründen wurde gemäß § 87a Abs. 6 AO eine Ausnahmeregelung eingeführt. Es wird mithin für eine Übergangszeit (bis zum 31. Dezember 2005) vorgesehen, dass für Anträge, Erklärungen oder Mitteilungen an die Finanzbehörden von den Anforderungen des SigG an eine „qualifizierte elektronische Signatur" nach Maßgabe einer nach § 150 Abs. 6 AO zu erlassenden Rechtsverordnung[504] abgewichen werden darf. Mit dieser Regelung wird neben den im SigG geregelten Signaturverfahren eine neue und bis zum 31.12.2005 befristete Signaturart geschaffen, die „qualifizierte elektronische Signatur mit Einschränkungen". Damit sollen „neben den Signaturen der qualifizierten Trustcenter insbesondere auch die durch Banken und Arbeitgeber herausgegebenen Signaturen (ZKA-Karte, Mitarbeiter-, Firmenkarte, elektronischer Dienstausweis) zur rechtsverbindlichen elektronischen Kommunikation zwischen den Steuerpflichtigen und der Finanzverwaltung genutzt werden können"[505].

Diese qualifizierte elektronische Signatur mit Einschränkungen ist lediglich auf Steuerverfahren anzuwenden; es handelt sich um eine „fortgeschrittene elektronische Signatur" im Sinn des § 2 Nr. 2 SigG[506], da sie die Anforderungen an eine qualifizierte elektronischen Signatur nicht erfüllt. Nach § 7 Abs. 1 Nr. 1 StDÜV muss die fortgeschrittene elektronische Signatur „mit einer Signaturerstellungseinheit erzeugt werden, die die wesentlichen Anforderungen an eine sichere Signaturerstellungseinheit" im Sinn des § 2 Nr. 10 SigG erfüllt. § 7 Abs. 1 Nr. 1 StDÜV beabsichtigt „die Nutzung technisch gleichwertiger Produkte", jedoch ohne dass ihre Sicherheit nach Anlage 1 der SigV nachgewiesen sein muss. Die Verwendung von alternativen Nachweisverfahren wie eine „Zertifizierung entsprechend FIPS 140-1, mindestens Level 2" ist ebenfalls zuzulassen[507].

Gemäß § 7 Abs. 1 Nr. 2 StDÜV muss die Signatur „auf einem zum Zeitpunkt ihrer Erzeugung gültigen Zertifikat beruhen, das die Anforderungen an qualifizierte Zertifikate" im Sinn des § 2 Nr. 7 SigG erfüllt, jedoch mit folgenden Ausnahmen:

- das Zertifikat muss die Angaben nach § 5 Abs. 2 und 3 sowie § 7 Abs. 1 Nr. 7 bis 9 SigG nicht enthalten, § 7 Abs. 1 Nr. 2 a) StDÜV, und

[504] Verordnung zur elektronischen Übermittlung von Steuererklärungen und sonstigen für das Besteuerungsverfahren erforderlichen Daten (Steuerdaten-Übermittlungsverordnung – StDÜV), vom 28. Januar 2003, BGBl. I 2003, S. 139. S. auch hierzu BR-Drs. 892/02.

[505] BR-Drs. 892/02, S. 14. Die Verordnung wird auch kritisch zu Recht „Lex Deutsche Bank" genannt, weil sie die Verwendung der Signaturkarten der Banken einsetzen will. S. dazu *Roßnagel*, NJW 2003, S. 475 m.w.N.

[506] § 7 Abs. 1 S. 1 StDÜV.

[507] *Roßnagel*, K&R 2003, S. 381. S. auch BR-Drs. 892/02, S. 14.

- für die Zertifizierungsdiensteanbieter, die diese Signaturen ausstellen, sieht § 7 Abs. 1 Nr. 2 b) i.V.m § 7 Abs. 2 StDÜV elf genau definierte Ausnahmen vor. Diese sind als Ausnahmen eng auszulegen.

Durch die Ausnahme des § 7 Abs. 1 Nr. 2 a) StDÜV ist der Zertifizierungsdiensteanbieter von der Pflicht befreit, nach Bedarf bestimmte Angaben über Vertretungsmacht, berufsbezogene Angaben oder sonstige Attribute und Einschränkungen in der Nutzung des Signaturschlüssels ins Zertifikat zu beinhalten. Dies bedeutet aber nicht, dass es verboten ist, dies zu tun, sondern, dass keine Verpflichtung hierzu besteht[508]. Die Regelung zum Verzicht der Verwendung eines Pseudonyms[509] ist überflüssig, da eine Signierung mit Pseudonym in § 87a Abs. 3 S. 2 und 3 AO ausdrücklich verboten ist.

Gemäß § 7 Abs. 1 Nr. 2 b) i.V.m § 7 Abs. 2 StDÜV ist es möglich, bei elektronischen Signaturen im Sinne des § 87a Abs. 6 S. 1 der AO auf die folgenden Anforderungen des SigG oder der SigV zu verzichten[510]:

1. auf eine „Abschätzung und Bewertung der verbleibenden Sicherheitsrisiken im Sicherheitskonzept und die Anzeige des Betriebs". Dies bedeutet einerseits, dass der Zertifizierungsdiensteanbieter von der Anzeigepflicht des § 4 Abs. 3 S. 1 SigG vor der BNetzA befreit ist und andererseits, dass bei dem Sicherheitskonzept des § 4 Abs. 2 S. 4 SigG die Abschätzung und Bewertung der verbleibenden Sicherheitsrisiken gem. § 2 Nr. 6 SigV nicht obligatorisch sind.

2. Nach § 7 Abs. 2 Nr. 3 StDÜV kann auf eine „Übergabe der Signaturschlüssel und Identifikationsdaten sowie Vorkehrungen zur Geheimhaltung der Identifikationsdaten" nach § 5 Abs. 4 SigG und § 5 SigV verzichtet werden, „soweit ein von der Bundesanstalt für Finanzdienstleistungsaufsicht oder den Spitzenverbänden der deutschen Kreditwirtschaft für den Versand von ec-Karten und zugehörigen PIN-Briefen gebilligtes vergleichbares Verfahren eingesetzt wird"[511]. Der Zertifizierungsdienste-

[508] *Roßnagel*, a.a.O.
[509] Vgl. § 7 Abs. 1 Nr. 2 a) StDÜV i.V.m. § 5 Abs. 3 SigG.
[510] S. ausführlich hierzu *Roßnagel*, K&R 2003, S. 381.
[511] Der Zertifizierungsdiensteanbieter hatte nach § 5 Abs. 2 S. 1 SigV die von ihm bereitgestellte Signaturschlüssel und Identifikationsdaten dem Signaturschlüssel-Inhaber auf der sicheren Signaturerstellungseinheit persönlich zu übergeben und die Übergabe von diesem schriftlich oder mit einer qualifizierten elektronischen Signatur bestätigen zu lassen. Durch Art. 2 des 1. SigÄndG wurden allerdings die Wörter „schriftlich oder mit einer qualifizierten elektronischen Signatur nach dem Signaturgesetz" gestrichen. Damit steht es sowieso dem Zertifizierungsdiensteanbieter und Antragsteller frei, wie sie die Übergabe der Signaturerstel-

anbieter hat Vorkehrungen zu treffen, um die Geheimhaltung der Identifikationsdaten zu gewährleisten. Dies bedeutet, dass der Zertifizierungsdiensteanbieter zwar nicht von der Pflicht Vorkehrungen zu treffen befreit ist, aber dass er diese durch ein den in § 7 Abs. 2 Nr. 3 StDÜV erwähnten Verfahren ersetzen kann.

3. § 7 Abs. 2 Nr. 4 StDÜV bietet die Möglichkeit auf einen Einsatz von Produkten gemäß §§ 5 Abs. 5, 15 Abs. 7 SigG sowie §§ 5 Abs. 1, 15 und der Anlage 1 SigV zu verzichten. Der Verzicht auf die Regelung des § 5 Abs. 5 SigG bedeutet allerdings nicht, dass die Nutzung unsicherer Produkte gestattet ist, sondern dass die Nutzung gleichwertiger Produkte zugelassen wird[512]. Die zweite Ausnahme hinsichtlich § 15 Abs. 7 SigG ist unverständlich, da § 15 Abs. 7 SigG lediglich für Signaturverfahren akkreditierter Zertifizierungsdiensteanbieter gilt[513]. Die dritte Ausnahme der Nr. 4 in Bezug auf Sicherheitsanforderungen an die Schlüsselerzeugung und Schlüsselübertragung sowie an die Geheimhaltung der Identifikationsdaten nach § 5 Abs. 1 SigV kann auch nur so verstanden werden, dass sie auch andere gleichwertige Sicherheitsanwendungen zulässt. Die Anlage 1 SigV legt die Vorgaben für die Prüfung von Produkten für qualifizierte elektronische Signaturen fest. Bei der qualifizierten elektronischen Signatur mit Einschränkungen ist also die Verwendung von Produkten mit gleichwertiger Sicherheit möglich, auch wenn deren Prüfung den Anforderungen der Anlage 1 SigV nicht entspricht[514].

4. Gemäß § 5 Abs. 6 SigG muss sich der Zertifizierungsdiensteanbieter in geeigneter Weise davon überzeugen, dass der Antragsteller für ein Zertifikat die sichere Signaturerstellungseinheit besitzt. Nach § 7 Abs. 2 Nr. 5 StDÜV kann diese Feststellung entfallen.

5. Nach § 7 Abs. 2 Nr. 6 StDÜV kann eine gesonderte Unterschrift des Antragstellers über die Kenntnisnahme der Belehrung entfallen. Diese Ausnahme entbindet nur von der von § 6 SigG und § 6 SigV geforderten unterschriebenen Bestätigung der Kenntnisnahme und nicht von der Belehrung als solcher.

6. § 7 Abs. 2 Nr. 7 StDÜV befreit von der Bekanntgabe einer Telefonnummer zur Sperrung der Zertifikate nach § 8 SigG, § 7 Abs. 1 der SigV, so-

---

lungseinheit vereinbaren. Dadurch ist der Versand von Signaturkaste und PIN – wie bei ec-Karten – ermöglicht worden; vgl. BT-Drs. 15/4172, S. 8.

512 BR-Drs. 982/02, S. 14.

513 *Roßnagel*, K&R 2003, S. 383.

514 *Roßnagel*, K&R 2003, S. 383.

weit eine Telefaxnummer bzw. eine E-Mail-Adresse zu diesem Zweck mitgeteilt wird.

7. Nach Nr. 8 kann auf eine Dokumentation gemäß § 10 SigG und § 8 SigV verzichtet werden, „soweit die Dokumentation des Zertifizierungsdiensteanbieters den Aufzeichnungspflichten des Handels- und Steuerrechts entspricht".

8. Nach Nr. 9 kann auf die Bestimmungen über die Haftung gemäß § 11 SigG und die Deckungsvorsorge gemäß § 12 SigG, § 9 SigV verzichtet werden, soweit verbindliche Regelungen zur Haftung und zur besonderen Deckungsvorsorge durch den Betreiber des Zertifizierungsdienstes vorliegen. Entgegen der unglücklichen Formulierung dieser Ausnahme wird von *Roßnagel* die Ansicht vertreten[515], dass der Zertifizierungsdiensteanbieter nicht auf die genannten Bestimmungen verzichten, sondern diese durch Allgemeine Geschäftsbedingungen ersetzen kann, „in denen er sich selbst zur Haftung und Deckungsvorsorge verpflichtet."

9. Nach Nr. 10 kann auf Bestimmungen über die Einstellung der Tätigkeit gemäß § 13 SigG, § 10 SigV verzichtet werden, „soweit die Einstellung der Zertifizierungsdienste dem Bundesministerium der Finanzen und den obersten Finanzbehörden der Länder unverzüglich angezeigt wird". Der Zertifizierungsdiensteanbieter bleibt nur zur Anzeige der Einstellung der Tätigkeit gegenüber der Finanzverwaltung verpflichtet. Er kann auf die anderen Anforderungen des § 13 SigG verzichten[516].

10. Mit den in Nr. 11 eingeführten Ausnahmen soll der Betrieb von Teilen des Zertifizierungsdienstes in anderen Staaten zugelassen werden[517]. Nach dieser Regelung kann auf eine „freiwillige Akkreditierung und Aufsicht bei einem teilweisen Betrieb des Zertifizierungsdienstes in Drittstaaten gemäß § 23 des Signaturgesetzes" verzichtet werden, „soweit ein Betreiberkonzept vorliegt und eine Vereinbarung über die Einhaltung der deutschen Regelungen zum Datenschutz getroffen wird"[518].

---

[515] *Roßnagel*, K&R 2003, S. 384.

[516] Nach dieser Ausnahme muss der Zertifizierungsdiensteanbieter bei einer Einstellung seiner Tätigkeit nicht dafür sorgen, dass die qualifizierten Zertifikate von einem anderen Zertifizierungsdiensteanbieter übernommen werden oder die Zertifikate sperren. Er ist ebenfalls nicht verpflichtet, die Signaturschlüssel-Inhaber zu informieren und die Dokumentation an den übernehmenden Zertifizierungsdiensteanbieter oder die BNetzA zu übergeben.

[517] So BR-Drs. 982/02, S. 14.

[518] Vgl. *Roßnagel*, K&R 2003, S. 384, der diese Ausnahmeregelung zu Recht für überflüssig hält.

Darüber hinaus kann – so § 87a Abs. 6 S. 2 AO - in der Rechtsverordnung bestimmt werden, dass bei elektronisch übermittelten Verwaltungsakten abweichend von § 87a Abs. 4 S. 2 AO die qualifizierte elektronische Signatur mit Einschränkungen eingesetzt werden kann. Die StDÜV hat von dieser Befugnis keinen Gebrauch gemacht, sondern sie regelt lediglich die Voraussetzungen für elektronische Signaturen im Sinne des § 87a Abs. 6 S. 1 AO. Diese Signaturstufe darf folglich nur für Steuererklärungen, Freistellungsaufträge, Sammelanträge, zusammenfassende Mitteilungen und sonstige für das Besteuerungsverfahren erforderliche Daten mit Ausnahme der Verbrauchsteuern verwendet werden. Sie ist jedoch für elektronische Verwaltungsakte, für die Schriftform angeordnet wird, ausgeschlossen. Die Abgabenordnung verzichtet auch auf die Möglichkeit eine dauerhafte Überprüfbarkeit elektronischen Akten vorzusehen[519].

Durch § 87a Abs. 6 AO und die StDÜV wurde eine fünfte – zeitlich befristete und mittlerweile abgelaufene - Stufe elektronischer Signaturen eingeführt, um die Verwendung der durch Banken und Arbeitgebern herausgegebenen Signaturkarten zur rechtsverbindlichen elektronischen Kommunikation zwischen den Steuerpflichtigen und der Finanzverwaltung zu ermöglichen. Kritisch war zu vermerken, dass die zeitlich begrenzte Einführung der qualifizierten elektronischen Signatur mit Einschränkungen nur vorläufige Vorteile hatte und zur Verwirrung führen konnte, da sie die Vielfalt der Signaturverfahren noch erhöht und daher den Zweck der breiten Nutzung eines Signaturverfahrens in vielen Anwendungen verhindert hat. Darüber hinaus war dieses Signaturverfahren auch aus finanziellen Gründen bedenklich: Die Signaturkarten und die mit ihnen verbundene PKI konnten nur bis zum 31. 12. 2005 verwendet werden, dann mussten sowieso durch Karten für qualifizierte elektronische Signaturen ersetzt werden. Daher stellt sich die Frage, warum der Steuerpflichtige eine einfunktionale Signaturkarte verwenden sollte, wenn sie ohnehin ersetzt werden musste.

H. Haftung

I. Amtshaftung bei Pflichtverletzungen der BNetzA

Zu den Aufgaben der BNetzA gehören die Aufsicht über die Einhaltung des SigG nach §§ 4 Abs. 3 und Abs. 4, §§ 13 und 19 SigG, das Verfahren der freiwilligen Akkreditierung gemäß §§ 15 und 16 SigG und die Anerkennung von Prüf- und Bestätigungsstellen, § 18 SigG. Die BNetzA akkreditiert nach entsprechender Prüfung und überwacht den Betrieb der Zertifizierungsdiensteanbieter, stellt die qualifizierten Zertifikate für akkreditierte Zertifizierungs-

[519] *Roßnagel*, NJW 2003, S. 475.

diensteanbieter aus (§ 16 SigG) und sie bildet an ihrem Standort Mainz[520] die oberste nationale Zertifizierungsinstanz, die Wurzelinstanz. Der BNetzA obliegt - neben den Aufgaben im Rahmen der Akkreditierung - die Überwachung aller angezeigten Zertifizierungsdiensteanbieter[521]. Die Regulierungsbehörde für Telekommunikation und Post ist als Bundesoberbehörde im Geschäftsbereich des Bundesministeriums für Wirtschaft errichtet worden[522] und sie wurde am 13.07.2005 in Bundesnetzagentur umbenannt.

Verletzt ein Mitarbeiter der Bundesnetzagentur oder der von ihr beauftragten Stellen bei der Überwachung der Einhaltung des SigG und der SigV ihre Pflichten, kommt eine Amtshaftung gemäß § 839 BGB i.V.m. Art. 34 GG in Betracht[523]. Die Amtshaftung knüpft an das Verhalten eines Mitarbeiters der BNetzA in Ausübung des öffentlichen Amtes an[524]. Der Beschädigte kann sowohl ein Zertifizierungsdiensteanbieter als auch eine dritte Person sein. Insoweit bringt die Haftungsregelung des SigG keine Änderung. Es ist allerdings davon auszugehen, dass leichte Fehler der Beschäftigten eines Zertifizierungsdiensteanbieters kaum dazu führen werden, dass eine Staatshaftung eingreift[525]. Im Übrigen wird die Auffassung vertreten, dass Schadensersatzansprüche wegen Amtspflichtverletzungen allenfalls in seltenen Fällen in Betracht kommen werden, wie beispielsweise wenn ein Zertifizierungsdiensteanbieter von einem Unternehmen betrieben worden ist, das der organisierten Kriminalität zuzuordnen ist[526].

II. Haftung des Zertifizierungsdiensteanbieters unter dem geltenden SigG

1. Einleitung

Das SigG 1997 enthielt keine eigenen Haftungsregelungen für Zertifizierungsdiensteanbieter. Vielmehr war das allgemeine Haftungsrecht anwendbar. Der Gesetzgeber hielt eine spezifische Haftungsregelung für entbehrlich, da „mögliche Haftungsfragen aus den jeweiligen Verantwortlichkeiten und dem allgemei-

---

520 Ihr Sitz ist nach § 66 Abs. 1 TKG in Bonn. Die Behörde wurde am 13.07.2005 von RegTP in „Bundesnetzagentur" umbenannt.

521 § 19 SigG.

522 § 66 Abs. 1 TKG.

523 *Seck*, S. 68. Ebenso *Haas*, FS Heinrichs, S. 267; *Rapp*, S. 63; *Thomale*, S. 176 ff.; vgl. auch die Stellungnahme des Bundesrats zum IuKDG, BR-Drs. 966/96, S. 22.

524 Ausführlich dazu *Thomale*, S. 178-180.

525 *Haas*, FS Heinrichs, S. 271.

526 *Haas*, a.a.O.

nen Haftungsrecht“ zu beantworten seien[527]. In Umsetzung von Art. 6 SigRL ist in §§ 11 und 12 SigG eine Verschuldenshaftung mit Umkehr der Beweislast und die Pflicht zu einer Deckungsvorsorge für Zertifizierungsdiensteanbieter aufgenommen worden. Eine Gefährdungshaftung der Zertifizierungsdiensteanbieter konnte allerdings nicht normiert werden, da auf EU-Ebene keine Einigung zugunsten dieses Modells gefunden wurde[528]. Die getroffene Regelung entspricht den Mindestanforderungen der SigRL und schließt die Lücken des SigG 1997 bezüglich der Haftung des Zertifizierungsdiensteanbieters. Anders als in der SigRL ist im SigG keine Liste von konkreten Haftungstatbeständen vorgesehen, sondern allgemeine Haftungsbestimmungen.

2. Zweck der Haftungsregelung

Die Überwachung nach dem SigG 1997 wird unter anderem durch ein Haftungssystem ersetzt[529]. In der Literatur war nach vorgeltendem Recht die Gestaltung des Haftungssystems für Zertifizierungsdiensteanbieter umstritten[530]. Mit der Haftungsvorschrift des § 11 SigG wird diese unsichere Rechtslage mindestens teilweise beendet, die Aufnahe von Haftungsregeln ist mithin grundsätzlich zu begrüßen[531]. Es ist hervorzuheben, dass in § 11 SigG nur die Haftung der Zertifizierungsdiensteanbieter ***gegenüber Dritten*** geregelt ist. Die vertragliche Haftung unterliegt somit nach wie vor dem allgemeinen Haftungsrecht.

Ziel des Gesetzgebers ist es, „allen, die Angaben in einem qualifizierten Zertifikat, einer Auskunft aus dem Zertifikat-Verzeichnis oder einem qualifizierten Zeitstempel vertrauen“, Sicherheit zu gewährleisten und „so auch zur Etablierung der elektronischen Signatur im Rechts- und Geschäftsverkehr“ beizutragen[532].

Anders als Art. 6 Abs. 1 SigRL machen die Haftungsbestimmungen des SigG keine Angaben in punkto Haftung des Zertifizierungsdiensteanbieters, falls er ein Zertifikat als qualifiziertes ausstellt oder für ein derartiges einsteht[533]. Eine

---

[527]Begründung des Regierungsentwurfs, BT-Drs. 13/7385, S. 27. - Im IuKDG-Bericht zum Gesetz hat die Bundesregierung auf die Notwendigkeit einer spezifischen Haftungsregelung für Zertifizierungsdiensteanbieter hingewiesen; vgl. BT-Drs. 14/1191, S. 33. S. auch Spindler/Schmitz/Geis- *Geis*, TDG – Kommentar, § 11 SigG Rn. 1.

[528] S. dazu *Neuser*, MMR 1999, S. 67 ff.

[529] *Geis*, MMR 2000, S. 669; *Thomale*, MMR 2004, S. 81.

[530] Vgl. BT-Drs. 14/4662, S. 24.

[531] Die Aufnahme einer Haftungsregelung wurde durchweg verlangt; vgl. z.B. *Haas*, FS Heinrichs, S. 285; *Kilian*, BB 2000, S. 734; *Leier*, MMR 2000, S. 17; *Tettenborn*, in Geis Die digitale Signatur, S. 248.

[532] BT-Drs. 14/4662, S. 24.

[533] Vgl. aber z.B. § 23 Abs. 1 öSigG. Zur Haftungsregelung des öSigG s. *Menzel*, S. 139 ff.

Ergänzung im deutschen SigG, indem klargestellt wird, dass der Zertifizierungsdiensteanbieter auch für qualifizierte Zertifikate haftet, die er nur als solche bezeichnet, würde nach einer Ansicht der Rechtssicherheit dienen[534]. Die Intervention des Gesetzgebers ist m.E. nicht notwendig, denn § 7 Abs. 1 Nr. 8 SigG verlangt ausdrücklicht, dass ein qualifiziertes Zertifikat Angaben enthält, dass es sich um ein qualifiziertes Zertifikat handelt. Wenn also ein Zertifizierungsdiensteanbieter ein Zertifikat nur als qualifiziertes deklariert, obwohl es sich um keines handelt, ist die Angabe des § 7 Abs. 1 Nr. 8 SigG falsch. Eine Haftung des Zertifizierungsdiensteanbieters tritt dann unmittelbar nach § 11 Abs. 1 SigG ein, wenn ein Dritter auf diese falsche Angabe vertraut.

3. Haftungstatbestände

Nach § 11 SigG haftet ein Zertifizierungsdiensteanbieter, der die Anforderungen des Gesetzes oder der Rechtsverordnung nach § 24 verletzt oder dessen Produkte für qualifizierte elektronische Signaturen oder sonstige technische Sicherungseinrichtungen versagen, einem Dritten gegenüber für den daraus entstandenen Schaden, wenn der Dritte in redlicher Weise auf die Angaben in einem qualifizierten Zertifikat, einem qualifizierten Zeitstempel oder einer Auskunft aus dem Verzeichnisdienst vertraut hat[535]. Allerdings haftet der Zertifizierungsdiensteanbieter nicht für Fehler im Zertifikat, die auf Informationen des Signaturschlüssel-Inhabers beruhen. Vorausgesetzt ist jedoch, dass der Zertifizierungsdiensteanbieter seinen Verpflichtungen nach dem SigG und der SigV nachgekommen ist, um diese Informationen zu überprüfen[536].

Hinsichtlich der Haftung der Zertifizierungsdiensteanbieter ist zwischen den allgemeinen Anforderungen und den Produkten für elektronische Signaturen oder anderen technischen Sicherheitseinrichtungen zu unterscheiden. In diesem Zusammenhang sind die Haftungstatbestände umfassender als die der SigRL[537], da der Zertifizierungsdiensteanbieter zusätzlich sowohl für die Einhaltung der Anforderungen des SigG und der SigV als auch für das Versagen der Produkte oder seiner sonstigen technischen Sicherungseinrichtungen (z.B. Firewall-Rechner und Zutrittskontrollsysteme) haftet[538]. Ein zusätzlicher Unterschied zu den Haftungsbestimmungen der SigRL liegt darin, dass der Begriff „öffentlich“ des Art. 6 SigRL im Hinblick auf die Ausstellung von Zertifikaten nicht übernommen

534 *Seck*, S. 65.

535 Durch die Aufnahme dieser Haftungsregelung wurde auch dem Wunsch des Deutschen Bundestages und des Bundesrates Rechnung getragen. S. hierzu BT-Drs. 14/4662, S. 24.

536 *Bröhl/Tettenborn*, S. 78.

537 So auch z.B. *Tettenborn*, CR 2000, S. 690. Ebenso *Rapp*, S. 64.

538 BT-Drs. 14/4662, S. 25.

worden ist[539]; eine Privilegierung geschlossener Nutzergruppen wie Intranet ist daher nicht vorgesehen[540]. Zertifizierungsdiensteanbieter, die ihre Zertifikate nicht öffentlich anbieten, fallen mithin unter die Haftungsregelung des § 11 SigG.

Wie schon im Rahmen der Darstellung des SigG 1997 ausgeführt[541], besteht zwischen Zertifizierungsdiensteanbieter und Antragsteller ein privatrechtliches Vertragsverhältnis. Dabei handelt es sich um einen Vertrag sui generis, der aus hauptsächlich kauf- und werkvertraglichen Elementen besteht. Da die Haftungsbestimmungen des § 11 SigG nicht den Signaturschlüssel-Inhaber betreffen[542], haftet der Zertifizierungsdiensteanbieter für die Schäden, die er dem Signaturschlüssel-Inhaber (also seinem Vertragspartner) verursacht, nur nach den allgemeinen Regeln[543]. § 11 SigG enthält insoweit eine Besserstellung des Signaturempfängers im Vergleich zum Signaturschlüssel-Inhaber[544]. Vereinzelt wird allerdings angenommen, dass durch die Einführung des § 11 der Signaturschlüssel-Inhaber neben den vertraglichen Ansprüchen und den Ansprüchen auf Grund rechtswidriger Pflichtverletzungen, einen Anspruch aus § 11 Abs. 1 SigG hat[545]. Gegenüber dem Signaturempfänger besteht mangels Vertrag keine Vertragshaftung – auch nicht aus einem Vertrag zugunsten Dritter, weil die Voraussetzung der Erkennbarkeit des geschützten Personenkreises nicht erfüllt wird[546]. Auch die Bundesregierung ist der Auffassung, dass der Gesetzentwurf „Ansatzpunkte für die Konstruktion einer vertraglichen Haftung mit Schutzwirkung zugunsten Dritter", wie sie zum Teil in der Rechtswissenschaft diskutiert werden, nicht enthält[547].

Bemerkenswert ist überdies, dass die Haftungsregelung des § 11 SigG nur bei akkreditierten und qualifizierten elektronischen Signaturen anwendbar ist. Einfache und fortgeschrittene elektronische Signaturen ohne qualifiziertes Zertifikat

---

539 S. oben S. 69 f.
540 *Tettenborn*, CR 2000, S. 690.
541 S. oben S. 93 f.
542 *Rapp*, Rahmenbedingungen, S. 64. Ebenso *Roßnagel*, MMR 2003, S. 169. So im Ergebnis *Thomale*, S. 131 und 231. Ausführlich zur Haftung des Zertifizierungsdiensteanbieters gegenüber dem Signaturschlüssel-Inhaber als Vertragspartner, *Fünten*, S. 89 ff.; *Thomale*, MMR 2004, S. 81.
543 S. oben S. 93.
544 *Bertsch/Fleisch/Michels*, DuD 2002, S. 73. Ebenso *Thomale*, S. 252.
545 *Seck*, S. 51 und 73.
546 *Thomale*, S. 75 ff., insbesondere S. 77; vgl. auch *Büllesbach/Pooth/Stauder*, in Hoeren/Schüngel, Rechtsfragen der digitalen Signatur, S. 212; *Breme*, S. 97; *Gounalakis/Rhode*, K&R 1998, S. 227; *Miedbrodt*, S. 75 ff.; *Rapp*, S. 33; *Roßnagel*, MMR 2003, S. 169; *Sanner*, S. 174; *Timm*, DuD 1997, S. 526. S. auch MüKo-*Gottwald*, § 328 Rn. 159.
547 BT-Drs. 14/4662, S. 40. A.A. *Seck*, S. 119 ff.

sind vom Anwendungsbereich des § 11 SigG ausgeschlossen, da dem Wortlaut nach der Haftungstatbestand hinsichtlich des Schadens eines Dritten an qualifizierte Zertifikate anknüpft[548]. Betreffend den Empfänger einer nicht auf ein qualifiziertes Zertifikat basierten elektronischen Signatur gilt daher das allgemeine Deliktsrecht[549]. Eine Deliktshaftung auf Grund von § 823 Abs. 1 und § 831 Abs. 1 BGB besteht für den Zertifizierungsdiensteanbieter gegenüber Dritten nur dann, wenn ein absolutes Rechtsgut verletzt worden ist. Reine Vermögensschäden, um die es sich in der Regel handeln wird[550], sind nicht ersetzbar[551]. Da - wie soeben skizziert - kein Schutzgesetz i.S.d. § 823 Abs. 2 BGB verletzt wird, besteht für den Dritten, der einer Signatur aus einem sonstigen Verfahren vertraut und dadurch einen Vermögensschaden erleidet, eine Haftungslücke. Handelt der Zertifizierungsdiensteanbieter oder seine Mitarbeiter vorsätzlich, könnte ein Anspruch nach § 826 BGB wegen sittenwidriger Schädigung oder nach § 823 Abs. 2 BGB i.V.m. § 263 StGB (Betrug) begründet werden[552].

Die gleichzeitige Verwendung von Haftungsvorschriften und Bußgeldtatbeständen nach § 21 SigG, um Zertifizierungsdiensteanbieter dazu zu bewegen, die gesetzlichen Anforderungen einzuhalten, wurde als eine Überregulierung betrachtet, die eine übermäßige Belastung der Zertifizierungsdiensteanbieter darstellen kann. Gerade auch weil die Haftungstatbestände über diejenigen der SigRL weit hinausgehen, hat die Haftung nach § 11 SigG erhebliche Kritik erfahren[553]. Diese verschärfte Haftungsregulierung des deutschen Signaturrechts könnte potentielle Anbieter davon abhalten, qualifizierte elektronische Signaturen nach deutschem Recht anzubieten[554]. Dass die Haftungsregelung des § 11 SigG richtlinienkonform ist, steht außer Frage, da Art. 6 SigRL explizit nur Mindestanforderungen aufstellt. Die Gleichstellung der qualifizierten elektronischen Signatur mit der eigenhändigen Unterschrift in allen Lebensbereichen macht eine umfassende Haftung einerseits erforderlich[555], andererseits kann diese verschärfte Haftung des SigG als Wettbewerbsvorteil angesehen werden: Da

[548] Vgl. BT-Drs. 14/4662, S. 24, wo der Begriff „qualifiziert" betont wird.
[549] S. hierzu *Roßnagel*, MMR 2003, S. 169, der diese Haftungslücke kritisch bewertet.
[550] *Leier*, MMR 2000, S. 15; *Roßnagel*, MMR 2003, S. 169.
[551] MüKo-*Wagner*, § 823 Rn. 176; Palandt-*Sprau*, § 823 Rn. 11.
[552] So *Breme*, S. 127 ff.; *Gounalakis/Rhode*, K&R 1998, S. 228. - Ein vorsätzliches Fehlverhalten wird jedoch schwer zu beweisen sein; *Roßnagel*, MMR 2003, S. 169. Ebenso auch *Thomale*, MMR 2004, S. 80 Fn. 6, der zu Recht ein vorsätzliches Fehlverhalten als seltener als ein fahrlässiges Fehlverhalten betrachtet.
[553] Vgl. nur *Lapp*, in Gounalakis, Rhb. Electronic Business, § 18 Rn. 82.
[554] *Rieß*, DuD 2000, S. 533 f.; *Teletrust*, Stellungnahme zum Diskussionsentwurf, S. 7 f. A.A. *Thomale*, S. 129.
[555] BT-Drs. 14/4662, S. 24.

die Zertifizierungsdiensteanbieter umfassend für die Zertifikate einstehen müssen, dürften Zertifikate nach dem SigG besonders gefragt sein[556].

4. Verschuldenshaftung mit Umkehr der Beweislast - Ausschluss der Haftung

Das SigG sieht in zwei Regelungen vor, wann eine Ersatzpflicht des Zertifizierungsdiensteanbieters ausgeschlossen ist: Zum einen wenn der Dritte die Fehlerhaftigkeit der Angabe kannte oder kennen musste (§ 11 Abs. 1 S. 2 SigG), zum anderen, wenn der Zertifizierungsdiensteanbieter nachweisen kann, dass er nicht schuldhaft gehandelt hat.

a) § 11 Abs. 1 S. 2 SigG

Mit der Vorschrift des § 11 Abs. 1 S. 2 SigG wurde die in Art. 6 Abs. 1 SigRL enthaltene Formulierung umgesetzt, dass der geschädigte Dritte „vernünftigerweise"[557] auf das Zertifikat vertrauen muss[558]. So ist mit „kennen müssen" einfache Fahrlässigkeit hinsichtlich der Kenntnis der Fehlerhaftigkeit der Angaben ausreichend[559]. Wusste der Geschädigte, dass die Angabe im Zertifikat falsch war oder hätte er dies bei Einhaltung der verkehrsüblichen Sorgfalt erkennen können, tritt dann eine Haftung nicht ein. In solchen Fällen ist das Vertrauen des Dritten in die Angaben des Zertifikats nicht schützenswert. Die Begründung der Bundesregierung stellt klar, dass eine Abwägung nach § 254 Abs. 1 BGB nicht in Frage kommt, da sich § 11 Abs. 1 S. 2 SigG an § 122 Abs. 2 BGB orientiert und in diesem Fall eine Anwendung des § 254 Abs. 1 BGB ausgeschlossen ist[560]. Dies ist zutreffend, denn die Bestimmung in § 11 Abs. 1 S. 2 SigG geht den Regelungen in § 254 Abs. 1 BGB als lex specialis vor. Die Beweislast für das Vorliegen der Voraussetzungen nach § 11 Abs. 1 S. 2 SigG obliegt dem Zertifizierungsdiensteanbieter[561]. § 254 Abs. 2 BGB ist jedoch anzuwenden, wenn bei dem auf das qualifizierte Zertifikat redlich vertrauenden Signaturempfänger sowohl ein Mitverschulden bei Entstehung des Schadens als auch für ein Verschulden im Hinblick auf die Schadensminderungspflicht besteht[562].

---

556 A.A. *Sieber/Nöding*, ZUM 2001, S. 203.

557 S. hierzu *Dumortier/Kelm/Nilsson/Skouma/Van Eecke*, Electronic Signatures in Europe, S. 5.

558 BT-Drs. 14/4662, S. 39 f.

559 Palandt-*Heinrichs*, § 122 Rn. 5. Ebenso *Thomale*, MMR 2004, S. 81 f.

560 BT-Drs. 14/4662, S. 40.

561 Vgl. *Neuser*, MMR 1998, S. 71; vgl. auch MüKo-*Kramer*, § 122 Rn. 14; Palandt-*Heinrichs*, § 122 Rn. 7.

562 BT-Drs. 14/4662, S. 25.

Kritisch ist insoweit zu vermerken, dass die Ablehnung des Schadensersatzanspruches des Dritten, wenn er die Fehlerhaftigkeit „kannte" oder „kennen musste", zu unangemessenen Ergebnissen führen kann, wenn z.B. der Zertifizierungsdiensteanbieter schuldhaft die Fehlerhaftigkeit der Angabe verursacht und der geschädigte Dritte dies leicht fahrlässig übersieht[563]. Eine Abwägung der Intensität des beiderseitigen Verschuldens wird außer Acht gelassen. Dem Dritten in diesem Fall keinen Schadensersatzanspruch zu gewähren ist nicht gerechtfertigt[564]. Deswegen wurde die Notwendigkeit des Haftungsausschlusses in § 11 Abs. 1 S. 2 SigG in Frage gestellt und seine Streichung vorgeschlagen[565], da eine angemessene und interessengerechte Lösung durch der Anwendung des § 254 BGB erreicht werden könne[566]. Diese Meinung verkennt jedoch, dass die Vorschrift des § 11 Abs. 1 S. 2 SigG die Regelung des Art. 6 Abs. 1 SigRL zum Teil („vernünftigerweise") umgesetzt hat. Die ersatzlose Streichung der Regelung wäre europarechtlich bedenklich und aus diesem Grund abzulehnen.

b) § 11 Abs. 2 SigG

Die Haftung des Zertifizierungsdiensteanbieters ist andererseits gemäß § 11 Abs. 2 SigG ausgeschlossen, wenn er nicht schuldhaft gehandelt hat. Die Vorschrift führt somit nach dem Vorbild der SigRL eine Verschuldenshaftung mit Beweislastumkehr ein. Die Beweislast hinsichtlich der Schuldlosigkeit wurde dem Zertifizierungsdiensteanbieter auferlegt[567], der darzulegen und positiv zu beweisen hat, dass ihn kein Verschulden trifft. Andernfalls hätte der Geschädigte keine Chance, das Verschulden des Zertifizierungsdiensteanbieters zu beweisen. Für zufällige Schäden haften die Zertifizierungsdiensteanbieter wiederum nicht.

Damit der Zertifizierungsdiensteanbieter den Nachweis für eine Entlastung erbringen kann, ist eine sorgfältige Führung der Dokumentation sehr ratsam[568]. Gemäß § 10 SigG trifft den Zertifizierungsdiensteanbieter sowieso eine Dokumentationspflicht: Er muss die von ihm ausgestellten Zertifikate so dokumentieren, dass die Genauigkeit der Daten und ihre Unverfälschtheit jederzeit nachprüfbar sind. Die Dokumentation kann im Streitfalle bei Gericht als wichtiges Beweismittel dienen. Auf Grund des § 11 Abs. 2 SigG und der Bußgeldvorschrift nach § 21 Abs. 1 Nr. 9 SigG, wonach § 10 Abs. 1 S. 1 SigG bußgeldbe-

---

563 S. zur insoweit zutreffenden Kritik des Bundesrates, BT-Drs. 14/4662, S. 37.

564 Vgl. *Thomale*, 183 ff.

565 So der Bundesrat in BT-Drs. 14/4662, S. 37.

566 *Thomale*, MMR 2004, S. 82. S. auch *ders.*, S. 254, der auch die ersatzlose Streichung des § 11 Abs. 1 S. 2 SigG vorschlägt.

567 BT-Drs. 14/4662, S. 40.

568 *Roßnagel*, NJW 2001, S. 1823.

wehrt ist, kommt der Dokumentation zusätzliche Bedeutung zu[569]. Die Dokumentation ist nach § 10 abs. 2 SigG dem Signaturschlüssel-Inhaber zugänglich. Der geschädigte Dritte hat allerdings keinen gesetzlichen Auskunftsanspruch gegenüber dem Zertifizierungsdiensteanbieter[570]. Dem Wortlaut des § 10 abs. 2 SigG nach kann ein Auskunftsanspruch des Dritten nicht auf dieser Grundlage in Betracht kommen[571]. Akkreditierte Zertifizierungsdiensteanbieter sind demnach privilegiert, da sie sich zur Erbringung des Beweises für ihre Entlastung auf die dokumentierten Ergebnisse der Akkreditierungsprüfungen stützen können[572].

5. Haftung des Zertifizierungsdiensteanbieters beim Einsatz Dritter

Der Zertifizierungsdiensteanbieter haftet gemäß § 11 Abs. 4 SigG auch für beauftragte Dritte i.S.v. § 4 Abs. 5 SigG. Steht der Zertifizierungsdiensteanbieter nach § 23 Abs. 1 SigG für Zertifikate ausländischer Zertifizierungsdiensteanbieter ein, so haftet er auch für die Schäden, die einem Dritten durch die Verwendung eines solchen Zertifikats entstehen.

§ 4 Abs. 5 SigG ermöglicht eine flexible Organisation der Zertifizierungsdiensteanbieter, die dadurch Funktionen auslagern und Aufgaben an Dritte übertragen können[573]. Dritte sind in diesem Zusammenhang alle, die Teilaufgaben eines Zertifizierungsdiensteanbieters übernehmen können. Dies können beispielsweise Unternehmen, Behörden, Berufskammern, privatwirtschaftliche oder kommunale Träger sein[574]. Auf diese Weise können so genannte „virtuelle Zertifizierungsdiensteanbieter"[575] aufgebaut werden, die zwar die Zertifizierungsdienste organisieren und verantworten, die wesentlichen Aufgaben aber an andere Zertifizierungsdiensteanbieter delegiert haben. Nach dieser Organisationsform haben verschiedene Rechtanwalts- und Steuerberaterkammern sowie die Bundesnotarkammer Zertifizierungsdiensteanbieter gegründet. Die Exkulpationsmöglichkeit der allgemeinen Regelung des § 831 Abs. 1 S. 2 BGB ist durch § 11 Abs. 4 S. 2 SigG spezialgesetzlich ausdrücklich ausgeschlossen. Es besteht daher kein Haftungsausschluss für den Zertifizierungsdiensteanbieter im Falle einer Übertragung von Aufgaben z.B. der Zeitstempeldienst oder die Dokumen-

---

569 BT-Drs. 14/4662, S. 24. So auch *Roßnagel*, NJW 2001, S. 1823; *ders.*, MMR 2000, S. 455.

570 Kritisch hierzu *Thomale*, MMR 2004, S. 83, der zu Recht für die Notwendigkeit eines Auskunftsanspruchs des Dritten argumentiert: Ein Auskunftsanspruch sei notwendig, damit der Signaturempfänger herausfinden kann, ob er seinen Schadensersatzanspruch gegen den Zertifizierungsdiensteanbieter oder gegen den Signaturschlüssel-Inhaber gelten machen kann.

571 *Blum*, DuD 2001, S. 75.

572 BT-Drs. 14/4662, S. 25.

573 *Harnier*, S. 99 ff.

574 BR-Drs. 496/00, S. 39.

575 S. hierzu z.B. *Lapp*, in Gounalakis, Rhb. Electronic Business, § 18 Rn. 90 f.

tation an andere Unternehmen oder Behörden. Ziel der Vorschrift ist, die Verhinderung der Übertragung von Aufgaben an beauftragte weisungsgebundene Dritte, um eine Haftung zu umgehen. Mit dieser Einschränkung des Entlastungsbeweises ist eine Verstärkung des Vertrauens auf die Verwendung von qualifizierten elektronischen Signaturen im elektronischen Geschäftsverkehr beabsichtigt. Ansonsten wäre es für den Zertifizierungsdiensteanbieter möglich, die Haftung so zu vermeiden, indem er die Aufgaben auf Dritte überträgt und sich lediglich um deren sorgfältige Auswahl kümmert[576].

So haftet der Zertifizierungsdiensteanbieter für die eigenen Mitarbeiter und für die beauftragten weisungsgebundenen Dritten unterschiedlich. Der Gesetzgeber war sich dieser unterschiedlichen Rechtslage bewusst[577]. Für die beauftragten selbstständigen Dritten haftet der Anbieter gemäß § 11 Abs. 4 S. 1 SigG ohne Entlastungsmöglichkeit, da selbständige Unternehmen keine Verrichtungshilfen i.S.d. § 831 BGB sind[578]. Für beauftragte Dritte, die weisungsgebunden sind und auf Grund stärkerer Weisungsabhängigkeit als Verrichtungsgehilfe des Anbieters einzustufen sind, haftet ausnahmsweise – abweichend vom Regelfall des § 831 Abs. 1 S. 2 BGB – ein Zertifizierungsdiensteanbieter auch dann, wenn er beweisen kann, dass er bei der Auswahl und Überwachung die erforderliche Sorgfalt beachtet hat. Anderenfalls könnte sich dies zum Nachteil des außenstehenden Geschädigten auswirken, indem der Diensteanbieter sich exkulpieren könnte. Daher musste § 831 Abs. 1 S. 2 BGB für diese Fälle ausgeschlossen werden. Diese Ausnahmeregelung von § 831 Abs. 1 S. 2 BGB ist durch die besondere Konstellation bedingt und daher nicht verallgemeinerbar[579]. Der Gesetzgeber ist jedoch der Ansicht, bei den eigenen Mitarbeitern soll die Exkulpationsmöglichkeit weiter bestehen, da sich deren Situation im Vergleich zur der von anderen Unternehmen nicht unterscheide[580]. Aus diesem Grund haftet der Zertifizierungsdiensteanbieter für seine Angestellten weiter nach § 831 BGB[581]; soweit der Zertifizierungsdiensteanbieter bei der Auswahl und Überwachung der Gehilfen die erforderliche Sorgfalt ausgeübt hat, haftet er nicht.

Daneben haftet der Zertifizierungsdiensteanbieter gemäß § 11 Abs. 4 SigG ebenfalls ohne Exkulpationsmöglichkeit für ausländische Zertifizierungs-

---

[576] S. hierzu *Blum*, DuD 2001, S. 75; *Roßnagel*, in Lehmann, Electronic Business, S. 153 Rn. 51; *ders.*, NJW 2001 S. 1823 f.; *ders.*, MMR 2000, S. 455. Ebenso *Bröhl/Tettenborn*, S. 77 f. Kritisch hierzu *Rieß*, DuD 2000, S. 533.
[577] BT-Drs. 14/4662, S. 40
[578] Vgl. Palandt-*Sprau*, § 831 Rn. 6; MüKo-*Wagner*, § 831 Rn. 12.
[579] BT-Drs. 14/4662, S. 25. Der Ausnahmecharakter des § 11 Abs. 4 wurde in der Gesetzesbegründung betont.
[580] BT-Drs. 14/4662, S. 40.
[581] Kritisch hierzu *Thomale*, MMR 2004, S. 84 f.

diensteanbieter, für deren Zertifikate er einsteht. Die nach § 23 SigG vorgesehene Möglichkeit, dass ein Zertifizierungsdiensteanbieter für einen ausländischen Anbieter „einsteht“ und dass dadurch das Zertifikat gleichgestellt wird, schließt zwangsläufig die Haftung für dieses Zertifikat ein.

6. Haftungsbeschränkung

Neben dem vollständigen Ausschluss der Haftung haben Zertifizierungsdiensteanbieter die Möglichkeit, ihre Haftung einzuschränken, indem sie gemäß § 11 Abs. 3 SigG im qualifizierten Zertifikat die Nutzung des Signaturschlüssels auf bestimmte Anwendungen nach Art oder Umfang beschränken[582]. Eine Haftungsbeschränkung ist nur über eine Verwendungsbeschränkung des Signaturschlüssels im Zertifikat möglich. Eine andere Form der Haftungsbeschränkung ist nicht zulässig[583]. Der Zertifizierungsdiensteanbieter darf also seine Haftung auf bestimmte Verwendungen der Zertifikate oder auf einen bestimmten Wert der Transaktionen begrenzen. Eine Haftung tritt dann nur im Rahmen dieser Beschränkungen ein, § 11 Abs. 3 SigG[584]. Überschreiten die Nutzungen des Signaturschlüssels diese Einschränkungen, besteht keine Haftpflicht. Die Einschränkungen müssen im qualifizierten Zertifikat angegeben sein. Da sie dadurch für jeden erkennbar sind, ist der Dritte in diesem Fall prinzipiell nicht schutzwürdig, wenn er die Beschränkung im Zertifikat nicht beachtet[585]. Dabei gibt es auch die Möglichkeit von Beschränkung in qualifizierten Attribut-Zertifikaten nach § 7 Abs. 2 i.V.m. § 7 Abs. 1 Nr. 7 SigG.

Im Zertifikat können Transaktionswertbeschränkungen festgelegt werden, die lediglich Transaktionen bis zu einem gewissen Wert erlauben. Hinsichtlich des Inhalts der Transaktionswertbeschränkungen macht das SigG keine Vorgaben, insofern kann sowohl die Höhe des Einzeltransaktionswertes als auch die Höhe des Gesamttransaktionswertes begrenzt werden[586]. Bei einer Einzeltransaktionswertbegrenzung darf der Signaturschlüssel-Inhaber insgesamt nur Verpflichtungen bis zu einem gewissen Betrag eingehen. Eine Gesamttransaktionswertbegrenzung dagegen limitiert die Haftung pro Schadenfall[587]. Es besteht dadurch die Gefahr, dass der Signaturempfänger nicht wissen kann, wie viele Transaktionen der Signaturschlüssel-Inhaber bereits getätigt hat[588]. Durch die Begrenzung

---

582 Zur Rechtsnatur der Beschränkungen des qualifizierten Zertifikats vgl. *Fischer-Dieskau/Gitter/Hornung*, MMR 2003, S. 384 ff.

583 BT-Drs. 14/4662, S. 25. Ebenso *Roßnagel*, NJW 2001 S. 1824; *Thomale*, S. 127.

584 So *Fischer-Dieskau/Gitter/Hornung*, MMR 2003, S. 385.

585 BT-Drs. 14/4662, S. 25. Kritisch hierzu *Thomale*, S. 222.

586 *Thomale*, S. 223.

587 *Thomale*, MMR 2004, S. 85.

588 *Neuser*, MMR 1999, S. 71; *Thomale*, MMR 2004, S. 85. - Für eine sinnvolle Beschränkung nach der Höhe des Transaktionswerts wäre ein Online-Kontrollsystem von Nutzen. Da-

des Transaktionswertes im qualifizierten Zertifikat soll eine genauere Einschätzung des zu erwartenden Risikos und eine Erleichterung der Versicherbarkeit dieses Risikos ermöglich werden[589]. So können qualifizierte Zertifikate für geringe Transaktionswerte entsprechen günstiger angeboten werden[590].

Neben der Begrenzung des Transaktionswertes (Geschäftswert) besteht gemäß § 7 Abs. 1 Nr. 7 SigG i.V.m. § 11 Abs. 2 SigG die Möglichkeit der Beschränkung der Verwendung eines Zertifikats. Dementsprechend kann im Zertifikat angegeben werden, dass sein Anwendungsbereich insoweit beschränkt ist, dass es z.B. nur für bestimmte Rechtsgeschäfte verwendet werden darf. In Bezug auf den Inhalt der Beschränkungen nach der Art der Anwendung gibt es im SigG keine weitere Regelung. Durch solche Beschränkungen kann beispielsweise die Vertretungsmacht des Signaturschlüssel-Inhabers für eine dritte Person eingeschränkt werden. Ein Anwendungsfall für solche Beschränkungen der Vertretungsmacht ist z.B. der Einsatz „nur für den Dienstgebrauch". Zweck dieser Beschränkungen ist es, den Vertretenen von zu weitgehenden Verfügungen bzw. Verpflichtungen zu schützen[591].

Die Beschränkungen können übrigens auch die Gültigkeit einer elektronischen Signatur beeinflussen[592]: So kann z.B. festgelegt werden, dass die elektronische Signatur nur mit einem Zeitstempel gültig sein soll[593]. Darüber hinaus kann geregelt werden, dass das Zertifikat nur zur Identifizierung des Signaturschlüssel-Inhabers und nicht zur Abgabe von Willenserklärungen benutzt werden darf[594]. Ferner kann das Zertifikat lediglich für einen bestimmten Kreis, für einen bestimmten Anwendungszweck oder für einen bestimmten Anwendungsbereich ausgestellt werden[595]. So ist es beispielsweise möglich, dass ein Zertifikat nur für die Bundesrepublik Deutschland ausgestellt wird.

Unklar bleibt jedoch, inwieweit die Beschränkung der Haftung des Zertifizierungsdiensteanbieters für Dritte ersichtlich sein muss. Im qualifizierten Zertifikat wird gemäß § 7 Abs. 1 Nr. 7 SigG lediglich angezeigt, „ob die Nutzung des

---

durch wäre es möglich die Summe der Transaktionen innerhalb eines bestimmten Zeitraums festzustellen und daher zu überprüfen, ob sich der Schlüssel-Inhaber innerhalb seines Transaktionsrahmens befindet. So *Roßnagel*, MMR 2000, S. 455; *Thomale*, S. 223.

589 Dazu *Roßnagel*, Recht der Multimedia-Dienste, § 7 SigG Rn. 46; vgl. auch *Neuser*, MMR 1999, S. 71.

590 *Bröhl/Tettenborn*, S. 78.

591 *Roßnagel*, Recht der Multimedia-Dienste, § 7 SigG, Rn. 45.

592 Zu den Rechtsfolgen einer Überschreitung der Beschränkung *Fischer-Dieskau/Gitter/Hornung*, MMR 2003, S. 387 f.

593 *Roßnagel*, Recht der Multimedia-Dienste, § 7 SigG, Rn. 45.

594 *Thomale*, S. 222.

595 *Roßnagel*, Recht der Multimedia-Dienste, § 7 SigG Rn. 46.

Signaturschlüssels auf bestimmte Anwendungen nach Art oder Umfang beschränkt ist". Nur das Bestehen oder nicht einer Beschränkung muss - dem Wortlaut nach - im Zertifikat vorliegen. Inhaltliche Angaben über Art und Weise der Beschränkungen selbst sind nicht zwingend vorgesehen. Der Dritte kann so nur erkennen, ob eine Einschränkung besteht oder nicht, aber nicht die Art oder den Umfang dieser Einschränkung[596]. Unter teleologischen Gesichtspunkten scheint es deswegen nahe liegend § 7 Abs. 1 Nr. 7 SigG dahingehend auszulegen, dass im qualifizierten Zertifikat nicht nur die Beschränkung als solche, sondern auch eine inhaltliche Angabe der Beschränkung anzugeben ist[597]. Es wird diesbezüglich die Meinung vertreten, dass es ausreichend ist, wenn sich diese Beschränkungen aus anderen Quellen z.B. aus einem Attribut-Zertifikat oder sogar den online zugänglichen AGB des Anbieters ergeben[598].

Da die SigRL in Art. 6 Abs. 3 S. 1 und Abs. 4 ausdrücklich fordert, dass die „Beschränkungen für Dritte erkennbar sein müssen", dürften sie nur bei ausreichender Transparenz wirksam sein, d.h. solange sie auch inhaltlich erkennbar sind[599]. Hierfür steht der Wissenschaft und den nationalen Gerichten ebenfalls das Mittel der „richtlinienkonformen Auslegung" der fraglichen Regelung zur Verfügung. Demzufolge ist §§ 7 Abs. 1 Nr. 7, 11 Abs. 3 SigG so auszulegen, dass eine Beschränkung erkennbar und eindeutig formuliert sein muss.

Nach einer Meinung lässt sich aus der Haftungsbeschränkung entnehmen, dass die Überschreitung der Beschränkung die Nichtigkeit der signierten Erklärung insgesamt zur Folge haben kann, da eine uneingeschränkte Erklärung im Zusammenhang mit der Beschränkung in sich widersprüchlich sei und zur Perplexität führe[600]. Hiergegen könnte allerdings eingewandt werden, dass eine derartige Auswirkung auf die Gültigkeit des abgeschlossenen Rechtsgeschäfts weder dem Art. 6 SigRL noch dem Wortlaut des § 11 Abs. 2 SigG nicht zu entnehmen ist[601]. Nach dem Konzept der SigRL sollen Beschränkungen des Anwendungsbereichs des Zertifikats i.d.R. vom Zertifizierungsdiensteanbieter vorgenommen werden können, um seine Haftung zu beschränken. Der deutsche Gesetzgeber beabsichtigte auch lediglich die Normierung einer Haftungsbegrenzung[602]. Aus

---

[596] Kritisch hierzu *Blum*, DuD 2001, S. 75; *Roßnagel*, MMR 2000, S. 455; *Thomale*, MMR 2004. S. 85.

[597] So *Roßnagel*, NJW 2001 S. 1824. Ebenso *Bröhl/Tettenborn*, S. 78.

[598] *Roßnagel*, NJW 2001, S. 1824; *ders.*, MMR 2000, S. 455.

[599] So auch *Blum*, DuD 2001, S. 75; vgl. *Dumortier/Kelm/Nilsson/Skouma/Van Eecke*, Electronic Signatures in Europe, S. 55; *Fischer-Dieskau/Gitter/Hornung*, MMR 2003, S. 388.

[600] *Fischer-Dieskau/Gitter/Hornung*, MMR 2003, S. 387 ff. Ähnlich *Lapp*, in Gounalakis, Rhb. Electronic Business, § 18 Rn. 85.

[601] Dass der Gesetzgeber mit § 11 SigG die Umsetzung des Art. 6 SigRL ist unbestritten; vgl. nur BT-Drs. 14/4662, S. 24.

[602] Vgl. BT-Drs. 14/4662, S. 25.

diesem Grund finden sich die entsprechenden Regelungen auch in der Haftungsregelung des § 11 SigG. Enthält das Zertifikat Angaben, dass die Nutzung des Signaturschlüssels auf bestimmte Anwendungen nach Art oder Umfang beschränkt ist, so wird für Nutzungen, die diese Einschränkung überschreiten, nicht gehaftet. Die Gültigkeit des Rechtsgeschäfts zwischen dem Signaturschlüssel-Inhaber und dessen Geschäftspartner bleibt mithin unberührt. Andernfalls wäre der Grundsatz der Relativität des Schuldverhältnisses verletzt, denn die Gültigkeit einer Willenserklärung zwischen dem Signaturschlüssel-Inhaber und dessen Geschäftspartner würde von eventuellen Haftungsbegrenzungen eines Dritten, also des Zertifizierungsdiensteanbieters, abhängig gehalten.

7. Deckungsvorsorge

Die Aufnahme einer Haftungsregelung allein ist nutzlos, wenn der Zertifizierungsdiensteanbieter nicht über ausreichende Finanzmittel verfügt, um den Schadensersatz zu leisten[603]. Um eine eventuelle Haftungsverpflichtung erfüllen zu können, muss der Zertifizierungsdiensteanbieter nach § 12 SigG eine geeignete Deckungsvorsorge in Höhe von mindestens 250.000 € pro haftungsauslösendem Schadensfall treffen. Die Deckungsvorsorge muss die Schäden abdecken, für die der Zertifizierungsdiensteanbieter einzustehen hat. Sie bezieht sich - der Gesetzesbegründung nach - nur auf Ansprüche aus § 11 SigG[604]. Für die Haftung gegenüber dem Signaturschlüssel-Inhaber, die nicht unter § 11 SigG fällt, besteht daher keine Verpflichtung zur Absicherung. In Anbetracht der Tatsache, dass der Signaturschlüssel-Inhaber – anders als der Signaturempfänger - ein Entgelt für die Zertifizierungsdienstleistungen entrichtet, wird es zu Recht eine Verpflichtung für den Abschluss einer Deckungsvorsorge auch für die vertragliche Haftung gegenüber dem Vertragspartner des Anbieters vorgeschlagen[605]. Der Signaturschlüssel-Inhaber ist keinesfalls weniger schutzwürdig als sonstige Dritte.

Die Vorschrift des § 12 dient der Umsetzung von Art. 6 und Anhang II lit. h) SigRL. Die Deckungsvorsorge wird für die Aufnahme des Zertifizierungsdienstes gemäß § 4 Abs. 2 SigG vorausgesetzt und ist mit der Anmeldung nach § 4 Abs. 2 SigG nachzuweisen[606]. Die Einhaltung der Deckungsvorsorgeverpflichtung wird jedoch nicht kontrolliert[607]. Darüber hinaus macht § 12 SigG über die

---

[603] *Neuser*, MMR 1999, S. 71.

[604] S. hierzu BT-Drs. 14/4662, S. 41: „Es muss sichergestellt sein, dass die Deckungsvorsorge nur – aber auch immer dann – in den Fällen eingreift, in denen der Zertifizierungsdiensteanbieter nach § 11 haftet".

[605] *Blum*, DuD 2001, S. 75.

[606] Vgl. auch § 1 Abs. 2 Nr. 7 SigV.

[607] Kritisch hierzu *Neuser*, MMR 1999, S. 71; vgl. auch *Schwemmer*, DuD 2000, S. 72.

Art der Deckungsvorsorge keine Angaben. Das bleibt der SigV vorbehalten[608]. Die Deckungsvorsorge muss „geeignet" sein. Es wird in der Gesetzesbegründung insoweit klargestellt, dass in Fällen, in denen durch ein haftungsauslösendes Ereignis (z.B. gefälschtes Zertifikat) eine Vielzahl von Einzelschäden entsteht, die Mindestdeckungssumme für jeden Schadensfall gilt[609].

§ 9 SigV statuiert, dass die Deckungsvorsorge nach § 12 SigG durch eine Haftpflichtversicherung, eine Freistellungs- oder durch eine Gewährleistungsverpflichtung eines Kreditinstituts erbracht werden kann[610]. Falls die Deckungsvorsorge durch eine Freistellungs- oder Gewährleistungsverpflichtung erbracht wird, muss sichergestellt werden, dass sie eine einer Haftpflichtversicherung vergleichbare Sicherheit bietet. Die Mindestversicherungssumme muss 2,5 Millionen € für den einzelnen Versicherungsfall betragen, § 9 Abs. 2 Nr. 2 SigV[611]. Der räumliche Geltungsbereich des Versicherungsschutzes kann gemäß § 9 Abs. 2 Nr. 3 SigV lediglich auf den Geltungsbereich der SigRL beschränkt werden[612]. Dies bedeutet umgekehrt, dass innerhalb der EU eine Beschränkung des Versicherungsschutzes nicht zulässig ist.

Dabei ist zu beachten, dass die Zertifizierungsdiensteanbieter sonstigen Signaturverfahren nicht verpflichtet sind, eine Deckungsvorsorge gemäß § 12 SigG und § 9 SigV zu treffen. Es besteht mithin die Gefahr, dass der Betreiber einer Zertifizierungsstelle finanziell nicht leistungsfähig sein wird, um die geschuldete Entschädigung zu zahlen. Darüber hinaus konnte nach § 7 Abs. 2 Nr. 9 StDÜV - wie oben beschrieben – auf die Bestimmungen über die Haftung und die Deckungsvorsorge verzichtet werden, „soweit verbindliche Regelungen zur Haftung und zur besonderen Deckungsvorsorge durch den Betreiber des Zertifizierungsdienstes vorliegen"[613].

8. *Zusammenfassung*

Die Haftung nach § 11 SigG ist auf Dritte begrenzt, die auf die Angaben in einem qualifizierten Zertifikat, einem qualifizierten Zeitstempel oder einer Aus-

---

608 BT-Drs. 14/4662, S. 26.

609 BT-Drs. 14/4662, S. 26.

610 Vgl. § 9 Abs. 1 SigV. Die Möglichkeit eine Deckungsvorsorge durch eine Kapitaldeckung zu erbringen besteht nicht.

611 Zur hierzu notwendigen Unterscheidung zwischen Schaden und Versicherungsfall s. *Roßnagel*, BB 2002, S. 262.

612 Vgl. die gerechtfertigte Kritik von *Thomale*, S. 247 u. S. 250, wonach es für ausländische elektronische Signaturen, für die ein in der EU niedergelassener Zertifizierungsdiensteanbieter nach § 23 Abs. 1 Nr.2 SigG einsteht, keinen Versicherungsschutz gäbe, falls das Versicherungsunternehmen den Versicherungsschutz nur auf EU-Ebene beschränken würde.

613 S. hierzu S. 109 f.

kunft nach § 5 Abs. 1 S. 3 SigG vertrauen. Einem geschädigten Signaturschlüssel-Inhaber oder einem geschädigten Dritten, der auf eine sonstige elektronische Signatur vertraut, steht kein Schadensersatzanspruch nach § 11 SigG zu. Die Haftungsregelung der Zertifizierungsdiensteanbieter beseitigt die im vorgeltenden Recht bestehende Unsicherheit und ist daher zu begrüßen. § 11 SigG hat eine Steuerungs- und eine präventive Wirkung im Hinblick auf die Einhaltung der Sicherheitsanforderungen durch den Zertifizierungsdiensteanbieter[614].

Der Empfänger einer qualifizierten bzw. akkreditierten elektronischen Signatur wird gemäß §§ 11 f. SigG rechtlich besser gestellt als der Signaturschlüssel-Inhaber, dem vertragliche Ansprüche zustehen[615]: Gemäß § 276 BGB ist für eine vertragliche Haftung bei einer Verletzung von Vertragspflichten ein Verschulden notwendig. Im Hinblick auf das Verschulden des Zertifizierungsdiensteanbieters kommt dem Signaturschlüssel-Inhaber allerdings eine Beweiserleichterung nach § 280 Abs. 1 S. 2 BGB zugute[616]: Nach dieser Vorschrift hat der Signaturschlüssel-Inhaber im Streitfall die Pflichtverletzung und die Kausalität nachzuweisen[617]. Die Entlastung, die Pflichtverletzung nicht zu vertreten zu haben, obliegt dem Anbieter[618]. Eine Verbesserung der Rechtslage bezogen auf die verschuldensabhängigen Ansprüche des Signaturschlüssel-Inhabers gegenüber dem Zertifizierungsdiensteanbieter findet durch § 11 SigG nicht statt, da die Vorschrift in diesem Fall nicht anwendbar ist. Darüber hinaus kann der Zertifizierungsdiensteanbieter sich für weisungsgebundene Dritte exkulpieren (§ 831 Abs. 1 S. 2 BGB) und ist nicht verpflichtet, für die vertragliche Haftung eine Deckungsvorsorge zu treffen. Insgesamt liegt eine deutliche Schlechterstellung des Signaturschlüssel-Inhabers vor. Zur Etablierung des Vertrauens und auf Grund des Aufbaus einer sicheren Infrastruktur ist jedoch eine verschärfte Haftung gerechtfertigt[619].

I. Anerkennung ausländischer elektronischer Signaturen

Die Anerkennung ausländischer qualifizierter elektronischer Signaturen aus deutscher Sicht wird in § 23 Abs. 1 und 2 SigG festgelegt. Die Vorschrift bezieht sich nur auf qualifizierte und akkreditierte elektronische Signaturen und die an diese geknüpften Rechtsfolgen. Das SigG unterscheidet zwischen Signaturen mit qualifizierten Zertifikaten aus der EU oder aus einem anderen Ver-

---

614 *Thomale*, passim, insbesondere S. 252.
615 *Bertsch/Fleisch/Michels*, DuD 2002, S. 73.
616 Vgl. *Leier*, MMR 2000, S. 14. S. auch *Emmert* CR 1999, S. 245.
617 *Timm*, DuD 1997, S. 526.
618 MüKo-*Ernst*, § 280 Rn. 31; Palandt-*Heinrichs*, § 280 Rn. 40.
619 Vgl. *Seck*, passim und insbesondere S. 122, die eine Ausgestaltung der Haftung der Zertifizierungsdienstanbieter als Gefährdungshaftung für sinnvoller hält.

tragsstaat des Abkommens über den Europäischen Wirtschaftsraum und Signaturen mit qualifizierten Zertifikaten aus Drittstaaten[620]. Ausländische elektronische Signaturen, die auf einem qualifizierten Zertifikat aus einem anderen Mitgliedstaat der Europäischen Union oder aus einem anderen Vertragsstaat des Abkommens über den Europäischen Wirtschaftsraum beruhen, werden nach § 23 Abs. 1 S. 1 SigG inländischen qualifizierten elektronischen Signaturen gleichgestellt, soweit sie die Anforderungen des Art. 5 Abs. 1 SigRL erfüllen.

Andererseits sind elektronische Signaturen aus Drittstaaten qualifizierten elektronischen Signaturen nach dem deutschen SigG gleichgestellt, wenn das Zertifikat von einem dortigen Zertifizierungsdiensteanbieter öffentlich als qualifiziertes Zertifikat ausgestellt und für eine elektronische Signatur im Sinne von Artikel 5 Abs. 1 der SigRL bestimmt ist. Die rechtliche Gleichstellung ist allerdings nur unter zusätzlicher Einhaltung besonderer, in alternativer Weise zueinander stehender Voraussetzungen vorgesehen. So muss eine von der drei Voraussetzungen des § 23 Abs. 1 S. 2 Nr. 1 bis 3 erfüllt sein und nämlich,

a. dass der Zertifizierungsdiensteanbieter aus dem Drittstaat die Anforderungen der SigRL erfüllt und in einem Mitgliedstaat der Europäischen Union oder einem anderen Vertragsstaat des Abkommens über den Europäischen Wirtschaftsraum akkreditiert ist;

b. oder dass ein in der Gemeinschaft niedergelassener Zertifizierungsdiensteanbieter, welcher die Anforderungen der SigRL erfüllt, für das Zertifikat einsteht[621]. Eine Akkreditierung des einstehenden Zertifizierungsdiensteanbieters ist nicht erforderlich. Nach § 18 Abs. 1 SigV hat der einstehende Zertifizierungsdiensteanbieter dies der Bundesnetzagentur anzuzeigen, dafür zu sorgen, dass die ausländischen Signaturen und Zertifikate die Anforderungen des SigG und der SigV erfüllen und dem ausländischen Zertifizierungsdiensteanbieter die Unterlagen vorzulegen, die für die Anzeige nach § 1 Abs. 2 SigV gefordert werden. Die Bundesnetzagentur hat den ausländischen Anbieter in ihr Anbieterverzeichnis aufzunehmen.

c. Eine dritte Möglichkeit besteht darin, dass das Zertifikat oder der Zertifizierungsdiensteanbieter im Rahmen einer bilateralen oder multilateralen

[620] Die Signaturgesetzgebungen von Irland, Malta und dem Vereinigten Königreich unterscheiden nicht zwischen inländischen und ausländischen qualifizierten Zertifikaten. So *Dumortier/Kelm/Nilsson/Skouma/Van Eecke*, Electronic Signatures in Europe, S. 7.

[621] Steht ein in Deutschland niedergelassener Zertifizierungsdiensteanbieter, der die Anforderungen der SigRL erfüllt, gem. §§ 23 Abs. 1 Nr. 2 SigG, 18 Abs. 1 SigV für das Zertifikat aus einem Drittstaat ein, haftet er nach § 11 Abs. 4 SigG wie für eigenes Handeln.

Vereinbarung zwischen der Europäischen Union und Drittstaaten oder internationalen Organisationen anerkannt ist[622]. Zurzeit gibt es keine derartige bilaterale oder multilaterale Vereinbarung.

§ 23 Abs. 1 S 2 Nr. 1 bis 3 SigG entspricht beinahe wortwörtlich Art. 7 Abs. 1 der SigRL. Ein bedeutender Unterschied liegt darin, dass Art. 7 SigRL nur die Anerkennung ausländischer qualifizierter *Zertifikate* vorsieht, während in § 23 SigG die Anerkennung elektronischer Signaturen festgelegt wird[623]. Eine Überprüfung der Sicherheit der ausländischen Signaturverfahren ist für die Gleichstellung mit qualifizierten Signaturen nicht vorgesehen[624].

Von der Anerkennung als qualifizierte elektronische Signatur ist die Anerkennung als qualifizierte elektronische Signatur mit Anbieter-Akkreditierung nach § 15 Abs. 1 SigG, also als akkreditierte elektronische Signatur, zu unterscheiden. Damit ausländische elektronische Signaturen den akkreditierten elektronischen Signaturen des deutschen SigG rechtlich gleichgestellt werden können, müssen sie gleichwertige Sicherheit nachweisen, § 23 Abs. 2 SigG. Dazu müssen sie gleichen oder gleichwertigen Anforderungen unterliegen, wie sie im SigG und der SigV festgelegt sind[625]. Außerdem müssen die Sicherheitsvorkehrungen des ausländischen Zertifizierungsdiensteanbieters denen des SigG entsprechen und vorab in gleicher oder gleichwertiger Weise geprüft und bestätigt worden sein[626].

Was ausländische Produkte für elektronische Signaturen betrifft, wird auch unterschieden zwischen den Produkten, die den Anforderungen der SigRL entsprechen und den Produkten für qualifizierte elektronische Signaturen mit Anbieterakkreditierung nach § 15 Abs. 7 SigG. § 23 Abs. 3 SigG sieht vor, dass ausländische Produkte für elektronische Signaturen anerkannt werden, wenn in einem anderen Mitgliedstaat der Europäischen Union oder in einem anderen Vertragsstaat des Abkommens über den Europäischen Wirtschaftsraum festgestellt wurde, dass sie den Anforderungen der SigRL entsprechen. Dies gilt allerdings nicht für Produkte, die in akkreditierten Signaturverfahren eingesetzt werden sollen. Da für diese ein höheres Sicherheitsniveau gefordert wird und eine intensivere Prüfung erfolgt, können solche Produkte nur dann den nach § 15 Abs. 7 SigG geprüften Produkten gleichgestellt werden, wenn sie nachweislich gleichwertige Sicherheit aufweisen, § 23 Abs. 3 S. 2 SigG[627]. Damit soll verhindert werden,

---

622 Vgl. SigRL 1999/93, Erwägungsgrund 23.

623 Eine solche Erweiterung ist richtlinienkonform. S. hierzu *Bröhl/Tettenborn*, S. 116.

624 *Roßnagel*, in Lehmann, Electronic Business, S. 156 f. Rn. 57.

625 BT-Drs. 14/4662, S. 33.

626 S. hierzu § 18 Abs. 2 SigV.

627 Vgl. *Roßnagel*, MMR 2000, S. 456 f.

dass die Produkte nach § 15 Abs. 7 SigG mit höherwertiger Sicherheit auf jeden Fall anerkannt werden müssen, auch wenn das EU–Niveau nicht den hohen Anforderungen für Produkte im Rahmen der Akkreditierung entsprechen sollte. Das Verfahren zur Feststellung der gleichwertigen Sicherheit von Produkten mit Anbieter-Akkreditierung richtet sich nach § 18 Abs. 3 SigV.

Kapitel 7. Gesetz zur Anpassung der Formvorschriften des Privatrechts und anderen Vorschriften an den modernen Rechtsgeschäftsverkehr

A. Regelungsbereich

Wie schon dargelegt, regelt das neue SigG nicht die materiellrechtliche und prozessuale Anerkennung der elektronischen Signatur. Die Rechtsfolgen, die sich aus der Verwendung der gesetzlich definierten elektronischen Signatur ergeben, werden vielmehr durch das „Gesetz zur Anpassung der Formvorschriften des Privatrechts und anderer Vorschriften an den modernen Rechtsgeschäftsverkehr“[628] bestimmt, welches am 1. August 2001 in Kraft getreten ist[629]. Dieses Artikelgesetz umfasst 38 Artikel, durch die Änderungen an 36 bereits bestehenden Gesetzen durchgeführt worden sind, wie dem BGB, der ZPO, dem Handelsgesetzbuch, verschiedenen Gerichtsordnungen, der Grundbuchordnung sowie dem Verbraucherkreditgesetz[630]. Das FormanpassungsG definiert in Art. 1 Nr. 3 zusätzlich zu den in § 125 ff. BGB bereits geregelten Formtypen (gesetzliche und gewillkürte Schriftlichkeit, notarielle Beurkundung und öffentliche Beglaubigung) eine elektronische Form als Ersatz für die Schriftform (§ 126a BGB) sowie eine Textform für Fälle, in denen die Handunterschrift entbehrlich ist (§ 126b BGB)[631].

Das Gesetz verfolgt das Ziel, das deutsche Privatrecht den Entwicklungen des modernen Rechtsverkehrs anzupassen[632]. Während alle formfreien Willenserklärungen schon vor dem FormanpassungsG elektronisch abgegeben werden konnten, öffnete das Gesetz auch Willenserklärungen, die der Schriftform bedürfen, dem elektronischen Rechtsverkehr. Immer dann, wenn das BGB und andere privatrechtliche Gesetze nach der Schriftform verlangen, kann die elektronische Form verwandt werden. Ergänzend werden prozessuale Vorschriften angepasst. Die gesetzgeberische Intervention war nicht nur auf Grund der Entwicklungen des modernen Rechtsverkehrs sondern auch wegen europarechtlicher Verpflich-

---

628 BGBl. I 2001, S. 1542.

629 Art. 35 FormanpassungsG. Zu der Entstehungsgeschichte des Gesetzes vgl. *Hoffmann*, S. 122 f.; *Roßnagel*, NJW 2001, S. 1818 f.

630 *Roßnagel*, NJW 2001, S. 1825 ff.; vgl. auch *Lüdemann/Adams*, K&R 2002, S. 9 ff.

631 BT-Drs. 14/4987, S. 10.

632 BT-Drs. 14/4987, S. 1.

tungen notwendig[633]. Die Rechtsfolge der elektronischen Signatur ist durch Art. 5 Abs. 1 der SigRL definiert: Die qualifizierte elektronische Signatur ist der Unterschrift gleichgestellt und als Beweismittel zulässig. Diese europarechtliche Anforderung ist in Deutschland durch das FormanpassungsG umgesetzt worden. Das Gesetz dient ebenfalls der Umsetzung der Forderung des Art. 9 Abs. 1 der Richtlinie 2000/31/EG. Art. 9 regelt den Abschluss von Online-Verträgen. Dementsprechend wird auch in Erwägungsgrund 34 festgestellt, dass „jeder Mitgliedstaat seine Rechtsvorschriften zu ändern hat, in denen Bestimmungen festgelegt sind, die die Verwendung elektronisch geschlossener Verträge behindern könnten; dies gilt insbesondere für Formerfordernisse“[634].

B. Materiellrechtliche Aspekte

I. Allgemeines

Im Privatrecht herrscht der Grundsatz der Formfreiheit als Folge der Privatautonomie. Das bedeutet, dass es grundsätzlich möglich ist, Willenserklärungen auch auf elektronischem Weg abzugeben. Soweit es um Rechtsgeschäfte geht, die formfrei sind, bringt das jedenfalls für die Gültigkeit des Geschäftsabschlusses keine Probleme mit sich. Die deutsche Rechtsordnung sieht aber an zahlreichen Stellen die Einhaltung einer besonderen Schriftform vor[635]. Die Frage ist aber, ob auch formbedürftige Rechtsgeschäfte über das Internet abgeschlossen werden können sollen, wenn es für den elektronischen Austausch von Willenserklärungen Verfahren geben sollte, die der Unterschriftsleistung und ihren Funktionen vergleichbar sind.

Das FormanpassungsG hat zusätzlich zu den in § 125 ff. BGB bereits geregelten Arten von Formvorschriften (gesetzliche und gewillkürte Schriftlichkeit, notarielle Beurkundung, öffentliche Beglaubigung) eine auf die elektronische Medien ausgerichtete elektronische Form (§ 126a BGB) als Äquivalent zur Schriftform eingeführt, sowie eine gegenüber der Schriftform erleichterte Textform (§ 126b BGB) für Fälle, in denen die Handunterschrift entbehrlich ist[636]. Die elektronische Form kann nach dem § 126 Abs. 3 BGB die schriftliche Form überall dort ersetzen, wo das Gesetz nicht ausdrücklich eine Ausnahme von der Gleichstellung macht (Grundsatz der Ersetzbarkeit der Schriftform). Die elektronische

---

633 A.A. *Noack*, in Dauner-Lieb/Heidel/Lepa/Ring, Schuldrecht § 126 Rn. 6; *ders.*, in Dauner-Lieb/Heidel/Lepa/Ring, Das neue Schuldrecht, S. 443 Rn. 3, der die Meinung vertritt, dass eine allgemeine Regelung nicht notwendig wäre, da in der BRD schon zuvor Verträge auf elektronischem Weg abgeschlossen werden konnten.
634 Vgl. BT-Drs. 14/4987, S. 10 f.
635 Zur Entstehung der Formvorschriften s. u.a. *Leue*, S. 46 ff.
636 BT-Drs. 14/4987, S. 10.

Form braucht also nicht im Einzelnen vom Gesetz zugelassen zu werden. Die Ersetzbarkeit der Schriftform durch die elektronische Form soll dem Rechtsverkehr die umfassende Nutzung der modernen Informations- und Kommunikationstechnologie ermöglichen, um hierdurch Zeit und Kosten zu sparen[637].

Die Schriftform kann im BGB durch die elektronische Form in folgenden Fällen grundsätzlich ersetzt werden: §§ 32 Abs. 2, 37 Abs. 1, 81 Abs. 1, 111 S. 2, 368 S. 1, 410 Abs. 2, 416 Abs. 2 S. 2, 550 S. 1, 557a Abs.1, 557b Abs.1, 568 Abs. 1, 574b Abs. 1 S. 1, 577 Abs. 3, 581 Abs. 2 i.V.m. 550 S. 1, 585a, 594f, 1154 Abs. 1 S. 1. Die Schriftform ist auch in den Fällen grundsätzlich durch die elektronische Form ersetzbar, in denen eine Vorschrift außerhalb des BGB die Schriftform erfordert. § 126 Abs. 3 BGB findet entsprechend Anwendung, wenn das Gesetz nicht die schriftliche Form, sondern die eigenhändige Unterzeichnung einer Erklärung anordnet[638].

II. Elektronische Form

1. Voraussetzungen der elektronischen Form

Die elektronische Form des § 126a BGB ist keine neue Formvorschrift im eigentlichen Sinn, sie ist lediglich als Substitut zur Schriftform konzipiert[639]. Verlangt das Gesetz die Schriftform, so muss die Urkunde vom Aussteller eigenhändig durch Namensunterschrift oder mittels notariell beglaubigten Handzeichens unterzeichnet werden. Diese Voraussetzungen, insbesondere das Erfordernis einer handschriftlich unterschriebenen Urkunde, können eigentlich nicht durch elektronische Dateien erfüllt werden[640]. Die Erfüllung der Schriftform durch elektronische Dokumente wird seit Mitte der 90er Jahre intensiv diskutiert. Die Frage, ob nach früherer Rechtslage die Schriftform durch elektronische Dokumente erfüllt werden konnte, war in der Wissenschaft umstritten. Nach herrschender Ansicht war dies unmöglich, da die Voraussetzungen des §126 BGB, insbesondere das Erfordernis einer handschriftlichen Unterschrift, durch elektronische Aufzeichnungen nicht erfüllt werden konnten[641]. Zudem könnte

---

[637] BT-Drs. 14/4987, S. 10.

[638] BT-Drs. 14/4987, S. 14. S. z.B. § 18 Abs. 1 BRAGebO (Gebührenberechnung), § 408 Abs. 2 HGB (Frachtbrief).

[639] BT-Drs. 14/4987, S. 12. So auch *Nissel*, S. 28; vgl. MüKo/*Einsele*, § 126 Rn. 15; Staudinger/*Hertel*, § 126a Rn. 29.

[640] S. nur MüKo/*Einsele*, § 126 Rn. 5; nach *Hoeren*, FS Holzhauer, S. 541, stellt auch der Ausdruck eines per Unterschriftenpad handschriftlich unterzeichneten elektronischen Dokuments keine Urkunde i.S.d. § 126 Abs. 1 BGB dar, da es ihm an der eigenhändigen Unterschrift fehlt.

[641] S. z.B. *Abel*, MMR 1998, S. 644; *Bierekoven*, S. 118; *Ebbing*, CR 1996, S. 274; *Fritzmeyer/Heun*, CR 1992, S. 131; *Geis*, NJW 1997, S. 3000 und 3002; Palandt-*Heinrichs*, § 126 Rn.

das Erfordernis der unmittelbaren Wahrnehmbarkeit der Erklärung ebenfalls nicht erfüllt werden[642]. Die Rechtsprechung hatte eine Gleichstellung mit der Schriftform bereits beim Telefax abgelehnt, da die durch Ausdruck beim Empfänger entstehende Kopie nicht die eigenhändig unterzeichnete Originalurkunde sei[643]. Das Problem ist inzwischen durch den Gesetzgeber und die Einführung des § 126a BGB gelöst worden. Die Formvorschrift des § 126 BGB kann nicht mehr allein durch die Unterzeichnung einer Urkunde mit den handschriftlichen Unterschrift oder einem notariell beglaubigten Handzeichen erfüllt werden, sondern auch durch Einhaltung der elektronischen Form (§ 126 Abs. 3 BGB).

Soll die gesetzlich vorgeschriebene schriftliche Form durch die elektronische Form ersetzt werden, so muss der Aussteller der Erklärung dieser seinen Namen hinzufügen und das elektronische Dokument mit einer qualifizierten elektronischen Signatur nach dem Signaturgesetz versehen, § 126a Abs.1 BGB. Die jeweiligen gesetzlichen Vorschriften, die im Einzelfall die Schriftform vorschreiben, können jedoch bestimmen, dass die elektronische Form ausnahmsweise nicht zulässig ist. In einem solchen Fall kann die Willenserklärung auch in Zukunft gemäß § 126 wirksam nur schriftlich oder notariell beurkundet abgegeben werden. Wie schon die Schriftform (§ 126 Abs. 4 BGB) kann die elektronische Form durch notarielle Beurkundung gemäß § 128 BGB ersetzt werden, denn die Vorschriften zur Schriftform finden grundsätzlich auch für die elektronische Form Anwendung. Darüber hinaus gilt bei der elektronischen Form auch die von der Schriftform bekannte Einheitlichkeit der Urkunde. So muss das gesamte formbedürftige Rechtsgeschäft im elektronischen Dokument enthalten sein[644]. Die Wirksamkeit des Vertrags zwischen Nutzer und Zertifizierungsdiensteanbieter ist ferner keine Tatbestandsvoraussetzung der elektronischen Form[645].

7; *Hohenegg/Tauschek*, BB 1997, S. 1541; *Mallmann/Heinrich*, ZRP 2000, S. 472; *Malzer*, DNotZ 1998, S. 103 und 107; *Roßnagel*, NVwZ 1998, S. 5; *Steinbeck*, DStR 2003, S. 644. Grundlegend hierzu BGH, NJW 1993, S. 1126.

[642] *Fringuelli/Wallhäuser*, CR 1999, S. 95; *Fritzsche/Malzer*, DNotZ 1995, S. 19; *Heuen*, CR 1995, S. 3; *Hohenegg/Tauschek*, BB 1997, S. 1543; vgl. aber *Kilian*, BB 2000 S. 734 f., der eine Gleichstellung unter dem Gesichtspunkt der funktionalen Äquivalenz zumindest beim Einsatz elektronischer Signaturverfahren verlangt.

[643] BGH, NJW 1993, S. 1126; BGH, NJW 1997, S. 684. A.A. OLG Köln, NJW 1992, S. 1174. - Da die Übermittlung per Telefax im Zivilprozess eine andersartige Funktion darstellt, ist die Übermittlung bestimmender Schriftsätze durch Telefax schon vor der Einführung des § 130a ZPO n.F. anerkannt worden. Etwa BGH, NJW 1989, S. 589; BGH, NJW 1990, S. 187. S. auch BVerfG NJW 1987, S. 2067. Nach einer Grundsatzentscheidung des Gemeinsamen Senats der Obersten Gerichtshöfe des Bundes (GmS-OGB, NJW 2000, S. 2340 f.) können bestimmende Schriftsätze auch durch elektronische Übertragung einer Textdatei mit eingescannter Unterschrift auf ein Computerfax des Gerichts formwirksam übermittelt werden.

[644] Palandt-*Heinrichs*, § 126a Rn. 7.

[645] *Dörner*, AcP 2002, S. 385.

a) Elektronisches Dokument

Die elektronische Form setzt ein elektronisches Dokument voraus. Als elektronische Dokumente i.S.d. § 126a Abs. 1 BGB sind alle in elektronischer Form vorliegenden Daten zu verstehen, die in Schriftzeichen darstellbar sind[646]. Gleichgültig ist, ob die Daten unverschlüsselt oder verschlüsselt sind. In der Wissenschaft wird teilweise davon ausgegangen, dass auch mündliche Erklärungen in digitalisierter Form und Videodaten (signiert mit einer qualifizierten elektronischen Signatur) die Schriftform ersetzen können[647]. Nach überwiegender Meinung genügen allerdings Audiodaten der gesetzlichen elektronischen Form nicht, da sie nicht in Schriftzeichen lesbar sind[648]. Das Erfordernis der Wiedergabe in Schriftzeichen lässt sich zwar aus dem Wortlaut des 126a Abs. 1 BGB, der einfach von einem „elektronischen Dokument" spricht, nicht entnehmen[649]. *Hoffmann* hat diesbezüglich argumentiert, dass sich aus dem Vergleich mit der Textform des § 126b BGB als einfachste Form ergibt, dass deren Tatbestandsvoraussetzungen, zu denen die Wiedergabe in Schriftzeichen gehört, von den „höherwertigen" Formen erfüllt werden müssen[650]. Die Gesetzesbegründung stellt insoweit klar, dass *bei der Textform* „alle die Übermittlungsmedien ausgeschlossen (sind), bei denen die Erklärung als gesprochene Mitteilung – unter Umständen auch digitalisiert – beim Empfänger ankommt und erst bei ihm aus der Hörbarkeit in Sichtbarkeit umgesetzt wird"[651]. Umso mehr kann die elektronische Form für solche Dateien nicht geöffnet werden, denn die elektronische Form wurde als Substitut der Schriftform also der herkömmlichen Schrifturkunde, konzipiert. Die Darstellbarkeit in Schriftzeichen wird ferner in der Gesetzesbegründung mittelbar vorausgesetzt[652].

Erforderlich für die Ersetzung der Schriftform ist ferner, dass die Erklärung als Textdatei auf einem Datenträger so gespeichert wird, dass die Perpetuierungsfunktion, d.h. eine dauerhafte Wiedergabemöglichkeit der Erklärung, gewähr-

---

[646] *Boente/Riehm*, Jura 2001 S. 796; *Hoffmann*, S. 126. Vgl. aber *Berger*, NJW 2005, S. 1017; *Geis*, in Hoeren/Sieber, Handbuch Multimedia-Recht, Teil 13.2 Rn. 3.

[647] *Noack*, DStR 2001, S. 1896; *ders.*, in Dauner-Lieb/Heidel/Lepa/Ring, Das neue Schuldrecht, S. 451 Rn. 31. Ebenso *Steinbeck*, DStR 2003 S. 646, die allerdings das Bedenken zum Ausdruck bringt, dass eine nicht in Schriftzeichen lesbare Erklärung möglicherweise nicht gemäß § 130 Abs. 1 BGB zugehe, weil es dem Empfänger an den notwendigen Hard- und Softwarevoraussetzungen fehlt.

[648] MüKo/*Einsele*, § 126a Rn. 3; *Leue*, S. 141. Ebenso im Ergebnis *Borges*, S. 611. S. auch *Boente/Riehm*, Jura 2001 S. 796; *Vehslage*, DB 2000, S. 1802.

[649] Vgl. aber BT-Drs. 14/4987, S. 25. Hiernach liegt eine elektronische Erklärung vor, wenn die Daten mittels EDV gespeichert sind und ohne technische Hilfsmittel *nicht lesbar* sind.

[650] *Hoffmann*, S. 125 f.

[651] BT-Drs. 14/4987, S. 20.

[652] BT-Drs. 14/4987, S. 25 linke Sp.; vgl. auch BT-Drs. 14/4987, S. 16, wo bei der Perpetuierungsfunktion des elektronischen Dokuments auf die Lesbarkeit des Textes hingewiesen wird.

leistet wird. Dieses Erfordernis der Speicherbarkeit des Dokuments, welche seine dauerhafte Lesbarkeit ermöglicht, ergibt sich - im Gegensatz zu § 126b BGB – nicht unmittelbar aus dem Normtext[653]. Es ist jedoch Bestandteil der elektronischen Form[654], denn auch hier spricht die Funktionsäquivalenz zur Schriftform dafür, dass nur solche Dokumente den Voraussetzungen der elektronischen Form entsprechen, die zur dauerhaften Wiedergabe geeignet sind.

b) Hinzufügen des Namens durch den Aussteller

Aussteller des elektronischen Dokuments ist der individuelle Urheber eines elektronischen Dokuments. Es muss sich um eine natürliche Person handeln. Das für die elektronische Signatur erforderliche Zertifikat wird auch nur natürlichen Personen erteilt, § 2 Nr. 7 SigG. Bei automatisiert gefertigten Erklärungen ist derjenige, der die Datenverarbeitungsanlage betreibt, als Aussteller auszusehen[655]. *Noack* weist allerdings darauf hin, dass eine solche Automatisierung bei Vorgängen, die der gesetzlichen Schriftform unterliegen und daher durch die elektronische Form des § 126a ersetzt werden könnten, eher selten vorkommt[656].

Die elektronische Form erfordert als Tatbestandsvoraussetzung die Hinzufügung des Namens des Ausstellers. Insbesondere wird gemäß § 126a Abs. 1 BGB - anders als beim § 126 BGB – die Hinzufügung des Namens und nicht die Namensunterschrift verlangt. Dieses Tatbestandsmerkmal soll der sicheren und leichten Identifikation des Ausstellers dienen[657]. Anders als bei der Schriftform soll richtigerweise die Nennung des Namens in einer Überschrift der elektronischen Erklärung ausreichen[658], da nach der Gesetzesformulierung nur eine Namenhinzufügung und keine Unterzeichnung verlangt wird. Lediglich Gewohnheitsgründe des Geschäftsverkehrs sprechen dafür, den Namen des Ausstellers an das Ende des Dokuments anzufügen[659].

Darüber hinaus ist die Hinzufügung eines Künstlernamens oder eines Pseudonyms möglich[660]. Die Gesellschaft für Informatik hat insoweit darauf hingewie-

---

[653] S. aber BT-Drs. 14/4987, S. 42.
[654] Vgl. *Boente/Riehm*, Jura 2001, S. 796. S. auch *Hoffmann*, S. 126; *Steinbeck*, DStR 2003, S. 646 f.; *Vehslage*, DB 2000, S. 1802; *Bamberger/Roth-Wendtland*, § 126a Rn. 3.
[655] *Hoffmann*, S. 125. S. auch *Fritzsche/Malzer*, DNotZ 1995, S. 6; *Noack*, in Dauner-Lieb/Heidel/Lepa/Ring, Das neue Schuldrecht, S. 450 Rn. 27; *ders.*, DStR 2001, S. 1895.
[656] *Noack*, DStR 2001, S. 1895.
[657] BT-Drs. 14/4987, S. 16.
[658] *Larenz/Wolf*, Allgemeiner Teil, § 27 Rn. 45. Ebenso MüKo/*Einsele*, § 126a Rn. 6; Palandt-*Heinrichs*, § 126a Rn. 8; Jauernig/*Jauernig*, § 126a Rn. 4; *Palm*, in Erman, § 126a Rn. 4; vgl. auch *Boente/Riehm*, Jura 2001, S. 796, *Steinbeck*, DStR 2003, S. 647. A.A. *Lorenz/Riehm*, 25.
[659] Vgl. jurisPK/*Junker*, § 126a Rn.28.
[660] Staudinger/*Hertel*, § 126a Rn. 44.

sen, dass das Erfordernis der Namenshinzufügung bei datenschutzfeindlicher Interpretation die pseudonyme Willenserklärung ausschließen könnte[661]. Eine solche Auslegung steht einerseits im Widerspruch zu den gesetzlichen Zielvorgaben, pseudonymes Handeln als Möglichkeit des Datenschutzes zu fördern[662]. Andererseits muss dem Aussteller der Willenserklärung möglich sein auch sein Pseudonym zu benutzen, da nach § 12 BGB die Verwendung eines aufdeckbaren Pseudonyms als Name anerkannt wird. Die Anforderung der Hinzufügung des Namens des Erklärenden darf nicht dazu führen, dass der Aussteller des Dokuments verpflichtet ist, sein Pseudonym aufzudecken. Der Aussteller kann also dem zu signierenden Dokument sein Pseudonym hinzufügen und alles mit seiner qualifizierten elektronischen Signatur signieren[663].

Der Sinn des Erfordernisses der Namensangabe lässt sich hier nicht ohne weiteres erschließen. Das Erfordernis des Beifügens des Namens des Ausstellers wird laut der Gesetzesbegründung zur Gewährleistung der Identitätsfunktion der Unterschrift benötigt[664]. Diese erfolgt jedoch durch die qualifizierte elektronische Signatur und das Zertifikat bereits in ausreichender Weise: Mit der qualifizierten elektronischen Signatur ist immer ein qualifiziertes Zertifikat verbunden. Das qualifizierte Zertifikat wiederum erfordert nach § 7 Abs. 1 Nr. 1 SigG zwingend die Angabe des Namens des Signaturschlüssel-Inhabers. Sofern der Empfänger also die Signatur überprüft, kann er dem Zertifikat den Namen des Erklärenden entnehmen.

Es stellt sich in diesem Zusammenhang die Frage, ob eine Erklärung, welche mit einer qualifizierten elektronischen Signatur signiert wird, ohne jedoch ein zusätzliches Hinzufügen des Namens des Ausstellers, der Schriftform gleichgestellt ist. Mit der Hinzufügung des Namens des Ausstellers wird die ausreichende Identifizierung des Erklärenden bezweckt. Hierdurch soll der Aussteller für den Empfänger erkennbar werden. Diese Anforderung wird schon zuverlässig dadurch erfüllt, dass der Name des Erklärenden im Zertifikat erhalten ist. Die zusätzliche Angabe in der Erklärung zu verlangen, wäre reiner Formalismus[665].

---

[661] *Gesellschaft für Informatik*, DuD 2001, S. 38.

[662] § 3a BDSG, § 4 Abs. 1 TDDSG und § 13 Abs. 1 MDStV. S. *Roßnagel*, NJW 2001, S. 1825. Zum Datenschutz durch Anonymität und Pseudonymität vgl. *Roßnagel/Scholz*, MMR 2000, S. 721 ff.

[663] MüKo/*Einsele*, § 126a Rn. 5; *Roßnagel*, NJW 2001, S. 1825; Bamberger/Roth-*Wendtland*, § 126a Rn. 4. S. auch *Noack*, DStR 2001, S. 1896. A.A. *Lapp*, in Gounalakis, Rhb. Electronic Business, § 18 Rn. 185: nach dem Wortlaut des § 126a BGB genüge ein Pseudonym nicht, um die gesetzliche Schriftform zu erfüllen; vgl. auch hierzu *Jungermann*, S. 99 ff., der die Ansicht vertritt, dass der Einsatz eines Pseudonyms im Ergebnis nicht ausreicht, da der Aussteller mangels eines genügenden Aufdeckungsverfahrens nicht erkennbar ist.

[664] BT-Drs. 14/4987, S. 16.

[665] *Lapp*, in Gounalakis, Rhb. Electronic Business, § 18 Rn. 184.

Deshalb kann man davon ausgehen, dass die elektronische Form der Schriftform problemlos gleichgestellt wird, selbst wenn der Name des Ausstellers augelassen wird[666].

c) Qualifizierte elektronische Signatur

Der Aussteller des Dokuments soll nach § 126a Abs. 1 BGB über die Angabe seines Namens hinaus das Dokument mit einer qualifizierten elektronischen Signatur nach dem Signaturgesetz versehen[667]. Hier wird die Natur des SigG als Referenzgesetz deutlich, denn zur Wahrung der elektronischen Form ist eine qualifizierte elektronische Signatur nach dem SigG erforderlich. Die Legaldefinition einer qualifizierten elektronischen Signatur findet sich in § 2 Nr. 1 SigG. Verlangt das Gesetz die Schriftform, kann die fortgeschrittene elektronische Signatur nicht eingesetzt werden.

Weiterhin kann die elektronische Form durch eine Signatur erfüllt werden, die dem Recht eines anderen EU-Mitgliedstaates entspricht. Es handelt sich um die nach § 23 Abs. 1 SigG gleichgestellten ausländischen elektronischen Signaturen. Auch dann müssen aber die Voraussetzungen des Art. 5 Abs. 1 SigRL vorliegen.

Die Anforderungen, die § 126a BGB an die elektronische Form im Privatrecht stellt, können erst recht durch akkreditierte Signaturverfahren erfüllt werden. Da die Einhaltung dieser Anforderungen im Akkreditierungsverfahren vorab geprüft worden ist, besteht die Sicherheit, dass die elektronische Signatur für die Formwahrung genügt[668].

Sonstige Signaturverfahren stellen demgegenüber keinen Ersatz für die gesetzliche Schriftform dar. Es ist indes hervorzuheben, dass nach § 127 Abs. 3 BGB für die *gewillkürte* elektronische Form im Zweifel eine signierte Erklärung genügt, die mit einer sonstigen Signatur nach § 1 Abs. 2 SigG versehen ist. Wird von einer solchen Signatur Gebrauch gemacht, kann zur Sicherung der Beweiskraft des Dokuments verlangt werden, dass die Willenserklärung nachträglich

---

[666] Vgl. aber Begr. zum JKomG-Entwurf, B. Einzelbegründung, S. 71, die bezüglich § 130b ZPO auf die Rechtsprechung zu den Folgen einer fehlenden richterlichen Unterschrift verweist. Nach *Jungermann*, S. 96 ff., sei die Hinzufügung des Namens innerhalb des Dokuments auf Grund der sinnvollen Soforterkennbarkeit und dem eindeutigen Wortlaut des § 126a BGB konstitutive Tatbestandvoraussetzung der elektronischen Form. Fehle ein der Schriftform bedürftiges Rechtsgeschäft an dieser Hinzufügung, wäre es gemäß § 125 BGB nichtig.

[667] Kritisch hierzu *Roßnagel*, MMR 2002, S. 217; *ders.*, MMR 2001, S. 202, der mangels Vorabprüfung der Verfahren bei der qualifizierten elektronischen Signatur, ein akkreditiertes Signaturverfahren für die elektronische Form bevorzugt.

[668] *Roßnagel*, MMR 2002, S. 217.

mit einer qualifizierten elektronischen Signatur versehen wird. Steht die entsprechende Ausrüstung nicht zur Verfügung, kann stattdessen eine dem § 126 BGB entsprechende Beurkundung verlangt werden[669].

2. *Ersetzung der Schriftform durch die elektronische Form*

Mit der Einführung der elektronischen Form besteht die Möglichkeit, die gesetzliche Schriftform durch die elektronische Form zu ersetzen. Hinsichtlich der konkreten Voraussetzungen, unter denen diese Ersetzung ermöglicht wird, besteht in der Literatur Uneinigkeit. Nach der überwiegenden Auffassung kann die elektronische Form bei empfangsbedürftigen Willenserklärungen die Schriftform nur dann ersetzen, wenn die Beteiligten ausdrücklich oder nach Maßgabe bisheriger Geschäftsgepflogenheiten ihre Anwendung billigen und deshalb mit dem Zugang einer elektronischen Willenserklärung rechnen müssen[670]. Niemandem darf gegen seinen Willen der elektronische Rechtsverkehr aufgezwungen werden[671]. Dies kommt durch die im Gesetzestext (§ 126 Abs. 3 BGB) enthaltene Formulierung „kann ersetzt werden" zum Ausdruck[672]. Der Einsatz der elektronischen Form hängt nicht allein vom Willen des Erklärenden ab, sondern muss dem Willen beider Parteien entsprechen[673]. Die elektronische Form kann nach herrschender Auffassung die Schriftform nur ersetzen, wenn alle Beteiligten ihre Anwendung billigen. Zu diesem Ergebnis führe auch der Vergleich des § 126 Abs. 3 BGB[674] mit § 126 Abs. 4 BGB, wonach die schriftliche Form durch die notarielle Beurkundung ersetzt wird, denn eine solche Anordnung ist für die elektronische Form nicht getroffen worden[675]. Diese Auslegung wird durch den Gesetzentwurf der Bundesregierung bestätigt, in dem ausgeführt wird, dass die elektronische Form als Alternative zur herkömmlichen Schriftform vom Gesetz angeboten wird, „wenn dies die Beteiligten wollen"[676]. Ferner wird in der Gesetzesbegründung darauf hingewiesen, dass der bloße Umstand, dass jemand einen Signaturschlüssel nach dem SigG besitzt, nicht zwangsläufig bedeutet, dass die

---

[669] BT-Drs. 14/4987, S. 21. S. z.B. auch *Vehslage*, DB 2000, S. 1802.

[670] BT-Drs. 14/4987, S. 15. So auch *Gotthardt/Beck*, NZA 2002, S. 877; Staudinger/*Hertel*, § 126a Rn. 39; *Huber*, in Musielak ZPO, § 292a Rn. 3; *Roßnagel*, NJW 2001, S. 1825; *Vehslage*, DB 2000, S. 1802.

[671] Vgl. *Larenz/Wolf*, Allgemeiner Teil, § 26 Rn. 42.

[672] Vgl. nur jurisPK/*Junker*, § 126 Rn. 102 f. AA. MüKo/*Einsele*, § 126 Rn. 9.

[673] Palandt-*Heinrichs*, § 126a Rn. 6; Staudinger/*Hertel*, § 126a Rn. 39; Jauernig/*Jauernig*, § 126a Rn. 3; *Palm*, in Erman, § 126a Rn. 6. S. auch *Roßnagel*, NJW 2001, S. 1825; *Noack*, in Dauner-Lieb/Heidel/Lepa/Ring, Schuldrecht § 126 Rn. 14; *ders.*, DStR 2001, S. 1895; *Steinbeck*, DStR 2003, S. 645; *Vehslage*, DB 2000, S. 1802.

[674] § 126 Abs. 3 BGB bestimmt, dass die Schriftform durch die elektronische Form ersetzt werden kann.

[675] *Noack*, DStR 2001, S. 1895.

[676] BT-Drs. 14/4987, S. 12 und 41.

Bereitschaft besteht, von jedermann elektronische Dokumente zu akzeptieren[677]. In diesem Zusammenhang stellt sich die Frage, wie der Wille der Parteien, die elektronische Form einzusetzen, zum Ausdruck gebracht wird. Eine rechtsgeschäftliche Vereinbarung über die Verwendung der elektronischen Form wäre nicht praktikabel, da eine solche aus Beweisgründen schriftlich abgefasst werden müsste[678]. Der Zweck des § 126a BGB, der gerade auf Vereinfachung der Geschäftsabläufe ausgerichtet ist, würde damit verhindert und zudem würde die Abwicklung des elektronischen Rechtsverkehrs beträchtlich erschwert.

Eine ausdrückliche oder aus den bisherigen Geschäftsgepflogenheiten ergebende tatsächliche Billigung der Substitution der Schriftform durch die elektronische Form muss nach *Steinbeck* genügen[679]. Zum Teil wird hierfür allein das Vorhandensein einer E-Mail-Adresse als ausreichend angesehen. Der Adresseninhaber könne sich vor unerwünschten elektronisch signierten Willenserklärungen dadurch schützen, dass er auf seinem Briefkopf oder seiner Website zum Ausdruck bringt, dass er keine rechtsgeschäftlichen Erklärungen in elektronischer Form entgegennehmen möchte[680]. *Noack* ist insoweit der Ansicht, dass ein grundsätzliches Einverständnis mit der elektronischen Form anzunehmen sei, wenn eine Partei ihre E-Mail-Adresse als „Korrespondenzkoordinate" auf Geschäftsbriefen angebe[681]. Hingegen dürfe der Erklärende nicht von einer Billigung ausgehen, wenn er die Adresse nur bei Gelegenheit erfahren oder über Internetsuchmaschinen recherchiert habe[682]. *Hoffmann* geht - entgegen *Noack* - davon aus, dass eine Substituierbarkeit der Schriftform ausschließlich auf die Fälle zum Einsatz kommen kann, in denen entweder eine ausdrückliche Billigung oder ständiger Geschäftskontakt zugrunde liegt; oder wenn sich aus dem Umstand, dass eine Partei ihre Erklärung selbst in elektronischer Form abgegeben hat, ergibt, dass sie ihrerseits auch derartige Erklärungen akzeptiert[683]. Wer eine Erklärung in elektronischer Form beantwortet, der gibt damit ebenfalls sein Einverständnis mit der Verwendung der Form zu erkennen. Die Tatsache, dass eine Person den Zugang von Erklärungen durch E-Mail zulässt, bedeutet zwangsläufig nicht eine Billigung zur Ersetzung der elektronischen Form, denn

---

[677] BT-Drs. 14/4987, S. 15.

[678] BT-Drs. 14/4987, S. 41 f. Nach Palandt-*Heinrichs*, § 126a Rn. 6, bedarf die Einwilligung der Beteiligten keiner Form.

[679] *Steinbeck*, DStR 2003, S. 645.

[680] *Boente/Riehm*, Jura 2001, S. 795 f.

[681] Kritisch hierzu *Steinbeck*, DStR 2003 S. 645.

[682] *Noack*, in Dauner-Lieb/Heidel/Lepa/Ring, Das neue Schuldrecht, S. 448 Rn. 19; *ders.*, in Dauner-Lieb/Heidel/Lepa/Ring/Noack, Anwaltskommentar, § 126 Rn. 16; ders., DStR 2001, S. 1895. *Noack* nimmt jedoch an, dass von Verbrauchern nicht verlangt werden dürfe, in elektronischer Form angegebene Erklärungen unverzüglich zurückzuweisen. So aber im Ergebnis *Larenz/Wolf*, Allgemeiner Teil, § 26 Rn. 42.

[683] *Hoffmann*, S. 127 f. Ähnlich jurisPK/*Junker*, § 126 Rn. 104.

die Zulassung könnte auch nur für formfreie Erklärungen gelten. Der Empfänger muss aber seine Zustimmung nicht unbedingt ausdrücklich erklären. Es ist festzuhalten, dass die Billigung des Empfängers von Willenserklärungen in elektronischer Form auf verschieden Weise erfolgen kann. Es reicht aus, dass er durch einen Hinweis auf seinem Briefbögen, seiner Web-Site, in seinen AGB oder in einer E-Mail zu erkennen gegeben hat, dass er die elektronische Form als Alternative zur Schriftform akzeptiert.

Ist der Empfänger zwar technisch in der Lage, die Erklärung zu lesen, aber nicht bereit, formbedürftige Rechtsgeschäfte in elektronischer Form abzuschließen (z.B. weil er seine Transaktionen lieber in der traditionellen Schriftform durchführt), so kann er durch einen ausdrücklichen Hinweis an den Erklärenden oder an die Allgemeinheit (z.B. auf Briefbögen) die Möglichkeit ausschließen, die elektronische Form statt der Schriftform zu wählen. Ist der Empfänger schon technisch nicht in der Lage, die elektronische Erklärung zu lesen (z.B. verfügt er nicht über die nötigen Programme zum Lesen der Erklärung), so fehlt es bereits am Zugang der Willenserklärung[684].

Einsele vertritt dagegen die Ansicht, dass die Schriftform ohne jede weitere Voraussetzung durch die elektronische Form ersetzbar sei[685]. Sie lehnt insoweit die Auffassung ab, dass die Parteien eine Vereinbarung getroffen haben müssen, um ihre Korrespondenz elektronisch zu führen, und geht bei fehlender Billigung der elektronischen Form durch den Erklärungsempfänger nicht von einer Nichtigkeit der Erklärung gemäß § 125 BGB aus. Die Rechtssicherheit und Praktikabilitätsgründe sprächen dagegen, dass das Einverständnis des Adressaten als Voraussetzung für die Substituierbarkeit der Schriftform durch die elektronische Form verlangt wird, denn der Erklärende müsste sich dann vor Abgabe der Erklärung stets der Zustimmung des Empfängers über die Verwendung der elektronischen Form vergewissern[686]. Könne der Absender auf Grund der bisherigen Geschäftsgepflogenheiten bzw. Vereinbarungen nicht mit entsprechenden Empfangsvorrichtungen bei dem Adressaten rechnen, so fehle es am Zugang der Willenserklärung. Folglich sei die Willenserklärung formwirksam, aber eben nicht zugegangen. *Einsele* hält daher das Vorhandensein entsprechender technischer Einrichtungen beim Empfänger für ein reines Zugangsproblem. Dies würde es dem Empfänger der Willenserklärung ermöglichen, sich mit dem bloß mündlichen Zugang einverstanden zu erklären und auf den Zugang der Willenserklärung in der elektronischen Form zu verzichten, da § 130 BGB - anders als §

---

684 Vgl. auch BT-Drs. 14/4987, S. 15, r. Sp.: „Wenn ihm das [Lesen und Verifizieren der übermittelten Datei] nicht möglich ist, mangelt es ohnehin zumindest am Zugang der elektronischen Erklärung". Vgl. auch *Dörner*, AcP 2002, S. 373 f.

685 MüKo/*Einsele*, §126 Rn. 11 ff. Ebenso *Borges*, S. 655; vgl. auch *Lorenz/Riehm*, Rn. 22.

686 Vgl. *Borges*, S. 655.

126 BGB - dispositiv ist. Im Ergebnis liege es mithin in der Hand des Erklärungsempfängers, ob die Willenserklärung des Äußernden rechtliche Wirkungen hat, indem er sich ausdrücklich oder konkludent mit dem nicht formgerechten Zugang einverstanden erklärt[687].

3. Zugang und Form

Der Gesetzgeber hat es entgegen mancher Anregungen[688] unterlassen, besondere Normen für den Zugang der elektronischen Willenserklärungen vorzusehen[689]. Die Problematik sei allgemeiner Natur und nicht im Rahmen der Formvorschriften zu lösen. Für alle elektronischen Willenserklärungen, ob signiert oder nicht, gilt daher im Grundsatz die Norm des § 130 Abs. 1 BGB. Empfangsbedürftige Willenserklärungen, die dem Schriftformerfordernis unterliegen, werden erst wirksam, wenn sie dem Empfänger in qualifiziert elektronisch signierter Form zugehen[690].

4. Vertragsschluss

Für Verträge enthält § 126a Abs. 2 BGB eine § 126 Abs. 2 S. 2 BGB nachgebildete Vorschrift: Bei einem Vertrag müssen also die Parteien gleich lautende Dokumente von dem gesamten Vertragstext erstellen, ihren Namen hinzufügen und jede Partei je ein Exemplar des Dokuments mit ihrer qualifizierten elektronischen Signatur signieren[691]. Mit § 126a Abs. 2 soll bloß sichergestellt werden, dass beide Vertragsparteien ihre Signatur unter ein inhaltlich übereinstimmendes Dokument setzen, so wie dies auch bei einem herkömmlichen Vertrag der Fall ist. Obwohl das Gesetz dies nicht ausdrücklich anordnet, hat entsprechend § 126 Abs. 2 S. 2 BGB jede Vertragspartei das für die andere Partei bestimmte Dokument (und nicht das eigene Exemplar) mit ihrer elektronischen Signatur zu versehen[692]. Das Erfordernis der elektronischen Form bei Vertragserklärungen ist daher nicht erfüllt, wenn jeder Vertragspartner nur seine eigene Angebots oder Annahmeerklärung elektronisch signiert[693]. Es ist jedoch möglich, dass beide Parteien ein inhaltlich gleiches Dokument signieren[694], oder dass beide Parteien

---

[687] MüKo/*Einsele*, §126 Rn. 11 ff.

[688] Prüfbitte des Bundesrats, BT-Drs. 14/4987, S. 35.

[689] BT-Drs. 14/4987, S. 11.

[690] MüKo/*Einsele*, §126 Rn. 15; Palandt-*Heinrichs*, § 126 Rn. 11; Jauernig/*Jauernig*, § 126, Rn. 11.

[691] S. dazu *Scheffler/Dressel*, CR 2000, S. 379.

[692] Staudinger/*Hertel*, § 126a Rn. 56.

[693] BT-Drs. 14/4987, S. 17. So auch *Borges*, S. 655; *Lorenz/Riehm*, Rn. 30. Vgl. auch Palandt-*Heinrichs*, § 126a Rn. 10.

[694] *Borges*, S. 611 unter Verweis auf *Vehslage*, DB 2000, S. 1802. Ebenso MüKo/*Einsele*, §126a Rn. 26; Palandt-*Heinrichs*, § 126a Rn. 10; Staudinger/*Hertel*, § 126a Rn. 56.

dasselbe Dokument signieren. Werden von einem elektronischen Vertragsdokument mehrere inhaltlich identische Exemplare erstellt, genügt es, wenn jeder Vertragspartner nur die für den jeweils anderen Teil bestimmte elektronische Ausfertigung signiert[695]. In diesem Rahmen reicht es ebenfalls aus, wenn nur ein Vertragspartner das für den anderen Teil bestimmt Vertragsdokument elektronisch signiert, während der andere Teil das für jenen bestimmte, inhaltlich gleichlautende Exemplar in der Schriftform nach § 126 Abs. 1 BGB unterzeichnet[696].

Werden diese Voraussetzungen nicht eingehalten, ist das formbedürftige Rechtsgeschäft gemäß § 125 BGB regelmäßig formnichtig[697]. Da die elektronische Form grundsätzlich die Schriftform des § 126 BGB ersetzt, muss sie so ausgestaltet sein, dass sie die mit der Schriftform bezweckten Funktionen regelmäßig sicherstellt. Die Formvorschriften können wiederum, je nach Vorschrift unterschiedlichen Zielsetzungen dienen[698] So wird z.B. der Abschluss des Geschäfts von den Vorverhandlungen abgegrenzt und die eingetretene rechtsgeschäftliche Bindung gekennzeichnet[699]. Ferner wird dem Interesse an der Beweisführung und der Offenlegung des Geschäftsinhalts Rechnung getragen[700]. Der Zweck der meisten Formvorschriften liegt auch darin, den Erklärenden vor übereilter Bindung bei bedeutenden oder riskanten Geschäften zu schützen[701]. Der Aussteller der Schrifturkunde wird des Weiteren identifiziert und die signierte Erklärung wird als solche des Erklärenden authentifiziert[702]. Durch die Unterschrift wird das Dokument abgeschlossen und einer dauerhaften Überprüfung zugänglich gemacht. Die Schriftform gewährleistet somit folgende Funktionen: Abschluss-, Identitäts-, Echtheits-, Warn-, Beweis- und Perpetuierungsfunktion[703].

---

695 Vgl. hierzu Palandt-*Heinrichs*, § 126 Rn. 12, § 126a Rn. 10, der auch darauf hinweist, dass das jeweils für die andere Partei bestimmte Dokument zu signieren ist, obwohl dies in § 126a Abs. 2 BGB nicht ausdrücklich normiert ist.

696 BT-Drs. 14/4987, S. 18. Ebenso MüKo/*Einsele*, §126a Rn. 26; Palandt-*Heinrichs*, § 126a Rn. 10; Staudinger/*Hertel*, § 126a Rn. 57.

697 Eine Berufung auf diese Formnichtigkeit kann aber auch hier nach § 242 BGB ausgeschlossen sein, wenn die Formnichtigkeit zu untragbaren Ergebnissen führen würde, insbesondere ein Beteiligter über die Unwirksamkeit der elektronischen Form arglistig getäuscht hat.

698 Zu Funktion und Zweck von Formvorschriften vgl. z.B. *Borges*, S. 578 ff.; *Häsemeyer*, JuS 1980, S. 1 ff.; vgl. auch *Hoffmann*, S. 128 ff.; *Leue*, S. 56 ff.; *Plewe*, S. 5 ff.

699 MüKo/*Einsele*, § 125 Rn. 7.

700 *Larenz/Wolf*, Allgemeiner Teil, § 27 Rn. 4; *Medicus*, AT, Rn. 614. S. auch MüKo/*Einsele*, § 125 Rn. 7; Palandt-*Heinrichs*, § 125 Rn. 2a.

701 MüKo/*Einsele*, § 125 Rn. 6; Palandt-*Heinrichs*, § 125 Rn. 2; *Larenz/Wolf*, Allgemeiner Teil, § 27 Rn. 8; *Medicus*, AT, Rn. 614.

702 Palandt-*Heinrichs*, § 125 Rn. 2a.

703 Vgl. Jauernig/*Jauernig*, § 126, Rn. 2.

Für die Beurteilung der so genannten Funktionsäquivalenz, also für die Beurteilung der gleichwertigen Erfüllung der Schriftformzwecke durch die elektronische Form kommt es darauf an, inwieweit die Funktionen der Schriftform auch von der elektronischen Form erfüllt werden[704]. Der Gesetzgeber des Formanpassungsgesetzes geht davon aus, dass die qualifizierte elektronische Signatur nach dem SigG grundsätzlich in der Lage ist, diese Funktionsäquivalenz zu gewährleisten[705]. Die in Bezug genommene Technik sorge dafür, dass der elektronischen Form die Abschluss-, Perpetuierungs-, Identitäts-, Echtheits-, Verifikations-, Beweis-, und Warnfunktion zukomme[706]. Eine völlige Gleichheit hinsichtlich aller Funktionen besteht jedoch wegen der tatsächlichen Unterschiede zwischen den beiden Formen nicht.

Im Hinblick auf die Warnfunktion und den Übereilungsschutz zeigte der Gesetzgeber eine gewisse Skepsis, ob sie von der elektronischen Form tatsächlich in gleicher Weise wie von der Schriftform erfüllt werden kann[707]. Zwar sei diese grundsätzlich erfüllt, da der Signierende das betreffende Dokument erstellen bzw. laden, seine Chipkarte in das Kartenlesegerät einlegen und seine PIN eingeben müsse. Zusätzlich ist der Zertifizierungsdiensteanbieter verpflichtet, den Signaturschlüssel-Inhaber bei Beantragung eines Zertifikats darauf hinzuweisen, dass eine elektronische Signatur im Rechtsverkehr die gleichen Wirkungen hat wie eine eigenhändige Unterschrift. Doch komme der elektronischen Signatur nicht eine der handschriftlichen Unterschrift vergleichbare Tradition zu, so dass die Schriftform wenigstens aus subjektiver Sicht derzeit noch einen größeren Schutz von Übereilung gewährleiste[708].

---

704 In der Begründung werden als Funktionen der elektronischen Form die Abschlussfunktion, Perpetuierungsfunktion, Identitätsfunktion, Echtheitsfunktion, Verifikationsfunktion, Beweisfunktion und Warnfunktion genannt.

705 BT-Drs. 14/4987, S. 15 ff., 17; vgl. *Borges*, S. 619. Ebenso MüKo/*Einsele*, §126a Rn. 22; Palandt-*Heinrichs*, § 126a Rn. 5; *Hoffmann*, S. 135 f.; *Mallmann/Heinrich*, ZRP 2000, S. 472; *Vehslage* DB 2000, S. 1802.

706 S. dazu BT-Drs. 14/4987, S. 15 ff.; vgl. *Leue*, S. 128 ff.

707 BT-Drs. 14/4987, S. 17. Ebenso *Hähnchen*, NJW 2001, S. 2832; *Noack*, in Dauner-Lieb/Heidel/Lepa/Ring, Das neue Schuldrecht, S. 449 Rn. 23. Nach *Tettenborn/Bender/Lübben/Karenfort*, BB 2001 Beilage 10 zu Heft 50, S. 21, genüge die elektronische Form der Warnfunktion sowohl aus objektiver als auch aus subjektiver Sicht. So ebenfalls *Seidel*, CR 1993, S. 485; *Vehslage*, DB 2000, S. 1802; vgl. auch die von *Borges*, S. 617 f., vertretene Auffassung; hiernach wird die Warnfunktion dadurch gewährleistet, dass die Form den Erklärenden zwingt, dem Empfänger ein Beweismittel von hoher Beweiswirkung zur Verfügung zu stellen. In diesem Zusammenhang kommt die Warnfunktion der elektronischen Form darauf an, ob dem elektronisch signierten Dokument eine der eigenhändig unterschriebenen Urkunde vergleichbare Beweiswirkung zukommt.

708 BT-Drs. 14/4987, S. 17. So auch MüKo/Einsele, §126a Rn. 25; *Rapp*, S. 163-166. Ebenso im Ergebnis *Oertel*, MMR 2001, S. 421; *Scheffler/Dressel*, CR 2000, S. 378. A.A. *Noack*, in Dauner-Lieb/Heidel/Lepa/Ring, Das neue Schuldrecht, S. 446 Rn. 13; hiernach sei die Warn-

5. Gesetzliche Ausnahmen von der elektronischen Form

Ist durch Gesetz ausdrücklich die Unzulässigkeit der elektronischen Form normiert, so schließt dies die Verwendung elektronischen Signaturen kategorisch aus. In diesen Bereichen behält die Handschriftlichkeit oder alternativ dazu die notarielle Beurkundung weiterhin ihre konstitutive Bedeutung. Die Signierung mittels elektronischer Medien führt in diesen Fällen zur Nichtigkeit des Rechtsgeschäftes.

Einen derartigen Ausschluss der elektronischen Form sieht das Gesetz vor allem in Bereichen vor, in denen die Warnfunktion eine besonders wichtige Rolle spielt wegen der „Verankerung im Bewusstsein der Menschen“[709]. Der Gesetzgeber hat ebenfalls den Ausschluss der Verwendung der elektronischen Form bei Erklärungen normiert, die ohne Willenserklärungen zu sein, eine besondere Seriosität zum Ausdruck bringen sollen, was durch die handschriftliche Unterschrift besser gewährleistet ist. Das FormanpassungsG änderte in dieser Hinsicht die §§ 623, 630 S. 3[710], 761 S. 2 (partiell), 766 S. 2, 780 S. 2, 781 S. 2 BGB, § 492 Abs. 1 S. 2 BGB n.F.[711], § 484 Abs. 1 S. 2 BGB[712], § 73 HGB[713] und § 2 Abs. 1 S. 2 des Nachweisgesetzes. Die elektronische Form ist ebenfalls in §§ 501 und 507 BGB ausgeschlossen[714].

Insbesondere wird der Ausschluss der elektronischen Form bei der Beendigung von Arbeitsverhältnissen durch Kündigung oder Auflösungsvertrag (§ 623 BGB) damit begründet, dass der Arbeitnehmer von einer übereilten Aufgabe des Arbeitsplatzes geschützt werden müsse und gleichzeitig die Rechtssicherheit erhöht werde. Zudem würden die Dokumente über die Beendigung von Arbeitsverhältnissen für die Vorlage bei verschiedenen Behörden oder bei Neubewer-

---

funktion gegenüber der eigenhändigen Unterschrift je nach technischer Ausgestaltung des Signiervorgangs erhöht oder gemindert.

[709] S. dazu *Fritzsche/Malzer*, DNotZ 1995, S. 17 f.; vgl. auch *Schippel*, FS Odersky, S. 665.

[710] § 630 BGB galt bislang sowohl für freie Dienstverhältnisse wie für das Zeugnis von Arbeitnehmern. Durch das Dritte Gesetz zur Änderung der GewO und sonstiger gewerberechtlicher Vorschriften vom 24. 8. 2002 (BGBl. I S. 3412) hat sich der Gesetzgeber für eine getrennte Behandlung des Zeugnisanspruchs entschieden. Der durch dieses Gesetz mit Wirkung zum 1.1.2003 in § 630 BGB angefügte Satz 4 verweist für den Zeugnisanspruch von Arbeitnehmern nunmehr auf § 109 GewO. Die elektronische Form ist ebenfalls gem. § 109 Abs. 3 GewO ausgeschlossen.

[711] Vormals § 4 Abs. 1 S. 3 VerbrKrG, aufgehoben durch Art. 6 Gesetz zur Modernisierung des Schuldrechts vom 26.11.2001 (BGBl. I S. 3138).

[712] Vormals § 3 Teilzeit-Wohnrechtegesetz.

[713] Die Vorschrift des § 73 HGB, die den Zeugnisanspruch von Handlungsgehilfen betraf, ist durch die Novellierung der GewO aufgehoben worden.

[714] Nach *Oberndörfer*, CR 2002, S. 362, ist § 126a BGB nicht auf wertpapierrechtliche Vorschriften anwendbar.

bungen benötigt. Hierfür sei gegenwärtig regelmäßig noch die herkömmliche Papiervorlage erforderlich[715]. Das letzte Argument lässt sich aus § 630 BGB und § 73 HGB ableiten: Ein Zeugnis solle weiterhin in schriftlicher Form erstellt werden, da die Vorlage von Zeugnissen in elektronischer Form heute noch nicht üblich sei, weil entsprechenden technischen Einrichtungen zurzeit nicht vorhanden sind[716]. Da dagegen für die Befristungsabrede - trotz der irreführenden Anmerkungen des Gesetzesentwurfs[717] - die Ersetzung der Schriftform durch elektronische Form nicht ausdrücklich ausgeschlossen ist, kann sie zulässig elektronisch erfolgen (§ 126 Abs. 3 BGB i.V.m. § 14 Abs. 4 TzBfG)[718]. Diese Möglichkeit bringt jedoch nicht soviel, weil für den Nachweis der Dauer des Arbeitsverhältnisses (§ 2 Abs. 1 S. 2 Nr. 3 NachwG) die elektronische Form ausgeschlossen ist[719]. Im kollektiven Arbeitsrecht ist wiederum der elektronische Abschluss von Tarifverträgen (§ 1 Abs. 2 TVG i.V.m. § 126 Abs. 3 BGB) und Betriebsvereinbarungen (§ 77 Abs. 2 BetrVG) grundsätzlich möglich, es bleibt jedoch den Tarifvertragsparteien im Rahmen ihrer Tarifautonomie vorbehalten, über das Formerfordernis zu befinden. Daher können die Parteien eines Tarifvertrags nur die Schriftform vorsehen und die elektronische Form ausschließen[720].

Mit dem Formerfordernis in §§ 766, 780 und 781 BGB wird bezweckt, den Schuldner vor einer übereilten Erklärung zu schützen. Das Schrifterfordernis für die Bürgschaft will insbesondere den Bürgen wegen der Gefährlichkeit des Rechtsgeschäfts vor einem unbedachten Abschluss warnen[721]. Dementsprechend ist nur die Erklärung des Bürgen formbedürftig, nicht die des Bürgschaftsnehmers[722]. Die Erteilung der Bürgschaftserklärung (§ 766 BGB), solle zum hier erforderlichen Schutz des Bürgers weiterhin nur in schriftlicher Form wirksam sein, bis sich die elektronische Form im Rechtsverkehr in gleicher Weise etab-

---

[715] BT-Drs. 14/4987, S. 22. Aus denselben Gründen ist die elektronische Form bei der Erteilung von Zeugnissen für Arbeitnehmer ausgeschlossen (§ 109 Abs. 3 GewO).

[716] BT-Drs. 14/4987, S. 22 und S. 28.

[717] BT-Drs. 14/4987, S. 22 geht ohne Begründung davon aus, dass der Ausschluss der elektronischen Form in § 623 BGB auch für die Befristung gilt.

[718] So *Preis*, in ErfKoArbR, § 127 BGB Rn. 26; vgl. auch *Gotthardt/Beck*, NZA 2002, S. 878; *Müller-Glöge*, in ErfKoArbR, § 14 TzBfG, Rn. 149; *Noack*, in Dauner-Lieb/Heidel/Lepa/Ring/Noack, Anwaltskommentar, § 126 Rn. 22.

[719] Die Kritik von *Gotthardt/Beck*, NZA 2002, S. 877 ff. (unter Verweis auf *Richardi*, NZA 2001, S. 63), dass der Gesetzgeber bei Einfügung der §§ 126 Abs. 3 BGB und 126a BGB den Überblick über die arbeitsrechtlichen Formvorschriften verloren habe, ist mangels einheitlicher Regelung für Arbeitsverhältnisse zuzustimmen. Der Gesetzgeber scheint z.B. das Berufsbildungsrecht bezüglich der Schriftformvorbehalte vergessen zu haben.

[720] BT-Drs. 14/4987, S. 14 f.

[721] MüKo/*Habersack*, § 766 Rn. 1; Staudinger/*Horn*, § 766 Rn. 1; Palandt-*Sprau*, § 766 Rn. 1a.

[722] Staudinger/*Horn*, § 766 Rn. 8; Palandt-*Sprau*, § 766 Rn. 3; *Stadler*/Jauernig, § 766 Rn. 3.

liere und die Warnfunktion vergleichbar der Schriftform erfüllen könne[723]. Vergleichbares gilt auch für das Schuldversprechen (§ 780 BGB), das Schuldanerkenntnis (§ 781 BGB) und das Versprechen einer Leibrente, soweit sie der Gewährung familienrechtlichen Unterhaltes dient (§ 761 S. 2 BGB)[724].

Des Weiteren kommen Ausnahmen vor im Grundbuch- und Schiffsregisterrecht, wo das Verfahrensrecht die Anbringung eines Eintragungsantrags in schriftlicher Form vorsieht. Insoweit müssen die Rechtsgrundlagen für einen elektronischen Dokumentenverkehr noch geschaffen werden[725]. Weitere Ausnahmen bestehen beim Verbraucherkreditvertrag, beim Vertrag über die Teilnutzung von Wohngebäuden sowie bei bestimmten Informationspflichten des Arbeitsgebers, die nach dem Gesetzesentwurf auf Grund von übergeordnetem EU-Recht schriftlich sein müssen[726].

6. *Die Vereinbarkeit der Schriftformvorbehalte mit den Bestimmungen der ECRL*

Art. 9 Abs. 1 ECRL verlangt nicht, dass nationale Formvorschriften, die den elektronischen Vertragsschluss einschränken, beseitigt werden müssen. Ausreichend ist, dass die Formvorschriften auch auf elektronischem Wege funktionsäquivalent erfüllt werden können. Generelles Ziel ist es, den Online-Abschluss von Verträgen zu erleichtern und zu einer effektiven Option zu machen[727]. Die ECRL erlaubt es dem nationalen Gesetzgeber, bestimmte Arten von Verträgen von der Möglichkeit eines elektronischen Vertragsabschlusses auszuschließen und bestimmte Vertragsarten vom „Ermöglichungsgrundsatz" auszunehmen. Von diesem Hindergrund sind auf die von dem deutschen Gesetzgeber eingeführten Ausnahmen von dem Grundsatz des § 126 Abs. 3 BGB, wonach die schriftliche Form durch die elektronische Form ersetzt werden kann, für ihre Vereinbarkeit unter europarechtlichen Gesichtspunkten zu prüfen.

---

[723] BT-Drs. 14/4987, S. 22. Kritisch hierzu *Winter*, JurPC Web-Dok. 307/2002, Abs. 6 ff.
[724] BT-Drs. 14/4987, S. 36.
[725] BT-Drs. 14/4987, S. 12 f.
[726] S. hierzu Art. 14 Abs. 1 Richtlinie 87/102/EWG des Rates vom 22. Dezember 1986 zur Angleichung der Rechts- und Verwaltungsvorschriften der Mitgliedstaaten über den Verbraucherkredit, ABl. EG Nr. L 42, S. 48 – 53; Art. 4 Richtlinie 94/47/EG des Europäischen Parlaments und des Rates vom 26. Oktober 1994 zum Schutz der Erwerber im Hinblick auf bestimmte Aspekte von Verträgen über den Erwerb von Teilzeitnutzungsrechten an Immobilien, ABl. EG Nr. L 280, S. 83 – 87; Art. 3 und 5 Richtlinie 91/533/EWG des Rates vom 14. Oktober 1991 über die Pflicht des Arbeitgebers zur Unterrichtung des Arbeitnehmers über die für seinen Arbeitsvertrag oder sein Arbeitsverhältnis geltenden Bedingungen, ABl. EG Nr. L 288, S. 32–35.
[727] Vgl. Richtlinie 2000/31/EG, Erwägungsgrund 34 S. 3.

a) Bürgschaft

Die Richtlinie 2000/31/EG hat zugelassen, dass Bürgschaften und Verträge über Sicherheiten, die von Personen außerhalb ihrer gewerblichen, geschäftlichen oder beruflichen Tätigkeit eingegangen werden, von der Gleichsetzung der schriftlichen mit der elektronischen Form ausgenommen werden dürfen[728]. In diesem Zusammenhang ist die Ausnahmevorschrift des § 766 S. 2 BGB nicht europarechtlich bedenklich, da die Bürgerschaft ausdrücklich in dem Ausnahmenkatalog des Art. 9 Abs. 2 ECRL erwähnt wird.

Infolge der Änderung der §§ 766, 780 und 781 BGB ist auch § 350 HGB, der auf diese Vorschriften verweist, betroffen. Die Änderung stellt klar, dass Kaufleute eine Bürgschaftserklärung, ein Schuldversprechen oder ein Schuldanerkenntnis auch ohne Einhaltung einer besonderen Form und deshalb auch als elektronische Willenserklärung abgeben können, wenn es sich um ein beidseitiges Handelsgeschäft handelt. Die ECRL will den Ausschluss der elektronischen Form nur dann zulassen, wenn die Bürgschaft von Personen außerhalb ihrer gewerblichen, geschäftlichen oder beruflichen Tätigkeit eingegangen wird, also von Verbrauchern des Art. 2 lit. e) ECRL. § 766 S. 2 BGB ist insoweit mit Art. 9 Abs. 2 lit. c) ECRL unvereinbar, solange für die Bürgschaft eines nichtkaufmännischen Unternehmers weiterhin die gesetzliche Schriftform verlangt wird[729]. Eine teleologische Reduktion des § 766 S. 2 BGB in dem Sinne, dass dieser immer dann keine Anwendung findet, wenn es um Bürgerschaftserklärungen von Freiberuflern bzw. nicht-Verbrauchern geht, wäre richtigerweise notwendig. Der Schwerpunkt der Ausnahmeregel des § 766 S. 2 BGB liegt eher in der Warnung schutzwürdiger Erklärenden und nicht in dem Schutz von Geschäftskundigen.

b) Arbeitrechtliche Ausnahmen

Die Ersetzung der schriftlichen durch die elektronische Form ist unzulässig für die Kündigung[730] und den Auflösungsvertrag (§ 623 BGB), die Zeugniserteilung (§ 109 Abs.3 GewO, § 630 S. 3 BGB, § 73 S. 3 HGB) und den Nachweis der wesentlichen Arbeitsvertragsbedingungen (§ 2 Abs. 1 S. 3 NachwG)[731]. Der Ge-

---

[728] Art. 9 Abs. 2 lit. c Richtlinie 2000/31/EG.

[729] Vgl. *Tettenborn/Bender/Lübben/Karenfort*, BB 2001 Beilage 10 zu Heft 50, S. 21; *Uhlmann*, S. 169.

[730] Das LAG Köln, Urt. v. 19.6.2001 – 13 Sa 1571/00, hat zu Recht eine Kündigung für unwirksam erachtet, die keine eigenhändige, sondern eine eingescannte Unterschrift enthielt.

[731] Der Gesetzgeber hatte das Seearbeitsrecht zunächst offensichtlich vergessen, seit dem 1.4. 2002 kann aber nach dem Gesetz zur Änderung des Seemannsgesetzes und anderer Gesetze die Schriftform der Kündigung in diesem Bereich ausdrücklich nicht mehr durch die elektronische Form gewahrt werden (§§ 62 Abs. 1 S. 2, 68a, 78 Abs. 2 S. 2 und Abs. 3 S. 2 SeemG).

setzentwurf der Bundesregierung geht davon aus, dass die ECRL eine Ausnahme ausdrücklich für die Vorschriften des Arbeitsrechts zugelassen habe[732]. Diese Auffassung ist aber nicht zutreffend. Vielmehr gilt die Richtlinie 2000/31/EG über den elektronischen Geschäftsverkehr gar nicht für Arbeitsverhältnisse. Bezüglich der entsprechenden Vorschriften des Arbeitsrechts findet sich bei den Erwägungsgründen der Richtlinie die Feststellung, die vertragliche Beziehung zwischen einem Arbeitnehmer und seinem Arbeitgeber sei „kein Dienst der Informationsgesellschaft"[733]. In der ECRL selbst ergibt sich die Ausklammerung bereits daraus, dass man die Gestaltung der Arbeitgeber-Arbeitnehmer-Beziehungen nicht zu den „Diensten der Informationsgesellschaft" zählen kann.

Was insbesondere die Ausnahmebestimmung hinsichtlich der Kündigungserklärung (§ 623 BGB) betrifft, wäre sie sowieso nicht in dem Regelungsbereich der ECRL, da Art. 9 Abs. 1 ECRL auf einseitige Rechtgeschäfte wie die Kündigung keine Anwendung findet[734]. Die Erteilung von Zertifikaten (§ 630 S. 2 BGB, § 109 Abs. 3 GewO) ist vielmehr von der Rechtsnatur her eine gesetzliche Nebenverpflichtung des Dienstverhältnisses und wird mithin von der europarechtlichen Vorgabe nicht berührt[735].

c) Leibrenteversprechen zur Gewährung familienrechtlichen Unterhaltes

Der Ausschluss der elektronischen Form bei dem Leibrenteversprechen zur Gewährung familienrechtlichen Unterhaltes (§ 761 S. 2 BGB) ist ebenfalls nicht europarechtlich bedenklich, da gemäß Art. 9 Abs.2 lit. d) Richtlinie 2000/31/EG der Ermöglichungsgrundsatz[736] des Art. 9 Abs. 1 der ECRL für Verträge im Bereich des Familienrechts nicht gilt[737]. Leibrentenversprechen sind sowieso von

---

[732] BT-Drucks. 14/4987 S. 14. So im Ergebnis Staudinger/*Hertel*, § 126a Rn. 17: Da Art. 9 Abs. 1 ECRL sich lediglich auf Verträge beziehe, stelle der Ausschluss der elektronischen Form für Kündigung oder Aufhebung von Arbeitsverhältnissen keine europarechtliche Bedenken dar. Ebenso *Heinemann*, ZNotP 2002, S. 417.

[733] Richtlinie 2000/31/EG, Erwägungsgrund 18.

[734] Vgl. *Maennel*, in Lehmann, Electronic Business, S. 60 Rn. 18

[735] Das Zeugnis enthält keine rechtsgeschäftliche Komponente, MüKo/*Schwerdtner*, § 630 Rn. 33.

[736] Nach Art. 9 Abs. 1 ECRL sind die Mitgliedstaaten verpflichtet, den wirksamen Abschluss elektronischer Verträge zu ermöglichen. Diese Vorgabe an die Mitgliedstaaten hat *Maennel*, MMR 1999, S. 190 als „Ermöglichungsgrundsatz" bezeichnet.

[737] Diese Ausnahmebestimmung gilt nur für Versprechen zwischen Ehegatten, Partnern einer gleichgeschlechtlichen Lebenspartnerschaft und in gerader Linie miteinander verwandten Personen. Unterhaltsrenten gegenüber anderen Personen können daher auch in elektronischer Form gemäß §§ 126 Abs. 3 BGB, 126a Abs. 1 BGB begründet werden.

geringer praktischer Bedeutung für den elektronischen Geschäftsverkehr und die Ausnahmeregelung ist insoweit nicht hinderlich.

d) Schuldversprechen und Schuldanerkenntnis

Dagegen sind Schuldversprechen und Schuldanerkenntnis in Art. 9 Abs. 2 lit.c) der Richtlinie 2000/31/EG nicht genannt. In diesem Zusammenhang stellt sich die Frage, ob diese Schriftvorbehalte europarechtlich zulässig sind. Es wird in der Gesetzesbegründung angenommen, dass die Bürgschaft sowie das Schuldversprechen und Schuldanerkenntnis von der Ausnahme des Art. 9 Abs. 2 lit. c) ECRL umfasst sind[738]. Die eingeführte Ausnahme wird auch hier mit der geringen Warnfunktion der elektronischen Form im Vergleich zur Schriftform begründet[739]. Gemäß Art. 9 Abs. 2 lit. c) Richtlinie 2000/31/EG dürfen „Verträge über Sicherheiten" aus dem Regelungsbereich des Art. 9 Abs.1 der Richtlinie ausgenommen werden können. Das Schuldanerkenntnis und das Schuldversprechen weisen viele Ähnlichkeiten mit der ausdrücklich ausgenommenen Bürgschaft auf. Die Gefahr für den Schuldner ist durch die Abstraktheit der Rechtsgeschäfte begründet. Mängel des „zugrunde liegenden" Geschäfts können nur über das Bereicherungsrecht geltend gemacht werden, was zu einer Umkehrung der Darlegungs- und Beweislast zu Ungunsten des Schuldners führt[740]. Der Begriff des „Vertrags über Sicherheiten" ist daher so auszulegen, dass die Vorbehalte bezüglich des Schuldversprechens und des Schuldanerkenntnisses darunter zu subsumieren sind[741].

e) Ausnahmen auf Grund europäischer Richtlinien

Der Ausschluss der elektronischen Form für die Bereiche der § 492 Abs. 1 S. 2 BGB n.F., § 484 Abs. 1 S. 2 BGB n. F., und § 2 Abs. 1 S. 2 des Nachweisgesetzes sei nach der Gesetzesbegründung deswegen erforderlich, weil diese Vorschriften auf europäischen Richtlinien beruhen, die das Schriftlichkeitserfordernis festlegen[742]. Diese Begründung vermag nicht immer zu überzeugen.

---

[738] BT-Drs. 14/4987, S. 43. A.A. *Uhlmann*, S. 169 f. unter Verweis auf *Tettenborn/Bender/Lübben/Karenfort*, BB 2001 Beilage 10 zu Heft 50, S. 21 f.

[739] Der Gesetzgeber hat sich der Meinung von *Larenz/Canaris* angeschlossen, die eine Schutzfunktion zu Gunsten des Schuldners annehmen; vgl. hierfür *Larenz/Canaris*, § 61 I 1b. Ähnlich *Einsele*, DNotZ 1996, 851 f.; Jauernig/*Jauernig*, § 781 Rn. 8; *Medicus*, Schuldrecht II Rn. 559. A.A. BGH, NJW 1993, 584 f: Das Schriftformerfordernis beim Schuldanerkenntnis und beim Schuldversprechen diene nur der Rechtssicherheit, nicht aber dem Übereilungsschutz. Ebenso Staudinger/*Marburger* § 780 Rn. 7; Palandt-*Sprau*, § 780 Rn. 6.

[740] *Larenz/Canaris*, § 61 I 1a.

[741] So auch *Rapp*, S. 167 f.

[742] BT-Drs. 14/4987, S. 27, 31.

i) Verbraucherdarlehensverträge

Da die Verbraucherkreditverträge nicht bei den Ausnahmen des Art. 9 ECRL genannt werden, müsste die Bundesrepublik Deutschland den Abschluss eines Verbraucherkreditvertrags auch online ermöglichen. Verbraucherdarlehensverträge bedürfen jedoch gemäß § 492 Abs. 1 S. 1 BGB der Schriftform. Die elektronische Form ist ausdrücklich ausgeschlossen (§ 492 Abs. 1 S. 2 BGB). Nach der Begründung des Entwurfs ist der Ausschluss der elektronischen Form erforderlich, um das Schriftlichkeitserfordernis, das auf Art. 4 Abs. 1 der Verbraucherkreditrichtlinie (87/102/EWG) zurückgeht, richtlinienkonform einzuhalten[743]. Der Schriftvorbehalt bei Verbraucherdarlehensverträgen gemäß § 492 Abs. 1 S. 2 BGB ist ebenfalls mit einem gewissen Defizit in der Warnfunktion begründbar. Nach *Jauernig* trägt das FormanpassungsG auch dem Desinteresse des Verbrauchers Rechnung, indem es für verbraucherrelevante Erklärungen die elektronische Form ausschließt, da für den Verbraucher die elektronische Form keine reizvolle Alternative zur Schriftform sei wegen ihres Bedarfs an einem erheblichen technischen und Anwender-Aufwand[744]. Die Textform scheidet aus, da sie in § 492 BGB weder vorgeschrieben noch zugelassen ist[745].

Die ECRL enthält keine ausdrückliche Ausnahme des Ermöglichungsgrundsatzes für Verbraucherkreditverträge[746]. Art. 1 Abs. 3 ECRL bestimmt jedoch, dass das Schutzniveau des Verbraucherschutzes unberührt bleibt, soweit die Freiheit, Dienste der Informationsgesellschaft anzubieten, nicht eingeschränkt wird. Zusätzlich wird im Erwägungsgrund 11 der ECRL u.a. auf die Verbraucherschutzrichtlinie als Teil des durch Gemeinschaftsrecht eingeführten Schutzniveaus hingewiesen, das auch für die in der ECRL geregelten Dienste der Informationsgesellschaft gelte[747]. Der Ausschluss der elektronischen Form darf sich allerdings nicht auf die soeben dargestellte Basis stützen, da es nicht ersichtlich ist, dass die Verwendung qualifizierter elektronischen Signaturen das Verbraucherschutzniveau beeinträchtigen kann.

Hierbei stellt sich allerdings die Frage, ob die Verbraucherkreditrichtlinie in ihrem bisherigen Wortlaut unter Einbeziehung der englischen und französischen

---

[743] So auch *Dilger*, Verbraucherschutz bei Vertragsabschlüssen im Internet, S. 74 f.; *Drexl*, in Lehmann Electronic Business, S. 513 Rn. 102. Kritisch hierzu *Brüggemeier/Reich*, BB 2001 S. 215; *Tettenborn/Bender/Lübben/Karenfort*, BB 2001 Beilage 10 zu Heft 50, S. 22.

[744] Jauernig/*Jauernig*, § 126a Rn. 2.

[745] Palandt-*Putzo*, § 492 Rn. 8. - Insbesondere genügt eine Übermittlung der unterschriebenen Erklärung per Telefax, BTX, E-Mail oder das Internet nicht; vgl. BGH, NJW 1997, S. 3170 zu § 4 VerbrKrG.

[746] Zum Verhältnis zwischen Verbraucherkreditrichtlinie und ECRL s. *Borges*, S. 643 f.

[747] Nach *Mankowsi*, CR 2001, S. 34, bleiben Formanforderungen für Verbraucherverträge, soweit sie auf Gemeinschaftsrecht beruhen, über Erwägungsgrund 11 der ECRL als Teil des durch Gemeinschaftsrechtakte bereits hergestellten Schutzniveaus vorbehalten.

Fassung der elektronischen Form zwingend entgegensteht[748]. Nach allgemeiner Auffassung der Literatur - unter Hinweis auf die englische und französische Fassung des Art. 4 Verbraucherkreditrichtlinie – verweist der Art. 4 nicht auf die Schriftform des § 126 BGB[749]; es reicht aus, wenn der Text schriftlich lesbar ist. Die elektronische Form solle daher im Rahmen des § 492 Abs. 1 BGB ausreichen. Die deutsche Version des Art. 4 Verbraucherkreditrichtlinie („Verbraucherkreditverträge bedürfen der Schriftform") spricht nicht von „schriftlich lesbar", wie es gewollt war und den anderen Sprachversionen entspricht, sondern es heißt „Schriftform" (§ 492 BGB). Diese Argumentation ist überzeugend. Da es sich bei § 492 Abs. 1 S. 2 BGB um ein Schriftformerfordernis gemeinschaftsrechtlichen Ursprungs handelt, ist dieses Schriftformvorbehalt und der Begriff „Schriftform" im Kontext des EU-Rechts auszulegen. In Art. 5 Abs. 1 SigRL wird die Gleichsetzung der qualifizierten elektronischen Signatur mit der handschriftlichen Unterschrift festgelegt. Die Tatsache, dass die Verbraucherkreditverträge in dem Ausnahmekatalog des Art. 9 ECRL nicht erwähnt werden, spricht dafür, dass auf europarechtlichen Richtlinien beruhende Schriftformerfordernisse elektronisch erfüllt werden können[750]. In dieser Hinsicht ist die elektronische Form auch für Verbraucherkreditverträge zuzulassen[751].

Allerdings dürfte der Verbraucherdarlehensvertrag im elektronischen Geschäftsverkehr nur eine untergeordnete Rolle spielen, da der elektronische Abschluss eines Verbraucherkreditvertrages gemäß § 502 Abs. 2 BGB beim finanzierten Fernabsatzvertrag möglich ist. Das Schriftformerfordernis des § 492 Abs. 1 S. 1 BGB findet auf diesen keine Anwendung, „wenn die in § 492 Abs. 1 S. 1 Nr. 1 bis 5 bezeichneten Angaben mit Ausnahme des Betrags der einzelnen Teilzahlungen dem Verbraucher so rechtzeitig in Textform mitgeteilt sind, dass er die Angaben vor dem Abschluss des Vertrags eingehend zur Kenntnis nehmen kann". Dies bedeutet, dass in diesem Fall weder die gesetzliche Schriftform vorgeschrieben ist noch die elektronische Form ausgeschlossen ist. Der Vertrag ist bei Nichtbeachtung der Schriftform nach § 494 Abs. 1 BGB unwirksam. Jedoch

---

[748] In der englischen Fassung heißt es: „shall be in writing", in der französischen Fassung: „Les contrats de crédit sont établis par écrit". Sowohl die griechische Fassung der Richtlinie als auch der Art. 9 Abs. 1 der griechischen Umsetzungsverordnung Y.A. Φ1-983 7.21/3/91 (B' 172) sind auch verwirrend („Οι συμβάσεις πίστωσης καταρτίζονται *εγγράφως* - Kreditverträge sind schriftlich abzuschließen"). Denn unter dem Begriff *„εγγράφως* - schriftlich" ist die Schriftform zu verstehen, z.B. Art. 680 grZGB, Art. 849 grZGB.

[749] *Godefroid*, DStR 2001, S. 405; *Maennel*, in Lehmann, Electronic Business, S. 62 Rn. 36; vgl. aber *Mankowsi*, in Schulte-Nölke/Schulze, Europäisches Vertragsrecht, S. 191.

[750] *Rapp*, S. 170 f.

[751] Ebenso *Tettenborn*, in Lehmann, Electronic Business, S. 93 Rn. 44. Da für die Bestimmung des § 492 Abs. 1 S. 2 BGB keine Rechtfertigung gibt, ist sie als europawidrig zu betrachten. So *Borges*, S. 644 ff.

wird der Formmangel nach § 494 Abs. 2 BGB geheilt, wenn der Verbraucher das Darlehen empfängt oder in Anspruch nimmt.

ii) Teilzeit-Wohnrechtevertrag

§ 484 BGB legt die Anforderungen an einem Time-Sharing-Vertrag fest: Der Vertrag muss schriftlich in einer dem Erwerber verständlichen Sprache (§ 483 Abs. 1 BGB) abgefasst sein und zahlreiche Pflichtangaben enthalten. Durch diese Informationen soll dem Verbraucher eine adäquate Grundlage für die Entscheidung gegeben werden, ob er am Vertrag festhält oder von seinem Widerrufsrecht Gebrauch macht. Die elektronische Form i.S.d. § 126a BGB scheidet nach § 484 Abs. 1 S. 2 BGB aus, da sie nach Ansicht des Gesetzgebers im Widerspruch zu den zwingenden Vorgaben der Time-Sharing-Richtlinie (94/47/EWG) steht[752].

Gemäß Art. 9 Abs. 2 lit. a) ECRL dürfen Verträge die Rechte an Immobilien mit Ausnahme von Mietrechten begründen von dem Ermöglichungsgrundsatz des Art. 9 Abs. 1 ECRL ausgenommen werden. Von der Rechtsnatur her ist der Teilzeit-Wohnrechtevertrag als „ein Recht an Immobilien" einzustufen[753] und daher ist der Schriftform Vorbehalt des § 484 Abs. 1 S. 2 BGB im Einklang mit den europarechtlichen Vorgaben.

iii) § 2 Abs. 1 S. 3 Nachweisgesetz

Gemäß § 2 Abs. 1 S. 1 Nachweisgesetz ist der Arbeitgeber verpflichtet, die wesentlichen Vertragsbedingungen schriftlich niederzulassen, die Niederschrift zu unterzeichnen und dem Arbeitnehmer auszuhändigen. Da die ECRL für Arbeitsverhältnisse nicht gilt[754], stellt die in § 2 Abs. 1 S. 3 Nachweisgesetz festgelegte Nebenverpflichtung aus dem Arbeitsverhältnis keine europarechtliche Bedenken dar.

III. Kritik

Der Gesetzgeber hat den Ausschluss der Verwendung der elektronischen Form in vielen Fällen damit begründet, dass die elektronische Form zwar der Warnfunktion zum großen Teil Rechnung trage, aber die Schriftform die Aufgabe des

---

[752] BT-Drs. 14/4987, S. 20.

[753] In § 481 Abs. 1 S. 2 BGB heißt es: „Das Recht kann ein dingliches oder anderes Recht sein und insbesondere auch durch eine Mitgliedschaft in einem Verein oder einen Anteil an einer Gesellschaft eingeräumt werden". Möglich ist daher ein dingliches Recht (z.B. Miteigentum) oder ein schuldrechtliches Recht (z.B. Miete).

[754] Richtlinie 2000/31/EG, Erwägungsgrund 18.

Warnens und des Schutzes vor Übereilung nicht so gut zu erfüllen vermöge; wegen der langen Tradition und Verankerung im Bewusstsein der Menschen wenigstens aus subjektiven Gründen biete die Schriftform derzeit noch einen besseren Schutz vor Übereilung[755]. Diese Begründung überzeugt nicht. Es ist richtig, dass sich das relativ junge Medium der elektronischen Übermittlung im Rechtsverkehr und die elektronische Form insbesondere nicht in gleicher Weise wie die Schriftform etabliert haben. Was jedoch die Beteiligten betrifft, die über einen Signatur-Schlüssel zum Erstellen qualifizierter elektronischer Signatur verfügen, ist anzunehmen, dass es sich ohnehin um Parteien handelt, denen die rechtliche Bedeutung einer qualifizierten elektronischen Signatur schon bekannt und im Bewusstsein verankert ist; denn gerade der Grund der Beantragung eines Signatur-Schlüssels liegt darin, auf elektronischem Weg formwirksame Verträge abschließen zu können[756]. Ferner erfordert das Signierungsverfahren die Erstellung des Dokuments, das Einlegen der Chipkarte und gegebenenfalls die Eingabe einer PIN sowie die Markierung des Dokuments. Die Gefahr einer übereilten Signierung besteht richtigerweise nicht. Die Unterrichtungspflicht gemäß § 6 Abs. 2 SigG dient ebenfalls dazu, den Erklärenden über die rechtliche Wirkungen der elektronischen Signatur zu warnen und dadurch die erhöhte Verbindlichkeit der abzugebenden Erklärung dem Aussteller vor Augen zu führen[757]; denn der Zertifizierungsdiensteanbieter muss nach § 6 Abs. 3 dem Antragssteller eine Belehrung in Textform übermitteln, in der er u.a. auf die Folge hinweist, dass eine qualifizierte elektronische Signatur im Rechtsverkehr in der Regel die gleiche Wirkung wie eine eigenhändige Unterschrift hat.

Der konservativen Entscheidung des Gesetzgebers lässt sich zudem entgegenhalten, dass sie zu einer Etablierung der elektronischen Signatur und der elektronischen Form nicht beiträgt. Der Ausschluss der elektronischen Form kann nämlich dazu führen, dass die Entwicklung einer Tradition hinsichtlich der Funktionsäquivalenz von Schriftform und elektronischer Form erheblich behindert wird.

IV. Die Kombination von Schriftform und elektronischer Form

Solange nicht beide Parteien über eine qualifizierte elektronische Signatur verfügen, stellt sich aus praktischen Gründen die Frage, ob die beiden Formen, also

---

[755] So z.B. bei §§ 623, 761 S. 2, 766 S. 2, 780 S. 2, § 781 S. 2 BGB. Zwar wird der Ausschluss der elektronischen Form in § 484 Abs. 1 S. 2 und § 492 Abs. 1 S. 2 BGB im Gesetzesentwurf mit den Vorgaben der Time-Sharing-Richtlinie und der Verbraucherkredit-Richtlinie begründet. Es handelt sich aber ebenfalls bei diesen Regelungen um Formvorschriften mit Warnfunktion.

[756] *Mallmann/Heinrich*, ZRP 2000, S. 472.

[757] Vgl. z.B. *Plewe*, S. 174.

die Schriftform und die elektronische Form miteinander in der Weise kombiniert werden können, dass die eine Erklärung schriftlich und die andere in elektronischer Form abgegeben wird. Zwar regelt das BGB die Kombination von Schriftform und elektronischer Form ausdrücklich nicht, aber die Begründung des Regierungsentwurfs nimmt zu der Frage Stellung. Danach ist eine Kombination von schriftlich und elektronisch vermitteltem Vertragsschluss möglich[758]. Ein Vertrag kann mithin - entgegen dem Wortlaut des § 126a Abs. 2 BGB - auch dann wirksam zustande kommen, wenn eine Vertragspartei das Dokument nach § 126a Abs. 1 BGB in elektronischer Form signiert und die andere Partei ein gleichlautendes Dokument in Schriftform nach § 126 Abs. 1 BGB unterzeichnet[759]. Diese Konstellation entspricht nicht dem Bedürfnis und so auch nicht der typischen Praxis des elektronischen Geschäftsverkehrs, wie die Regierungsbegründung bemerkt[760]. Es ist sachgerecht, dass die beiden Formen beim Vertragsabschluss kombiniert werden können; wenn man jedoch so eine Kombination zulässt, so gehen die Vorteile einer elektronischen Willenserklärung verloren.

V. Die vereinbarte elektronische Form

Auch in den Fällen, in denen der allgemeine Grundsatz der Formfreiheit von Rechtsgeschäften nicht durch besondere gesetzliche Regelung durchbrochen ist, können die Parteien die Beachtung einer gleichwohl einzuhaltenden Form nach ihrem freien Belieben vereinbaren. Es ist ausdrücklich zugelassen, durch Rechtsgeschäft die Schriftform, die elektronische Form oder die Textform zu vereinbaren. Die Vereinbarung der elektronischen Form ist in dem durch das FormanpassungsG neugefassten § 127 BGB geregelt. Nach § 127 Abs. 1 BGB gilt § 126a BGB im Zweifel auch dann, wenn die Parteien die Anwendung der elektronischen Form vereinbaren, ohne dass ein gesetzlicher Formzwang besteht. Die Parteien sind allerdings in der Bestimmung der Anforderungen an die rechtsgeschäftlich vereinbarte Form frei. § 127 BGB enthält lediglich eine Auslegungsregel, nach der *im Zweifel* die gesetzlichen Formerfordernisse, allerdings mit gewissen Formerleichterungen, als vereinbart gelten.

§ 127 Abs. 3 BGB gewährt dabei einige Formerleichterungen gegenüber § 126a BGB. Haben die Parteien keine andere Regelung im Einzelfall getroffen, genügt bei der rechtsgeschäftlich vereinbarten elektronischen Form auch *über die nach § 126a BGB vorgesehene qualifizierte elektronische Signatur* jede andere elektronische Signatur. Die vereinbarte elektronische Form ist daher auch immer dann erfüllt, wenn eine bloß einfache (z.B. eine eingescannte Unterschrift oder lediglich die Namensnennung) oder fortgeschrittene elektronische Signatur ver-

---

[758] BT-Drs. 14/4987, S. 18.

[759] Vgl. Palandt-*Heinrichs*, § 126a Rn. 10; Bamberger/Roth-*Wendtland*, § 126a, Rn. 8.

[760] BT-Drs. 14/4987, S. 18.

wendet wird[761]. Die gewillkürte elektronische Form greift insoweit die der SigRL entsprechende Unterteilung in einfache, fortgeschrittene und qualifizierte elektronische Signaturen auf. Die Anforderungen liegen damit noch unterhalb der Anforderungen der Textform. Die Einhaltung der Textform in elektronischer Gestalt reicht daher aus[762]. Immerhin bleibt es den Parteien unbenommen, auch eine qualifizierte elektronische Signatur nach § 126a BGB zu verlangen. Verfügen die Parteien nicht über die notwendigen technischen Mittel für eine dem § 126a BGB entsprechende elektronische Signatur, kann stattdessen eine handschriftliche Unterzeichnung nach § 126 BGB verlangt werden. Diese Möglichkeit ist erforderlich, um den Parteien gerade in den Fällen, in denen sie keine elektronische Signaturen nach § 126a BGB zur Verfügung haben, gleichwohl die Verwendung anderer elektronischer Signaturen mit nachträglicher Absicherung der Beweislage zu ermöglichen[763]. Da bei der gewillkürten Schriftform auf die Unterschrift nach § 127 Abs. 2 BGB verzichtet wird, kann auch bei der elektronischen Form ein Verzicht auf eine Signatur dem Willen der Parteien entsprechen[764].

Anders als bei der gesetzlichen elektronischen Form genügt es bei einem Vertrag, wenn die Parteien nur ihre jeweils übereinstimmenden Angebots- bzw. Annahmeerklärungen elektronisch signieren, um die gewillkürte elektronische Form zu wahren (§ 127 Abs. 3 S. 1 BGB). Es müssen also auch keine „identischen" Dokumente elektronisch signiert werden. Diese können außerdem online ausgetauscht werden oder es können zwei Datenträger ausgetauscht werden[765]. Für diese Signierung ist wiederum jede Form der elektronischen Signatur ausreichend. Der auf Sicherheit bedachte Vertragspartner hat ebenfalls die Möglichkeit, nach § 127 Abs. 3 S. 2 BGB die nachträgliche Beurkundung zu verlangen. Dies bedeutet, dass nachträglich auch eine Signierung nach § 126a BGB, also mit einer qualifizierten elektronischen Signatur, verlangt werden kann.

Kapitel 8. Beweisrechtliche Behandlung elektronischer Dokumente

A. Allgemeines

In der Praxis von besonderer Relevanz ist die beweisrechtliche Behandlung elektronischer Dokumente, denn die Beweiskraft elektronischer Dokumente ist

---

[761] So BT-Drs. 14/4987, S. 21.

[762] *Noack*, in Dauner-Lieb/Heidel/Lepa/Ring, Das neue Schuldrecht, S. 460 Rn. 69.

[763] BT-Drs. 14/4987, S. 21. Nach *Noack*, in Dauner-Lieb/Heidel/Lepa/Ring, Das neue Schuldrecht, S. 460 Rn. 68, ist die vereinbarte elektronische Form im Zweifel nicht durch die Schriftform ersetzbar, denn eine solche Ersetzung wird normalerweise dem Willen der Parteien für das Ersparnis von Zeit und Bearbeitungskosten widersprechen.

[764] Palandt-*Heinrichs*, § 127 Rn. 5.

[765] BT-Drs. 14/4987, S. 21.

für die Akzeptanz und Verbreitung des elektronischen Geschäftsverkehrs von großer Bedeutung[766]. Seit den 70er Jahren des 20. Jahrhunderts ist über die rechtliche Einordnung von mechanischen Aufzeichnungen im Beweisrecht gestritten worden[767]. Die Problematik der Beweisführung mittels elektronischer Dokumente ist in der Literatur ebenfalls in den letzten Jahren sehr intensiv diskutiert[768]. Trotzdem ist im elektronischen Rechtsverkehr eine erhebliche Beweisunsicherheit der Beteiligten zu verzeichnen. Nach der Entscheidung des Bundesgerichtshofs[769] können z.B. „Sendeprotokolle“ einer E-Mail keinen Anscheinsbeweis für den Zugang einer Erklärung bieten; vielmehr stellen sie nur Indizien im Rahmen einer Beweiswürdigung nach § 286 ZPO dar.

Der Begriff „elektronisches Dokument“ in der ZPO ist in §§ 130a[770] und 371a ZPO zu finden, sogar in der Überschrift[771]. Weder diese Regelung noch eine andere Norm der ZPO enthalten jedoch eine Legaldefinition des elektronischen Dokuments. Aus § 130a ZPO ergibt sich aber, dass ein elektronisches Dokument eine „Aufzeichnung“ einer „Erklärung“ darstellt. Im Rahmen des Zivilprozesses eröffnet diese Regelung den Parteien die Möglichkeit, sowohl ihre vorbereitenden Schriftsätze als auch ihre Anträge und Erklärungen (also auch bestimmende Schriftsätze)[772] ebenfalls als elektronisches Dokument bei Gericht einzureichen. Nach dem neuen § 130a Abs. 1 ZPO, der auch für schriftliche Auskünfte, Zeugenaussagen, Gutachten und sonstige Handlungen zu dem Verfahren hinzugezogener Dritter gilt, genügt für vorbereitende Schriftsätze die Aufzeichnung als elektronisches Dokument nur, wenn dieses für die Bearbeitung durch das Gericht geeignet ist. Daher muss hierfür erst bei den Gerichten die technische Infrastruktur aufgebaut werden[773]; ein Benutzungszwang ist mit § 130a ZPO nicht verbunden[774].

---

[766] *Bizer/Hammer*, DuD 1993, S. 619.
[767] *Lampe*, NJW 1970, S. 1097 ff.
[768] Zur Entwicklung der Diskussion bezüglich elektronische Dokumente und technische Aufzeichnungen als Beweismittel vgl. *Ahrens*, FS Geimer, S. 7 ff.
[769] BGH, NJW 1995, S. 665. Nach *Mankowski*, NJW 2004, S. 1906 begründen die Eingangs- oder Lesebestätigungen bei handelsüblichen E-Mail-Programmen einen Anscheinsbeweis für den Zugang der betreffenden E-Mail.
[770] Zur Problematik, ob die qualifizierte Signierung in § 130a ZPO nur ein Sollerfordernis darstellt vgl. *Splittgerber*, CR 2003, S. 27.
[771] Vgl. hierzu *Berger*, NJW 2005, S. 1017.
[772] BT-Drs. 14/4987 S. 24. So auch *Stadler*, in Musielak ZPO, § 130a Rn. 1. A.A. *Sauerwein*, S. 43.
[773] *Stadler*, in Musielak ZPO, § 130a Rn. 1. Die Bestimmung des genauen Zeitpunkts der Einführung wurde gemäß § 130a Abs. 2 ZPO an die Verordnungsgeber delegiert. Ebenfalls an die Verordnungsgeber delegiert wird die Entscheidung, in welchen Dokumentenformaten die Eingaben zu erfolgen haben.
[774] BT-Drs. 14/4987 S. 24.

Vor allem über die Frage, ob die unmittelbare oder analoge Anwendbarkeit der Vorschriften über den Urkundenbeweis auf elektronische Dokumente oder ihre Ausdrucke möglich ist, wurden früher verschiedene Ansätze vertreten. Die elektronischen Dokumente stellen - nach allgemeiner Meinung in Deutschland - keine Urkunde im Sinne des Beweisrechts dar. Nur vereinzelt wurde die Gleichstellung mit Privaturkunden gefordert[775]. Das ist neuerdings für bestimmte elektronische Dokumente durch das Gesetz über die Verwendung elektronischer Kommunikationsformen in der Justiz (Justizkommunikationsgesetz - JKomG)[776] geschehen.

B. Die freie richterliche Beweiswürdigung

Von den Befürwortern einer Anwendung gesetzlicher Beweisregeln - nach dem Vorbild des Urkundenbeweises - auch auf elektronische Dokumente wurden auch Argumente rechtsvergleichender Natur vorgebracht. Es wurde zusammenfassend auf ausländische Regelungen hingewiesen, die die elektronischen Dokumente beweisrechtlich den Dokumenten in der traditionellen Schriftform gleichstellen[777]. Diese rechtsvergleichenden Betrachtungen leiden allerdings darunter, dass sie sich nicht ausreichend damit auseinandersetzen, dass in den unterschiedlichen Rechtsordnungen eine ganz verschiedene Problematik auftaucht, wenn es um elektronische Dokumentationen und den elektronischen Rechtsverkehr geht[778].

Im Unterschied zum Recht anderer Staaten kennt das deutsche Zivilprozessrecht keine rechtlichen Schranken, die die Beweisführung mit Hilfe elektronischer Dokumente in irgendeiner Weise behindern[779]. In diesem Zusammenhang wurde von *Rüßmann* die Meinung vertreten, dass es für die gesetzgeberische Integration des elektronischen Dokuments in den Urkundenbegriff keinen Bedarf gebe und dass gesetzliche Beweisregeln, wie von der Bundesnotarkammer vorgeschlagen wurde[780], nur ein anachronistisches Restbollwerk gegen die freie Be-

[775] S. dazu die ausführliche Beschreibung in *Britz*, S. 25 ff.

[776] In Kraft ab 1.4.2005-BGBl. I 2005, S. 837.

[777] S. z.B. Arbeitsgemeinschaft für Wirtschaftliche Verwaltung e.V., CR 1994, S. 443; *Geis*, CR 1993, S. 655.

[778] *Britz*, S. 39 ff.; *Rüßmann*, JurPC 1995, S. 3220 f.

[779] BT-Drs. 14/4987, S. 13, 17 und S. 25. Zu den beweisrechtlichen Schwierigkeiten in anderen Ländern vgl. *Rüßmann*, in Veröffentlichungen der Wissenschaftlichen Vereinigung für Internationales Verfahrensrecht, S. 158 ff. Für eine ausführliche Rechtsvergleichung hierzu s. auch *Britz*, S. 41 ff.

[780] Der Gesetzgebungsvorschlag der Bundesnotarkammer ist erörtert von *Erber-Faller*, CR 1996, S. 375 ff. S. auch hierzu *Schippel*, FS Odersky, 1996, S. 657 ff., insb. S. 660-666.

weiswürdigung darstellen könnten[781]. Die beweisrechtliche Verwertung elektronischer Dokumente sei im Rahmen des Augenscheins oder des Sachverständigenbeweises möglich, so dass eine analoge Anwendung von Vorschriften des Urkundenbeweises nicht erforderlich sei[782]. Auch bestehe kein Bedürfnis für die analoge Anwendung der Beweisregeln des Urkundenbeweises, da sich im Rahmen der freien Beweiswürdigung vergleichbare Rechtsfolgen ergeben würden[783].

Rüßmann erwartet von einem verständigen Richter, dass er im Rahmen der freien Beweiswürdigung vom Beweisgegner den Nachweis des Missbrauchs der echten Unterschrift verlangt. In diesem Denkmodell wird die Vermutungsregel des § 440 Abs. 2 ZPO für das elektronische Dokument überflüssig, da ein verständiger Richter ohne gesetzliche Vermutung im Rahmen der freien Beweiswürdigung zu dem gleichen Ergebnis kommt. Die gesetzgeberische Integration des elektronischen Dokuments in den Urkundenbegriff würde sich erübrigen[784]. Die ausdrückliche Gleichstellung elektronisch signierter Dokumente mit Urkunden durch ausländische Gesetzgeber diene lediglich der Überwindung von jeweiligen nationalen Problemen, die die deutsche ZPO nicht kenne, da das Recht der Bundesrepublik Deutschland hinsichtlich des Beweisrechts elektronischer Dokumente die liberalste aller nur erdenklichen Regelungen vorzuweisen habe[785].

Zusammengefasst ist es unstreitig, dass nach deutschem Recht elektronische Dokumente mit oder ohne elektronische Signatur als Beweismittel zugelassen sind. Es bestand daher kein Umsetzungsbedarf auf Grund des Art. 5 SigRL für das deutsche Recht, da die Zulassung elektronischer Dokumente als Beweismittel in die Beweisaufnahme gewährleistet ist[786]. Die Frage der generellen Zulas-

---

781 ***Rüßmann***, in Veröffentlichungen der Wissenschaftlichen Vereinigung für Internationales Verfahrensrecht, S. 157 f.; *ders.*, JurPC 1995, S. 3212 ff. Zustimmend auch Stein/Jonas-*Leipold*, Vor § 415 Rn. 1a; *Stadler*, ZZP 2002, S. 431 und dort Fn. 77. Ebenso *Britz*, S. 39 ff. und 86 f. Die Notwendigkeit von neuen gesetzlichen Beweisregeln für elektronische Dokumente wird von *Britz*, S. 237 ff., *ders.*, ZZP 1997, S. 86 ff. verneint.

782 ***Rüßmann***, in Veröffentlichungen der Wissenschaftlichen Vereinigung für Internationales Verfahrensrecht, S. 157 f.; ebenso Stein/Jonas-*Leipold*, Vor § 415 Rn. 1a.

783 Ausführlich *Britz*, S. 230 ff., insbesondere S. 237; ***Rüßmann***, in Veröffentlichungen der Wissenschaftlichen Vereinigung für Internationales Verfahrensrecht, S. 157 f.; ebenso *Jäger/Kussel*, in Hoeren/Schüngel, Rechtsfragen der digitalen Signatur, S. 257; Stein/Jonas-*Leipold*, Vor § 415 Rn. 1a.

784 ***Rüßmann***, in Veröffentlichungen der Wissenschaftlichen Vereinigung für Internationales Verfahrensrecht, S. 157.

785 ***Rüßmann***, JurPC 1995, S. 3222; vgl. auch *Britz*, S. 60.

786 ***Bröhl/Tettenborn***, S. 38; ***Roßnagel***, in Geis, Die Digitale Signatur, S. 222; *ders.*, in Lehmann, Electronic Business, S. 158 Rn. 63; vgl. auch hierzu *Tettenborn*, CR 2000, S. 686; *Roßnagel*, MMR 1999, S. 263; *ders.*, NJW 1999, S. 1593; *Schlechter*, K&R 1998, S. 150; vgl.

sung elektronischer Beweismittel ist zwar beantwortet. Nach herrschender Auffassung können diese Dokumente nur im Rahmen freier richterlicher Beweiswürdigung im Zivilprozess Berücksichtigung finden[787]. Gleichwohl bleibt die Frage des konkreten Beweiswertes offen. Der Richter ist in seiner Beweiswürdigung grundsätzlich frei (§ 286 Abs. 1 ZPO). Er muss das Ergebnis der gesamten Beweisaufnahme berücksichtigen und dann zu der Entscheidung kommen, ob er dem elektronischen Dokument den darin enthaltenen Inhalt glaubt oder nicht. Zu welchem Ergebnis der Richter kommen würde, dürfte allerdings entscheidend davon abhängen, ob er über erhebliche EDV-Kenntnisse verfüge oder nicht[788]. Das Argument, der Richter sei im Rahmen der freien Beweiswürdigung nicht in der Lage, das Ergebnis der Beweisaufnahme zutreffend zu würdigen, ist nicht zutreffend. Diese Skepsis betrifft nicht nur die Beweiswürdigung elektronischer Dokumente, sondern praktisch fast jede richterliche Würdigung des Beweismaterials. Gemeinsames Merkmal vieler Fälle ist die fehlende Sachkunde des Gerichts. Die Möglichkeit der Hinzuziehung von Sachverständigen[789] hat aber dazu beigetragen, die in diesem Zusammenhang auftretenden Probleme zu lösen[790].

C. *Die Diskussion zum Beweis mit elektronischen Dokumenten*

Zur Erörtung des Beweises mit elektronischen Dokumenten werden nachfolgend zunächst die Diskussion in der Literatur, bevor der deutsche Gesetzgeber eingriff, die Vorgaben der europäischen Richtlinie und die entsprechende Änderungen in der ZPO dargestellt.

Der Beweiswert elektronischer Dokumente wird in der Wissenschaft im Allgemeinen unter dem Gesichtspunkt diskutiert, ob es sich um Urkunden oder um Augenscheinsobjekte handelt. Im Folgenden wird überblicksmäßig der Meinungsstand zur beweisrechtlichen Einordnung elektronischer Dokumente dargestellt. Es wird darauf hingewiesen, dass ein großer Teil der Literatur aus der Zeit vor den Gesetzesänderungen durch das FormanpassungsG stammt. Nach einer kurzen Einleitung zur Bedeutung der Urkunde im Prozess werden die Ansätze bezüglich die Merkmale des Urkundenbegriffs im Einzelnen untersucht und ein Ausblick auf die weitere Entwicklung unter besonderer Berücksichtigung der aktuellen gesetzgeberischen Tätigkeit geworfen.

---

auch hierzu BT-Drs. 14/4987, S. 25 („Die Beweisführung mit Hilfe elektronischer Dokumente ist uneingeschränkt möglich").

787 S. hierzu *Czeguhn*, JuS 2004, S. 124; *Geis*, CR 1993, S. 653 f.; *Heun*, CR 1995, S. 3; *Nöcker*, CR 2000, S. 180 f. A.A. *Kilian*, DuD 1993, S. 609.

788 So *Roßnagel*, NJW 1998, S. 3315 m.w.N.

789 Zum Software forensic consultant als Sachverständiger vgl. *Kodek*, ZZP 2002, S. 464.

790 Zur Beweisführung durch Sachverständigen bei Verwendung EDV-gestützter Verfahren vgl. *Streitz*, NJW-CoR 1996, S. 309 ff.

I. Die praktische Bedeutung der Urkunde im Zivilprozess

Die Anwendbarkeit der §§ 416 ff. ZPO auf die elektronischen Dokumente wird überwiegend unter der Problematik diskutiert, ob sie Urkunden i.S.d. Beweismittelrechts der ZPO sind oder nicht. Die Urkunde wird oftmals als das wichtigste und zuverlässigste Beweismittel bezeichnet[791].Vor allem auf Grund der Beweisregeln der §§ 415-418 ZPO kann mit hoher Sicherheit davon ausgegangen werden, dass die Beweisführung mit Urkunden erfolgreich sein wird[792]. Die §§ 415-418 ZPO messen der Urkunde besondere Beweiskraft zu, weil sie als ein sicheres Beweismittel gilt; denn Manipulationen und Veränderungen am Text fallen regelmäßig ins Auge[793]. Neben der soeben dargestellten besonderen Beweisqualität ist die Urkunde zudem von großer Bedeutung, da die Vorlegung von Urkunden Voraussetzung der besonderen Prozessart des Urkundenprozesses gemäß §§ 592 ff. ist[794], der dem Kläger eine schnellere Durchsetzung seines Anspruchs erlaubt. Ferner ist die Urkunde Statthaftigkeitsvoraussetzung der Zulässigkeit einer Wiederaufnahmeklage nach § 580 Nr. 7b ZPO.

II. Definitionsmerkmale der Urkunde im Sinne der ZPO

Der Begriff der Urkunde ist in der ZPO nicht legal definiert. Urkunden i.S.d. Zivilprozessrechts sind schriftliche Verkörperungen von Gedankenerklärungen durch solche Lautzeichen[795] (Schriftzeichen), die einer objektiven Deutung allein auf Grund ihrer Wahrnehmung zugänglich sind[796]. Eine Unterschrift ist im

---

[791] Vgl. z.B. *Jauernig*, Zivilprozessrecht, S. 230; *Schilken*, Zivilprozessrecht, Rn. 538. Zur Bedeutung des Urkundenbeweises für den Beweis mit elektronischen Urkunden näher *Borges*, S. 414 ff.

[792] *Schreiber*, Urkunde, S. 16. - Hinsichtlich der Wirkung der Beweiskraft des § 416 ZPO wird in der Literatur heftig diskutiert. Nach herrschender Auffassung begründen die Urkunden nach § 416 ZPO, mögen sie echt und unverfälscht sein, vollen Beweis für die formelle Abgabe der darin enthaltenen Erklärung, d.h. dafür dass der Aussteller die Erklärung willentlich in den Verkehr gebracht hat (formelle Beweiskraft). So *Huber*, in Musielak ZPO, § 416 Rn. 3; Stein/Jonas-*Leipold*, § 416 Rn. 7; *Reichold*, in Thomas/Putzo § 416 ZPO Rn. 3; MünchKommZPO-*Schreiber*, § 416 Rn. 8; *Rosenberg/Schwab/Gottwald*, Zivilprozessrecht, § 118 III 2 Rn. 29 (S. 819). Ebenso BGH NJW-RR 2003, 384 f. A.A. *Geimer*, in Zöller, § 416 Rn. 9. Eine andere Auffassung geht dahin, dass § 416 ZPO den vollen Beweis für die materiellrechtliche Abgabe von Erklärungen regelt, wie sie in § 130 BGB vorausgesetzt ist. So *Britz*, S. 136 ff., insb. S. 225; *Rüßmann*, in Veröffentlichungen der Wissenschaftlichen Vereinigung für Internationales Verfahrensrecht, S. 146 ff.

[793] MünchKommZPO-*Schreiber*, § 415 Rn. 4.

[794] *Voit*, in Musielak ZPO, § 592 Rn. 8.

[795] So *Schreiber*, Urkunde, S. 32 ff.; *ders.*, in MünchKommZPO, § 415 Rn. 4.

[796] *Schreiber*, Urkunde, S. 42; *ders.*, in MünchKommZPO, § 415 Rn. 4. Ebenso *Deutsch*, JurPC Web-Dok. 188/2000, Abs. 11; Stein/Jonas-*Leipold*, Vor § 415 Rn. 1; *Malzer*, DNotZ 1998, S. 105; AK-ZPO-*Rüßmann*, vor § 415, Rn. 2. A.A. *Britz*, S. 132: Für den Urkundenbegriff sei weder eine Gedankenerklärung erforderlich, noch müssen die Schriftzeichen einer

Übrigen zwar Voraussetzung für den Anwendungsbereich des § 416 ZPO, nicht aber für den Begriff der Privaturkunde selbst[797]. Dieser Meinung ist zuzustimmen, denn § 416 ZPO regelt die Beweiskraft von Privaturkunden „sofern sie... unterschrieben sind". Weiterhin enthält der Urkundenbegriff keine Beschränkung auf rechtsgeschäftliche Erklärungen, so dass auch Tatsachenäußerungen und sachkundige Ausführungen umfasst sind[798].

Häufig wird die Urkunde kurz als jede Verkörperung eines Gedankens durch übliche oder vereinbarte Schriftzeichen definiert[799]. Teilweise wird zusätzlich gefordert, dass die verkörperte Gedankenerklärung geeignet sein müsse, Beweis für streitiges Parteivorbringen zu erbringen[800]. Einerseits ist es aber nicht deutlich, was die „Beweiseignung" als Merkmal der Urkunde bedeuten soll. Andererseits ist ebenfalls fraglich, ob *Geimer* somit eine besondere Voraussetzung für den Urkundenbegriff anfügen will, da er zustimmend auf die Definition von *Schreiber* verweist[801]. Der herrschenden Meinung nach ist jede schriftliche Urkunde Beweismittel, auch wenn sie nicht von vornherein zum Beweis bestimmt war („Zufallsurkunde"), solange sie sich nur auf eine Tatsache bezieht[802]. Nach allgemeiner Meinung ist der Begriff der Urkunde in der ZPO ein anderer und sogar enger als etwa der strafrechtliche Urkundenbegriff[803]. Die Frage der Definition der Urkunde im prozessualen Sinn wurde von *Britz* ausführlich erörtert[804]. Seine Untersuchung kommt zu dem überzeugenden Ergebnis, dass sich aus den einzelnen Merkmalen der Urkunde ergibt, dass der Urkundenbeweis nur Schriftstücken offen steht[805].

---

objektiven Deutung zugänglich sein. *Britz* kommt überdies zu dem Ergebnis, dass unterschiedliche Urkundenbegriffe für die zivilprozessualen Vorschriften vorliegen.

797 *Huber*, in Musielak ZPO, § 416 Rn. 1; Stein/Jonas-*Leipold*, Vor § 415 Rn. 3 und § 416 Rn. 3 f.; *Schreiber*, Urkunde, S. 24 m.w.N.

798 Stein/Jonas-*Leipold*, Vor § 415 Rn. 2.

799 *Rosenberg/Schwab/Gottwald*, Zivilprozessrecht, § 118 I 1 Rn. 1 (S. 814) unter Verweis auf BGHZ 136, S. 357 = NJW 1998, S. 58. Ähnlich *Hartmann*, in Baumbach/Lauterbach /Albers/Hartmann, Übers. § 415 Rn. 5; *Jauernig*, Zivilprozessrecht, S. 226; *Schilken*, Zivilprozessrecht, Rn. 539.

800 *Geimer*, in Zöller, Vor § 415 Rn. 2 unter Verweis auf BGHZ 65, S. 300 (301). Ebenso *Malzer*, DNotZ 1998 S. 105 unter Verweis auf *Geimer*. So auch *Rüßmann*, Jusletter 8. November 2004 Rz. 3. Ablehnend hierzu: *Borges*, S. 422; *Schreiber*, Urkunde, S. 24 f.; *ders.*, in MünchKommZPO, § 415 Rn. 9.

801 *Borges*, S. 422.

802 *Rosenberg/Schwab/Gottwald*, Zivilprozessrecht, § 118 I 1 Rn. 2 (S. 814); vgl. auch *Huber*, in Musielak ZPO, § 415 Rn. 4; Stein/Jonas-*Leipold*, Vor § 415 Rn. 2.

803 AK-ZPO-*Rüßmann*, vor § 415, Rn. 2; Stein/Jonas-*Leipold*, Vor § 415 Rn. 1b; vgl. auch *Akca*, S. 127; *Borges*, S. 418; *Britz*, S. 119.

804 *Britz*, S. 99 ff. Nach seiner Auffassung sei eine Urkunde im Sinne der ZPO eine Verkörperung von Schriftzeichen in einer verkehrsfähigen Form, also jedes beliebige Schriftstück.

805 *Britz*, S. 265. Ebenso *Borges*, S. 432.

Nach der herrschenden Meinung in der Literatur sind elektronische Dokumente in Form von Dateien nicht als Urkunden zu qualifizieren; sie sind Gegenstand des Augenscheins und zwar unabhängig vom Vorliegen einer digitalen Signatur gemäß dem SigG 1997 oder einer qualifizierten elektronischen Signatur i.S.d. § 2 Nr. 3 SigG[806]. Eine Qualifizierung des elektronischen Dokuments als Privaturkunde im Sinne von § 416 ZPO scheidet aus[807], da es an einer dauerhaften Verkörperung[808] fehlt und darüber hinaus die Gedankenäußerung nicht unmittelbar aus sich heraus wahrgenommen werden kann[809]. Ohne passende Hardware und Software ist ein elektronisches Dokument unlesbar, da es nicht aus Schriftzeichen, sondern aus „Einsen und Nullen" besteht[810]. Es mangelt also bei den elektronischen Dokumenten an der Schriftlichkeit[811]. Die Ablehnung der Urkundeneigenschaft wird des Weiteren damit begründet, dass bei (einfachen- nicht digital signierten) elektronischen Dokumenten anders als bei herkömmlichen Papierdokumenten, nachträgliche Veränderungen nicht zuverlässig festzustellen seien[812]. Die anfängliche Entscheidung des deutschen Gesetzgebers, die elektronische Dokumente den Vorschriften über den Augenscheinsbeweis zu unterstellen, folgt also schon aus dem Urkundenbegriff der §§ 415 ff. ZPO[813]. Nach dem

---

806 Schon *Schreiber*, Urkunde, S. 38 Fn. 115; vgl. hierzu *Geis*, NJW 1997, S. 3000 f.; *Huber*, in Musielak ZPO, § 292a Rn. 8; Stein/Jonas-*Leipold*, Vor § 415 Rn. 1a; *Rosenberg/Schwab/Gottwald*, Zivilprozessrecht, § 118 I 2 Rn. 4 (S. 814); MünchKommZPO-*Schreiber*, § 415 Rn. 6.

807 BT-Drucks. 14/4987 S. 25. Ebenso die allgemeine Meinung: *Ahrens*, FS Geimer, S. 1; *Borges*, S. 451; *Britz*, S. 132, 135; *Czeguhn*, JuS 2004, S. 124; *Deutsch*, JurPC Web-Dok. 188/2000, Abs. 38 ff.; *Deville/Kalthegener*, NJW-CoR 1997, S. 172; *Fischer-Dieskau/Gitter/Paul/Steidle*, MMR 2002, S. 710; *Geimer*, in Zöller (23), Vor § 415 Rn. 2; *Greger*, in Zöller, § 292a Rn. 3; *Hartmann*, in Baumbach/Lauterbach/Albers/Hartmann, Übers. § 415 Rn. 7; *Heuen*, CR 1995, S. 3; *Huber*, in Musielak ZPO, § 292a Rn. 8; Stein/Jonas-*Leipold*, Vor § 415 Rn. 1a; *Malzer*, DNotZ 1998, S. 106; *Oertel*, MMR 2001, S. 419; *Redeker*, NJW 1984, S. 2394; *Rosenberg/Schwab/Gottwald*, Zivilprozessrecht, § 118 I 2 Rn. 4 (S. 814); *Roßnagel/Pfitzmann*, NJW 2003, S. 1212 Fn. 53; *Roßnagel*, MMR 2000, S. 459; *ders.*, NJW 1998, S. 3314; AK-ZPO-*Rüßmann*, vor § 415, Rn. 2; MünchKommZPO-*Schreiber*, § 415 Rn. 6; *Stadler*, ZZP 2002, S. 430. A.A. *Becker*, S. 115 ff.

808 So *Britz*, S. 135; *Huber*, in Musielak ZPO, § 292a Rn. 8; *Heun*, CR 1995, S. 3; *Jäger/Kussel*, in Hoeren/Schüngel, Rechtsfragen der digitalen Signatur, S. 248 f.; *Stadler*, ZZP 2002, S. 430. A.A. bei gespeicherten elektronischen Dokumenten *Akca*, S. 133; *Hoeren*, FS Holzhauer, S. 539 f.

809 *Huber*, in Musielak ZPO, § 292a Rn. 8 und § 371 Rn. 6; Stein/Jonas-*Leipold*, Vor § 415 Rn. 1a; MünchKommZPO-*Schreiber*, § 415 Rn. 6.

810 *Hoeren*, FS Holzhauer, S. 541.

811 *Akca*, S. 167; *Ahrens*, FS Geimer, S. 12 f.; *Huber*, in Musielak ZPO, § 415 Rn. 5; *Malzer* DNotZ 1998, S. 109; *Rosenberg/Schwab/Gottwald*, Zivilprozessrecht, § 118 III 2 Rn. 32 (S. 819) unter Verweis auf *Strauch*, GS Lüderitz, S. 751, 765, 769. A.A. *Becker*, S. 115 ff.

812 MünchKommZPO-*Schreiber*, § 415 Rn. 6. Ebenso *Heuen*, CR 1995 S. 5; *Stadler*, ZZP 2002, S. 430.

813 A.A. *Becker*, S. 115 ff.

Justizkommunikationsgesetz wurde jedoch gemäß § 371a ZPO eine neue Regelung für elektronische Dokumente eingeführt, in der auf öffentliche und private elektronische Dokumente die Vorschriften über die Beweiskraft und die Echtheit der jeweiligen Urkundsart entsprechend angewandt werden.

Bei der wissenschaftlichen Auseinandersetzung bezüglich der Beweisqualität der elektronischen Dokumente oder ihrer Ausdrucke, wurden - wie bereits dargestellt - zahlreiche unterschiedliche Ansichten vertreten. Die verschiedenen Meinungen beruhen zum Teil darauf, dass unterschiedliche Anforderungen an die Urkunde i.S.d. §§ 415 ff. ZPO gestellt werden. Eine Mindermeinung der Literatur hat insofern die Anwendbarkeit der zivilprozessualen Urkundenbeweisregeln de lege lata auch auf elektronische Dokumente bejaht, da diese den Schriftstücken nicht nachständen[814]. Für die analoge Anwendung des Urkundenbeweisrechts wurde von *Kilian* verlangt, dass die elektronischen Dokumente bestimmte Anforderungen an die Authentizität erfüllen. Überwiegend ist die Gleichstellung von elektronischem Dokument und Urkunde allerdings de lege ferenda gefordert worden[815]. Die Notwendigkeit einer gesetzlichen Regelung wird – mit Unterschieden in den Einzelheiten - mit dem Bedürfnis nach Rechtsklarheit und –sicherheit begründet. Ferner soll die gesetzliche Gleichsetzung des modernen Wirtschaftslebens entsprechen. In diesem Zusammenhang hat die Arbeitsgemeinschaft für Wirtschaftliche Verwaltung e.V. (AWV) einen Vorschlag für einen § 416a ZPO unterbereitet, wonach elektronische Dokumente und ihre Ausdrucke unter bestimmten Voraussetzungen den Regeln über den Urkundenbeweis unterstellt werden sollten[816].

---

814 *Lampe*, NJW 1970, S. 1100; vgl. hierzu die ausführliche Darstellung des Meinungsstandes und die weiteren Nachweise bei *Britz*, S. 25 ff. S. auch hierzu *von Sponeck*, CR 1991, S. 269 ff.; vgl. auch der Ansatz von *Ebbing*, CR 1996, S. 278, wonach die „elektronischen Urkunden" als schriftliche Urkunden i.S.d. § 126 BGB anerkannt werden sollen, sofern sie „durch einfügen einer Unterschriftsdatei unterschrieben worden sind". Diese Meinung gelangt jedoch zu dem Ergebnis, dass §§ 416 ff. ZPO für die „elektronische Urkunde" nicht anwendbar sei. Vielmehr unterliege die elektronische Urkunde der freien Beweiswürdigung. Für eine analoge Anwendung der Regeln des Urkundenbeweises unter bestimmten Voraussetzungen *Abel*, MMR 1998, S. 650; Nach *Borges*, S. 473 ff. insb. S. 479, ist § 416 ZPO analog anwendbar, wenn das elektronische Dokument mit einer qualifizierten elektronischen Signatur versehen ist; vgl. auch im Hinblick auf EDI-Dokumente *Nöcker*, CR 2000, S. 178.

815 Für eine gesetzgeberische Übertragung der Beweisregeln des Urkundenbeweises auf elektronische Dokumente *Bergmann/Streitz*, CR 1994, S. 79; *Geis*, CR 1993, S. 656; *Kilian*, DuD 1993, S. 608 f.; *Seidel*, CR 1993, S. 488 f.; *von Sponeck*, CR 1991, S. 273. Ebenso im Ergebnis *Kilian*, BB 2000, S. 734 f.; so auch *Redeker*, Rn. 912. Gegen eine gesetzliche Gleichstellung z.B. *Britz*, S. 264; *Rüßmann*, in Veröffentlichungen der Wissenschaftlichen Vereinigung für Internationales Verfahrensrecht, S. 157 f. Ebenso *Ahrens*, FS Geimer, S. 12; *Redeker*, NJW 1984, S. 2394.

816 Der § 416a ZPO wurde in dem Vorschlag wie folgt formuliert: „Gleich einer privaten Urkunde im Sinne von § 416 ZPO werden auf Datenträgern gespeicherte Dokumente und deren

Teilweise wurde vorgeschlagen, in einer privaten Vereinbarung zwischen den Vertragsparteien festzuschreiben, dass den elektronischen Urkunden der gleiche Beweiswert wie Privaturkunden nach § 416 ZPO zugebilligt werde[817]. Die Frage der Rechtsnatur derartiger Beweisvereinbarungen war schon früh umstritten[818]. Die Schwierigkeit der umstrittenen Beweiskraft lässt sich aber nicht durch den Abschluss einer solchen Beweisvereinbarung überwinden[819]. Zum einen wird die Zulässigkeit solcher Klauseln über die Gültigkeit elektronischer Dokumente als Beweis bezweifelt[820]. Hauptsächlich sind aber derartige Vereinbarungen der Parteien für das Gericht nicht verbindlich[821]. Da die beweisrelevanten Vorschriften der ZPO einer Parteivereinbarung nicht zugänglich sind, ist die Verwendung so genannter Urkundenklauseln unzulässig. Andernfalls würde dadurch in die freie Beweiswürdigung des Richters eingegriffen. Auch die Bindung des Vertragspartners an eine solche Klausel ist zweifelhaft[822]. Zum anderen dürfte diese Lösung beim elektronischen Geschäftsverkehr per Internet nur eine sehr geringe Hilfe leisten, da es vor allem beim B2C E-Commerce an einer Beweisvereinbarung mangeln wird.

Im Übrigen wurde bereits im Jahre 1994 vorgeschlagen, digital bzw. elektronisch signierte Dokumente allein dem prima-facie-Beweis zu unterwerfen[823]. Sei gewährleistet, dass eine Prüfung mittels eines öffentlichen Schlüssels nur dann zu einem positiven Ergebnis führt, wenn die Datei in dieser Form unter Verwendung des geheimen Schlüssels erzeugt worden ist, den nur der Berechtigte erhalten hat, spreche der erste Anschein dafür, dass bei einem positiven Ausgang der Kontrolle die Erklärung von ihm stamme und nicht verändert worden sei[824].

Ausdruck behandelt, wenn es sich um eine Gedankenäußerung handelt, die nach dem Stand der Technik geeignete Verfahren der Datenauthentizität und die Identität des Ausstellers erkennen lässt und durch geeignete Techniken und organisatorische Maßnahmen vor Verfälschung gesichert ist".

817 Vgl. *Geis*, CR 1993, S. 657 f.

818 *Sauerwein*, S. 127 f.

819 *Jäger/Kussel*, in Hoeren/Schüngel, Rechtsfragen der digitalen Signatur, S. 257; *Rüßmann*, Jusletter 8. November 2004 Rz. 13. So aber für den Bereich des EDI (EDI= Electronic Data Interchange, Datenfernübertragung) *Fritzmeyer/Heun*, CR 1992, S. 132.

820 Zur Nichtigkeit von Beweisklausen in EDI-Vereinbarungen vgl. *Hoeren*, Internetrecht, S. 268; *ders.*, CR 1995, S. 518 ff.; vgl. auch hierzu *Kilian*, DuD 1993, S. 609. Nur wenn neben einer EDI-Vereinbarung eine Schiedsgerichtsklausel vereinbart sei, entfalte nach *Kilian*, CR 1994, S. 660 eine solche Vereinbarung die von den Parteien gewünschte Wirkung.

821 Vgl. *Rüßmann*, Jusletter 8. November 2004 Rz. 13; *Sauerwein*, S. 178 m.w.N.; s. auch *Czeguhn*, JuS 2004, S. 124.

822 Vgl. *Hoeren*, CR 1995, S. 516.

823 *Melullis*, MDR 1994, S. 111; vgl. auch *Bizer*, DuD 1995, S. 461; *Britz*, S. 256; *Roßnagel*, NJW 1998, S. 3315 m.w.N. A.A. *Malzer*, DNotZ 2998, S. 110.

824 *Melullis*, MDR 1994, S. 111.

Neuerdings wurde von *Becker* die Meinung vertreten, dass weder eine analoge Anwendung von § 416 ZPO noch eine gesetzliche Normierung notwendig sei, denn schon aus dem Wortlaut, der Systematik und der Gesetzesbegründung zu den Neuregelungen in der ZPO ergibt sich, dass elektronische Dokumente nach richtigem Verständnis Urkunden seien[825]. Nach seiner Definition ist: „Urkunde eine verkörperte Gedankenerklärung, die unmittelbar oder unter Verwendung der hierfür nach der Verkehrsauffassung üblichen und nach dem Stand der Technik vorgesehenen Hilfsmittel in Form von üblichen und oder vereinbarten Lautzeichen wahrgenommen werden kann“[826]. Die in dem Justizkommunikationsgesetz angefügten § 371a ZPO und § 416a ZPO sollen auch in diese Richtung zielen[827].

III. Urkundenbegriff und EDV-Datenträger

Aus dem Sinn und Zweck der Beweisführung mit Urkunden (und insbesondere aus § 420 ZPO), die die Vorlage der Urkunde voraussetzt, ergibt sich, dass die Urkunden i.S. der ZPO vorlagefähig sein müssen. Die schriftliche Verkörperung der Gedankenerklärung soll daher durch einen verkehrsfähigen Gegenstand erfolgen[828]. Dieses Merkmal ist unbestritten, jedoch werden an diesen Begriff offenbar unterschiedliche Anforderungen geknüpft. Nach einer Ansicht bedeutet die Verkehrsfähigkeit, dass der Gegenstand transportabel sein muss[829]. Mit der Verkehrsfähigkeit der Urkunde ist an anderer Stelle die Möglichkeit gemeint, jederzeit vom Inhalt der in ihr verkörperten Gedankenerklärung Kenntnis zu nehmen[830].

---

[825] *Becker*, S. 119.

[826] *Becker*, S. 128.

[827] So hat z.B. auch der österreichische Gesetzgeber die einzige Beweisregel betreffend Privaturkunden (§ 294 öZPO) auf elektronisch signierte Dokumente erweitert. Gemäß § 4 Abs. 3 öSigG ist die Bestimmung des § 294 öZPO über die Vermutung der Echtheit des Inhalts einer unterschriebenen Privaturkunde auf elektronische Dokumente anzuwenden, die mit einer sicheren Signatur versehen sind. Näher hierzu *Menzel*, S. 171; vgl. auch *Blockrock/Adam*, ZEuP 2001, S. 101 ff.

[828] *Abel*, MMR 1998, S. 645; *Britz*, S. 128.

[829] *Britz*, S. 128. Er schließt z.B. auf Grund mangelnder Verkehrsfähigkeit Grabsteine vom Urkundenbegriff aus.

[830] Vgl. hierzu *Abel*, MMR 1998, S. 647; *Heun*, CR 1995, S. 3. - Das Erfordernis der Verkehrsfähigkeit hängt eng mit dem Erfordernis der jederzeitigen Verfügbarkeit der Erklärung zusammen. *Huber*, in Musielak ZPO, § 415 Rn. 5 (unter Verweis auf MünchKommZPO-*Schreiber*, § 415 Rn. 6) lehnt ebenfalls die Urkundenschaft von EDV-Datenträgern ab mit dem Argument der mangelnden Verkehrsfähigkeit, die er aber folgenderweise definiert: „...jederzeitige Verfügbarkeit ohne Einsatz technischer Hilfsmittel“. Diese Definition von *Huber* ist eine Kombination von der dauerhaften Verkörperung und der unmittelbaren Wahrnehmbarkeit. Dies ist in der Sache zutreffend, gehört aber eher nicht zum Erfordernis der Verkehrsfähigkeit.

Das Argument von *Becker*[831], der auf § 434 ZPO hinweist, lässt das elektronische Dokument die Hürde der Verkehrsfähigkeit überwinden. Zwar sieht § 420 ZPO für den Beweisantritt vor, dass eine Urkunde „vorgelegt" wird; jedoch kann gemäß § 434 ZPO das Gericht anordnen, dass sie vor einem seiner Mitglieder oder vor einem anderen Gericht vorgelegt werden. Es ist also eine Vorlegung an Ort und Stelle durchaus möglich und daher kann die Einordnung elektronischer Dokumenten als Urkunden nicht an der mangelnden Verkehrsfähigkeit scheitern.

Nichtsdestoweniger folgt aus der Beschränkung des Urkundenbegriffs auf verkörperte Gedankenerklärungen[832] unmittelbar, dass die Speicherung von Informationen auf einen EDV-Datenträger die Voraussetzungen einer Urkunde nicht erfüllen kann[833]. Wesentliches Merkmal der Verkörperung und damit der Urkunde ist die Dauerhaftigkeit der Darstellung[834]. Die lediglich auf dem Arbeitsspeicher (RAM) gespeicherte Datei ist flüchtig. Hier fehlt es schon an einer Verkörperung der Gedankenerklärung, da die Datei in Form eines Spannungszustandes eines Speicherelements vorliegt und daher nur solange vorhanden ist, als die Versorgungsspannung anliegt[835]. Sobald die Daten jedoch auf einen externen Datenträger (etwa Festplatte, Diskette, CD, Zip-Disk, DVD) gespeichert werden, liegen sie in gegenständlicher, verkörperter Form vor. Die dauerhaft auf einem Datenspeicher gespeicherte Datei stellt aber nach einhelliger Auffassung keine Urkunde dar, da es an der Verkörperung der Gedankenerklärung *durch Schriftzeichen* fehle[836].

Nach einer anderen Ansicht ist das Erfordernis der Darstellung in Schriftzeichen zwar erfüllt[837], es fehle aber an der unmittelbaren Wahrnehmbarkeit[838]. Nach h.M. liegt eine Urkunde i.S.d. §§ 415 ff. ZPO nur vor, wenn sie unmittelbar wahrnehmbar ist. Es darf also nicht eine Umsetzung in Schriftzeichen durch den

---

[831] *Becker*, S. 90 f.

[832] Allg. Auff.; s. z.B. *Britz*, S. 128; *Schreiber*, S. 32.

[833] A.A. *Becker*, S. 86 f.

[834] *Britz*, S. 128. Dies wird damit rechtfertigt, dass andernfalls eine Urkunde, die nicht von „gewisser Dauerhaftigkeit" ist, nicht im Prozess vorgelegt werden kann.

[835] *Abel*, MMR 1998, S. 645.

[836] *Abel*, MMR 1998, S. 645. So auch Ahrens, FS Geimer, S. 12; Stein/Jonas-*Berger*, Vor § 371 Rn. 6; *Geimer*, in Zöller, Vor § 415 Rn. 2; *Geis*, CR 1993, S. 653; *Huber*, in Musielak ZPO, § 415 Rn. 5; Stein/Jonas-*Leipold*, Vor § 415 Rn. 1; *Redeker*, NJW 1984, S. 2394; *Vehslage*, K&R 2002, S. 532.

[837] *Borges*, S. 426-428.

[838] *Borges*, S. 429 ff. A.A. *Abel*, MMR 1998, S. 648, der das Erfordernis der unmittelbaren Wahrnehmbarkeit verneint. So auch *Becker*, S. 87, allerdings ohne weitere Erörterung.

Einsatz technischer Hilfsmittel erforderlich sein[839]. Das Erfordernis der unmittelbaren Wahrnehmbarkeit lässt sich durch den Hinweis auf die Regeln über den Beweisantritt (§§ 417 ff.) und über die Einsichtnahme (§§ 131, 134, 135 ZPO) rechtfertigen. Denn nur die Einschränkung des Urkundenbegriffs auf die ohne Hilfsmittel unmittelbar lesbaren Dokumente könne die unabhängige von dem jeweiligen Stand der Technik Anwendung dieser ermöglichen[840]. EDV-Datenträger sind mit diesem Erfordernis nicht zu vereinbaren und unterliegen damit nicht den Regeln über den Urkundenbeweis.

Die Urkunde wird, wie oben aufgezeigt, als Verkörperung einer Gedankenerklärung durch unmittelbar wahrnehmbare Sachschriftzeichen definiert. Zusammenfassend ergibt sich aus der Präsentation der einzelnen Merkmale der Urkunde, dass sowohl flüchtige Daten beliebiger Art als auch nicht unmittelbar wahrnehmbare Daten auf EDV-Datenträger vom Urkundenbegriff ausgeschlossen sind. Die elektronischen Dokumente selbst unterfallen dem soeben beschriebenen Urkundenbegriff nicht. Bei elektronischen Dokumenten liegt im Gegensatz zur Privaturkunde weder die „Verkörperung durch Schriftzeichen" noch die „unmittelbare Wahrnehmbarkeit" vor[841]. Ein digitaler Text besteht aus „Einsen und Nullen" und nicht aus Schriftzeichen. Ohne passende Hard- und Software ist das Dokument unlesbar und unverständlich. Gilt also das Erfordernis der Verkörperung der Gedankenerklärung durch Schriftzeichen als erfüllt[842], fehlt es trotzdem an der unmittelbaren Wahrnehmbarkeit ohne Einsatz technischer Hilfsmittel[843]. Mit der Entscheidung des Gesetzgebers, die dem § 371 Abs. 1 S. 2 ZPO zugrunde liegt, ist die Frage der Einordnung elektronischer Dokumente beantwortet worden[844]: auch die dauerhaft auf einem Datenspeicher gespeicherte Datei zählt zu den Augenscheinsobjekten. Diese Wertung ergibt sich aber schon aus dem Urkundenbegriff der §§ 415 ff. ZPO, § 371 Abs. 1 S. 2 ZPO hat lediglich klarstellende Funktion. Die Einführung des neuen § 371a Abs. 1 ZPO durch das JKomG bezüglich der Beweiskraft elektronischer Dokumente ändert richtigerweise nicht ihre Rechtsnatur. Nur die Beweiskraft bestimmter elektronischer Dokumente, die die elektronische Form erfüllen, und nicht die Rechtsnatur elektronischer Dokumente im Allgemeinen wird vom § 371a Abs. 1 ZPO angesprochen.

---

[839] *Bizer/Hammer*, DuD 1993, S. 623; *Borges*, S. 429 ff.; *Huber*, in Musielak ZPO, § 415 Rn. 5; Stein/Jonas-*Leipold*, Vor § 415 Rn. 1; *Schreiber*, S. 32; MünchKommZPO-*Schreiber*, § 415 Rn. 6.

[840] *Schreiber*, S. 36.

[841] So auch BT-Drs. 14/4987, S. 13.

[842] So *Becker*, S. 86 f. Ablehnend aber h.M.; vgl. z.B. *Balzer*, GS Bruns, S. 81; *Britz*, S. 135.

[843] So auch *Huber*, in Musielak ZPO, § 415 Rn. 5.

[844] Zustimmend *Gottwald*, Dike 2002, S. 1264; Vgl. aber ablehnend dazu *Becker*, S. 4 f.

IV. Die Änderung der beweisrechtlichen Bestimmungen der ZPO durch das Formanpassungsgesetz

Der Gesetzgeber hat sich – im Einklang mit der h.M. der Literatur - mit der Einführung des § 371 Abs. 1 S. 2 ZPO[845] zum 1. August 2001 durch das „Gesetz zur Anpassung der Formvorschriften des Privatrechts und anderer Vorschriften an den modernen Rechtsgeschäftsverkehr" zunächst dafür entschieden, elektronische Dokumente den Regeln des Augenscheinsbeweises zu unterwerfen. Daher wurden die Regelungen zur Schrifturkunde grundsätzlich nicht auf elektronische Dokumente angewendet[846]. Die elektronische Form wurde zwar nach 126a BGB zugelassen, diese aber nach dem Formanpassungsgesetz nicht dem Urkundenbeweis, sondern dem Augenscheinsbeweis zugeordnet[847]. Ferner wurde auch klargestellt, dass sich Beweisantritt und Editionspflicht nach den Vorschriften des Urkundenbeweises (§§ 422 bis 432 ZPO) richten[848]. Der Forderung, das elektronische Dokument den Vorschriften über den Beweis durch Urkunden zu unterstellen, war das Gesetz nicht gefolgt, da dies für das mit einer qualifizierten elektronischen Signatur versehene Dokument nicht sachgerecht sei. Nach der Gesetzesbegründung fehle dem elektronischen Dokument das Wesensmerkmal der Verkörperung auf einem unmittelbar, ohne technische Hilfsmittel lesbaren Schriftträger, auf das die Vorschriften über den Beweis durch Urkunden zugeschnitten seien. Des Weiteren würden die für die private Schrifturkunde geltenden Vorschriften der §§ 416, 439, 440 ZPO nicht dem hohen Beweiswert eines elektronischen Dokuments gerecht, das mit einer qualifizierten elektronischen Signatur versehen ist[849]. Der Gesetzgeber des Formanpassungsgesetzes ging also von einem hohen Beweiswert einer qualifizierten elektronischen Signatur aus[850]. Grund hierfür ist neben dem technischen Sicherheitsstandard einer solchen Signatur vor allem der Umstand, dass der hier einschlägige Beweis durch Augenschein als sehr zuverlässig gilt. Die Gesetzesbegründung macht ebenfalls deutlich, dass dem § 371 Abs. 1 S. 2 ZPO ausschließlich eine klarstellende Funktion zukommen soll[851]. Weiterhin hat der Gesetzgeber des

---

[845] Das Gesetz sprach in der Fassung des FormAnpassungsgesetzes nur von § 371 S. 2 ZPO. Das ZPO-Reformgesetz (Gesetz zur Reform des Zivilprozess vom 27.7.2001, BGBl. I S. 1887, 1894) hat diese überschneidende Gesetzgebung unberücksichtigt gelassen. Die divergierenden Textfassungen sind durch Art. 5 Abs. 1a Nr. 1 des Gesetzes zur Modernisierung des Schuldrechts von 26.11.2001, BGBl. I S. 3138, 3179.

[846] BT-Drs. 14/4987, S. 13, 17, 23, 25.

[847] Dies wurde durch das JKomG geändert. Näher hierzu S. 182 ff.

[848] BT-Drs. 14/4987, S. 23.

[849] BT-Drs. 14/4987, S. 25.

[850] BT-Drs. 14/4987, S. 13, 17, 25. Kritisch dazu jedoch die Stellungnahme des Bundesrats, BT-Drs. 14/4987, S. 35; dagegen die Gegenäußerung der Bundesregierung BT-Drs. 14/4987, S. 42 f.

[851] BT-Drs. 14/4987, S. 25.

Formanpassungsgesetzes den aufgehobenen § 292a ZPO eingefügt, der den Nachweis der Echtheit eines elektronischen Dokuments erleichtern soll[852].

V. Das elektronische Dokument im Augenscheinsbeweis

In der Literatur besteht nunmehr Einigkeit darin, dass elektronische Dokumente im Wege des Augenscheinsbeweises in den Prozess eingebracht werden und im Rahmen freier richterlicher Beweiswürdigung zu berücksichtigen sind[853]. Bezüglich des Gegenstandes des Augenscheins sind jedoch die in der Literatur verwendeten Formulierungen unterschiedlich. Nach verbreiteter Ansicht wird das „elektronische Dokument" als Gegenstand des Augenscheins genannt[854]. Teilweise wird aber auch der „Computerspeicher" oder der „EDV-Datenträger" als Gegenstand des Augenscheins bezeichnet[855]. Der deutsche Gesetzgeber geht auch davon aus, dass die elektronischen Dokumente, die die elektronische Form nicht erfüllen, den Vorschriften über den Beweis durch Augenschein unterliegen[856]. Die Norm des § 371 Abs. 1 S. 2 ZPO stellt zwar die Anwendbarkeit der Regeln über den Augenscheinsbeweis klar; dies wurde jedoch durch das JKomG davon abhängig gemacht, ob die elektronischen Dokumente der elektronischen Form i.S.d. § 126a BGB genügen oder nicht.

In der Regel ist das elektronische Dokument, also die elektronische Datei, der Gegenstand des Augenscheins. Augenscheinsobjekt vermag aber auch ein EDV-Träger, etwa eine CD-ROM oder eine Diskette sein. Bei der Beweisaufnahme kann das Gericht nach § 372 Abs. 2 ZPO auch Sachverständige hinziehen[857]. Gemäß § 371 Abs. 1 S. 2 ZPO wird der Beweis durch Vorlegung eines Datenträgers oder durch Übermittlung des Dokuments an das Gericht nach § 130a ZPO angetreten[858]. Zur Beweisaufnahme muss das elektronische Dokument auf einem Computer des Gerichts sichtbar gemacht werden[859]. Falls sich das elektronische Dokument im Besitz des Beweisgegners oder eines Dritten befindet, sind die für den Urkundenbeweis geltenden Bestimmungen über den Beweisan-

---

[852] § 292a wurde aufgehoben und ihr Regelungsgehalt in die Generalvorschrift für die Beweiskraft elektronischer Dokumente als § 371a Abs. 1 S. 2 ZPO überführt.

[853] S. hierzu Fn. 854.

[854] *Erber-Faller*, CR 1996, S. 380; *Geis*, NJW 1997 S. 3001; *ders.*, K&R 2002, S. 61; *Greger*, in Zöller, §§ 292a Rn. 3, 371 Rn. 1; *Hartmann*, in Baumbach/Lauterbach/Albers/Hartmann, Übers. § 371 Rn. 4; *Huber*, in Musielak ZPO, § 292a Rn. 10; *Rüßmann*, in Veröffentlichungen der Wissenschaftlichen Vereinigung für Internationales Verfahrensrecht, S. 157.

[855] MünchKommZPO-*Damrau*, § 371 Rn. 4 (Band 2); *Redeker*, NJW 1984, S. 2394; *Rosenberg/Schwab/Gottwald*, § 118 I 2 Rn. 2 (S. 814); *Vehslage*, K&R 2002 S. 532.

[856] BT-Drs. 14/4987, S. 25; vgl. auch *Czeguhn*, JuS 2004, S. 125.

[857] BT-Drs. 14/4987, S. 23.

[858] Hierzu *Borges*, K&R 2001, S. 207 f.

[859] Vgl. *Reichold*, in Thomas/Putzo § 371 ZPO Rn. 4.

tritt und die Vorlegungspflicht entsprechend anzuwenden[860]. § 371 Abs. 1 S. 2, letzter Halbs. ZPO verweist auf die Regelungen zur Vorlagepflicht von Gegner und Drittem nach §§ 423-432 ZPO.

D. *Beweisrechtliche Behandlung der elektronischen Form*

Die Verbreitung der elektronischen Signaturen im Rechtsverkehr hängt vor allem von ihrer Eignung als Beweismittel und ihrem Beweiswert ab. In der Begründung zum FormanpassungsG wird angeführt, der Beweis der Echtheit der Unterschrift könne bei einer elektronischen Signatur bereits durch eine einfache Behauptung des Signaturschlüssel-Inhabers, die Erklärung stamme nicht von ihm, widerlegt werden[861]. Bestreitet der Beweisgegner die Echtheit der Signatur, muss der Beweisführer die Integrität, Authentizität und Autorisierung der Erklärung nachweisen. Der Erklärungsempfänger als regelmäßig beweisbelastete Partei muss vor solchen unbegründeten Einwänden des Signaturschlüssel-Inhabers geschützt werden[862], da er mangels notwendigen Informationen über Technik und Organisation des verwendeten Signaturverfahrens keine Möglichkeiten hat, diese zu widerlegen[863]. Nach Klageerhebung kann allerdings das Prozessgericht nach § 144 Abs. 1 ZPO einer Partei oder einem Dritten aufgeben, die sich bei ihr bzw. ihm im Besitz befindlichen Gegenstände zur Inaugenscheinnahme oder zur Begutachtung durch Sachverständige dem Gericht vorzulegen. Der Richter darf daher die Vorlage der Chipkarte gemäß § 144 ZPO und die Vorlage der Dokumentation des Zertifizierungsdiensteanbieters gemäß § 142 ZPO anordnen[864].

Um dieses Beweisproblem zu korrigieren und dem Erklärungsempfänger die Beweisführung zu erleichtern, statuierte § 292a ZPO a.F. (§ 371a Abs. 1 S. 2 ZPO) einen Anscheinsbeweis von Gesetzes wegen[865]: Der Beweis mittels einer qualifizierten elektronischen Signatur kann demnach nur durch Tatsachen erschüttert werden, die ernstliche Zweifel daran begründen, dass die Erklärung mit dem Willen des Signaturschlüssel-Inhabers abgegeben worden ist, und nicht

---

[860] BT-Drs. 14/4987, S. 25.

[861] BT-Drs. 14/4987, S. 23.

[862] BT-Drs. 14/4987, S. 23; a.A. *Rieß*, DuD 2000, S. 532. Nach seiner Ansicht stelle § 292a ZPO a.F. (§ 371a Abs. 1 S. 2 ZPO) eine Beweisbelastung des Erklärungsempfängers dar.

[863] Der Signaturempfänger hat keinen gesetzlichen Anspruch auf Auskunft oder Herausgabe der Dokumentation gegenüber dem Zertifizierungsdiensteanbieter; vgl. hierzu *Blum*, DuD 2001, S. 75; *Huber*, in Musielak ZPO, § 292a Rn. 12; *Roßnagel*, NJW 2001, S. 1826; *ders.*, MMR 2000, S. 455. Zudem besteht das Risiko des Verlustes der Dokumentation nach Ablauf der Aufbewahrungsfrist, nach Einstellung der Tätigkeit des Zertifizierungsdiensteanbieters oder Insolvenz.

[864] *Fischer-Dieskau/Gitter/Paul/Steidle*, MMR 2002, S. 710; *Roßnagel*, MMR 2002, S. 218.

[865] Zur Rechtsnatur des Anscheinsbeweises vgl. u.a. *Schemmann*, ZZP 2005, S. 163 f.

mehr durch die bloße Behauptung einer Fälschung[866]. Damit wird ein gesetzlich festgelegter Anscheinsbeweis eingefügt[867]. Die Einführung des § 292a ZPO a.F. (§ 371a Abs. 1 S. 2 ZPO) wird von Art. 5 SigRL nicht gefordert[868], da diese Regelung nur bestimmt, dass elektronische Signaturen als Beweismittel im Gerichtsverfahren zugelassen sein müssen. Die SigRL gibt keine bestimmte Beweisregeln vor.

Zweck des § 292a ZPO a.F. (§ 371a Abs. 1 S. 2 ZPO) ist es also, dem Signaturempfänger die Beweisführung zur Echtheit einer in elektronischer Form vorliegenden Erklärung zu erleichtern[869]; die Vorschrift will so zugleich die Rechtssicherheit und Verkehrsfähigkeit der elektronischen Signatur gewährleisten und das Vertrauen in den elektronischen Rechtsverkehr stärken[870]. Der vorgesehene Anscheinsbeweis soll dem hohen Sicherheitsstandard qualifizierter elektronischer Signaturen besser gerecht werden[871]. Damit wird - so die Gesetzesbegründung - ein weitergehender Schutz des Erklärungsempfängers erreicht, als es die Vorschriften der Zivilprozessordnung über den Beweis durch Schrifturkunden vermögen, „da nach diesen eine entsprechende Beweiserleichterung nicht eintritt, sondern der Erklärungsempfänger den vollen Beweis der Echtheit einer von dem Beweisgegner nicht anerkannten Namensunterschrift erbringen muss (§ 439 Abs. 1 und 2, § 440 Abs. 1 ZPO)“[872]. Der Begründung zufolge wollte der Gesetzgeber einen stärkeren Schutz des Erklärungsempfängers als im Rahmen des Urkundenbeweises erreichen[873]. Der Beweisführer wird damit von der Barriere des § 440 Abs. 1 ZPO befreit.

---

[866] Der Wortlaut des § 292a ZPO a.F. wurde im neuen § 371a Abs. 1 S. 2 so umformuliert, dass der Passus „mit dem Willen“ ausgelassen worden ist.

[867] Von einer erleichtert entkräftbaren gesetzlichen Vermutung spricht allerdings *Schemmann*, ZZP 2005, S. 181 f. Ähnlich *Noack* in DStR 2001, S. 1896.

[868] S. Art. 5 Abs. 1 lit. b und Abs. 2 SigRL. Nach *Roßnagel*, NJW 2001, S. 1819, ist die Einführung des § 292a a.F. ZPO eine Schlussfolgerung der Bundesregierung aus der Diskussion um die Beweisfolgen elektronisch signierter Dokumente.

[869] BT-Drs. 14/4987, S. 13. Umstritten ist, worauf sich der Begriff der „Echtheit“ bezieht. Nach § 292a ZPO a.F. richtete sich der Anschein auf die Echtheit der „*Willenserklärung*“ (BT-Drs. 14/4987, S. 13 und 17). Ebenso *Jungermann*, S. 90 und dort Fn. 658. A.A. *Oertel*, MMR 2001, S. 420, der konstatiert, dass § 292a ZPO a.F. die Echtheit der *Signatur* selbst bezweckt; ähnlich *Fischer-Dieskau/Gitter/Paul/Steidle*, MMR 2002, S. 712; vgl. auch hierzu *Borges*, S. 505, der kritisiert, dass die Echtheit der Willenserklärung vermutet wird, obwohl die Parallele zu § 415 ff. ZPO nahe legt, dass die Echtheit der Urkunde, also des elektronischen Dokuments, vermutet wird. Ebenso MünchKommZPO-*Prütting*, § 292a Rn. 11.

[870] Nach *Tettenborn*, CR 2000, S. 686 dient § 292a ZPO a.F. (Art. 371a Abs. 1 S. 2 ZPO) der zusätzlichen Absicherung der Zulassung elektronischer Signaturen als Beweismittel.

[871] BT-Drs. 14/4987, S. 25; vgl. dazu auch *Melullis*, MDR 1994, S. 113.

[872] BT-Drs. 14/4987, S. 13.

[873] BT-Drs. 14/4987, S. 13 und 17.

Dieser Entscheidung des deutschen Gesetzgebers ist zuzustimmen. Während bei Urkunden die beweisbelastete Partei die Echtheit der Unterschrift zu beweisen hat, sofern der Beweisgegner dies bestreitet, und erst dann die widerlegliche Vermutung für die Echtheit einer Schrifturkunde gemäß § 440 Abs. 2 ZPO eingreift, wird dem Erklärungsempfänger einer in der elektronischen Form abgegebenen Erklärung durch den gesetzlich normierten Anscheinsbeweis des § 292a ZPO a.F. (§ 371a Abs. 1 S. 2 ZPO) und die von der Rechtsprechung entwickelten Grundsätze zum Beweis des ersten Anscheins die Beweisführung erleichtert[874]. Zusätzlich kommt bei akkreditierten Signaturverfahren die Sicherheitsvermutung gemäß § 15 Abs. 1 S. 4 SigG in Betracht, die sich auf den Nachweis der umfassend geprüften technischen und administrativen Sicherheit für die elektronischen Signaturen bezieht[875].

I. Die Tatbestandvoraussetzungen des § 292a ZPO a.F. (§ 371a Abs. 1 S. 2 ZPO)

Ein Anscheinsbeweis wird von der Rechtsprechung dann herangezogen, wenn im Einzelfall ein „typischer Geschehensablauf" vorliegt, bei dem nach der Lebenserfahrung aus einem bestimmten unstreitigen oder bewiesenen Sachverhalt auf eine bestimmte Folge oder umgekehrt aus einem feststehenden Erfolg auf eine bestimmte Ursache zu schließen ist[876]. Ein typischer Geschehensablauf ist aber bei der elektronischen Übermittlung von Willenserklärungen mangels Erfahrung mit dem neuen SigG nicht gegeben.

Mit dem aufgehobenen § 292a ZPO, der jetzt als § 371a Abs. 1 S. 2 ZPO gilt, wurde ein bisher unbekannter „gesetzlich normierter, vorgezogener Anscheinsbeweis" eingefügt[877], was eine dogmatisch neuartige Rechtsfigur darstellt[878]. Es handelt sich hier um den ersten Versuch des Gesetzgebers, den Fall eines An-

---

[874] Vgl. *MüKo/Einsele*, §126 Rn.16. *Roßnagel*, MMR 2000 S. 459 f.; *ders.*, NJW 2001, S. 1826, kritisiert § 292a ZPO a.F., da dort keine Unterscheidung zwischen der qualifizierten elektronischen Signatur und der im Vergleich zu dieser sichereren akkreditierten elektronischen Signatur getroffen wurde. Nur letztere, sicherere Signatur rechtfertige auf Grund der vorherigen Genehmigung eine gesetzliche Vermutung.

[875] Vgl. hierzu *Roßnagel*, MMR 2002, S. 217 f.

[876] BGHZ 100, S. 214 (216) = NJW 1987, S. 1944; BGH, NJW 2001, S. 1140; NJW 1996, S. 1828. Zu den Einzelheiten des Anscheinsbeweises vgl. MünchKommZPO-*Prütting*, § 286 Rn. 48 ff.

[877] *Roßnagel*, MMR 2000, S.459. Nach *Noack*, DStR 2001, S. 1896 ist § 292a ZPO a.F. eine Vermutung, dass die Erklärung mit dem Willen des Signaturschlüssel-Inhabers abgegeben worden ist, in Gestalt eines eigenartigen gesetzlichen Anscheinsbeweises gekleidet. Ebenso *ders.*, in Dauner-Lieb/Heidel/Lepa/Ring, Das neue Schuldrecht, S. 446 und dort Rn. 13.

[878] *Oertel*, MMR 2001, S. 420. Von einer „eigenartigen" Regelung spricht auch *Noack*, DStR 2001, S. 1896.

scheinsbeweises zu kodifizieren. Vorgezogen ist der prima-facie-Beweis deshalb, weil in diesem Fall ein allgemeines Erfahrungswissen hinsichtlich der Sicherheit qualifizierter Signaturverfahren, von dem auf die Echtheit der elektronischen Willenserklärung geschlossen werden könnte, mangels ausreichender Erfahrung mit elektronischen Signaturen noch fehlt[879]. Vorweggenommen wird also insoweit der Erfahrungssatz, dass eine qualifizierte elektronische Signatur im Sinne des § 126a BGB so sicher ist, dass nach positiver Prüfung nach dem SigG mit hinreichend hoher Wahrscheinlichkeit von der Echtheit der Willenserklärung auszugehen ist. Mit der ausgewählten Gesetzesformulierung wird die Aufmerksamkeit gerichtet nicht auf die Begründung des Anscheins, sondern auf dessen Erschütterung. Zur Begründung des Anscheins wird nur bestimmt, dass sich der Anschein „auf Grund der Prüfung nach dem Signaturgesetz ergibt".

Nach *Huber* ist der Hinweis des Gesetzgebers in der Gesetzesbegründung, der Empfänger könne entsprechend „die für den Beweis des ersten Anscheins von der Rechtsprechung entwickelten Grundsätze" zu Grunde legen, missverständlich[880]. Dieser Meinung ist zuzustimmen. Es ist insoweit unklar, ob das Gesetz im § 292a ZPO a.F. (§ 371a Abs. 1 S. 2 ZPO) auf die allgemeinen Grundsätze des Anscheinsbeweises verweist oder einen eigenständigen Tatbestand begründet. Wie dargelegt weist die Gesetzesbegründung darauf hin, dass diese Norm auf den allgemeinen Grundsätzen des Anscheinsbeweises basiert[881]. Die Verwendung des Begriffs „Anscheinsbeweis" im § 292a ZPO a.F. (§ 371a Abs. 1 S. 2 ZPO) spricht auch dafür. Das Problem ist freilich, dass ein Anscheinsbeweis von der Rechtsprechung herangezogen wird, wenn im Einzelfall ein typischer Geschehensablauf vorliegt, der nach der Lebenserfahrung auf eine bestimmte Ursache hinweist und derart gewöhnlich und üblich erscheint, dass die besonderen individuellen Umstände an Bedeutung verlieren. Beim § 292a ZPO a.F. (§ 371a Abs. 1 S. 2 ZPO) geht es aber gerade nicht um einen für die zu beweisende Tatsache nach der Lebenserfahrung typischen Geschehensablauf[882]. Die Bundesregierung stellt in ihrer Gegenäußerung klar, dass § 292a ZPO a.F. keineswegs als Anscheinbeweis im herkömmlichen Sinne zu verstehen sei: „Der Anschein der Echtheit beruht nicht auf einem Erfahrungssatz, sondern auf gesetzlicher Vorgabe"[883]. Die Bundesregierung führt weiter aus, dass es dem Gesetzgeber unbenommen bleibe, „anstelle eines Erfahrungssatzes einen gesetzlich verbrieften Sicherheitsstandard als Grundlage einer Beweisregel vorzusehen"[884]. Dafür

[879] *Fischer-Dieskau/Gitter/Paul/Steidle*, MMR 2002, S. 710.
[880] *Huber*, in Musielak ZPO, § 292a Rn. 13; ebenso *Czeguhn*, JuS 2004, S. 126. Kritisch auch MünchKommZPO-*Prütting*, § 292a Rn. 2, 9.
[881] BT-Drs. 14/4987, S. 13.
[882] Vgl. die Stellungnahme des Bundesrats; BT-Drs. 14/4987, S. 37.
[883] Gegenäußerung der Bundesregierung; BT-Drs. 14/4987, S. 44.
[884] Gegenäußerung der Bundesregierung; BT-Drs. 14/4987, S. 44.

spricht auch die sachliche Verwandtschaft mit § 416 ZPO[885]. Die Bundesregierung wollte also mit § 292a ZPO a.F. keineswegs einen traditionellen Anscheinsbeweis regeln, sondern eine gesetzliche Beweisregel (i.S.d. § 286 Abs. 2 ZPO) eigener Art[886]. Damit erscheint auch die Passage des § 292a ZPO a.F. verständlich, dass sich der Anschein „auf Grund der Prüfung nach dem Signaturgesetz" ergibt. Was also die Frage der richtigen Beurteilung von § 292a ZPO a.F. betrifft, ist der Begriff „Anschein" im Ergebnis nicht zutreffend. Des Weiteren stand zwar § 292a ZPO a.F. nahe bei § 292 ZPO, war aber nicht etwa als gesetzliche Vermutung gestaltet, denn eine Beweislastumkehr, die die typische Rechtsfolge einer gesetzlichen Vermutung darstellt (§ 292 ZPO), wird in § 292a ZPO a.F. nicht normiert. Verlangt wird insoweit kein Gegenteilsbeweis, sondern vielmehr einfach die Erschütterung des „Anscheins"[887]. Die Umgruppierung der neuen Regelung des § 371a Abs. 1 S. 2 ZPO zu den Vorschriften des Augenscheinsbeweises stellt zumindest aus systematischer Hinsicht eine Verbesserung dar.

Bestreitet der Beklagte die Voraussetzungen des 292a ZPO a.F. (§ 371a Abs. 1 S. 2 ZPO) nicht, kommt die Beweiserleichterung ohne weiteres zum Einsatz[888]. Denn Behauptungen, denen nicht ausdrücklich widersprochen wird, sind gemäß § 138 Abs. 3 ZPO und § 288 Abs. 1 ZPO als zugestanden anzusehen. Wird vom Prozessgegner das Vorliegen der Tatbestandsvoraussetzungen bestritten, muss der Signaturempfänger sie im Einzelnen nachweisen - je nachdem, welche der Voraussetzungen der Beweisgegner bestritten wird - um überhaupt in den Genuss der Beweiserleichterung des § 292a ZPO a.F. (§ 371a Abs. 1 S. 2 ZPO) zu kommen[889].

---

885 MünchKommZPO-*Prütting*, § 292a Rn. 10.

886 Vgl. zum Ganzen *Huber*, in Musielak ZPO, § 292a Rn. 13. Ebenso *Czeguhn*, JuS 2004, S. 126; MüKo/*Einsele*, §126a Rn.21; *Fischer-Dieskau/Gitter/Hornung*, MMR 2003, S. 387; *Hartmann*, in Baumbach/Lauterbach/Albers/Hartmann (2005), § 292a Rn. 1; MünchKommZPO-*Prütting*, § 292a Rn. 7 ff. Nach *Roßnagel*, NJW 2001, S. 1826 ist in § 292a ZPO die Beweiserleichterung einer Beweisvermutung enthalten; ebenso *Geis*, MMR 2000, S. 672; *Manіotis*, FS Geimer, S. 622; *Noack*, DStR 2001, S. 1896; *Oertel*, MMR 2001, S. 420; *Redeker*, Rn. 907; *Roßnagel/Fischer-Dieskau*, MMR 2004, S. 138; *Roßnagel*, MMR 2002, S. 217; *Schemmann*, ZZP 2005, S. 182. Ähnlich *Rüßmann*, Jusletter 8. November 2004 Rz. 38; vgl. auch hierzu *Jungermann*, S. 125 ff. Nach seiner Meinung ist die Beweisregel des § 292a ZPO eher als eine in ihrer Wirkung reduzierte Beweislastumkehr zu qualifizieren. § 292a ZPO ordnet jedoch keine Beweislastumkehr an. Denn soweit es um die Erschütterung eines Beweises geht, wird ein Gegenbeweis verlangt und nicht ein Vollbeweis. Die Beweislastumkehr und der Anscheinsbeweis sind wegen der unterschiedlichen Bedingungen für ihre Widerlegung streng zu trennen. S. hierzu *Baumgärtel*, Beweislastpraxis, S. 264 und dort Rn. 445.

887 MünchKommZPO-*Prütting*, § 292a Rn. 7, weist zutreffend darauf hin, dass schon nach seinem Wortlaut § 292a ZPO a.F. nicht eine gesetzliche Vermutung sein kann.

888 *Fischer-Dieskau/Roßnagel/Steidle*, MMR 2004, S. 452.

889 *Fischer-Dieskau/Gitter/Paul/Steidle*, MMR 2002, S. 710.

Die gesetzliche Anscheinsregelung in § 292a ZPO a.F. (§ 371a Abs. 1 S. 2 ZPO) findet unter zwei tatbestandsmäßigen Voraussetzungen Anwendung. Die erste Voraussetzung für die Anwendbarkeit des § 292a ZPO a.F. (§ 371a Abs. 1 S. 2 ZPO) ist es, dass die Erklärung den Anforderungen des § 126a BGB genügt. § 292a ZPO a.F. (§ 371a Abs. 1 S. 2 ZPO) greift die Norm über die elektronische Form auf und führt diese unter Bezugnahme auf das SigG im Bereich des Prozessrechtes fort. Die zweite Voraussetzung besteht in der erfolgreichen „Prüfung nach dem Signaturgesetz". Beide Tatbestandsvoraussetzungen bedürfen näherer Erörterung.

1. Das Vorliegen einer Erklärung in elektronischer Form

Erste Voraussetzung des § 292a ZPO a.F. (§ 371a Abs. 1 S. 2 ZPO) ist es, dass die Erklärung in elektronischer Form des § 126a BGB vorliegt. Das JKomG hat zwar den ausdrücklichen Verweis auf § 126a BGB im neuen § 371a Abs. 1 S. 2 ZPO aufgegeben, aber das Erfordernis einer Erklärung in elektronischer Form beibehalten. Dieses Erfordernis bedeutet, dass die tatbestandlichen Voraussetzungen des § 126a BGB erfüllt sein müssen, damit der Beweisführer von der gesetzlichen Beweiserleichterung in § 292a ZPO a.F. (§ 371a Abs. 1 S. 2 ZPO) profitieren kann[890]. Der Aussteller der Erklärung muss also dieser seinen Namen hinzufügen und das elektronische Dokument mit einer qualifizierten elektronischen Signatur nach dem SigG versehen[891]. § 126a BGB verweist inhaltlich auf das SigG[892]. Die Erklärung muss mit einer qualifizierten elektronischen Signatur nach § 2 Nr. 2 und Nr. 3 SigG versehen sein. *Roßnagel* hat bereits im Einzelnen dargelegt, um welche Voraussetzungen es sich nach § 2 Nr. 2 und 3 SigG hierbei handelt[893]. Dies ist nach § 2 Nr. 3 SigG eine elektronische Signatur (1), die ausschließlich dem Signaturschlüssel-Inhaber zugeordnet ist (2), die Identifizierung des Signaturschlüssel-Inhabers ermöglicht (3), mit Mitteln erzeugt ist, die der Signaturschlüssel-Inhaber unter seiner alleinigen Kontrolle halten kann (4), mit den Daten, auf die sie sich bezieht, so verknüpft ist, dass eine nachträgliche Veränderung der Daten erkannt werden kann (5). Darüber hinaus muss sie auf einem zum Zeitpunkt ihrer Erzeugung gültigen qualifizierten Zertifikat beruhen

---

[890] MünchKommZPO-*Prütting*, § 292a Rn. 12; vgl. auch *Huber*, in Musielak ZPO, § 292a Rn. 5.

[891] Ausführlich hierzu *Roßnagel*, NJW 2001, S. 1819 ff.

[892] Anders als noch im Referentenentwurf von 1999 sind in § 126a Abs. 3 BGB keine ausdrückliche widerleglichen Vermutungen mehr enthalten; s. hierzu Referentenentwurf eines Gesetzes zur Anpassung der Formvorschriften des Privatrechts und anderer Vorschriften an den modernen Rechtsgeschäftsverkehr vom 19. Mai 1999; vgl. auch *Blaurock/Adam*, ZEuP 2001, S. 111.

[893] Vgl. *Roßnagel*, MMR 2000, S. 459; vgl. auch *Fischer-Dieskau/Gitter/Paul/Steidle*, MMR 2002, S. 711 ff.; *Welsch*, DuD 2000, S. 412.

(6) und mit einer sicheren Signaturerstellungseinheit erzeugt worden sein (7)[894]. Nur solche „qualifizierte elektronische Signaturen" fallen unter § 292a ZPO a.F. (§ 371a Abs. 1 S. 2 ZPO), nicht jedoch (einfache) „elektronische Signaturen" i.S.d. § 2 Nr. 1 SigG oder „fortgeschrittene elektronische Signaturen" nach § 2 Nr. 2 SigG[895]. „Nicht qualifizierte" Signaturverfahren sind als Augenscheinsobjekte allein dem Grundsatz der freien Beweiswürdigung gemäß § 286 ZPO unterworfen. Sie werden aber als Beweismittel nicht ausgeschlossen; denn ein Ausschluss würde gegen Art. 5 Abs. 2 SigRL verstoßen[896].

Wie schon dargestellt, wenn vom Prozessgegner das Vorliegen einer qualifizierten Signatur bestritten wird, muss der Signaturempfänger die Erfüllung von bis zu sieben Voraussetzungen einer qualifizierten Signatur nach § 2 Nr. 2 a)-d) und Nr. 3 a) und b) SigG nachweisen[897]. Denn nach den allgemeinen Grundsätzen ist es Sache des Beweisführers, die tatbestandlichen Voraussetzungen darzulegen und zu beweisen. Erst nur die Erfüllung dieser Voraussetzungen bietet den Nachweis, dass tatsächlich eine qualifizierte elektronische Signatur erzeugt wurde. Der Regelung des § 292a a.F. (§ 371a Abs. 1 S. 2 ZPO) können daher erhebliche Vorprüfungen vorgelagert sein[898].

---

[894] *Jungermann*, S. 93 erwähnt sieben Voraussetzungen, wobei er die „elektronische Signatur" gem. § 2 Nr. 1 SigG zu den Voraussetzungen zählt. Die sich aus den Nummern 2 und 3 des § 2 SigG ergebenden Voraussetzungen einer qualifizierten elektronischen Signatur lassen sich schon aus technischen Gründen auf vier reduzieren. S. dazu *Jungermann*, S. 113.

[895] So auch *Jungermann*, DuD 2002, S. 71.

[896] Ebenso *Ahrens*, FS Geimer, S. 14.

[897] *Bettendorf*, RNotZ 2005, S. 286; *Boente/Riehm*, Jura 2001, S. 798; *Gottwald*, Dike 2002, S. 1265; *Lapp*, in Gounalakis, Rhb. Electronic Business, § 18 Rn. 206; *ders.*, ITRB 2004, S. 65; *Noack*, DStR 2001, S. 1896; *Oertel*, MMR 2001, S. 420; *Pordesch*, S. 133; *Redeker*, Rn. 907; *Roßnagel*, NJW 2001, S. 1826; *ders.*, MMR 2000, S. 459; *Sauerwein*, S. 134; *Sieber/Nöding*, ZUM 2001, S. 208; *Stadler*; ZZP 2002, S. 433. Ebenso *Huber*, in Musielak ZPO, § 292a Rn. 14; MünchKommZPO-*Prütting*, § 292a Rn. 9. A.A. *Rapp*, S. 173 ff. - Nach dieser Meinung muss der Beweisführer nicht die Einhaltung aller Voraussetzungen der qualifizierten elektronischen Signatur beweisen. Da die technischen Komponenten, bei denen die Anforderungen an qualifizierte elektronische Signaturen erfüllt sind, vom SigG und SigV (§§17, 24 Nr. 4 SigG) festgelegt werden, muss der Beweisführer lediglich beweisen, dass für die konkrete Signatur die im SigG für qualifizierte elektronische Signaturen vorgesehene technische Komponenten verwendet wurden. Die Regelung des § 15 Abs. 1 S. 4 SigG komme bei akkreditierten elektronischen Signaturen dem Beweisführer zugute. Die Kritik von *Rapp* ist missverständlich. Sie lehnt zwar die Ansicht von *Roßnagel* ab, aber beide Ansichten gelangen - bezüglich des Nachweises der Voraussetzungen qualifizierter elektronischer Signaturen - zum gleichen Ergebnis mit gleicher Argumentation: „Der Erklärungsempfänger hat hier nachzuweisen, dass die betreffende Signatur die Anforderungen des Signaturgesetzes an qualifizierte elektronische Signaturen enthält. Dieser Nachweis kann im Einzelnen schwer zu führen sein".

[898] Nach *Schemmann*, ZZP 2005, S. 167 sei allerdings - angesichts der Anknüpfung des § 371a Abs. 1 S. 2 ZPO lediglich an die Signaturprüfung - nur eine positive Signaturprüfung

Bierekoven ist jedoch der Auffassung, dass, solange es sich um eine qualifizierte elektronische Signatur handele, der Nachweis der Voraussetzungen des § 2 Nr. und Nr. 3 SigG bereits über das Zertifikat erbracht sei[899]. Eines Nachweises der Voraussetzungen des § 2 Nr. 3 SigG bedürfte es nicht, da ohnehin nur gesetzkonforme Zertifizierungsdiensteanbieter als qualifiziert gekennzeichnete Zertifikate ausstellen dürfen. Dieser Auffassung ist nicht zuzustimmen. Ein Zertifikat ist in Wirklichkeit nur dann ein qualifiziertes und damit gesetzeskonform, wenn der Zertifizierungsdiensteanbieter ***nachweislich*** gesetzeskonform arbeitet und ***tatsächlich berechtigt ist***, qualifizierte Zertifikate auszustellen. Bei qualifizierten Signaturverfahren wird aber die Einhaltung der gesetzlichen Anforderungen nicht vorab überprüft. Daher kann für sie nicht erwartet werden, dass jeder Anbieter auch tatsächlich alle gesetzlichen Voraussetzungen erfüllt. Bei diesen nicht vorabgeprüften Signaturverfahren besteht keine Sicherheit, ob die gesetzlichen Anforderungen an die Erzeugung einer qualifizierten elektronischer Signatur erfüllt sind[900]. Nur bei akkreditierten Zertifizierungsdiensteanbietern wird die Gesetzeskonformität durch die BNetzA vorab bestätigt. Lediglich akkreditierte Zertifizierungsdiensteanbieter werden vor Betriebsaufnahme behördlich überprüft. Für sie kann dadurch der „Nachweis der umfassend geprüften administrativen Sicherheit" als vorweggenommenes Sachverständigengutachten erbracht werden.

2. *„Prüfung nach dem Signaturgesetz"*

Das einfache Vorliegen einer qualifizierten oder akkreditierten elektronischen Signatur bedeutet nicht per se, dass auch die Voraussetzungen des § 292a ZPO a.F. (§ 371a Abs. 1 S. 2 ZPO) erfüllt sind. Vielmehr müssen sich diese erst aus der Prüfung der Signatur nach dem SigG ergeben. Die „Prüfung nach dem Signaturgesetz" als Grundlage des Anscheins wird im Gesetz nicht näher erläutert[901].

Im SigG ist ein Prüfverfahren nicht vorgesehen, so dass der Gesetzeswortlaut insoweit präzisiert werden sollte. In den Gesetzesmaterialien wird dieses Tatbestandserfordernis dahin erläutert, es gehe um eine Prüfung, die die Signierung

---

notwendig. Die gesetzliche Vermutung des § 371a Abs. 1 S. 2 ZPO (§ 292a ZPO a.F.) greife ein, wenn ein Prüfverfahren für qualifizierte elektronische Signaturen durchgeführt wurde.

[899] *Bierekoven*, S. 179 f. Ähnlich *Jungermann*,. 113 ff.; *ders.*, DuD 2003, S. 71. - Die Frage, ob es sich um eine qualifizierte elektronische Signatur handelt oder nicht, sei allein nach den Angaben im Zertifikat zu beantworten. Diese Meinung verkennt allerdings, dass § 292a ZPO a.F. explizit die Prüfung der Signatur nach dem SigG als eigenständige Tatbestandsvoraussetzung verlangt.

[900] *Roßnagel*, MMR 2000, S. 460.

[901] Vgl. hierzu *Hammer*, DuD 2000, S. 96 ff.; zur Verifikation von digitalen Signaturen vgl. *Spitz*, DuD 2001, S. 459 ff.

mit dem auf der Signaturchipkarte gespeicherten geheimen Schlüssel des Inhabers und dessen Identität bestätige[902]. Damit ist die Prüfung einer Signatur mit dem öffentlichen Schlüssel gemeint, die die Verwendung des privaten Schlüssels zur Erstellung der Signatur nachweist und den weiteren Schluss von der Verwendung des privaten Schlüssels auf die Person, der der Schlüssel zugeordnet ist, zulässt[903].

Für die Überprüfung sind Signaturanwendungskomponenten erforderlich, die nach § 17 Abs. 2 S. 2 SigG feststellen lassen müssen, auf welche Daten sich die Signatur bezieht (Nr. 1), ob die signierten Daten unverändert sind (Nr. 2), welchem Signaturschlüsselinhaber die Signatur zuzuordnen ist (Nr. 3), welche Inhalte das qualifizierte Zertifikat, auf dem die Signatur beruht, und zugehörige Attributzertifikate aufweisen (Nr. 4) und zu welchem Ergebnis die Nachprüfung von Zertifikaten nach § 5 Abs. 1 S. 3 SigG geführt hat (Nr. 5)[904]. Diese Signaturprüfung kann durch die Inaugenscheinnahme oder, bei mangelnder eigener Sachkenntnis des Gerichts, durch den Sachverständigenbeweis erfolgen. Der Anscheinsbeweis kommt erst dann zum Tragen, wenn eine Prüfung der signaturrechtlichen Vorschriften ergibt, dass überhaupt eine signaturgesetzkonforme qualifizierte Signatur vorliegt[905].

3. Erschütterung des gesetzlichen Anscheinsbeweises

Ergibt die Prüfung nach dem Signaturgesetz, dass eine qualifizierte elektronische Signatur vorliegt, verleiht die Erfüllung dieser Tatbestandsvoraussetzung des § 292a ZPO a.F. (§ 371a Abs. 1 S. 2 ZPO) einen Anschein der Echtheit der in elektronischer Form vorliegenden Erklärung. Dieser Anschein der Echtheit kann nur anhand von Tatsachen erschüttert werden, die ernstliche Zweifel daran begründen, dass die Erklärung vom Signaturschlüssel-Inhaber abgegeben wurde[906]. Für die Erschütterung des Anscheinsbeweises werden Tatsachen verlangt,

---

902 BT-Drs. 14/4987, S. 13.

903 Vgl. BT-Drs. 14/4987, S. 24: "...grundsätzlich schon durch eine Überprüfung der Signatur nach dem SigG (durch Überprüfung der Zuordnung des Signaturprüfschlüssels)...„.

904 *Fischer-Dieskau/Gitter/Paul/Steidle*, MMR 2002, S. 712; *Nissel*, S. 90.

905 *Borges*, S. 511; *Fischer-Dieskau/Roßnagel/Steidle*, MMR 2004, S. 452; *Fischer-Dieskau/Gitter/Paul/Steidle*, MMR 2002, S. 710 ff.; *Roßnagel*, MMR 2002, S. 218.

906 Der Wortlaut des § 292a ZPO a.F. wurde im neuen § 371a Abs. 1 S. 2 dahin umformuliert, dass der Passus „mit dem Willen" ausgelassen worden ist. So kann sich die Meinung von *Rapp*, S. 176, die für die Erschütterung des Anscheinsbeweises nur Einwände bezüglich der Willentlichkeit der Erklärung als zulässig betrachtet, nicht länger aus gesetzlichen Wertungen rechtfertigen.

die nicht nur vorgetragen, sondern bewiesen werden müssen[907]. Ist der Anscheinsbeweis gelungen, so hat der Signaturschlüssel-Inhaber nicht etwa den Beweis des Gegenteils zu führen[908]. Vielmehr kann er den Anscheinsbeweis durch einfachen Gegenbeweis erschüttern[909]. Der Beweis des Gegenteils gegen eine Vermutung (§§ 167, 292 ZPO) ist vom Gegenbeweis zu unterscheiden. Dieser ist Hauptbeweis und obliegt der durch Vermutungen belasteten Partei[910]; er muss die volle Überzeugung des Richters von der Unwahrheit der vermuteten Tatsache begründen[911]. Der dem Anscheinsbeweis entgegenzusetzende Gegenbeweis setzt einen solchen Vollbeweis nicht voraus. Ist der Anscheinsbeweis auf diesem Wege erschüttert, kann der Erklärungsempfänger den Vollbeweis führen, dass der Aussteller die Erklärung abgegeben hat.

Wie ein solcher Gegenbeweis im Einzelnen geführt werden kann, ist allerdings nicht klar. Anforderungen an die insoweit vom Beweisgegner vorzutragenden ernstlichen Zweifel finden sich in der Gesetzesbegründung nicht. Ernstlich ist nicht jeder leichte Zweifel, sondern erst ein erheblicher, bei dem eine überwiegende Wahrscheinlichkeit für Unechtheit besteht[912]. Es wird allerdings in der Literatur die Ansicht vertreten, die Anforderungen hieran dürften nicht bei Einreden bezüglich des Präsentationsproblems[913] allzu hoch angesetzt werden[914]. Der Beweisgegner muss konkrete Tatsachen vorbringen, um den Anschein zu erschüttern. Solche Tatsachen könnten Umstände des Einzelfalls sein, z.B. der Einwand einer Signaturfälschung, der Erteilung des Signaturschlüsselpaares an eine andere Person als dem aus dem Zertifikat ersichtlichen Aussteller oder das Vorliegen von Sicherheitsmängeln beim Zertifizierungsdiensteanbieter (z.B. Auslieferung der Signaturschlüssel auf einer Diskette). Allerdings diese Einwände erscheinen angesichts der zuvor vom Beweisführer nachgewiesenen Er-

---

[907] BT-Drs. 14/4987, S. 13; Begr. zum JKomG-Entwurf, B. Einzelbegründung, S. 79. A.A. *Rapp*, S. 151, die den Vortrag eines abweichenden Geschehensablaufs als ausreichend betrachtet.

[908] *Greger*, in Zöller, § 292a Rn. 3; MünchKommZPO-*Prütting*, § 292a Rn. 14. Ebenso *Jungermann*, S. 125; *ders.*, DuD 2003, S. 72.

[909] *Rosenberg/Schwab/Gottwald*, a.a.O., § 112 III 4 Rn. 36 (S. 773).

[910] AK-ZPO-*Rüßmann*, vor § 284, Rn. 7.

[911] BGH, NJW 2002, S. 3027 (3028).

[912] *Mankowski*, NJW 2002, S. 2827. So auch *Hartmann*, in Baumbach /Lauterbach/ Albers/Hartmann, § 371a Rn. 5; *Hartmann*, in Baumbach/Lauterbach/Albers/Hartmann (2005), § 292a Rn. 4.

[913] Durch Manipulation ist es möglich, dass die auf dem Bildschirm angezeigten Daten nicht mit den tatsächlich signierten übereinstimmen. Zum Präsentationsproblem vgl. *Pordesch*, passim und insbesondere S. 139 ff.; *ders.*, DuD 2000, S. 89.

[914] *Roßnagel*, NJW 2001, S, 1826. Ebenso *Greger*, in Zöller, § 292a Rn. 3. Kritisch hierzu *Heinemann*, DNotP 2002, S. 422; *Huber*, in Musielak ZPO, § 292a Rn. 16; vgl. auch *Mankowski*, NJW 2002, S. 2827; hiernach sei zur Erschütterung mehr nötig als beim richterrechtlichen Anscheinsbeweis.

füllung der Voraussetzungen des SigG als ausgeschlossen. Andererseits kann, soweit eine akkreditierte elektronische Signatur vorliegt, freilich die Akkreditierung als vorweggenommenes Sachverständigungsgutachten herangezogen werden.

Der Signaturschlüssel-Inhaber kann weiterhin seinen fehlenden Autorisierungswillen vorbringen. Er muss, wenn eine Signatur vorliegt, die mit seiner Signaturerstellungseinheit erzeugt wurde, Tatsachen vortragen und beweisen, wonach die Erklärung nicht mit seinem Willen abgegeben wurde. Die Widerlegung des durch § 292a ZPO a.F. (§ 371a Abs. 1 S. 2 ZPO) angeordneten Anscheins der Echtheit kann dann erfolgen, wenn es beispielsweise dem Signaturschlüssel-Inhaber zu belegen gelingt, dass ihm seine Signaturkarte samt PIN auf Grund eines Diebstahls oder Verlusts abhanden gekommen und von einem Dritten unzulässig verwendet worden ist[915].

Ähnlich sieht dies auch beim Vortrag des Beweisgegners aus, nicht er selber habe signiert, sondern ein nicht bevollmächtigter Dritter, etwa durch den Nachweis, dass Dritte Zugang zu der Signaturerstellungseinheit hatten[916]. Hier fehlt es auch an einer willentlichen Abgabe der Signatur durch den Berechtigten. Es ist eine andere Frage, ob der Signaturschlüssel-Inhaber aus Rechtsscheingründen in Anspruch genommen werden kann angesichts der Tatsache, dass die zur Identifikation des Signaturschlüssel-Inhabers verwendete PIN geheim zu halten ist[917]. Denn wer nicht hinreichend auf seine Signaturkarte achtet, so dass Dritte sie benutzen können, „erweckt unter Umständen im Rechtsverkehr den Anschein, dass dieses Verhalten von ihm mit getragen werde“[918]. Der Schlüsselinhaber kann dem Erklärungsempfänger nach den Grundsätzen der Rechtsscheinhaftung bzw. wegen Verletzung vorvertraglicher oder vertraglicher Schutzpflichten zum Schadensersatz verpflichtet sein. Hierbei können die zum ec-Kartenmissbrauch entwickelten Grundsätze auf die Beweisführung mittels qualifizierter und akkreditierter Signaturverfahren übertragen werden[919]. Des Weiteren ist die persönliche Autorisierung des Signaturschlüssel-Inhabers durch die (zusätzliche) Verwendung biometrischer Verfahren (Fingerabdruck, Iris-Scan) zu fordern[920]. Sobald solche Verfahren auf dem Markt durchgesetzt werden,

---

[915] *Fischer-Dieskau/Gitter/Paul/Steidle*, MMR 2002, S. 713; *Oertel*, MMR 2001, S. 420.
[916] Vgl. *Dästner*, NJW 2001, S. 3969; *Hähnchen*, NJW 2001, S. 2833; *Schemann*, ZZP 2005, S. 174.
[917] Vgl. § 6 Nr. 2 SigV.
[918] *Noack*, DStR 2001, S. 1896.
[919] S. hierzu *Fischer-Dieskau/Gitter/Paul/Steidle*, MMR 2002, S. 713. Ebenso *Noack*, DStR 2001, S. 1896.
[920] S. die vom Gesetz ebenfalls zur Identifikation zugelassene Nutzung biometrischer Merkmale nach § 15 Abs. 1 S. 1 SigV; BT-Drs. 14/4662, S. 28 und 30 linke Sp.

würde der Beweis des § 292a ZPO (§ 371a Abs. 1 S. 2 ZPO) dann nur noch in dem seltenen Fall erschüttert werden können, in dem der Signaturschlüssel-Inhaber zwar persönlich, aber nicht willentlich gehandelt hat. Zum anderen kann der Verwender einer qualifizierten elektronischen Signatur die Sicherheit der bei der Erstellung der Signatur verwendeten Anwendungskomponenten sowie des zu Grunde liegenden Betriebssystems anzweifeln, indem er behauptet, dass ihm nicht die Daten angezeigt wurden, die er signiert hat.

II. Kritik an der Regelung

Die Vorschrift des § 292a ZPO a.F. ist auf heftige Kritik im Bundesrates gestoßen[921]. Insbesondere wurde die zu weitgehende Beweiserleichterung zugunsten des Signaturempfängers kritisiert[922]. § 292a ZPO a.F. (§ 371a Abs. 1 S. 2 ZPO) beruht auf der Annahme, beim Vorliegen der Voraussetzungen einer qualifizierten Signatur nach dem SigG sei nach der Lebenserfahrung regelmäßig von der Echtheit der vorliegenden Willenserklärung auszugehen. Ein vom Anscheinsbeweis vorausgesetztes Erfahrungswissen liege – mangels ausreichender Erfahrung bezüglich elektronischer Signaturen – jedoch noch nicht vor[923]. Die Regelung des § 292a ZPO a.F. sei nicht sachgerecht und ersatzlos zu streichen. Überdies wies der Bundesrat darauf hin, dass der Anscheinsbeweis, also die Feststellung und Anwendung von Erfahrungssätzen, zum „ureigenen Bereich der richterlichen Beweiswürdigung" gehöre und dass daher eine Regelung durch den Gesetzesgeber „systemfremd" sei[924]. Die Frage, ob tatsächlich ein Anschein der Echtheit einer in elektronischer Form vorliegenden Erklärung bei Vorliegen der Voraussetzungen nach dem Signaturgesetz künftig wird angenommen werden können, sei der Rechtssprechung zu überlassen. Ein Anscheinsbeweis könne nur gerechtfertigt sein, wenn sich zumindest aus der Erfahrung des täglichen Lebens ergibt, dass positiv geprüfte qualifizierte Signaturen echt sind. Eine solche Lebenserfahrung besteht nach hiesiger Ansicht derzeit noch nicht. Sollte eine derartige Lebenserfahrung aber vorliegen, müsste der Anscheinsbeweis nicht explizit geregelt werden.

---

[921] Stellungnahme des Bundesrates, BT-Drs. 14/4987, S. 36 f.; vgl. auch *Oertel*, MMR 2001, S. 420.

[922] Vgl. *Gesellschaft für Informatik*, DuD 2001, S. 39 f.; *Malzer*, in Geis, Die digitale Signatur, S. 180 f.; *Roßnagel*, MMR 2000, S. 459 ff.; *ders.*, NJW 2001, S. 1826.

[923] Nach dem Stand der Technik könne es nicht ausgeschlossen werden, dass in der Anwendungsumgebung Fehler und Manipulationen aufträten. Vgl. *Pordesch/Nissen*, CR 1995, S. 562 ff.; vgl. auch *Jungclaus*, DRiZ 2001, S. 443.

[924] Stellungnahme des Bundesrates, BT-Drs. 14/4987, S. 37. So auch *Rüßmann*, Jusletter 8. November 2004 Rz. 38.

Die Regelung des alten § 292a ZPO a.F. war in mehrfacher Hinsicht eingeschränkt[925]. Zum einen galt diese Vorschrift lediglich für Willenserklärungen. § 292a ZPO a.F. betraf nur die mit qualifizierter elektronischer Signatur signierten Dokumente, die Willenserklärungen enthalten. Berichtende elektronische Dokumente, wie z.B. eine elektronische Quittung waren mithin aus dem Geltungsbereich des § 292a ZPO a.F. herausgenommen[926]. Der Gesetzgeber traf neuerdings mit § 371a Abs. 1 S. 2 ZPO eine abschließende Aussage über solche nicht rechtsgeschäftliche elektronische Erklärungen, aber nicht über elektronische Erklärungen, die der elektronischen Form des § 126a BGB nicht genügen. Es bleibe der Wissenschaft und der Rechtsprechung überlassen die genaue Beweiskraft von elektronischen Dokumenten in der Form des § 126b BGB[927] zu regeln[928].

Zum anderen schafft § 292a ZPO a.F. (§ 371a Abs. 1 S. 2 ZPO) nach *Roßnagel* aus zwei Gründen nicht die Beweiserleichterung, die er verspricht, und ist deshalb missglückt[929], obwohl die Vorschrift das richtige Ziel verfolgt, dem Signaturempfänger die Beweisführung zur Echtheit einer in elektronischer Form vorliegenden Willenserklärung zu erleichtern. Zunächst setze sie voraus, dass die elektronische Form eingehalten sei, also eine qualifizierte elektronische Signatur und die Hinzufügung des Namens der Erklärenden vorliege. Müsse der Signaturempfänger erst die Voraussetzungen nachweisen, sei er auf den Anscheinsbeweis des § 292a ZPO a.F. (§ 371a Abs. 1 S. 2 ZPO) nicht mehr angewiesen[930]. Gelinge ihm dies nicht – wovon regelmäßig auszugehen sein dürfte - hilft ihm auch § 292a ZPO a.F. (§ 371a Abs. 1 S. 2 ZPO) nichts[931]. Des Weiteren knüpfe § 292a ZPO a.F. die Beweiserleichterung ohne belastbare Grundlagen an qualifizierte Signaturen, denn im Beweisverfahren müssten bei Vorlage eines elektronischen Dokumentes drei Eigenschaften nachgewiesen werden. Zunächst dürfte das elektronische Dokument nach Erstellung nicht verändert worden sein. Dieser Integritätsnachweis ließe sich über die kryptographischen Verfahren so-

---

925 Ausführlich *Roßnagel*, NJW 2001, S. 1826. Ebenso *Greger*, in Zöller, § 292a Rn. 1.

926 Das JustizkommunikationsGesetz sieht die Streichung des § 292a ZPO a.F. vor und hat sie durch eine nicht auf Willenserklärungen beschränkte allgemeine Regelung in § 371a Abs. 1 S. 2 ZPO ersetzt.

927 So hat beispielsweise das ArbG Frankfurt, CR 2002, S. 615, die nicht bestrittene E-Mail-Korrespondenz vor dem Abschluss eines arbeitsrechtlichen Aufhebungsvertrags ohne Weiteres bei der Beweiswürdigung berücksichtigt.

928 *Mankowski*, NJW 2002, S. 2827.

929 Vgl. auch die rechtstechnischen Einwände von MünchKommZPO-*Prütting*, § 292a Rn. 2 und Rn. 9 ff. Hiernach „sollte es sich bei § 292a ZPO wirklich um einen Anscheinsbeweis handeln, würde die Norm systematisch dem § 286 ZPO zuzuordnen sein„.

930 Ebenso MünchKommZPO-*Prütting*, § 292a Rn. 9.

931 *Roßnagel*, MMR 2000, S. 459; *ders.*, NJW 2001 S. 1826. Ebenso *Huber*, in Musielak ZPO, § 292a Rn. 14. A.A. *Rapp*, S. 173 ff.

wie sicherer technischer Komponenten[932] führen. Zweitens müsse die Signatur vom Signaturschlüsselinhaber erzeugt worden sein. Auch dieser Authentizitätsnachweis ließe sich mit Hilfe der Zertifizierungsdiensteanbieter, die eine sichere Identifizierung, Zertifizierung, Personalisierung und Ausgabe des Signaturschlüssels gewährleisten, sowie der Signaturerzeugungs- und Signaturprüfeinheiten, führen. Schließlich müsse nachgewiesen werden, dass die signierte Erklärung vom Willen des Ausstellers erfasst und ihm deshalb zurechenbar sei. Dieser Nachweis könne indes nicht geführt werden, da auf Grund der üblichen Anwendungskomponenten nicht sicher ausgeschlossen werden könne, dass ein anderer Text vor dem Signieren angezeigt worden sei oder dass andere die Anwendungsumgebung betreffende Fehler oder Manipulationen stattgefunden hätten[933]. So kann beispielsweise durch technische Manipulation dem Aussteller ein Dokument untergeschoben werden, das er in fremder Umgebung signierte, obwohl er es gar nicht auf dem Bildschirm sah, da es von einem anderen Dokument, welches er eigentlich signieren wollte, überdeckt war.

Die notwendigen Grundlagen seien nur durch akkreditierte Signaturverfahren gegeben, da die Anforderungen der Betriebsvoraussetzungen nur bei diesen vorab geprüft würden; bei den anderen Zertifizierungsdiensteanbietern jedoch bestünden sie nur theoretisch[934], deren Wahrheit könne nur durch eine Prüfung vor Ort festgestellt werden und müsse von daher bis zum Gerichtsverfahren offen bleiben. Deshalb bestünde bei nicht-akkreditierten Zertifizierungsdiensteanbietern kein Anschein, dass alle Voraussetzungen des SigG erfüllt seien. Demgemäß rechtfertigt sich die Vermutung des Nachweises der Authentizität für diese nicht[935]. Da der Authentizitätsnachweis nur bei akkreditierten Zertifizierungsdiensteanbietern vorliege, sei auch die Beweiserleichterung des § 292a ZPO a.F. (§ 371a Abs. 1 S. 2 ZPO) nur für diese gerechtfertigt. Praktische Bedeutung wird die Beweisregel wohl nur für akkreditierte Signaturen erlangen[936]. Denn nur akkreditierte Signaturverfahren sind vorab überprüft und für sie steht die technisch-administrative Sicherheitsvermutung des § 15 Abs. 1 S. 4 SigG zur Verfügung[937]. Auf Grund dieser Sicherheitsvermutung kann die technisch-organisatorische Sicherheit des Zertifizierungsdiensteanbieters nachgewiesen

---

[932] Vgl. § 2 Nr. 12 SigG i.V.m § 17 Abs. 3 SigG.

[933] *Roßnagel*, MMR 2000, S. 459. Zu möglichen Fehlerquellen in den Darstellungs- und Prüfungsprogrammen *Pordesch*, passim und S. 139 ff.; *ders.*, DuD 2000, S. 89.

[934] *Roßnagel*, NJW 2001, S. 1826; *Stadler*, ZZP 2002, S. 433.

[935] *Roßnagel*, MMR 2000, S. 459.

[936] So auch *Stadler*, ZZP 2002, S. 433.

[937] Vgl. *Bieser*, DStR 2001, S. 30 f.; *Lapp*, ITRB 2004, S. 765; *Roßnagel*, NJW 2001, S. 1826; *Stadler*, ZZP 2002, S. 434. Ebenso *Huber*, in Musielak ZPO, § 292a Rn. 7; vgl. auch *Rapp*, S. 174. A.A. *Geis*, MMR 2001, S. 420: „Eine Vermutungsregel für den Inhaber der elektronischen Signatur eines akkreditierten Zertifizierungsdiensteanbieters ergibt sich hieraus nicht“.

werden, die für das Vorliegen eines qualifizierten Zertifikats gemäß § 2 Nr. 3a) und Nr. 7 SigG dargelegt werden muss. Allein die akkreditierte elektronische Signatur kann auch die nachgewiesene Sicherheit versprechen, auf der ein Anscheinsbeweis gegründet werden könnte[938]. Bei qualifiziert signierten elektronischen Dokumenten ist dies nicht der Fall, da die Zertifizierungsdiensteanbieter und die Signaturprüf- und Signaturanwendungskomponenten nicht vorab überprüft werden. Weiterhin sind nur die Zertifikate akkreditierter Signaturen mindestens 30 Jahre überprüfbar[939]. Daher bestünden die rechtlichen und tatsächlichen Grundlagen, auf die ein angeordneter Anscheinsbeweis für qualifizierte Signaturen gestützt werden könnte, nicht[940].

Diese Kritik ist nur zum Teil zuzustimmen. Es ist zwar richtig, dass bei qualifizierten Signaturverfahren keine Vorabprüfung stattfindet, aber der Beweisführer kann von der Beweiserleichterung des § 292a ZPO a.F. (§ 371a Abs. 1. S. 2 ZPO) nur dann profitieren, wenn es ihm gelingt, die Voraussetzungen des § 292a ZPO a.F. – und somit auch das Vorliegen einer qualifizierten elektronischen Signatur des SigG – zu beweisen. Es handelt sich insofern um eine nachträgliche Überprüfung der elektronischen Signatur bei Bestreiten ihrer Anforderungen durch Sachverständige im Rahmen eines Gerichtsverfahrens, die dann eine Grundlage für den Anscheinsbeweis rechtfertigt. Kommt die Prüfung zu einem positiven Ergebnis, ist § 292a ZPO a.F. anzuwenden. Daher handelt es sich nicht um eine mangelnde Grundlage des Anscheinsbeweises bezüglich qualifizierter Signaturverfahren, sondern eher um die für sie geringe praktische Bedeutung.

1. Anscheinsbeweis bei E-Mails

Der Vertragschluss über das Internet leidet an der unsicheren Beweiskraft von E-Mails. Die Frage, die sich in diesem Zusammenhang stellt, ist diejenige, wem eine bestimmte E-Mail-Adresse gehört. Eine Adresse „komninos.komnios@mail.jura.uni-saarland.de“ spricht nicht zwangsläufig dafür, dass sie jemandem namens Komninos Komnios gehört. Da eine Überprüfung der Identität der Beteiligten in der Regel nicht stattfindet, ist die Zurechnung einer E-Mail Adresse zu einer Person äußerst unsicher. So kann beispielsweise sehr leicht die Absenderadresse einer E-Mail verfälscht werden und somit können E-Mails unter falschem Namen und falscher Absenderadresse versendet werden (Maskerade-Angriff)[941]. Dementsprechend ist eine bloße ungeschützte E-Mail als Augen-

---

[938] *Roßnagel*, MMR 2001, S. 202.
[939] § 4 Abs. 2 SigV.
[940] *Gesellschaft für Informatik*, DuD 2001, S. 39; *Roßnagel*, MMR 2001, S. 202.
[941] Vgl. *Geis*, in Hoeren/Sieber, Handbuch Multimedia-Recht, Teil 13.2 Rn. 8; *Ernst*, MDR 2003, S. 1091.

scheinsobjekt des deutschen Rechts ein Beweismittel mit sehr geringer Beweiskraft. Wird die E-Mail-Korrespondenz nicht bestritten, sind die E-Mails geeignete Beweismittel für eine behauptete Erklärung[942]. Bestreitet der Inhaber der Adresse, die E-Mail gesendet zu haben, muss diese Tatsache nachgewiesen werden. Entscheidend ist, ob dem E-Mail-Empfänger, der regelmäßig die beweisbelastete Partei im Prozess darstellt, zur Beweiserleichterung ein Anscheinsbeweis zugute kommt.

In der Regel erfolgt die Anmeldung bei einem Mail-Provider oder einer Internetplattform ohne Identifizierung, auch unter falschem oder erdachtem Namen[943]. Es ist insoweit fraglich, wie die Identität des Erklärenden mittels solcher unzuverlässig erlangter Zugänge nachgewiesen werden soll. Selbst wenn eine E-Mail von dem angegebenen Absender stammt, gibt es bei einer einfachen ungeschützten E-Mail keinen Beweis für die *Integrität* des Inhalts. Denn dieser kann nachträglich einfach verändert werden, ohne dass diese Tatsache nachzuweisen wäre[944]. Die Verwendung eines Passworts beim E-Mail-Konto ändert insoweit nichts. Dieses kann zwar verhindern, dass Dritte auf das E-Mail-Konto zugreifen, schützt jedoch nicht vor Maskeradeangriffen. Bei Verwendung einer (einfachen) „elektronischen Signatur" i.S.d. § 2 Nr. 1 SigG kann daher kein Anscheinsbeweis angenommen werden. So soll beispielsweise die Angabe einer E-Mail-Adresse selbst bei Absicherung mit einem Passwort kein ausreichendes Indiz dafür sein, dass der E-Mail-Inhaber tatsächlich an einer Internetauktion teilgenommen hat[945]. Eine Minderheit der Rechtsprechung will dagegen die Vorlage der umstrittenen E-Mail oder ihres Ausdrucks als Beweis anerkennen[946].

In der rechtswissenschaftlichen Literatur wird darum gestritten, ob zumindest im Hinblick auf die Identität des Erklärenden bei E-Mails ein Anscheinsbeweis an-

942 ArbG Frankfurt, CR 2002, S. 615: Die zwischen den Parteien gewechselten E-Mails müssen gemäß § 157 BGB bei der Auslegung eines Vertrages herangezogen werden.

943 S. nur *Wiebe*, MMR 2002, S. 258.

944 *Roßnagel/Pfitzmann*, NJW 2003, S. 1210.

945 So AG Erfurt, MMR 2002, S. 127 m. Anm. *Wiebe*. Die h.M. der Jurisprudenz spricht sich gegen einen Anscheinsbeweis dafür aus, dass eine unter einer bestimmten E-Mail Adresse versandte E-Mail vom Inhaber des betreffenden E-Mail-Accounts stamme. So etwa OLG Köln, MMR 2002, S. 813 = CR 2003, S. 55 m. krit. Anm. *Mankowski* S. 44 = K&R 2003, S. 83 m. zust. Anm. *Roßnagel*; OLG Hamburg, MMR 2002, S. 677 m. Anm. *Funk/Wenn* S. 820; LG Magdeburg, CR 2005, S. 466; LG Bonn, MMR 2004, S. 179 m. krit. Anm. *Mankowski* = CR 2004, S. 218 m. krit. Anm. *Winter*; LG Bonn, MMR 2002, S. 255 m. zust. Anm. *Wiebe* = CR 2002, S. 293 m. zust. Anm. *Hoeren*; LG Konstanz, MMR 2002, S. 837 m. Anm. *Winter*= CR 2002, S. 609; AG Bonn, NJW-RR 2002, S. 1363 = CR 2002, S. 301.

946 Obiter dictum für die durch Passwort gesicherte E-Mail LG Berlin, NJW 2002, S. 2569 = CR 2002, S. 606 (608 f.); AG Ettlingen, JurPC Web-Dok. 65/2002.

genommen werden kann[947]. Nach *Mankowski* soll zusätzlich ein Anscheinsbeweis für den Zugang einer E-Mail bei Vorliegen einer Eingangs- bzw. Lesebestätigung gegeben sein[948]. Die h.M. der Rechtsprechung wird dafür kritisiert, dass sie zumindest bei Internet-Auktionen durch die Ablehnung eines Anscheinsbeweises dem Erklärenden ein „Widerrufsrecht kraft Beweislastverteilung" zubilligt[949]; denn wenn der Erklärende nach einem Meinungswechsel behauptet, dass die E-Mail nicht von ihm stamme, ist der Empfänger mit dem möglicherweise unmöglichen Beweis des Gegenteils belastet[950]. E-Mails müssen im Hinblick auf ihre Verbreitung als Instrument des rechtsgeschäftlichen Erklärungsverkehrs und die typischen Geschehensabläufe als Anscheinsbeweis gelten, dass sie von demjenigen stammen, unter dessen Adresse sie verschickt worden sind.

Nach *Mankowski* ist die Beweisführung durch einen Anscheinsbeweis gerechtfertigt auf Grund der sehr geringen Wahrscheinlichkeit eines Dritteingriffs, des Vergleichs mit der Ausgestaltung der Beweislast bei schriftlichen Erklärungen (und der Strafbarkeit solcher Dritteingriffe[951]) und der Intention des Gesetzgebers, den elektronischen Rechtsverkehr zu fördern. Für einen Anscheinsbeweis soll die Vielzahl reibungslos verlaufender Internetauktionen[952] und der sonstigen E-Mail Korrespondenz sprechen[953]. Es wird ferner argumentiert, es drohe ein Wertungswiderspruch zu § 126b BGB[954]. Diese Auffassung kann nicht geteilt werden. Die Vorstellung, dass, wenn eine ungeschützte E-Mail einen Absender nennt, auf Grund der Lebenserfahrung davon ausgegangen werden könne, dass dieser auch der Autor der E-Mail sei, während Manipulationen einer E-Mail nur

---

947 Für einen solchen Anscheinsbeweis *Mankowski*, NJW 2002, S. 2822 ff.; *ders.*, CR 2003, S. 44 ff. Ebenso *Krüger/Bütter*, MDR 2003, S. 186; *Sosnitza/Gey*, K&R 2004, S. 468; *Vehslage*, K&R 2002, S. 533; *Winter*, JurPC Web-Dok. 109/2002, Abs. 14; *ders.*, CR 2002, S. 769; so auch bei passwortschutzgeschützter Plattformzugang *Ernst*, MDR 2003, S. 1093. Vgl. auch *Geis*, in Hoeren/Sieber, Handbuch Multimedia-Recht, Teil 13.2 Rn. 11, der für die Annahme eines Anscheinsbeweises zwischen Kommunikation im Unternehmensbereich und Kommunikation im häuslichen Bereich unterscheidet.

948 Ausführlich *Mankowski*, NJW 2004, S. 1901 ff.

949 *Mankowski*, CR 2003, S. 44.

950 So auch *Winter*, CR 2004, S. 220 f.

951 *Mankowski*, NJW 2002, S. 2825 f., *Winter*, JurPC Web-Dok. 109/2002, Abs. 14. Eine Manipulation ist nach §§ 269 und 303a StGB strafbar. *Roßnagel/Pfitzmann*, NJW 2003, S. 1210, verweisen versehentlich auf § 169 StGB.

952 Vgl. näher *Winter*, MMR 2002, S. 836.

953 *Mankowski*, NJW 2002, S. 2823 spricht von dem Schutz durch das „Gesetz der großen Zahl" und die „Myriade täglich abgesandter E-Mails"; die Wahrscheinlichkeit, dass eine einzelne Erklärung im Internet von Dritten abgefangen, verändert oder sonst manipuliert wird sei dementsprechend sehr gering. Ebenso *ders.*, CR 2003, S. 45. Zutreffend kritisch hierzu *Roßnagel/Pfitzmann*, NJW 2003, S. 1211 f. Aus den Millionen täglich erfolgreicher Vertragsabschlüsse und unterschriebener Urkunden lässt sich auch kein Anscheinsbeweis ableiten.

954 *Mankowski*, NJW 2002, S. 2826 f.

„denklogisch mögliche Geschehensabläufe" mit „absolutem Ausnahmecharakter" seien, verkennt sowohl, dass ein Vergleich mit anderen Anscheinsbeweisen z.B. mit der ec-Karte und PIN nicht möglich ist[955], als auch die Gefahr einer Manipulation durch den Empfänger der E-Mail. Da bei ungesicherten E-Mails Manipulationen („masquerading", „spoofing[956]") jederzeit und spurlos möglich sind[957], kann ein Anscheinsbeweis zu Gunsten des Adressaten an dieser Stelle mangels Lebenserfahrung - die den Ausnahmencharakter einer Manipulation belegt - für einen typischen Geschehensablauf, nicht in Betracht kommen[958]. Bei unsignierten E-Mails lässt sich einerseits meist nicht einmal nachweisen, dass sie überhaupt vom angeblichen Absender stammen. Der Empfänger kann andererseits leicht den Text verändern. Solchen E-Mails und ihren Ausdrucken lässt sich daher keine Beweiskraft zumessen.

Die Argumentation von *Mankowski*, der Gesetzgeber wolle mit der Textform nach § 126b BGB – die keine Unterschrift bzw. Signatur verlangt - E-Mails fördern[959], ist ebenfalls verfehlt. Gegen diese Meinung spricht ein Umkehrschluss aus § 292a ZPO a.F. (§ 371a Abs. 1 S. 2 ZPO)[960]. Sowohl die Textform als auch die elektronische Form wurden durch das FormanpassungsG eingeführt. Der Gesetzgeber hat sich somit nur für die elektronische Form ausdrücklich für einen Anscheinsbeweis entschieden und die Textform bewusst ohne diese Beweiserleichterung normiert[961]. Die Beweiserleichterung des § 292a ZPO a.F. (§ 371a Abs. 1 S. 2 ZPO) wurde vom Gesetzgeber auf Grund des „hohen Sicherheitsstandards qualifizierter elektronischer Signaturen" angenommen[962]. Die Anerkennung eines Anscheinsbeweises für ungesicherte E-Mails erfüllt nicht diese Anforderungen. Nähme man einen Anscheinsbeweis für ungesicherte elektronische Erklärungen an, bliebe die Privilegierung der qualifizierten elektro-

---

955 *Roßnagel/Pfitzmann*, NJW 2003, S. 1212. A.A. *Mankowski*, CR 2003, S. 46 f. Ein direkter Vergleich beim Online-Banking würde ebenfalls hinken. Denn beim Online-Banking wird die Berechtigung durch die PIN und eine Transaktionsnummer (TAN) abgesichert, die für jede einzelne Transaktion unterschiedlich ist.

956 Beim so genannten „Spoofing" täuscht der Absender einer E-Mail vor, ein anderer zu sein, um den Empfänger zu irgendetwas zu veranlassen.

957 Vgl. BR-Drs. 966/96, S. 28.

958 Nach *Roßnagel/Pfitzmann*, NJW 2003, S. 1211 f., „...entspricht die E-Mail allenfalls einer in Druckbuchstaben mit Bleistift geschriebenen unterschriftlosen Postkarte".

959 *Mankowski*, NJW 2002, S. 2826.

960 Vgl. *Lüdemann/Adams*, K&R 2002, S. 11.

961 So *Roßnagel*, K&R 2003, S. 84 f.; *Roßnagel/Pfitzmann*, NJW 2003, S. 1213. Ebenso *Greger*, in Zöller, § 292a Rn. 2. A.A. *Ernst*, MDR 2003, S. 1093. Hiernach handele es sich beim alten § 292a ZPO um eine Spezialnorm zu Gunsten der qualifizierten elektronischen Signatur, die aber keineswegs andere Sicherungssysteme benachteiligen wollte.

962 BT-Drs. 14/4642, S. 25.

nischen Signatur ohne Inhalt[963]. Darüber hinaus gibt es auch im Hinblick auf den Beweis der Echtheit der Unterschrift traditioneller Privaturkunden keine Beweiserleichterung: Wird die Echtheit der Unterschrift vom Beweisgegner nicht anerkannt, ist sie von der beweisbelasteten Partei zur vollen Überzeugung des Gerichts zu beweisen (§ 440 Abs. 1 ZPO). Diese Vorschrift übersieht *Mankowski*, der davon ausgeht, dass für einen Anscheinsbeweis der Vergleich mit der Ausgestaltung der Beweislast bei schriftlichen Erklärungen spreche[964].

2. Stellungnahme

Der Gesetzgeber hat mittels § 292a ZPO a.F. (§ 371a Abs. 1 S. 2 ZPO) versucht, die Rechtsstellung der in der elektronischen Form abgegebenen Willenserklärung im Prozess wesentlich zu stärken und die uneinheitliche Beurteilung des Beweiswerts der elektronischen Signatur durch die Gerichte auszuschließen[965]. Ob dadurch viel gewonnen wurde, ist immerhin fraglich. § 371a Abs. 1 S. 2 ZPO knüpft durch das Erfordernis der elektronischen Form im Sinne des § 126a BGB mittelbar an das Vorliegen eines mit einer qualifizierten elektronischen Signatur nach dem SigG versehenen elektronischen Dokuments an. Im Umkehrschluss gelten für nicht oder nicht mit einer qualifizierten elektronischen Signatur signierte elektronische Dokumente keinerlei Beweiserleichterungen. Hierfür gilt der Grundsatz der freien Beweiswürdigung. Eine analoge Anwendung von § 292a ZPO a.F. (§ 371a Abs. 1 S. 2 ZPO) ist für solche elektronische Dokumente auszuschließen; denn obwohl alle andere Signaturverfahren dem Gesetzgeber bekannt waren, hat er sich nur für eine beweisrechtliche Erleichterung der in elektronischer Form vorliegenden Erklärungen entschieden.

Kann sich der Erklärungsempfänger auf eine akkreditierte elektronische Signatur als Beweismittel stützen, kommt ihm der umfassende Nachweis der vorab geprüften Sicherheit durch die Sicherheitsvermutung des § 15 Abs. 1 S. 4 SigG zugute. Mit deren Hilfe kann sich der Beweisführer auf die Überprüfungen der Sicherheit des Zertifizierungsdienstes und der eingesetzten technischen Komponenten durch Prüf- und Bestätigungsstellen und die BNetzA berufen. Demgemäß ist es dem Gericht möglich, anhand des von der BNetzA für akkreditierte Anbieter verwendeten Wurzelzertifikats unmittelbar auf die Akkreditierung des Zertifizierungsdiensteanbieters und damit, auf dem Wege der Sicherheitsvermutung von § 15 Abs. 1 S. 4 SigG, auf eine qualifizierte elektronische Signatur zu schließen.

---

[963] A.A. *Mankowski*, CR 2003, S. 47, der das Bestehen eines gesetzgeberischen Willens zur ausschließlichen Privilegierung der qualifizierten elektronischen Signatur bezweifelt. Zustimmend *Sosnitza/Gey*, K&R 2004, S. 466 f.

[964] *Mankowski*, NJW 2002, S. 2824 f.

[965] BT-Drs. 14/4987, S. 44.

Verfügt der Erklärungsempfänger also über eine akkreditierte Signatur als Beweismittel, so kann als sicher davon ausgegangen werden, dass diese mit dem Signaturschlüssel des im zugrunde liegenden qualifizierten Zertifikat angegebenen Signaturschlüssel-Inhabers erzeugt wurde und die signierten Daten danach nicht verändert wurden sowie, dass der im qualifizierten Zertifikat benannte Signaturschlüssel-Inhaber die Signatur erzeugt oder die Erzeugung autorisiert hat[966]. Da durch die Bestätigung entsprechender organisatorischer und technischer Vorkehrungen die Voraussetzungen einer qualifizierten elektronischen Signatur nachgewiesen werden, kann sich der Erklärungsempfänger danach auf den Anschein der Echtheit der elektronischen Erklärung gemäß § 371a Abs. 1 S. 2 ZPO berufen[967]. Akkreditierte Zertifizierungsdiensteanbieter genießen dadurch einen entscheidenden Vorteil gegenüber nur angezeigten Anbietern[968]. Demgegenüber wird bei der Verwendung qualifizierter Signaturen die Beweisführung schwieriger sein. Werden die Anforderungen bestritten, muss der Beweisführer in der Regel durch Sachverständige nachweisen, dass die als Beweismittel vorgelegte Signatur alle sechs Voraussetzungen einer qualifizierten Signatur nach § 2 Nr. 2 und 3 SigG erfüllt und nach dem SigG prüfbar ist. Gelingt dem Sachverständigen dies, stellt das Sachverständigengutachten in letzter Konsequenz eine Akkreditierung auf Kosten der beweisbelasteten Partei dar[969]. Auf die Beweiserleichterung des § 371a Abs. 1 S. 2 ZPO ist der Beweisführer dann nicht mehr angewiesen[970]. Es ist zu Recht darauf hingewiesen worden, dass der vollständige Nachweis aller Voraussetzungen einer qualifizierten elektronischen Signatur zu einem Vollbeweis führen würde[971]. Dementsprechend lässt sich die Bedeutung des § 371a Abs. 1 S. 2 ZPO als gering einstufen, denn diese Vorschrift ist nur dann anwendbar, wenn eine Erklärung unter den Voraussetzungen des § 126a BGB und § 2 Nr. 2 und 3 SigG abgegeben wird. Liegen diese Voraussetzungen jedoch vor, so würde ein Gericht auch ohne § 371a Abs. 1 S. 2 ZPO zu dem Schluss gelangen, dass die Erklärung vom Signaturschlüssel-Inhaber abgegeben worden ist[972]. § 371a Abs. 1 S. 2 ZPO dagegen sieht nur vor, dass bei Nachweis aller Voraussetzungen der qualifizierten elektronischen Signatur nur *der Anschein* der Echtheit besteht, der durch ernstliche Zweifel wieder erschüttert werden kann. Somit führt § 371a Abs. 1 S. 2 ZPO bei nicht akkreditierten elektronischen Signaturen zu keinerlei Beweiserleichterung. Bei Signaturen mit Anbie-

---

966 Vgl. BT-Drs. 14/4642, S. 28; *Roßnagel*, NJW 2001, S. 1822, 1826. Ebenso *Huber*, in Musielak ZPO, § 292a Rn. 15.

967 *Roßnagel*, NJW 2001, S. 1826; vgl. auch *Huber*, in Musielak ZPO, § 292a Rn. 15.

968 *Jungclaus*, DRiZ 2001, S. 443; vgl. auch *Fischer-Dieskau/Gitter/Paul/Steidle*, MMR 2002, S. 713.

969 *Fischer-Dieskau/Gitter/Paul/Steidle*, a.a.O., S. 713.

970 *Roßnagel*, MMR 2000, S. 559.

971 S. nur MünchKommZPO -*Prütting*, § 292a Rn. 15.

972 *Roßnagel*, MMR 2000, S. 459; vgl. auch *Gottwald*, Dike 2002, S. 1265.

terakkreditierung dürfte dagegen § 371a Abs. 1 S. 2 ZPO eine Beweiserleichterung bewirken.

Angesichts der Rechtsprechung zu den ec-Karten-Fällen erscheint es bedenklich, ob es einer solchen gesetzlichen Normierung eines Anscheinsbeweises überhaupt bedurfte[973]. Denn in Anbetracht der Tatsache, dass qualifizierte Signaturverfahren ebenso ein PIN-System zur Einleitung des Signiervorgangs voraussetzen, dürfte zu erwarten sein, dass die Rechtsprechung die Gründsätze zu den ec-Karten ebenso auf qualifizierte elektronische Signaturverfahren anwenden wird.

§ 371a Abs. 1 S. 2 ZPO sieht eine Belastung des Signaturschlüssel-Inhabers mit den Systemrisiken des elektronischen Signaturverfahrens vor. Diese Risikoverteilung ist angemessen, da das Risiko der Duplizierung des Signaturschlüssels nach dem heutigen Standard der Technik bezüglich qualifizierter elektronischer Signaturen als sehr gering geschätzt wird[974]. Der Schlüsselinhaber muss dafür sorgen, dass die für die Signierung erforderliche Chipkarte und die PIN sorgfältig aufbewahrt und unbefugter fremder Nutzung entzogen werden. Diese Sorgfaltspflichten sind in § 6 Nr. 1 und 2 SigV normiert. Verletzt er diese Sorgfaltspflichten, ist es gerechtfertigt, ihn mit der Erschütterung des Anscheinsbeweises zu belasten[975]. Diese Gefahr von unbefugtem Zugang zur Chipkarte, die eine entscheidende Schwachstelle in der Zuordnung der elektronischen Signatur zu einer Person darstellt, kann durch biometrische Zugangskontrollverfahren gemildert werden. So kann die Wiedergabe des geheimen Signaturschlüssels praktisch ausgeschlossen werden.

E. Justizkommunikationsgesetz

Das Bundesjustizministerium hat 2003 den Entwurf eines Gesetzes über die Verwendung elektronischer Kommunikationsformen in der Justiz (Justizkommunikationsgesetz – JKomG) erarbeitet[976]. Durch die Bestimmungen des JKomG sollen die Verfahrensbeteiligten die Möglichkeit erhalten, elektronische Kommunikationsformen gleichberechtigt neben der Schriftform oder der mündlichen Form rechtswirksam verwenden zu können[977]. Des Weiteren wird die Öffnung des Zivilprozesses und der Fachgerichtsbarkeiten für eine elektronische Aktenbearbeitung bezweckt. Das am 1. 4. 2005 in Kraft getretene Justizkommu-

---

[973] *Rüßmann*, Jusletter 8. November 2004 Rz. 39.
[974] A.A. *Borges*, S. 510.
[975] Vgl. *Rüßmann*, Jusletter 8. November 2004 Rz. 44, der die behinderte Wirkung der Regelung bezüglich der Fortentwicklung sicherer Kontrollverfahren kritisiert.
[976] BGBl. I, S. 837.
[977] Begr. zum JKomG-Entwurf, A. Allgemeiner Teil, II, S. 54.

nikationsgesetz regelt zwar seinem Namen nach nur elektronische Kommunikationsformen „in der Justiz", betrifft aber auch den Beweiswert elektronisch signierter Dokumente[978]. Im Folgenden werden überblicksmäßig nur die Änderungen in der ZPO dargestellt, die für diese Untersuchung von Interesse sind. Durch das JKomG wurden zunächst Vorschriften, deren Wortlaut eng mit der Papierform verknüpft ist, sprachlich angepasst. So wurden z.B. die Begriffe „Vordruck" durch „Formular" sowie die Begriffe „Übergabe" und „Übersendung" durch „Übermittlung" ersetzt. Entsprechend wurde der Begriff „Schriftstück" durch „Dokument" ersetzt[979].

Die Vorschrift des § 130b ZPO eröffnet für gerichtliche Dokumente, die nach den Bestimmungen der ZPO und des ArbGG der Unterschrift bedürfen (Urteil, Beschluss, Protokoll), die Möglichkeit der Aufzeichnung als elektronische Dokumente. Überall dort, wo die ZPO die handschriftliche Unterzeichnung vorsieht, genügt dieser Form bei elektronischer Aufzeichnung die Hinzufügung des Namens des Ausstellers sowie eine qualifizierte elektronische Signatur (§ 130b ZPO)[980]. Der Regelungsgehalt der Vorschriften entspricht § 126a Abs. 1 BGB[981]. Das Erfordernis der Hinzufügung des Namens ist allerdings als überflüssig und problematisch zu bezeichnen; denn gemäß § 7 Abs. 1 Nr. 1 SigG lässt das hinzufügende Zertifikat ohne weiteres den Absender erkennen. Stimmen Namensangabe und Signaturinhaber nicht überein oder mangelt es an einer qualifizierten elektronischen Signatur, ist das elektronische Dokument mit einem Formmangel behaftet. Über die Rechtsfolgen dieser Mängel der elektronischen Form verweist die Gesetzesbegründung auf die Rechtsprechung zu den Folgen einer fehlenden richterlichen Unterschrift[982]. Diese Formmängel hätten jedoch einfach durch den Verzicht auf die allenfalls überflüssige Hinzufügung des Namens vermieden werden können.

---

[978] Vgl. zum Gesetzesentwurf und zum JKomG *Berger*, in Bär/Hohl/Möstl/Müller, eGovernment, S. 141 ff.; *Dreßel/Viefhues*, K&R 2003, S. 434 ff.; *Fischer-Dieskau*, MMR 2003, S. 701 ff.; *Fischer*, DRiZ 2005, S. 90 ff.; *ders.*, KJ 2005, S. 152 ff.; *Krüger/Bütter*, MDR 2003, S. 181 ff.; *Viefhues/Volesky*, K&R 2003, S. 59 ff.; *Viefhues*, NJW 2005, S. 1009 ff.; *ders.*, BB 2003, S. 1518 ff.; *ders.*, CR 2003, S. 541 ff. Zu möglichen Problemen bei der Anwendung des JKomG (z.B. Akzeptanz, Kosten) vgl. *Hähnchen*, NJW 2005, S. 2257.

[979] Z.B. §§ 129a, 133, 166, 174 Abs. 2 S. 2, 195 Abs. 1 S. 1, 221 Abs. 1 ZPO; §§ 56a Abs. 3 S. 1, 58 Abs. 1 und Abs. 2 S. 1 VwGO; § 89 FGO; § 23 Abs. 2 S. 1 SGG; §§ 11a Abs. 4, 46a Abs. 8 ArbGG; §§ 17 Abs. 2, 19 Abs. 4 GKG.

[980] So auch mutatis mutandis § 46c ArbGG; § 55a Abs. 3 VwGO; § 52a Abs. 3 FGO; § 65a Abs. 3 SGG.

[981] Vgl. aber §§ 3a Abs. 2 S.2, 37 Abs. 3 S. VwVfG.

[982] Begr. zum JKomG-Entwurf, B. Einzelbegründung, S. 71. Somit wird aber keine Klarheit geschaffen; vgl. *Musielak*, in Musielak ZPO, § 315 Rn. 10 m.w.N.

Vorgesehen sind außerdem Regelungen zum Aktenausdruck von einem elektronischen Dokument (§ 298 ZPO), zur elektronischen Akte (§ 298a ZPO) sowie zur Beweiskraft elektronischer Dokumente (§ 371a ZPO)[983] und zur Beweiskraft von Ausdrucken öffentlicher elektronischer Dokumente (§ 416a ZPO).

Was die Beweiskraft elektronischer Dokumente betrifft, wurde aus gesetzessystematischen Gründen § 292a ZPO aufgehoben und in die neue Generalvorschrift zur Beweiskraft elektronischer Dokumente – unter Aufgabe der Beschränkung auf Willenserklärungen – eingestellt (§ 371a Abs. 1 S. 2 ZPO)[984]. Auch Wissenserklärungen wie z.B. Quittungen oder Erklärungen im Rahmen geschäftsähnlicher Handlungen wie Mahnungen werden somit erfasst[985]. Die Erweiterung des Anwendungsbereiches auf alle Erklärungen ist zu begrüßen. Das JKomG hat darüber hinaus den ausdrücklichen Verweis auf § 126a BGB (vgl. § 292a ZPO a.F.) weggelassen, ohne dass dies jedoch eine Rechtsänderung bewirkt hätte.

In § 371a ZPO ist eine Beweisregel für sowohl private als auch öffentliche elektronische Dokumente normiert worden. Die Beweiskraft eines öffentlichen (§ 371a Abs. 2 ZPO)[986] und eines privaten elektronischen Dokuments (§ 371a Abs. 1 ZPO) soll sich, sofern es mit einer qualifizierten elektronischen Signatur versehen ist, jeweils nach den Vorschriften über die Beweiskraft der jeweiligen Urkunde richten. Es ist hervorzuheben, dass 371a ZPO nicht für die in die elektronische Form transformierten Papierdokumente angewendet werden kann[987].

Nach § 371a Abs. 1 ZPO (entsprechend § 416 ZPO) begründet ein echtes privates elektronisches Dokument, das mit einer qualifizierten elektronischen Signatur nach dem SigG versehen ist, vollen Beweis dafür, dass die im Dokument enthaltene Erklärung vom Signaturschlüsselinhaber abgegeben worden ist. Die Echtheit der Signatur hat wie bei Privaturkunden (§§ 439, 440 ZPO) der Beweisführer zu beweisen[988]. Hierbei soll ihm der Anscheinsbeweis des § 371a Abs. 1 S. 2 ZPO helfen, der früher im aufgehobenen § 292a ZPO geregelt war. Nach § 371a Abs. 2 ZPO ist die Beweiskraft öffentlicher elektronischer Dokumente (§§ 3a, 33, 37 VwVfG) dem Beweiswert entsprechender öffentlicher Ur-

---

[983] Zur Systematik der Regelung vgl. *Hartmann*, in Baumbach/Lauterbach/Albers/Hartmann, § 371a Rn. 1.

[984] Begr. zum JKomG-Entwurf, B. Einzelbegründung, S. 73.

[985] Vgl. aber *Bettendorf*, RNotZ 2005, S. 286, der die Vorlage einer *Willenserklärung* als Tatbestandsvoraussetzung des § 371a ZPO betrachtet.

[986] Nach der Legaldefinition des § 371a Abs. 2 ZPO ist ein öffentliches elektronisches Dokument ein elektronisches Dokument, das von einer öffentlichen Behörde innerhalb der Grenzen ihrer Amtsbefugnisse oder von einer mit öffentlichem Glauben versehenen Person innerhalb des ihr zugewiesenen Geschäftskreises in der vorgeschriebenen Form erstellt worden ist.

[987] *Fischer-Dieskau*, MMR 2003, S. 704 f.

[988] Begr. zum JKomG-Entwurf, B. Einzelbegründung, S. 79.

kunden gleichgestellt. Die Vorschriften über die Beweiskraft öffentlicher Urkunden (§§ 415, 417, 418 ZPO) sollen somit auf öffentliche elektronische Dokumente entsprechende Anwendung finden. Zudem soll für öffentliche elektronische Dokumente, die qualifiziert signiert worden sind, sowohl die Vermutung der Echtheit nach § 437 ZPO als auch die speziellen Vorschriften über die Beweiskraft des gerichtlichen Protokolls (§ 165 ZPO) und des Urteilstatbestands (§ 314 ZPO) entsprechend anwendbar sein[989].

Mit der Regelung des § 416a ZPO will der Gesetzgeber dem Ausdruck eines öffentlichen elektronischen Dokuments die Wirkungen einer beglaubigten Abschrift einer öffentlichen Urkunde zubilligen, sofern der Ausdruck beglaubigt wird. Zweck der Vorschrift ist es, der noch auf unabsehbare Zeit bestehende Notwendigkeit der Beweisführung mittels Papierurkunden Rechnung zu tragen, auch wenn das Originaldokument als elektronisches Dokument vorliegt. Auf elektronische Dokumente, die ursprünglich in Papierform vorgelegen haben und sodann für die weitere Bearbeitung eingescannt worden sind, ist § 416a ZPO nicht anwendbar. Die Vorschrift des § 416a ZPO bezieht sich nur auf öffentliche Dokumente nach § 371a Abs. 2 ZPO und gilt nicht für private elektronische Dokumente. Dies bedeutet, dass der Ausdruck von privaten elektronischen Dokumenten der freien Beweiswürdigung des Gerichts unterliegt.

Eine Regelung, die das elektronische Dokument den Vorschriften über den Beweis durch Urkunden unterstellt, wäre laut Gesetzgeber des FormanpassungsG für das mit einer qualifizierten elektronischen Signatur versehene Dokument nicht sachgerecht[990]. Der Gesetzgeber des JKomG will diesen Weg nicht weiter gehen. Er strebt mit der Regelung des § 371a ZPO, trotzt der überwiegend ablehnenden Meinung des Schrifttums, die Anwendung der Urkundenbeweisregeln auf qualifiziert signierte elektronische Dokumente an, und dadurch, die beweisrechtliche Gleichstellung dieses elektronischen Dokuments mit der Papierurkunde[991]. Die Norm des § 371a ZPO erscheint aber unvereinbar zu sein mit § 371 Abs. 1 S. 2 ZPO. Zum einen stellt § 371 Abs. 1 S. 2 ZPO klar, dass elektronische Dokumente dem Beweis durch Augenschein und nicht dem Urkundenbeweis unterliegen; zum anderen wird die beweisrechtliche Gleichstellung des elektronischen Dokuments mit der Papierurkunde angeordnet. Nach der Gesetzesbegründung soll diese Neuerung die gesetzgeberische Leitentscheidung, dass elektronische Dokumente dem Beweis durch Augenschein unterfallen, bekräftigen (sic)[992]. Letzteres verwischt aber die Unterschiede dieser Beweismittel[993].

---

[989] Begr. zum JKomG-Entwurf, B. Einzelbegründung, S. 79.
[990] BT-Drs. 14/4987, S. 25.
[991] Kritisch hierzu *Czeguhn,* JuS 2004, S. 126; *Fischer-Dieskau,* MMR 2003, S. 705.
[992] Begr. zum JKomG-Entwurf, B. Einzelbegründung, S. 79.

Elektronische Dokumente sind laut deutschem Recht keine Urkunden, sondern Augenscheinsobjekte. Dies wird auch schon durch die Positionierung des neu eingeführten § 371a in der ZPO (Titel 6. - Beweis durch Augenschein) bestätigt[994]. Trotz der Einordnung elektronischer Dokumente beim Augenscheinsbeweis geht der Gesetzgeber von einer Gleichwertigkeit von elektronischen Dokumenten, die mit einer qualifizierten Signatur versehen sind und Urkunden aus. Ansonsten unterliegen elektronische Dokumente der freien Beweiswürdigung des Gerichts.

Die Beweisregel des § 416 ZPO greift nur, wenn die Urkunde echt ist. Echt ist eine Urkunde dann, wenn sie von demjenigen hergestellt ist, von dem sie nach der Behauptung des Beweisführers stammt[995]. Über die Echtheit ist nach §§ 439, 440 ZPO zu befinden. Steht die Echtheit der Unterschrift fest (anerkannt oder zur vollen Überzeugung des Gerichts bewiesen), besteht eine widerlegliche Vermutung auch für die Echtheit der Urkunde. Kommt das Gericht auf diesem Wege zu dem Ergebnis, dass die Urkunde echt ist, gilt § 416 ZPO. Nach § 416 ZPO begründen Privaturkunden mit der Unterschrift oder dem öffentlich beglaubigten Handzeichen des Ausstellers vollen Beweis für die formelle Abgabe der darin enthaltenen Erklärung. Was unter dem Begriff der „Abgabe" zu verstehen ist, ist in der Literatur umstritten. Nach einer Ansicht bedeutet „ Abgabe", dass der Aussteller die Erklärung willentlich in den Verkehr gebracht hat[996], nicht aber den vollen Beweis für ihren Zugang oder für die Angabe von Zeit und Ort der Erklärung[997]. Nach einer anderen Ansicht regelt § 416 ZPO den vollen und unwiderleglichen Beweis für die materiellrechtliche Abgabe von Willenserklärungen, wie sie in § 130 BGB für den Zugang vorausgesetzt wird[998]. Nach einhelliger Meinung aber kann die Rechtsfolge des § 416 ZPO nicht so eingeschränkt werden, dass die Regelung nur bestimmt, dass die in der Urkunde enthaltene Erklärung von dem Aussteller stamme. Schon auf Grund der Begriffsmerkmale für die Echtheit steht fest, dass die Urkunde mit Inhalt vom Aussteller stammt. Eine Beweisregel, die in der Rechtsfolge das anordnet, was in den Tat-

---

[993] Nach *Fischer*, KJ 2005, S. 157 f. und insb. Fn. 35, ist beim Reformkonzept des JKomG die „Kunst der Gesetzgebung" abhanden gekommen. Kritisch zum neuen E-Zivilprozessrecht im Allgemeinen *Gilles*, FS Németh, S. 279; vgl. auch hierzu *Stadler*, ZZP 2002, S. 444.

[994] So auch Begr. zum JKomG-Entwurf, B. Einzelbegründung, S. 79.

[995] Vgl. statt vieler *Britz*, S. 102; Stein/Jonas-*Leipold*, § 437 Rn. 1; AK-ZPO-*Rüßmann*, vor § 415, Rn. 4; MünchKommZPO-*Schreiber*, § 437 Rn. 1.

[996] MünchKommZPO-*Schreiber*, § 416 Rn. 8; vgl. auch *Rosenberg/Schwab/Gottwald*, Zivilprozessrecht, § 118 III 2 Rn. 29 (S. 819). S. auch *Huber*, in Musielak ZPO, § 416 Rn. 3; Stein/Jonas-*Leipold*, § 416 Rn. 7 jeweils mit der Annahme, von der Beweisregel sei auch umfasst, dass die Urkunde abgesendet worden ist. A.A. *Geimer*, in Zöller, § 416 Rn. 9.

[997] BGH NJW-RR 2003, S. 384 f.

[998] *Britz*, S. 162 ff.

bestandsvoraussetzungen für das Eingreifen der Beweisregel festgestellt werden muss, wäre überflüssig und unsinnig[999].

Werden die privaten elektronischen Dokumente den privaten Urkunden gesetzlich gleichgestellt, lässt sich aus diesen Beweisregeln nur wenig gewinnen[1000]. Die Gleichstellung des mit qualifizierter elektronischer Signatur versehenen elektronischen Dokuments mit einer Urkunde bedeutet die Anwendung des § 416 ZPO auch für sie. § 416 ZPO entfaltet aber keinen eigenen Anwendungsbereich; die Anwendung wiederum einer Beweisregel, die in der Rechtsfolge das anordnet, was in den Tatbestandsvoraussetzungen für das Eingreifen dieser Beweisregel festgestellt werden muss, ist sinnlos[1001]. Die Norm setzt vielmehr die zu beweisende Echtheit des Dokuments voraus. Es bedarf keiner auf § 416 ZPO verweisenden Regelung, da bei der Signaturprüfung sowieso zugleich die Integrität und Authentizität des signierten Dokuments mitgeprüft wird[1002]. Die Bindung des Richters in der Beweiswürdigung basiert nicht auf § 416 ZPO sondern auf § 371a Abs.1 S. 2 ZPO (alter § 292a ZPO). Nach dieser Regelung spricht der Anscheinsbeweis kraft Gesetzes dafür, dass die Erklärung vom Signaturschlüssel-Inhaber abgegeben wurde. Immerhin unterliegen sowohl die Tatbestandsvoraussetzungen des in § 371a Abs. 1 S. 2 ZPO, die vom Beweisführer zu beweisen sind, als auch die Wahrheit des Dokumentinhalts der freien Beweiswürdigung. In der rechtlichen Würdigung der beurkundeten Erklärung sowie in der Würdigung der inhaltigen Richtigkeit der Erklärung ist der Richter also trotz der Regelung des § 416 ZPO frei[1003].

Kapitel. 9 Regelung im griechischen Recht

A. Einleitung - Gang der Darstellung

Im nun folgenden Kapitel soll die Rechtslage in Griechenland dargelegt werden. In der Folge ist zunächst auf die allgemeinen Vorschriften zur Schriftform und zum Urkundenbeweis in Griechenland und auf die gesetzgeberischen Aktivitäten des griechischen Gesetzgebers vor der SigRL im Bereich der „digitalen Signatur" einzugehen. Hernach werden mit dem Präsidialerlass 150/2001 und Prä-

---

999 *Rüßmann*, in Veröffentlichungen der Wissenschaftlichen Vereinigung für Internationales Verfahrensrecht, S. 145 f.; *ders.*, JurPC 1995, S. 3213. Nach *Rüßmann*, AK-ZPO, § 416, Rn. 1, will das Gesetz die Geltung eines analytisch wahren Satzes anordnen.

1000 Ausführlich hierzu *Britz*, S. 237 ff.; *Rüßmann*, in Veröffentlichungen der Wissenschaftlichen Vereinigung für Internationales Verfahrensrecht, S. 150 f. Zustimmend im Ergebnis Stein/Jonas-*Berger*, Vor § 371 Rn. 7 und dort Fn. 16.

1001 *Rüßmann*, in Veröffentlichungen der Wissenschaftlichen Vereinigung für Internationales Verfahrensrecht, S. 146.

1002 *Fischer-Dieskau*, MMR 2003, S. 705.

1003 *Huber*, in Musielak ZPO, § 415 Rn. 3.

sidialerlass 342/2002 zwei weitere aktuelle Gesetzgebungsinitiativen beschrieben, die elektronische Signaturen betreffen.

B. Materiellrechtliche Formvorschriften

I. Fragestellung

In diesem Abschnitt wird zunächst das griechische System der materiellrechtlichen Formvorschriften dargelegt. Danach ist die Schriftform im Rahmen des materiellen Rechts genauer zu betrachten und es ist zu untersuchen, ob diese Form auch per TELEX oder Fax erfüllt werden kann.

II. Grundlagen[1004]

Auch im griechischen Privatrecht gilt der Grundsatz der Formfreiheit von Rechtsgeschäften (Art. 158 grZGB) als Folge der Privatautonomie[1005], so dass Willenserklärungen grundsätzlich ohne Rücksicht auf ihre Form Rechtswirkungen nach sich ziehen. Ausgenommen werden nur Willensäußerungen, für die das Gesetz (Art. 159 Abs. 1 grZGB) oder eine Parteivereinbarung (Art. 159 Abs. 2 grZGB) eine besondere Form vorschreiben. Der Grund für eine Beschränkung der Formfreiheit ergibt sich nie aus dem rechtlichen Tatbestand selber, er ist in jenseits des rechtlichen Tatbestandes liegenden Zwecküberlegungen des Gesetzgebers zu finden.

Die Formbedürftigkeit des Rechtsgeschäfts, die entweder auf Gesetz (gesetzliche Form) oder auf Parteivereinbarung (gewillkürte Form) beruht, kann verschiedenen Zwecken dienen[1006]. Meistens liegen den Formvorschriften mehrere Erwägungen zugrunde: der Schutz vor übereilter Bindung (Warnfunktion)[1007],

---

[1004] Für eine Übersetzung des griechischen Zivilgesetzbuches „Astikos Kodikas - AK" auf Deutsch s. *Gogos*, Das Zivilgesetzbuch von Griechenland. Für eine - allerdings nicht aktuelle - Übersetzung der griechischen Zivilprozessordnung „Kodikas Politikis Dikonomias - KPolD" auf Deutsch s. *Baumgärtel/Rammos*, Das griechische Zivilprozeß-Gesetzbuch mit Einführungsgesetz.

[1005] Als Teil der allgemeinen Handlungsfreiheit (Art. 5 Abs. 1 der Verfassung) ist die Privatautonomie verfassungsrechtlich geschützt. Durch die Verfassungsreform 2001 wurde ein Art. 5A eingeführt. Art. 5A Abs. 2 der Verfassung: „Jedermann hat das Recht auf Beteiligung an der Informationsgesellschaft. Die Erleichterung des Zugangs zu Informationen, welche am elektronischen Verkehr teilnehmen, als auch des Zugangs an deren Produktion, Austausch und Verbreitung, stellt eine Pflicht des Staates dar, unter Vorbehalt der Gewährleistungen der Artikel 9, 9a und 19„. Die neue Verfassung garantiert daher speziell die „elektronische Vertragsfreiheit".

[1006] Vgl. z.B. *Georgiades*, AT, S. 382 Rn. 4. Ausführlich hierzu *Pitsirikos*, 101 ff.

[1007] Z.B. Art. 849 grZGB für die Bürgschaft, Art. 43 grZPO für die Gerichtsstandsvereinbarung, Art. 869 S. 1 grZPO für die Form der Schiedsvereinbarung.

die Beweiserleichterung hinsichtlich Vornahme und Inhalt eines Rechtsgeschäfts (Beweisfunktion), die Kontrolle von Rechtsgeschäften durch deren Dokumentation im Interesse Dritter oder der Öffentlichkeit (Kontrollfunktion)[1008]. Die Formerfordernisse dienen aber hauptsächlich der Identifikation des Ausstellers (Identitätsfunktion), der Gewährleistung der Echtheit der Erklärung (Echtheitsfunktion), der Abgrenzung der Vorverhandlungen und des bloßen Entwurfs von endgültigen der rechtlichen Bindung (Abschlussfunktion).

In der Wissenschaft wird zwischen der Konstitutivform (ad solemnitatem)[1009] und der Beweisform (ad probationem) differenziert[1010]. Die so genannte Konstitutivform hat bei Nichtbeachtung die Nichtigkeit der Willenserklärung bzw. das Nichtzustandekommen des Rechtsgeschäfts zur Folge (z.B. 1372 grZGB bezüglich Formmangel bei der Eheschließung), sie ist Gültigkeitsvoraussetzung für das entsprechende Geschäft.

Die so genannte Beweisform unterwirft zwar den Abschluss eines Rechtsgeschäfts keiner bestimmten Form, setzt aber für dessen Beweis eine bestimmte Form voraus[1011]. Dies ist etwa in der griechischen ZPO in Art. 393 grZPO für Geschäfte mit einer Vertragssumme von über 5.900 € vorgesehen[1012]. Die hellenische Rechtsordnung, die dem Zeugenbeweis misstrauisch gegenübersteht, veranlasst die Parteien, ihre Verträge zu beurkunden[1013]. Damit bezweckt sie einer-

---

[1008] So z.B. *Simandiras*, S. 499 f.; *Vrellis*, in Georgiades/Stathopoulos ZGB, Art. 158 Rn. 7.

[1009] *Häsemeyer*, S. 197.

[1010] Ausführlich hierzu *Pitsirikos*, S. 45 ff.; vgl. auch *Arvanitakis*, S. 109 ff.; *Georgiades*, AT, S. 382 f. Rn. 5 ff.; *Koussoulis*, S. 81; *Papantoniou*, S. 349 ff.; *Yessiou-Faltsi*, Beweisrecht, S. 273; vgl. auch Areopag 680/2003, Helliniki Dikaiosini 2003, S. 1365 ff.

[1011] Vgl. hierzu *Bakopoulos*, in Die Urkunden im Zivilprozess, S. 20.

[1012] Art. 393 grZPO:"

1. Verträge und Kollektivverträge dürfen nicht mit Zeugen bewiesen werden, soweit ihr Gegenstandswert 5.900 € übersteigt.

2. Der Beweis mit Zeugen gegen den Inhalt einer Urkunde ist nicht erlaubt, auch wenn der Gegenstandswert des Rechtsgeschäfts niedriger ist als 5.900 €.

3. Zusätzliche Vereinbarungen vor, während oder nach einem Rechtsgeschäft, das schriftlich abgefasst wurde, dürfen nicht mit Zeugen bewiesen werden, auch wenn sie dem Inhalt der Urkunde nicht zuwiderlaufen".

Diese Regelung lässt französische Einflüsse erkennen; vgl. *Rüßmann*, in Veröffentlichungen der Wissenschaftlichen Vereinigung für Internationales Verfahrensrecht, S. 171; vgl. auch die Beweisregel des Art. 1341 des französischen Code Civil. Danach ist - außer in Handelssachen - ab einem bestimmten Streitwert ein Beweis durch Schriftstücke erforderlich. Ähnlich der französischen Regelung ist die im belgischen Recht. Nach Art. 1341 des belgischen Code Civil ist ab einem bestimmten Streitwert der Beweis durch Schriftstücke erforderlich.

[1013] Dabei ist jedoch zu beachten, dass seit 1985 und bis 2001 die Bedeutung von Art. 393-394 grZPO bezüglich der Beschränkung des Zeugenbeweises im ordentlichen Erkenntnisverfahren sehr gering war. Nach dem Gesetz 1478/1984 galt vor dem Friedensgericht und dem Einzelrichtergericht erster Instanz der so genannte „teilweise bzw. der beschränkte Freibeseits, spätere unwahre Aussagen von Zeugen zu vermeiden und andererseits, den Vertragsgegenstand leichter ausfindig zu machen und zu besteuern, indem sie den Zeugenbeweis in Bezug auf den Abschluss von Verträgen mit Wert über eine bestimmte Geldsumme hinaus grundsätzlich ausschließt. Durch die Beweisform sollen die Interessen der Parteien geschützt werden, indem sie ihnen ein Beweismittel verschafft. Wird die Beweisform nicht erfüllt, ist die Wirksamkeit des Rechtsgeschäftes durchaus nicht berührt[1014]. Ist vom Gesetz oder von den Parteien die Beurkundung entweder als Wirksamkeits- oder als Beweisvoraussetzung erforderlich, ist der Beweis des Rechtsgeschäfts mit Zeugen grundsätzlich nicht zulässig (Art. 394 Abs. 2 grZPO). Unter dieser Rechtslage war der Beweis des Rechtsgeschäfts praktisch nur durch Geständnis und Eid möglich[1015]. Der Partei-Eid ist allerdings gemäß Art. 14 Abs. 2 Gesetz 2915/2001 als anachronistisches Beweismittel gestrichen worden.

---

weis". Dies bedeutet, dass diese Gerichte befugt waren, ihre Entscheidungen auch auf Beweismittel zu stützen, welche den Bestimmungen des Beweisrechts nicht entsprechen (Art. 270 Abs. 2 a.F. grZPO). In diesem Fall handelt es sich also um „Beweismittel, die den Gesetzesvoraussetzungen nicht entsprechen"; die Regel war die Zulassung des Zeugenbeweises und seine Beschränkung nur die Ausnahme. Nach dieser früheren Rechtslage konnten Verfahrens- und Formverletzungen bei der Beweisaufnahme und insbesondere bei der Vernehmung von Zeugen belanglos sein. Die Beschränkungen der Art. 393 bis 395 grZPO galten nur im ordentlichen Erkenntnisverfahren des Kammergerichts erster Instanz. Gemäß Art. 270 Abs. 2 n.F. grZPO („Ergänzend kann das Gericht auch Beweismittel berücksichtigen und frei würdigen, welche den Gesetzesvoraussetzungen nicht entsprechen, unter dem Vorbehalt der Art. 393 und 394") ist seit 2001 gem. Gesetz 2915/2001 auch das Kammergericht erster Instanz befugt, Beweismittel zu berücksichtigen, welche den Gesetzesvoraussetzungen nicht entsprechen; dieses Befugnis sämtlicher Gerichte erster Instanz im ordentlichen Erkenntnisverfahren ist aber jetzt von der Zulässigkeit des Zeugenbeweises gemäß Art. 393-394 grZPO abhängig. Der Gesetzgeber erweitert und gleichzeitig ändert das System des „zum Teil Freibeweises", das jetzt für sämtliche Gerichte erster Instanz im ordentlichen Erkenntnisverfahren gilt. Die Berücksichtigung sowohl von Beweismitteln, die den Gesetzesvoraussetzungen nicht entsprechen, als auch von so genannten eidlichen Erklärungen ist überall - auch beim Kammergericht erster Instanz - zulässig. Die Berücksichtigung solcher Beweismittel ist jedoch unzulässig, wenn die Vernehmung von Zeugen gemäß Art. 393 und 394 grZPO ausgeschlossen ist. Durch Art. 270 Abs. 2 S. 2 grZPO kehren daher die sich aus Art. 393 und 394 grZPO ergebenden Beschränkungen des Zeugenbeweises im ordentlichen Erkenntnisverfahren zurück. S. hierzu ausführlich *Yessiou-Faltsi*, in Yessiou-Faltsi/Apalagaki/Arvanitakis, Das neue Verfahren der grZPO, § 8 Rn. 19 ff. Die Beschränkungen des Zeugenbeweises gelten allerdings für die besonderen Verfahrensarten (wie z.B. für Rechtsstreitigkeiten in Arbeitssachen) immer noch nicht. Zu diesen Reformen im Bereich des griechischen Zivilprozessrechts vgl. *Klamaris*, FS Geimer, S. 437 ff. Insbesondere zum Verfahren in erster Instanz vgl. ausführlich *Apalagaki*, in Yessiou-Faltsi/Apalagaki/Arvanitakis, Das neue Verfahren der grZPO, § 1 Rn. 1 ff.; *Makridou*, Harmenopoulos 2001 S. 1441 ff.

1014 Vgl. *Fragistas*, Grundzüge, S. 64 f.

1015 *Yessiou-Faltsi*, Beweisrecht, S. 273.

Im US-amerikanischen Statute of Fraud – heute geregelt in § 2-201 UCC[1016] - wird für bestimmte Verträge bezüglich beweglicher Sachen ab einem Kaufpreis von 500 Dollar der Beweis durch „some writing" angeordnet[1017].

Das grZGB kennt je nach Art des Rechtsgeschäfts und dem mit der Form verfolgten Zweck drei verschiedene Formen[1018]:

- die Schriftform (private Urkunde)
  (z.B. Art. 63 grZGB über die Gründung einer juristischen Person, Art. 680 Abs. 2 grZGB über den Tarifvertrag, Art. 849 grZGB über die Bürgschaft, Art. 873 grZGB über das Schuldversprechen und das Schuldanerkenntnis, Art. 4 Abs. 9 des Verbraucherschutzgesetzes 2251/1994)[1019].
- die notarielle Beurkundung
  (z.B. Art. 109 grZGB für das Stiftungsgeschäft, Art. 369 und 1033 grZGB zum Grundstückskaufvertrag). Bei einer notariellen Beurkundung wird das formbedürftige Rechtsgeschäft in einem Schriftstück festgehalten, und zwar durch eine vom Staat mit dieser Aufgabe betraute Person (Notar: im griechischen „Simwoleografos"), in dem dafür vorgesehenen Verfahren[1020]. Die Notarurkunde ist im Übrigen die wichtigste öffentliche Urkunde in der Praxis.
- die Erklärung vor der zuständigen Behörde
  (z.B. Art. 1367 grZGB über die Eheschließung, Art. 1848 Abs. 1 grZGB für die Ausschlagung der Erbschaft durch Erklärung gegenüber der Geschäftsstelle des Nachlassgerichts, Art. 1476 S. 1 grZGB für die Anerkennung der Vaterschaft durch Erklärung gegenüber einem Notar). In diesen Fällen stellt die Erklärung selbst und nicht das zum Beweis der Erklärung gefertigte Protokoll die gesetzliche Gültigkeitsform dar.

Eine ausführliche Darstellung der notariellen Beurkundung und der Erklärung vor der zuständigen Behörde im griechischen Recht ist für die Zwecke dieser Untersuchung nicht erforderlich.

[1016] UCC=Uniform Commercial Code; vgl. ausführlich zu dem Statute of Frauds *Bierekoven*, S. 217 ff.; *Borges*, S. 565 ff. S. auch die entsprechende rechtsvergleichende Betrachtung von *Britz*, S. 54 f. und *Rüßmann*, in Veröffentlichungen der Wissenschaftlichen Vereinigung für Internationales Verfahrensrecht, S. 183 ff.

[1017] Das deutsche Recht kennt demgegenüber eine derartige Beweisform nicht. Vgl. *Häsemeyer*, S. 197 f.; *Rüßmann*, in Veröffentlichungen der Wissenschaftlichen Vereinigung für Internationales Verfahrensrecht, S. 192.

[1018] Ausführlich hierzu *Pitsirikos*, S. 46 ff.

[1019] Die Schriftform wird u.a. auch in folgenden Fällen verlangt: Art. 876, 888, 1211 S. 2 grZGB.

[1020] Nach der Vorschriften des „Kodex für Notare" (Gesetz 2830/2000). Die notarielle Beurkundung wird u.a. auch in folgenden Fällen verlangt: Art. 235 Abs. 2, 367, 498, 1266, 1403 Abs. 2, 1476, 1848, Abs. 1 S. 2, 1942 S. 2 grZGB.

1. Die Schriftform (private Urkunde)

Die griechische Zivilrechtsordnung sieht an zahlreichen Stellen die Einhaltung einer besonderen schriftlichen Form vor. Bei den Formerfordernissen der einzelnen Rechtsgeschäfte/Willenserklärungen ist geregelt, ob das gesamte Rechtsgeschäft[1021] oder nur eine der Willenserklärungen[1022] formbedürftig ist. Wird vom Gesetz ausdrücklich eine andere Form nicht verlangt, genügt dem Formererfordernis die private Urkunde[1023]. Eine Urkunde ist die schriftliche Verkörperung einer Willenserklärung[1024]. Verlangt das Gesetz die Schriftform, so muss die Urkunde vom Aussteller eigenhändig durch Unterschrift unterzeichnet werden (Art. 160 Abs.1 grZGB)[1025]. Die eigenhändige Unterschrift des Ausstellers ist i.d.R. die einzige Tatbestandsvoraussetzung der Schriftform im griechischen Recht[1026]. Bei einem Vertrag muss die Unterzeichnung der Parteien auf derselben Urkunde erfolgen. Werden über den Vertrag mehrere gleichlautende Urkunden aufgenommen, so genügt es, wenn jede Partei die für die andere Partei bestimmte Urkunde unterzeichnet (Art. 160 Abs.1 grZGB). Ausnahmsweise ist gemäß Art. 163 grZGB die Unterzeichnung von auf den Inhaber lautenden Wertpapieren, die in einer großen Anzahl ausgegeben werden (z.B. Art. 888 grZGB über die Schuldverschreibung auf den Inhaber), durch mechanische Mittel erlaubt.

Nach Art. 869 grZPO wird für die Schiedsvereinbarung die Schriftform verlangt. Die Vorschrift ordnet jedoch im Wege einer Fiktion an, dass die Vereinbarung auch in Schriftform geschlossen gilt, wenn sie in zwischen den Parteien gewechselten Schreiben, Telegrammen, Telex oder unterschriebenen Fax enthalten ist[1027].

Erhebliche Probleme für den elektronischen Vertragsabschluss und für die Fernabsatzverträge im Allgemeinen kann die Regelung des Art. 4 Abs. 9 des Verbraucherschutzgesetzes 2251/1994 bezüglich der Unterrichtung des Verbrauchers erzeugen: *„Ein Fernabsatzvertrag ist zugunsten des Verbrauchers unwirksam, wenn er nicht schriftlich abgefasst ist und in der Sprache, die das*

[1021] Z.B. Art. 680 Abs. 2 grZGB über den Tarifvertrag, Art. 873 grZGB über das Schuldversprechen und das Schuldanerkenntnis.

[1022] Z.B. Art. 849 grZGB über die Bürgschaft, Art 886 grZGB über die Übertragungserklärung der Anweisung.

[1023] *Georgiades*, AT, S. 384 Rn. 11.

[1024] *Georgiades*, AT, S. 384 Rn. 12.

[1025] Art. 160 Abs. 1 grZGB: „Wenn durch das Gesetz oder von den Parteien für das Rechtsgeschäft die Schriftform bestimmt wurde, muss die Urkunde die eigenhändige Unterschrift des Ausstellers tragen".

[1026] *Maniotis*, Der elektronische Vertragsabschluss, S. 23; *Michailidou*, Dike 2000, S. 1196.

[1027] Vgl. hierzu Plenum des Areopags 8/1997, Helliniki Dikaiosini 1997, S. 764. Zur Zulässigkeit vom Fax vgl. Areopag 1710/1997, Dikaio Epicheireseon kai Etairion 1998, S. 1114.

Angebot zum Vertragsabschluss verwendet, mindestens folgende Angaben enthält...". Teilweise wird vertreten, dass diese Unterrichtung nur durch Schriftform erfolgen kann[1028]. Dies würde bedeuten, dass, solange die elektronische Urkunde der traditionellen Urkunde nicht gleichgestellt wird, die Gefahr der Unwirksamkeit von Online-Verbraucherverträgen besteht, wenn die Unterrichtungspflicht durch E-Mail (wie in der Praxis üblich) erfüllt wird.

Das Erfordernis eigenhändiger Unterschrift hätte den Fernabsatz unzumutbar verlangsamt, weil sämtliche modernen Kommunikationsmittel ausgeschaltet gewesen wären. Der europarechtliche Hintergrund des Fernabsatzrechts hat zunächst zur Konsequenz, dass seine Vorschriften richtlinienkonform auszulegen sind. Nach Art. 5 der Fernabsatzrichtlinie 97/7/EG können die Angaben schriftlich oder auf einem anderen für ihn verfügbaren dauerhaften Datenträger mitgeteilt werden. Bei dem „dauerhaften Datenträger" handelt es sich um einen Schlüsselbegriff. Er ist richtigerweise so auszulegen, dass dem Verbraucher Informationen auf einem dauerhaften Datenträger zur Verfügung stehen, wenn sie ihm in einer Urkunde oder in einer anderen lesbaren Form, die gespeichert werden kann (wie eine E-Mail) zugegangen sind. Dafür spricht auch der explizite Wunsch des europäischen Gesetzgebers, den Abschluss von Verträgen auf elektronischem Weg zu ermöglichen[1029]. Die hier vertretene Auslegung könnte sich auch auf die Regelung des Anhangs II lit. k) PE 150/2001 bezüglich der Umsetzung der SigRL stützen. Hiernach wird im Hinblick auf die Belehrung des potenziellen Unterzeichners seitens des Zertifizierungsdiensteanbieters vorgesehen, dass die dafür notwendigen Angaben mit einem dauerhaften Kommunikationsmittel schriftlich — gegebenenfalls elektronisch übermittelt — in klar verständlicher Sprache vorliegen müssen. Es ist daher davon auszugehen, dass der griechische Gesetzgeber den Begriff „schriftlich" nicht ausschließlich für die Normierung eines Schriftformerfordernisses verwendet.

2. *Die eigenhändige Unterschrift*

Das griechische Zivilrecht sieht für die Schriftform die eigenhändige Unterschrift als unerlässliche Gültigkeitsvoraussetzung vor. Das Erfordernis der eigenhändigen Unterschrift wurde gemäß Art. 75 Abs. 1 des Entwurfs über den Allgemeinen Teil des Zivilgesetzbuches[1030] eingeführt. Nach *Maridakis*, dem Berichterstatter des Entwurfs, ist die eigenhändige Unterschrift die entscheidende Gültigkeitsvoraussetzung einer privaten Urkunde[1031]. Für die Bedeutung des Begriffs „eigenhändige Unterschrift" verweist der Berichterstatter auf Art. 409

[1028] *Christodoulou*, S. 19-21.
[1029] ECRL 2000/31, Erwägungsgrund 34. Art. 9 Abs. 1 und 11 Abs. 1 ECRL.
[1030] Zur Entstehungsgesichte der Regelung vgl. *Maniotis*, digitale Signatur, S. 63 ff.
[1031] Entwurf grZGB (Allgemeiner Teil), S. 205.

Abs. 2 grZPO von 1834[1032]. Art. 75 Abs. 1 des Entwurfs solle dieser Vorschrift entsprechen; aus diesem Grund ist Art. 409 Abs. 2 grZPO von 1834 für die Auslegung des Merkmals „eigenhändige Unterschrift" von Bedeutung. Hiernach ist eine private Urkunde wirksam unterschrieben, wenn der Name des Ausstellers „ganz mit alphabetischen Lautzeichen geschrieben ist". Dem Wortlaut nach kann also eine Urkunde i.S.d. grZGB auch bestehen, wenn die Unterschrift durch technische bzw. mechanische Hilfsmittel und nicht mit der Hand des Ausstellers erfolgt[1033]. Trotz des ausdrücklichen Verweises des Berichterstatters auf Art. 409 Abs. 2 grZPO von 1834 wurde im Gesetzestext – nach dem Vorbild des § 126 S. 1 BGB - das Erfordernis der eigenhändigen Unterschrift übernommen. Der griechische Gesetzgeber verweist zwar in der Gesetzesbegründung auf eine Vorschrift, die eine Unterschrift durch technische Mittel erlauben würde, hat sich aber in der Norm so ausgedrückt, dass eine solche Unterschrift ausgeschlossen werden muss.

Die eigenhändige Unterschrift ist in der Regel die einzige Tatbestandsvoraussetzung einer privaten Urkunde[1034]. Anders als in § 126 Abs. 1 BGB ist im griechischen Recht das notariell beglaubigte Handzeichen des Ausstellers als Ersatz der eigenhändigen Unterschrift nicht vorgesehen. Die Verwendung von Handzeichen (Kreuze, Striche usw.) wird nicht zugelassen, da sie den Aussteller nicht identifizieren können[1035]. Im Hinblick auf die Beweiskraft von Privaturkunden ist jedoch statt einer eigenhändigen Unterschrift des Ausstellers ein von ihm gesetztes Handzeichen zugelassen, welches von einem Notar oder einer anderen öffentlichen Behörde beglaubigt ist (Art. 443 grZPO); somit muss bestätigt werden, dass das Zeichen anstatt der Unterschrift gesetzt wurde und dass der Aussteller seinen Angaben nach nicht unterschreiben kann.

Das Erfordernis der eigenhändigen Unterschrift dient grundsätzlich dem Zweck, dass der Aussteller zweifelsfrei festgestellt werden kann und dass die Authentizität der Urkunde gewährleistet wird[1036]. Denn die Eigenart der Handschrift, die in der eigenhändigen Unterschrift zum Vorschein kommt, ist Ausdruck der Persönlichkeit des Ausstellers. Zudem wird durch die Beurkundung der Willenserklärungen der Parteien die Rechtssicherheit erhöht[1037]. Der Familienname genügt; die Hinzufügung des Vornamens ist nicht erforderlich[1038]. Dabei genügt

---

[1032] Entwurf grZGB (Allgemeiner Teil), a.a.O.

[1033] *Maniotis*, digitale Signatur, S. 64.

[1034] *Karakatsanis*, S. 156; *Koussoulis*, S. 82; *Papantoniou*, S. 351; *Simandiras*, S. 502.

[1035] *Christodoulou*, S. 82; *Rammos*, in Kommentar zum Zivilgesetzbuch, Art. 160 Rn. 9.

[1036] Ebenso *Maniotis*, digitale Signatur, S. 74 ff. Zu den Funktionen der eigenhändigen Unterschrift im Rahmen des Art. 160 grZGB vgl. *Karakatsanis*, S. 57 ff.

[1037] *Fragistas*, Grundzüge, S. 68; vgl. auch *Yessiou-Faltsi*, Beweisrecht, S. 189.

[1038] *Georgiades*, AT, S. 385 Rn. 14; *Vrellis*, in Georgiades/Stathopoulos ZGB, Art. 160 Rn. 6.

die Unterzeichnung auch mit dem Vorname allein (z.B. „der Künstler Vangelis“) oder die Verwendung eines Pseudonyms, wenn der Erklärende dadurch sicher ermittelt werden kann[1039]. Nach einer in der Literatur vertretenen Auffassung soll auch die bloße Angabe einer Verwandtschaftsbezeichnung (z.B. „Euer Vater“) genügen[1040]. Namensabkürzungen (Paraphen) genügen jedoch nicht[1041].

Die Unterschrift muss stets eigenhändig vom Erklärenden selbst und mit der Hand[1042] oder mit einem anderen Körperteil (z.B. Mund oder Fuß) geleistet werden[1043]. Wird die Schriftform durch Gesetz vorgeschrieben, ist die Faksimileunterschrift (Namensstempel, Druck, Fotokopie) nicht in diesem Sinne eigenhändig und damit im Grunde zur Erfüllung der Schriftform untauglich[1044]. Die Anbringung der Unterschrift durch Computerausdruck eines eingescannten oder eines auf andere Weise durch mechanische, technische, optische oder elektronische Hilfsmittel reproduzierten Namenszugs genügt ebenfalls nicht. Dies ergibt sich im Umkehrschluss aus Art. 163 grZGB[1045]; die Faksimileunterschrift (mit der Ausnahme von auf den Inhaber lautenden Wertpapieren) ist keine gültige Unterschrift im Sinne des Gesetzes[1046].

Kann der Erklärende nicht eigenhändig unterschreiben, ist der Vertragschluss eines formbedürftigen Rechtsgeschäfts nur durch Notarurkunde möglich (Art. 161 S. 1 grZGB)[1047]. Das eigenhändige Testament sieht eine Verschärfung des Schriftformerfordernisses vor, da es nicht nur die Unterschrift, sondern auch die eigenhändige Abfassung der Erklärung und des Datums verlangt (Art. 1721 grZGB).

[1039] Vgl. hierzu *Christodoulou*, S. 80 f.; *Georgiades*, AT, S. 385 Rn. 14; *Vrellis*, in Georgiades/Stathopoulos ZGB, Art. 160 Rn. 6.
[1040] *Rammos*, in Kommentar zum Zivilgesetzbuch, Art. 160 Rn. 7.
[1041] OLG Piräus 77/1985, Helliniki Dikaiosini 1985, S. 746.
[1042] *Karakatsanis*, S. 65.
[1043] Vgl. hierzu Areopag 305/1966, Efimeris Ellinon Nomikon 1967, S. 50 ff.
[1044] *Christodoulou*, S. 81; *Simandiras*, S. 504; *Vrellis*, in Georgiades/Stathopoulos ZGB, Art. 160 Rn. 7.
[1045] Art. 163 grZGB: „Als eigenhändige Unterschrift gilt auch die mechanische Wiedergabe, wenn es sich um Wertpapiere auf den Inhaber handelt, die in großer Zahl ausgestellt werden“.
[1046] *Beys*, Dike 1992, S. 52; *Rammos*, in Kommentar zum Zivilgesetzbuch, Art. 160 Rn. 5; *Vrellis*, in Georgiades/Stathopoulos ZGB, Art. 160 Rn. 12 und Art. 163 Rn. 4.
[1047] Art. 161 S. 1 grZGB: „Die Schriftform wird durch die notarielle Beurkundung ersetzt“. Dies ist die richtige Auslegung der Norm, da andernfalls nur die Selbstverständlichkeit ausgedrückt würde, dass die strengere Form die mildere ersetzt.

3. *Rechtsfolgen des Formmangels*

Ein Rechtsgeschäft, welches die gesetzlich vorgeschriebene Form nicht erfüllt, ist – sofern nichts anderes bestimmt ist -[1048] nichtig (Art. 159 Abs. 1 grZGB), und zwar von Anfang an (Nichtigkeit ex tunc)[1049]. Werden Tatsachen vorgetragen, aus denen sich ein Mangel an der durch Gesetz vorgeschriebenen Form ergibt, ist die Nichtigkeit von Amts wegen zu berücksichtigen[1050]. Da die Norm über die gesetzliche Gültigkeitsform zwingendes Recht ist, kann sie von den Parteien weder wirksam abbedungen noch beschränkt werden[1051]. Die Nichtbeachtung von Formerfordernissen ist also eine von Amts wegen zu beachtende Einwendung[1052].

Gesetzliche Formvorschriften dürfen einerseits durch die Vertragsparteien nicht abgeschwächt werden, die Parteien können andererseits sehr wohl durch Vereinbarung bestehende Formvorschriften verschärfen (die vom Gesetz vorgeschrieben private Urkunde kann beispielsweise durch Notarurkunde ersetzt werden) oder es können eigene Formvorschriften aufgestellt werden, soweit das Gesetz keine solchen vorsieht (gewillkürte Form). Die Freiheit eine besondere Form zu vereinbaren, ist Ausfluss der Vertragsfreiheit. Verfolgt das vereinbarte Formerfordernis nur deklaratorische Zwecke (Beweisform), ist das ohne Beachtung der Form geschlossene Geschäft gleichwohl wirksam.

Die Rechtsfolgen beim Fehlen gewillkürter Formerfordernisse bestimmen sich nach Art. 159 Abs. 2 S. 1 grZGB: „Der Mangel der durch den Parteien bestimmten Form hat im Zweifel gleichfalls Nichtigkeit zur Folge". Die Formvereinbarung bestimmt also eine Konstitutivform, wenn die Parteien nichts anderes vereinbart haben. Bei einer Formvereinbarung kommen nicht nur die nach dem Gesetz vorgesehenen Formarten in Betracht, sondern jede andere nach dem konkreten Zweck geeignete Form (z.B. per Einschreiben oder Handschlag).

Der Mangel der gewillkürten Form wird allerdings gemäß Art. 159 Abs. 2 S. 2 grZGB durch Erfüllung des Rechtsgeschäfts geheilt; die Parteien müssen sich jedoch - dem Wortlaut nach - des Formmangels bewusst gewesen sein. In jedem Fall hängen die Folgen des Formverstoßes von dem Willen der Erklärenden ab.

[1048] z.B. Art. 498 Abs. 2 grZGB über die Schenkung von beweglichen Sachen. Hiernach wird der Mangel der Form (Notarurkunde) durch die Übergabe der Sache geheilt.

[1049] OLG Athen 5634/1997, Helliniki Dikaiosini 1998, S. 156; Einzelrichtergericht erster Instanz Athen 4642/2001, Dikaio Epicheireseon kai Etairion 2001, S. 1255.

[1050] So OLG Athen 7120/2000, Helliniki Dikaiosini 2002, S. 1460; OLG Athen 316/1994, Helliniki Dikaiosini 1995, S. 711.

[1051] Vgl. statt vieler *Vrellis*, in Georgiades/Stathopoulos ZGB, Art. 159 Rn. 8.

[1052] *Georgiades*, AT, S. 392 Rn. 1; vgl. für das deutsche Recht *Larenz/Wolf*, Allgemeiner Teil, § 27 Rn. 44.

Die Nichtbeachtung von Formerfordernissen ist hier nicht von Amts wegen zu berücksichtigen. Zur Wahrung der gewillkürten Schriftform genügt im Zweifel das Original telegraphischer Übermittlung und bei einem Vertag der unterschriebene Briefwechsel (Art. 162 grZGB).

4. Telefax und Telex als Schriftform

Der Fernschreiber (international als Telex für TELeprinter EXchange bekannt) ist ein Gerät zur Übermittlung von Textnachrichten über ein mit dem Telefonnetz vergleichbares Telekommunikationsnetz, dem Telex-Netz. Das TELEX wird als eine Textnachricht definiert, die sich aus der vorläufigen Verbindung zwischen zwei Fernschreibern zur Übermittlung von Nachrichten mittels des Telekommunikationsnetzes ergibt[1053].

Die Telefaxtechnik überträgt Vorlagen, indem sie diese zunächst durch so genanntes Scannen in Bildpunkte verwandelt, diese digitalisiert und über das Telefonnetz als elektromagnetisches Signal an das Faxgerät des Empfängers übermittelt[1054]. Das Empfangsgerät wandelt die elektromagnetischen Signale in Bildpunkte zurück und gibt diese aus. Dabei hängt es von dem Empfängergerät ab, ob der Ausdruck unmittelbar auf Papier erfolgt oder die Signale im Empfängergerät gespeichert und auf Befehl des Empfängers ausgedruckt bzw. nur auf dem Bildschirm angezeigt werden[1055]. Weiterhin können Telefaxübertragungen unmittelbar zwischen Computern ausgetauscht werden, indem die zu versendende Vorlage durch ein Textverarbeitungs- oder Graphikprogramm erstellt bzw. in dem Computer eingescannt und dann mittels eines Modems direkt über das Telefonnetz an einen anderen Computer übergeben wird (Computerfax). Telex und Telefax werden teilweise in der Literatur als elektronische Urkunde im weiteren Sinne bezeichnet[1056].

Unmittelbar nach Aufkommen dieser neuen Medien wurden die hiermit übermittelten Willenserklärungen und Mitteilungen auf Grund der Formfreiheit im Privatverkehr für wirksam erachtet[1057]. Besteht kein gesetzliches oder gewillkürtes Schrifterfordernis, ist für die Äußerung einer Willenserklärung der Einsatz von Telex und Fax ohne weiteres möglich. Weder Telex noch Fax reichen je-

---

[1053] Vgl. hierzu die Definition in Art. 8 der Verordnung für die zuständige Behörde für TELEX im Inland (Griechisches Amtsblatt B´ 638/25.06.1974). S. hierzu ausführlich *Koussoulis*, S. 122; *Pitsirikos*, S. 361.

[1054] Zur Technik im Einzelnen *Ebnet*, NJW 1992, S. 2985.

[1055] Vgl. die Definition in Art. 14 Abs. 2 lit. a und b Gesetz 2672/1998: „Telefax ist die genaue Wiedergabe von Textnachrichten in der Ferne mittels entsprechender Endgeräte". S. hierzu *Koussoulis*, S. 132; *Pitsirikos*, S. 362.

[1056] So *Christodoulou*, S. 5 f.

[1057] So zum Telex z.B. OLG Piräus 1072/1982, Epitheorisi Nautikou Dikaiou 1983, S. 60 ff.

doch für die Erfüllung des Schriftformerfordernisses aus - trotz etwaig darauf dargestellter Unterschrift. Im Rahmen der Privatautonomie bleibt es den Geschäftspartnern natürlich überlassen, auch diesen auf elektronischem Wege übermittelten Erklärungen die Rechtswirkung einer eigenhändigen Unterschrift beizumessen. Der Areopag lehnte die Formwirksamkeit einer Bürgschaftserklärung ab, weil diese mittels Fax übermittelt worden war, Art. 849 grZGB aber die Schriftform verlangt[1058]. Denn die eigenhändige Unterschrift ist nur auf dem Originaldokument des Absenders, nicht aber auf der Kopie des Empfängers vorhanden. Auch ein Telex reicht nach der Rechtsprechung nicht aus, wenn die Schriftform angeordnet ist; denn es mangelt an der eigenhändigen Unterschrift des Ausstellers[1059].

Die durchaus h.M. der Literatur lehnt die Qualifizierung von Telex[1060] und Fax[1061] als gesetzliche Schriftform ab. Teilweise wird trotz des Wortlauts des Art. 160 Abs. 1 grZGB die Ansicht vertreten, dass die Geltendmachung der Formnichtigkeit gemäß Art. 159 Abs. 1 grZGB unter Rückgriff auf das Prinzip des venire contra factum proprium als treuwidriges Verhalten des Geschäftspartners bewertet werden kann, wenn die Parteien sich geeinigt haben, ihre Verträge mit Hilfe von elektronischen Kommunikation zu schließen[1062]. Als gesetzliche Grundlage werden Art. 281[1063] und Art. 288 grZGB[1064] vorgeschlagen.

Nach *Stabelou* ist de lege ferenda die eigenhändige Unterschrift der in dem Fax abgelichteten Unterschrift gleichzustellen[1065]. Hiernach soll einerseits Art. 160

[1058] Areopag 680/2003, Helliniki Dikaiosini 2003, S. 1369.

[1059] So z.B. Areopag 764/2001, Dikaio Epicheireseon kai Etairion 2001, S. 1013; OLG Piräus 9/1991, Peiraiki Nomologia 1991, S. 101 ff., insb. S. 106.

[1060] *Christodoulou*, S. 81; Georgiades, AT, S. 389, Rn. 25; *Koussoulis*, S. 129; *Pitsirikos*, S. 367; *Spyridakis*, S. 506.

[1061] *Beys*, Dike 1992, S. 52; *Christodoulou*, S. 81; *Georgiades*, AT, S. 388 f. Rn. 24; *Koussoulis*, S. 137; *Maniotis*, digitale Signatur, S. 146 ff.; *Papathoma-Baetge*, Dikaio Epicheireseon kai Etairion 1999, S. 1240 ff.; *Vrellis*, in Georgiades/Stathopoulos ZGB, Art. 160 Rn. 12. A.A. *Spyridakis*, S. 505 f.

[1062] *Koussoulis*, S. 86, 130 (zum Telex), S. 138 (zum Fax); für die Anwendbarkeit des Art. 288 grZGB auch *Karakatsanis*; S. 158 f. Hiernach ist eine Durchbrechung der Nichtigkeit aus Gründen der Einzelfallgerechtigkeit zur Vermeidung schlechthin untragbarer Ergebnisse veranlasst.

[1063] Art. 281 grZGB: „Die Rechtsausübung ist unzulässig, sofern sie offensichtlich die von Treu und Glauben, oder von den guten Sitten oder vom sozialen und ökonomischen Zweck des Rechtes gezogenen Grenzen überschreitet".

[1064] Die Regelung entspricht § 242 BGB. Art. 288 grZGB: „Der Schuldner ist verpflichtet, die Leistung so zu bewirken, wie Treu und Glauben mit Rücksicht auf die Verkehrssitte es erfordern".

[1065] *Stabelou*, Kritiki Epitheorisi 1994, S. 146 ff. und S. 165.

Abs. 1 grZGB im Wege der teleologischen Reduktion ausgelegt werden[1066]. Andererseits ist das Erfordernis der „Eigenhändigkeit" im Rahmen der erweiternden Auslegung so zu verstehen, dass auch die Fax-Unterschrift der Schriftform genügen müsse. Stelle die Geltendmachung der Formnichtigkeit eine besonders schwerwiegende Treuepflichtverletzung dar, seien die aus Art. 281 und 288 grZGB folgenden Grundsätze anwendbar.

Anders als für die Fälle der Nichteinhaltung einer gesetzlich vorgeschriebenen Form wegen Einsetzung von Telex oder Fax sind bei der gewillkürten Form die mittels Telex oder Fax geschlossenen Geschäfte nicht ohne Weiteres nichtig; da zur Wahrung der gewillkürten Schriftform im Zweifel das Original telegraphischer Übermittlung und bei einem Vertrag der unterschriebene Briefwechsel (Art. 162 grZGB) genügt, geht die h.M. der Literatur davon aus, dass Telex und Fax der gewillkürten Schriftform analog genügen[1067].

C. Beweisrechtliche Grundlagen

I. Urkundenbeweis

Nach Art. 339 grZPO sind im Prozess das Geständnis, der Augenschein, der Sachverständige, die Urkunde, die Parteivernehmung, die Zeugen und die richterlichen Vermutungen als Beweismittel zulässig[1068]. Die Urkunde wird oft als ein bedeutendes Beweismittel bezeichnet. Der Gesetzgeber ordnete ihr negativ (z.B. in Art. 393 grZPO) und positiv (Beweisregel) bestimmte Privilegien zu[1069]. Die grZPO misst der Urkunde besondere Beweiskraft zu, weil sie als ein sicheres und zuverlässiges Beweismittel gilt, das der Prozessökonomie dient. Urkunden bestätigen Tatsachen dauerhafter und mit größerer Vertrauenswirkung als andere Beweismittel; „Scripta manent"[1070].

1. Urkundenbegriff

Die Urkunde wird weder in der grZPO noch im grZGB legal definiert[1071]. Nach gängiger Definition sind Urkunden im zivilprozessualen Sinne menschliche

---

[1066] Zur Zulässigkeit der Rechtsfortbildung vgl. *Koch/Rüßmann*, S. 253 ff.

[1067] *Kallimopoulos*, Nomikon Bema 1983, S. 1312 f.; *Papantoniou*, S. 354; *Koussoulis*, S. 88, S. 131 (für Telex), S. 137 f. (für Fax); *Spyridakis*, S. 506. Nach *Simandiras*, S. 507 f., ist Art. 162 grZGB nur bei Fax analog anwendbar.

[1068] Der Parteieid wurde als Beweismittel gemäß Art. 14 Abs. 2 Gesetz 2915/2001 aufgehoben.

[1069] *Yessiou-Faltsi*, Beweisrecht, S. 272.

[1070] Vgl. *Bakopoulos*, in Die Urkunden im Zivilprozess, S. 22; *Yessiou-Faltsi*, a.a.O., S. 189.

[1071] Die frühere grZPO/1834 hat den Begriff der Beweisurkunde legal definiert: „Urkunden sind schriftliche oder gedruckte Aufsätze oder Denkmäler".

Schriftstücke, die Gedanken über vergangene Tatsachen festhalten[1072]; ob sie eine Unterschrift trägt, ist zwar für die Beweiskraft und die Rechtsgültigkeit, nicht aber für die Existenz einer Urkunde selbst von Bedeutung[1073]. Es ist hervorzuheben, dass die schriftliche Niederlegung von Beweismitteln ihre anfängliche Natur nicht abändert. Sie behalten ihren ursprünglichen Charakter wie z.B. als ins Protokoll niedergelegte Zeugenaussage oder als schriftliches Gutachten[1074].

a) Zivil- und strafrechtlicher Urkundenbegriff

Der zivilprozessuale Urkundenbegriff ist schließlich vom strafrechtlichen zu unterscheiden; so ist etwa die Beweiseignung zwar Voraussetzung des strafrechtlichen, nicht aber des zivilprozessualen Urkundenbegriffs. Nach Art. 13 lit. c) grStGB wird insbesondere u.a. gefordert, dass das Schriftstück dafür bestimmt oder geeignet sein muss, Beweis für jede Tatsache mit Rechtsbedeutung zu erbringen. Ferner ist etwa die Authentifizierbarkeit des Ausstellers Voraussetzung nur des strafrechtlichen und nicht des zivilprozessualen Urkundenbegriffs

b) Arten von Urkunden in grZPO

Unter dem Begriff der Beweisurkunde regelt die griechische ZPO folgende Typen:

- die öffentliche Urkunde (Art. 438 – 442 grZPO);
- die Privaturkunde (Art. 443 – 449 grZPO);
- die von Kaufleuten oder sonstigen Gewerbetreibenden nach dem Handelsgesetzbuch oder nach anderen Vorschriften geführten Bücher, sowie die von Rechtsanwälten, Notaren, Gerichtsvollziehern, Ärzten, Apothekern und Hebammen nach den gesetzlichen Vorschriften geführten Bücher, die als Urkunden gelten (Art. 444 Nr. 1 und 2, sowie 448 Abs. 1 grZPO);
- die photografischen, kinematografischen und anderen mechanischen Wiedergaben und Tonaufnahmen, die ebenfalls als Urkunden gelten (Art 444 Nr. 3 und 448 Abs. 2 grZPO);

Als öffentliche Urkunde wird in Art. 438 grZPO diejenige Urkunde bezeichnet, die in rechtlicher Form von einem Beamten oder öffentlichen Amtsträger oder

---

1072 *Yessiou-Faltsi*, a.a.O., S. 272 m.w.N. Ebenso *Bakopoulos*, in Die Urkunden im Zivilprozess, S. 19; vgl. auch die engere Definition des Urkundenbegriffs von *Beys*, Kommentar zum hl. ZPGB, vor 432, S. 1738.

1073 *Beys*, Kommentar zum hl. ZPGB, vor 432, S. 1738; *Yessiou-Faltsi*, Beweisrecht, S. 279.

1074 *Beys*, Kommentar zum hl. ZPGB, vor 432, S. 1738; *Yessiou-Faltsi*, a.a.O., S. 189; *dies.*, Civil Procedure in Hellas, S. 349.

von einer Person, die dem öffentlichen Dienst angehört oder eine öffentliche Funktion innehat, ausgestellt ist, falls dieser sachlich und örtlich für die Beurkundung zuständig ist[1075]. Als Privaturkunden gelten vereinfacht ausgedrückt alle diejenigen Schriftstücke, die nicht den öffentlichen zuzuordnen sind. Hiernach gehören auch die Urkunden, die von einer der in Art. 438 grZPO genannten (öffentlichen) Urkundsstellen errichtet worden sind, soweit diese Stelle außerhalb ihrer Amtsbefugnisse gehandelt hat oder zwingende Formvorschriften verletzt worden sind, wobei für die convertio des Art. 442 grZPO die Vorraussetzungen einer Privaturkunde erfüllt sein müssen.

Das griechische Prozessrecht erfasst mit Art. 444 grZPO mechanische Aufzeichnungen als eine besondere Art von privaten Urkunden und normiert für diese eine eigene Beweisregel in Art. 448 Abs. 2 grZPO. Nach dem griechischen Zivilprozessrecht kommt den oben erwähnten technischen Mitteln die Beweiskraft der privaten Urkunden zu[1076].

2. *Die Beweiskraft von Urkunden*

Damit Urkunden Beweiskraft erzeugen können, müssen sie in der gesetzlichen Form errichtet sein und die für ihre Rechtsgültigkeit erforderlichen Merkmale besitzen; sie dürfen ferner nicht zerstückelt, zerrissen oder durchgestrichen oder auf andere Weise verändert sein; schließlich müssen sie lesbar sein (Art. 432 grZPO).

a) Öffentliche Urkunden

Öffentliche Urkunden tragen die Vermutung der Echtheit in sich, vorbehaltlich ihrer Anfechtung wegen Fälschung: „Acta publica probant se ipsa". Dabei genügt für die Gültigkeit der öffentlichen Urkunden die Unterschrift des Ausstellers[1077]. Zweifelt allerdings das Gericht an ihrer Echtheit, so kann es eine diesbezügliche Erklärung von ihrem Aussteller von Amts wegen verlangen (Art. 455 grZPO). Hinsichtlich der Echtheit von ausländischen öffentlichen Urkunden ist das Gericht berechtigt, sie nach den Umständen des Falles ohne Beweis als echt zu betrachten (Art. 456 grZPO)[1078]. Öffentliche Urkunden begründen vollen Beweis gegen jedermann über Vorgänge, die von ihrem Aussteller vorgenommen wurden oder sich vor ihm ereignet haben und in der Urkunde bestätigt sind

---

1075 Statt vieler *Beys*, Prozessuales Denken aus Attika, S. 556; Kerameus/Kondylis/Nikas ZPO-*Tendes*, Art. 438 Rn. 1; *Yessiou-Faltsi*, a.a.O., S. 277.

1076 *Mitsopoulos/Kerameus*, Nomikon Bema 1983, S. 330; vgl. auch *Maniotis*, ZZP 1999, S. 325.

1077 *Yessiou-Faltsi*, a.a.O., S. 278.

1078 S. nur *Yessiou-Faltsi*, a.a.O., S. 281 ff.

(Art. 438 grZPO). Der Beweis des Gegenteils ist hiergegen nicht zulässig; sie können lediglich wegen Fälschung angefochten werden. Es ist bemerkenswert, dass es sich dem Wortlaut des Art. 438 grZPO zufolge hierbei um einen Gegenbeweis handelt (griechisch: ανταπόδειξη) und nicht um einen Beweis des Gegenteils (griechisch: αντίθετη απόδειξη). Diese gesetzestechnische Ungenauigkeit wiederholt sich in Art. 440, 441, 445, 448 Abs. 2 grZPO. Der Gesetzgeber benutzt allerdings den Begriff „Gegenbeweis" nicht als Terminus technicus; hier geht es um den Hauptbeweis des Gegenteils und daher wird ein Vollbeweis verlangt. Die Beweislast trägt nach den allgemeinen Regeln der Beweislastverteilung[1079] die Partei, die den Inhalt der Urkunde bezweifelt. Dies wird auch von dem Areopag bestätigt, wobei er auch einer Begriffsverwirrung bezüglich „Gegenbeweis" einerseits und „Beweis des Gegenteils" aufsitzt[1080].

Bezüglich der in einer öffentlichen Urkunde enthaltenen Angaben, deren Wahrheit der Aussteller der Urkunde feststellen musste, begründet sie vollen Beweis gegenüber jedermann unter Vorbehalt des Gegenteilsbeweises (Art. 440 grZPO). Öffentliche Urkunden, die ein Rechtsgeschäft begründen oder bestätigen, begründen vollen Beweis gegenüber jedermann über den Inhalt der rechtsgeschäftlichen Erklärungen der Beteiligten (Art. 441 Abs. 1 grZPO), sowie über Tatsachen, die in der Urkunde berichtweise erwähnt sind, falls sie in unmittelbarem Zusammenhang zu dem Hauptgegenstand der Urkunde stehen; der Beweis der Gegenteils ist zulässig. Andernfalls bewirkt die berichtweise erfolgte Erwähnung von Tatsachen den Anfang eines schriftlichen Beweises, der den Zeugenbeweis ermöglicht (Art. 441 Abs. 2 grZPO i.V.m. Art. 393 Abs. 1 lit. a) grZPO)[1081].

b) Privaturkunde

Eine generelle Echtheitsvermutung wie bei Art. 455 grZPO gibt es für Privaturkunden nicht. Wird die Echtheit bestritten, muss sie von demjenigen bewiesen werden, der sich auf die Urkunde beruft und vorlegt (Art. 457 Abs. 1 grZPO). Ist die Privaturkunde unterschrieben, was für die Beweiskraft vorausgesetzt wird, so hat sich der Gegner gemäß Art. 457 Abs. 2 grZPO zur Unterschrift zu erklären. Dann muss man weiter zwischen der Echtheit der Unterschrift und der

---

[1079] Art. 338 grZPO: „
1. Jede Partei hat diejenigen Tatsachen zu beweisen, welche zur Begründung ihres selbständigen Antrags oder Gegenantrags notwendig sind.
2. Stellt das Gesetz für das Vorhandensein einer Tatsache eine Vermutung auf, so ist der Beweis des Gegenteils zulässig, sofern nicht etwas Anderes bestimmt ist".

[1080] Areopag 361/2004, veröffentlicht in NOMOS Datenbank; Areopag 455/1993, Helliniki Dikaiosini 2004, S. 91; OLG Athen 3590/2001, Helliniki Dikaiosini 2004, S. 223.

[1081] *Beys*, Prozessuales Denken aus Attika, S. 557.

Echtheit des Inhalts selbst, also des Urkundentextes, unterscheiden. Wird die Echtheit der Unterschrift anerkannt oder bewiesen, so gilt die Echtheit des Inhalts als festgestellt, vorbehaltlich ihrer Anfechtung wegen Fälschung (Art. 457 Abs. 3 grZPO).

Die Unterzeichnung als Merkmal der Rechtsgültigkeit und der Beweiskraft der privaten Beweisurkunde muss nach h.M. eigenhändig erfolgen[1082]. Nach der Definition von *Yessiou-Faltsi* ist „Unterschrift" einer Person die Namenszeichnung am Ende des Textes mittels seines individuellen Schriftzugs, der entsprechende charakteristische Merkmale aufweist[1083]. Die Unterschrift muss daher den Text räumlich abschließen, also unter ihm stehen – nicht darüber (keine sog. „Oberschrift") oder daneben (keine sog. „Nebenschrift") – und so die gesamte Erklärung decken[1084]. Sie kann aber blanko erteilt sein. Sie muss nicht unbedingt lesbar sein[1085]. Besteht ein Schriftstück aus mehreren Blättern, die nicht körperlich verbunden sind, ist jedes einzelne Blatt zu unterschreiben. Die Unterschrift muss handschriftlich sein (Art. 443 grZPO); mechanisch hergestellte Unterschriften genügen grundsätzlich nicht. Wird die Unterschrift durch ein technisches Mittel gesetzt (wie etwa mit einem Stempel), genießt die Urkunde konsequenterweise keine bindende Beweiskraft. Sie kann jedoch als das Beweismittel der richterlichen Vermutung verstanden werden[1086]. An dieser Stelle ist es klarzustellen, dass sich Art. 443 grZPO auf die Urkunde als Beweismittel bezieht, wobei sich Art. 160 grZGB auf die Urkunde als Schriftform bezieht.

Die eigenhändige Unterschrift kann im Rahmen des Beweisrechts durch ein vom Aussteller gesetzte Handzeichen (z.B. Kreuz) ersetzt werden, welches von einem Notar oder einer anderen öffentlichen Behörde beglaubigt wird. Es muss

---

[1082] *Arvanitakis*, in Die Urkunden im Zivilprozess, S. 58; *Bakopoulos*, in Die Urkunden im Zivilprozess, S. 30; Kerameus/Kondylis/Nikas ZPO-*Tendes*, Art. 443 Rn. 1; *Yessiou-Faltsi*, Beweisrecht, S. 279. Ebenso Areopag 766/1991, Efimeris Ellinon Nomikon 1992, S. 464; OLG Athen 3927/2003, Helliniki Dikaiosini 2004 , S. 230. Die Unterschrift ist nicht eine Tatbestandsvoraussetzung der Privaturkunde, sondern ihrer Beweiskraft. So Plenum des Areopags 15/2003, Helliniki Dikaiosini 2003, S. 937.

[1083] *Yessiou-Faltsi*, Beweisrecht, S. 279. Ebenso Areopag 430/2001, veröffentlicht in NOMOS Datenbank. Hiernach muss die Unterschrift inhaltlich so viele individuelle Merkmale enthalten, dass im Einzelfall der Aussteller identifiziert werden kann.

[1084] Vgl. *Yessiou-Faltsi*, Beweisrecht, S. 279 f.; ebenso Kerameus/Kondylis/Nikas ZPO-*Tendes*, Art. 443 Rn. 5; milder hierzu *Beys*, Kommentar zum hl. ZPGB, Art. 443, S. 1748.

[1085] Kerameus/Kondylis/Nikas ZPO-*Tendes*, Art. 443 Rn. 4.

[1086] So z.B. bei einem Telegramm ohne oder mit einer gestempelten Unterschrift *Yessiou-Faltsi*, Beweisrecht, S. 291; vgl. auch hierzu *Beys*, Kommentar zum hl. ZPGB, Art. 443, S. 1747. Es ist allerdings hervorzuheben, dass nach heutigen Rechtslage (s. hierzu Fn. 1013) solche Dokumente richtigerweise als „Beweismittel, die den Gesetzesvoraussetzungen nicht entsprechen" zu qualifizieren sind; vgl. Plenum des Areopags 15/2003, veröffentlicht in NOMOS Datenbank.

somit bestätigt werden, dass das Zeichen anstatt der Unterschrift gesetzt wurde und dass der Aussteller seinen Angaben nach nicht unterschreiben kann (Art. 443 grZPO).

Die Beweiskraft von Privaturkunden wird in Art. 445 grZPO geregelt. Dem Wortlaut des Gesetzes zufolge beschränkt sich die Beweiskraft einer Privaturkunde nur darin, dass die in ihr enthaltene Erklärung von dem Aussteller der Urkunde abgegeben wurde (formelle Beweiskraft)[1087]; der Gegenteilsbeweis ist zulässig[1088]. Die Beweisregel gilt nicht für andere Tatsachen wie für den Zugang bei einer empfangsbedürftigen Erklärung oder für die Aushändigung der Urkunde[1089]; solche Tatsachen werden vom Grundsatz der freien Beweiswürdigung (Art. 340 grZPO) erfasst. Nach herrschender Meinung ist allerdings der Art. 445 grZPO so auszulegen, dass auch der Inhalt der Urkunde von der Beweisregel erfasst werden soll (materielle Beweiskraft)[1090]. Der Gegenteilsbeweis bezüglich der formellen Beweiskraft der Urkunde kann sich nicht auf Zweifel der Echtheit der privaten Urkunde beziehen. Ein Gegenteilsbeweis gegen die formelle Beweiskraft ist begrifflich undenkbar, denn ihre Echtheit ist schon anerkannt oder bewiesen worden (Art. 457 grZPO). Durch einen Gegenteilsbeweis kann der Aussteller aber dartun, dass ihm die Urkunde gegen seinen Willen entzogen worden ist oder dass er die Urkunde aus Versehen unterschrieben hat[1091]. Allerdings richtet sich der Gegenteilsbeweis vor allem gegen die materielle Beweiskraft der Privaturkunde, d.h. gegen die inhaltliche Richtigkeit der Erklärung, also ob die in der Privaturkunde bestätigten Vorgänge wirklich so geschehen sind oder nicht[1092].

Von Bedeutung ist insofern eine Unterscheidung nach dem Inhalt der Erklärung. Handelt es sich um eine bewirkende Urkunde, wird auch die inhaltliche (mate-

---

[1087] Zu dieser Unterscheidung vgl. *Arvanitakis*, S. 129 ff. und 143 ff.

[1088] Art. 445 grZPO: „Private Urkunden, die nach den gesetzlichen Formen abgefasst wurden, erbringen vollen Beweis dafür, dass die darin enthaltene Erklärung vom Aussteller der Urkunde stammt, soweit ihre Echtheit anerkannt oder bewiesen wurde, wobei der Beweis des Gegenteils möglich ist".

[1089] *Arvanitakis*, S. 129.

[1090] *Yessiou-Faltsi*, Beweisrecht, S. 289 f. m.w.N.; ebenso *Bakopoulos*, in Die Urkunden im Zivilprozess, S. 32 f.; Kerameus/Kondylis/Nikas ZPO-*Tendes*, Art. 445 Rn. 4. So auch die herrschende Meinung in der Rechtsprechung; vgl. nur Areopag 508/1994, Efimeris Ellinon Nomikon 1995, S. 333. A.A. *Arvanitakis*, S. 130 ff. und 137. Nach *Beys*, Kommentar zum hl. ZPGB, Art. 445, S. 1750 f., ist Art. 441 grZPO bezüglich der Beweiskraft öffentlicher Urkunden analog anzuwenden; vgl. auch *ders.*, Dike 1992, S. 47 f., mit einer neuen Begründung.

[1091] *Beys*, Kommentar zum hl. ZPGB, Art. 445, S. 1751; Kerameus/Kondylis/Nikas ZPO-*Tendes*, Art. 445 Rn. 6; vgl. allerdings *Arvanitakis*, S. 136-142.

[1092] *Yessiou-Faltsi*, Beweisrecht, S. 289 Fn. 90. Ebenso Kerameus/Kondylis/Nikas ZPO-*Tendes*, Art. 445 Rn. 6.

rielle) Richtigkeit der Willenserklärung als vollbewiesen angenommen[1093]. Bewirkende Urkunden besitzen daher dieselbe Beweiskraft wie die entsprechende öffentliche Urkunde. Bezeugende Privaturkunden sind als außergerichtliches Geständnis zu betrachten, sofern die in der Erklärung enthaltenen Angaben über für den Aussteller ungünstige tatsächliche Vorgänge berichten, (wie z.B. die Bestätigung der Zahlung durch eine Quittung[1094]); sie unterliegen also der freien richterlichen Beweiswürdigung[1095] (Art. 352 Abs. 2 grZPO)[1096]. Sind die in der Erklärung enthaltenen Angaben günstig für den Aussteller, kann die bezeugende Urkunde als richterliche Vermutung gewürdigt werden, sofern sie nicht gegen die Gesetzesvoraussetzungen verstößt[1097].

Eine Privaturkunde begründet für ihren Aussteller nur dann Beweis, wenn die Gegenpartei sie vorlegt oder es sich um die von Kaufleuten, Rechtsanwälten usw. zu führenden beruflichen Bücher handelt (Art. 447 grZPO).

c) Die von Kaufleuten, Rechtsanwälten usw. zu führenden beruflichen Bücher

Die soeben erwähnten von Kaufleuten, Rechtsanwälten usw. zu führenden beruflichen Bücher , die vom Gesetz ebenfalls als Privaturkunden angesehen werden (Art. 444 Nr. 1 grZPO), begründen, falls sie vorschriftsmäßig geführt sind, zwischen Kaufleuten und anderen Personen, die zur Führung solcher Bücher verpflichtet sind, vollen Beweis über die darin gemachten Angaben, aber der Beweis des Gegenteils ist zulässig. Gegenüber Personen jedoch, die zur Führung solcher Bücher nicht verpflichtet sind, begründen sie nur für die Dauer eines Jahres seit der Eintragung vollen Beweis über die Höhe eines Anspruchs, wenn das Bestehen des Anspruchs auf andere Weise bewiesen wurde, es sei denn, der

---

1093 Vgl. Areopag 797/1994, Efimeris Ellinon Nomikon 1995, S. 526; Areopag 190/1994, Efimeris Ellinon Nomikon 1995, S. 108 f. Der Beweis des Gegenteils ist zulässig, wobei ohne Zeugen und richterliche Vermutungen, da es sich um einen Beweis zur Widerlegung des Inhalts einer Urkunde handelt (393 Abs. 2 grZPO). A.A. *Beys*, Kommentar zum hl. ZPGB, Art. 445, S. 1751: Die Berücksichtigung sowohl von Beweismitteln, die den Gesetzesvoraussetzungen nicht entsprechen, als auch von so genannten eidlichen Erklärungen ist in diesem Fall auch unzulässig gem. 270 Abs. 2 grZPO.

1094 Areopag 689/2003, Helliniki Dikaiosini 2004, S. 157; vgl. auch Kerameus/Kondylis/Nikas ZPO-*Tendes*, Art. 445 Rn. 5 m.w.N.

1095 S. *Beys*, Kommentar zum hl. ZPGB, Art. 445, S. 1750; *Yessiou-Faltsi*, Beweisrecht, S. 290. Im Gegensatz zum außergerichtlichen Geständnis, welches der freien Beweiswürdigung des Gerichts unterliegt, bewirkt das gerichtliche Geständnis, d.h. das Geständnis, das vor dem erkennenden Gericht oder vor dem beauftragten Richter abgegeben wurde, vollen Beweis gegen die gestehende Partei (Art. 352 Abs. 1 grZPO).

1096 Art. 352 Abs. 2 grZPO: „Das außergerichtliche Geständnis wird vom Gericht frei gewürdigt".

1097 Areopag 3/2001, veröffentlicht in NOMOS Datenbank.

Verpflichtete hat den Inhalt durch seine Unterschrift anerkannt (Art. 448 Abs.1 grZPO).

d) Photographische oder filmische Wiedergaben, Tonaufnahmen sowie jede andere mechanische Aufzeichnung[1098]

Die griechische Rechtsordnung begreift die mechanischen Aufzeichnungen als Urkunden i.S.d. Gesetzes, selbst wenn die Leistung einer eigenhändigen Unterschrift technisch unmöglich ist[1099]. Die eigenhändige Unterschrift ist also bei den technischen Aufzeichnungen nicht erforderlich. Gemäß Art. 444 Nr. 3 grZPO werden die photographischen und filmischen Wiedergaben, die Tonaufnahmen und jede andere mechanische Aufzeichnung als Urkunde angesehen[1100]. Es besteht Einvernehmen darüber, dass die Aufzählung des Art. 444 Nr. 3 grZPO nur beispielhaft und nicht abschließend ist[1101]. Diese besondere Kategorie der privaten Urkunden ohne Unterschrift wurde eingeführt, um auch Fotos und andere mit neuen Technologien hergestellte mechanische Wiedergaben im Zivilprozess zuzulassen[1102]. Solche Aufzeichnungen begründen vollen Beweis für die Ereignisse oder Sachen, die sie beschreiben; der Gegenteilsbeweis ist zulässig (Art. 448 Abs. 2 grZPO). Es wird zutreffend geltend gemacht, dass sich der Geltungsbereich des Art. 444 Nr. 3 grZPO nur auf die bezeugenden – besser ausgedrückt auf die rechtsbekundenden - Urkunden beschränkt[1103]. Dies bedeutet, dass diese Norm das Formerfordernis des materiellen Rechts unberührt lässt.

Die Rechtsprechung geht davon aus, dass den oben erwähnten technischen Mitteln die Beweiskraft der privaten Urkunden zukommt, auch wenn sie durch eine öffentliche Behörde ausgestellt wurden[1104]. Nach h.M. haben technische Aufzeichnungen in der Regel nur dann die Beweiskraft von Privaturkunden, wenn

---

[1098] Art. 444 grZPO:
„Als private Urkunden gelten auch
1) die Bücher, die Kaufleute oder andere Gewerbetreibende nach dem Handelsgesetz oder nach anderen Bestimmungen führen,
2) die Bücher, die Rechtsanwälte, Notare, Gerichtsvollzieher, Ärzte, Apotheker und Hebammen nach den geltenden Bestimmungen führen,
3) photographische oder filmische Wiedergaben, Tonaufnahmen sowie jede andere mechanische Aufzeichnung".

[1099] *Yessiou-Faltsi*, Beweisrecht, S. 199 Fn. 52.

[1100] *Mitsopoulos/Kerameus*, Nomikon Bema 1983, S. 330.

[1101] Vgl. nur Kerameus/Kondylis/Nikas ZPO-*Tendes*, Art. 444 Rn. 5 m.w.N.

[1102] *Kerameus*, Dike 1972, S. 38 f.; *Koussoulis*, S. 111 ff.

[1103] *Maniotis*, ZZP 1999, S. 326.

[1104] Areopag 1793/1988, Helliniki Dikaiosini 1991, S. 94.

die Aufnahme gleichzeitig mit der zu beweisenden Tatsache erfolgt[1105]. Diese Voraussetzung hat allerdings keine praktische Bedeutung, wenn es um einen dauerhaften Gegenstand geht (z.B. Foto eines Grabsteins).

In der Literatur werden hinsichtlich der Rechtsnatur der Regelung in Art. 444 Nr. 3 grZPO unterschiedliche Meinungen vertreten. Teilweise wird geltend gemacht, dass die Norm des Art. 444 Nr. 3 grZPO, wonach die technischen Aufzeichnungen „als private Urkunden gelten", eine Fiktion beinhaltet[1106]. Dafür sollen die Gesetzesformulierung und die Zwecke sprechen, die die Regelung erfüllt. Dieser Meinung ist nicht zuzustimmen. Nach *Beys* handelt es sich nicht um eine Fiktion, da das Gesetz keine Anweisung gibt, dass für technische Aufzeichnungen dieselben Rechtfolgen wie bei Privaturkunden gelten[1107]; im Gegenteil wird ihre Beweiswirkung eigenständig in Art. 448 Abs. 2 grZPO geregelt, und zwar unterschiedlich von den Rechtfolgen der Privaturkunden[1108]. *Maniotis*, gestützt auf die ratio legis, die sich aus der Materialen zur grZPO[1109] und aus dem „objektiv-teleologischen" Kriterium ergibt[1110], lehnt die Gleichsetzung mittels einer gesetzlichen Fiktion ab[1111]. Richtigerweise will der Gesetzgeber mit der Verwendung der oben erwähnten Gesetzesformulierung, welche üblich für die Einführung einer Fiktion als Mittel der Gesetzestechnik ist, jede in entgegengesetzter Richtung gehende Auslegung ausschließen. Art. 444 Nr. 3 grZPO hat also lediglich klarstellende Funktion[1112].

Gemäß Art. 448 Abs. 2 grZPO begründen die technische Aufzeichnungen „vollen Beweis über die in ihnen aufgeführten Tatsachen oder Sachen; hiergegen ist der Gegenteilsbeweis zulässig". Der volle Beweis des Art. 448 Abs. 2 grZPO bezieht sich jedoch nicht auf die Herkunft der Aufzeichnung. Wird ihre Echtheit bestritten, muss sie von demjenigen, der sich auf sie beruft und sie vorbringt, bewiesen werden (Art. 457 Abs. 4 grZPO). Handelt es sich um technische Auf-

---

[1105] *Beys*, Kommentar zum hl. ZPGB, Art. 444, S. 1750; *Yessiou-Faltsi*, Beweisrecht, S. 293. - Diese Voraussetzung gilt nicht, wenn es um ein Erkenntnisverfahren geht, wo der beschränkte Freibeweis gilt (z.B. bei Rechtsstreitigkeiten in Arbeitssachen, Art. 663 ff. grZPO). Dies bedeutet, dass die Gerichte befugt sind, ihre Entscheidungen auch auf Beweismittel zu stützen, welche den Bestimmungen des Beweisrechts nicht entsprechen.

[1106] *Koussoulis*, S. 111 ff.; zustimmend *Igglezakis*, RHDI 2002, S. 536. So auch Areopag 27/1989 (im Strafverfahren), Poinika Xronika 1989, S. 653.

[1107] Zu den gesetzlichen Fiktionen s. *Larenz*, Methodenlehre, S. 251 ff.

[1108] *Beys*, Dike1992, S. 47.

[1109] Entwurf grZPO VI, S. 212, 226 .

[1110] Erst wenn der Wortlaut Zweifel offen lässt und durch Beachtung der gesetzgeberischen Zweckvorstellungen eine Entscheidung nicht getroffen werden kann, kommt die objektiv-teleologische Auslegung in Betracht, *Koch/Rüßmann*, S. 182.

[1111] *Maniotis*, digitale Signatur, S. 47 ff. insb. S. 49.

[1112] *Maniotis*, a.a.O., S. 51.

zeichnungen, die eine Willenserklärung beweisen (z.B. die Aufnahme eines Vertragsabschlusses), wird die inhaltliche Richtigkeit der Willenserklärung als vollbewiesen angenommen. Werden mittels technischer Aufzeichnungen Tatsachen aufgeführt (z.B. ein Foto der entstandenen Schäden), sind sie auch vollbewiesen (Art. 448 Abs. 2 grZPO)[1113]. Die Beweiskraft solcher Aufzeichnungen ist daher stärker als die Beweiskraft von bezeugenden Privaturkunden, die der freien Beweiswürdigung unterliegen[1114].

Die griechische Rechtsprechung hat gemäß Art. 444 Nr. 3 grZPO Fotos[1115], Luftbildaufnahmen[1116], Dias[1117], Tonbänder[1118], Videobänder[1119], Sparbücher[1120], Telex[1121] und Zeitungen[1122] als private Urkunden berücksichtigt. Durch Auslegung wird auch dem Telefax die Beweiskraft der privaten Urkunden zugebilligt, vorbehaltlich des Beweises ihrer Echtheit (Art. 457 Abs. 4 grZPO)[1123].

1113 Kerameus/Kondylis/Nikas ZPO-*Tendes*, Art. 448 Rn. 4.

1114 *Yessiou-Faltsi*, Beweisrecht, S. 295.

1115 Vgl. Areopag 155/2004 veröffentlicht in NOMOS Datenbank; Areopag 378/1997, Helliniki Dikaiosini 1997, S. 1789.

1116 Vgl. Areopag 1793/1988, Helliniki Dikaiosini 1991, S. 94.

1117 Friedensgericht Kalamata 91/1979, Epitheorisi Siginoniakou Dikaiou 1980, S. 198.

1118 Vgl. Plenum des Areopags 1/2001, Dike 2001, S. 517. - Der Areopag hat die heimliche Tonbandaufnahme als Beweismittel abgelehnt: die Verwertung der heimlichen Tonbandaufnahme würde eine rechtswidrige Einschränkung der verfassungsrechtlich garantierten Kommunikationsfreiheit bedeuten. Die heimliche Aufnahme ohne Einwilligung der betreffenden Personen verletzt sowohl Art. 2 Abs. 1 (Würde des Menschen), als auch Art. 9 Abs. 1 S. 2 („Das Privat- und Familienleben des einzelnen ist unverletzlich.") und Art. 16 („Das Briefgeheimnis und das jeder anderen freien Korrespondenz oder Kommunikation ist in jedem Falle unverletzlich") der griechischen Verfassung, sowie Art. 8 EMRK. Durch die Verfassungsreform 2001 wurde ein Absatz 3 in Art. 16 eingeführt: „Es ist verboten, Beweismittel die unter Durchbruch dieses Artikels und der Artikel 9 und 9a erwirkt sind, zu benutzen". Heimliche Tonbänder im Ehescheidungsverfahren stellen keine Ausnahme dar. Zur Problematik der Verwertbarkeit rechtswidrig erlangter Beweismittel vgl. *Kaissis*, Verwertbarkeit, passim; insb. über die Rechtslage in Griechenland S. 175 ff.

1119 Vgl. Areopag 383/1992, Helliniki Dikaiosini 1992, S. 1371.

1120 Vgl. Areopag 1623/1995, Dikaio Epicheireseon kai Etairion 1996, S. 390; OLG Athen 807/2000, Dikaio Epicheireseon kai Etairion 2000, S. 522; Einzelrichtergericht erster Instanz Athen 5493/2002, Archeion Nomologias 2003, S. 248 ff.

1121 So OLG Piräus 1303/1988, Peiraiki Nomologia 1988, S. 490; vgl. *Mitsopoulos/Kerameus*, Nomikon Bema 1983, S. 332. Ebenso auch *Beys*, Dike 1992, S. 50; Kerameus/Kondylis/Nikas ZPO-*Tendes*, Art. 444 Rn. 5; *Koussoulis*, S. 121 ff.; *Pitsirikos*, S. 364 ff.; vgl. aber *Yessiou-Faltsi*, Beweisrecht, S. 199 insb. Fn. 52 und 291 f. A.A. *Kaldellis*, Dike 1982, S. 492 f.

1122 Vgl. Areopag 247/1993, Nomikon Bema 1994, S. 668. A.A. *Beys*, Kommentar zum hl. ZPGB, Art. 444, S. 1750; *Yessiou-Faltsi*, Beweisrecht, S. 293 insb. Fn. 109. Bei den Zeitungen ist die Voraussetzung der gleichzeitigen Aufnahme mit der zu beweisenden Tatsache nicht erfüllt.

1123 *Beys*, Dike 1992, S. 50; *Koussoulis*, S. 133.

3. *Die „elektronische Urkunde" vor dem PE 150/2001*

In der griechischen Literatur wird nicht zwischen „elektronischer Urkunde" und „elektronischem Dokument" differenziert. Einhellig wird von den Autoren der Begriff „elektronische Urkunde" bevorzugt, damit aber das elektronische Dokument gemeint. Die elektronische Urkunde wird nicht legal definiert. Unter diesem Begriff wird nach allgemeiner Definition jede Fixierung von Daten auf der Festplatte eines Rechners verstanden, welche unter Einsatz elektronischer Signalverarbeitung erstellt wird und unter Verwendung eines Computerprogramms in Schriftzeichen lesbar auf einem Datensichtgerät (Computermonitor) oder als Computerausdruck auf Papier dargestellt wird[1124].

Diese Definition ist ungerechtfertigt eng; die Begrenzung nur auf eine Speicherungsform (Festplatte), obwohl es mehrere Speicherungsmedien gibt (z.B. Diskette, Zip, CD-ROM, DVD usw.) ist nicht nachvollziehbar. Zweitens ist die Definition nicht sachgerecht, weil sie unter Umständen den Ausdruck auf Papier[1125] oder die Darstellung auf einen Computermonitor als Merkmal des Begriffs „elektronische Urkunde" verlangt. Typisches Paradigma aber für elektronische Urkunden, die häufig ausschließlich elektronisch erstellt, versandt, empfangen und aufbewahrt werden, ohne ausgedruckt zu werden, sind die E-Mails und die SMS-Nachrichten. Die E-Mail bleibt aber ein elektronisches Dokument unabhängig davon, ob man sie auf dem Computermonitor darstellen will oder nicht. Die herrschende Meinung, die den engen Begriff bevorzugt, fasst darunter ohne eigenständige Begründung nur Dateien mit Schriftstücken. Ein enger Begriff elektronischer Dokumente würde ohnehin nur Lücken für Grafik-, Audio- und Videodateien aufwerfen. Vorzugswürdig ist ein weites Begriffsverständnis, das alle möglichen Inhalte einschließt. Dies schließt allerdings eine Differenzierung zwischen elektronischen Dokumenten mit Schriftstücken und sonstigen elektronischen Dokumenten nicht aus.

Besonders erwähnenswert ist, dass die elektronische Urkunde nach griechischem Recht als Sache i.S.d. grZGB qualifiziert werden kann, sowohl während ihrer Übertragung (Art. 947 Abs. 2 grZGB) als auch nach ihrem Empfang (Art. 947 Abs. 1 grZGB). Denn als Sachen gelten gemäß Art. 947 Abs. 2 grZGB auch die Naturkräfte und die Energien, insbesondere der elektrische Strom und die Wärme, solange sie, auf einen bestimmten Raum beschränkt, der Beherrschung unterliegen. Das gilt auch für die elektronische Urkunde als eine Form elektro-

---

[1124] *Koussoulis*, S. 138 m.w.N. Ebenso *Alexandridou*, Recht des elektronischen Geschäftsverkehrs, S. 41; *Igglezakis*, S. 138 und dort Fn. 37; *Karakostas*, Internetrecht, S. 181; *Sidiropoulos*, S. 75 f.; vgl. auch *Psouni-Zorba*, S. 16. Ähnlich *Michailidou*, Dike 2000, S. 1190; *Koussoulis*, Dikaio Epicheireseon kai Etairion 2001, S. 380, betrachtet jedoch nur das „Print-out" als elektronisches Dokument.

[1125] S. aber *Ebbing*, CR 1996, S. 273.

magnetischer Energie, die auf einen Raum (z.B. im Kabel begrenzt und dann auf dem PC) begrenzt und beherrschbar ist. Wird die elektronische Urkunde auf Datenträger (Diskette, CD-ROM, DVD, Festplatte), also auf einer Sache verkörpert, so ist sie damit selbst eine Sache i.S.d. Art. 947 Abs. 1 grZGB[1126].

Eine weitere Definition wird auch von anderen vorgeschlagen, die elektronische Urkunde jede Urkunde betrachten, deren Signatur unter Einsatz der elektronischen Technologie erzeugt wird. Dies beinhaltet auch hybride Dokumentformen wie das Telefax oder Telex, die auf eine elektronische Erstellungsform zurückgehen, aber auf Papier vorliegen. Das semantische Differential ist das Mittel der Signaturerzeugung[1127]. Weiterhin wird zwischen „elektronischen Urkunden stricto sensu" und „elektronischen Urkunden lato sensu" unterschieden. Bei elektronischen Urkunden stricto sensu handelt es sich um Dateien, die lediglich in elektronischer Form erstellt, abgespeichert und gegebenenfalls versandt und erneut abgespeichert werden, wobei es sich um einen temporären (Arbeits-) Speicher oder um einen dauerhaften Speicher handeln kann. Elektronische Urkunden lato sensu sind Urkunden, die auf Papier vorliegen, aber deren Unterschrift elektronisch abgebildet wird (Fax, Telex)[1128]. Diese Differenzierung ist nicht ohne praktische Bedeutung, da in der Signaturrichtlinie und dem Präsidialerlass 150/2001 nur die elektronischen Urkunden stricto sensu geregelt werden. Denn gemäß Art. 2 Abs. 1 SigRL muss die elektronische Signatur mit elektronischen Daten verknüpft sein, also lediglich mit Daten in elektronischer Form. Diese Unterteilung wäre im deutschen Recht nicht möglich auf Grund der Regelung des § 130 Nr. 6 ZPO i.V.m. 130a ZPO. Denn aus § 130 Nr. 6 ZPO ergibt sich im Umkehrschluss, das ein Dokument, das durch einen Telefaxdienst übermittelt wird (Telekopie) kein elektronisches Dokument i.S.d. § 130a ZPO ist.

Nach einhelliger Auffassung können Formanforderungen mittels elektronischer Urkunden nicht erfüllt werden[1129]. Selbst der wichtigsten und einfachsten Form, der Schriftform, entsprechen elektronische Dokumente nicht. Zwar können formlose Willenserklärungen über das Internet rechtsverbindlich abgegeben werden[1130], sie bieten aber keine Rechtssicherheit. Wegen der Manipulationsmöglichkeiten und trotz des Gebrauchs einer digitalen Signatur ist nach *Manio-*

1126 Art. 947 Abs. 1 grZGB: „Sachen im Sinne des Gesetzes sind nur körperliche Gegenstände".

1127 *Christodoulou*, S. 3.

1128 *Christodoulou*, S. 4 f.

1129 S. nur *Beys*, Dike 1992, S. 52; *Georgiades*; AT, S. 442 Rn. 63; *Maniotis*, digitale Signatur, S. 119; *Pitsirikos*, S. 394 ff.

1130 Vgl. hierzu *Georgiades*; AT, S. 441 Rn. 61 f.; *Karakostas*, Internetrecht, S. 171 ff.; *Papathoma-Baetge*, Dikaio Epicheireseon kai Etairion 1999, S. 1238; *Pitsirikos*, S. 388; *Stathopoulos*, Modern Techniques, S. 27; vgl. auch *Chrisanthis*, S. 363 ff.; *Igglezakis*, Epitheorisi Emporikou Dikaiou 1997, S. 243 ff.

tis - allerdings nach früherer Rechtslage - von der Nichtigkeit des Rechtsgeschäftes auszugehen (Art. 160 Abs. 1 grZGB), falls die Schriftform verlangt wird[1131]. Er lehnte insbesondere eine analoge Anwendung der Regelungen bezüglich der eigenhändigen Unterschrift bei digitalen Signaturen ab, weil die digitale Signatur letztendlich die Funktionen der eigenhändigen Unterschrift nicht ausreichend erfüllen könne[1132]. Nach *Rokas* wäre für die Ersetzung der eigenhändigen Unterschrift durch eine digitale Signatur eine positive Regelung notwendig und deswegen rief er den Gesetzgeber auf, eine entsprechende Norm zu treffen[1133]. Nach *Beys* wäre aus Rechtsicherheitsgründen eine gesetzgeberische Intervention günstiger, obwohl eine analoge Anwendung von Art. 444 Nr. 3 und 448 Abs. 2 grZPO bei formbedürftigen Rechtsgeschäften in Betracht kommen könnte um die informationstechnologische nachträgliche Gesetzeslücke zu schließen[1134].

Im Hinblick auf die Tatsache, dass das griechische Beweisrecht neben den klassischen Beweismitteln auch die so genannten „richterlichen Vermutungen" zulässt, wäre der Ausschluss der elektronischen Urkunde im griechischen Zivilprozessrecht als Beweismittel verfehlt[1135]. Eine gerichtliche Entscheidung, wonach ihnen die Zulässigkeit als Beweismittel wegen fehlender Beweiseignung abgesprochen würde, ist nicht bekannt. Dies gilt allerdings unter dem Vorbehalt der Zulassung solcher „richterlicher Vermutungen"; denn gemäß Art. 395 grZPO ist der Beweis mit richterlichen Vermutungen nicht statthaft, sofern der Zeugenbeweis ausgeschlossen ist (Art. 393 grZPO).

Es ist sehr umstritten, was unter den richterlichen Vermutungen als Beweismittel zu verstehen ist. Nach einer Meinung, die nach der früheren Rechtslage als herrschend bezeichnet werden könnte, fallen unter diesen Begriff alle übrigen Beweismittel, falls sie wegen Verstoßes gegen das Gesetz unwirksam wären sowie die vom Gesetz nicht näher geregelten unbenannten Beweismittel[1136]. Dieser Auffassung wird jedoch entgegengesetzt, dass dadurch der Freibeweis eingeführt würde, obwohl er von der griechischen Zivilprozessordnung nur be-

---

[1131] *Maniotis*, digitale Signatur, S. 121. Ebenso *Karakostas*, Internetrecht, S. 191; vgl. auch *Papathoma-Baetge*, Dikaio Epicheireseon kai Etairion 1999, S. 1242. A.A. *Koussoulis*, S. 142 ff. So auch *Chrisanthis*, S. 387.

[1132] *Maniotis*, a.a.O., S. 98 ff., 118 ff., 160 ff.

[1133] *Rokas*, Epitheorisi Emporikou Dikaiou 1998, S. 7 ff.; gegen eine extensive Auslegung des Art. 160 grZGB *Karagiannis*, Dikaio Epicheireseon kai Etairion 2000, S. 30; vgl. *Pitsirikos*, S. 403 ff.

[1134] *Beys*, Dike 1992, S. 50

[1135] *Koussoulis*, S. 139. Ebenso *Karanassiou*, Dike 2002, S. 564.

[1136] *Yessiou-Faltsi*, Beweisrecht, S. 227 f. Ebenso Kerameus/Kondylis/Nikas ZPO-*Tendes*, Art. 339 Rn. 8; vgl. auch *Christodoulou*, S. 201 und dort Fn. 39.

stimmten Ausnahmefällen vorbehalten ist[1137]. Deshalb wird vertreten, dass als richterliche Vermutungen diejenigen Beweisurkunden gemeint sind, die keine bindende Beweiskraft genießen, weil sie nicht in der gesetzlichen Form errichtet wurden[1138].

Die Rechtsnatur der richterlichen Vermutungen wurde nach der Reform der grZPO durch das Gesetz 2915/2001 weiter im Detail diskutiert. Inmitten der verschiedenen Ansichten hat sich eine überzeugende Meinung in folgender Hinsicht entwickelt[1139]: Das neue System erlaubt die begriffliche Klarstellung hinsichtlich der Beziehung zwischen richterlichen Vermutungen und „Beweismitteln, die den Gesetzesvoraussetzungen nicht entsprechen". Als richterliche Vermutungen werden nun alle unbenannte, also alle im Katalog von Art. 339 grZPO nicht geregelten Beweismittel verstanden[1140]. Unter den Begriff „Beweismittel, die den Gesetzesvoraussetzungen nicht entsprechen" fallen alle Beweismittel des Art. 339 grZPO, falls sie wegen Verstoßes gegen das Gesetz unwirksam wären[1141]. Sowohl die richterlichen Vermutungen als auch die Beweismittel, die den Gesetzesvoraussetzungen nicht entsprechen, sind nach Art. 270 Abs. 2 n.F. grZPO im ordentlichen Erkenntnisverfahren von der Zulassung des Zeugenbeweises (Art. 393-394 grZPO) abhängig.

Gemäß der Meinung von *Koussoulis* vereint zwar die elektronische Urkunde nicht alle Begriffsmerkmale der Urkunde im Sinne der grZPO wegen mangelnder Verkörperung, sie stellt jedoch ebenfalls keinen Gegenstand des Augenscheinbeweises dar[1142]. Es handelt sich um ein Beweismittel, welches der Gesetzgeber der Privaturkunde gleichgestellt hat, da es erhebliche Ähnlichkeiten mit den traditionellen Urkunden aufweist[1143]. Die elektronische Urkunde wird also als «mechanische Aufzeichnung» im Sinne des Art. 444 Nr. 3 grZPO betrachtet[1144]. Es ist zu beachten, dass gemäß Art. 444 Nr. 3 grZPO die elektroni-

---

[1137] *Beys*, Dike1992, S. 49.

[1138] *Beys*, Kommentar zum hl. ZPGB, Art. 339, S. 1541.

[1139] *Yessiou-Faltsi*, in Yessiou-Faltsi/Apalagaki/Arvanitakis, Das neue Verfahren der grZPO, § 8 Rn. 51 ff.; vgl. auch *Paissidou*, Helliniki Dikaiosini 2002, S. 654.

[1140] Z.B. die Zeugenvernehmung im Rahmen eines Strafprozesses; das Sachverständigengutachten eines anderen Prozesses; ein Strafurteil usw.

[1141] Vgl. *Paissidou*, Helliniki Dikaiosini 2002, S. 649; z.B. ein unwirksames Sachverständigengutachten, eine unwirksame Urkunde.

[1142] So allerdings *Mylonopoulos*, S. 45 ff.; *ders.*, Poinika Chronika 1988, S. 12 f.

[1143] *Koussoulis*, S. 142.

[1144] *Beys*, Dike 2001, S. 466; *Igglezakis*, RHDI 2002, S. 536; *ders.*, Epitheorisi Emporikou Dikaiou 1997, S. 249; *ders.*, Episkopisi Emporikou Dikaio 2000, S. 624 Fn. 22; *Karanassiou*, Dike 2002, S. 565; *Koussoulis*, S. 142 ff.; *Maniotis*, digitale Signatur, S. 60 ff., 160; *ders.*, Der elektronische Vertragsabschluss, S. 34 ; *Pitsirikos*, S. 389. So ausdrücklich für die E-Mail

sche Urkunde der traditionellen Urkunde nur als Beweisform und nicht als Konstitutivform gleichgestellt wird.

Bei der Beweiskraft der elektronischen Urkunden ohne elektronische Signatur findet nach absolut herrschender Meinung Art. 448 Abs. 2 grZPO Anwendung[1145]. Die elektronische Urkunde begründet vollen Beweis für die Ereignisse oder Sachen, die sie beschreibt soweit ihre bestrittene Echtheit erwiesen wurde (Art. 457 Abs. 4 grZPO); hiergegen ist aber der Gegenteilsbeweis zulässig. Die Echtheit der elektronischen Urkunde wird allerdings nicht leicht zu beweisen sein, denn anders als bei Privaturkunden, die die Vermutung der Echtheit für sich haben, wenn die Echtheit der Namensunterschrift fest steht, gibt es mangels Namensunterschrift keine solche Vermutung für die mechanische Aufzeichnungen. Wird allerdings ihre Echtheit bewiesen, ist das Gericht an die Beweisregel des Art. 448 Abs. 2 grZPO gebunden, so dass andernfalls sein Urteil sogar durch Kassation anfechtbar wäre[1146]. So werden nach der Rechtsprechung magnetische Eintragungen in einem Computer den mechanischen Aufzeichnungen im Sinne des Art. 444 Nr. 3 grZPO gleichgestellt und genießen die Beweiskraft einer Privaturkunde nach Art. 448 Abs. 2 gr. ZPO[1147]. Der Areopag hat entschieden, dass das Sparkassenbuch, also der Ausdruck von dem bei der Bank elektronisch geführten Konto, gem. Art. 444 Nr. und 448 Abs. 2 grZPO als Urkunde gilt, und zwar auch, wenn es nicht von zuständigen Angestellten der Bank unterschrieben ist[1148].

Da Art. 448 Abs. 2 grZPO keinen vollen Beweis dafür vorsieht, dass die in der elektronischen Urkunde enthaltene Erklärung vom Aussteller abgegeben worden ist, wie dies für die traditionellen Privaturkunden gilt (Art. 445 grZPO)[1149], wird durch Auslegung versucht, Art. 443 und Art. 445 grZPO analog anzuwenden. In Anbetracht der Tatsache, dass im griechischen Beweisrecht eine Privaturkunde nur dann Beweiskraft hat, wenn sie die eigenhändige Unterschrift des Ausstellers trägt (Art. 443 grZPO), wurde untersucht, ob eine digitale Signatur ein funktionales Äquivalent der eigenhändigen Unterschrift sein kann. *Koussoulis* bejaht

---

Beys, Dike 1992, S. 50. A.A. nur *Christodoulou*, Dike 2000, S. 1011 f.; *ders.*, Dike 2001, S. 463

1145 S. Fn. 1144.

1146 Nach Art 559 Nr. 12 grZPO „ist die Kassation statthaft, wenn das Gericht die Vorschriften über die Beweiskraft der Beweismittel verletzt hat".

1147 Vgl. *Georgiades*, AT, S. 445 Rn. 69 m.w.N.

1148 Areopag 189/2002, Dikaio Epicheireseon kai Etairion 2003, S. 309; Areopag 1623/1995, Dikaio Epicheireseon kai Etairion 1996, S. 390; OLG Athen 807/2000, Dikaio Epicheireseon kai Etairion 2000, S. 522; Einzelrichtergericht erster Instanz Athen 5493/2002, Archeion Nomologias 2003, S. 248 ff.

1149 So auch *Beys*, Dike 1992, S. 47.

dies[1150]. *Maniotis* dagegen lehnte – allerdings nach früherer Rechtslage - die Gleichsetzung digitaler und eigenhändiger Signatur ab, weil Papierurkunde und elektronische Urkunden qualitativ zu unterschiedlich sind[1151].

a) Mahnbescheid 1327/2001 des Richter des Einzelrichtergerichts erster Instanz Athen[1152]

Das Institut des Mahnverfahrens zielt im griechischen Recht auf die unmittelbare Ausstattung des Gläubigers mit einem Vollstreckungstitel ab (Artikel 904 Abs. 2 lit. e) grZPO), der nach seinem Antrag und ohne vorherige Anhörung des Schuldners erlassen wird[1153]. Der Erlass eines Mahnbescheids kann nach Art. 624 bis 634 grZPO wegen einer Geldanforderung oder eines Anspruchs, der auf die Leistung von Wertpapieren gerichtet ist beantragt werden, falls der Anspruch und die geschuldete Summe durch eine öffentliche oder private Urkunde bewiesen werden. Der erforderliche schriftliche Beweis der Ansprüche (ad probationem), für welche der Erlass des Mahnbescheids gestattet ist (Artikel 623 grZPO), hat einerseits die geringe Wahrscheinlichkeit des Widerspruchs durch den Verpflichteten zur Folge, andererseits wird der Missbrauch des Instituts durch unredliche Gläubiger verhindert.

Der Mahnbescheid 1327/2001, der erste griechische Gerichtsakt bezüglich einer elektronischen Urkunde, beschäftigt sich mit der Problematik der Zulässigkeit eines Antrags auf Erlass eines Mahnbescheids wegen eines Geldanspruchs, der durch eine vom Rechtsanwalt „beglaubigte Anschrift“ einer E-Mail bewiesen werden sollte. Die E-Mail beinhaltete ein außergerichtliches Geständnis des Schuldners. Die elektronische Urkunde wurde vom Richter definiert als „jede Fixierung von Daten auf der Festplatte eines Rechners, welche unter Einsatz elektronischer Signalverarbeitung durch die Zentraleinheit (CPU-Central Processing Unit) erstellt wird und unter Verwendung eines Computerprogramms in Schriftzeichen lesbar auf einem Datensichtgerät (Computermonitor) oder als Computerausdruck auf Papier dargestellt wird“. Die Beschränkung der Definition nur auf Daten die auf die Festplatte eines Rechners fixiert sind, ist als zu eng abzulehnen[1154]. Der Richter des Einzelrichtergerichts erster Instanz Athen übernimmt die aus der h.M. geprägte Definition und unterwirft die elektronische Urkunde den Regeln der mechanischen Aufzeichnungen des Art. 444 Nr. 3 grZPO.

[1150] *Koussoulis*, S. 145; vgl. auch *Stathopoulos*, Modern Techniques, S. 198.

[1151] *Maniotis*, digitale Signatur, S. 98 ff. und 118 ff. S. allerdings *Christodoulou*, S. 30 Fn. 75.

[1152] Dike 2001, S. 457 m. krit. Anm. *Christodoulou* (S. 462 ff.) und m. zust. Anm. *Beys* (S. 466 ff.) = Dikaio Epicheireseon kai Etairion 2001, S. 377 m. zust. Anm. *Koussoulis.* Nach der grZPO wird der Mahnbescheid vom Richter und nicht vom Gericht erlassen.

[1153] Vgl. hierzu *Yessiou-Faltsi*, Civil Procedure in Hellas, S. 369.

[1154] Dazu s. oben S. 243.

Der Beweis mit elektronischen Dokumenten unterfalle damit nicht den Regeln über den Augenscheinsbeweis, sondern dem Art. 448 Abs. 2 grZPO. Ein Teil der Literatur lehnte diese Einordnung ab[1155]. Die traditionelle griechische Prozessrechtswissenschaft hält jedoch fest an der Auffassung, dass die elektronische Urkunde den Vorschriften über die mechanischen Aufzeichnungen unterliegt[1156]. Die technischen Aufzeichnungen gelten als Urkunden i.S.d. Gesetzes und rechtfertigen damit den Erlass eines Mahnbescheids.[1157].

Der Richter befasst sich weiterhin in dem Mahnbescheid mit dem Problem der Identifizierung des Erklärenden. Skepsis und Misstrauen gegenüber der Sicherheit der neuen Medien sind aber in seinem Gedankengang bemerkenswerterweise nicht zu finden. Persönliche E-Mail-Adressen, in denen ein Name Adressenbestandteil ist oder gar mit einem Suffix die ganze Adresse ausmacht und Passwort-Systeme sollen auf die Identitäts- und Authentizitätsfragen eine überzeugende Antwort geben können. Dass eine Erklärung unter der E-Mail-Adresse einer Person abgegeben wird, ja sogar mit deren Passwort innerhalb eines bestimmten Systems, soll ausreichen, um den Erklärenden zu identifizieren, und zwar „zweifellos, denn der Absender ist mit dem Inhalt der E-Mail unauflöslich verbunden"[1158]. Damit wird wahrscheinlich gemeint, dass die E-Mail-Adresse auf dem Prinzip der einmaligen und exklusiven Zuordnung beruht. Jedoch vermag diese Argumentation nicht zu überzeugen. Dagegen sprechen z.B. die Tausende täglicher Spam-Mails, deren Absender i.d.R. nicht identifizierbar sind.

Der Richter verkennt offensichtlich die allgemein bekannte Unsicherheit des E-Mail-Verkehrs und die Möglichkeiten, E-Mails zu manipulieren, unter einer fingierten oder fremden Mail-Adresse Willenserklärungen zu senden, Passwörter auszuspähen, auszuprobieren oder durch „Trojanische Pferde" auszuspionieren. Im Gegenteil legt er unberechtigterweise großen Wert auf das Passwort-System. Nicht betrachtet wird darüber hinaus ein ganz entscheidender Faktor: Da die Erlangung des Passworts unter falscher Identität durchaus möglich ist, ist ein Passwortsystem nicht in der Lage, die Identität eines Erklärenden nachzuweisen.

1155 Es wurde von *Christodoulou*, Dike 2000, S. 1011 f. die Ansicht vertreten, dass die elektronische Urkunde keine mechanische Aufzeichnung darstellt; denn sie illustriert nicht die zu beweisende Tatsache (also i.d.R. das Rechtsgeschäft), sondern sie umfasst lediglich Wörter-Symbole, die den abstrakten Inhalt des Rechtsgeschäfts darstellen. S. aber *ders.*, S. 50 f. und Fn. 10, wonach diese Differenzierung keine praktische Bedeutung mehr hat; vgl. auch hierzu *Beys*, Dike 2001, S. 467 f.

1156 S. oben Fn. 1144.

1157 So *Beys*, Dike 2001, S. 466. Zum Erlass eines Mahnbescheids auf Grund technischer Aufzeichnungen im allgemeinen Kerameus/Kondylis/Nikas ZPO-*Podimata*, Art. 623 Rn. 35.

1158 Dike 2001, S. 458. Zustimmend *Beys*, Dike 2001, S. 469; *Koussoulis*, Dikaio Epicheireseon kai Etairion 2001, S. 381. A.A. zu Recht *Christodoulou*, Dike 2001, S. 463; Igglezakis, RHDI 2002, S. 537 f.

„On the Internet nobody knows you are a dog“[1159]. Soweit eine von einem so genannten Freemailer (z.B. www.hotmail.com) ausgegebene E-Mail-Adresse verwendet wird, kann die Echtheit der angegebenen Personalien nicht vorausgesetzt werden. Es wird grundsätzlich seitens des Anbieters nicht überprüft, ob die übrigen Daten stimmen, ob der Account-Inhaber die Daten einer anderen Person verwendet oder ob vollständig fiktive Personalien verwendet werden. Eine E-Mail-Adresse „komninoskomnios@xyz.gr“ muss nicht zwangsläufig einer Person namens Komninos Komnios gehören[1160]. Die Zurechnung einer E-Mail Adresse zu einer Person ohne vorherige Überprüfung deren Identität - wie in der Praxis üblich - ist höchst unsicher. Eine weitere Möglichkeit zur Verwendung einer falschen E-Mail-Adresse eröffnet die Nutzung eines offenen Relay. Unter einem offenen Relay-Server versteht man allgemein einen Server, der den Versand von E-Mails beliebiger Absender an beliebige Empfänger zulässt, ohne dazu eine Authentifikation zu erfordern. Es ist daher recht einfach möglich, eine fremde Mailanschrift zu simulieren und unter deren Kennung E-Mails zu versenden.

In der als Beweismittel vorliegenden E-Mail kann jeder die gewünschte Absender-Adresse eingetragen oder verändert haben, ohne dass dies erkannt werden könnte[1161]. So ist es grundsätzlich leicht, die Absenderadresse einer Mail zu verfälschen, also den Empfänger glauben zu lassen, die E-Mail käme von „komninoskomnios@xyz.gr“, indem die Einstellungen des eigenen Accounts im Mailprogramm geändert und E-Mails unter falschem Namen und falscher Absenderadresse versendet werden (Maskerade-Mail)[1162]. Der Beweiswert dieser ungesicherten E-Mail wird nicht erhöht, weil sie ausgedruckt oder vom Rechtsanwalt beglaubigt wird. Die Befugnis eines Rechtsanwalts, die Genauigkeit des Computerausdrucks eines elektronischen Dokuments zu bestätigen, ist auch höchst bedenklich. Die Übermittlung oder die Vorlegung der ungesicherten E-Mail oder ihres Ausdrucks genügt also bei einem Bestreiten der Erklärung für den Beweis ihrer Authentizität nicht. Vielmehr war genau diese Gefahr der eigentliche Grund für die Entwicklung und rechtliche Regelung der elektronischen Signatur[1163]. Die europäische Signaturrichtlinie und der PE 150/2001 sehen e-

---

[1159] *Reed*, S. 119.

[1160] S. aber *Mankowski*, NJW 2002, S. 2822 Fn. 2. Für Fallbeispiele, bei denen mittels einer falschen E-Mail-Adresse Dritte geschädigt wurden s. *Buggisch*, NJW 2004, S. 3519.

[1161] Über die Möglichkeit der Verwendung von „Log files“ und Protokolldaten zum Beweis der Authentizität einer E-Mail und die damit verbundenen Probleme vgl. *Roßnagel/Pfitzmann*, NJW 2003, S. 1210.

[1162] Vgl. dazu *Pierrot*, in Ernst, Hacker, Cracker & Computerviren, Rn. 75 f.; *Sosnitza/Gey*, K&R 2004, S. 467 f.
Ein typischer Fall falscher Senderangaben liegt beim Spamming vor.

[1163] So auch *Christodoulou*, Dike 2001, S. 463 Fn. 1; vgl. auch *Michailidou*, Dike 2000, S. 1188 f.

lektronische Signaturen als das geeignete Sicherungsmittel an, um elektronische Dokumente - und damit auch E-Mails - beweistauglich zu machen.

Zum besprochenen Mahnbescheid finden sich auch einige technische Ungenauigkeiten getroffen. Abwegig erscheint z.B. die Ansicht des Richters, dass die Willenserklärung des Absenders mit seiner E-Mail Adresse übereinstimmt (sic)[1164]. Ferner wird geltend gemacht, dass die E-Mail-Adresse, die einmalig für jeden Nutzer sei, ein Äquivalent zu der eigenhändigen Unterschrift darstelle, obwohl sie nicht die traditionelle Form einer Unterschrift habe[1165]. Einerseits ist die Aussage über die Einmaligkeit der E-Mail-Adresse - wie soeben bewiesen – unzutreffend. Andererseits ist es durchaus richtig, dass die E-Mail-Adresse eine bloß „einfache" elektronische Signatur gemäß Art. 2 Nr. 1 SigRL und Art. 2 Nr. 2 PE 150/2001 ist[1166]. Denn es handelt sich um Daten in elektronischer Form, die logisch mit der E-Mail verknüpft sind und die zur Authentifizierung dienen. Welche Beweiskraft diesen einfachen elektronischen Signaturen zukommt, wird aber im PE nicht spezifisch geregelt. Sie wird allerdings keinesfalls der eigenhändigen Unterschrift gleichgestellt.

Die herrschende Meinung in der Literatur hat diesen Mahnbescheid als eine positive Entwicklung bezüglich der Verwendung elektronischer Dokumente im Zivilverfahren betrachtet[1167]. Die Gefahr der potentiellen Unsicherheit einer E-Mail soll durch eine Beweislastumkehr nach Anwendung der über die Urkundenfälschung geltenden Vorschriften (Art. 460 ff. grZPO) gemildert werden. Denn ein möglicher Eingriff liege in der Sphäre des angeblichen Absender-Schuldners, der diesen zu beweisen hat[1168]. Der Absender, gegen den der Mahnbescheid gerichtet ist, könne immerhin Widerspruch bei dem Gericht einlegen, dessen Vorsitzender den Mahnbescheid erlassen hat (Art. 632 grZPO).

Es würde dem Zweck der Förderung eines sicheren elektronischen Rechts- und Geschäftsverkehrs zuwider laufen, wollte man die Anerkennung unsicherer E-Mails als Privaturkunde im Sinne des Gesetzes fordern. Die herrschende Meinung will die E-Mail als elektronische Urkunde unter die Regelung des Art. 444 Nr. 3 grZPO subsumieren. Somit hat sie den Beweiswert des Art. 448 Abs. 2 grZPO (und nicht denjenigen des Art. 445 grZPO, wie in dem Mahnbescheid geltend gemacht wird[1169]), wenn ihre Echtheit von demjenigen, der sich auf sie

---

[1164] So Mahnbescheid 1327/2001, Dike 2001, S. 458.
[1165] So Mahnbescheid 1327/2001, Dike 2001, S. 458.
[1166] Dies wird im Mahnbescheid implizit zum Ausdruck gebracht.
[1167] So *Beys*, Dike 2001, S. 466; *Koussoulis*, Dikaio Epicheireseon kai Etairion 2001, S. 382. Skeptisch *Christodoulou*, Dike 2001, S. 466; *Karanassiou*, Dike 2002, S. 571 ff.
[1168] *Beys*, Dike 2001, S. 469.
[1169] Mahnbescheid 1327/2001, Dike 2001, S. 459.

beruft und sie vorbringt, bewiesen wird (Art. 457 Abs. 4 grZPO)[1170]. Diese Möglichkeit gibt es allerdings bei dem Mahnbescheidverfahren mangels vorherigen rechtlichen Gehörs in erster Linie nicht.

Es ist ein eklatanter Wertungswiderspruch, z.B. der eigenhändig geschriebenen aber nicht unterschriebenen Urkunde den Mahnbescheid zu versagen[1171], aber diesen der unsicheren E-Mail zuzusprechen. Die Meinung, es bestehe naturgemäß absolute Sicherheit, dass die E-Mail aus der E-Mail-Adresse des Absender-Schuldners stammt, ist unrealistisch. Die E-Mail entspricht allenfalls einer in Druckbuchstaben mit Bleistift geschriebenen unterschriftslosen Postkarte, die nur eine Absenderadresse trägt[1172]. Niemand würde jedoch dem Erlass eines Mahnbescheids auf Grund einer solchen Karte zustimmen. Immerhin können nicht alle „mechanischen Aufzeichnungen" im Sinne des Art. 444 Nr. 3 grZPO einem Mahnbescheid zu Grunde liegen[1173]. Auch bei der Bandaufnahme wird der Erlass eines Mahnbescheids wegen der Gefahr einer Manipulation abgelehnt[1174]. Darüber hinaus verkennen die Befürworter einer für den Empfänger begünstigten Beweislastvereilung das große Risiko einer Manipulation durch den Empfänger, der an dem Ausgang des Verfahrens interessiert ist. Ihm auf Grund einer unsicheren E-Mail ein Privileg zu verschaffen und dem angeblichen Absender im Rahmen eines Widerspruchs die Beweislast aufzuerlegen, erscheint nicht angemessen. Sowohl die Authentizität des Absenders als auch die Integrität der Datei kann durch die Datei allein nicht bewiesen werden und daher scheitert der erforderliche schriftliche Beweis der Ansprüche.

D. Gesetzgebung zur elektronischen Signatur in Griechenland

I. Anfänge - Art. 14 des Gesetzes 2672/1998

Der Startschuss zur Integration elektronischer Signaturen in die griechische Rechtsordnung kam durch Art. 14 des Gesetzes 2672/1998 „zum Urkundenverkehr durch elektronische Mittel (Fax und E-Mail)". Griechenland nimmt somit eine Pionierrolle ein, denn es handelt sich um eine der ersten Regelungen überhaupt, die sich mit der digitalen Signatur beschäftigen. Der Anwendungsbereich der Vorschrift ist allerdings sehr gering und darf deswegen nicht überschätzt werden. Wie bereits aus dem Erlasstitel ersichtlich, beschränkt sich der Art. 14 des Gesetzes 2672/1998 auf die Einführung der elektronischen Kommunikation

---

[1170] So auch *Beys*, Dike 1992, S. 48.

[1171] Vgl. *Beys*, Dike 1992, S. 48.

[1172] *Roßnagel/Pfitzmann*, NJW 2003, S. 1212 m.w.N.

[1173] Kerameus/Kondylis/Nikas ZPO-*Podimata*, Art. 623 Rn. 36.

[1174] Vgl. Kerameus/Kondylis/Nikas ZPO-*Podimata*, Art. 623 Rn. 36. A.A. *Beys*, Kommentar zum hl. ZPGB, Art. 623, S. 177 ff.

mittels elektronischer Verfahren in der öffentlichen Verwaltung[1175]. Damit beabsichtigte der Gesetzgeber lediglich eine Regelung im Bereich des Verwaltungsrechts einzuführen. Die Vorschriften über die Formvorschriften und insbesondere bezüglich der rechtlichen Wirksamkeit von Unterschriften werden nicht berührt. Das Gesetz lässt den gesamten Bereich des privaten Geschäftsverkehrs unberücksichtigt.

In Art. 14 des Gesetzes 2672/1998 wird insbesondere der Einsatz von Telefax und elektronischer Post für die Kommunikation zwischen Behörden und zwischen Behörden und juristischen Personen des Privatrechts oder natürlichen Personen geregelt. Das Telefax darf demnach für die Übermittlung von Bescheiden, Gutachten, Bescheinigungen, Bestätigungen, Anträgen, Verwaltungsrundschreiben und -richtlinien, Berichten, Studien, Verwaltungsprotokollen sowie für die Antworten auf Anfragen eingesetzt werden. Die elektronische Post bezüglich der Kommunikation zwischen Behörden ist für Gutachten, Anfragen, Anträge, Antworten, Verwaltungsrundschreiben und -richtlinien, Berichten, Studien, Protokollen, statistischen Angaben und schriftlichen Vorschläge vorgesehen. Der Einsatz von elektronischer Post zwischen Behörden und juristischen Personen des Privatrechts oder natürlichen Personen wird allerdings auf Dokumente eingeschränkt, die lediglich das Ersuchen von Informationen und die darauf ergehenden Antworten zum Gegenstand haben. Die digitale Signierung dieser Dokumente wird nicht verlangt.

Umfangreiche Ausnahmen schränken die Einsatzmöglichkeiten der oben genannten Kommunikationsmittel noch mehr ein. Geheime Dokumente, Dokumente, die empfindliche personenbezogene Daten nach der Definition des griechischen Datenschutzgesetzes enthalten, Dokumente, die nach geltendem Recht im Original oder amtlich beglaubigt eingereicht werden müssen und Zahlungsbestätigungen werden aus dem Anwendungsbereich des Gesetzes ausgenommen. Bewerbungsunterlagen und Dokumente im Rahmen des öffentlichen Vergabeverfahrens sind nur dann ausgenommen, wenn dies ausdrücklich in einer Vorschrift oder in der konkreten Auslobung bzw. in der Einladung zur Teilnahme bestimmt wird. Dafür ist allerdings eine spezielle Begründung notwendig.

Das Gesetz definiert in Art. 14 Abs. 2 lit. e) die digitale Signatur als die Signatur, die elektronischen Daten beigefügt oder logisch mit ihnen verknüpft wird und vom Unterzeichner dazu verwendet wird, die Akzeptanz des Inhalts des von ihm signierten Texts zu bekunden. Die weiteren Merkmale der digitalen Signatur sind wortidentisch mit den Merkmalen, die in der SigRL für die „fortgeschrittene elektronische Signatur“ festgeschrieben worden sind. Insofern weicht

[1175] So auch *Igglezakis*, Episkopisi Emporikou Dikaiou 2000, S. 625 f.; *Pitsirikos*, S. 435.

das Gesetz 2672/1998 in der Definition von der SigRL dadurch ab, dass es nur die Verwendung von digitalen im Gegensatz zu elektronischen Signaturen zulässt[1176]. Das Gesetz regelt bereits die rechtliche Wirksamkeit von mit Telefax oder elektronischer Post übermittelten Dokumenten. Die per Telefax empfangene Fernkopie soll dieselbe Wirksamkeit wie das Original haben (Art. 14 Abs. 21 Gesetz 2672/1998). Voraussetzung dafür ist, dass eine Reihe von im Gesetz vorgeschriebenen Bestimmungen bezüglich der Betriebsfunktionen der Faxgeräte sowie der auf dem Deckblatt jeder Faxsendung anzugebenden Daten (z.B. Name, Adresse, Telefon- und Telefaxnummer des Absenders) eingehalten werden. Die digitale Signatur wird der eigenhändigen Unterschrift gleichgestellt (Art. 14 Abs. 22 Gesetz 2672/1998). Des Weiteren soll eine durch elektronische Post übermittelte und digital signierte Nachricht den gleichen Beweiswert wie eine Urkunde haben. Die Behörden, die elektronische Post einsetzen, sollen alle notwendigen technischen und organisatorischen Maßnahmen gegen den unberechtigten Zugang und die Nutzung der darin gespeicherten Daten treffen. Die elektronische Post der Behörden soll archiviert werden. Die technischen Einzelheiten der elektronischen Archivierung können durch Rechtsverordnung des Ministeriums des Inneren festgelegt werden.

Im Allgemeinen ist das betreffende Gesetz fragmentarisch und gesetzestechnisch missglückt. Die Favorisierung der „digitalen Signatur", also der fortgeschrittenen elektronischen Signatur, die – wenn auch nur für die Anwendungsbereich dieses Gesetzes - der eigenhändigen Signatur gleichgestellt wird, ist mit der Systematik des PE 150/2001 nicht vereinbar. Denn gemäß Art. 3 Abs. 1 PE 150/2001 wird nur die fortgeschrittene elektronische Signatur, die auf einem qualifizierten Zertifikat beruht und die von einer sicheren Signaturerstellungseinheit erstellt wird, der eigenhändigen Signatur, sowohl im Rahmen des materiellen Rechts als auch im Rahmen des Prozessrechts, gleichgestellt. Die Vorschriften des Art. 14 Abs. 22 Gesetz 2672/1998 dürften daher Rechtsunsicherheit erzeugen: Einerseits wird im Rahmen der elektronischen Kommunikation in der Verwaltung die nur mit einer digitalen Signatur des Art. 14 Abs. 2 lit. e) Gesetz 2672/1998 versehene E-Mail der Schriftform als Konstitutiv- und Beweisform genügen, andererseits wird dafür im Rahmen des Privatrechts die „qualifizierte" elektronische Signatur des Art. 3 Abs. 1 PE 150/2001 verlangt.

Ferner ist der Anwendungsbereich des Art. 14 des Gesetzes 2672/1998 sehr begrenzt. Das Gesetz enthält lediglich Regelungen für die Verwaltung und demnach regelt es weder die allgemeinen materiellrechtlichen noch die prozessualen Rechtsfolgen der verschiedenen Signaturverfahren. Die rechtsverbindliche elektronische Kommunikation zwischen Bürgern und Verwaltung wurde somit nicht

---

[1176] *Komnios*, Dike 2003, S. 1067.

ermöglicht. Die Verwendung von E-Mails zwischen Behörden und juristischen Personen des Privatrechts oder natürlichen Personen wird nach diesem Gesetz lediglich für das Ersuchen von Informationen und die darauf ergehenden Antworten vorgesehen. Die vielen Ausnahmen sorgen für Unklarheiten und mindern die Einsatzmöglichkeiten der elektronischen Signatur.

II. Der Präsidialerlass 150/2001

1. Allgemeines

Mit dem Präsidialerlass 150/2001 (im Folgenden: PE) verfügt Griechenland über einen nationalen Regelungsrahmen, der mit den europarechtlichen Vorgaben, im Besonderen der SigRL weitgehend übereinstimmt. Dieser Präsidialerlass zur Umsetzung der SigRL ist am 25.06.2001 in Kraft getreten[1177]. Somit wurde die Umsetzungsfrist eingehalten: Nach Art. 13 Abs. 1 S. 1 war die SigRL vor dem 19. Juli 2001 in nationales Recht umzusetzen.

Die Umsetzung erforderte nach der Begründung des PE keine zusätzlichen Änderungen im griechischen ZGB und in der griechischen ZPO[1178]. Dem PE liegt die Konzeption einer weitgehend wörtlichen Übernahme der SigRL zugrunde. Damit wird zum einen eine möglichst einheitliche gemeinschaftsweite Auslegung der Bestimmungen betreffend die elektronischen Signaturen ermöglicht. Zum anderen konnte man die Unerfahrenheit der griechischen Gerichte und der Praxis mit solchen Fragen sowie die schillernde Bedeutung von vielen technischen Begriffen, die Eingang in die SigRL gefunden haben, nicht außer Betracht lassen. Die wörtliche Abweichung vom Text der SigRL oder gar die Einfügung von strittigen Definitionen in den PE hätten die Sache unnötig kompliziert, und dies in einem Gebiet, auf dem die technische Entwicklung rasant voranschreitet. Bei der Auslegung der einschlägigen Vorschriften müssen also der Text der SigRL selbst und das Erfordernis einer möglichst gemeinschaftsweit einheitlichen Auslegung berücksichtigt werden. Der Gesetzestext unterscheidet sich von der Richtlinie nur solange eine Konkretisierung der Bestimmungen der SigRL verlangt wird (z.B. Art. 2 Abs. 13, Art. 3 Abs. 2-4, Art. 5 und 6 SigRL) oder zur Anpassung der gemeinschaftlichen Vorschriften an das griechische Rechtssystem[1179].

1177 Griechisches Amtsblatt (ΦΕΚ) A' 125/25.06.2001. Der Gesetzestext ist in griechischer Sprache unter <http://www.acci.gr/ecomm/legal/pdf/pd150_01.pdf > abrufbar.

1178 Begründung zum Entwurf, Dike 2000, S. 1030.

1179 Begründung zum Entwurf, Dike 2000, S. 1030.

Der PE konzentriert sich im Wesentlichen auf folgende Grundsätze:

- Zulassung/Nichtdiskriminierung elektronischer Signaturen im Rechts- und Geschäftsverkehr (Art. 3 PE);
- Keine vorherige Genehmigung für Zertifizierungsdiensteanbieter (Art. 4 Abs. 4 PE)[1180];
- Rechtliche Gleichstellung der elektronischen Signatur des Art. 3 Abs. 1 PE mit der eigenhändigen Unterschrift;
- Schaffung eines Aufsichtssystems über die Zertifizierungsdiensteanbieter und ein eigenes System zur freiwilligen Akkreditierung (Art. 4 Abs. 5 und 8);
- Anerkennung ausländischer elektronischer Signaturen (Art. 5 PE) und schließlich,
- Einführung spezieller Haftungsregelungen für Zertifizierungsdiensteanbieter (Art. 6 PE).

Regelungsrahmen und Aufbau decken sich mit der europarechtlichen Vorgabe; ihre Richtlinienkonformität dürfte daher in weiten Teilen gegeben sein. Um Wiederholungen zu vermeiden, erscheint es besser bei der Untersuchung des PE entsprechend dessen Aufbau vorzugehen und die Probleme der Umsetzung bei jedem einzelnen Themenbereich gesondert zu besprechen.

a) Artikel 1 – Ziel und Anwendungsbereich

Art. 1 Abs. 1 nennt als Ziel des PE, die SigRL in der griechischen Gesetzgebung umzusetzen. Vorschriften, die im Zusammenhang mit dem Abschluss und der G ültigkeit von Verträgen oder mit der Begründung von anderen rechtlichen Verpflichtungen, die Erfüllung einer bestimmten Form verlangen, werden nicht erfasst (Art. 1 Abs. 2 PE). Der Erlass bestimmt daher nicht, wann die Schriftform als Form erforderlich ist. Er will nicht regeln, welche Rechtsgeschäfte welcher Form bedürfen, sondern alleine, dass immer dann, wenn nationales Recht eine handschriftliche Unterschrift verlangt, diese Form durch ein bestimmtes Signaturverfahren ersetzt werden kann.

Ferner lässt der PE die Regeln über die Verwendung von Urkunden als Beweismittel und die Datenschutzvorschriften, die den Urkundenverkehr und die Bekanntmachung des Urkundeninhalts verbieten, unberührt. Der PE gilt für alle Signaturverfahren, regelt aber nur die Anforderungen an die fortgeschrittene elektronische Signatur des Art. 3 Abs. 1 PE. Alle anderen Signaturverfahren lässt Art. 3 Abs. 2 PE zu, auch wenn sie nicht die Anforderungen des Art. 3 Abs. 1

[1180] So auch Art. 3 Abs. 1 der Verordnung für die Erbringung von Zertifizierungsdiensten, Entscheidung 248/71 der Nationalen Kommission für Telekommunikation und Post, Griechisches Amtsblatt (ΦΕΚ) B´ 603/16.05.2002.

PE erfüllen. Diese Signaturverfahren dürfen ungehindert angeboten und genutzt werden. Sie müssen lediglich die Datenschutzbestimmungen des Art. 7 PE und die für sie getroffenen Vorschriften der Verordnung für die Erbringung von Zertifizierungsdiensten (im Folgenden: grVO) einhalten. Der PE 150/2001 gibt interessierten Zertifizierungsdiensteanbietern die Chance, dessen Vorschriften für die elektronische Signatur des Art. 3 Abs. 1 PE zu nutzen. Diese können auch andere Verfahren anbieten und verwenden. Wer dies tut, kann allerdings nicht die Rechtsfolgen der Schriftformäquivalenz nach Art. 160 grZGB (gesetzliche Konstitutivform) und Art. 443 grZPO (gesetzliche Beweisform) in Anspruch nehmen[1181].

b) Artikel 2 – Begriffsbestimmungen

Der Katalog der in Art. 2 des Erlasses enthaltenen Definitionen orientiert sich stark am Aufbau der SigRL. An dieser Stelle werden i.d.R. die Begriffsbestimmungen dargestellt, die von den Definitionen der SigRL abweichen.

i) „elektronische Signatur“

Der Erlass wählt durch den Begriff der „elektronischen Signatur“ ebenfalls ein technologieneutrales Konzept aus, das nicht nur die zurzeit zur Anwendung kommende asymmetrische Verschlüsselungstechnik zulässt. Vielmehr ist darunter jedes der Authentifizierung dienende Verfahren zu verstehen, wie z.B. die einfache Erwähnung eines Pseudonyms als Text getippt[1182]. Zwar ist es notwendig, dass die elektronische Signatur zur Authentifizierung dient, sie muss aber nicht fälschungssicher und fest mit den anderen Daten verknüpft sein. Auch eine eingescannte Unterschrift genügt den Anforderungen der „einfachen“ elektronischen Signatur des Art. 2 Abs. 1 PE[1183]. Diese Definition entspricht der deutschen nach § 2 Nr. 1 SigG. Das Vorliegen einer elektronischen Signatur zieht keine besonderen Rechtsfolgen nach sich; sie dient lediglich als Basis für die Definition der anderen Signaturverfahren.

ii) „fortgeschrittene elektronische Signatur“ oder „digitale Signatur“

„Fortgeschrittene elektronische Signaturen“ müssen nach Art. 2 Abs. 2 PE zumindest vier Funktionen erfüllen: Sie müssen ausschließlich dem Unterzeichner zugeordnet sein, seine Identifizierung ermöglichen, mit Mitteln erzeugt werden, die der Unterzeichner unter seiner alleinigen Kontrolle halten kann und mit den Daten, auf die sie sich beziehen, so verknüpft sein, dass eine nachträgliche Ver-

---

[1181] Vgl. *Christodoulou*, S. 75 f.

[1182] Begründung zum Entwurf, Dike 2000, S. 1031.

[1183] A.A., jedoch ohne Begründung, *Karadimitriou*, Harmenopoulos 2002, S. 1542

änderung der Daten erkannt werden kann. Spezifische Anforderungen an die Sicherheit der organisatorischen Prozesse der Schlüsselverwaltung und der technischen Komponenten sind damit nicht verbunden.

Es ist bemerkenswert, dass in Art. 2 Abs. 2 PE der griechische Gesetzgeber - neben dem Begriff „fortgeschrittene elektronische Signatur" - als Synonym den Begriff „digitale Signatur" einführt. Demzufolge ist unter „digitale Signatur" eine „fortgeschrittene elektronische Signatur" im Sinne der SigRL zu verstehen. Dies ist nachvollziehbar, denn die Anforderungen an eine „fortgeschrittene elektronische Signatur" können in absehbarer Zeit nur durch digitale Signaturverfahren erfüllt werden[1184]. Dadurch wird allerdings das von der SigRL verfolgte Konzept der Technologieneutralität abgeschwächt. Sollen also in der Zukunft andere technologische Verfahren an Bedeutung gewinnen, müssen für sie spezifische Anforderungen formuliert werden. Der Unterschied zwischen der digitalen Signatur des Art. 14 Abs. 2 lit. e) Gesetz 2672/1998 und der digitalen Signatur des Art. 2 Abs. 2 PE 150/2001 liegt darin, dass die erste vom Unterzeichner auch dazu verwendet wird, die Akzeptanz des Inhalts des von ihm signierten Texts zu bekunden, wobei die zweite der Authentifizierung dient.

iii) „Signatur des Art. 3 Abs. 1 PE"

Der Begriff „qualifizierte" elektronische Signatur des § 2 Nr. 3 des deutschen SigG wird im griechischen PE nicht verwendet. Stattdessen spricht man von einer „fortgeschrittenen elektronischen Signatur, die auf einem qualifizierten Zertifikat beruht und mit einer sicheren Signaturerstellungseinheit erzeugt wurde". „Qualifiziertes Zertifikat" ist gemäß Art. 2 Abs. 10 PE ein Zertifikat, das die Anforderungen des Anhangs I PE erfüllt und von einem Zertifizierungsdiensteanbieter bereitgestellt wird, der die Anforderungen des Anhangs II PE erfüllt. „Sichere Signaturerstellungseinheiten" sind nach Art. 2 Abs. 6 PE konfigurierte Software oder Hardware, die zur Implementierung der Signaturerstellungsdaten verwendet werden und die die Anforderungen des Anhangs III erfüllen.

Nur an diese „elektronische Signatur des Art. 3 Abs. 1 PE" werden spezifische Rechtsfolgen geknüpft. Die Einführung eines Begriffs, der den Inhalt des Art. 3 Abs. 1 PE zusammenfasst, wie z.B. der Begriff „qualifizierte elektronische Signatur" oder „sichere" elektronische Signatur, ist aus praktischen Gründen empfehlenswert und der Rechtsklarheit dienend, weil er sowohl klarer als auch kür-

---

[1184] Vgl. *Gravesen/Dumortier van Eecke*, MMR 1999, S. 585; *Igglezakis*, Episkopisi Emporikou Dikaiou 2000, S. 627 m.w.N.; *Michailidou*, Dike 2000, S. 1193; *Troulinos*, Dikaio Epicheireseon kai Etairion 2001, S. 1236.

zer ist. Im Rahmen dieser Untersuchung wird hierfür der Ausdruck „elektronische Signatur des Art. 3 Abs. 1 PE“ verwendet.

iv) „Unterzeichner“

Dem griechischen PE folgend kann sowohl eine natürliche Person als auch eine juristische Person Inhaber einer Signaturerstellungseinheit sein und als „Unterzeichner“ auftreten (Art. 2 Abs. 3 PE). Diese Rechtssubjekte können entweder für sich selbst oder im Rahmen einer Vertretungsbefugnis für eine andere Stelle oder eine natürliche bzw. juristische Person handeln. Die Einschränkung auf natürliche Personen, zu der sich der deutsche Gesetzgeber in § 2 Nr. 9 SigG entschlossen hat[1185], wurde im PE bei der Definition des Unterzeichners nicht verfolgt. Letzteres kann allerdings zu erheblichen Problemen führen, denn nach griechischem Recht können Willenserklärungen nur von natürlichen Personen abgegeben werden[1186]. Juristische Personen werden durch ihre zur gesetzlichen Vertretung berufenen Organe vertreten, Art. 70 grZGB.

Hinsichtlich der hier in Betracht kommenden Problematik ist hervorzuheben, dass die Definitionen des PE widersprüchlich sind. Zwar wird in Art. 2 Abs. 3 PE als Unterzeichner auch eine juristische Person angesehen, dies steht aber mit der Definition des „Zertifikats“ in Art. 2 Abs. 9 PE nicht im Einklang. Der PE äußert sich zwar nicht explizit zur Frage, ob Zertifikate auch auf juristische Personen ausgestellt werden können, die Definition des „Zertifikats“[1187] und die Regelung des Art. 4 Abs. 1 grVO für die Erbringung von Zertifizierungsdiensten („Nur *geschäftsfähige natürliche Personen* können Berechtigte von qualifizierten Zertifikaten sein“) sprechen jedoch eher für eine ausschließliche Zulassung natürlicher Personen. Auffallend ist ebenfalls die Bindung fortgeschrittener elektronischer Signaturen (und damit auch elektronischer Signaturen des Art. 3 Abs. 1 PE) lediglich an natürliche Personen. Dafür spricht z.B. die Anforderung an fortgeschrittene elektronische Signaturen, dass die Mittel zu ihrer Erstellung unter der alleinigen Kontrolle des Unterzeichners stehen müssen. Die Nennung von Attributen mit Vertretungsrechten im Anhang I lit. d) PE (welche gerade bei juristischen Personen von Bedeutung sind) spricht ebenfalls eher für eine aus-

[1185] Ebenso § 2 Ziffer 2 öSigG. Bei qualifizierten Zertifikaten von Zertifizierungsdiensteanbietern kann, gemäß § 2 Nr. 7 SigG, lediglich eine natürliche Person als Unterzeichner auftreten.

[1186] Dagegen lässt sich in einigen Common Law-Rechtsordnungen die Abgabe einer Erklärung direkt im Namen der juristischen Person aber auch durch Siegel und Stempel einer juristischen Person bewerkstelligen. S. hierzu *Gravesen/Dumortier van Eecke*, MMR 1999, S. 582.

[1187] Zertifikat: „eine elektronische Bescheinigung, mit der Signaturprüfdaten *eines Individuums* zugeordnet werden und seine Identität bestätigt wird“. Der PE spricht in Art. 2 Abs. 9 PE von einem Individuum und nicht von einer Person.

schließliche Zulassung natürlicher Personen. Die elektronische Signatur des Art. 3 Abs.1 PE kann erst Recht nur die Signatur einer natürlichen Person sein, da sie als das gesetzliche elektronische Äquivalent der eigenhändigen Unterschrift betrachtet wird.

Die Verwendung des Begriffs „Unterzeichner" für juristische Personen ist also im Rahmen des griechischen Privatrechts unglücklich. Es wird allerdings aus Zweckmäßigkeitsgründen geltend gemacht, dass als handlungsfähiges Rechtssubjekt eines „elektronischen" Rechtsgeschäfts sowohl juristische Personen als auch die Gesamthand auftreten können[1188]. Der jedenfalls nicht ganz eindeutig ausgedrückte Wunsch des griechischen Gesetzgebers, die Zertifizierungsmöglichkeit für juristische Personen zuzulassen, erscheint zwar aus praktischen Gründen sinnvoll, denn die Vielzahl von Erklärenden im elektronischen Rechts- und Geschäftverkehr sind juristische Personen. Er ist aber mit Grundprinzipien des griechischen Rechts (Art. 68, 70, 71 grZGB) nicht vereinbar[1189]. Will des Weiteren eine juristische Person schriftformbedürftige Rechtsgeschäfte abschließen, so muss sie sowieso nur durch ihre vertretungsbefugten Organe tätig werden. Denn für die elektronische Signatur des Art. 3 Abs. 1 PE, die mit der eigenhändigen Unterschrift gleichgestellt wird, wird u.a. ein qualifiziertes Zertifikat verlangt. Und nur für geschäftsfähige natürliche Personen dürfen qualifizierte Zertifikate ausgestellt werden[1190]. Die Vertretungsmacht für eine juristische Person kann als Attribut in einem qualifizierten Zertifikat (Anhang I lit. d) PE) ausgewiesen werden. Für die hier vertretene Auffassung spricht auch die durch Anhang I lit. d) SigRL eröffnete Möglichkeit, die Bestätigung der Vertretungsmacht des Unterzeichners eines elektronischen Dokuments in das Zertifikat aufzunehmen[1191].

Die anderen Begriffsbezeichnungen des Art. 2 PE entsprechen vollinhaltlich den Definitionen der SigRL. Es ist zu begrüßen, dass die Terminologie des griechischen PE – anders als in den deutschen Umsetzungsregelungen - von der der SigRL nicht stark abweicht. So wird nur ausnahmsweise das, was die SigRL als „fortgeschrittene elektronische Signatur" bezeichnet, in dem PE auch „digitale Signatur" genannt. Die Terminologie der SigRL ist ohnehin schwierig und komplex genug. Eine hiervon abweichende Terminologie würde nur die Überprüfung erschweren, ob die SigRL korrekt umgesetzt wurde.

1188 Vgl. hierzu *Georgiades*, AT, S. 177 Rn. 28 ff.
1189 A.A. *Christodoulou*, S. 230 f.
1190 Art. 4 Abs. 1 grVO.
1191 Vgl. hierzu *Blaurock/Adam*, ZEuP 2001, S. 102.

2. *Tätigkeit eines Zertifizierungsdiensteanbieters*

a) „Zertifizierungsdiensteanbieter"

Wie nach Art. 2 Abs. 3 PE sowohl eine natürliche als auch eine juristische Person als Unterzeichner auftreten kann, ist zur Erbringung von Zertifizierungsdiensten auch eine juristische Person oder eine sonstige rechtsfähige Einrichtung berechtigt. Nach Art. 2 Nr. 11 PE sind Zertifizierungsdiensteanbieter der unmittelbaren Staatsverwaltung durchaus denkbar[1192]. Diverse öffentlich-rechtliche Institutionen wie z.B. Universitäten sind bereits als Zertifizierungsdiensteanbieter tätig. Ebenso wenig wie die Aufnahme ihrer Tätigkeit an eine Genehmigung, Lizenz oder ähnliches gebunden ist[1193], ist die Zahl der Zertifizierungsdiensteanbieter begrenzt. Ihre Haupttätigkeit liegt in der Erstellung von Zertifikaten, also in der Zuordnung von Signaturprüfdaten zum jeweiligen Unterzeichner. Sie können aber auch oder nur anderweitige im Zusammenhang mit elektronischen Signaturen stehende Dienste bereitstellen.

Anders als im deutschen SigG (§ 2 Nr. 8 SigG), wonach unter Zertifizierungsdiensteanbieter natürliche oder juristische Personen zu verstehen sind, die qualifizierte Zertifikate oder qualifizierte Zeitstempel ausstellen, kann der Zertifizierungsdiensteanbieter laut griechischem Recht (Art. 2 Abs. 11 PE) sowohl „einfache" als auch qualifizierte Zertifikate ausstellen[1194]. Die deutsche Definition ist enger als die griechische und die entsprechende Definition in Art. 2 Nr. 11 SigRL und beschränkt sich nur auf zwei von vielen möglichen Diensten. Aufgabe der Zertifizierungsdiensteanbieter laut griechischem Recht kann z.B. auch die Führung des Verzeichnis- und Widerrufsdienstes[1195], die Verwaltung der Zertifikate und die Bereitstellung von Signaturdiensten und –produkten sein. Konkrete Vorschriften über Zeitstempel (timestamp) sind im PE nicht zu finden. Ein Zeitstempel bescheinigt, dass bestimmte Daten zu einem bestimmten Zeitpunkt vorgelegen haben und schließt so eine Vor- oder Rückdatierung aus.

Die Tatsache, dass der griechische Präsidialerlass keine Regelung über Zeitstempel vorsieht, lässt nicht den Schluss zu, dass Zeitstempel als Wahldienstleistung der Zertifizierungsdiensteanbieter ausgeschlossen sind; dies ergibt sich sowohl aus der weiten Legaldefinition des „Zertifizierungsdiensteanbieters" als

---

[1192] Vgl. Ministerialbeschluss des Verteidigungsministers Φ. 238.81/1/203770 Σ.904 (ΦΕΚ Β' 870/11.6.2004) über die Entwicklung von Zertifizierungsdiensteinfrastuktur in den griechischen Streitkräften.

[1193] Art. 3 Abs. 1 grVO

[1194] Der in Deutschland niedergelassene Zertifizierungsdiensteanbieter kann immerhin gemäß § 4 Abs. 5 SigG Aufgaben an Dritte übertragen, wenn er diese in sein Sicherheitskonzept einbindet.

[1195] Vgl. Art. 7 grVO.

auch aus dem erklärten Willen des Gemeinschaftsgesetzgebers[1196]. Danach sollten alle sonstigen Dienste und Produkte ermöglicht werden, die elektronische Signaturen verwenden oder mit ihnen zusammenhängen, wie Registrierungsdienste, Zeitstempel, Verzeichnisdienste, Rechnerdienste oder Beratungsdienste. Einzelne Dienstleistungen, die im Zusammenhang mit der Erstellung und Verwaltung von Zertifikaten erbracht werden, können von verschiedenen Zertifizierungsdiensteanbietern erbracht werden. Dementsprechend ist auch das Anbringen von Zeitstempeln allein, ohne zusätzliche Dienste anzubieten, als Tätigkeit eines Zertifizierungsdiensteanbieters nach Art. 2 Nr. 11 PE zu werten.

Der PE hat bezüglich der Ausstellung von Zeitstempeln, die Vorschriften der SigRL übernommen. Der Zeitstempel wird zwar nicht konkret definiert, er wird aber in Anhang II lit. c) SigRL und in dem identischen Anhang II lit. c) PE abstrakt beschrieben. Um den dort genannten Anforderungen („Zertifizierungsdiensteanbieter, die qualifizierte Zertifikate ausstellen, müssen gewährleisten, dass Datum und Uhrzeit der Ausstellung oder des Widerrufs eines Zertifikates genau bestimmt werden können“) Rechnung zu tragen, können Zeitstempel notwendig sein. Da die Zeitstempel für elektronische Dokumente mit Zeitbezug (z.B. zum Beweis der Einhaltung gesetzlicher oder vertraglich vereinbarter Fristen oder der fristgerechten Einreichung von Unterlagen und Empfangsbestätigungen) und bei der Sperrung von Zertifikaten von großer Bedeutung sind[1197], ist eine genaue rechtliche Ausgestaltung der Zeitstempeldienste auch im griechischen Recht unerlässlich.

b) Genehmigungsfreiheit - Anforderungen an Zertifizierungsdiensteanbieter

Nach Art. 4 Abs. 4 PE und 3 Abs. 1 grVO ist der Betrieb eines Zertifizierungsdienstes genehmigungsfrei[1198]. Es genügt für die Aufnahme des Betriebs nach Art. 10 Abs. 2 grVO lediglich eine Anmeldung an die zuständige Behörde, nämlich an die Nationale Kommission für Telekommunikation und Post (im Folgenden: NatKTP). Die Registrierung umfasst die wesentlichen Daten des Anbieters, d.h. Name, Anschrift, E-Mail und Webseite, die Rechtsform (natürliche Person, juristische Person privaten oder öffentlichen Rechts, staatliche oder nichtstaatli-

---

1196 SigRL 1999/93, Erwägungsgrund 9.

1197 Ausführlich zur Bedeutung von Zeitstempeldiensten *Bertsch*, S. 155 ff.; vgl. auch *Roßnagel*, Recht der Multimedia-Dienste, § 9 SigG Rn. 3 ff.

1198 Diese Vorschriften entsprechen Art. 3 Abs. 1 SigRL, welcher die Genehmigungsfreiheit für die Aufnahme wie auch für die Ausübung von Zertifizierungsdiensten statuiert. Im Rahmen der ECRL findet sich in Art. 4 eine entsprechende, mit der SigRL übereinstimmende Regelung, die den Grundsatz der Zulassungsfreiheit von Diensten der Informationsgesellschaft ausdrücklich festhält.

che Stelle) und die Namen der gesetzlichen Vertreter, die Steuernummer und eine Darstellung der angebotenen Dienste. Die NatKTP führt ein Register aller in Griechenland niedergelassenen Zertifizierungsdiensteanbieter nach Art. 10 Abs. 1 grVO, wo die von den Anbietern angemeldeten Daten eingetragen werden. Das Register kann sowohl in elektronischer Form als auch in Schriftform geführt werden.

Die Anmeldung ist schriftlich, also auch mit einer elektronischen Signatur des Art. 3 Abs. 1 PE vorzunehmen. Die Möglichkeit der Anmeldung mittels einer elektronischen Urkunde, die mit einer elektronischen Signatur des Art. 3 Abs. 1 PE versehen ist, wird zwar nicht ausdrücklich erwähnt, eine ausdrückliche Regelung war aber auch nicht erforderlich, da nach Art. 3 Abs. 1 PE die Schriftform auch durch eine mit einer elektronischen Signatur des Art. 3 Abs. 1 PE versehene elektronische Urkunde gewahrt werden kann[1199].

Beim Anmeldungsverfahren müssen die Zertifizierungsdiensteanbieter nicht eine Entscheidung der NatKTP abwarten; vielmehr wird das Verfahren lediglich mit der Vorlegung der oben erwähnten Daten abgeschlossen und der Zertifizierungsdiensteanbieter kann gleichzeitig mit der Anmeldung seinen Betrieb aufnehmen (vgl. Art. 10 Abs. 2 S. 1 grVO). Die vom griechischen Gesetzgeber vorgesehene Anmeldungspflicht ist insofern als richtliniekonform zu werten; ein „geheimes bzw. mittelbares Genehmigungsverfahren" wurde damit nicht eingeführt. Gewisse Auslegungsschwierigkeiten bereitet aber die (teilweise oder vollständige) Nichterfüllung der Einreichung der für die Anmeldung notwendigen Dokumentation. Eventuell eintretende Folgen einer Nichtbeachtung dieser Pflicht sind bislang nicht normiert; dies bedeutet, dass die allgemeine Regelung des Art. 12 grVO (Kontrolle - Sanktionen) anwendbar ist[1200]. Zu diesem Zweck ist der NatKTP vom Gesetzgeber ein breiter Handlungsspielraum eingeräumt bis hin zur gänzlichen oder teilweisen Untersagung der Tätigkeit eines Zertifizierungsdiensteanbieters. Wird allerdings einem Zertifizierungsdiensteanbieter die Tätigkeit untersagt, weil er die für die Anmeldung erforderlichen Daten nicht oder nicht vollkommen vorgelegt hat, steht dies freilich in einem gewissen Widerspruch zu der in Art. 3 Abs. 1 SigRL und Art. 4 Abs. 4 PE geregelten Genehmigungsfreiheit. Die Untersagung der Tätigkeitsaufnahme für eine solche Ordnungswidrigkeit muss richtigerweise ausgeschlossen werden, weil sie eine vergleichbare Wirkung mit einer versagten Genehmigung entfaltet[1201]. Das deutsche Signaturgesetz normiert z.B. bei einer Verletzung der Anzeigepflicht eine Geldbuße von bis zu zehntausend Euro (§ 21 Abs. 1Nr. 1 i.V.m. § 21 Abs. 2

[1199] Die griechische Aufsichtsstelle bietet allerdings nicht die technische Möglichkeit, auf elektronischem Wege anzuzeigen.

[1200] Art. 12 grVO verweist auf die Regelungen über die Sanktionen des Gesetzes 2867/2000.

[1201] Vgl. SigRL 1999/93, Erwägungsgrund 10.

SigG). Die Untersagung der Tätigkeitsaufnahme als Sanktion, wenn ein Zertifizierungsdiensteanbieter nicht die Anmeldungsgebühren von 300 € gemäß Art. 10 Abs. 4 grVO an die NatKTP abführt, muss auch konsequenterweise ausgeschlossen werden.

Im Gegensatz zum deutschen Recht (§ 2 Nr. 8 i.V.m. § 4 SigG), welches konkrete Anforderungen nur an Zertifizierungsdiensteanbieter von qualifizierten Zertifikaten regelt, werden im griechischen Recht alle Zertifizierungsdiensteanbieter von der Regelung des Art. 10 Abs. 1 und 2 grVO erfasst: sie sind alle einer Anmeldepflicht unterworfen und sie werden alle der staatlichen Aufsicht unterstellt. Der Nachweis der erforderlichen technischen, administrativen und juristischen Fachkunde ist allerdings für die Anmeldung der Anbieter von „einfachen" Zertifikaten nicht erforderlich. Die grVO sieht ferner für Anbieter von „einfachen" Zertifikaten keine Führung eines Zertifikatsverzeichnisses vor. Um sicherzustellen, dass alle Zertifizierungsdiensteanbieter ihre Haftungsverpflichtung erfüllen können, verpflichtet sie aber Art. 6 lit. f) grVO[1202], eine geeignete Vorsorge zu treffen zur Deckung der ersatzpflichtigen Schäden eines Berechtigten oder Dritter, die durch die Einstellung ihrer Tätigkeit oder durch ihr Tun oder Unterlassen entstehen. Die Deckungsvorsorge ist für Zertifizierungsdiensteanbieter von qualifizierten Zertifikaten sogar Voraussetzung für die Aufnahme des Dienstes (Art. 10 Abs. 3 grVO). Der Zertifizierungsdiensteanbieter soll immer in der Lage sein, die NatKTP und jedem, der ein berechtigtes Interesse daran hat, zu beweisen, dass er eine geeignete Vorsorge zur Deckung der Schäden getroffen hat. Die NatKTP kann durch entsprechende Entscheidung eine Mindestsumme für die von Anbietern von qualifizierten Zertifikaten getroffene Deckungsvorsorge bestimmen. Über die Art der erlaubten Sicherheitsleistungen und ihre Höhe macht Art. 6 lit. f) grVO im Gegensatz zu § 9 SigV keine Angaben. Die Regelung zur Deckungsvorsorge des griechischen Rechts ist im Vergleich zum § 12 SigG umfassender, da die Pflicht zur Errichtung einer Deckungsvorsorge nicht nur die Ansprüche des Signaturempfängers betrifft[1203]. Vielmehr besteht sie u.a. auch im Hinblick auf eine vertragliche Haftung gegenüber dem Signaturschlüssel-Inhaber. Diese begrüßenswerte Lösung war zwar nicht europarechtlich erforderlich, dient allerdings dem Aufbau einer sicheren Infrastruktur.

Darüber hinaus müssen alle Zertifizierungsdiensteanbieter sowohl jede Änderung ihrer in das Register eingetragenen Angaben (innerhalb von sieben Tagen) als auch die Einstellung ihrer Tätigkeit der NatKTP anzeigen, Art. 10 Abs. 5 und 6 grVO. Nach Art. 11 Abs. 1 grVO müssen alle Zertifizierungsdiensteanbieter

---

[1202] I.V.m. Anhang II lit. h) PE, der aber nur für Zertifizierungsdiensteanbieter, die qualifizierte Zertifikate ausstellen, gilt.

[1203] So aber § 12 SigG; vgl. auch BT-Drs. 14/4662, S. 41.

einen jährlichen Bericht an die NatKTP über ihre Tätigkeit erstatten, der sich u.a. mit möglichen Anträgen und/oder Beschwerden der Zertifikat-Berechtigten und Dritten befassen muss.

Die Tatsache, dass nach Art. 9 grVO alle, d.h. auch Zertifizierungsdiensteanbieter von „einfachen" Zertifikaten der Aufsicht der NatKTP unterliegen, könnte europarechtlich bedenklich sein. Ein solcher nicht unwesentlicher Wettbewerbsnachteil der in Griechenland niedergelassenen Anbieter geht über die Vorgaben der SigRL hinaus; denn nach Art. 3 Abs. 3 SigRL sollen die Mitgliedstaaten ein Überwachungssystem nur der in ihrem Hoheitsgebiet niedergelassenen Zertifizierungsdiensteanbieter, die öffentlich qualifizierte Zertifikate ausstellen, einrichten. Der Gemeinschaftsgesetzgeber hat insofern eine klare Stellung bezogen. Aus Erwägungsgrund 13 lässt sich allerdings entnehmen, dass die Mitgliedstaaten frei entscheiden können, wie sie die Überwachung der Einhaltung der Bestimmungen der SigRL gewährleisten; infolgedessen ist das vom griechischen Gesetzgeber vorgesehene Überwachungssystem wegen des von der SigRL belassenen Spielraums richtliniekonform. Das griechische Aufsichtssystem ist zwar von vertrauenserzeugenden Elementen geprägt, es wird aber Hürden für den freien Binnenmarkt aufbauen, da es dazu führen kann, dass Zertifizierungsdiensteanbieter einen Mitgliedstaat mit milderem Aufsichtsystem als Niederlassungsort bevorzugen werden. Um das reibungslose Funktionieren des Binnenmarktes gewährleisten zu können, besteht im Bereich der divergierenden Aufsichtssysteme in der EU großer Harmonisierungsbedarf, denn der EU-Binnenmarkt droht durch unterschiedliche Anforderungen der Mitgliedstaaten an die Überwachung von Zertifizierungsdiensteanbietern behindert zu werden.

c) Zusätzliche Anforderungen an Zertifizierungsdiensteanbieter für qualifizierte Zertifikate

Gemäß Art. 3 Abs. 2 grVO darf jeder Zertifizierungsdiensteanbieter qualifizierte Zertifikate ausstellen, aber nur sofern die folgenden Voraussetzungen kumulativ erfüllt sind: der Anbieter a) die Anforderungen des Anhangs II des PE erfüllt; b) die Anforderungen an qualifizierte Zertifikate nach Anhang I PE bei der Ausstellung von Zertifikaten berücksichtigt und c) eine Erklärung des Art. 10 Abs. 3 grVO abgibt, dass er die Anforderungen des Anhangs I und II erfüllt. Er muss zusätzlich in der Lage sein jederzeit die Einhaltung der Anforderungen des Anhangs I und II beweisen zu können. Die Eintragung eines Anbieters in das Register der NatKTP als „Zertifizierungsdiensteanbieter, der qualifizierte Zertifikate ausstellt", basiert lediglich auf seiner eigenen Erklärung (Art. 10 Abs. 3 S. 2 grVO), da keine Vorabprüfung der Zertifizierungsdiensteanbieter erfolgen soll.

Ein Zertifizierungsdiensteanbieter, der qualifizierte Zertifikate ausstellt, hat neben der Anmeldung des Art. 10 Abs. 3 grVO folgende zusätzliche Angaben vorzulegen (Art. 10 Abs. 3 grVO):

- Erklärung des Zertifizierungsdiensteanbieters, dass er die Anforderungen des Anhangs I[1204] und II[1205] des PE 150/2001 erfüllt;
- ein „Certification Practice Statement", wie es in Art. 2 und Anhang I grVO definiert wird[1206]; in diesem dokumentiert der Zertifizierungsdiensteanbieter grundsätzlich sein Vorgehen bei der Erstellung der Zertifikate. Auf Grundlage der im Statement enthaltenen Ausführungen kann der einzelne Anwender entscheiden, ob ein konkretes, im Angebot stehendes Zertifikat einer bestimmten Sicherheitsstufe seinen Anforderungen bzw. den Erfordernissen eines bestimmten zu tätigenden Rechtsgeschäfts genügt;
- Nachweis der Deckungsvorsorge nach Art. 6 Satz h) grVO; er soll hiernach in der Lage sein jederzeit beweisen zu können, dass er über ausrei-

---

[1204] Der Anhang I PE über die Anforderungen an qualifizierte Zertifikate übernimmt wortwörtlich den Text des Anhangs I der SigRL.

[1205] Der Anhang II des PE bezüglich der Anforderungen an Zertifizierungsdiensteanbieter, die qualifizierte Zertifikate ausstellen, übernimmt fast wortwörtlich den Text des Anhangs II der SigRL. Die einzige Regelung zur Konkretisierung der Anforderungen im griechischen Anhang ist in lit. i) zu finden: Die Zertifizierungsdiensteanbieter „müssen alle einschlägigen Informationen über ein qualifiziertes Zertifikat über einen Zeitraum von 30 Jahren aufzeichnen, um insbesondere für Gerichtsverfahren die Zertifizierung nachweisen zu können".

[1206] Das „Certification Practice Statement" eines Anbieters, der qualifizierte Zertifikate ausstellt, muss sich mindestens mit folgenden Themen befassen:

1. angebotene Zertifizierungsdienste;
2. Sicherheitsmaßnahmen für die tätigen Personen, die Verfahren und die persönliche Sicherheit;
3. Haftung und Verpflichtungen des Anbieters gegenüber den Berechtigten/Nutzern/Abonnenten; ihre Rechte und Verpflichtungen bezüglich der Verwendung von Zertifikaten und den angebotenen Signaturerstellungseinheiten;
4. freie Mitarbeiter/Stellen, an die Aufgaben des Zertifizierungsdienstes übertragen werden;
5. Infrastruktur, verwendete Produkte;
6. Datenschutzverfahren und die Verarbeitung personenbezogener Daten;
7. Verbraucherschutzverfahren (AGB, Verfahren über die außergerichtliche Beilegung von Rechtsstreitigkeiten zwischen Verbrauchern und Anbietern);
8. Versicherungsschutz/Haftung gegenüber dritten Personen;
9. Verfahren bezüglich der Sperrung von Zertifikaten;
10. Deckungsvorsorge, damit der Anbieter seinen Verpflichtungen zum Ersatz von Schäden, die dadurch entstehen, dass er seine Tätigkeit eingestellt hat, nachkommen kann;
11. Verfahren bezüglich der Erfüllung der Verpflichtungen des Anbieters nach der Einstellung seiner Tätigkeit;
12. Verfahren zur Erhaltung und Verwaltung seines Registers und zur Übernahme des Registers im Falle einer Tätigkeitseinstellung.

chende Finanzmittel zur Vorsorge für die Befriedigung von Schadenersatzansprüchen verfügt;
- Bestätigungen der zuständigen gerichtlichen bzw. Verwaltungsbehörde, dass der Anbieter nicht in Konkurs gefallen ist, er sich nicht in Liquidierung, Zwangsverwaltung, Konkursvergleich befindet oder, dass er sich nicht im Zustand des Verfahrens der Konkurserklärung oder des Ergehens einer Entscheidung der Zwangsliquidierung oder Zwangsverwaltung oder zum Konkursvergleich befindet. Der Anbieter muss diese Bestätigungen alle drei (3) Monate erneuern.

Angesichts der Vielzahl der vorzulegenden Dokumente wird in diesem Fall eine elektronische Anzeige mittels elektronischer Signatur nur in seltenen Ausnahmefällen in Betracht kommen. Zusammenfassend umfasst die Meldepflicht von Anbietern, die qualifizierte Zertifikate ausstellten, Nachweise für ihre Zuverlässigkeit[1207], Fachkunde[1208] und Deckungsvorsorge[1209], das Aufzeigen eines „Certification Practice Statement" und eine Erläuterung, wie der Anbieter dieses umsetzten will. Werden die in Bezug auf den Anhang I und II PE gemachten Angaben eines Zertifizierungsdiensteanbieters geändert, sind die Änderungen der NatKTP anzuzeigen (Art. 11 Abs. 3 grVO). Wiederum anzuzeigen ist jede Änderung der im Register der NatKTP enthaltenen Daten der Zertifizierungsdiensteanbieter. Die NatKTP erhebt hierfür 100 € als Gebühren.

d) Aufgaben der Zertifizierungsdiensteanbieter

Art. 11 Abs. 4 grVO ermöglicht eine flexible Organisation der Zertifizierungsdiensteanbieter, denn sie können bezüglich der Zertifikatsausstellung nach vorheriger Benachrichtigung der NatKTP Funktionen auslagern und Aufgabe an Dritte übertragen.

Zertifizierungsdiensteanbieter, die qualifizierte Zertifikate ausstellen, müssen entweder selbst oder durch Dritte (Art. 6 lit. g und Art. 11 Abs. 4 grVO) gewisse Aufgaben erbringen, die nunmehr dargestellt werden[1210]:

i) Zuverlässige Identifikation des Antragsstellers

Anhang II lit. d) PE erfordert, dass die Person, die ein qualifiziertes Zertifikat beantragt, von dem Zertifizierungsdiensteanbieter mit geeigneten Mitteln identi-

---

[1207] Vgl. Anhang II lit. a) PE.

[1208] Vgl. Anhang II lit. e) PE.

[1209] Vgl. Anhang II lit. h) PE.

[1210] Als „wesentliche Zertifizierungsdienste" im Rahmen der freiwilligen Akkreditierung sind nach Art. 2 Nr. 2 VfAZ a) die Registrierung von Nutzern, b) die Ausstellung von qualifizierten Zertifikaten, c) der Verzeichnisdienst, und d) der Widerrufsdienst festgelegt.

fiziert wird. Dies ist notwenig, um gewährleisten zu können, dass das Zertifikat der richtigen Person zugeordnet wird. Ein Zertifizierungsdiensteanbieter hat nach Art. 6 Abs. 1 lit. a) PE für die Richtigkeit der Angaben in den von ihm ausgestellten Zertifikaten zum Ausstellungszeitpunkt einzustehen. Schon aus diesem Grund wird er ein besonderes Interesse daran haben, die Person des Antragstellers und dessen Angaben genauestens zu überprüfen[1211].

Da der Anhang II lit. d) PE eine Identifikation nach nationalem Recht verlangt, ist die Identifikation des Antragstellers in Griechenland prinzipiell anhand des Personalausweises oder des Reisepasses vorzunehmen. Aus Gründen des Datenschutzes kann der Antragsteller anstelle seines Namens ein Pseudonym benutzen, Art. 7 Abs. 3 PE und Anhang I lit. c) PE. Das Pseudonym muss unverwechselbar sein und darf deshalb nicht aus dem Namen einer natürlichen Person bestehen[1212]. Das Pseudonym muss ferner als Pseudonym erkennbar sein. Dies bedeutet, dass ein verständiger Kommunikationspartner keinerlei Zweifel haben darf, dass es sich bei dem verwendeten Namen um ein Pseudonym handelt.

In das qualifizierte Zertifikat können gemäß Anhang I lit. d) PE alle potentiell wichtigen Angaben zu einer Person, wie Zugehörigkeit zu einer Institution, Berufsbezeichnung oder berufliche Zulassung (so genannte Attribute) mit eingenommen werden[1213]. Der PE lässt im Hinblick auf die „spezifischen Attribute der Person" in Anhang I lit. d) explizit einen weiten Spielraum. Es wurde zu Recht offen gelassen, welche Angaben als Attribute übernommen werden können, so dass die Angaben an den Bedürfnissen der jeweiligen Nutzung des qualifizierten Zertifikates ausgerichtet werden können.

Das tatsächliche Vorliegen z.B. einer gewerberechtlichen oder berufsrechtlichen Befugnis, einer durch eine juristische oder natürliche Person eingeräumten Vertretungsvollmacht oder einer sonstigen Zulassung ist vor Aufnahme in das qualifizierte Zertifikat durch den Zertifizierungsdiensteanbieter entsprechend zu überprüfen, Anhang II lit. d) PE[1214]. Derartige Angaben können nach deutschem Recht wahlweise entweder direkt in das (Haupt-)Zertifikat oder in ein so genanntes qualifiziertes Attribut-Zertifikat aufgenommen werden, welches bloß

[1211] Vgl. allerdings den „Verisign"-Fall, in *Mason*, CLSR 2002, S. 246: „Verisign" hat Januar 2001 zwei falsche Zertifikate im Auftrag einer Person ausgestellt, die die „Microsoft Corporation" zu vertreten behauptete.

[1212] Vgl. Einzelrichtergericht erster Instanz Trikala 1129/2001, Harmenopoulos 2002, S. 80 ff.

[1213] Nach Anhang I lit. d) PE müssen qualifizierte Zertifikate folgende Angaben enthalten: „Platz für ein spezifisches Attribut des Unterzeichners, das gegebenenfalls je nach Bestimmungszweck des Zertifikats aufgenommen wird".

[1214] Anhang II lit. d) PE: „Zertifizierungsdiensteanbieter müssen mit geeigneten Mitteln nach einzelstaatlichem Recht die Identität und gegebenenfalls die spezifischen Attribute der Person überprüfen, für die ein qualifiziertes Zertifikat ausgestellt wird".

eine Referenz auf das (Haupt-)Zertifikat enthält, Art. 7 Abs. 2 SigG. Ein gesondertes qualifiziertes Attribut-Zertifikat ist in der griechischen Signaturgesetzgebung nicht explizit vorgesehen. Es wurde der Tatsache keine Rechnung getragen, dass qualifizierte Attribut-Zertifikate im Rechts- und Geschäftsverkehr eine entscheidende Rolle spielen. Der Sinn von Attribut-Zertifikaten liegt darin, dass sie unabhängig vom (Haupt-)Zertifikat für ungültig erklärt werden oder eine kürzere Geltungsdauer aufweisen können. Ein zusätzlicher Vorteil liegt darin, dass das Attribut-Zertifikat dem signierten Dokument nicht beigefügt werden muss. Der Erklärende kann je nach Verwendungszweck der elektronischen Signatur entscheiden, ob die Beifügung des Attribut-Zertifikates erforderlich ist. Aus diesen Praktikabilitätsgründen ist die Verwendung von Attribut-Zertifikaten auch im griechischen Signatursystem empfehlenswert, damit eine unnötige Modifizierung des (Haupt-)Zertifikats verhindert wird. Des Weiteren führt die Sperrung des Attribut-Zertifikates nicht auch zur Sperrung des (Haupt-) Zertifikates, so dass der Unterzeichner nicht in seine gesamter „elektronischen Identität“ eingeschränkt wird[1215]. Eine ausdrückliche gesetzliche Normierung wäre aber m.E. nicht notwendig, da die Definition des Begriffs „qualifizierte Zertifikate“ in Art. 2 Nr. 10 PE i.V.m. Anhang I und II d) PE auch „qualifizierte Attribut-Zertifikate“ umfasst und somit die notwendige Rahmenregelung für qualifizierte Attribut-Zertifikate enthält. Die eigentliche Entscheidung über das Einsetzen und die Verwendung von Attribut-Zertifikaten bleibt dem Markt und der Praxis überlassen.

Zu bedauern ist insofern, dass der griechische Gesetzgeber die Feststellung von zusätzlichen Angaben nicht konkreter geregelt hat. Berufsbezogene Angaben können von verschiedenen Stellen (z.B. von Arbeitgebern, Zulassungsstellen oder registerführenden Stellen) kommen. Denkbar und zweckmäßig ist es - nach dem Vorbild des § 5 Abs. 2 SigG - im Falle eben genannter gewerbe- und berufsrechtlicher Zulassungen, die Bestätigung ihres tatsächlichen Vorliegens dem jeweiligen öffentlich- oder privatrechtlichen Vertretungskörper zu überlassen, d.h. im konkreten der Notarkammer, der Rechtsanwaltskammer, usw. Bei Aufnahme einer Vertretungsmacht für Dritte in das Zertifikat muss erst Recht die erforderliche Einwilligung dieser dritten Person entsprechend nachgewiesen werden.

ii) Schlüsselerzeugung

Die Schlüsselgenerierung durch den Zertifizierungsdiensteanbieter wird im PE nicht ausdrücklich angesprochen. Diese Aufgabe ergibt sich - zumindest für An-

[1215] Begründung des Regierungsentwurfs, BT-Drs. 13/7385, S. 31.

bieter qualifizierter Zertifikate – indirekt aus Art. 6 Abs. 1 lit. c) PE[1216] bezüglich der Haftung von Zertifizierungsdiensteanbieter, die qualifizierte Zertifikate ausstellen. Die Schlüsselgenerierung beim Zertifizierungsdiensteanbieter wird auch im Anhang II lit. g) PE[1217] erwähnt, wonach Zertifizierungsdiensteanbieter bei der Erzeugung von Signaturschlüsseln bestimmte Sicherheitsvorkehrungen zu treffen haben. Aus diesen beiden Vorschriften lässt sich entnehmen, dass auch nach griechischem Recht Signaturschlüssel entweder vom Antragssteller auf einer Signaturerstellungseinheit oder beim Zertifizierungsdiensteanbieter erzeugt werden können. Wenn der Zertifizierungsdiensteanbieter qualifizierter Zertifikate die Schlüsselerzeugung übernimmt, dann muss er sicherstellen, dass die Vertraulichkeit während der Erzeugung dieser Daten gewährleistet ist.

iii) Zertifizierung

Der Zertifizierungsdiensteanbieter hat die Zuordnung von Signaturprüfdaten zu einer identifizierten Person durch die Ausstellung eines Zertifikats zu bestätigen. Diese Beglaubigung erfolgt in dem Zertifikat. In § 7 Abs. 1 SigG sind die Mindestangaben festgelegt, die ein qualifiziertes Zertifikat enthalten muss. Der griechische PE normiert - nach dem Vorbild der SigRL – den Inhalt der qualifizierten Zertifikate in Anhang I, der identisch mit Anhang I der SigRL ist. Da die Anforderungen des Anhangs I der SigRL an qualifizierte Zertifikate in § 7 SigG auch fast wörtlich wiedergegeben werden, ist von einer Übereinstimmung der deutschen und griechischen Vorschriften auszugehen. Der einzige Unterschied liegt darin, dass nach deutschem Recht (§ 7 Abs. 1 S. 1 SigG) das qualifizierte Zertifikat mit der qualifizierten elektronischen Signatur versehen sein muss, während gemäß Anhang I lit. h) PE - und Anhang I lit. h) SigRL – die fortgeschrittene elektronische Signatur des Anbieters genügt.

Der Entscheidung des deutschen SigG, eine qualifizierte elektronische Signatur diesbezüglich zu verlangen, ist zuzustimmen; erstens weil er die Vorgaben von

---

[1216] Art. 6 Abs. 1 lit. c) PE: „Der akkreditierte oder nicht akkreditierte Zertifizierungsdiensteanbieter, der ein Zertifikat als qualifiziertes Zertifikat öffentlich ausstellt oder für ein derartiges Zertifikat öffentlich einsteht, haftet in Bezug auf Schäden gegenüber einer Stelle oder einer juristischen oder natürlichen Person, die vernünftigerweise auf das Zertifikat vertraut, dafür, dass

.

.

c) in Fällen, in denen der Zertifizierungsdiensteanbieter sowohl die Signaturerstellungsdaten als auch die Signaturprüfdaten erzeugt, beide Komponenten in komplementärer Weise genutzt werden können".

[1217] Anhang II lit. g) PE: Zertifizierungsdiensteanbieter „müssen Maßnahmen gegen Fälschungen von Zertifikaten ergreifen und in den Fällen, in denen sie Signaturerstellungsdaten erzeugen, die Vertraulichkeit während der Erzeugung dieser Daten gewährleisten".

Art. 5 Abs. 1 SigRL berücksichtigt. Und zweitens weil Signaturen mit einem geringen Sicherheitswert nicht nur eine Fälschung der qualifizierten Zertifikate ermöglichen könnten, sondern in der Folge auch eine Fälschung der darauf beruhenden elektronischen Signaturen des Art. 3 Abs. 1 PE. Die Anforderung des deutschen Gesetzgebers, dass das qualifizierte elektronische Zertifikat mit einer qualifizierten elektronischen Signatur zu versehen ist, bedeutet allerdings zwangsläufig, dass der Zertifizierungsdiensteanbieter lediglich eine natürliche Person sein kann. Denn gemäß § 2 Nr. 7 SigG können die für eine qualifizierte elektronische Signatur notwendigen qualifizierten Zertifikate nur für natürliche Personen ausgestellt werden. Der Name des Zertifikatausstellers (z.B. SignTrust) in einem qualifizierten Zertifikat kann also nichts anderes als ein Pseudonym einer dahinter stehenden natürlichen Person sein.

Es ist allerdings zu erwarten, dass die Zertifizierungsdiensteanbieter, die den Anforderungen von Anhang II PE genügen, ihre eigenen Zertifikate mit einer fortgeschrittenen elektronischen Signatur auf der Basis eines qualifizierten Zertifikats versehen werden.

iv) Unterrichtungspflicht

Nach Art. 8 grVO treffen die Zertifizierungsdiensteanbieter, die qualifizierte Zertifikate ausstellen, eine umfassende Unterrichtungspflicht gegenüber dem Antragssteller. Die Unterrichtung ist von der Vorschrift der Zertifizierungsdiensteanbieter ausdrücklich als Pflicht auferlegt worden. Sie hat zeitlich vor der Erteilung des Zertifikats zu erfolgen und stellt quasi eine Schulung über die qualifizierten Zertifikate dar.

Dementsprechend hat ein Zertifizierungsdiensteanbieter den Antragssteller vor Vertragschließung über den Inhalt des Zertifizierungskonzepts und seines „Certification Practice Statement“ zu unterrichten. Ferner ist der Antragssteller über die Haftung, die Verpflichtungen und Rechtswirkungen, die mit der Verwendung des qualifizierten Zertifikats zusammenhängen und über die Pflichten eines Zertifikat-Berechtigten bezüglich des Speicherns und der Verwahrung von Signaturerstellungsdaten[1218] zu belehren. Obwohl die Belehrung bezüglich der Verwendung von qualifizierten Zertifikaten auch mit der Unterrichtung über die Rechtswirkungen von mit „qualifizierten“ elektronischen Signaturen des Art. 3 Abs. 1 PE versehenen Willenserklärungen zusammenhängt, wäre zur Gewähr-

[1218] S. hierzu Art. 4 Abs. 2 grVO: „Der Zertifikat-Berechtigte muss die Signaturerstellungseinheiten besitzen, die seinem Zertifikat zugeordnet sind, und mit der notwendigen Sorgfalt bezüglich ihrer Verwahrung und Verwendung und der Verwahrung und Verwendung des Zertifikats vorgehen“.

leistung größerer Klarheit eine in dieser Richtung gehende ausdrückliche Erweiterung der Unterrichtungspflicht sehr zu empfehlen.

Der Antragssteller ist darüber hinaus über die Folgen der Bekanntmachung von Signaturerstellungsdaten zu unterrichten und auf die Voraussetzungen und das Verfahren des Widerrufs bzw. der vorübergehenden Einstellung von Zertifikaten hinzuweisen. Die sorgfältige Verwahrung von Signaturerstellungseinheiten und die unverzügliche Mitteilungspflicht im Verlustfalle oder im Falle ihrer Übergabe bzw. Bekanntmachung an einen Dritten sind zwar ausdrücklich in Art. 4 Abs. 2 und 3 grVO geregelt, können aber gleichwohl als Nebenpflicht nach Treu und Glauben (Art. 288 grZGB - Obhutspflicht) aus dem Vertrag mit dem Anbieter abgeleiten werden.

Die vom Zertifizierungsdiensteanbieter im Falle der Einstellung seiner Tätigkeit getroffenen Maßnahmen gem. Art. 6 grVO sind auch mitzuteilen. Die Unterrichtungspflicht der Zertifizierungsdiensteanbieter ist ebenfalls in Anhang II lit. k) PE geregelt, der mit der Vorschrift des Anhangs II lit. k) SigRL identisch ist. Hiernach soll die Unterrichtung unter Verwendung eines dauerhaften Datenträgers klar und allgemein verständlich erfolgen. Bei der Ausstellung eines qualifizierten Zertifikats hat der Zertifizierungsdiensteanbieter zudem die Bedingungen der Verwendung des Zertifikats, wie etwa Einschränkungen seines Anwendungsbereichs oder des Transaktionswerts, bekannt zu geben; zudem ist auf eine freiwillige Akkreditierung sowie auf besondere zur Verfügung stehende Beschwerde- und Schlichtungsmöglichkeiten hinzuweisen. Damit ist einerseits beabsichtigt, den Nutzer mit dem Akkreditierungssystem und seinen Vorteilen bekannt zu machen und andererseits wird klargestellt, dass von dem Zertifizierungsdiensteanbieter die Einrichtung von solchen Beschwerde- und Schlichtungsverfahren erwartet wird. Auf Verlangen sind wichtige Teilinformationen auch Dritten, die auf das Zertifikat vertrauen, zugänglich zu machen. Es stellt sich nun die Frage, ob die Regelung des Art. 8 grVO als lex specialis der Regelung des Anhang II lit. k) PE vorgeht. Da der Regelungsrahmen und Aufbau der beiden Vorschriften sich nicht ganz decken, läge in einer solchen Interpretation die Gefahr eines Defizits bei der Umsetzung der SigRL. Käme nur Art. 8 grVO zum Tragen, blieben einige der in Anhang II lit. k) SigRL vorgesehenen Unterrichtungspflichten (z.B. Hinweise über Nutzungsbeschränkungen für das Zertifikat, über die Existenz eines freiwilligen Akkreditierungssystems und über das Vorgehen in Beschwerde- und Schlichtungsverfahren) ungeachtet. Richtig ist daher, dass beide Normen ergänzend zur Anwendung kommen und von den Anbietern bei der Unterrichtung berücksichtigt werden müssen.

Die Unterrichtung nach den Vorschriften der griechischen Signaturgesetzgebung ändert nicht die Rechtsstellung des Antragstellers, insbesondere liegt es allein in seiner Verantwortung, ob er die notwendigen Maßnahmen trifft, über die er unterrichtet wurde. Die Art und Weise der Unterrichtung (schriftlich, in elektronischer Form, mittels CD-ROM usw.) bleibt dem Zertifizierungsdiensteanbieter überlassen[1219]. Im Hinblick auf die Dokumentationspflicht sämtlicher Informationen in Bezug auf die qualifizierten Zertifikate nach Art. 7 grVO sind entsprechend leicht überprüfbare Kommunikationen gegenüber dem Nutzer sinnvoll.

Durch die vorgeschriebene Unterrichtungspflicht wird der mit der Schriftform bezweckten Warnfunktion Rechnung getragen[1220]. Es stellt sich in diesem Zusammenhang die Frage, ob zur Stärkung der Warnfunktion der elektronischen Form eine Bestätigung der Kenntnisnahme der Belehrung in Betracht kommt. Dabei ist ein rechtsvergleichender Blick auf die Regelungen des deutschen SigG hilfsreich. Nach § 6 Abs. 3 SigG[1221] ist dem Antragsteller eine Belehrung in Textform zu übermitteln, deren Kenntnisnahme dieser als Voraussetzung für die Ausstellung des qualifizierten Zertifikats in Textform zu bestätigen hat. Nach früherer Rechtslage war dem Antragsteller eine schriftliche Belehrung auszuhändigen, deren Kenntnisnahme dieser gesondert zu unterschreiben hatte. § 6 Abs. 3 S. 1 SigG sieht nun vor, dass die Belehrung in Textform zu übermitteln ist[1222]; auch die Bestätigung kann zukünftig durch Textform erfolgen.

Das bisherige deutsche Erfordernis der handschriftlichen Bestätigung der Kenntnisnahme der Belehrung durch den Antragsteller ist weder von der SigRL vorgegeben noch findet es sich in den griechischen Vorschriften zur elektronischen Signatur. Wie sich aus Anhang II lit. k) PE ergibt, ist einerseits laut griechischem Recht das persönliche Erscheinen des Antragstellers für die Unterrichtung nicht erforderlich. Hiernach müssen die notwendigen Informationen „mit einem dauerhaften Kommunikationsmittel" erbracht werden, d.h. auf schriftlichem oder elektronischem Wege in klar verständlicher Sprache. Die Informationen müssen dem Empfänger dauerhaft zugänglich gemacht werden. Diesem Erfordernis wird voll Rechnung getragen, wenn der Text online abgerufen, gespeichert oder ausgedruckt werden kann. Infolgedessen genügt hierfür ein Telefax, Computerfax oder eine E-Mail zur Erfüllung der Unterrichtungspflicht. Andererseits wäre die Einfügung einer Bestätigung der Kenntnisnahme der Belehrung – wie in § 6 Abs. 3 n.F. SigG - empfehlenswert, da sie die oft angezweifelte Warnfunktion der elektronischen Signatur zugunsten der Nutzer verbessern

1219 Vgl. allerdings Art. 6 Abs. 1 lit. d) VfAZ, wonach auf die Erfüllung der Informationspflicht durch eine Unterlage verwiesen wird.

1220 Vgl. z.B. BT-Drs. 14/4662, S. 22.

1221 Geändert durch Art. 1 Abs. 4 des Ersten Gesetzes zur Änderung des Signaturgesetzes (1. SigÄndG), BGBl. I 2005, S. 2. Kritisch zum neuen Beantragungs- und Ausgabeprozess *Roßnagel*, NJW 2005, S. 388.

1222 Vgl. BT-Drs. 15/4172, S. 4. Befürwortend hierzu *Bergfelder*, CR 2005, S. 150.

würde. Dadurch wäre bestätigt, dass sich der Unterzeichner des Umfangs der rechtlichen Bindungen, die mit der Signatur eingegangen werden können sowie der zu beachtenden Sicherungsmaßnahmen bewusst ist. Ebenso dient der Warnfunktion, dass der Zertifizierungsdiensteanbieter veranlasst wird, das Verfahren so auszugestalten, dass er das qualifizierte elektronische Zertifikat nur vergibt, wenn die Bestätigung der Kenntnisnahme mit einem dauerhaften Kommunikationsmittel (z.B. per E-Mail) erfolgt ist. Die Warnfunktion ist jedenfalls dann verstärkt, wenn die Zertifikatsausstellung für den Unterzeichner mit einigem Aufwand einhergeht.

Verstöße gegen die Unterrichtungspflicht sind nach Art. 12 grVO zu behandeln, der die Aufsichtsmaßnahmen und die möglichen Sanktionen bestimmt. Die Aufsicht über die Einhaltung des PE 150/2001, der Rechtsverordnung und des Telekommunikationsgesetzes 2867/2000[1223] obliegt der zuständigen Behörde - NatKTP; diese wird von Amts wegen oder auf Grund einer Beschwerde eingeleitet . Die NatKTP kann sich bei der Durchführung der Aufsicht privater Stellen bedienen. Gemäß Art. 12 Abs. 3 grVO sind bezüglich der Sanktionen die entsprechenden Vorschriften des Gesetzes 2867/2000 anzuwenden. Maßgeblich sind daher Art. 11 und 12 des Gesetzes 2867/2000. Hinsichtlich der hier in Betracht kommenden strafrechtlichen Sanktionen des Art. 11 des Gesetzes 2867/2000 ist hervorzuheben, dass ihre Anwendung bei Verstößen gegen die Unterrichtungspflicht auszuschließen ist, da sie nicht unter einen der objektiven Tatbestandsmerkmale des Art. 11 subsumierbar sind. Eine Analogie ist erst Recht auf Grund des verfassungsrechtlichen Grundsatzes „nullum crimen, nulla poena sine lege" (Art. 7 Abs. 1 Verfassung, Art. 1 grStGB) nicht möglich. Die verwaltungsrechtliche Sanktionen des Art. 12 des Gesetzes 2867/2000 (Empfehlung zur Einhaltung der Vorschrift und entsprechende Warnung vor Sanktionen, Geldbuße, vorläufiges bzw. permanentes Untersagen der Ausübung der Tätigkeit) sind indes anwendbar. Nach deutschem SigG sind Verstöße gegen die Unterrichtungspflicht nicht mit einer Geldbuße nach § 21 SigG belegt, können aber zu den aufsichtsrechtlichen Maßnahmen nach § 19 SigG führen.

Gravierender für die Zertifizierungsdiensteanbieter wird allerdings sein, dass aus der Vernachlässigung ihrer Unterrichtungspflicht Schadensersatzansprüche sowohl beim Antragssteller als auch bei Dritten entstehen können, die damit zusammenhängen, dass der Unterzeichner auf Grund mangelnder Unterrichtung die erforderlichen Sicherheitsmaßnahmen nicht ergreift. Gelingt einerseits dem Antragssteller nachzuweisen, dass die Unterrichtung gar nicht oder ungenügend erfolgte und aus diesem Grund ein Schaden erstanden ist, kann daraus eine Er-

---

[1223] Gesetz 2867/2000, Griechisches Amtsblatt (ΦΕΚ) Α΄ 273/19.12.2000 – „Organisation und Betrieb der Telekommunikation und andere Vorschriften".

satzpflicht des Anbieters aus positiver Vertragsverletzung folgen. Denn der Zertifizierungsdiensteanbieter übernimmt mit dem Abschluss des Vertrags mit dem Antragssteller auch die vertraglichen Nebenpflichten auf Auskunft und Beratung, die durch Art. 8 grVO i.V.m. Anhang II lit. k) PE konkretisiert werden. Verschulden der Mitarbeiter des Anbieters muss sich der Anbieter nach Art. 334 Abs. 1 grZGB[1224] zurechnen lassen. Ein Dritter, der durch das pflichtwidrige Unterlassen des Anbieters einen Vermögensschaden erlitten hat, kann Schadensersatz aus der Vorschrift über die unerlaubte Handlung des Art. 914 grZGB[1225] verlangen, wenn dieser rechtswidrig und schuldhaft verursacht worden ist. Als Veletzungshandlung kommt hierbei ein Tun oder Unterlassen in Betracht. Damit ein Unterlassen rechtswidrig ist, muss eine rechtliche Verpflichtung zu einem Tun vorliegen, die aus einer speziellen gesetzlichen Regelung, aus einem Rechtsgeschäft oder aus der Bestimmung des grZGB über Treu und

---

1224 Art. 334 Abs. 1 grZGB: „Der Schuldner hat ein Verschulden der Personen, derer er sich zur Erfüllung seiner Verbindlichkeit bedient, in gleichem Umfang zu vertreten wie eigenes Verschulden".

1225 Art. 914 grZGB: „Wer gesetzwidrig einem anderen schuldhaft einen Schaden zufügt, ist zum Schadensersatz verpflichtet". - Über das Konzept der Rechtswidrigkeit wird im griechischen Recht viel diskutiert. S. hierzu die ausführliche Darstellung der „objektiven" und „subjektiven" Theorie in *Georgiades*, FS Larenz, S. 179 ff.; vgl. auch hierzu *Kornilakis*, Europa-Institut, S. 13 ff. Art. 914 des grZGB enthält nach der heute wohl herrschenden Meinung eine „Blankettnorm" in Form einer Generalklausel, die für die Qualifizierung des schadensstiftenden Verhaltens als „rechtwidrig" auf alle anderen Normen des gesamten positiven Rechts (worunter auch die allgemeinen Rechtsgrundsätze fallen) verweist. Haftungsbegründend ist ein schadensursächliches Verhalten, wenn es schuldhaft und gesetzwidrig ist. Nach *Deligiannis*, FS Michaelides-Nouaros, S. 311 ff., dem Begründer der „erweiterten objektiven Theorie", gehört zu der „Gesetzeswidrigkeit" i.S.v. Art. 914 grZGB nicht nur die Verletzung eines absoluten Rechts oder eines „berechtigten Interesses", sondern auch die Verletzung des „allgemeinen Rechtsgedankes", der Bestimmungen des ZGB über Treu und Glauben und gute Sitten oder gar die Verletzung der Sorgfaltspflichten, die durch die Bedürfnisse des sozialen Zusammenlebens geboten sind; dies weil ein solches Verhalten durch Art. 281 grZGB (missbräuchliche Rechtsausübung) verboten ist. Diese Auffassung, die die Verletzung des allgemeinen Rechtsgedankes, des guten Glaubens, der guten Sitten und der ungeschriebenen Bedürfnisse des sozialen Zusammenlebens nach angemessener Sorgfalt als rechtwidrig betrachtet, gewinnt erheblich an Bedeutung bei Literatur und Rechtsprechung; vgl. hierzu *Kornilakis*, Schuldrecht, Bes.Teil., S. 480 und insb. Fn. 11 m.w.N. Nach einer verbreiteten Auffassung, die von der deutschen Theorie über die Schutzgesetze beeinflusst worden ist, ist die Verletzung eines Gesetzes als rechtswidrig zu betrachten, auch wenn durch die Verletzungshandlung kein absolutes Recht, sondern ein „berechtigtes Interesse" verletzt wird, das innerhalb des Schutzbereiches des Gesetzes liegt; vgl. *Georgiades*, in Georgiades/Stathopoulos ZGB, Art. 914 Rn. 50, 54; *ders.*, Schuldrecht, § 60 Rn. 18 ff. S. auch obiter dictum Plenum des Areopags 18/2004, Dikaio Epicheireseon kai Etairion 2004, S. 927. Zu Recht kritisch *Deligiannis*, FS Michaelides-Nouaros, S. 310 f., da der Wortlaut des Art. 914 grZGB, anders als der § 823 Abs. 2 BGB keine Stützen dafür enthält.

Glauben (Art. 288 grZGB) entsteht[1226]. In diesem Fall kommt die Rechtswidrigkeit auf Grund des Unterlassens der gesetzlichen Unterrichtungspflicht in Betracht. Der Kausalitätsnachweis dürfte allerdings erhebliche Beweisschwierigkeiten aufweisen. Insgesamt sollte der Zertifizierungsdiensteanbieter, um Schadensersatzansprüche zu vermeiden, im eigenen Interesse die Unterrichtung fürsorglich durchführen.

v) Dokumentationspflicht

Auf Grund von Art. 7 grVO trifft den Zertifizierungsdiensteanbieter auch eine Dokumentationspflicht. Danach ist jeder Anbieter von qualifizierten Zertifikaten dazu verpflichtet, ein Archiv in Schriftform und/oder in elektronischer Form zu führen, das sämtliche Informationen bezüglich der von ihm ausgestellten und/oder der von ihm verwalteten Zertifikate enthält. Diese Protokollierung muss insbesondere Angaben über den Zeitpunkt der Ausstellung des Zertifikats, der Annullierung, des Widerrufs oder des Gültigkeitsendes umfassen. Die Informationen sind so zu dokumentieren, dass die Richtigkeit und die Genauigkeit der Daten jederzeit nachprüfbar sind. Mit dieser Vorschrift wird Anhang II lit. i) PE konkretisiert, der seinerseits auf Anhang II lit. i) SigRL zurückgeht. Anders als § 8 Abs. 2 SigV, der eine Benennung aller Unterlagen enthält, die im Zusammenhang mit einem qualifizierten elektronischen Zertifikat relevant und damit zu dokumentieren sind, enthält Art. 7 grVO keine solche Auflistung.

Auf Grund der Haftungsregelung nach Art. 6 Abs. 2 PE, wonach der Zertifizierungsdiensteanbieter für den Fall haftet, dass er der Widerruf des Zertifikats nicht archiviert hat, und der Regelung des Art. 6 Abs. 3 PE, wonach die Haftung des Zertifizierungsdiensteanbieters ausgeschlossen ist, wenn er nachweist, dass er nicht fahrlässig gehandelt hat, kommt der Dokumentation im Hinblick auf haftungsrelevante Pflichtverletzungen sowie die Beweisführung im Streitfalle eine immense Bedeutung zu[1227].

Gemäß Art. 7 Abs. 2 grVO und Anhang II lit. i) PE beträgt die Mindestdauer der Aufbewahrung und Sicherung des Archivs 30 Jahre, beginnend mit dem Zeitpunkt des Gültigkeitsendes des Zertifikats oder mit dem Zeitpunkt seiner Sperrung. Unverzüglich nach der Ausstellung des qualifizierten Zertifikats ist es in elektronischer Form im Archiv so zu dokumentieren, dass die Dokumentation

[1226] Vgl. z.B. Areopag 427/2004, veröffentlicht in NOMOS Datenbank. S. auch *Georgiades*, in Georgiades/Stathopoulos ZGB, Art. 914 Rn. 9.

[1227] Ausführlich zur Haftung der Zertifizierungsdiensteanbieter im griechischen Recht S. 276.

nachträglich nicht unbemerkt verändert werden kann[1228]. Der Gesetzgeber schreibt hierfür nicht die Verwendung einer bestimmten Technik vor. Hierfür sollen die in der griechischen Signaturgesetzgebung nicht näher geregelten Zeitstempel eingesetzt werden. Die vorgesehene Frist von 30 Jahren behält auch bei unvorhersehbaren Zwischenfällen, wie etwa der Einstellung der Tätigkeit[1229] eines Zertifizierungsdiensteanbieters, ihre Gültigkeit. In diesen Fällen ist die bisher erfolgte Dokumentation an den jeweiligen Übernehmer bzw. an die NatKTP zu übergeben, Art. 6 lit. f) grVO.

Auf Antrag des Zertifikat-Berechtigten ist diesem nach Art. 7 Abs. 5 grVO Einsicht in die ihn betreffenden dokumentierten Daten zu gewähren. Der Zertifizierungsdiensteanbieter hat innerhalb von 7 Tagen dem Antrag nachzukommen. Dieser Auskunftsanspruch des Zertifikat-Berechtigten[1230], der in der SigRL nicht vorgesehen ist, ist wegen seiner Vertrauensschutzfunkion und der Entlastung der Gerichte zu begrüßen, denn er ermöglicht dem Berechtigten, sich von der Korrektheit der ihn betreffenden Daten zu überzeugen, ohne dazu den Gerichtsweg einschlagen zu müssen[1231]. Im Falle einer Übernahme trifft die Pflicht zur Einsicht den übernehmenden Zertifizierungsdiensteanbieter bzw. die NatKTP selbst. Der griechische Gesetzgeber äußert sich zwar nicht darüber, dieses Versäumnis ist aber durch Auslegung zu ergänzen: Der Auskunftsanspruch gegenüber dem übernehmenden Zertifizierungsdiensteanbieter bzw. der NatKTP lässt sich aus Art. 7 Abs. 5 i.V.m. Art. 6 lit. f) grVO entnehmen. Übernimmt der jeweilige Diensteanbieter oder die NatKTP die Dokumentation, ist davon auszugehen, dass auch die zusammenhängende Einsichtspflicht übernommen wird. Es gibt keinen Grund dafür, den Anspruch des Berechtigten wegen der Tätigkeitseinstellung des Zertifizierungsdiensteanbieters zu streichen.

Art. 7 Abs. 5 grVO betrifft – wie auch die ähnliche Vorschrift des § 10 Abs. 2 SigG – nur den Zertifikat-Berechtigten. Der geschädigte Dritte hat auf Grund dieser Norm keinen Auskunftsanspruch gegenüber dem Zertifizierungsdiensteanbieter. Das ergibt sich eindeutig aus dem Wortlaut. Einerseits spricht Art. 7 Abs. 5 grVO ausdrücklich vom Zertifikat-Berechtigten. Andererseits kann eine Auskunft nur „die ihn betreffenden Daten“ zum Gegenstand haben[1232]. Es ist allerdings sehr wichtig für den Dritten-Signaturempfänger, über ausreichende

[1228] Art. 7 Abs. 3 grVO. Dieses Verfahren kann die NatKTP durch Beschluss bestimmen. Außerdem kann die NatKTP gemäß Art. 7 Abs. 4 grVO durch Beschluss die Führung des Archivs genauer vorschreiben. Von dieser Möglichkeit wurde bislang kein Gebrauch gemacht.

[1229] Vgl. Art. 6 grVO.

[1230] Vgl. ähnlich § 10 Abs. 2 SigG.

[1231] BT-Drs. 14/4662, S. 24.

[1232] Nach § 10 Abs. 2 SigG ist dem Signaturschlüssel-Inhaber Einsicht sowohl in die ihn betreffenden Daten als auch in die Verfahrensdritter zu gewähren.

Informationen zu verfügen, ob der ihm entstandene Schaden auf einem Fehlverhalten des Zertifizierungsdiensteanbieters oder einem Fehlverhalten des Signaturschlüssel-Inhabers beruht. Dies kann den Dritten in eine Beweisnot führen, wenn er nicht ermitteln kann, gegen wen überhaupt ein Anspruch in Betracht kommt. Die in Art. 6 Abs. 3 PE geregelte Beweislastumkehr bezüglich der Haftung des Zertifizierungsdiensteanbieters hilft auch nicht weiter, da dadurch auch nicht der richtige Anspruchsgegner zu ermitteln ist.

Da die Begründung eines Auskunftsanspruchs eines Dritten nach der griechischen Signaturgesetzgebung wie auch nach dem deutschen SigG ausgeschlossen ist, soll untersucht werden, ob dieses Informationsdefizit nach geltendem Recht abgebaut werden kann. Ist der Dritte im Zertifikat genannt (z.B. im Attribut-Zertifikat), kann er als datenschutzrechtlich Betroffener einen Einsichtsanspruch aus Art. 12 des Datenschutzgesetzes 2472/1997 geltend machen[1233]. Der Signaturempfänger wird allerdings i.d.R. nicht vom Zertifikat erfasst. Ein Auskunftsanspruch nach Art. 288 grZGB (Treu und Glauben)[1234] scheidet aus, da hierfür zwischen den Parteien Rechtsbeziehungen bestehen müssen. Eine vertragliche Rechtsbeziehung besteht aber zwischen den Zertifizierungsdiensteanbieter und dem geschädigten Dritte nicht.

Die Vorlage der Dokumentation kann der Dritte im Rahmen eines Klageverfahrens über Art. 450 ff. grZPO erzielen[1235]. Dadurch kann eine Urkundenvorlegung angeordnet werden. Stellt die Dokumentation keine Urkunde i.S.d. Art. 450 ff. grZPO dar, kann das Gericht die Einnahme des Augenscheins gemäß Art. 355 ff. grZPO und insbesondere Art. 363 Abs. 1 grZPO anordnen[1236]. Diese Möglichkeit gibt es allerdings vor einer Klageerhebung nicht. Aus diesem Grund sollte der griechische Gesetzgeber unter Berücksichtigung des Schutzes von Unternehmensgeheimnissen eine Auskunftspflicht auch für den geschädigten Dritten einfügen.

[1233] Vgl. *Roßnagel*, Recht der Multimedia-Dienste, § 10 SigG Rn. 34.

[1234] S. Fn. 1064.

[1235] Art. 450 grZPO:
„1. Jede Partei ist verpflichtet, die Urkunden, welche sie während des Prozesses benutzt oder auf die sie sich beruft, vorzulegen.
2. Jede Partei oder jeder Dritte ist verpflichtet, die Urkunden, die er besitzt und die zum Beweis benutzt werden können, vorzulegen, es sei denn, dass ein wichtiger Grund vorliegt, welcher die Verweigerung der Vorlegung rechtfertigt. Ein wichtiger Grund liegt insbesondere in den Fällen vor, in denen die Zeugnisverweigerung gestattet ist".

[1236] Art. 363 Abs. 1 grZPO: „Ist das Augenscheinsobjekt eine bewegliche Sache, die sich im Besitz einer Partei oder eines Dritten befindet, so müssen diese die Sache herbeibringen und demjenigen, der den Augenschein einnimmt, vorzeigen". Rechtsvergleichend zur „Informationsbeschaffung im materiellen Recht und im Prozessrecht – gezeigt am Beispiel des griechischen Rechts" *Koutsouradis*, FS Walder, S. 25 ff.

Was den Vergleich mit der deutschen Rechtslage betrifft, sind folgende Unterschiede zu vermerken: Der Umfang der Dokumentationspflicht ist in der grVO sehr weit vorgeschrieben. Eine Konkretisierung wie in § 8 SigV ist in Art. 7 grVO nicht zu finden. Darüber hinaus hängen alle die zu dokumentierenden Informationen lediglich mit qualifizierten Zertifikaten zusammen und erstrecken sich nicht auf das Sicherheitskonzept – anders als in § 8 Abs. 1 SigV. Die Dokumentationspflicht nach griechischem Recht wird allerdings durch eine Berichterstattungspflicht ergänzt, Art. 11 grVO. Danach muss der Zertifizierungsdiensteanbieter qualifizierter Zertifikate u.a. über sein Sicherheitskonzept und seine „Certification Practice“[1237], einschließlich aller Änderungen bezüglich seiner Tätigkeit[1238], und über die vertraglichen Vereinbarungen mit den Antragstellern[1239] berichten und die dafür notwendige Dokumentation vorbringen. Aus diesem Vergleich lässt sich also entnehmen, dass die deutsche Regelung zwar konkreter ist[1240], aber die zu dokumentierenden Informationen der griechischen Regelung in Verbindung mit der Berichterstattungspflicht im Ergebnis viele Ähnlichkeiten mit der deutschen Dokumentationspflicht aufweisen.

Unterschiede zwischen den zwei Rechtsordnungen bestehen im Übrigen hinsichtlich der Dokumentationspflicht in den verschiedenen Signaturverfahren, insbesondere in der Frage, ob die Dokumentationspflicht unterschiedlich je nach Signaturart ist. Die von einem akkreditierten Zertifizierungsdiensteanbieter ausgestellten Zertifikate des SigG zeichnen sich vor den qualifizierten Zertifikaten unter anderem dadurch aus, dass sie langfristig aufzubewahren sind. Die akkreditierten Zertifizierungsdiensteanbieter müssen ihre Dokumentation nach § 8 Abs. 3 SigV, der auf § 4 SigV verweist, mindestens weitere 30 Jahre ab dem Schluss des Jahres, in dem die Gültigkeit des Zertifikats endet, aufbewahren. Die einfachen qualifizierten Zertifikate müssen aber nur für eine relativ kurze Zeit aufbewahrt werden – nämlich nur für weitere fünf Jahre, die auf das Ende des Jahres folgen, in dem die Gültigkeit des Zertifikats endet, § 4 Abs. 1 SigV. Danach muss die Dokumentation gelöscht werden, wenn der Signaturschlüssel Inhaber nicht in eine längere Aufbewahrung eingewilligt hat[1241]. Diesen Unterschied zwischen einfachen qualifizierten Zertifikaten und von einem akkreditierten Zertifizierungsdiensteanbieter ausgestellten Zertifikaten gibt es im griechischen Recht nicht, vielmehr hat der Gesetzgeber einheitlich in Art. 7 Abs. 2 grVO und Anhang II lit. i) PE eine Aufbewahrungsfrist von 30 Jahren für beide Signaturverfahren vorgeschrieben, beginnend mit dem Zeitpunkt des Jahres, in dem die Gültigkeit des Zertifikats endet oder mit dem Zeitpunkt seiner Sper-

[1237] S. Art. 11 Abs. 2 lit. g) grVO.
[1238] S. Art. 11 Abs. 3 grVO.
[1239] S. Art. 11 Abs. 2 lit. f) grVO.
[1240] S. nur § 9 Abs. 2 SigV.
[1241] *Roßnagel*, MMR 2002, S. 219; *ders.*, BB 2002, S. 262.

rung. Aus dieser Darstellung lässt sich sagen, dass das griechische System die Akkreditierung von Zertifizierungsdiensteanbietern nicht fördert. Sowohl nach deutschem als auch nach griechischem Recht ist der Zertifizierungsdiensteanbieter eines „einfachen" oder eines fortgeschrittenen Signaturverfahrens nicht verpflichtet eine Dokumentation über die ausgestellten Zertifikate zu führen, aus der Informationen für ein mögliches Streitverfahren über die Echtheit einer Signatur gewonnen werden könnten.

vi) Berichterstattungspflicht

Nach Art. 11 Abs. 1 grVO müssen sämtliche Zertifizierungsdiensteanbieter („einfache", akkreditierte, oder Anbieter, die qualifizierte Zertifikate ausstellen) einen jährlichen Bericht an die NatKTP über ihre Tätigkeit erstatten, der sich u.a. mit möglichen Anträgen und/oder Beschwerden der Zertifikat-Berechtigten und Dritter befasst. Der Bericht von Zertifizierungsdiensteanbietern, die qualifizierte Zertifikate ausstellen, muss nach Art. 11 Abs. 2 grVO mindestens folgende Angaben enthalten:

- eine Beschreibung sowohl der Niederlassung des Anbieters als auch aller erforderlichen technischen und organisatorischen Sicherheitsmaßnahmen und deren Eignung. Dabei handelt es sich um eine beinahe wortwörtliche Übernahme des § 2 Nr. 1 SigV bezüglich des Inhalts des Sicherheitskonzepts. Die Formulierung „erforderlichen" weist darauf hin, dass nach objektiven Kriterien beurteilt wird, ob die notwendigen Maßnahmen getroffen worden sind;

- eine Übersicht über die eingesetzten Produkte für die Erstellung *fortgeschrittener* elektronischer Signaturen (also digitaler Signaturen); in § 2 Nr. 2 SigV wird dagegen statt dessen – wie es systematisch zu erwarten ist - eine Übersicht über die eingesetzten Produkte für *qualifizierte* elektronische Signaturen verlangt. Gemäß Art. 4 Abs. 2 S. 3 PE begründet die Übereinstimmung von Produkten für elektronischen Signaturen mit allgemein anerkannten Normen für Produkte für elektronische Signaturen eine Vermutung dafür, dass die Anforderungen nach Anhang II lit. f)[1242] und Anhang III PE erfüllt sind. Die Kommission hat nach dem Verfahren des Artikels 9 SigRL Referenznummern für allgemein anerkannte Normen für Produkte für elektronische Sig-

---

[1242] Die Zertifizierungsdiensteanbieter, die qualifizierte Zertifikate ausstellen, „müssen vertrauenswürdige Systeme und Produkte einsetzen, die vor Veränderungen geschützt sind und die die technische und kryptographische Sicherheit der von ihnen unterstützten Verfahren gewährleisten".

naturen festgelegt und sie im Amtsblatt der Europäischen Gemeinschaften veröffentlicht[1243];

- die vorgesehenen Maßnahmen zur Sicherstellung und Aufrechterhaltung des Betriebes, insbesondere bei Notfällen. Dies entspricht die Vorschrift des § 2 Nr. 4 SigV. Die unter Art. 11 Abs. 2 lit. c) grVO genannten Vorkehrungen sollen die jederzeitige Erfüllbarkeit der gesetzlichen Anforderungen sicherstellen nach Maßgabe des Anhangs II lit. b) und c) PE. Die Sicherstellung und Aufrechterhaltung des Betriebes bei Notfällen verlangt beispielsweise die Organisation eines 24-Stunden-Bereitsschaftsdienstes, eine Sicherung gegen Stromausfall, und Spannungsschwankungen, sowie Maßnahmen im Falle von Bränden, Wasserschäden usw.;

- jegliche Schutzmaßnahmen für Dateien und Daten. Im Rahmen dieser Übersicht ist vor allem darzustellen, wie die zum Signieren eingesetzten Signaturschlüssel vor unbefugter Nutzung und Entwendung geschützt werden. Wichtig ist auch die Darlegung der Maßnahmen zum Schutz der für ein Zertifikat bestimmten Daten vor Fälschung und Verfälschung sowie zur Wahrung der Vertraulichkeit in den Fällen, in denen der Zertifizierungsdiensteanbieter Signaturerstellungsdaten erzeugt. Der Zertifizierungsdiensteanbieter hat sich auch zu den von ihm getroffenen Maßnahmen bezüglich der Anforderung des Anhangs II lit. l) PE zu äußern;

- eine Beschreibung der eingesetzten Verfahren zur Beurteilung und Sicherstellung der Zuverlässigkeit des Personals. Dies entspricht die Vorschrift des § 2 Nr. 5 SigV; Art. 11 Abs. 2 lit. e) grVO dient der Sicherstellung, dass die Mitarbeiter jederzeit, d.h. nicht nur zu Beginn, sondern auch während der Beschäftigung beim Zertifizierungsdiensteanbieter über die erforderliche Zuverlässigkeit verfügen, nach Maßgabe des Anhangs II lit. a) und e) SigRL. Zur Beurteilung der Zuverlässigkeit des Personals bei der Einstellung kommen insbesondere der Nachweis der durch Ausbildung erworbenen Kenntnisse, das polizeiliche Führungszeugnis sowie Zeugnisse früherer Arbeitgeber in Betracht. Soweit es um Fachkunde geht, wird den Zertifizierungsdiensteanbieter auch eine Pflicht zu Fortbildungsmaßnahmen und regelmäßige Kontrollen treffen;

[1243] Entscheidung der Kommission 2003/511/EG vom 14. Juli 2003 über die Veröffentlichung von Referenznummern für allgemein anerkannte Normen für Produkte für elektronische Signaturen gemäß der Richtlinie 1999/93/EG des Europäischen Parlaments und des Rates, Amtsblatt Nr. L 175 vom 15/07/2003, S. 45-46.

- eine Kopie des Standardvertrags, den der Zertifizierungsdiensteanbieter mit den Zertifikat-Berechtigten oder mit den Berechtigten anderer Dienstleistungen abschließt. Jedes mit diesem Standardvertrag verbundene Dokument ist auch beizufügen. Mit der in Art. 11 Abs. 2 lit. f) grVO geregelten Anforderung wird auf die Kontrolle des Standardvertrags von der zuständigen Behörde abgezielt. Hiernach soll die NatKTP auf Übereinstimmung der Bestimmungen des Standardvertrags mit der AGB-Gesetzgebung und mit den Vorschriften des Verbraucherschutzgesetzes 2251/1994 kontrollieren[1244]. Die Europarechtskonformität dieser Regelung ist zweifelhaft, weil sie ein nationales Hindernis für das Angebot von Zertifizierungsdiensten schafft. Zertifizierungsdiensteanbieter in anderen Mitgliedstaaten müssen diese Anforderung nicht erfüllen. Der Hinweis des PE auf die Regelungen des Verbraucherschutzgesetzes 2251/1994 in Art. 6 Abs. 6 PE genügt nicht, dieses zusätzliche nationale Hindernis zu rechtfertigen.

- Dokumentation, die die vom Zertifizierungsdiensteanbieter verfasste „Certification Policy“ (Zertifizierungspolitik) und seine „Certification Practice“ darstellt. Der Begriff „Certification Policy“ wird weder in der grVO noch im PE näher definiert. Er steht für einen Überblick über die vom Zertifizierungsdiensteanbieter angebotenen Dienste, das dafür in Rechnung gestellte Entgelt, die zu erfüllenden Pflichten, genaue Angaben über die Haftung usw. Die Zielsetzung einer Certification Policy ist im RFC 3647 („Certificate Policy and Certification Practices Framework“) ausführlich dargestellt[1245]. Das “Certification Practice Statement“, das die praktische (technisch und organisatorisch) Umsetzung der Zertifizierungspolitik darstellt, muss mindestens die Angaben des Anhangs I grVO enthalten[1246].

Im Rahmen des Berichts ist die Einhaltung der Sicherheitsanforderungen des PE wie auch der darauf beruhenden grVO darzulegen. Insbesondere anzugeben sind sämtliche infrastrukturellen, personellen, organisatorischen und technischen Maßnahmen, die eingesetzt werden, um ein hohes Sicherheitsniveau einhalten zu können. Die Angaben im Bericht sind von großer Bedeutung für die Überprüfung, ob die Anforderungen des Art. 3 Abs. 2 grVO während des Betriebes ein-

---

1244 Die behördliche Genehmigung von AGB stellt keinen Grund zum Ausschluss oder zur Einschränkung der Inhaltskontrolle dar. Vgl. hierzu i.E. *Karakostas*, Verbraucherschutzrecht, Rn. 32 S. 82 f.; *Karassis*, AGB, S. 14 f.
1245 RFC 3647 Internet X. 509 Public Key Infrastructure Certificate Policy and Certification Practices Framework, November 2003.
1246 S. hierzu Fn. 1206.

gehalten werden[1247]. Das nach Artikel 3 Abs. 3 SigRL vorgesehene Überwachungs- bzw. Aufsichtssystem (vgl. Art. 4 Abs. 8 PE und Art. 9 grVO) macht es erforderlich, dass durch den Zertifizierungsdiensteanbieter dargelegt wird, dass die Anforderungen der Signaturgesetzgebung erfüllt sind. Die zuständige Behörde kann zudem auf Grund der Berichterstattung die Aufsicht nach Art. 4 Abs. 8 PE und Art. 9 grVO über die Zertifizierungsdiensteanbieter leichter durchführen.

Die für den Bericht notwendigen Informationen umfassen die allgemeinen Anforderungen, die nach Anhang II PE an das Sicherheitsniveau für Zertifizierungsdiensteanbieter, die qualifizierte Zertifikate ausstellen, zu stellen sind. Streng genommen hätte auch die Wiedergabe des allgemein gehaltenen Anhangs II PE für die Umsetzung des Anhangs II SigRL genügt, denn die Anforderungen für die Einhaltung von Sicherheitsmaßnahmen können von dort abgeleitet werden. Es wurde jedoch für die Vorschrift des Art. 11 Abs. 2 grVO die Form einer enumerativen Auflistung der zentralen Sicherheitsanforderungen gewählt, um den Zertifizierungsdiensteanbietern von qualifizierten Zertifikaten eine Art „Checkliste" zur Erleichterung der jährlichen Berichterstattung anzubieten. Darüber hinaus dient diese Vorschrift der Transparenz der Anforderungen und schafft daher mehr Rechtssicherheit. Zu bedauern ist es aber, dass die grVO nicht vorgesehen hat, dass die Berichte elektronisch jederzeit allgemein abrufbar zu halten sind.

Statt eines Sicherheitskonzeptes, wie es das SigG vorsieht, soll also nach der griechischen Gesetzgebung jährlich ein Bericht erstattet werden. Der bezeichnende Unterschied liegt darin, dass während das Sicherheitskonzept laut deutschem Recht einmalig mit der Anzeige der Tätigkeit der BNetzA vorzulegen ist, die jährliche Berichterstattung die Überprüfung der Sicherheitsanforderungen nicht nur bei der Aufnahme des Betriebes, sondern mindestens jedes Jahr ermöglicht. Die Berichterstattungspflicht wird sogar durch die Regelung des Art. 11 Abs. 3 grVO verschärft. Danach ist jede Änderung der Angaben bezüglich der Anhang I und II PE und in Bezug auf den Vertrag mit dem Zertifikat-Berechtigten der NatKTP bekannt zu geben. Der Verordnungsgeber hat allerdings bei dieser Norm einen redaktionellen Fehler begangen, indem er u.a. die Bekanntmachung der Änderungen bezüglich der Angaben des Absatzes 3 des

[1247] Gemäß Art. 3 Abs. 2 grVO darf jeder Zertifizierungsdiensteanbieter qualifizierte Zertifikate ausstellen, aber nur sofern die folgenden Voraussetzungen kumulativ erfüllt sind: der Anbieter a) die Anforderungen des Anhangs II des PE erfüllt; b) die Anforderungen an qualifizierte Zertifikate nach Anhang I PE bei der Ausstellung von Zertifikaten berücksichtigt und c) eine Erklärung des Art. 10 Abs. 3 grVO abgibt, dass er die Anforderungen des Anhangs I und II erfüllt.

Art. 11 grVO verlangt. Dies ist deswegen sinnlos, weil Art. 11 Abs. 3 grVO keine Angaben vorsieht.

vii) Einstellung der Tätigkeit

Wie jedes Unternehmen kann auch ein Zertifizierungsdiensteanbieter seine Tätigkeit einstellen. Art. 6 grVO regelt den Fall der Einstellung der Zertifizierungstätigkeit aus jedwedem Grund, d.h. auch, wenn die NatKTP als Aufsichtsmaßnahme den Betrieb untersagt. Letzteres ist zwar gesetzlich nicht vorgesehen, aber dies ergibt sich durch Auslegung, da die Untersagung des Betriebs unmittelbar zur Einstellung der Tätigkeit und dadurch zur entsprechenden Anwendung des Art. 6 grVO führt.

Die Einstellung der Tätigkeit ist sowohl der NatKTP als auch allen Berechtigten eines noch gültigen Zertifikats und allen Zertifizierungsdiensteanbietern oder Dritten, mit denen der Anbieter im Rahmen des Zertifizierungsdienstes vertraglich verbunden ist, bekannt zu geben. Das griechische Signaturrecht setzt hierfür im Gegensatz zum deutschen eine gesetzliche Frist. Hat der in Deutschland niedergelassene Anbieter vor, seine Tätigkeit einzustellen, so hat er dies nach § 13 Abs. 1 S. 1 SigG der BNetzA unverzüglich (spätestens zwei Monate vor Einstellung des Betriebs)[1248] anzuzeigen. Der in Griechenland niedergelassene Zertifizierungsdiensteanbieter muss diese Bekanntgabe 3 Monate vor der Einstellung seiner Tätigkeit vornehmen, Art. 6 lit. a) grVO. Diese Frist erscheint ausreichend, damit die zuständige Behörde ihre Aufgaben rechtzeitig erfüllen kann.

Die Einstellung der Tätigkeit kann auch auf Grund eines Urteils erfolgen, z.B. aus Gründen der Unrentabilität oder des Konkurses. Stellt beispielsweise der Zertifizierungsdiensteanbieter oder wird gegen ihn Antrag auf Eröffnung eines Insolvenzverfahren gestellt, so ist hiervon gemäß Art. 6 lit. b) grVO die zuständige Behörde ab dem nächsten Tag nach der Zustellung bzw. Einreichung des entsprechenden Schriftsatzes zu unterrichten. Wird ein Urteil über die Tätigkeitseinstellung gefällt und verkündet, sind auch die anderen in Art. 6 lit. b) grVO erwähnten Personen zu unterrichten. Ist dem Anbieter die rechtzeitige Bekanntmachung vor der Tätigkeitseinstellung nachweislich unmöglich, so muss er die in Art. 6 lit. a) grVO erwähnten Personen benachrichtigen, und zwar unverzüglich, nachdem er davon Kenntnis genommen hat, Art. 6 lit. c) grVO. Jedenfalls wird gemäß Art. 6 lit. d) grVO dem Zertifizierungsdiensteanbieter die Beweislast der rechtzeitigen Bekanntmachung auferlegt. Insbesondere im Hinblick auf die Pflichten, die nach der Bekanntmachung der Tätigkeitseinstellung bestehen, ist im griechischen Signaturrecht zwischen „einfachen" und Zertifizie-

[1248] § 10 Abs. 1 SigV.

rungsdiensteanbietern, die qualifizierte Zertifikate ausstellen, zu unterscheiden. Die „einfachen“ Zertifizierungsdiensteanbieter haben dafür Sorge zu tragen, dass die bei der Einstellung der Tätigkeit gültigen Zertifikate unverzüglich widerrufen werden. Es sei denn, die Parteien – d.h. der Anbieter und der Zertifikat-Berechtigte - haben im Zertifizierungsvertrag etwas anderes vereinbart oder etwas anderes steht in dem „Certification Practice Statement“, Art. 6 lit. e) grVO. Eine Pflicht zur Übergabe der Dokumentation ist allerdings nicht vorgesehen. Die „einfachen“ Zertifizierungsdiensteanbieter sind daher prinzipiell nicht verpflichtet dafür zu sorgen, dass die in den Verkehr gebrachten elektronischen Signaturen auch nach Beendigung ihrer Tätigkeit zuverlässig überprüft werden können.

Etwas anders gilt allerdings für Zertifizierungsdiensteanbieter, die qualifizierte Zertifikate ausstellen. Um die Überprüfbarkeit erstellter Signaturen bis zum Zeitpunkt der Tätigkeitseinstellung zu gewährleisten, hat der Zertifizierungsdiensteanbieter dafür Sorge zu tragen, dass das von ihm geführte Archiv (Art. 7 grVO) durch einen anderen übernommen wird. Die Übernahme ist schriftlich zu vereinbaren und verlangt lediglich die Zustimmung des neuen Zertifizierungsdiensteanbieters, nicht jedoch die der Zertifikat-Berechtigten. Diese sind allerdings über die Übernahme zu verständigen, ihnen steht wegen dieser Übernahme, die ohne ihre Beteiligung erfolgte, ein Recht auf Widerruf des Zertifikats zu[1249]. Der betroffene Zertifikat-Berechtigte ist gemäß Art. 8 lit. f) grVO vor dem Vertragsabschluss über die vom Zertifizierungsdiensteanbieter im Falle der Einstellung seiner Tätigkeit zu treffenden Maßnahmen zu unterrichten. Dies mildert den Beteiligungsmangel des Zertifikat-Berechtigten ab, weil er schon vor dem Vertragsabschluss nicht nur über die eventuelle Übernahme sondern i.d.R. auch über den potenziellen Übernehmer informiert wird.

Kommt der Zertifizierungsdiensteanbieter dieser Verpflichtung nicht nach, stellt dies eine Ordnungswidrigkeit dar und es sind die Sanktionsvorschriften der grVO anzuwenden. Wegen der Bedeutung, die eine reibungslose Verwaltung der Zertifikate für die Sicherheit und das Vertrauen in den elektronischen Rechtverkehr hat, hätte der Gesetzgeber für diese Ordnungswidrigkeit nicht nur allgemein auf die Sanktionsvorschriften verweisen sollen, sondern er hätte hierfür explizit die Sanktion bestimmen und der NatKTP keinen Entscheidungsspielraum einräumen solle. Denn konkrete Ordnungswidrigkeitstatbestände und entsprechende Sanktionen dienen sowohl der Rechtsklarheit als auch der Prä-

1249 Gemäß Art. 5 Abs. 1 lit. a) grVO hat der Zertifizierungsdiensteanbieter ein qualifiziertes Zertifikat unverzüglich zu widerrufen, wenn der Zertifikatsberechtigte oder sein Vertreter es verlangt. Dies bedeutet, dass der Berechtigte ohnehin die Möglichkeit hat, den Widerruf seines Zertifikats zu verlangen und zwar zu jeder Zeit und ohne Angabe bestimmter Gründe.

vention. Darüber hinaus kann der der Zertifikat-Berechtigte Schäden aus der vorzeitigen Vertragsbeendigung geltend machen.

Der jeweilige Übernehmer muss innerhalb von 7 Tagen nach der Übernahme der Dokumentation diese der NatKTP schriftlich anzeigen und das Archiv für die in Anhang II lit. i) PE vorgesehene Zeitdauer (30 Jahre) weiter führen. Die Vorschrift bezüglich der Übernahme des Archivs für qualifizierte Zertifikate im Falle einer Tätigkeitseinstellung führt zu einem erheblichen zusätzlichen Mehrwert von qualifizierten elektronischen Signaturen, indem sie sicherstellt, dass diese Signaturen langfristig nachprüfbar bleiben. Es ist allerdings hervorzuheben, dass damit kein zusätzlicher Anreiz für die Nutzung der freiwilligen Akkreditierung und akkreditierter Signaturverfahren geschaffen wird, da die langfristige Überprüfbarkeit – anders als im deutschen Signaturrecht - sowohl für qualifizierte als auch für akkreditierte Signaturverfahren gewährleistet wird. Der Verordnungsgeber hat keine explizite Regelung bezüglich der Übernahme des Archivs getroffen, wenn die Tätigkeit eines akkreditierten Zertifizierungsdiensteanbieters eingestellt wird. Konsequent wäre, dass die Dokumentation wiederum nur von „akkreditierten“ Zertifizierungsdiensteanbietern übernommen werden kann. Denn in dieser Weise wird die *Kontinuität der vorabgeprüften Sicherheit der akkreditierten Zertifikate* gewährleistet. Dieser Vorschlag entspricht auch dem Willen des Signaturschlüssel-Inhabers, der sich für die Dienste eines akkreditierten Zertifizierungsdiensteanbieters entschlossen hat und mit dem dafür wahrscheinlich erhöhtes Entgelt belastet worden ist.

Hat sich der Zertifizierungsdiensteanbieter trotz gesetzlicher Vorgabe nicht um die Übernahme des Archivs gekümmert, so ist die NatKTP dazu aufgerufen, die Aufbewahrung des Archivs sicherzustellen. Will die NatKTP dies nicht selbst erledigen, so hat sie die Möglichkeit, die Dokumentation an einen Zertifizierungsdiensteanbieter von qualifizierten Zertifikaten zu übergeben, Art. 6 lit. f) S. 4 und 5 grVO.

1) Tätigkeitseinstellung und beauftragte Dritte

Die Tätigkeitseinstellung des Zertifizierungsdiensteanbieters kann sein Rechtsverhältnis mit Dritten, an die er Aufgaben übertragen hat, erheblich beeinträchtigen. Gemäß Art. 6 lit. g) grVO bewirkt die Tätigkeitseinstellung des Zertifizierungsdiensteanbieters *ipso jure* die Beendigung bzw. den Auslauf aller seiner Aufgabenübertragungsverträge. Aus diesem Grund ist in diesen Verträgen bei sonstiger Nichtigkeit der *ipso jure Vertragsauslauf* im Falle einer Tätigkeitseinstellung des beauftragenden Zertifizierungsdiensteanbieters ausdrücklich zu vereinbaren (Art. 6 lit. g) S. 2 grVO). Dies ist sowohl für „einfache“ als auch für Zertifizierungsdiensteanbieter von qualifizierten Zertifikaten festgelegt (argumentum e contrario aus Art. 6 lit. g) letzter Satz). Die zwischen Zertifizierungsdiensteanbietern von qualifizierten Zertifikaten und Dritten unterschriebenen Aufgabenübertragungsverträge müssen zusätzlich bei sonstiger Nichtigkeit die nach Art. 6 lit. f) Übergabe des Archivs und der Dokumentation vorsehen, die der Dritte bei der Ausstellung bzw. Verwaltung von qualifizierten Zertifikaten führt bzw. besitzt. Derartige Regelungen sind – wie es weiter unter dargestellt wird - durchaus bedenklich.

In Art. 11 Abs. 4 grVO wird es dem Zertifizierungsdiensteanbieter ausdrücklich gestattet, Aufgaben bezüglich der Ausstellung von qualifizierten Zertifikaten an Dritte zu übertragen. Während nach deutschem Recht Voraussetzung für die Zusammenarbeit mit Dritten ist, dass sie der Zertifizierungsdiensteanbieter in sein Sicherheitskonzept einbindet (§ 4 Abs. 5 SigG), ist nach Art. 11 Abs. 4 grVO hierfür eine Anzeige an die NatKTP notwendig. Mit dieser Anzeige soll eine Beschreibung des übertragenen Dienstes und die Dauer der Übertragung bekannt gemacht werden. Demgegenüber ist die Möglichkeit, dass Teile des Zertifizierungsdienstes in einem anderen Staat betrieben werden und die damit nicht unerheblichen Sicherheitsgefahren, vom Gesetzgeber wohl übersehen worden. Es muss aus diesem Grund gewährleistet werden, dass, soweit ein Zertifizierungsdiensteanbieter von qualifizierten Zertifikaten selbst oder unter Beauftragung von Dritten Teile des Zertifizierungsdienstes im Ausland betreibt, auch diese Zertifizierungsdienste einer gleichwertigen Aufsicht unterliegen.

Konsequenterweise haftet nach Art. 11 Abs. 5 grVO ausschließlich der Zertifizierungsdiensteanbieter gegenüber den Zertifikat-Berechtigten oder Dritten für das Tun und Unterlassen der von ihm beauftragten Dritten. Werden aber im Aufgabenübertragungsvertrag die in Art. 6 lit. g) grVO vorgesehenen Bedingungen nicht vereinbart, so ist der gesamte Vertrag nichtig (Art. 6 lit. g) S. 2 grVO). Dies eröffnet eine Exkulpationsmöglichkeit für den Zertifizierungsdiensteanbieter zulasten des Zertifikat-Berechtigten und des Signaturempfängers. Denn es besteht auf Grund der Nichtigkeit des Aufgabenübertragungsvertrags keine Rechtsbeziehung zwischen dem Zertifizierungsdiensteanbieter und den beauftragten Dritten und daher keine Haftung gegenüber den Zertifikat-Berechtigten oder Dritten für das Tun und Unterlassen der beauftragten Dritten. Darüber hinaus ist die Anwendung der gesamten Haftungsregelung nach Art. 6 PE nicht nur gegenüber dem Zertifizierungsdiensteanbieter, sondern auch gegenüber dem beauftragten Dritten - der i.d.R. selber Zertifizierungsdiensteanbieter sein wird – ebenfalls ausgeschlossen; denn der beauftragte Dritte ist nicht der Aussteller des qualifizierten Zertifikats, wie es in der Haftungsregelung des Art. 6 PE verlangt wird. Angesichts der genannten Schwachstellen ist richtigerweise die Rechtsfolge der Nichtigkeit zu relativieren. Ausnahmen von der Nichtigkeit kommen nur in Betracht, wenn die Nichtigkeitsfolgen nach Umständen zu einem für die betroffene Partei untragbaren Ergebnis führen würden. Ein solcher Ausnahmefall liegt hier vor, denn die Nichtigkeitsfolge ist für den Zertifikat-Berechtigten und den Signaturempfänger unvorhersehbar. Macht trotzdem der Zertifizierungsdiensteanbieter die Nichtigkeit des Aufgabenübertragungsvertrags gegen den Zertifikat-Berechtigten oder gegen Dritte geltend, um seine Haftung abzulehnen, verstößt diese Geltendmachung gegen die Norm des Art. 281 grZGB, die missbräuchliche Rechtsausübung verbietet[1250], und ist als missbräuchlich zu betrachten. Eine Berufung auf die Exkulpation des Zertifizierungsdiensteanbieters wegen Nichtigkeit des Aufgabenübertragungsvertrags ist auch nach dem Grundsatz von Treu und Glauben (Art. 288 grZGB) als ausgeschlossen zu betrachten, da die Rechtsfolgen der Nichtigkeit des Rechtsgeschäfts zu einem untragbaren Ergebnis für die betroffene Vertragspartei führen würden.

Immerhin können gegen den Zertifizierungsdiensteanbieter Ansprüche aus unerlaubter Handlung gemäß Art. 914 grZGB geltend gemacht werden, wenn eine rechtswidrige und schuldhafte Handlung des beauftragten Drittes gegeben ist. Die Generalklausel des Art. 914 grZGB verweist zunächst auf das gesamte positive Recht, worunter auch die allgemeinen Rechtsgrundsätze fallen, deren Verletzung die Rechtswidrigkeit begründet[1251]. Die Deliktshaftung des Zertifizierungsdiensteanbieters kann auch auf der Überlegung basieren, dass jedermann, der rechtmäßigerweise eine Tätigkeit ausübt, die die berechtigten Interessen Dritter verletzen kann, bei der Ausübung der Tätigkeit sorgfältiges Verhalten vorweisen soll. Tut er das nicht, ist sein Verhalten als rechtwidrig zu betrachten auf Grund eines Verstoßes gegen die im Verkehr erforderliche Sorgfalt und die von Treu und Glauben gebotenen Grenzen[1252]. Durch die Anerkennung der sog. Verkehrssicherungspflichten in der griechischen Rechtsordnung wird die Nichteinhaltung der im Verkehr erforderlichen Sorgfalt, also der Sorgfaltverstoß, als Rechtswidrigkeitselement aufgefasst[1253]. Wenn z.B. die Identifizierung des Zertifikat-Berechtigten nicht ordnungsgemäß vom beauftragten Dritten erfolgt und dadurch einem Dritten Schaden entsteht, so soll der Zertifizierungsdiensteanbieter dafür verantwortlich gemacht werden und zwar, obwohl der Aufgabenübertragungsvertrag nichtig ist; denn der Zertifizierungsdiensteanbieter hat bei der Ausübung seiner Tätigkeit dem beauftragten Dritte eine Dienstleistung übertra-

---

[1250] Nach einhelliger Auffassung in der Literatur werden auch „Einsprüche" des Zivilverfahrensrechts vom Anwendungsbereich des Art. 281 grZGB abgedeckt. Vgl. nur *Georgiades*, AT, S. 271 Rn 20; ebenso Areopag 323/1973 Nomiko Bema 1974, S. 1161. A.A. Areopag 853/2005, veröffentlicht in NOMOS Datenbank.

[1251] Vgl. *Georgiades*, FS Larenz, S. 182.

[1252] *Deligiannis*, FS Michaelides-Nouaros, S. 325.

[1253] *Stathopoulos*, Schuldrecht, S. 798 ff.

gen und haftet als Geschäftsherr nach Art. 922 grZGB[1254] für die rechtswidrige Handlung seines Gehilfen[1255]. Die in der Literatur herrschende Meinung verlangt zu Recht, dass das schadensstiftende Verhalten des Gehilfen nicht nur rechtswidrig, sondern auch – entgegen dem Gesetzeswortlaut – schuldhaft ist[1256]. Ein Vertragsverhältnis ist nicht notwendig. Die Rechtwidrigkeit besteht in diesem Fall darin, dass der Gehilfe mit der falschen Identifizierung gegen die Verkehrssicherungspflichten verstößt. Um den beauftragten Dritten als Verrichtungsgehilfen zu qualifizieren, ist nach fast einhelliger Meinung in Literatur und Praxis[1257] ein Abhängigkeitsverhältnis zwischen dem Geschäftsherrn und dem Verrichtungsgehilfen notwendig. Die Entwicklung der Rechtssprechung zeigt eine Auflockerung der Anforderungen an den für die Anwendung des Art. 922 grZGB notwendigen Abhängigkeitsgrad auf. In diesem Zusammenhang wurde ein Abhängigkeitsverhältnis zwischen dem Geschäftsherrn und den Verrichtungsgehilfen seiner Verrichtungsgehilfen angenommen, obwohl der Geschäftsherr kein Aufsichtsrecht gegenüber ihnen ausübte[1258]. Bei hochspezialisiertem Personal genügen auch nur generelle Anweisungen[1259]. Auch selbstständige Auftragnehmer - wie die beauftragten Dritten – sollen erfasst werden, solange sie bei der Verrichtung selbst in Einzelheiten den Weisungen des Zertifizierungsdiensteanbieters unterliegen und von seinem Willen abhängig sind. Der Zertifizierungsdiensteanbieter wird i.d.R. das allgemeine Direktions- und Aufsichtsrecht gegenüber dem beauftragten Dritten für sich selbst vorbehalten, da er sich gemäß Art. 11 Abs. 4 grVO für sie zu verantworten hat.

Als Ergebnis scheidet damit die Haftung des Zertifizierungsdiensteanbieters gegenüber den Zertifikat-Berechtigten oder Dritten für das Tun und Unterlassen der von ihm beauftragten Dritten im Falle der Nichtigkeit des Aufgabenübertragungsvertrags nicht aus.

[1254] Art. 922 grZGB: „Der Dienstherr oder derjenige, welcher einen anderen zu einem Dienst anstellt, haftet für den Schaden, den der Diener oder der Verrichtungsgehilfe bei der Ausführung des Dienstes einem Dritten rechtswidrig zufügt". Art. 922 grZGB weicht von der deutschen Regelung des § 831 BGB erheblich ab. Der einem Dritten seitens des abhängigen Gehilfen zugefügte Schaden löst die Verantwortung des Geschäftsherrn unmittelbar aus, ohne dass in irgendeiner Weise dessen Verschulden bei der Auswahl oder der Aufsicht des Gehilfen haftungsrelevant ist. Eine Exkulpationsmöglichkeit wie in § 831 Abs. 1 S. 2 BGB gibt es nicht. Art. 922 grZGB stellt einen Fall echter objektiver Haftung dar. Vgl. hierzu *Kornilakis*, Europa-Institut, S. 20.

[1255] Vgl. *Maniotis*, Der elektronische Vertragsabschluss, S. 73 f.

[1256] *Stathopoulos*, in Georgiades/Stathopoulos ZGB, Art. 922 Rn. 23.

[1257] S. nur *Georgiades*, FS Larenz, S. 191 und dort Fn. 67.

[1258] Areopag 22/2004, veröffentlicht in NOMOS Datenbank.

[1259] Vgl. *Maniotis*, Der elektronische Vertragsabschluss, S. 78.

viii) Informationsdienst

Nach Art. 5 Abs. 8 grVO „bietet der Zertifizierungsdiensteanbieter von qualifizierten Zertifikaten eine Informationsdienst im Hinblick auf den Status (Gültigkeit, Widerruf) von Zertifikaten, der 24stündig und 7wöchig auch während der Feiertage, in Betrieb ist". Infolgedessen soll der Zertifikatsstatus jederzeit überprüfbar sein. Mit der Errichtung eines solchen Dienstes wird der Anforderung des Anhangs II lit. b) PE Rechnung getragen und dadurch wird gewährleistet, dass ein qualifiziertes Zertifikat stets auf seine Gültigkeit überprüft werden kann. Der Informationsdienst garantiert in letzter Konsequenz die Sicherheit des elektronischen Rechtsverkehrs. Vertragspartner des Zertifikat-Berechtigten verwenden diese Dienste zur Überprüfung der ihnen zugesandten Zertifikate auf ihre aktuelle Richtigkeit und setzen Vertrauen in die Richtigkeit des Verzeichnisses. Daher wird in Art. 5 Abs. 8 S. 2 grVO festgelegt, dass sie vor Fälschung und Verfälschung ausreichend geschützt sein müssen. Der Anbieter hat insbesondere die Echtheit und die Authentizität der Informationen bezüglich des Zertifikatsstatus sicherzustellen. Zudem soll die Erreichbarkeit des Dienstes auf internationaler Ebene gewährleistet werden. Die fehlende Erreichbarkeit des Informationsdienstes kann zur Haftung des Zertifizierungsdiensteanbieters führen, wenn das Zertifikat nicht auf seine Gültigkeit überprüft werden kann.

Anders als im deutschen Recht (§ 5 Abs. 1 S. 3 SigG) unterscheidet die grVO nicht zwischen dem Abrufen und der Nachprüfbarkeit der Zertifikate[1260], es wird lediglich über den Status von qualifizierten Zertifikaten zuverlässig informiert. Dies entspricht der Nachprüfbarkeit des deutschen SigG. Der Zertifikatsempfänger übermittelt das mit der Signatur erhaltene Zertifikat oder die laufende Nummer des Zertifikats an den Zertifizierungsdiensteanbieter. Danach überprüft der Zertifizierungsdiensteanbieter das qualifizierte Zertifikat und sendet dem Interessierten eine signierte Antwort und gibt Auskunft über das Zertifikat[1261]. Diese Auskunft ergibt entweder, dass das Zertifikat gültig ist, oder aber, wann es widerrufen wurde. Personenbezogene Daten des Signaturschlüssel-Inhabers werden nicht mitgeteilt.

Für das Abrufen des Zertifikats, d.h. die Möglichkeit den kompletten Inhalt eines qualifizierten Zertifikates auf den Rechner des Interessierten zu laden, hat der griechische Gesetzgeber keine Vorkehrungen getroffen. Wenn die Zertifikate frei abrufbar sind, können alle darin enthaltenen Daten über das Internet eingesehen werden. Da Zertifikate wichtige persönliche Daten (Vertretungsbefugnisse, Geburtsdatum, Alter usw.) enthalten können, und da der Abruf von Zertifikaten nicht zu einer Überprüfung des jeweils in Frage stehenden Zertifikats

---

1260 S. hierzu *Roßnagel*, Recht der Multimedia-Dienste, § 5 SigG, Rn. 61 ff.

1261 *Roßnagel*, a.a.O., Rn. 62.

erforderlich ist, wäre ein Abrufbarhalten der Zertifikate nach Art. 7 Abs. 3 S. 2 PE unzulässig. Danach ist die Erhebung und Verarbeitung[1262] von personenbezogenen Daten für andere als die in Art. 7 Abs. 3 S. 1 PE genannte Zwecke ohne die Zustimmung[1263] der betroffenen Person verboten. Das Abrufbarhalten ist daher datenschutzrechtlich nur bei Zustimmung des Zertifikat-Berechtigten gerechtfertigt[1264].

ix) „Widerruf" (Sperrung) von Zertifikaten

Art. 5 grVO regelt den für qualifizierte Zertifikate (d.h. nicht für „einfache" Zertifikate) verpflichtend vorgesehenen Widerrufsdienst[1265]. Der Widerruf, der weder im PE noch in der grVO definiert wird, ist nach dem Wortsinn ein endgültiges Außer-Kraft-Setzen des Zertifikats. So kann er nicht rückgängig gemacht werden (Art. 5 Abs. 2 grVO). Der deutsche Gesetzgeber verwendet hierfür den zutreffenden Begriff „Sperrung" und vermeidet somit Missverständnisse in Bezug auf den *Widerruf als Gestaltungserklärung*. Im Rahmen dieser Untersuchung wurde nur aus systematischen Gründen der Begriff „Widerruf" der SigRL übernommen. Damit wird die endgültige Aufhebung des Zertifikats gemeint.

Die griechische Signaturgesetzgebung sieht zusätzlich die Möglichkeit der Suspendierung eines Zertifikats vor. Darunter ist die Sperrung eines Zertifikates mit der Möglichkeit, diese Sperrung wieder aufzuheben, zu verstehen. Diese vorübergehende Sperrung kann in vielen Fällen sinnvoll sein, in denen nur der Verdacht eines Missbrauchs besteht. Der Zertifizierungsdiensteanbieter *kann*, d.h. er ist nicht verpflichtet, das qualifizierte Zertifikat vorübergehend suspendieren bis zu der positiven oder negativen Feststellung der Widerrufsgründe (Art. 5 Abs. 3 grVO). Dies soll aber nicht so ausgelegt werden, als ob der Zertifizierungsdiensteanbieter bei Vorlegen eines Widerrufsgrunds nach seinem Ermessen entscheiden könnte, ob er handelt oder nicht. Der Zertifizierungsdiensteanbieter ist vielmehr verpflichtet, im Falle eines Widerrufsgrundes unverzüglich Maßnahmen zu ergreifen. Die Ermessensausübung des Zertifizierungsdiensteanbieters beschränkt sich zwischen einer vorläufigen Suspendierung und dem sofortigen Widerruf des Zertifikats. Allerdings kann in dringenden Fällen die Suspendierung des Zertifikats auch als einstweilige Verfügung vom Gericht im Rahmen des einstweiligen Rechtsschutzes (Art. 682 ff. grZPO) angeordnet werden. Sowohl der Widerruf als auch die Suspendierung eines qualifizierten Zertifikates ist gemäß Art. 7 Abs. 1 grVO zu dokumentieren.

[1262] Unter „Datenverarbeitung" ist gemäß Art. 2 lit. c) des Datenschutzgesetzes 2472/1997 auch die Übermittlung von Daten zu verstehen. Vgl. hierzu Fn. 1512.

[1263] Vgl. die Legaldefinition in Art. 2 lit. k) des Datenschutzgesetzes 2472/1997.

[1264] So auch zu Recht § 5 Abs. 1 S. 3 SigG.

[1265] § 9 öSigG sieht demgegenüber einen Widerrufsdienst auch für einfache Zertifikate vor.

Die Suspendierung von Zertifikaten wird im deutschen Recht nicht vorgesehen[1266]. Dies ist allerdings richtlinienkonform, da die SigRL in Anhang II lit. b) nur fordert, dass ein sicherer und unverzüglicher Widerrufsdienst gewährleistet werden muss. Insofern geht die grVO über die Anforderungen der SigRL hinaus. Aus Gründen der Rechtssicherheit ist die griechische Regelung zu begrüßen, denn der Zertifizierungsdiensteanbieter kann sofort reagieren ohne die Zertifikate endgültig sperren zu müssen. Ferner werden die für die eventuelle Ausstellung eines neuen Zertifikats notwendigen Kosten gespart. Zu bedauern ist, dass der Verordnungsgeber keine zeitliche Grenze für die Suspendierung gesetzt hat. Die Gültigkeit oder die Ungültigkeit eines Zertifikats kann aber nicht ohne weiteres in der Schwebe bleiben, denn diesbezüglich Unklarheiten können das Vertrauen in den elektronischen Rechtverkehr schädigen. Die Vorschrift ist auch insofern problematisch, als sie die Folgen einer Suspendierung nicht klarstellt. Es stellt sich z.B. die Frage, wie ein Zertifikat zu behandeln ist, wenn es nach seiner Suspendierung endgültig widerrufen wird. In diesem Fall soll richtigerweise der Widerruf auf den Zeitpunkt der Suspendierung zurück wirken. Alle seit der Suspendierung abgeschlossenen schriftformbedürftigen Rechtsgeschäfte sind dann als ungültig zu betrachten. Wird die Suspendierung aufgehoben, weil kein Widerrufsgrund besteht, so erlangt das Zertifikat wieder seine volle Wirkung. Die Aufhebung gilt „ex tunc", was die Rechtswirksamkeit auch der während der Suspendierung erzeugten Signaturen bewirkt.

In Art. 5 grVO werden folgende Gründe für einen Widerruf festgelegt:

a. Ein qualifiziertes Zertifikat muss widerrufen werden, wenn der Zertifikat-Berechtigte dies verlangt. Er kann dies persönlich oder durch einen Vertreter fordern. Eine Begründung dafür ist nicht notwendig. Die Vorschrift begründet eine Verpflichtung zu Lasten des Zertifizierungsdiensteanbieters und gewährt somit dem Zertifikat-Berechtigten bzw. seinem Vertreter einen Anspruch auf Sperrung des Zertifikats. Daneben kann sich der Anspruch auf Sperrung aus dem Vertrag zwischen Zertifizierungsdiensteanbieter und Zertifikat-Berechtigte ergeben. Bevor der Zertifizierungsdiensteanbieter das Zertifikat widerruft, muss er die Identität des Antragstellers überprüfen. So sieht z.B. § 7 Abs. 2 S. 1 SigV vor, dass sich der Zertifizierungsdiensteanbieter vor der Sperrung auf geeignete Weise von der Identität des zur Sperrung Berechtigten zu überzeugen hat. Diese selbstverständliche Anforderung wird in Art. 5 Abs. 5 S. 2 grVO erwähnt. Die vorherige Identifizierung des Betreffenden ist auch deswegen wichtig, weil der Zertifizierungsdiensteanbieter u.a. den telefonischen Widerruf gemäß Art. 5 Abs. 7 grVO zu ermöglichen hat. Darüber hinaus trifft den Zertifikat-Berechtigten - dem Wortlaut nach – bloß die Ermächtigung,

---

[1266] Kritisch *Roßnagel*, Recht der Multimedia-Dienste, § 8 SigG, Rn. 32.

den Widerruf zu verlangen[1267]; er würde allerdings gegen seine Schutz- und Fürsorgepflichten verstoßen, wenn er bei allen Änderungen von im Zertifikat bescheinigten Umständen, das Zertifikat nicht unverzüglich widerrufen lässt.

b. Der Zertifizierungsdiensteanbieter hat ein Zertifikat unverzüglich zu widerrufen, wenn die NatKTP im Rahmen ihrer Aufsichts- und Kontrollbefugnis festgestellt hat, dass ein qualifiziertes Zertifikat falsche oder ungenaue Angaben in Bezug auf Anhang I PE beinhaltet. Eine allgemeine Befugnis der NatKTP, den Widerruf von Zertifikaten als Aufsichtsmaßnahme anzuordnen, wurde nicht vorgesehen[1268]. Zertifikate können nur von den ausstellenden Zertifizierungsdiensteanbietern und nicht von der NatKTP selbst widerrufen werden. Die NatKTP kann lediglich unter den Vorraussetzungen des Art. 5 Abs.1 lit. b) grVO den von den ausstellenden Zertifizierungsdiensteanbietern durchgeführten Widerruf anordnen. Insbesondere kann die zuständige Behörde den Widerruf anordnen, wenn das Zertifikat fälschigerweise als qualifiziertes Zertifikat ausgestellt wird; wegen falscher bzw. ungenauer Angaben des Zertifizierungsdiensteanbieters und des Staates, in dem er niedergelassen ist; auf Grund eines falschen Namens[1269] oder Pseudonyms des Unterzeichners oder wegen falscher Attribute; wegen falscher bzw. ungenauer Angaben zu Beginn und Ende der Gültigkeitsdauer des Zertifikats oder wegen falscher Identitätscodes des Zertifikats. Darüber hinaus kann die NatKTP den Widerruf anordnen, wenn das Zertifikat Signaturprüfdaten enthält, die den vom Unterzeichner kontrollierten Signaturerstellungsdaten nicht entsprechen. Dies bedeutet, dass die NatKTP eingreifen kann, wenn die sich herausstellt, dass keine Gewähr mehr für die Zuordnung eines öffentlichen Schlüssels zu einer bestimmten Person vorhanden ist. Hat allerdings die NatKTP Anhaltspunkte dafür, dass qualifizierte Zertifikate nicht hinreichend fälschungssicher sind, oder dass Sicherheitsmängel bei den sicheren Signaturerstellungseinheiten bestehen[1270], steht ihr bedauerlicherweise dem Wortlaut zufolge keine Befugnis zu, einen Widerruf anzuordnen.

c. Ein weiterer Widerrufsgrund besteht, wenn das Zertifikat auf Grundlage falscher oder unrichtiger Angaben ausgestellt wurde. Dies entspricht teilweise der Regelung des § 8 SigG. Danach ist das Zertifikat u.a. zu sperren, wenn es auf Grund falscher Angaben zu § 7 SigG ausgestellt wurde.

1267 Anders die österreichische Rechtslage. § 21 öSigG verpflichtet den Unterzeichner, die Signaturerstellungsdaten geheim zu halten und im Falle ihres Verlustes, der Gefährdung ihrer Vertraulichkeit oder ihres Unrichtigwerdens den Widerruf des Zertifikats zu verlangen.

1268 Vgl. § 14 Abs. 1 öSigG.

1269 Darunter ist auch eine Änderung des Namens nach Art. 782 Abs. 3 grZPO zu subsumieren.

1270 Vgl. § 19 Abs. 4 SigG.

Sollte dem Zertifizierungsdiensteanbieter ein entsprechender Vorgang zur Kenntnis gelangen, muss er auf eigene Initiative und ohne Antrag tätig werden und das Zertifikat widerrufen. Die SigV wie auch das SigG haben keine derartige Möglichkeit geschaffen für den Fall, dass Angaben im Zertifikat nachträglich unrichtig werden, d.h. im Fall einer Änderung der Daten des Zertifikat-Berechtigten, die auf dem Zertifikat gespeichert sind (z.B. Namensänderung, Verlust der berufsrechtlichen Zulassung usw.). Im Gegensatz zu der deutschen Signaturgesetzgebung hat der griechische Verordnungsgeber diesem Problem Rechnung getragen. Sollte es einerseits um nachträgliche Ungenauigkeiten der in Anhang I vorgesehenen Angaben handeln, kann die NatKTP - wie soeben dargestellt - den Widerruf nach Art. 5 Abs. 2 lit. b) grVO anordnen. Um Auslegungsfragen und der damit verbundenen Rechtsunsicherheit zu begegnen, wurde andererseits auch eine klarstellende Regelung, in Art. 5 Abs. 1 lit. j) grVO getroffen. Hiernach ist das Zertifikat zu widerrufen, wenn sich die im Zertifikat enthaltenen Daten des Vertragspartners geändert haben. Eine entsprechende Regelung, wie z.B. „... das Zertifikat enthält Angaben, die nicht mehr gültig sind", wäre auch im deutschen Gesetzestext wünschenswert. Immerhin kann ein derartiger Widerrufsgrund vertraglich vereinbart werden. Diese Möglichkeit ergibt sich gemäß Art. 5 Abs. 2 lit. g) grVO und gemäß § 8 Abs. 1 des deutschen SigG. Für die Sperrung eines Zertifikats waren bisher in § 8 Abs. 1 SigG vier Gründe vorgesehen. Auf Grund eines neuen Satzes 2[1271] können nun die Zertifizierungsdiensteanbieter weitere Sperrgründe vertraglich vereinbaren. Damit wird dem Grundsatz der Technikneutralität des SigG Rechnung getragen, da dadurch klargestellt wird, dass die Zertifizierungsdiensteanbieter nicht auf ein bestimmtes Gültigkeitsmodel festgelegt werden[1272]. Die Ergänzung von § 8 Abs. 1 SigG ist zu begrüßen, da sie die bisherige, abschließende Auflistung von Sperrgründen aufhebt und somit die Flexibilität des Handelns der Zertifizierungsdiensteanbieters gewährleistet.

d. Im Falle der Einstellung der Tätigkeit eines Zertifizierungsdiensteanbieters nach Art. 6 grVO sind sämtliche, während seiner Unternehmensführung ausgestellten, Zertifikate zu widerrufen, es sei denn das Certification Practice Statement oder der Vertrag mit dem Zertifikat-Berechtigten sieht etwas anderes vor.
e. Im Fall der Geschäftsunfähigkeit, der Verschollenheitserklärung (Art. 40 grZGB) oder des Todes des Zertifikat-Berechtigten ist das qualifizierte Zertifikat zu widerrufen, da es auf jeden Fall unübertragbar ist. Die deut-

---

1271 Eingefügt gemäß Art. 1 Abs. 5 des Ersten Gesetzes zur Änderung des Signaturgesetzes (1. SigÄndG), BGBl. I 2005, S. 2.

1272 BT-Drs. 15/3417, S. 8. S. hierzu *Roßnagel*, NJW 2005, S. 387. Nach *Skrobotz*, DuD 2004, S. 412 sei diese Änderung unnötig.

sche Signaturgesetzgebung kennt keine entsprechende Regelung. Solche Konstellationen können immerhin als Widerrufsgründe vertraglich vereinbart werden. Da es sich nicht um ein gefälschtes Zertifikat handelt, oder um ein Zertifikat, das mit falschen Angaben zu § 7 SigG ausgestellt wurde, kann § 8 SigG nicht als Grundlage für die Sperrung des Zertifikates in solchen Fällen dienen. Ein Widerrufsgrund kann sich aber unmittelbar aus der Natur der Sache ergeben. Da nach § 2 Abs. 7 SigG das qualifizierte Zertifikat eine natürliche Person verlangt, ist das Zertifikat zwangsläufig von der Existenz der Person abhängig und wird von möglichen Statusänderungen berührt. Ein Zertifikat, das sich auf eine geschäftsunfähige Person oder eine nicht existierende Person bezieht, ist gegenstandslos und muss widerrufen werden.

f. Das Zertifikat kann auch auf Grund eines rechtkräftigen Urteils widerrufen werden, das den Widerruf oder die Annullierung des Zertifikats anordnet, Art. 5 Abs. 2 lit. f) grVO. Zwischen dem Zertifizierungsdiensteanbieter und dem Zertifikat-Berechtigten können Rechtsstreitigkeiten entstehen, z.B. wenn der Anbieter den Widerruf nicht, nicht rechtzeitig oder fehlerhaft durchführt. Wie schon erwähnt, stellt der Zertifikat-Berechtigte oder sein Vertreter einen Antrag auf Widerruf des Zertifikats, gewährt Ihnen Art. 5 grVO einen Leistungsanspruch auf unverzüglichen Widerruf. Unterlässt der Zertifizierungsdiensteanbieter den Widerruf oder sperrt er das Zertifikat ohne Widerrufsgründe, können dem Zertifikat-Berechtigten Schäden entstehen; in beiden Fällen kann er Schadensersatz fordern (positive Vertragsverletzung).

g. Nach Art. 5 Abs. 2 lit. g) grVO können der Zertifizierungsdiensteanbieter und der Nutzer weitere Widerrufsgründe vertraglich vereinbaren. Durch diese Vorschrift wird klargestellt, dass der Katalog der Widerrufsgründe in Art. 5 grVO nicht abschließend ist. Damit wird auch dem Grundsatz der Technikneutralität der SigRL Rechnung getragen. Die griechische Signaturgesetzgebung wie auch der neue § 8 Abs. 1 SigG legen kein bestimmtes Gültigkeitsmodell zu Grunde[1273]. Der Widerrufsgrund wird i.d.R. als Verpflichtung und/oder als Recht einer der Parteien vereinbart werden. Sollte der Antrag wegen eines vereinbarten Widerrufsgrundes von dem Zertifikat-Berechtigten gestellt werden, muss der Anbieter den Widerruf unverzüglich durchführen. Er kann allerdings das Zertifikat unter dem Vorbehalt aller gesetzlichen und vertraglichen Rechte sperren. Die Parteien können u.a. vereinbaren, dass der Zertifizierungsdiensteanbieter von ihm erteilte Zertifikate jederzeit vor Ablauf der Gültigkeitsdauer ohne Angabe expliziter Gründe widerrufen kann. Als Widerrufsgründe können auch beispielsweise die Tatsache, dass der Zertifizierungs-

[1273] Vgl. *Roßnagel*, NJW 2005, S. 387. S. auch BT-Drs. 15/3417, S. 8.

diensteanbieter seine „Certification Policy“ oder sein „Certification Practice Statement“ nicht einhält oder der Vertragsbruch seitens des Zertifikat-Berechtigten oder des Zertifizierungsdiensteanbieters vereinbart werden. Wird der Missbrauch des eigenen geheimen Schlüssels bekannt, kann eine Verpflichtung jedes Nutzers, unmittelbar den Zertifizierungsdiensteanbieter zu benachrichtigen und den Widerruf des eigenen Zertifikates selbst zu veranlassen, vertraglich vereinbart werden. Ferner ist es durchaus möglich, dass vertragliche Vereinbarungen zulassen, dass auch andere Personen einen Widerruf veranlassen können. Die Vereinbarung kann z.B. auch zusätzliche Vorkehrungen zum Schutz gegen missbräuchliche Sperrungen vorsehen.

In diesem Zusammenhang stellt sich die Frage, ob und inwieweit eine *Beschränkung* der gesetzlichen Widerrufsgründe vertraglich vereinbart werden kann. Dem Gesetzeswortlaut zufolge ist sowohl nach deutschem[1274] als auch nach griechischem[1275] Signaturrecht lediglich eine *Erweiterung* der Widerruf- bzw. Sperrungsgründe möglich. Da die verschiedenen Widerrufsgründe dem Schutz des Zertifikat-Berechtigten, des Anbieters sowie dritter Personen dienen, und zur Sicherung des elektronischen Rechtsgeschäfts - also im öffentlichen Interesse - notwendig sind, muss diese Entscheidung des Gesetzgebers grundsätzlich geteilt werden. Allerdings gibt es keinen Grund dagegen, den Antrag des Zertifikat-Berechtigten auf Widerruf des Zertifikats im Rahmen der Vertragsfreiheit durch vertragliche Vereinbarung von der Angabe einer Begründung abhängig zu machen. Die Möglichkeit des Zertifikat-Berechtigten, „nach eigenem Ermessen jeder Zeit aus dem elektronischen Rechtverkehr zurückziehen“ zu können[1276], muss aber gewährleistet werden.

h. Das qualifizierte Zertifikat ist zu widerrufen, wenn hinreichende Indizien dafür vorliegen, dass die Signaturerstellungsdaten des Zertifikat-Berechtigten (der private Schlüssel) offen gelegt wurden, und/oder von Dritten verwendet werden[1277]; also z.B. wenn der private Schlüssel des Zertifikat-Berechtigten geändert, verloren, gestohlen, oder anderweitig kompromittiert bzw. missbraucht wurde. Diese Vorschrift verlangt u.a. den Widerruf des Zertifikats im Falle der Kompromittierung des Schlüssels, d.h., wenn dieser in die Hände Dritter gelangt ist. Als Beispiele der Kompromittierung können das Ausspähen des privaten Signaturschlüssels, die Ausforschung des zugrunde liegenden Algorithmus oder das Brechen des Chipspeichers genannt werden. Die Anforderungen an das

---

[1274] So auch die Gesetzesbegründung, BT-Drs. 15/3417, S. 8.

[1275] Vgl. Art. 5 Abs. 2 lit. g) S. 1 grVO.

[1276] BR-Drs. 966/96, S. 35.

[1277] Art. 5 Abs. 1 lit. h) grVO.

Beweismaß (hinreichenden Indizien) sind höher als die bloße Wahrscheinlichkeit.

i. Das qualifizierte Zertifikat ist darüber hinaus zu widerrufen, wenn die Signaturerstellungsdaten des Zertifizierungsdiensteanbieters offen gelegt wurden, Art. 5 Abs. 1 lit. i) grVO.

j. Verliert der Zertifikat-Berechtigte, der das Zertifikat auf Grund einer bestimmten Position verwendet, seine Berechtigungsgrundlage (z.B. wenn ein Mitarbeiter ein Unternehmen verlässt und damit die entsprechende Vertretungsberechtigung verliert), ist das Zertifikat nach Art. 5 Abs. 1 lit. j) grVO zu widerrufen. Soweit das Zertifikat gemäß Anhang I lit. d) PE Attribute mit Vertretungsrechten des Zertifikat-Berechtigten für dritte Personen oder Attribute mit berufsbezogenen Angaben enthält, sollen auch diese Dritten einen Widerruf des jeweiligen Zertifikats veranlassen können, falls sich bezüglich dieser Angaben Änderungen ergeben (z.B. wenn eine Berufszulassung entzogen wird). Der Verordnungsgeber hat diesen Fall bedauerlicherweise nicht näher geregelt. Die grVO ermöglicht zwar den Widerruf in den soeben dargestellten Fällen, regelt aber nicht, welche die berechtigten Personen sind, die den Widerruf veranlassen können. Die Vorschrift ist dahingehend auszulegen, dass alternativ diesen Dritten Personen (z.B. dem Vertretene, dem Arbeitgeber) oder den für die berufsbezogenen Angaben zuständigen Stellen (z.B. den Berufskammern) ein Anspruch zum Widerruf zuzusprechen ist. Denn das Widerrufsverfahren erfolgt in diesem Fall nicht nur im Interesse des Unterzeichners, sondern, auch (wenn nicht ausschließlich) im Interesse der betroffenen Dritten und der Öffentlichkeit. Nur so wird den verschiedenen Berufskammern die Möglichkeit gegeben, auch im elektronischen Rechtsverkehr ihre Aufgaben in Bezug auf die Zulassung von Berufsangehörigen vollständig zu erfüllen[1278]. Immerhin sind die Berufskammern in der Lage zu wissen, ob solche Angaben genau und aktuell sind oder nicht. Wenn in einem Zertifikat zu Unrecht aufgenommen wurde, dass der Zertifikat-Berechtigte als Arzt, Rechtsanwalt usw. zugelassen war und diese Angaben nicht richtig waren, hat der Rechtverkehr ein wesentliches Interesse daran, dass das Zertifikat widerrufen wird. Aus diesem Grund ist die NatKTP befugt, auch in diesem Fall den Widerruf des Zertifikats nach Art. 5 Abs. 1 lit. b) grVO i.V.m. Anhang I lit. d) PE anzuordnen. Die NatKTP kann sogar von Amts wegen oder auf Grund einer Beschwerde der betroffenen Dritten das notwendige Verfahren einführen (Art. 12 Abs. 1 grVO). Da das Attribut-Zertifikat im griechischen Recht nicht ausdrücklich vorgesehen ist, schweigt die grVO auch zu der Folgefrage, was gelten soll, wenn das (Haupt-) Zertifikat gesperrt wird. Mit der Sperrung des

---

[1278] Vgl. BT-Drs. 14/4662, S. 21.

(Haupt-) Zertifikats muss auch ein eventuell zugehöriges Zertifikat schon aus der Natur der Sache gesperrt werden. Das Attribut-Zertifikat kann dagegen auch gesondert widerrufen werden[1279].

Das Verfahren des Widerrufs bzw. der Suspendierung wird in Art. 5 Abs. 3 – 8 grVO näher ausgestaltet. Nach Art. 5 Abs. 6 grVO ist der Antrag auf Widerruf eines qualifizierten Zertifikats unverzüglich zu bearbeiten. Unverzüglich bedeutet hier ohne schuldhaftes Zögern. Der Zertifizierungsdiensteanbieter informiert die Zertifikat-Berechtigten unverzüglich über den Widerruf oder die Suspendierung, Art. 5 Abs. 4 grVO. Der Zertifizierungsdiensteanbieter muss darüber hinaus in der Lage sein, die Erfüllung dieser Informationspflicht zu beweisen. Dafür kann er beispielsweise eine Bestätigung der Kenntnisnahme der Betroffenen vorbringen.

Der Widerrufsdienst steht dem Zertifikat-Berechtigten bzw. seinem Vertreter 24 Stunden täglich, 7 Tage in der Woche - auch während der Feiertage - zur Verfügung, Art. 5 Abs. 5 grVO. Als berechtigte Personen, die den Widerruf beantragen können, sind nur der „Zertifikatsbesitzer" und sein Vertreter erwähnt. Der Begriff „Zertifikatsbesitzer" wird nur im Rahmen dieser Vorschrift verwendet; er ist an keiner anderen Stelle der griechischen Signaturgesetzgebung zu finden. Damit wird offensichtlich einfach der „Zertifikat-Berechtigte" im Sinne des Art. 4 grVO gemeint. Solche systematische Ungereimtheiten sind unglücklich und dienen nicht der Rechtsklarheit. Dies gilt insbesondere für die Signaturgesetzgebung, die durch ihre zahlreichen technischen Legaldefinitionen charakterisiert ist.

Die NatKTP darf zwar selbst keine Zertifikate widerrufen[1280], sie kann aber nach Art. 5 Abs. 1 lit. b) grVO den Widerruf in bestimmten Fällen anordnen. Der zuständige Zertifizierungsdiensteanbieter hat dem Verlangen auf Widerruf nachzukommen, sobald er sich durch geeignete Schritte davon überzeugt hat, dass der Antrag vom Zertifikat-Berechtigten selbst stammt bzw. von ihm autorisiert ist.

Art. 5 Abs. 7 grVO ermöglicht neben dem schriftlichen auch ein telefonisches Widerrufsverfahren. Der Zertifizierungsdiensteanbieter hat die berechtigten Personen diesbezüglich zu informieren und eine Rufnummer bekannt zu geben, unter der sie einen Widerruf der qualifizierten Zertifikate veranlassen können. Die Identifizierung des Antragstellers muss auch bei den telefonischen Widerrufsverfahren garantiert werden, um einen Missbrauch des Widerrufsdienstes zu vermeiden. Hier kommen verschiedene Authentifizierungsverfahren in Betracht,

---

[1279] Vgl. *Roßnagel*, Recht der Multimedia-Dienste, § 8 SigG, Rn. 36.

[1280] S. aber § 16 Abs. 1 S. 3 SigG und § Abs. 5 öSigG.

wie z.B. ein Passwortverfahren, das der Zertifizierungsdiensteanbieter mit dem Antragsteller festgelegt hat. Auch wenn dies nicht ausdrücklich in der grVO geregelt wird, muss auch der telefonische Widerrufsdienst konsequenterweise rund um die Uhr zur Verfügung stehen. Zwar ist der Zertifizierungsdiensteanbieter sowohl nach deutschem als auch nach griechischem Recht nicht verpflichtet, über das Internet einen Widerruf zu ermöglichen. Ein entsprechendes Online-Verfahren kann aber in der „Certification Practice Policy" des Zertifizierungsdiensteanbieters vorgesehen werden.

Wie weiter oben dargestellt, bietet der Zertifizierungsdiensteanbieter von qualifizierten Zertifikaten einen Informationsdienst bezüglich des Status (Gültigkeit, Widerruf) von Zertifikaten, der rund um die Uhr in Betrieb ist, Art. 5 Abs. 8 grVO. Üblicherweise veröffentlichen die Zertifizierungsdiensteanbieter hierzu in regelmäßigen Zeitabständen eine Zertifikatsrücknahmeliste (Certification Revocation List) im Internet, d.h. eine Liste der gesperrten Zertifikate mit Informationen über Sperrzeitpunkt und –grund. Bietet der Zertifizierungsdiensteanbieter diesen Informationsdienst in Form einer Zertifikatsrücknahmeliste, müssen mindestens das Datum und die Uhrzeit des Widerrufs, der Zertifikatsstatus (Widerruf oder Suspendierung) und der Identitätscode des Zertifikats angegeben werden[1281]. Nur so kann festgestellt werden, ob ein elektronisches Dokument vor oder nach dem Widerruf signiert worden ist. Diese Widerrufsliste wird mindestens einmal pro Tag aktualisiert; die Uhrzeit der nächsten Aktualisierung ist ebenfalls anzugeben, Art. 5 Abs. 9 lit. a) und b) grVO. Die Zertifizierungsdiensteanbieter sind zudem verpflichtet, Zertifikat-Berechtigten und Dritten den Zugang zur Liste der widerrufenen oder suspendierten Zertifikate jederzeit kostenlos zu gewährleisten.

Certificate Revocation Lists sowohl akkreditierter als auch nicht akkreditierter Zertifizierungsdiensteanbieter von qualifizierten Zertifikaten sind für 30 Jahre aufzubewahren, Art. 7 Abs. 2 grVO. Es wird also hiermit kein zusätzlicher Anreiz für die Nutzung der freiwilligen Akkreditierung geschaffen.

3. Freiwillige Akkreditierung

a) Konzept der Freiwilligen Akkreditierung

Die freiwillige Akkreditierung ist nach Art. 2 Nr. 13 PE definiert als „jede Erlaubnis zur Akkreditierung von elektronischen Daten, mit der die Rechte und Pflichten für die Erbringung von Zertifizierungsdiensten festgelegt werden, und die auf Antrag des betreffenden Zertifizierungsdiensteanbieters von der in Art. 4 Abs. 5 PE bestimmten Stelle erteilt wird". Art. 2 Nr. 13 SigRL wird in Art. 2 Nr.

[1281] Art. 5 Abs. 9 lit. d) grVO.

13 PE fast wörtlich wiedergegeben. Die Regelung ist allerdings äußerst kompliziert. Entgegen dem Wortlaut der Legaldefinition unterstehen nicht „elektronische Daten“ diesem Akkreditierungsverfahren, sondern die Zertifizierungsdiensteanbieter. Dies ergibt sich indessen erst aus Art. 4 Abs. 5 und Art. 5 Abs. 4 lit. a) PE, die die Akkreditierung mit dem Zertifizierungsdiensteanbieter verbinden. Die Systematik dieser Regelung ist missverständlich und bedarf der Korrektur.

Mit Art. 4 Abs. 5 i.V.m. Art. 2 Nr. 13 PE nutzt der PE die durch Art. 3 Abs. 2 SigRL eröffnete Möglichkeit, ein Verfahren der freiwilligen Akkreditierung einzuführen. Die Umsetzung des von der SigRL vorgesehenen Konzepts der freiwilligen Akkreditierung besteht nach Art. 4 Abs. 2 und 5 PE darin, dass die Erfüllung der gesetzlichen Anforderungen bei den Zertifizierungsdiensteanbietern und den Produkten für elektronische Signaturen vorab und danach in regelmäßigen Zeitabständen sowie bei sicherheitserheblichen Veränderungen durch öffentlich benannte fachkundige Stellen geprüft und bestätigt wird.

Die freiwilligen Akkreditierungssysteme zielen nach dem Wortlaut des Art. 4 Abs. 5 PE auf die Steigerung des Niveaus der erbrachten Dienste ab. Damit sind sowohl besondere Rechte und Pflichten als auch bestimmte Gebühren verbunden. Zertifizierungsdiensteanbietern steht es allerdings frei, sich auf schriftlichen Antrag von der zuständigen Behörde akkreditieren zu lassen[1282] oder auf die Anzeige des Betriebes nach Art. 10 Abs. 2 grVO zu beschränken. Eine Akkreditierung kann nur nach der Betriebsaufnahme erfolgen. Vor der Anzeige an die NatKTP ist eine Akkreditierung nicht möglich. Der Antrag auf freiwillige Akkreditierung kann die Anzeige des Art. 10 grVO nicht ersetzen, weil die Verordnung über die freiwillige Akkreditierung von Zertifizierungsdiensteanbietern nach dem PE (im Folgenden: VfAZ)[1283] in Art. 3 ausdrücklich normiert, dass die Zertifizierungsdiensteanbieter schon angezeigt sein müssen. Im Gegensatz hierzu kann die Akkreditierung nach deutschem Recht sowohl vor als auch nach Betriebsaufnahme und Anzeige erfolgen, § 11 Abs. 1 S. 2 SigV[1284]. Eine Akkreditierung durch die NatKTP aus eigener Initiative ist nicht vorgesehen.

1282 Vgl. SigRL 1999/93, Erwägungsgrund 11.

1283 Entscheidung der NatKTP Nr. 295/63, Verordnung über die Benennung von Stellen zur Feststellung der Übereinstimmung sicherer Signaturerstellungseinheiten und sicherer kryptographischer Einheiten jeweils mit dem Anhang III und II lit. f) PE und über die Benennung von Stellen zur Feststellung der Übereinstimmung von Zertifizierungsdiensteanbietern mit den Anforderungen der freiwilligen Akkreditierung, Griechisches Amtsblatt (ΦΕΚ) Β΄ 1730/24.11.2003.

1284 BT-Drs. 14/4662, S. 27.

Die zuständige Behörde, d.h. die NatKTP, kann sich bei der Akkreditierung öffentlicher[1285] und privater[1286] Stellen bedienen („Stellen für freiwillige Akkreditierung"). Solche Prüf- und Bestätigungsstellen erledigen auch nach Art. 4 Abs. 2 PE die Feststellung der Übereinstimmung sicherer Signaturerstellungseinheiten mit dem Anhang III PE („Stellen für Produkte"). Im Rahmen ihrer Prüf- und Bestätigungstätigkeit unterliegen diese Stellen gemäß Art. 4 Abs. 8 PE der organisatorischen Kontrolle und Aufsicht der NatKTP[1287] und gelten als beliehenes Unternehmen. Dies ist aus Haftungsgründen von großer Bedeutung, weil diese Stellen gemäß Art. 332 grZGB der Haftung aus dem Betrieb durch im Voraus getroffene Vereinbarungen nicht entgehen können[1288].

Die Vertrauenswürdigkeit und Objektivität der Prüf- und Bestätigungsstellen wird durch die zwingend vorgeschriebene vorherige Benennung durch die NatKTP gewährleistet. Die NatKTP hat dafür eine umfangreiche Grundlage für die Benennung von Prüf- und Bestätigungsstellen geschaffen[1289]. Die Benennung einer Stelle als Prüf- und Bestätigungsstelle für Produkte oder für die freiwillige Akkreditierung erfolgt durch Verwaltungsakt der NatKTP[1290]. Dieser Verwaltungsakt kann beim Staatsrat (entspricht dem deutschen Bundesverwaltungsgericht) durch einen Aufhebungsantrag angefochten werden (Art. 95 Abs.1 lit. a) der griechischen Verfassung und Art. 45 Abs. 1 PE 18/1989)[1291]. Wird eine Stelle (Unternehmen oder eine Person des öffentlichen Rechts) gegen ihren Antrag nicht von der NatKTP als Prüf- oder Bestätigungsstelle nach § 4 Abs. 2 und 5 PE benannt, kann sie sich gegen diese ablehnende Entscheidung ebenfalls durch einen Aufhebungsantrag wehren.

Eine gleichzeitige Tätigkeit als Prüf- und Bestätigungsstelle und Zertifizierungsdiensteanbieter oder Hersteller von Produkten für elektronische Signaturen

---

1285 Vgl. § 15 Abs. 1 SigG. Die Vorschrift sieht vor, dass sich die BNetzA bei der Akkreditierung nur privater Stellen bedienen kann.

1286 Als solche Stellen können nach Art. 3 der Entscheidung der NatKTP Nr. 295/63 Aktiengesellschaften, Gesellschaften mit beschränkter Haftung und Personengesellschaften mit Mindestkapital von 140.000 € benannt werden.

1287 Art. 8 Entscheidung der NatKTP Nr. 295/63.

1288 Art. 332 Abs. 1 und Abs. 2. S. 1 grZGB: „Jede im Voraus getroffene Vereinbarung, welche die Haftung wegen Vorsatzes oder grober Fahrlässigkeit ausschließt oder beschränkt, ist nichtig. Nichtig ist ebenso die im Voraus getroffene Vereinbarung über Erlass der Haftung des Schuldners, auch wenn es sich um Erlass der Haftung wegen leichter Fahrlässigkeit handelt, wenn der Gläubiger im Dienste des Schuldners steht oder die Haftung aus dem Betrieb eines behördlich beliehenen Unternehmens erstanden ist".

1289 Entscheidung der NatKTP Nr. 295/63.

1290 Art. 4 Abs. 7 Entscheidung der NatKTP Nr. 295/63.

1291 Vgl. obiter dictum Staatsrat 955/2003, veröffentlicht in NOMOS Datenbank.

ist wegen Interessenkonflikts unzulässig[1292]. Die beauftragten Stellen haben vielmehr ihre Aufgaben unparteiisch und weisungsfrei zu erfüllen. Ihre Benennung setzt zusätzlich voraus, dass die für die Tätigkeit erforderliche Zuverlässigkeit, Unabhängigkeit und Fachkunde nachgewiesen sind[1293]. Die NatKTP führt ein Register der beauftragten Prüf- und Bestätigungsstellen für die Bestätigung der Sicherheit von Zertifizierungsdiensten und Produkten.

Die Regelung des Art. 4 Abs. 5 PE wird den in Art. 3 Abs. 2 SigRL statuierten Anforderungen an freiwillige Akkreditierungssysteme gerecht. Hiernach müssen die Anforderungen der freiwilligen Akkreditierung objektiv, transparent, verhältnismäßig und nichtdiskriminierend sein[1294]. Infolgedessen ist es z.B. der NatKTP nicht gestattet, die Zahl der Zertifizierungsdiensteanbieter einzuschränken, die ihre Akkreditierung beabsichtigen.

b) Verordnung über die freiwillige Akkreditierung von Zertifizierungsdiensteanbietern (VfAZ)

Auf Grund der Rechtvorschriften des Art. 4 Abs. 2, 5, und 8 PE und des Art. 13 Abs. 2 grVO hat die zuständige Behörde eine Verordnung über die freiwillige Akkreditierung von Zertifizierungsdiensteanbietern nach dem PE am 24.11.2003 erlassen[1295]. Dadurch wird ein rechtlicher Rahmen für die Kriterien und das Verfahren der freiwilligen Akkreditierung gesetzt, Art. 1 VfAZ. Der Antrag auf Akkreditierung ist nach Art. 4 Abs. 5 PE und Art. 6 Abs. 12 VfAZ schriftlich zu stellen. Auch wenn es nicht ausdrücklich[1296] geregelt ist, könnte der Antrag theoretisch mittels eines mit einer elektronischen Signatur des Art. 3 Abs. 1 PE versehenen elektronischen Dokuments gestellt werden. Dies erscheint allerdings in der Praxis unmöglich, da der Akkreditierungsprozess weitgehend papiergebunden ist; denn der Antragsteller muss hierfür verschiedene Bestätigungen und Unterlagen der NatKTP vorlegen. Nach Art. 2 Abs. 1 VfAZ wird die Akkreditierung „auf Antrag erteilt“. Dieser Wortlaut bringt zum Ausdruck, dass der Antragssteller einen Anspruch auf Erteilung der Akkreditierung hat, wenn kein Versagungsgrund nach Art. 6 Abs. 6 VfAZ vorliegt.

[1292] Argument aus Anhang I Art. 3 der Entscheidung der NatKTP Nr. 295/63

[1293] Anhang I Art. 3 und 4 Entscheidung der NatKTP Nr. 295/63. S. auch hierzu *Christodoulou*, S. 110 f.

[1294] Näher hierzu *Lapp*, in Gounalakis, Rhb. Electronic Business, § 10 Rn. 65-67.

[1295] Entscheidung der NatKTP Nr. 295/65, Verordnung über die freiwillige Akkreditierung von Zertifizierungsdiensteanbietern, Griechisches Amtsblatt (ΦΕΚ) Β΄ 1730/24.11.2003.

[1296] So aber § 11 Abs. 1 SigV.

i) Anforderungen an die Freiwillige Akkreditierung

Um sich akkreditieren zu lassen, müssen die Zertifizierungsdiensteanbieter nach Art. 3 VfAZ qualifizierte Zertifikate ausstellen, ihren Betrieb gemäß Art. 10 Abs. 2 grVO angezeigt haben, die „wesentlichen Zertifizierungsdienste" nach Art. 1 Abs. 2 VfAZ anbieten und die Anforderungen des Art. 4 VfAZ erfüllen. Das Akkreditierungsverfahren erstreckt sich offensichtlich nur auf Zertifizierungsdiensteanbieter von qualifizierten Zertifizierungsdiensten. Als „wesentliche Zertifizierungsdienste" sind a) die Registrierung von Nutzern, b) die Ausstellung von qualifizierten Zertifikaten, c) der Verzeichnisdienst, und d) der Widerrufsdienst festgelegt, Art. 2 Abs.1 VfAZ. Die Begriffe „Verzeichnisdienst" und „Widerrufsdienst" sind in dem PE und in der grVO nicht zu finden. Die grVO legt zwar solche Dienste fest, benutzt aber dabei andere Begriffe. Zur Förderung der Rechtsklarheit ist allerdings die konsequente Verwendung solcher Termini in der Signaturgesetzgebung notwendig. Es stellt sich in diesem Zusammenhang die Frage, ob ein im Ausland niedergelassener Zertifizierungsdiensteanbieter eine freiwillige Akkreditierung in Griechenland erhalten kann. In Anbetracht der Tatsache, dass der Akkreditierungsantragsteller nach Art. 3 VfAZ schon angezeigt sein muss und dass nach Art. 10 grVO nur die in Griechenland niedergelassenen Zertifizierungsdiensteanbieter angezeigt werden, ist die Akkreditierung ausländischer Zertifizierungsdiensteanbieter nach der VfAZ ausgeschlossen[1297]. Das ist sachgerecht, da es fraglich erscheint, ob ein im Ausland niedergelassener Anbieter den Anforderungen der VfAZ Genüge tun kann[1298].

Art. 4 VfAZ normiert weitere Anforderungen für die freiwillige Akkreditierung von Zertifizierungsdiensteanbietern. Danach müssen die Anbieter die Einhaltung der Anforderungen des PE, der grVO, und zusätzlich die Einhaltung von jeder anderen Vorschrift bezüglich der Ausstellung qualifizierter Zertifikate nachweisen, Art. 4 Abs. 1 VfAZ.

Art. 4 Abs. 2 VfAZ verlangt, dass der zu akkreditierende Zertifizierungsdiensteanbieter, dem eine Konformitätsbescheinigung für die Produkte für elektronische Signaturen (d.h. sichere Signaturerstellungseinheiten und/oder sichere kryptographische Einheiten[1299]) erteilt wurde, dafür sorgen soll, dass bei der

---

[1297] Dies steht jedoch in einem gewissen Widerspruch zu der Vorschrift des Art. 5 Abs. 4 lit. a) PE, die mittelbar dieses Verfahren für möglich wahrnimmt.

[1298] Vgl. z.B. Art. 5 Abs. 2 VfAZ, wonach die Besichtigung der Niederlassung verlangt wird.

[1299] Art. 2 Abs. 2 Entscheidung der NatKTP Nr. 295/64 definiert die „Sichere Kryptographische Einheit" als ein von den Zertifizierungsdiensteanbietern von qualifizierten Zertifikaten eingesetztes Produkt für elektronische Signaturen, das vor Veränderungen geschützt ist und die technische und kryptographische Sicherheit der von ihm unterstützten Verfahren nach

Gestaltung der Arbeitsumgebung folgende Funktionen sichergestellt werden: die Erstellung eigener Signaturerstellungsdaten als auch die Erstellung der Signaturerstellungsdaten der Zertifikat-Berechtigten; die Signierung der qualifizierten Zertifikate der Berechtigten und die Signierung von Informationen bezüglich des Zertifikatsstatus. Für die Erstellung elektronischer Signaturen mit Anbieter-Akkreditierung dürfen ausschließlich Produkte und Verfahren verwendet werden, die einer vorherigen Prüfung durch eine Bestätigungsstelle standgehalten haben[1300].

Darüber hinaus müssen die Zertifizierungsdiensteanbieter alle Akkreditierungsvoraussetzungen durch das Prüfergebnis einer benannten Prüf- und Bestätigungsstelle belegen[1301]. Im Unterschied zu den nicht akkreditierten Zertifizierungsdiensteanbietern unterliegen sie also strengen Prüfpflichten. Die Infrastruktur, die angebotenen Dienste und Verfahren sind umfassend zu prüfen. Insbesondere muss das vorgelegte Sicherheitskonzept[1302], das dem Bericht des Anbieters nach Art. 11 Abs. 2 grVO entspricht, von einer benannten Stelle auf Antrag des Anbieters geprüft und bestätigt werden, Art. 5 Abs. 2 VfAZ. Darüber hinaus ist die Sicherheit der angebotenen Dienste auf ihre Eignung und praktische Umsetzung nach Art. 5 Abs. 1 VfAZ von einer Prüf- und Bestätigungsstelle durch Augenschein zu bestätigen.

Sind alle Anforderungen erfüllt, erstellt die Prüf- und Bestätigungsstelle einen Prüfbericht und gegebenenfalls die Bestätigung darüber, dass alle Anforderungen in vollem Umfang erfüllt sind (Konformitätsbescheinigung)[1303]. Die Prüfung und Bestätigung ist nach sicherheitserheblichen Veränderungen gemäß Art. 7 Abs. 5 VfAZ sowie mindestens alle drei Jahre zu wiederholen, Art. 5 Abs. 5 VfAZ[1304]. Die benannten Stellen treffen richtigerweise im Rahmen des Akkreditierungsverfahrens keine unmittelbare und abschließende Entscheidung gegenüber dem Zertifizierungsdiensteanbieter, der seine Akkreditierung beantragt[1305].

Anhang II lit. f) PE gewährleistet; die „Sichere Kryptographische Einheit" muss die Anforderungen gemäß Art 3. Abs. 2 der Entscheidung der NatKTP Nr. 295/64 erfüllen. Dies entspricht wahrscheinlich den technischen Komponenten für Zertifizierungsdienste des § 2 Nr. 12 SigG.

1300 Art. 4 Abs. 1 und 4 VfAZ i.V.m. Anhang II lit. f) PE und Art. 2 Abs. 1 Entscheidung der NatKTP Nr. 295/63.

1301 Art. 4 Abs. 3 VfAZ.

1302 Art. 5 Abs. 1 lit. b) VfAZ.

1303 Die Konformitätsbescheinigung soll mindestens die in Art. 5 Abs. 4 VfAZ bestimmten Angaben enthalten.

1304 Vgl. die ähnliche Regelung im § 15 Abs. 2 SigG. Die regelmäßigen Prüfungen nach § 15 Abs. 2 S. 2 SigG sind im Abstand von drei Jahren durchzuführen (§ 11 Abs. 2 S. 2 SigV).

1305 Für die ähnliche Rechtslage nach der deutschen Signaturgesetzgebung s. z.B. Spindler/Schmitz/Geis- *Geis*, TDG – Kommentar, § 15 SigG Rn. 5.

Auch wenn sich die NatKTP in der Praxis auf die Konformitätsbescheinigung verlassen wird, verantwortet doch nur sie den Verwaltungsakt, der das Verfahren abschließt.

Eine beglaubigte Kopie der Konformitätsbescheinigung ist zusammen mit dem entsprechenden Antrag und den in Art. 6 Abs. 2 VfAZ bestimmten Unterlagen[1306] der NatKTP vorzulegen. Denn der zuständigen Behörde ist in jedem Falle die letzte Entscheidung über die jeweilige Akkreditierung vorbehalten, Art. 6 VfAZ. Damit wird eine einheitliche Praxis im Hinblick auf das angestrebte Sicherheitsniveau gewährleistet. Die NatKTP hat i.d.R. innerhalb von 15 Tagen nach der Antragstellung ihre behördliche Entscheidung bezüglich der Erteilung der Akkreditierung zu treffen und sie rechtsgemäß zu begründen. Ein Entschließungsermessen steht der NatKTP m.E. nicht zu. Sie muss die Akkreditierung erteilen, wenn kein Versagungsgrund vorliegt. Verweigert die NatKTP einem Zertifizierungsdiensteanbieter zu Unrecht die Akkreditierung, so haftet sie und der Staat als Gesamtschuldner wegen Staatshaftung gemäß Art. 105 Einführungsgesetz zum grZGB auf Ersatz des durch die Verweigerung adäquat kausal entstandenen Schadens[1307].

Die Akkreditierung, die als Erlaubnis ausgestaltet ist, ist zu versagen, wenn die Voraussetzungen nach dem PE und der grVO nicht erfüllt sind; die anderen 2 Versagungsgründe sind in Art. 6 Abs. 6 VfAZ festgelegt und beziehen sich grundsätzlich auf Belegmängel des Antrags. Die Aufzählung der drei Gruppen von Versagungsgründen ist abschließend. Bereits bei Vorliegen eines Versagungsgrundes hat die NatKTP die Erlaubnis zwingend zu versagen. Vor einer Zurückweisung des Antrags wird dem Antragssteller nach Art. 6 Abs. 3 VfAZ rechtliches Gehör gewährt und die Gelegenheit gegeben, die Gründe für die Ab-

---

1306 Die notwendigen Belege gemäß Art 6 Abs. 2 VfAZ sind: a) eine beglaubigte Kopie der Konformitätsbescheinigung; b) das Sicherheitskonzept; c) eine Kopie des Standardvertrags, den der Zertifizierungsdiensteanbieter mit den Zertifikats-Berechtigten abschließt. Jedes mit diesem Standardvertrag verbundene Dokument ist auch beizufügen; d) eine Kopie der zur Erfüllung der Unterrichtungspflicht des Art. 8 grVO verwendeten Unterlage; e) eine eidesstattliche Versicherung, dass der Status der Konformitätsbescheinigung seit ihrer Ausstellung unverändert ist.

1307 Art. 105 Einführungsgesetz zum grZGB: „Für rechtswidrige Handlungen oder Unterlassungen der Organe des Staates bei der Ausübung der ihnen übertragenen öffentlichen Gewalt haftet der Staat für Schadensersatz, es sei denn, dass die Handlung oder die Unterlassung unter Verletzung einer Vorschrift vorgenommen wurde, die zum Schutz des allgemeinen Interesses besteht. Mit dem Staat haftet als Gesamtschuldner auch die schuldige Person; die besonderen Vorschriften über die Haftung der Minister bleiben unberührt". Eine Staatshaftung kommt richtigerweise in Betracht, weil die Akkreditierungsvoraussetzungen nicht nur im Allgemeininteresse, sondern auch im Interesse der Teilnehmer des Rechtsverkehrs geprüft werden.

lehnung zu beseitigen. Der Bescheid der NatKTP kann vom Antragssteller als Verwaltungsakt beim Staatsrat durch einen Aufhebungsantrag angefochten werden (Art. 95 Abs.1 lit. a der griechischen Verfassung und Art. 45 Abs. 1 PE 18/1989)[1308]. Gegen die Erteilung einer Akkreditierung steht einem anderen Zertifizierungsdiensteanbieter, der sich gegen den neuen Konkurrenten wehren will, verwaltungsrechtlicher Schutz grundsätzlich zu. Ein Aufhebungsantrag wäre i.d.R. zulässig, da der andere Zertifizierungsdiensteanbieter-Antragsteller durch die Erteilung der Akkreditierung Schaden erleidet[1309]; ihm ist insoweit die Klagebefugnis hierfür zuzubilligen[1310].

Die Akkreditierung wird nur für die beantragten Dienste erteilt und kann mit Nebenbestimmungen in Bezug auf die Sicherheit des Diensteangebots versehen werden, Art. 6 Abs. 7 VfAZ[1311]. Dies gibt der NatKTP ein Gestaltungsermessen, von der Möglichkeit des Art. 6 Abs. 7 VfAZ Gebrauch zu machen. Das von der VfAZ angeführte Beispiel einer Nebenbestimmung bezieht sich auf zusätzliche Anforderungen an die Niederlassungsumgebung des Antragsstellers. Der akkreditierte Zertifizierungsdiensteanbieter kann richtigerweise eine Rücknahme der Nebenbestimmungen verlangen, wenn deren Voraussetzungen nachtäglich weggefallen sind. Eine ausdrückliche Regelung dafür ist zwar in der VfAZ nicht getroffen, ergibt sich aber aus dem Grundsatz der Verhältnismäßigkeit, der für die Anforderungen der freiwilligen Akkreditierung anwendbar erklärt wird (Art. 4 Abs. 5 PE).

Die NatKTP führt nach Art. 12 VfAZ ein Verzeichnis der akkreditierten Zertifizierungsdiensteanbieter und der ausländischen Zertifizierungsdiensteanbieter, deren freiwillige Akkreditierung von der NatKTP als gleichwertig anerkannt worden ist[1312]. Das Verzeichnis für die akkreditierten Zertifizierungsdiensteanbieter ist vom Verzeichnis nach Art. 10 grVO für die angezeigten Zertifizierungsdiensteanbieter zu trennen. Die zuständige Behörde hat dafür Sorge zu tragen, dass das Verzeichnis online zugänglich ist. Die NatKTP hat sich insofern für das System der „Signed List“ für die Infrastruktur des nationalen freiwilligen Akkreditierungsverfahrens entschieden[1313]. Dadurch unterscheidet sich das griechische von dem deutschen System grundlegend. Die NatKTP stellt – anders als die BNetzA - den akkreditierten Zertifizierungsdiensteanbietern keine qualifi-

1308 Ebenso obiter dictum Staatsrat 955/2003, veröffentlicht in NOMOS Datenbank.
1309 Vgl. *Spiliotopoulos*, S. 475.
1310 Vgl. *Spiliotopoulos*, S. 475 und dort Fn. 11.
1311 Ähnlich auch § 15 Abs. 3 SigG.
1312 Art. 11 VfAZ.
1313 Entscheidung der NatKTP Nr. 308/37, Griechisches Amtsblatt (ΦΕΚ) Β΄ 601/23.04.2004.

zierten Zertifikate aus[1314]. Infolgedessen ist eine Funktion der NatKTP als Wurzelinstanz (Root-CA) zumindest vorläufig ausgeschlossen[1315]. Die NatKTP führt einfach das Verzeichnis der akkreditierten Zertifizierungsdiensteanbieter und versieht es mit seiner elektronischen Signatur. Diese ständig verfügbare Infrastruktur eines Verzeichnisdienstes der zuständigen Behörde soll das erforderliche Vertrauen in die Sicherheit und Zuverlässigkeit von elektronischen Signaturen mit Anbieter-Akkreditierung schaffen. Die Ausübung einer Zertifizierungstätigkeit unter Berufung der freiwilligen Akkreditierung ist vor der Eintragung in das Verzeichnis der NatKTP untersagt.

ii) Rechte und Pflichte der akkreditierten Zertifizierungsdiensteanbieter

Durch die Akkreditierung erwirbt der Zertifizierungsdiensteanbieter besondere Rechte. Akkreditierte Zertifizierungsdiensteanbieter dürfen sich im Rechts- und Geschäftsverkehr als solche bezeichnen und sich auf die nachgewiesene Sicherheit berufen, womit wettbewerbsrechtliche Vorteile verbunden sein dürften. Für alle anderen Zertifizierungsdiensteanbieter ist diese Bezeichnung verboten. Die Bezeichnung „akkreditierter Zertifizierungsdiensteanbieter" kann z.B. auf dem Briefpapier oder einer Webseite verwendet werden. Ähnliches gilt für die Produkte für elektronische Signaturen (sichere Signaturerstellungseinheiten und sichere kryptographische Einheiten), deren Sicherheit von einer benannten Prüf- und Bestätigungsstelle mit der Ausstellung einer Konformitätsbescheinigung nachgewiesen ist[1316]. Damit wird die in Art. 3 Abs. 2 S. 1 und Erwägungsgrund 11 SigRL vorgesehene Förderung der „besten Praktiken" Rechnung getragen. Grundlage der möglichen Berufung auf die nachgewiesene Sicherheit im Rechtsverkehr ist die Vorabprüfung von Organisation und Technik des Zertifizierungsdiensteanbieters durch die Prüf- und Bestätigungsstellen sowie durch die NatKTP. Damit wird die Förderung von sicheren Zertifizierungsdiensteanbietern und Produkten beabsichtigt. Diese Rechte der akkreditierten Zertifizierungsdiensteanbieter dürfen allerdings erst nach dem Erlass des entsprechenden Bescheids der NatKTP ausgeübt werden. Im Falle des Widerrufs einer Akkreditierung nach Art. 9 VfAZ muss der Zertifizierungsdiensteanbieter damit aufhören, sich auf seine nicht länger gültig nachgewiesene Sicherheit zu berufen.

[1314] Vgl. aber § 16 SigG. Hiernach stellt die BNetzA den akkreditierten Zertifizierungsdiensteanbietern die benötigten qualifizierten Zertifikate aus und nimmt diese Zertifikate in ihrem Verzeichnis auf.

[1315] Nach lit. c Abs. 2 der Entscheidung der NatKTP Nr. 308/37 ist ein Systemübergang (Root-CA) zukünftig möglich.

[1316] Art. 5 Abs. 3 der Entscheidung der NatKTP Nr. 295/64, Griechisches Amtsblatt (ΦΕΚ) Β΄ 1730/24.11.2003.

Die gesetzlich angebotene Möglichkeit der Sicherheitsberufung weist erhebliche Ähnlichkeiten mit dem in § 15 Abs. 1 S. 3 SigG und § 15 Abs. 7 SigG geregelten Gütezeichen auf. Mit diesem Gütezeichen wird ebenfalls der Nachweis der umfassend geprüften technischen und administrativen Sicherheit für akkreditierte Signaturen zum Ausdruck gebracht. Einerseits normiert die griechische Gesetzgebung nicht ein Gütezeichen. Andererseits wird vornehmlich für die Produkte für elektronische Signaturen verlangt, dass die „sicheren" Produkte zusammen mit der Konformitätsbescheinigung auf den Markt gebracht werden[1317].

Die akkreditierten Zertifizierungsdiensteanbieter treffen auf Grund der Akkreditierung bestimmte Pflichten. Über diese Pflichten hinaus, die insbesondere im Verhältnis der Anbieter zur NatKTP und zur benannten Prüfstelle Bedeutung erlangen, bestehen für die Zertifizierungsdiensteanbieter weitere Pflichten, die gleichermaßen einzuhalten sind. Erstens sind geprüfte und bestätigte Produkte für die elektronischen Signaturen eines akkreditierten Zertifizierungsdiensteanbieters einzusetzen (Art. 4 Abs. 2 VfAZ i.V.m. Art. 5 Abs. 1 lit. a) VfAZ). Zweitens wird der akkreditierte Zertifizierungsdiensteanbieter verpflichtet, die gesamte Dokumentation im Hinblick auf die von der benannten Prüfstelle durchgeführte Konformitätskontrolle für weitere 10 Jahre zur Verfügung zu halten, Art. 7 Abs. 1 VfAZ. Des Weiteren ist die Mitwirkung des Zertifizierungsdiensteanbieters für die Konformitätskontrolle und für die Kontrolle der NatKTP im Rahmen seiner Aufsichtsbefugnis gleichermaßen von besonderer Bedeutung. Aus diesem Grund normiert Art. 7 Abs. 2 VfAZ eine Mitwirkungspflicht und eine „Erleichterungspflicht" bei jeglichen Kontrollen. Darüber hinaus muss der akkreditierte Zertifizierungsdiensteanbieter dafür Sorge tragen, dass er den für die Akkreditierung gesetzlichen Anforderungen während der gesamten Zeit der Akkreditierung nachkommt, und dass er sowohl jede Änderung des Sicherheitskonzepts als auch eventuelle Probleme oder Ereignisse bezüglich der Sicherheit von angebotenen Diensten unverzüglich der NatKTP und der Prüfstelle meldet (Art. 7 Abs. 5 i.V.m. Art. 8 Abs. 2 VfAZ). Ferner muss er sich um die Erneuerung der Konformitätsbescheinigung und ihre Vorlage bei der NatKTP kümmern, Art. 7 Abs. 6 VfAZ. Schließlich ist das entsprechende Entgelt für die Erbringung der Prüfdienste der benannten Prüfstelle zu bezahlen.

iii) Aufsicht – Widerruf der Akkreditierung

Die Aufsicht über die akkreditierten Zertifizierungsdiensteanbieter obliegt gemäß Art. 8 Abs. 2 VfAZ der NatKTP. Zu diesem Zweck ist ihr von gesetzlicher Seite ein breiter Handlungsspielraum eingeräumt bis hin zum Widerruf der Akkreditierung. In diesem Sinne ermöglicht Art. 8 VfAZ die Anforderung von An-

---

[1317] Art. 5 Abs. 3 der Entscheidung der NatKTP Nr. 295/64.

gaben und die Durchführung von Untersuchungen in der Niederlassung des akkreditierten Zertifizierungsdiensteanbieters von Amts wegen oder im Anschluss an eine Beschwerde. Die NatKTP kann auch nach Art. 8 Abs. 3 S. 2 VfAZ eine erneute Kontrolle des Anbieters von der Prüfstelle anordnen.

Bei der Nichterfüllung der sich aus dem PE und den Rechtsverordnungen ergebenden Pflichten oder im Falle der Einstellung der Tätigkeit eines akkreditierten Zertifizierungsdiensteanbieters hat die NatKTP die Akkreditierung zu widerrufen. Die Widerrufsgründe sind restriktiv in Art. 9 VfAZ normiert: a) der akkreditierte Zertifizierungsdienstanbieter erfüllt nicht mehr die Anforderungen an die Akkreditierung bzw. er hat die Anforderungen von Anfang an nicht erfüllt[1318]; b) er erfüllt nicht die Anforderungen an Zertifizierungsdienstanbieter, die qualifizierte Zertifikate ausstellen und die Anforderungen nach der VfAZ; c) die Maßnahmen des Art. 8 Abs. 3 und 4 VfAZ sind ungenügend; und d) die Einstellung seiner Tätigkeit[1319].

Das griechische Signaturrecht privilegiert nicht die akkreditierten Signaturen in Bezug auf die Folgen einer Tätigkeitseinstellung des Anbieters. § 15 Abs. 6 SigG sieht z.B. vor, dass es bei Rücknahme einer Akkreditierung oder im Konkurs des akkreditierten Zertifizierungsdiensteanbieters dazu kommen kann, dass die BNetzA die Zertifikate übernimmt und sie für die restliche Zeit vorrätig hält. Geht dagegen der nicht-akkreditierte Anbieter in Konkurs, können die Zertifikate bei qualifizierten Verfahren sehr früh verloren gehen[1320]. Im Gegensatz dazu legt das griechische System keine Differenzierung solcher Art fest. Will oder muss ein Zertifizierungsdiensteanbieter von qualifizierten Zertifikaten (akkreditiert oder nicht) seine Tätigkeit einstellen, so muss er nach Art. 6 lit. f) grVO dafür sorgen, dass die bei Einstellung der Tätigkeit vorliegende Dokumentation und die in seinem Verzeichnisdienst geführten Zertifikate von einem anderen Zertifizierungsdiensteanbieter von qualifizierten Zertifikaten übernommen werden[1321]. Dieser bewahrt die Dokumentation und die ausgestellten Zertifikate noch bis zu 30 Jahre nach ihrem Gültigkeitsende so auf, dass sie jederzeit nachprüfbar sind. Gelingt es ihm nicht, einen Zertifizierungsdiensteanbieter zu finden, der die Dokumentation übernimmt, so muss die NatKTP die Dokumentati-

---

1318 Hatte der Zertifizierungsdiensteanbieter bereits im Zeitpunkt der Akkreditierung die Anforderungen nicht erfüllt, so handelt es sich genau genommen um eine Rücknahme der Akkreditierung.

1319 Das gleiche gilt, wenn der akkreditierte Zertifizierungsdiensteanbieter in Konkurs gefallen ist, sich in Liquidierung, Zwangsverwaltung, Konkursvergleich befindet oder wenn er sich im Zustand des Verfahrens der Konkurserklärung oder wenn ein Verfahren auf Zwangsliquidierung, Zwangsverwaltung oder Konkursvergleich abhängig ist.

1320 Ausführlich zur Konkursresistenz der Zertifikate *Roßnagel*, MMR 2002, S. 219.

1321 Bei der Tätigkeitseinstellung eines akkreditierten Zertifizierungsdiensteanbieters soll konsequenterweise ein akkreditierter Zertifizierungsdiensteanbieter das Archiv übernehmen.

on übernehmen. Sowohl akkreditierte als auch nicht akkreditierte Zertifizierungsdiensteanbieter haben selbst dafür zu sorgen, dass die bei Einstellung der Tätigkeit bestehende Dokumentation von einem anderen Zertifizierungsdiensteanbieter übernommen wird. Akkreditierte und nicht akkreditierte Anbieter von qualifizierten Zertifikaten werden diesbezüglich gleichgestellt; der griechische Gesetzgeber schafft also keinen zusätzlichen Anreiz für die Nutzung der freiwilligen Akkreditierung. In diesem Zusammenhang stellt sich die Frage nach den Auswirkungen, die der Widerruf der Akkreditierung auf die ausgestellten akkreditierten Zertifikate hat. Der Gesetzgeber hat diesbezüglich keine Regelung getroffen. Um die Gültigkeit dieser Zertifikate und ihr erhöhtes Sicherheitsniveau auch nach dem Widerruf bzw. der Rücknahme der Akkreditierung des ausstellenden Zertifizierungsdiensteanbieters zu gewährleisten, ist die Übernahme der Tätigkeit durch einen anderen akkreditierten Zertifizierungsdiensteanbieter notwendig. Dies ergibt sich aus der Natur der Sache, in Anbetracht der Tatsache, dass der Widerruf der Akkreditierung die Untersagung des Betriebs als akkreditierter Zertifizierungsdiensteanbieter zur Folge hat (Art. 7 Abs. 5 S. 2 VfAZ). Dieser ungeregelte Bereich kann durch Anwendung der Vorschriften über die Tätigkeitseinstellung von Zertifizierungsdiensteanbietern geschlossen werden. Einstellung der Tätigkeit bedeutet, dass die Dienstleistungen des Zertifizierungsdiensteanbieters nicht weiter angeboten werden. Da der Widerruf der Akkreditierung eine Einstellung der Tätigkeit als akkreditierter Zertifizierungsdiensteanbieter darstellt, kann Art. 6 lit. f) grVO zur Anwendung kommen, der die Übernahme des Archivs durch einen anderen Zertifizierungsdiensteanbieter vorsieht. Eine Anwendung des Art. 6 lit. f) grVO wird aber mit an Sicherheit grenzender Wahrscheinlichkeit nicht notwendig sein. Denn im „Certificate Practice Statement" werden konkrete Vorschriften im Hinblick auf die Übernahme der Dokumentation getroffen[1322]; dieses „Certificate Practice Statement" wird bei akkreditierten Zertifizierungsdiensteanbietern sogar vorabkontrolliert[1323].

Die Widerrufsgründe sind alternativ. Besteht bereits ein Widerrufsgrund, hat die NatKTP die Akkreditierung zwingend zu widerrufen. Der behördliche Bescheid über den Widerruf der Akkreditierung ist unverzüglich in dem von der NatKTP geführten Register der Zertifizierungsdiensteanbieter nach Art. 12 VfAZ zu veröffentlichen. Der Widderruf der Akkreditierung ist ein Verwaltungsakt[1324], der entsprechend begründet sein muss. Gegen den Widerruf der Akkreditierung ist ein Aufhebungsantrag beim Staatsrat zu erheben (Art. 95 Abs.1 lit. a der griechischen Verfassung und Art. 45 Abs. 1 PE 18/1989). Die NatKTP kann (d.h. sie ist nicht dazu verpflichtet) von sich aus oder auf Antrag die Aussetzung des

---

[1322] Anhang I Nr. 12 grVO.
[1323] Art. 6 Abs. 6 lit. c) VfAZ.
[1324] So ausdrücklich Art. 2 Abs. 3 VfAZ.

Angebots von akkreditierten Zertifizierungsdiensten bis zum endgültigen Bescheid anordnen unter den Voraussetzungen des Art. 10 Abs. 1 VfAZ. Der Obertitel des Art. 10 VfAZ – Suspendierung der Berechtigung des Angebots von Diensten freiwilliger Akkreditierung - ist falsch und irreführend und sollte korrigiert werden; damit ist die Suspendierung der Berechtigung des Angebots akkreditierter Zertifizierungsdiensten gemeint, da der akkreditierte Zertifizierungsdiensteanbieter keine Dienste freiwilliger Akkreditierung anbieten kann. Darüber hinaus hat die NatKTP gemäß Art. 13 Abs. 2 VfAZ bei einer Pflichtverletzung des akkreditierten Zertifizierungsdiensteanbieters die Aufsichtsmaßnahmen des Art. 12 Abs. 1 Gesetz 2867/2000 zu treffen. Da die benannten Prüf- und Bestätigungsstellen auch der Aufsicht der NatKTP unterliegen, kann die zuständige Behörde die Verwaltungssanktionen des Art. 12 Abs. 1 und 2 Gesetz 2867/2000 auch ihnen auferlegen, Art. 13 Abs. 1 VfAZ i.V.m. Art. 9 Abs. 1 der Entscheidung der NatKTP Nr. 295/63. Im Falle von Untätigkeit oder mangelhafter Erfüllung der Aufgaben seitens der Prüf- und Bestätigungsstellen ist den Antragstellern nach Art. 13 Abs. 1 VfAZ die Möglichkeit eingeräumt, Beschwerde bei der NatKTP einzubringen.

c) Rechtsnatur der Akkreditierung

Die Akkreditierung bedeutet sowohl für die akkreditierten Zertifizierungsdiensteanbieter (z.B. als Marketinginstrument) als auch für die Kommunikationspartner einen wesentlichen Vorteil. Kommt es im Rechtsstreit auf den Nachweis der Authentizität oder Integrität einer elektronischen Urkunde an, wird bei der Frage, ob tatsächlich ein qualifiziertes Zertifikat vorliegt, die Akkreditierung heranzuziehen sein. Um die Bedeutung der Akkreditierung zu verdeutlichen, ist die Feststellung ihrer Rechtsnatur nach griechischem Recht notwendig. Aus öffentlichrechtlicher Sicht ist sie als Genehmigung zu qualifizieren, d.h. als Verwaltungsakt, mit dem ein bestimmtes, erlaubnispflichtiges Verhalten (das Betreiben von akkreditierten Zertifizierungsdiensten) genehmigt wird. Als überzeugendes Argument dafür dient die Legaldefinition der freiwilligen Akkreditierung, die in Art. 2 Abs. 13 PE als Erlaubnis definiert wird.

Aus beweisrechtlicher Sicht sind folgende Punkte hervorzuheben. Da der Aussteller der Akkreditierung eine öffentliche Stelle ist[1325], stellt die Akkreditierung als Bescheinigung der NatKTP eine öffentliche Urkunde im Sinne der grZPO dar. Dies bedeutet, dass der Akkreditierung die Beweiskraft der widerleglichen Vermutung des Art. 440 grZPO zuzusprechen ist[1326]. Infolgedessen begründet

[1325] Art. 3 Abs. 2 Gesetz 2867/2000.

[1326] Art. 440 grZPO: „Die in den Art. 438 und 439 genannten Urkunden begründen vollen Beweis gegenüber Jedermann in Bezug auf die darin enthaltenen Angaben, deren Wahrheit der Aussteller der Urkunde feststellen musste; hiergegen ist der Beweis des Gegenteils zulässig“.

die Akkreditierung vollen Beweis gegenüber jedermann in Bezug auf die darin enthaltenen Angaben, deren Wahrheit die NatKTP als Aussteller der Urkunde feststellen musste; hiergegen ist der Beweis des Gegenteils zulässig und zwar mit jedem Beweismittel. Der Zeugenbeweis ist in diesem Fall auch zulässig, da der Beweisgegenstand kein Vertrag oder Kollektivvertrag ist (Art. 393 Abs. 1 grZPO); ferner handelt es sich nicht um Beweis gegen den Inhalt einer Urkunde i.S.d. Art. 393 Abs. 2 grZPO[1327]. Man wird zu dem Ergebnis kommen müssen, dass die Akkreditierung eine widerlegliche Vermutung über die Erfüllung der Anforderungen des PE und der grVO enthält, die die freie richterliche Beweiswürdigung beschränkt. Diese der Akkreditierung zugesprochene Rechtswirkung sieht im Ergebnis der technisch-organisatorischen Sicherheitsvermutung des deutschen § 15 Abs. 1 S. 4 SigG ähnlich[1328]. Der Inhalt der Vermutung lässt sich im Wege eines argumentum e contrario aus den Versagungsgründen der Akkreditierung nach Art. 6 Abs. 6 VfAZ ableiten. Infolgedessen bezieht sich die Vermutung auf

- die Erfüllung aller Anforderungen der griechischen Signaturgesetzgebung an Zertifizierungsdiensteanbieter, die qualifizierte Zertifikate erstellen[1329];
- die Erfüllung aller Anforderungen des Art. 4 VfAZ[1330]: Die akkreditierten Zertifizierungsdiensteanbieter setzen für ihre Zertifizierungsdienste sichere Signaturerstellungseinheiten[1331] und sichere kryptographische Einheiten[1332] ein; die technische und administrative Sicherheit der angebotenen Dienste ist vorabgeprüft[1333].

Es ist daher zu erwarten, dass elektronischen Signaturen eines akkreditierten Zertifizierungsdiensteanbieters vor Gericht ein besonders hoher Beweiswert zukommen wird. Denn bei einer elektronischen Signatur mit Anbieter-Akkreditierung kann sicher davon ausgegangen werden, dass sie mit der Signaturerstellungseinheit des im zugrunde liegenden qualifizierten Zertifikat angegebenen Unterzeichners erzeugt wurde und dass die signierten Daten danach nicht verändert worden sind[1334]. Auf Grund der vorgesehenen Sicherheitsvorkehrungen für die Produkte für elektronische Signaturen (sichere Signaturerstellungs-

---

[1327] Vgl. *Yessiou-Faltsi*, Beweisrecht, S. 286; vgl. auch Areopag 455/1993, Helliniki Dikaiosini 1995, S. 91 ff.
[1328] S. hierzu z.B. *Roßnagel*, MMR 2002, S. 218.
[1329] Art. 4 Abs. 1 i.V.m. Art. 6 Abs. 6 lit. c) VfAZ.
[1330] Art. 6 Abs. 6 lit. b) VfAZ.
[1331] Art. 4 Abs. 4 i.V.m. Art. 6 Abs. 6 lit. c) VfAZ.
[1332] Anhang II lit. f) PE.
[1333] Art. 4 Abs. 3 i.V.m. Art. 6 Abs. 6 lit. c) VfAZ.
[1334] Vgl. BT-Drs 14/4662, S. 28.

einheiten und sichere kryptographische Einheiten), deren Erfüllung durch ein Sachverständigengutachten der Prüf- und Bestätigungsstellen bestätigt wird, ist es weiter zu vermuten, dass der im qualifizierten Zertifikat benannte Unterzeichner die Signatur erzeugt oder die Erzeugung autorisiert hat[1335]. Angesichts der Bedeutung der benannten Prüf- und Bestätigungsstellen stellt sich darüber hinaus die Frage, welche rechtliche Stellung diese Stellen haben. Diesbezüglich ist richtigerweise zwischen Prüf- und Bestätigungsstellen für das Akkreditierungsverfahren und Prüf- und Bestätigungsstellen für die Produkte für elektronische Signaturen zu unterscheiden. Diese Klassifizierung dient der dogmatischen Einordnung.

Während die Akkreditierung selbst öffentlichrechtlicher Natur ist, ist die Prüfung und Bestätigung für das Akkreditierungsverfahren eher ein privatrechtliches Rechtsgeschäft. Die Prüf- und Bestätigungsstellen sind angesichts der privatrechtlichen Grundlage[1336] i.d.R. keine Verwaltungsorgane[1337]. Trotz privatrechtlicher Natur werden Prüfstellen als beliehenes Unternehmen[1338] für die NatKTP auf der gesetzlichen Grundlage des Art. 4 Abs. 2 und 5 PE tätig. Zwar steht es dem zu akkreditierenden Zertifizierungsdiensteanbieter nicht frei, die Prüfung und Bestätigung von irgendeinem Sachverständigen durchführen zu lassen, sondern er ist auf die Wahl aus dem Kreis der benannten Stellen beschränkt. Doch erfolgt Beauftragung und Bezahlung auf Grund eines privatrechtlichen Vertrags mit dem Antragsteller. Die Prüf- und Bestätigungsstellen treffen im Rahmen des Akkreditierungsverfahrens keine unmittelbare und abschließende Entscheidung gegenüber den Antragstellern. Sie arbeiten der NatKTP zu und bereiten deren Entscheidung vor. Auch wenn sich die NatKTP in der Praxis auf den Prüfbericht und die Konformitätsbescheinigung verlässt, ist die Akkreditierung der NatKTP vorbehalten, Art. 6 Abs. 1 VfAZ. Die Konformitätsbescheinigung und der Prüfbericht der benannten Stelle bezüglich der Akkreditierung ist daher kein Verwaltungsakt, sondern Vorbereitungshandlung der Behördenentscheidung. Sie ist daher nicht selbständig gerichtlich angreif-

[1335] Die mögliche Autorisierung einer anderen Person, z.B. durch Weitergabe der sicheren Signaturerstellungseinheit und PIN, stellt allerdings gemäß Art. 5 Abs. 1 lit. i) grVO ein Widerrufsgrund des qualifizierten Zertifikats dar. Eine Weitergabe kann ausgeschlossen werden, indem die Signaturerstellungseinheit über die Nutzung biometrischer Merkmale ausschließlich an den Unterzeichner gebunden wird.

[1336] Vgl. Art. 3 Abs. 1 der Entscheidung der NatKTP Nr. 295/63; die Stellen sollen die Form einer Aktiengesellschaft oder einer Gesellschaft mit begrenzter Haftung haben.

[1337] Dies bedeutet, dass ihre Entscheidungen nicht als Verwaltungsakte qualifiziert werden können. Zu den Bestandteilen des Verwaltungsakts nach griechischem Recht s. *Spiliotopoulos*, S. 104 ff.

[1338] Nach Art. 4 Abs. 7 der Entscheidung der NatKTP Nr. 295/63 erfolgt die Benennung der Prüf- und der Bestätigungsstellen durch einen Verwaltungsakt der NatKTP.

bar[1339]. Diese Argumente sprechen dafür, die Konformitätsbescheinigung als vorweggenommenes Sachverständigengutachten nach Art. 390 grZPO zu qualifizieren[1340].

Für die benannten Prüf- und Bestätigungsstellen für Produkte für elektronische Signaturen gilt Vergleichbares. Allerdings treffen sie im Gegensatz zu den Prüfstellen für die Akkreditierung im Rahmen der Konformitätsprüfung der Produkte eine abschließende Entscheidung, Art. 4 Abs. 3 der Entscheidung der NatKTP Nr. 295/64. Eine Ausfertigung des Prüfberichtes und der Konformitätsbescheinigung ist bei der zuständigen Behörde zu hinterlegen. Der NatKTP verbleibt eine nachträgliche Kontrolle gemäß Art. 4 Abs. 5 der Entscheidung der NatKTP Nr. 295/64. Hiernach kann jedermann, welcher ein berechtigtes Interesse hierzu hat, die „Überprüfung“ durch die NatKTP der von der Prüfstelle getroffenen Entscheidung bezüglich der Erteilung der Konformitätsbescheinigung beantragen. Darüber hinaus kann die NatKTP im Rahmen ihrer Aufsichtsausübung bei Anhaltspunkten für Mängel bei Prüfungen oder bei bestätigten Produkten für elektronische Signaturen sowie stichprobenweise Gutachten eines unabhängigen Dritten darüber einholen, ob die Produkte gemäß Art. 3 und 4 der Entscheidung der NatKTP Nr. 295/64 geprüft wurden und ob diese die Anforderungen der Signaturgesetzgebung erfüllen. Betroffene Hersteller, Vertreiber und Prüfstellen haben die dafür erforderliche Unterstützung zu gewähren[1341].

Die Bestätigungsstellen treffen also grundsätzlich gegenüber den Herstellern und Vertreibern von Produkten für elektronische Signaturen die abschließende Entscheidung über ihren Antrag. Zwar bedarf es für Herstellung und Vertrieb keiner Zulassung. Doch eröffnen oder verschließen die Bestätigungsstellen den Antragstellern mit ihrer Entscheidung einen bedeutsamen Markt und greifen damit in ihr Grundrecht auf freie Berufsausübung nach Art. 5 Abs. 1 der griechischen Verfassung ein. Daher sind die Prüf- und Bestätigungsstellen Private, die eigenständig mit hoheitlichen Befugnissen beliehen sind[1342]. Sie dürfen sogar die Konformitätsbescheinigung unter den Voraussetzungen des Art. 6 der Entscheidung der NatKTP Nr. 295/64 widerrufen. Ist die Prüf- und Bestätigungsstelle eine juristische Person des öffentlichen Rechts, so ist ihre Entscheidung über die Ausstellung der Konformitätsbescheinigung nicht automatisch als Verwaltungsakt anzusehen. Denn die Stelle wird einerseits im Rahmen eines privatrechtli-

---

1339 *Spiliotopoulos*, S. 501 f.

1340 Art. 390 grZPO: „Die dem Gericht von einer Partei vorgelegten Gutachten, welche auf ihren Antrag von Personen angefertigt worden sind, die für bestimmte Fragen, welche den anhängigen Prozess betreffen, besondere Kenntnisse auf dem Gebiet der Wissenschaft oder Kunst besitzen, unterliegen der freien Beweiswürdigung des Gerichts“.

1341 Art. 7 Abs. 4 der Entscheidung der NatKTP Nr. 295/64.

1342 Ebenso *Christodoulou*, S. 109 ff.

chen Gutachtervertrages vom Antragssteller beauftragt[1343] und andererseits mangelt es bei ihrer Entscheidung und bei der entsprechenden Konformitätsbescheinigung an der Ausübung öffentlicher Gewalt, die notwendiges Merkmal des Verwaltungsaktes ist[1344]. Durch diese Konformitätskontrolle ist nicht die Erfüllung öffentlich-rechtlicher Aufgaben beabsichtigt, die aus der Staatsgewalt abgeleitet sind, sondern die Durchführung einer Qualitätskontrolle im Rahmen des Privatrechts[1345]. Dies ergibt sich unmittelbar aus der Legaldefinition der „Konformitätskontrolle" in Art. 2 Abs. 3 der Entscheidung der NatKTP Nr. 295/64.

Da auch private Bestätigungsstellen im Rahmen ihrer Beleihung tätig werden, ist ihre Bestätigung oder deren Versagung richtigerweise auch kein Verwaltungsakt, da sie überdies keine Verwaltungsorgane sind[1346]. Versagt eine Prüf- und Bestätigungsstelle die Bestätigung der Konformität eines Produkts für elektronische Signaturen, ist Rechtsschutz auf dem Privatrechtsweg zu suchen[1347]. Diese Entscheidungen der Prüf- und Bestätigungsstellen sind als Anordnungen zu qualifizieren, welche sich auf die Entstehung, Übertragung oder den Untergang von Privatrechten beziehen. Denn der Hersteller, Einführer, Vertreiber oder der Besitzer der Konformitätsbescheinigung hat das Recht, sich im Rechts- und Geschäftsverkehr auf die nachgewiesene Sicherheit zu berufen[1348]. Zudem kann von diesen Entscheidungen der Prüf- und Bestätigungsstellen die Gültigkeit von elektronischen Rechtsgeschäften beeinträchtigt werden. Da die Stellen gesetzlich verpflichtet sind, öffentliche Register zu führen, die ihre Anordnungen und die Konformitätsbescheinigungen enthalten[1349], unterliegen sie gemäß Art. 791 grZPO der richterlichen Kontrolle. Verweigert also die Stelle die Bestätigung der Konformität eines Produkts, kann der betroffene Rechtschutz im Rahmen der freiwilligen Gerichtsbarkeit beantragen. Insbesondere kann der Antragssteller die Bestätigung durch einen Antrag des Art. 791 grZPO einklagen.

[1343] Art. 5 Abs. 1 der Entscheidung der NatKTP Nr. 295/64 regelt explizit die Vergütung der Stellen.

[1344] *Spiliotopoulos*, S. 104 f.; vgl. auch Staatsrat 2329/1996, veröffentlicht in NOMOS Datenbank.

[1345] Die Willenserklärung eines Verwaltungsorgans ist nur dann als Verwaltungsakt zu qualifizieren, wenn sie im Rahmen von Rechtverhältnissen abgegeben worden ist, die dem Administrativen Recht unterliegen. So Staatsrat 3588/1987 und Staatsrat 6339/1996, veröffentlicht in NOMOS Datenbank.

[1346] Vgl. hierzu *Spiliotopoulos*, S. 392.

[1347] Ebenso *Christodoulou*, S. 117.

[1348] Art. 5 Abs. 3 Entscheidung der NatKTP Nr. 295/64.

[1349] Art. 5 Abs. 2 Entscheidung der NatKTP Nr. 295/63. Die NatKTP hat gemäß Art. 8 der Entscheidung der NatKTP Nr. 295/64 auch die bestätigten Produkte für elektronische Signaturen in einem Register zu veröffentlichen. Das Register soll auch online zugänglich sein, was aber bis jetzt nicht realisiert wurde; vgl. <http://www.eett.gr> (zuletzt 01.12.2006).

Der Antragsteller trägt die Beweislast der Konformität. Zuständig ist das Gericht[1350], in dessen Bezirk die Prüf- und Bestätigungsstelle, die das Register führt, ihr Sitz hat.

Schließlich ist hervorzuheben, dass laut Gesetz beide Arten von Prüf- und Bestätigungsstellen die Verantwortung für Ihr Tun und Unterlassen im Rahmen des durchgeführten Prüfverfahrens ausschließlich tragen[1351]. Dies ist zumindest für die Prüf- und Bestätigungsstellen für Produkte für elektronische Signaturen nachvollziehbar, da die endgültige Entscheidung im Hinblick auf die Konformität ihr obliegt. In Bezug auf die Prüf- und Bestätigungsstellen für die Akkreditierung ist jedoch diese Norm mit Art. 11 der Entscheidung der Kommission 2000/709[1352] nicht vereinbar. Hiernach „betraut die benannte Stelle eine andere Einrichtung mit der Durchführung eines Teils der Konformitätsbewertung", so übernimmt sie die uneingeschränkte Verantwortung für die im Rahmen solcher Vereinbarungen durchgeführten Arbeiten, solange „die endgültige Entscheidung der zuständigen Behörde obliegt". Wie soeben dargestellt, treffen die Prüf- und Bestätigungsstellen für die Akkreditierung keine eigene Entscheidung über die Akkreditierung. Daher muss nach europarechtlichen Vorgaben für die Tätigkeit der Stellen im Akkreditierungsverfahren die NatKTP verantwortlich gehalten werden[1353].

4. Haftung

a) Staatshaftung und Haftung der NatKTP

Verletzt die NatKTP bei der Akkreditierungserteilung oder bei der Aufsicht der Zertifizierungsdiensteanbieter ihre Pflichten, kann eine Staatshaftung gemäß Art. 105 Einführungsgesetz zum grZGB in Betracht kommen[1354]; denn die NatKTP ist ein staatliches Organ (Art. 3 Abs. 2 Gesetz 2867/2000). Zusätzliche Voraussetzung hierfür ist ein rechtswidriges Verwaltungshandeln, das Schaden zur Folge hat[1355]. Zu ersetzen ist der adäquat kausal entstandene Schaden[1356].

[1350] Gemäß Art. 740 grZPO ist das Einzelrichtergericht erster Instanz sachlich zuständig.

[1351] Art. 5 Abs. 3 Entscheidung der NatKTP Nr. 295/63.

[1352] Entscheidung der Kommission vom 6. November 2000 über die Mindestkriterien, die von den Mitgliedstaaten bei der Benennung der Stellen gemäß Artikel 3 Abs. 4 der Richtlinie 1999/93/EG des Europäischen Parlaments und des Rates über gemeinschaftliche Rahmenbedingungen für elektronische Signaturen zu berücksichtigen sind, ABl. EG Nr. L 289, S. 42 .

[1353] Die Entscheidung der Kommission trifft gem. Art. 249 Abs. 3 EG eine in allen ihren Teilen verbindliche und für den Adressaten unmittelbar geltende Regelung. Als Adressaten kommen in diesem Fall die Mitgliedstaaten in Betracht.

[1354] S. hierzu Fn. 1307.

[1355] Zu den Voraussetzungen der Amtshaftung s. ausführlich *Spiliotopoulos*, S. 227 ff. insbes. S. 233.

Die Aufsicht durch die NatKTP besteht zwar auch zum Schutz des allgemeinen Interesses; dies schließt aber richtigerweise nicht aus, dass sie parallel im Interesse der Teilnehmer am elektronischen Rechtsgeschäft besteht.

b) Haftung des Zertifizierungsdiensteanbieters

Bei allen Signaturverfahren richtet sich die vertragliche Haftung zwischen Zertifizierungsdiensteanbieter und Unterzeichner nach den allgemeinen Grundsätzen. Gegenüber Unterzeichner und Dritten ist dagegen eine spezifische gesetzliche Haftung des Zertifizierungsdiensteanbieters nur bei elektronischen Signaturen des Art. 3 Abs. 1 PE (akkreditiert oder nicht) vorgesehen. Es ist hervorzuheben, dass nach Art. 6 Abs. 6 PE die Bestimmungen des Verbraucherschutzgesetzes 2251/1994 unberührt bleiben. Die Absätze 1 bis 5 des Art. 6 PE gelten insbesondere unbeschadet der Regelungen über missbräuchliche Klauseln in Verbraucherverträgen.

i) Regelung im PE

Mit Art. 6 PE wird die Haftung von Ausstellern qualifizierter Zertifikate und von Diensteanbietern, die für diese einstehen[1357], festgelegt. Im Umkehrschluss ist im PE eine Haftung für nicht qualifizierte Zertifikate nicht vorgesehen. Es kommt allerdings ausschließlich auf die Bezeichnung im jeweiligen Zertifikat an, ob Art. 6 PE anwendbar ist, denn die Eintragung eines Anbieters in das Register der NatKTP als „Zertifizierungsdiensteanbieter, der qualifizierte Zertifikate ausstellt“, basiert lediglich auf seiner eigenen Erklärung, Art. 10 Abs. 3 S. 2 grVO. Dies bedeutet, dass der Haftungstatbestand des Art. 6 PE greift, wenn der Zertifizierungsdiensteanbieter das Zertifikat als qualifiziertes bezeichnet hat, auch wenn das Zertifikat tatsächlich nicht die Anforderungen des Anhangs I PE erfüllt und nicht von einem Zertifizierungsdiensteanbieter ausgestellt wurde, der die Anforderungen des Anhangs II erfüllt. Zu ersetzen ist der einer auf das Zertifikat in vernünftiger Weise vertrauenden Person adäquat kausal entstandene Schaden. Handelt es sich um ein nichtiges elektronisches Rechtsgeschäft wegen Formmangels, wird der Vertrauensschaden zu ersetzen sein.

Die Haftung erfasst ausdrücklich gleichermaßen akkreditierte und nicht akkreditierte Zertifizierungsdiensteanbieter. Akkreditierte Zertifizierungsdiensteanbieter werden daher nicht favorisiert, denn ihre Haftung kann auf Grund der Akkredi-

---

[1356] *Spiliotopoulos*, S. 237.

[1357] Vgl. Art. 5 Abs. 4 lit. b) PE. Im Gegensatz zum griechischen und deutschen Recht wurde in den Niederlanden die Regelung der Haftung von Zertifizierungsdienstanbietern in das dortige Zivilgesetzbuch (Art. 6:196b BW) aufgenommen. S. hierzu *Sujecki*, MMR 2003, Heft 07 XII.

tierung nicht ausgeschlossen werden. Die Haftung des Unterzeichners und diejenige des auf die Signatur vertrauenden Dritten sind im PE nicht geregelt. Auch das Anbieten von Zertifizierungsdiensten über die Ausstellung von Zertifikaten hinaus, wie etwa das bloße Führen von Zeitstempeldiensten oder Verzeichnisdiensten, fällt nicht unter den Anwendungsbereich des Art. 6 PE.

Als weitere Tatbestandsvoraussetzung der Haftung nach Art. 6 PE muss das qualifizierte Zertifikat „öffentlich" ausgestellt worden sein. Das kann bedeuten, dass Art. 6 PE im Bereich von geschlossenen Benutzergruppen nicht anwendbar ist. Da aber diese Gruppen sowieso vom Anwendungsbereich der SigRL und somit des PE ausgenommen sind[1358], kann diese Anforderung so interpretiert werden, dass der Verifizierungsdienst für Dritte offen sein soll, d.h. für Teilnehmer des elektronischen Geschäftsverkehrs (Erklärungsempfänger), die keine vertragliche Beziehung mit dem Anbieter haben.

Nur die außervertragliche Verantwortung ist in der SigRL und von daher auch im griechischen und deutschen Umsetzungsgesetz geregelt. Die Zertifizierungsdiensteanbieter haften gegenüber denjenigen, die „vernünftigerweise" auf das Zertifikat vertraut haben. Die Haftung ist als Vertrauenshaftung ausgeformt. Das Vertrauen des Geschädigten auf das Zertifikat „in vernünftiger Weise" wird als normatives Tatbestandsmerkmal der Haftung vorausgesetzt. In der deutschen Literatur wird kritisiert, dass dieser Begriff dem deutschen Recht unbekannt ist[1359]; ähnlich wird er im griechischen Recht i.d.R. bei Umsetzungsvorschriften des EU-Rechts rechtstechnisch eingesetzt. Die Verwendung dieses Terminus soll die Haftung des Zertifizierungsdiensteanbieters für gewisse Ereignisse ausschließen, auf Grund derer ein durchschnittlicher Nutzer der elektronischen Signaturen sofort ein Zertifikat als falsches erkennen sollte. So würde z.B. derjenige aus dem Anwendungsbereich des Art. 6 PE ausfallen, der die aktuelle Gültigkeit des Zertifikats nicht prüft[1360]. Die Beweislast für den Ausschluss des „vernünftigen" Vertrauens trägt der Zertifizierungsdiensteanbieter. Eine vernünftige Weise und daher eine Haftung wären auch zu verneinen, wenn dem Geschädigten der Fehler im Zertifikat bekannt oder wegen Fahrlässigkeit unbekannt ist[1361]. In diesem Fall ist richtigerweise die Mitverschuldensregelung des Art. 300 grZGB nicht anwendbar, denn die Haftung des Anbieters ist dann ganz ausgeschlossen[1362]. Art. 300 grZGB ist jedoch anzuwenden, wenn bei dem auf das Zertifikat

---

[1358] Vgl. SigRL 1999/93, Erwägungsgrund 16.

[1359] *Brisch*, CR 1998, S. 498.

[1360] *Fünten*, S. 207.

[1361] S. aber *Karadimitriou*, Harmenopoulos 2002, S. 1543.

[1362] Art. 300 grZGB: „Hat der Beschädigte bei der Entstehung des Schadens oder bei dessen Umfang mitgewirkt, so kann das Gericht eine Entschädigung ablehnen oder ihren Betrag mindern. Das gleiche gilt auch dann, wenn der Beschädigte unterlassen hat, den Schaden abvernünftigerweise vertrauenden Signaturempfänger ein Mitverschulden bei der Abwendung des Schadens oder eine Verletzung der Schadensminderungspflicht besteht. In diesem Fall liegt ein Mitverschulden in Bezug auf die konkrete Schadenshöhe vor, die hätte verringert oder vermieden werden können, nicht jedoch im Hinblick auf die Fehlerhaftigkeit des Zertifikats[1363]. Des Weiteren fällt in Anbetracht der Tatsache, dass sich die Haftungsvorschrift lediglich auf Dritte beschränkt, die auf das qualifizierte Zertifikat vertrauen, ein Dritter, der in einem Zertifikat fälschlich als Vertretener angegeben wird, nicht unter den Anwendungsbereich des Art. 6 PE, denn er hat nicht auf die Angaben des Zertifizierungsdiensteanbieters vertraut.

Eine Haftung kann gegenüber einer Stelle sowie gegenüber einer juristischen oder natürlichen Person bestehen. Nach einhelliger Auffassung der griechischen Literatur fällt auch der „Unterzeichner" unter die Haftungsregelung des Art. 6[1364]. Für diese Ansicht spricht der Wortlaut des PE. Die Einstandspflicht des Art. 6 PE seitens der Zertifizierungsdiensteanbieter besteht zwar gegenüber jedermann, d.h. sowohl gegenüber dem Unterzeichner als auch gegenüber den Geschäftspartnern des Unterzeichners. Aber eine Ersatzpflicht des Zertifizierungsdiensteanbieters gegenüber dem Unterzeichner im Rahmen des Art. 6 PE erscheint m.E. eher unwahrscheinlich; denn einerseits sind Konstellationen, bei denen der Unterzeichner auf das für seine eigene Identifizierung ausgestellte Zertifikat vertraut, schwer vorstellbar und zweitens wäre auch in solchen Konstellationen das Vertrauen des geschädigten Unterzeichners auf das qualifizierte Zertifikat selten als „vernünftig" zu qualifizieren.

1) Haftungstatbestände

In Art. 6 PE sind - nach dem Vorbild der SigRL – vier verschiedene Haftungstatbestände zusammengefasst. Nach Art. 6 Abs. 1 lit. a) PE haftet der Zertifizierungsdiensteanbieter zunächst dafür, dass alle Informationen im qualifizierten Zertifikat zum Zeitpunkt seiner Ausstellung richtig sind und das Zertifikat alle für ein qualifiziertes Zertifikat vorgeschriebenen Angaben enthält[1365]. Es handelt

---

zuwenden oder zu mindern, oder wenn er den Schuldner auf die Gefahr eines ungewöhnlich großen Schadens, die der Schuldner weder kannte noch kenne musste, nicht aufmerksam gemacht hat.
Diese Vorschrift findet auch in Bezug auf das Verschulden der Personen Anwendung, für die der beschädigte haftet".

[1363] BT-Drs. 14/4662, S. 25; vgl. auch *Thomale*, MMR 2004, S. 82.

[1364] Ebenso *Christodoulou*, S. 150; *Igglezakis*, Episkopisi Emporikou Dikaiou 2000, S. 634; *Karadimitriou*, Harmenopoulos 2002, S. 1543; *Maniotis*, Der elektronische Vertragsabschluss, S. 75.

[1365] Anhang I PE.

sich also um die Richtigkeit und die Vollständigkeit des Zertifikats. Der erste Tatbestand umfasst u.a. die fehlerhafte Identifizierung des Unterzeichners. Bei der zweiten Alternative von Art. 6 Abs. 1 lit. a) PE bezüglich der Vollständigkeit des Zertifikats wäre die Tatbestandsvoraussetzung des Vertrauens „in vernünftiger Weise“ zweifelhaft in Anbetracht der Tatsache, dass die für das qualifizierte Zertifikat notwendigen Angaben gesetzlich vorgeschrieben sind und daher als der Allgemeinheit bekannt gelten.

Gemäß Art. 6 Abs. 1 lit. b) PE haftet der Zertifizierungsdiensteanbieter auch dafür, dass der in dem qualifizierten Zertifikat angegebene Unterzeichner zum Zeitpunkt der Ausstellung des Zertifikats im Besitz der Signaturerstellungsdaten war, die den im Zertifikat angegebenen bzw. identifizierten Signaturprüfdaten entsprechen. Dies bedeutet, dass der im Zertifikat bezeichnete Unterzeichner der Inhaber jenes privaten Schlüssels zu sein hat, der dem dort bezeichneten öffentlichen Schlüssel entspricht. Wird das Schlüsselpaar vom Zertifizierungsdiensteanbieter an einen Nichtberechtigten ausgehändigt, so hat er dafür einzustehen.

Nach Art. 6 Abs. 1 lit. c) PE muss auch die Komplementarität von Signaturerstellungs- und Signaturprüfdaten gegeben sein. Danach hat der Zertifizierungsdiensteanbieter dafür einzustehen, wenn er Signaturerstellungsdaten und Signaturprüfdaten erzeugt, die aber nicht in komplementärer Weise genutzt werden können. Es ist durchaus möglich, dass der Unterzeichner selbst die entsprechenden Daten erzeugt. In diesem Fall haftet der Zertifizierungsdiensteanbieter bei einer nicht komplementären Nutzung von Signaturerstellungs- und Signaturprüfdaten nicht.

Der Zertifizierungsdiensteanbieter soll auch für den Fall haften, dass der Widerruf des Zertifikats nicht registriert wurde. Dieser Haftungstatbestand ist systematisch notwendig und nachvollziehbar, denn der Anbieter ist nach Anhang II lit. b) PE verpflichtet, einen zuverlässigen und unverzüglichen Widerrufsdienst zu gewährleisten. Die Norm sorgt dafür, dass auf die jeweiligen Widerrufsdienste vertraut werden kann. Wird die Führung des Widerrufdienstes nach Art. 11 Abs. 4 grVO einem Dritten übertragen, so haftet ausschließlich der Zertifizierungsdiensteanbieter gegenüber den Zertifikat-Berechtigten oder Dritten für das Tun und Unterlassen der von ihm beauftragten Dritten. Die organisatorischen Anforderungen des Art. 6 Abs. 1 lit. a) und b) PE müssen nur zum Zeitpunkt der Ausstellung des Zertifikats eingehalten werden[1366]. Der Zertifikatsaussteller hat also

---

[1366] Zustimmend *Maniotis*, Der elektronische Vertragsabschluss, S. 75. Kritisch hierzu *Thomale*, S. 128, der es für wichtig hält, dass diverse Anforderungen auch nach der Ausstellung des Zertifikats eingehalten werden. Kritisch auch *Karagiannis*, Dikaio Epicheireseon kai Etainur für die Richtigkeit der Angaben, wie beispielsweise für das tatsächliche Bestehen der Vertretungsmacht, zum Ausstellungszeitpunkt einzustehen. Eine Widerrufspflicht trifft diesen nur bei Kenntnisnahme entgegenstehender Tatsachen, er ist aber nicht zu einer regelmäßigen Überprüfungskontrolle verpflichtet.

Die Haftung des Zertifizierungsdiensteanbieters ist ausgeschlossen, wenn kein schutzwürdiges Vertrauen des Beschädigten vorliegt (Art. 6 Abs. 1 PE) oder wenn der Zertifizierungsdiensteanbieter nicht schuldhaft handelte (Art. 6 Abs. 3 PE). Wie in der SigRL ist auch in Art. 6 Abs. 3 PE eine Verschuldenshaftung mit Umkehr der Beweislast vorgesehen; die Haftung ist ausgeschlossen, wenn der Anbieter nachweist, dass er nicht schuldhaft gehandelt hat. Die Umkehr der Beweislast lässt sich gut mit der besonderen Stellung des Zertifizierungsdiensteanbieters im elektronischen Rechtsverkehr begründen, der als einziger in der Lage ist zu klären, was vorgefallen ist. Kann der Zertifizierungsdiensteanbieter nachweisen, dass er die Verletzung nicht zu vertreten hat, tritt die Haftung nicht ein. Akkreditierte Zertifizierungsdiensteanbieter können sich dabei auf die Konformitätsbescheinigung durch die benannten Prüf- und Bestätigungsstellen und auf die Akkreditierung der NatKTP stützen. Zu vertreten ist gemäß Art. 330 grZGB Vorsatz und Fahrlässigkeit. Der Zertifizierungsdiensteanbieter handelt fahrlässig, wenn er die im Verkehr erforderliche Sorgfalt außer Acht lässt (Art. 330 S. 2 grZGB). Mit der Regelung des Art. 6 Abs. 3 PE wurde zwar die Beweislast für das Verschulden zu Lasten des Zertifizierungsdiensteanbieters geregelt, der Kausalitätsnachweis obliegt jedoch immer noch dem Beschädigten. Er muss darlegen, dass die jeweiligen Schäden auf der Nichteinhaltung der Anforderungen nach Art. 6 Abs. 1 und 2 PE beruhen.

Als begrüßenswert ist die Ergänzung der Haftungsstruktur durch die Einfügung des Art. 11 Abs. 5 grVO zu bezeichnen. Dieser stellt klar, dass der Zertifizierungsdiensteanbieter gegenüber dem Zertifikatsberechtigten und Dritten auch für beauftragte Dritte ausschließlich verantwortlich ist. Es ist nach dem Wortlaut und dem Sinnzusammenhang der Norm eindeutig, für welche Dritten der Zertifizierungsdiensteanbieter einzustehen hat. Es handelt sich um selbständige beauftragte Unternehmen. Die Gesamtverantwortung und Haftung des Zertifizierungsdiensteanbieters ist notwendig, weil die grVO gemäß Art. 11 Abs. 4 ausdrücklich erlaubt, Aufgaben eines Zertifizierungsdiensteanbieters an Dritte zu übertragen. Dritte sind alle, die Teilaufgaben eines Zertifizierungsdiensteanbieters bezüglich der Zertifikatausstellung übernehmen können. Durch diese Klarstellung wird der Anspruch eines Beschädigten praktisch eher durchsetzbar. Ei-

rion 2000, S. 586. Für eine angemessene Regelung zugunsten der Zertifizierungsdiensteanbieter *Karadimitriou*, Harmenopoulos 2002, S. 1544.

ne Entlastungsmöglichkeit ist ausgeschlossen. Dem Zertifizierungsdiensteanbieter bleibt allerdings intern die Rückgriffsmöglichkeit.

2) Haftungsbegrenzung

Dem Zertifizierungsdienstanbieter steht es frei, seine Haftung auf zweifacher Weise zu beschränken. So kann er seine Haftung auf bestimmte Anwendungen nach Art oder Umfang beschränken. Eine Haftungsbeschränkung ist allerdings nur über eine Verwendungsbeschränkung des Zertifikats möglich. Eine davon losgelöste Beschränkung der Haftung des Zertifizierungsdiensteanbieters ist – im Einklang mit der SigRL – nicht zulässig[1367]. Anders als beim deutschen Signaturgesetz, das von einer Beschränkung der Nutzung des Signaturschlüssels spricht (§ 7 Abs. 1 Nr. 7 und § 11 Abs. 3 SigG), beziehen sich die Beschränkungen nach dem PE auf die Nutzung des Zertifikats selbst.

Dem Gesetzeswortlaut zufolge kann nach griechischem Recht nur der Zertifizierungsdiensteanbieter Beschränkungen für die Verwendung des Zertifikats angeben. Einen anderen Weg ist der deutsche Gesetzgeber[1368] mit der Einführung einer Beschränkung der Nutzung des Signaturschlüssels und nicht des Zertifikats gegangen. Eine Beschränkung der Nutzung des Signaturschlüssels nach § 7 Nr. 7 SigG kann im Rahmen des Dienstleistungsvertrages zwischen Zertifizierungsdiensteanbieter und Signaturschlüssel-Inhaber sowohl vom Signaturschlüssel-Inhaber als auch vom Zertifizierungsdiensteanbieter ausgehen[1369]. Diese Möglichkeit ist auch dem Signaturschlüssel-Inhaber offen geblieben, denn es ist durchaus möglich, dass er eine Risikobegrenzung vornehmen will (z.B. für den Fall des Abhandenkommens von Chipkarte und PIN)[1370]. Die Tatsache, dass nach Art. 6 PE nur der Zertifizierungsdiensteanbieter als die einzige Person genannt wird, der Verwendungsbeschränkungen im Zertifikat anfügen kann, schließt nicht die Möglichkeit der Parteien aus, im Rahmen der Vertragsfreiheit Beschränkungen zu vereinbaren. Die Beschränkungen können dann problemlos vom ausstellenden Zertifizierungsdiensteanbieter im Zertifikat eingefügt werden. In Übereinstimmung mit Art 6 Abs. 3 und 4 SigRL ist nach Art. 6 Abs. 4 und 5 PE die Haftung generell auszuschließen, wenn aus dem qualifizierten Zertifikat Einschränkungen seines Verwendungsbereiches oder des verfügbaren Transaktionswertes ersichtlich sind. Für Schäden, die aus einer anderen Verwendung des Zertifikats oder aus der Überschreitung dieses Transaktionswerts entstehen, haftet der Anbieter nicht. So kann der Zertifizierungsdiensteanbieter

---

[1367] Ebenso *Christodoulou*, S. 150

[1368] Nach dem Vorbild des § 7 Abs. 1 Nr. 7 SigG 1997.

[1369] BT-Drs. 14/4662, S. 25.

[1370] Zu den Zielrichtungen der Beschränkungen vgl. *Fischer-Dieskau/Gitter/Hornung*, MMR 2003, S. 384 f.

im Rahmen der Beschränkung des Transaktionswertes nach Art. 6 Abs. 5 PE verschiedene Zertifikatsklassen schaffen, die durch eine unterschiedlich hohe Haftung des Anbieters gedeckt werden. Die Formulierung der Regelung ist allerdings nicht glücklich gewählt. Wörtlich genommen könnte die Vorschrift in der Hinsicht missverstanden werden, dass die Haftung des Zertifizierungsdiensteanbieters bei einer Transaktionswertbegrenzung auf den Betrag der Beschränkung reduziert wird. Enthält z.B. das Zertifikat eine Beschränkung, wonach damit nur Transaktionen bis zu € 10.000 durchgeführt werden dürfen, würde im Fall eines Vertrags über € 12.000 die Haftung des Zertifizierungsdiensteanbieters auf € 10.000 beschränkt sein. Wenn der Signaturempfänger diese Beschränkung nicht beachtet, ist er grundsätzlich nicht schutzwürdig, da diese Einschränkung aus dem Zertifikat für jedermann ersichtlich ist, so dass der Zertifizierungsdiensteanbieter *überhaupt nicht* haftet[1371]. Der Signaturempfänger konnte auf diese Erklärung nicht vertrauen. Maßgebend für den Tatbestand des Art. 6 Abs. 5 PE ist ausschließlich, ob die auf dem qualifizierten Zertifikat basierende Erklärung im Rahmen der Beschränkung liegt. Um Vertrauen zu erzeugen und die Transparenz zu fördern ist diesbezüglich die Normierung einer zusätzlichen Anforderung an qualifizierte Zertifikate in Anhang I PE wünschenswert. So sollten qualifizierte Zertifikate Angaben enthalten, welche darauf hinweisen, dass die Nichtbeachtung der Begrenzungen zum völligen Haftungsausschluss des Zertifizierungsdiensteanbieters führt. Der Wortlaut des Art. 6 Abs. 5 PE ließe sowohl eine Einzeltransaktionswertbegrenzung als auch eine Gesamttransaktionswertbegrenzung zu. Allerdings bezieht sich die Beschränkung nach richtiger Auffassung nur auf die einzelne Transaktion, denn bei einer Gesamttransaktionswertbegrenzung wäre der Anspruch des Zertifikatempfängers davon abhängig, wie häufig und mit welchem Transaktionswert das Zertifikat bisher benutzt wurde[1372].

Dem PE ist darüber hinaus nicht zu entnehmen, ob sich der Zertifizierungsdiensteanbieter auch bei vorsätzlicher Schädigung auf die Haftungsbeschränkung berufen kann. Dies ist richtigerweise auszuschließen, denn Art. 6 PE regelt lediglich eine gesetzliche außervertragliche Vertrauenshaftung die von der deliktischen Haftung zu trennen ist, die unberührt bleibt von einer Haftungsbeschränkung nach Art. 6 PE. Ein Dritter kann daher den Schaden, der über Art. 6 Abs. 4 und 5 PE hinausgeht, gemäß den Regeln des deliktischen Schadenersatzes fordern, solange die Tatbestandsvoraussetzungen einer deliktischen Haftung vorliegen.

1371 A.A. im Ergebnis *Hindelang*, JILT 2002 (1), unter 4.1.1 < http://elj.warwick.ac.uk/jilt/02-1/hindelang.html>.

1372 S. u.a. *Thomale*, S. 224; vgl. auch *Dumortier/Kelm/Nilsson/Skouma/Van Eecke*, Electronic Signatures in Europe, S. 55 f.

Die Beschränkungen müssen für Dritte erkennbar sein, da nur dann der Signaturempfänger entscheiden kann, ob er gewissen Verwendungen zustimmen oder eine Transaktion durchführen möchte. Andernfalls sind die Beschränkungen richtigerweise als ungültig zu betrachten, da die Beschränkung als empfangsbedürftige Willenserklärung[1373] nur dann ihre Wirkung entfalten kann, wenn sie dem jeweiligen Empfänger zugeht. Auf Grund der Anforderungen in Anhang I lit. i) und j) PE werden allerdings diese Beschränkungen i.d.R. für Dritte erkennbar sein. Die in der deutschen Literatur vertretene Meinung, dass es ausreichend sei, wenn sich diese Beschränkungen aus anderen Quellen z.B. den online zugänglichen AGB des Anbieters, oder aus dem „Certification Practice Statement" ergeben[1374], ist mit dem Wortlaut des Art. 6 PE nicht vereinbar. Im qualifizierten Zertifikat soll nicht nur angezeigt werden, ob die Nutzung des Zertifikats beschränkt ist, sondern auch die Einschränkung selbst. Das ergibt sich eindeutig aus dem Gesetzestext („in dem qualifizierten Zertifikat können vom Zertifizierungsdiensteanbieter Beschränkungen für die Verwendung des Zertifikats angegeben werden unter der Voraussetzung, dass diese Beschränkungen für Dritte erkennbar sein müssen") und ist auch nachvollziehbar; denn um die erforderliche Transparenz sicherzustellen und den Verbraucherschutz zu gewährleisten, ist eine inhaltliche Angabe der Beschränkung im Zertifikat notwendig. Schließlich verlangt auch der Anhang I seinem Wortlaut nach die Angabe der Beschränkung „des Geltungsbereichs des Zertifikats" sowie „des Wertes der Transaktionen, für die das Zertifikat verwendet werden kann" im qualifizierten Zertifikat[1375].

Zu einer Beschränkung nach der Art der Anwendung enthält der PE keine Vorgaben. Denkbar ist eine Einschränkung auf bestimmte Arten von Rechtsgeschäften (wie z.B. nur für Kaufverträge) oder der Ausschluss bestimmter Rechtsgeschäfte. Darüber hinaus ist eine Beschränkung der Verwendung des Zertifikats auf ein bestimmtes Unternehmen, ein bestimmtes Land oder auf die EU-Ebene ebenfalls durchaus möglich[1376]. Auch die Beschränkung der Vertretungsmacht gehört hierzu; sie dient den Schutz des Vertretenen vor zu weitreichenden Verfügungen bzw. Verpflichtungen des Unterzeichners[1377].

[1373] Zur Rechtsnatur der Beschränkung vgl. *Fischer-Dieskau/Gitter/Hornung*, MMR 2003, S. 386.

[1374] Vgl. *Dumortier/Kelm/Nilsson/Skouma/Van Eecke*, Electronic Signatures in Europe, S. 56; *Roßnagel*, Recht der Multimedia-Dienste, § 7 SigG Rn. 44 ff.; *ders.*, NJW 2001, S. 1824; *ders.*, MMR 2000, S. 455.

[1375] Anhang I lit. i) und j) PE.

[1376] *Dumortier/Kelm/Nilsson/Skouma/Van Eecke*, Electronic Signatures in Europe, S. 56.

[1377] *Roßnagel*, Recht der Multimedia-Dienste, § 7 Rn. 45.

Fraglich ist, ob die Rechtsfolgen einer Überschreitung der im Zertifikat enthaltenen Beschränkung auf die Ungültigkeit der Signatur begrenzt sein sollen. Einige deutsche Autoren gestützt auf historische und teleologische Argumentation lehnen dies ab. Nach ihrer Auffassung kann mit der Verwendung eines solchen nutzungsbeschränkten Zertifikats die Nichtigkeit einer signierten Erklärung wegen „Perplexität“ verbunden sein[1378].

Nach der hier vertretenen Auffassung ist im griechischen Recht zwischen formbedürftigen und nicht formbedürftigen Erklärungen zu unterscheiden. Ein mit einer elektronischen Signatur der Art. 3 Abs. 1 PE versehenes elektronisches Dokument genügt der Formvorschrift des Art. 160 grZGB[1379]. Eine formbedürftige Erklärung, die zwar elektronisch signiert ist, aber die im Zertifikat enthaltene Beschränkung missachtet, sind die Voraussetzungen des Art. 3 Abs. 1 PE und somit die Formanforderung des Art. 160 grZGB nicht erfüllt. Eine solche Erklärung ist deswegen nichtig, weil das Zertifikat außerhalb seines Anwendungsbereiches keine elektronische Signatur des Art. 3 Abs. 1 PE zu stützen vermag. Diese Signatur stellt kein Funktionsäquivalent zur eigenhändigen Unterschrift dar. Infolgedessen treten die Rechtsfolgen der Signatur bezüglich der Gleichstellung mit der Urkunde des Beweisrechts ebenfalls nicht ein.

Wird bei nicht formbedürftigen Erklärungen eine nicht erforderliche Signatur des Art. 3 Abs.1 PE verwendet, ist die Überschreitung der Beschränkung nicht von Bedeutung, da kein gesetzlicher Formzwang vorliegt. Eine solche Signatur kann immerhin als fortgeschrittene elektronische Signatur nach Art. 2 Abs. 2 PE gelten. Nicht nur ist eine Formnichtigkeit des konkreten Rechtsgeschäfts ausgeschlossen, sondern auch die Nichtigkeit der Willenserklärung wegen Perplexität ist ebenfalls abzulehnen. Art. 6 Abs. 4 und 5 PE sprechen von einer Beschränkung der „Nutzung“ des Zertifikats, nicht aber davon, dass mit der Verwendung eines solchen nutzungsbeschränkten Zertifikats Rechtsfolgen auf die signierte Erklärung verbunden sind. Ziel der Regelung ist, die Haftung der Zertifizierungsdiensteanbieter unter Voraussetzungen zu begrenzen, also nur Haftungsbeschränkungen zu normieren und nicht die Nutzung des Signaturschlüssels zu begrenzen. Die Beschränkung bezieht sich allein auf die Nutzung des Zertifikats als Instrument des Signaturverfahrens und keinesfalls auf den Inhalt der Willenserklärung. Zudem wird die Beschränkung nach griechischem Recht vom Zertifizierungsdiensteanbieter - und nicht vom Unterzeichner selbst - im Zertifikat angegeben, der dadurch zum Ausdruck bringt, dass für Erklärungen, die über die Beschränkung hinausgehen, keine haftungsrechtliche Absicherung seiner-

---

[1378] *Fischer-Dieskau/Gitter/Hornung*, MMR 2003, S. 387 f. Für die Unwirksamkeit der Erklärung, allerdings ohne Begründung *Lapp*, in Gounalakis, Rhb. Electronic Business, § 18 Rn. 85.

[1379] Ausführlich hierzu S. 321.

seits besteht[1380]. Die Erklärung des Signierenden als solche enthält also nicht zwei gleichrangige, in unlösbarem Widerspruch stehende Bestimmungen. Immerhin wäre seine Willenserklärung mangels Formzwangs auch ohne Zertifikat gültig. Insofern liegt keine Mehrdeutigkeit der Erklärung und daher keine Perplexität vor. Es ist allerdings in diesem Zusammenhang hervorzuheben, dass es sich laut griechischem Signaturrecht um eine Beschränkung des Zertifikats und nicht des Signaturschlüssels handelt. Eine Einschränkung der Verwendung des Signaturschlüssels würde auch die Einschränkung der Handlungsfähigkeit des Unterzeichners im elektronischen Geschäftsverkehr bedeuten und würde faktisch seine „elektronische Geschäftsfähigkeit" beeinträchtigen.

3) Kritik

Die Haftungstatbestände des deutschen § 11 SigG sind umfassender als die des PE. Danach haben Zertifizierungsdiensteanbieter für sämtliche Verletzungen der Anforderungen des SigG und der SigV einzustehen. Mit Art. 6 PE wird eine problematische Haftungsregelung aufgestellt. Der griechische Gesetzgeber hat die Haftungsregelung der SigRL fast wortwörtlich übernommen und somit der Tatsache nicht genügend Rechnung getragen, dass Art. 6 SigRL bloß eine Mindestregelung ist[1381]. Systematisch unbefriedigend statuiert die grVO zunächst zahlreiche Pflichten der Zertifizierungsdiensteanbieter, um diese danach in der Haftungsstruktur von Art. 6 PE außer Acht zu lassen. Wichtige Haftungstatbestände, wie der Einsatz ungeeigneter technischer Komponenten, das Versagen der Produkte für elektronischen Signaturen oder das fehlerhafte Führen des Zertifikatsverzeichnisses werden nicht umfasst. Dem Wortlaut des Art. 6 PE ist auch keine Haftung für die Einmaligkeit des Schlüsselpaares zu entnehmen. Es ist durchaus notwendig, die rechtliche Gleichstellung der elektronischen Signatur des Art. 3 Abs. 1 PE mit der eigenhändigen Unterschrift in allen Lebensbereichen durch eine umfassende Haftung zu ergänzen. Je weiter die Haftung gestaltet wird, desto stärker wird sich das Vertrauen der Teilnehmer entwickeln. Die Haftungsregelung des PE soll sich richtigerweise über die Mindestregelungen in Art. 6 SigRL hinaus auf die gesamten Leistungen eines Zertifizierungsdiensteanbieters (Ausstellung von qualifizierten Zertifikaten, Auskünfte aus dem Zertifikat-Verzeichnis, Ausstellung von Zeitstempeln), die schädigende Auswirkungen gegenüber Dritten haben können, erstrecken. Der Zertifizierungsdiensteanbieter muss für den gesamten gesetzlich geregelten Geschäftsprozess gegenüber dem Unterzeichner und Dritten haften. Es wäre also wünschenswert, dass die in Griechenland niedergelassenen Zertifizierungsdiensteanbieter zusätz-

---

[1380] Vgl. auch *Dumortier/Kelm/Nilsson/Skouma/Van Eecke*, Electronic Signatures in Europe, S. 56.

[1381] Vgl. *Dumortier/Kelm/Nilsson/Skouma/Van Eecke*, Electronic Signatures in Europe, S. 52; *Thomale*, MMR 2004, S. 85 f. m.w.N.

lich für die Einhaltung der Anforderungen der Anhänge II und III PE und für alle sonstigen in der griechischen Signaturgesetzgebung vorgesehenen technischen Sicherheitserfordernisse einzustehen haben. Zur Ausfüllung der insoweit bestehenden Haftungslücken ist nach hier vertretener Auffassung die Regelung über die Dienstleistungshaftung anzuwenden[1382].

Da ein gesondertes qualifiziertes Attribut-Zertifikat in der griechischen Signaturgesetzgebung nicht ausdrücklich vorgesehen ist, ist auch die Möglichkeit der Beschränkung von Attribut-Zertifikaten nicht geregelt[1383]. Die Regelungen des Art. 6 Abs. 4 und 5 über die Verwendungsbeschränkung für qualifizierte Zertifikate müssen auf Verwendungsbeschränkungen in Attribut-Zertifikaten analog ausgeweitet werden, wenn es sich um ein Attribut handelt, das seinerseits beschränkt werden soll. Bei Attribut-Zertifikaten gibt es in gleicher Weise wie bei (Haupt-) Zertifikaten ein Bedürfnis, die Verwendung nach Art und Umfang einzuschränken und damit das Haftungsrisiko zu verringern.

Anders als die SigRL und der PE spricht das deutsche SigG nicht davon, dass derjenige Zertifizierungsdiensteanbieter haften soll, der ein Zertifikat als qualifiziertes öffentlich ausstellt oder für ein derartiges öffentlich einsteht. Die deutsche Haftungsbestimmung ist in dieser Richtung zu ergänzen, da anderenfalls § 11 SigG nicht anwendbar sein wird, wenn ein Anbieter ein Zertifikat unzulässigerweise als qualifiziertes bezeichnet, obwohl es die Anforderungen hierzu nicht erfüllt.

ii) Vertragshaftung

Neben der spezialgesetzlich normierten Haftung des Art. 6 PE bleiben weitere Anspruchsgrundlagen für Ansprüche des Unterzeichners sowie Dritter voll in Geltung. Der Unterzeichner kann grundsätzlich gegenüber dem Zertifizierungsdiensteanbieter im Schadensfall vertragliche Ansprüche geltend machen[1384]. Haftungsbegründende Schädigungen können beispielsweise im Rahmen seiner Identifikation, bei der Generierung von Signaturerstellungseinheiten und bei der Schlüsselzuordnung, bei der Führung des Zertifikatsverzeichnisses oder bei der Anwendung von Sicherheitsvorkehrungen entstehen.

Zwischen Zertifizierungsdiensteanbieter und Unterzeichner besteht ein Vertragsverhältnis, aus dem sich verschiedene Haupt-[1385] und Nebenpflichten[1386]

[1382] S. unter S. 333 ff.

[1383] § 7 Abs. 2 i.V.m. § 7 Abs. 1 Nr. 7 SigG.

[1384] Ausführlicher dazu *Christodoulou*, S. 156 ff.

[1385] Hauptpflichtleistung des Zertifizierungsvertrags ist die Zertifizierung. Der Zertifizierungsdiensteanbieter verpflichtet sich, dem Antragssteller eine elektronische Bescheinigung

gegenüber dem Vertragspartner ergeben. Durch diesen Vertrag, den der zukünftige Unterzeichner mit dem Zertifizierungsdiensteanbieter schließt, verpflichtet sich der Anbieter, eine Vielzahl von Leistungen nach der Signaturgesetzgebung zu erbringen und der Antragssteller, das vereinbarte Entgelt zu zahlen. Je nachdem, ob der Teilnehmer seine Signaturerstellungsdaten selbst erstellen möchte oder die Generierung der Daten dem Zertifizierungsdiensteanbieter überlassen möchte, ob er die notwendige Signaturerstellungseinheit (Hard- und Software) bei dem Zertifizierungsdiensteanbieter erwerben möchte oder nicht, kann die Gestaltung des Vertrags variieren. Zudem können die Vertragspartner im Rahmen ihrer Gestaltungsfreiheit freiwillige Leistungen vereinbaren. Die wesentlichen Dienstleistungen, die für die Sicherheit des Signaturverfahrens notwendig sind, müssen zumindest die Zertifizierungsdiensteanbieter von qualifizierten Zertifikaten als Pflichtdienstleistungen anbieten[1387]. Da der Zertifizierungsdiensteanbieter seinem Vertragspartner aus mehreren verschiedenen Vertragstypen entsprechende Hauptleistungspflichten schuldet, handelt es sich auch nach griechischem Recht um einen Vertrag sui generis[1388], der aus hauptsächlich kaufrechtlichen[1389], aber auch aus dienst- und werkvertraglichen Elementen besteht[1390]. Hinsichtlich der Rechtsnatur des Zertifizierungsvertrags besteht in der griechischen Literatur, die als Hauptdienstleistung die Erzeugung des Signaturpaares betrachtet, Einigkeit[1391]. Nach der so genannten Absorptionstheorie[1392] sind bei diesem Vertrag sui generis für das gesamte Schuldverhältnis prinzipiell die Vorschriften des Softwareerwerbsvertrags maßgeblich, da sie dem Zertifizierungsvertrag sein charakteristisches Gepräge geben sollen. Es besteht allerdings weitgehend Uneinigkeit über die Rechtsnatur des Softwareerwerbsvertrags.

über die Zuordnung eines öffentlichen Signaturschlüssels zu seiner Person aus zu stellen. Die Unterhaltung eines Verzeichnis- und eines Sperrdienstes gehört auch zu den Hauptleistungen, da sie für eine Teilnahme am elektronischen Geschäftsverkehr erforderlich sind.

[1386] *Christodoulou*, S. 158 unter Verweis auf *Fünten*, S. 91 unterscheidet zwischen Nebenleistungspflichten (z.B. Unterrichtungspflicht des Anbieters) und unselbständige Nebenpflichten (z.B. die zuverlässige Identifizierung des Unterzeichners). Diese Differenzierung ist besonders bei der Verjährung der Ansprüche von Bedeutung. Bei Ansprüchen auf Grund der Nichteinhaltung von Nebenleistungspflichten besteht eine Verjährungsfrist von zwanzig Jahren (Art. 249 grZGB) während die Verjährungsfrist für unselbständige Nebenpflichten i.d.R. zwei Jahre (Art. 554 grZGB) sein wird.

[1387] Vgl. Art. 2 Abs. 2 VfAZ.

[1388] Ebenso *Christodoulou*, S. 156.

[1389] Wie z.B. die Überlassung von entsprechender Hardware und zusätzlicher Software.

[1390] Vgl. hierzu *Timm*, DuD 1997, S. 525 f.

[1391] *Christodoulou*, S. 160; *Maniotis*, Kritiki Epitheorisi 1999, S. 35 f.

[1392] Zur Lösung dieser Fälle sind in der Literatur verschiedene Theorien entwickelt worden. Als herrschende erscheint die Absorptionstheorie, wonach das Recht des im Vordergrund stehenden Vertragstyps die Regeln der anderen eventuell in Betracht kommenden Vertragstypen verdrängen soll.

Maniotis ist der Ansicht, der Zertifizierungsvertrag, der seinerseits ein Softwareerwerbvertrag ist, sei als Werkvertrag zu qualifizieren, da sich bei der Zertifizierung der Zertifizierungsdiensteanbieter grundsätzlich verpflichtet, die Signaturschlüsseldaten zu generieren und dem zukünftigen Unterzeichner auf einem Datenträger zu übergeben[1393]. Wird die Vereinbarung zwischen Zertifizierungsdiensteanbieter und Unterzeichner als Werkvertrag bezeichnet, stehen dem Unterzeichner bei Pflichtverletzungen Ansprüche gemäß Art. 688 und 689 grZGB zu. Ist die Signaturerstellung daher mit unwesentlichen Mängeln behaftet, so ist der Unterzeichner berechtigt, entweder ihre Beseitigung innerhalb einer angemessenen Frist, sofern die Beseitigung nicht unverhältnismäßige Aufwendungen erfordert, oder entsprechende Minderung der Vergütung zu verlangen (Art. 688 grZGB). Ist die elektronische Signatur jedoch mit wesentlichen Mängeln behaftet, welche sie unbrauchbar machen oder entbehrt sie der zugesicherten Eigenschaften, so ist der Unterzeichner nach Art. 689 Abs. 1 grZGB berechtigt, statt die in Art. 688 grZGB bezeichneten Rechte auszuüben, von dem Vertrag zurückzutreten. Die Ansprüche des Unterzeichners wegen Mängeln der elektronischen Signatur als Werk verjähren nach Ablauf von sechs Monaten (Art. 693 grZGB). Die Qualifizierung des Zertifizierungsvertrags als reiner Werkvertrag ist m.E. abzulehnen, da die vertragliche Leistung nicht mit der Schlüsselgenerierung abgeschlossen ist. Zudem ist es durchaus möglich, dass der Unterzeichner seine Signaturschlüssel selbst herstellt.

Anderer Auffassung ist *Christodoulou*, der - jedoch entgegen der herrschenden Meinung im Schrifttum[1394] - die Software und daher auch die Signaturerstellungsdaten als Sachen im Sinne des Gesetzes gemäß Art. 947 grZGB bezeichnet[1395]. Dies wird damit begründet, dass sich das griechische Zivilgesetzbuch – im Gegensatz zum deutschen BGB – für die rechtliche Einordnung der Energie als Sache entschieden hat. Auch bei einer Übertragung der Software über Datenfernleitungen ohne Zwischenspeicherung auf einem Datenträger scheitert die Qualifizierung der Software als Sache nicht, da nach Art. 947 Abs. 2 grZGB auch die der Beherrschung unterliegende elektromagnetische Energie bei der Übertragung (z.B. im Kabel begrenzt und dann auf dem PC) darunter zu verstehen ist. Ein zusätzliches Argument für die Einordnung als Sache wäre, dass die Übertragung per Datenfernübertragung an die Sachqualität der Software nichts ändert, da letztlich wieder eine Sache in Form einer Kopie auf dem Medium des Empfängers entsteht. Entsprechend der Rechtslage bei Software kann es auch

---

1393 *Maniotis*, Der elektronische Vertragsabschluss, S. 76; *ders.*, Kritiki Epitheorisi 1999, S. 36 ff.

1394 Vgl. *Maniotis*, Kritiki Epitheorisi 1999, S. 36 m.w.N.

1395 *Christodoulou*, S. 164. Darüber hinaus geht Art. 41 des Urheberrechtsgesetzes 2121/1993 davon aus, dass die endgültige Überlassung einer Programmkopie ein „Erstverkauf einer Programmkopie" ist.

bei den Signaturschlüsseln keinen Unterschied ausmachen, ob die Signaturschlüssel auf einer Chipkarte gespeichert sind oder nicht. Bei den Signaturschlüsseln handelt es sich nach dieser Auffassung in beiden Alternativen um Sachen und der Vertrag zum Erwerb von Signaturschlüsseln ist grundsätzlich dem Kaufrecht zu unterstellen[1396].

Gerade im Bereich der Verjährung ergeben sich für die Frage, ob Werk- oder Kaufrecht Anwendung findet, erhebliche Unterschiede. Bei der Annahme eines Kaufvertrags besteht i.d.R. im Unterschied zum Werkvertrag (sechs Monate – Art. 693 grZGB) eine Verjährungsfrist von zwei Jahren (Art. 554 grZGB). Zudem ist gemäß Art. 5 Abs. 5 des Verbraucherschutzgesetzes 2251/1994, der Art. 7 der Verbrauchsgüterrichtlinie 99/44[1397] umgesetzt hat, beim Verbrauchsgüterkauf das Haftungsrecht des Verkäufers zwingendes Recht zu Gunsten des Verbraucherkäufers. Damit werden alle dem Käufer günstigen Vorschriften des Kaufrechts grundsätzlich unabdingbar und sind vor individualvertraglich vereinbarten Vertragsklauseln sicher, da jede im Voraus getroffene Vereinbarung ungültig ist, welche die Rechte des Käufers einschränkt. Im Werkvertragsrecht dagegen ist eine Haftungseinschränkung des Unternehmers im Rahmen der Art. 332 und 334 Abs. 2 grZGB möglich.

Im Ergebnis könnte jedoch die Frage, welche von den beiden Vertragsformen hier vorliegt, dahinstehen, da auch im Hinblick auf einen potentiellen Werkvertrag eine Werklieferung vorliegen würde, so dass gemäß Art. 683 grZGB wieder Kaufvertragsrecht anwendbar wäre[1398]. Denn der Zertifizierungsdiensteanbieter verwendet bei der Zertifizierung Stoffe (Software bzw. elektromagnetische Energie), die er selbst beschafft, und insofern ist die Leistung als Lieferung anzusehen. Es ist hervorzuheben, dass hinsichtlich der vertraglichen Haftung des Zertifizierungsdiensteanbieters gegenüber dem Unterzeichner die Ansprüche von der jeweiligen individualvertraglichen Gestaltung des Vertrags sui generis abhängig sind. Infolgedessen ist je nach Mischform ausgehend von Parteiwillen sowie Sinn und Zweck des Vertrages im Einzelfall die entsprechende Haftungsgrundlage zu ermitteln. Der Unterzeichner ist jedenfalls durch vertragliche Ansprüche (Art. 330 grZGB) und Ansprüche aus c.i.c. gegenüber Pflichtverletzun-

---

[1396] Ebenso *Sidiropoulos*, S. 88, allerdings ohne Begründung.

[1397] Richtlinie 1999/44/EG des Europäischen Parlaments und des Rates v. 25.5.1999 zu bestimmten Aspekten des Verbrauchsgüterkaufs und der Garantien für Verbrauchsgüter, ABl. EG Nr. L 171 vom 7.7.1999, S. 12.

[1398] Art. 683 grZGB: „Auf einen Vertrag zur Herstellung eines Werkes finden im Zweifel die Vorschriften über den Kauf Anwendung, wenn der Unternehmer das zur Herstellung des Werkes erforderliche Material liefert, und, wenn es der Besteller liefert, die Vorschriften über Werkvertrag". S. aber *Maniotis*, Kritiki Epitheorisi 1999, S. 36, der die Anwendung des Kaufvertragsrechts verneint, weil es sich um die Herstellung von Individualsoftware handelt.

gen des Zertifizierungsdiensteanbieters hinreichend geschützt. Durch die Normierung des Art. 6 PE ist ferner eine Verbesserung der Rechtsstellung des Unterzeichners bezüglich der Beweisproblematik eingetreten. Der Umkehr der Beweislast zu Lasten des Zertifizierungsdiensteanbieters – zumindest bei den Haftungstatbeständen des Art. 6 PE - ist als positiv zu betrachten, da der Beschädigte in vielen Fällen praktisch keine Möglichkeit hat, das Verschulden des Zertifizierungsdiensteanbieters nachzuweisen.

iii) Produkthaftung

Es stellt sich die Frage, ob der Zertifizierungsdiensteanbieter für die Fehlerhaftigkeit des Signaturschlüsselpaares und des Zertifikats nach der Produkthaftung verantwortlich sein kann. Der Hersteller eines fehlerhaften Produktes haftet gemäß Art. 6 Abs. 1 des Verbraucherschutzgesetzes 2251/1994 für Schäden, die anderen durch die Fehlerhaftigkeit des Produktes einstehen, ohne dass ihn ein Verschulden an der Fehlerhaftigkeit treffen muss. Die Frage nach der Anwendbarkeit der Produkthaftung beim elektronischen Signieren ist deswegen wichtig, weil dadurch eine verschuldensunabhängige Gefährdungshaftung zugunsten von Dritten möglich würde. Es wird insofern nicht vorausgesetzt, dass der Produktfehler gerade bei einem Produktbenutzer oder gar beim Vertragspartner des Herstellers zu Schäden führt. Die Norm schützt Vertragspartner und Zweiterwerber des Produkts genauso wie außenstehende Dritte[1399].

Gemäß Art. 6 Abs. 2 S. 2 und 3 des Verbraucherschutzgesetzes 2251/1994 gelten lediglich bewegliche körperliche Sachen einschließlich Energie als Produkte. Die Chipkarte, auf der die Signaturschlüssel gespeichert sind sowie andere Hardware sind als „bewegliche Sachen“ Produkte im Sinne des Gesetzes, so dass der Zertifizierungsdiensteanbieter für eine fehlerhafte Chipkarte oder für andere Hardware einzustehen hat, die er herstellte[1400]. *Maniotis* weist zu Recht darauf hin, dass nach der Gesetzesbegründung und der breiten Legaldefinition des Begriffs „Produkt“ in Art. 6 Abs. 2 S. 2 und 3 des Verbraucherschutzgesetzes i.V.m. Art. 947 Abs. 2 grZGB auch immaterielle Produkte als Produkte i.S.d. Produkthaftungsrechts gelten könnten[1401]. Dies bedeutet, dass auch Software dem Produktbegriff unterfällt[1402]. Dafür spricht sowohl die richtlinienkon-

[1399] Zutreffend *Maniotis*, Kritiki Epitheorisi 1999, S. 46.

[1400] Der Zertifizierungsdiensteanbieter haftet jedoch nicht, wenn er nicht der Hersteller des Signaturpaares ist oder wenn er nachweist, dass er das Produkt nicht in den Verkehr gebracht hat (Art. 6 Abs. 8 lit. a) Gesetz 2251/1994).

[1401] Ausführlich *Maniotis*, Kritiki Epitheorisi 1999, S. 41 ff. Skeptisch *Christodoulou*, S. 152 f., wonach die Software als immaterielles Wirtschaftsgut zwar keine bewegliche Sache ist, aber ihre Speicherung auf einem Datenträger schon.

[1402] So auch *Musulas*, S. 23; *Valtoudis*, S. 195. Vgl. aber *Marinos*, GRUR-Int. 1993, S. 749, wonach die Software ein literarisches Werk ist.

forme Auslegung[1403] der Regelung als auch teleologische Argumente im Hinblick auf das Ziel des Produkthaftungsrechts, welches eine Risikozuweisung an die Hersteller fehlerhafter „Wirtschaftsgüter“[1404] beabsichtigt[1405]. Zertifikate, Signaturschlüssel sowie Signiersoftware fallen aus dem Anwendungsbereich der Produkthaftung nicht heraus[1406], so dass bei Lieferung fehlerhafter Produkte[1407] die Vorschriften der Produkthaftung zur Anwendung kommen, und dies gerade auch dann, wenn der Fehler nicht dem Datenträger, sondern der verkörperten Information anhaftet; die Produkteigenschaft von Signiersoftware, Signaturschlüssel und Zertifikate ist nach richtiger Ansicht auch dann nicht ausgeschlossen, wenn die Daten ohne Erwerb eines Datenträgers unmittelbar von einem anderen Datenträger online übertragen werden (Art. 6 Abs. 2 S. 3 des Verbraucherschutzgesetzes i.V.m. Art. 947 Abs. 2 grZGB).

Die Haftung der Zertifizierungsdiensteanbieter nach Art. 6 des Verbraucherschutzgesetzes 2251/1994 dürfte im griechischen Recht größere praktische Bedeutung als im deutschen erlangen. Denn anders als in § 1 ProdHaftG, wonach der Hersteller nur dann haftet, wenn durch den Fehler seines Produkts jemand getötet, sein Körper oder seine Gesundheit verletzt oder eine Sache beschädigt wird[1408], werden gemäß Art. 6 Abs. 6 des Verbraucherschutzgesetzes prinzipiell auch reine Vermögensschäden erfasst[1409]. Der Schutzbereich der Norm wird allerdings eingeschränkt, indem sie Schäden am Produkt selbst ebenso ausklammert wie auch die Beschädigung von Sachen, die nicht für den privaten Ge- oder Verbrauch bestimmt sind oder im Einzelfall nicht für diese Zwecke eingesetzt

---

1403 Vgl. Stellungnahme der Kommission der Europäischen Gemeinschaften vom 8.5.1989 ABl. EG Nr. C 114 S. 42, wonach die Richtlinie über die Haftung für fehlerhafte Produkte auf Computerprogramme Anwendung finden soll.

1404 *Musulas*, S. 16, findet den Begriff „Wirtschaftsgut“ statt „Produkt“ vorteilhafter.

1405 *Fünten*, S. 122 f. Für eine autonome Auslegung des Produktbegriffs auch Müko-*Wagner*, ProdHaftG § 2 Rn. 2.

1406 A.A. *Gounalakis/Rhode*, K&R 1998, S. 228 Fn. 49.

1407 Nach Art. 6 Abs. 5 Gesetz 2251/1994 ist ein Produkt fehlerhaft, wenn es nicht die Sicherheit bietet, die man unter Berücksichtigung aller besonderen Umstände und insbesondere seiner Darbietung, des Gebrauchs, mit dem billigerweise gerechnet werden kann und des Zeitpunkts, in dem es in dem Verkehr gebracht wurde, berechtigterweise erwarten kann. Ein Produkt ist nicht allein deshalb fehlerhaft, weil später ein verbessertes Produkt in den Verkehr gebracht wurde.

1408 Müko-*Wagner*, ProdHaftG § 1 Rn. 2 ff.

1409 So ausdrücklich Art. 6 Abs. 6 des Gesetzes 2251/1994: „Unter den Schaden im Sinne des Paragraphen 1 des vorliegenden Artikels fällt der Schaden durch Tod oder Körperverletzung, sowie die Beschädigung oder Zerstörung jedes Vermögensgegenstandes des Verbrauchers auf Grund des fehlerhaften Produktes mit Ausnahme des fehlerhaften Produktes selbst und nur für den Betrag der Beschädigung oder Zerstörung, sofern es nach seiner Art gewöhnlich für den privaten Ge- oder Verbrauch bestimmt war und vom geschädigten tatsächlich zum privaten Ge- oder Verbrauch verwendet wurde“.

worden sind[1410]. Darüber hinaus ist zu beachten, dass der Geschädigte Schäden bis zu 500 Euro selbst zu tragen hat und nur den darüber hinausgehenden Betrag liquidieren kann. Der Zertifizierungsdiensteanbieter haftet nach Art. 6 Abs. 7 lit. e) des Verbraucherschutzgesetzes 2251/1994 ebenfalls nicht für Fehler, die nach dem Stand der Wissenschaft und Technik in dem Zeitpunkt, in dem der Hersteller das Produkt in den Verkehr brachte, nicht erkannt werden konnten. Infolgedessen hat beispielsweise ein Zertifizierungsdiensteanbieter für die Verwendung eines ungeeigneten Algorithmus nicht einzustehen, wenn sich erst herausgestellt nach der Generierung des Signaturschlüssel-Paares, dass der zur Generierung verwendete Algorithmus bereits bei der Generierung unsicher gewesen ist[1411]. Der reale Anwendungsbereich der Produkthaftung erscheint also auch nach griechischem Recht eher begrenzt. Nach Art. 6 abs. 12 des Verbraucherschutzgesetzes wäre allerdings jede Vereinbarung, welche die Haftung des Zertifizierungsdiensteanbieters als Produkthersteller beschränkt oder aufhebt, nichtig[1412].

iv) Dienstleistungshaftung

Wegen der Gefahren, die dem Zertifikat-Berechtigten und Dritten bei der Erbringung der Dienstleistungen des Zertifizierungsdiensteanbieters drohen, stellt sich die Frage, ob der Zertifizierungsdiensteanbieter für die entstandenen Schäden auf Grund der Dienstleistungshaftung einzustehen hat. Art. 8 des Verbraucherschutzgesetzes 2251/1994 bezüglich der Haftung des Dienstleistenden stellt für die Verbraucher eine günstige Regelung dar[1413]. Nach Art. 8 Abs. 1 des Verbraucherschutzgesetzes haftet der Dienstleistende für jeden Schaden, den er bei Erbringung der Dienstleistungen schuldhaft verursacht.

Laut Art. 8 Abs. 2 S. 1 des Verbraucherschutzgesetzes 2251/1994 ist eine Leistung, welche als unmittelbaren und ausschließlichen Gegenstand die Herstellung von Produkten und die Übertragung dinglicher Rechte oder Urheberrechte hat, keine Dienstleistung im Sinne dieses Artikels. Als Dienstleistender ist nach Art. 8 Abs. 2 S. 2 des Verbraucherschutzgesetzes jeder zu verstehen, der selbststän-

---

[1410] Vgl. Friedensgericht Thessaloniki 1911/2003, veröffentlicht in NOMOS Datenbank.

[1411] Beispiel von *Fünten*, S. 125.

[1412] Das gleiche gilt gemäß Art. 8 Abs. 6 i.V.m. Art. 6 Abs. 12 des Verbraucherschutzgesetzes 2251/1994 für Vereinbarungen, welche die Haftung des Dienstleistenden beschränken oder aufheben.

[1413] Die Regelung des griechischen Verbraucherrechts über die Haftung des Dienstleistungserbringers ist europäisch-gemeinschaftlicher Herkunft. Dies anerkennt der griechische Gesetzgeber in der amtlichen Begründung zum Gesetz 2251/1994 (Art. 7, S. 4). Der Gesetzgeber erklärt, dass er es für positiv hält, wenn die nationale Gesetzgebung der gemeinschaftlichen Orientierung folgt, auch wenn sie nicht dazu gezwungen ist, und bestätigt, dass die Regelung des Artikels über die Dienstleistungshaftung vom letzten Richtlinienentwurf (CONSOM 20 ECO 86, 6378/92 vom 12. Mai 1992 - in englischer Sprache) beeinflusst worden ist.

dig Dienste im Rahmen seines Gewerbes erbringt. Gemäß Art. 8 Abs. 3 des Verbraucherschutzgesetzes hat der Geschädigte den Schaden und den Kausalzusammenhang zwischen der Erbringung der Dienstleistung und dem Schaden zu beweisen. Der Art. 8 Abs. 4 des Verbraucherschutzgesetzes sieht zusätzlich vor, dass der Dienstleistende die Beweislast für sein Nichtverschulden trägt. Bei der Beurteilung des Nichtverschuldens sind die berechtigterweise erwartete Sicherheit und alle besonderen Umstände zu berücksichtigen, und insbesondere: a) die Natur und der Gegenstand der Dienstleistung, insbesondere im Hinblick auf ihren Gefährlichkeitsgrad, b) die äußere Gestalt der Dienstleistung, c) der Zeitpunkt der Erbringung der Dienstleistung, d) die im Rahmen der Dienstleistung dem Geschädigten verbleibende Handlungsfreiheit, e) ob der Geschädigte zu einer Gruppe von benachteiligten oder empfindlichen Personen gehört und f) ob die Dienstleistung auf ein freiwilliges Angebot des Dienstleistenden erbracht wurde. Die Tatsache allein, dass es zum Zeitpunkt der Erbringung der Dienstleistung oder danach eine bessere Dienstleistung gab oder die Möglichkeit dazu bestand, begründet gemäß Art. 8 Abs. 5 des Verbraucherschutzgesetzes kein Verschulden. Art. 8 Abs. 6 bestimmt, dass die Vorschriften über das Mitverschulden, über die Beschränkung oder Aufhebung der Haftung, sowie das Verbot befreiender Klauseln in den Paragraphen 10, 11, und 12 des Artikels 6 des Verbraucherschutzgesetzes über die Produkthaftung auf die Haftung des Dienstleistenden entsprechende Anwendung finden.

Voraussetzungen der Haftung sind daher: a) eine fehlerhafte Dienstleistung im Rahmen einer geschäftlichen Tätigkeit[1414], b) Verschulden, c) Schaden und d) Kausalität zwischen der mangelhaften Dienstleistung und dem Schaden. Die Entgeltlichkeit der Leistung ist keine Voraussetzung der Haftung[1415]. Obwohl die Rechtswidrigkeit in Art. 8 des Verbraucherschutzgesetzes nicht ausdrücklich als Voraussetzung der Haftung genannt wird, wird sie nach absolut herrschender Meinung für die Haftungsbegründung zu Recht als notwendig betrachtet[1416]. Denn wäre eine mangelhafte Dienstleistung nicht vorausgesetzt, dann könnte auch die einwandfreie Dienstleistungserbringung zur Haftung führen. Nach *Stathopoulos* ist jede Schädigung rechtswidrig, die auf Grund einer Dienstleistung erfolgt, wenn sich der Dienstleistende nicht pflichtgemäß verhalten hat[1417].

[1414] Kammergerichts erster Instanz Athen 3356/1997, Nomiko Bema 1998, S. 838 f.

[1415] Argument aus Art. 8 Abs. 4 lit. f) des Verbraucherschutzgesetzes, wonach bei der Beurteilung des Nichtverschuldens des Dienstleistenden zu berücksichtigen ist, ob die Dienstleistung auf ein freiwilliges Angebot des Dienstleistenden erbracht wurden.

[1416] *Alexandridou*, Verbraucherschutzrecht, Rn. 247; *Augoustianakis*, in Stathopoulos/Chiotellis/Augoustianakis, Gemeinschaftliches Zivilrecht, S. 168; *Delouka-Iglesi*, S. 134; vgl. auch Areopag 589/2001, veröffentlicht in NOMOS Datenbank; Kammergerichts erster Instanz Athen 2969/1996, Dikaio Epicheireseon kai Etairion 1997, S. 71 f.

[1417] *Stathopoulos*, in Stathopoulos/Chiotellis/Augoustianakis, Gemeinschaftliches Zivilrecht, S. 25.

Hierzu dürfte als einziges Kriterium die Einhaltung der „berechtigterweise erwarteten Sicherheit“[1418] bei der Erbringung der Dienstleistung anerkannt werden[1419]. So hat der Areopag entschieden, dass das Handeln des Dienstleistenden die berechtigten Sicherheitserwartungen einhalten soll, d.h. die von seiner Wissenschaft oder Kunst verlangte Verkehrssicherungs- und Fürsorgepflicht[1420].

Eine vertragliche Beziehung zwischen dem Dienstleistungserbringer und dem Geschädigten ist keine Voraussetzung für die Begründung der Dienstleistungshaftung[1421]. Eine Begrenzung auf den Empfänger der Dienstleistung wird nicht vorgenommen[1422]; damit werden geschädigte Dritte zwar einbezogen, eine Anwendung der Dienstleistungshaftung auch aus Dienstleistungen, die gegenüber Nichtverbrauchern erbracht worden sind, ist aber auszuschließen, eben weil das Gesetz 2251/1994 speziell den Verbraucherschutz beabsichtigt. Infolgedessen muss bei einem geschädigten Dritten sein Schaden durch eine Dienstleistung des Zertifizierungsdiensteanbieters verursacht worden sein, die gegenüber einem Verbraucher-Zertifikat-Berechtigten[1423] erbracht worden ist. Da nach absolut herrschender Auffassung im Rahmen der Dienstleistungshaftung auch reine Vermögensschäden zu ersetzen sind[1424], ist von der Einbeziehung im Anwendungsbereich der Norm der geschäftlichen Tätigkeiten auszugehen, die solche Schäden verursachen können wie z.B. die Zertifizierungsdiensteanbieter. Der Zertifizierungsdiensteanbieter kann unbedenklich unter dem Begriff des Dienstleistenden subsumiert werden, denn er soll mannigfaltige Leistungen erbringen, und zwar nicht unter den Anweisungen des Dienstleistungsempfängers (i.d.R. des Unterzeichners). Er haftet allerdings nicht für Dienstleistungen, die außerhalb seines Gewerbes stattfinden.

[1418] Das Kriterium der „berechtigt erwarteten Sicherheit“ des Art. 8 Abs. 4 des Verbraucherschutzgesetzes ist sowohl für die Beurteilung des Verschuldens als auch für die Beurteilung der Rechtswidrigkeit maßgeblich; vgl. hierzu Areopag 589/2001, veröffentlicht in NOMOS Datenbank.

[1419] Entscheidend ist ein objektiv typisierter Maßstab, der von der Erwartungen des durchschnittlichen, vernünftigen Empfängers der konkreten Dienstleistungen geprägt wird.

[1420] Areopag 589/2001, veröffentlicht in NOMOS Datenbank.

[1421] Ausführlich hierzu *Truli*, S. 126 f.

[1422] Vgl. *Georgiades Asterios*, Nomos 1998, S. 146.

[1423] Der Verbraucherbegriff ist im Gesetz 2251/1994 weit gefasst. Verbraucher i.S.d. Verbrauchergesetzes sind gemäß Art. 1 Abs. 4 auch die juristischen Personen. Das Kriterium für die Verleihung der Verbrauchereigenschaft kann der „Laiencharakter“ des Dienstleistungsempfängers in bezug auf das konkrete Geschäft sein. So *Stathopoulos*, in Stathopoulos/Chiotellis/Augoustianakis, Gemeinschaftliches Zivilrecht, S. 40. Kritisch aber *Alexandridou*, Verbraucherschutzrecht, Rn. 20.

[1424] S. *Augoustianakis*, in Stathopoulos/Chiotellis/Augoustianakis, Gemeinschaftliches Zivilrecht, S. 164; *Georgiades*, Schuldrecht, § 63 Rn. 14. Im Gegensatz zu der ausdrücklichen Regelung bei der Produkthaftung (Art. 6 Abs. 6 des Verbraucherschutzgesetzes), gibt es bei der Dienstleistungshaftung keine ausdrückliche Bestimmung.

Die Frage, ob eine Haftung der Zertifizierungsdiensteanbieter nach Art. 8 Gesetz 2251/1994 anerkannt werden kann, dürfte im Rahmen eines Beispiels erläutert werden: Wird der öffentliche Schlüssel falsch in das Zertifikatsverzeichnis eingetragen, ist ein Nachprüfen des Zertifikats durch einen Partner des Zertifikat-Berechtigten unmöglich. Es handelt sich in diesem Haftungsszenarium um ein fehlerhaftes Führen des Zertifikatsverzeichnisses, was keinen Haftungstatbestand im Rahmen der griechischen Signaturgesetzgebung (Art. 6 PE) darstellt. Eine solche fehlerhafte Erbringung der Dienstleistung seitens des Zertifizierungsdiensteanbieters könnte den beiden potentiellen Vertragspartnern Schäden verursachen, da wegen des unmöglichen Nachprüfens des Zertifikats der Interessierte von einem günstigen Vertragsschluss absehen könnte. Die Rechtswidrigkeit besteht insbesondere darin, dass sich der Zertifizierungsdiensteanbieter als Dienstleistender sich nicht pflichtgemäß verhalten hat. Das Zurückbleiben hinter der „berechtigt erwarteten Sicherheit" bedeutet die Verletzung einer Pflicht und somit - wie bei der Produkthaftung - Rechtswidrigkeit. Gemäß Art. 8 Abs. 1 i.V.m. Abs. 3 und 4 des Verbraucherschutzgesetzes wird die Haftung des Dienstleistenden verschuldensabhängig ausgestaltet, wobei aber das Verschulden vermutet wird.

1) Die Beziehung der Dienstleistungshaftung zum Art. 6 PE

Über die dogmatische Einordnung der nach Art. 6 PE eingeführten Haftung wird diskutiert. Der Meinung von *Christodoulou* nach ist die Haftung des Zertifizierungsdiensteanbieters, wie sie in Art. 6 PE vorgesehen wird, nicht deliktischer und nicht vertraglicher Natur. Es gehe hier um eine gesetzliche Berufshaftung[1425]. Dass es sich hier um keine vertragliche Haftung handelt, darauf weist unmissverständlich der Gesetzestext hin, der von einer Haftung gegenüber denjenigen spricht, die vernünftigerweise auf das Zertifikat vertrauen. Es geht aber auch nicht um eine Deliktshaftung, sondern um einen Spezialregelung, die erst mit der Erfüllung eigener Voraussetzungen zur Haftung führt[1426]. Die Haftung nach Art. 6 PE weicht nämlich von den allgemeinen deliktischen Vorschriften nach Art. 914 ff. grZGB ab, z.B. insofern sie die Rechtwidrigkeit als Tatbestandsvoraussetzung nicht verlangt. Die Tatsache, dass sich der Signaturgesetzgeber nicht zur Gewährung von Schmerzensgeld im Anwendungsbereich des Art. 6 PE geäußert hat, kann als ein zusätzliches Argument dafür verstanden werden, dass es nicht um eine Deliktshaftung handelt[1427]. Es dürfte sich aus die-

---

[1425] *Christodoulou*, S. 151.

[1426] A.A. *Karagiannis*, Dikaio Epicheireseon kai Etairion 2000, S. 586, allerdings ohne Begründung.

[1427] Nach Art. 932 grZGB kann das Gericht wegen unerlaubter Handlung, unabhängig vom Schadensersatz für den Vermögensschaden, eine nach seinem Ermessen angemessene Entschädigung in Geld wegen des immateriellen Schadens zuerkennen.

sen Gründen um eine ex lege Berufshaftung handeln, die parallel zur vertraglichen und deliktischen Haftung Anwendung findet.

Der Vergleich der Haftung nach Art. 6 PE und der Dienstleistungshaftung nach Art. 8 des Verbraucherschutzgesetzes 2251/1994 führt zu dem Ergebnis, dass der Anspruch des Art. 6 PE eine Spezialform der Dienstleistungshaftung gemäß Art. 8 des Verbraucherschutzgesetzes ist[1428]. Art. 6 Abs. 6 PE regelt diesbezüglich ausdrücklich, dass die Absätze 1 bis 5 unbeschadet der Bestimmungen des Verbraucherschutzgesetzes gelten. Die Haftung des Zertifizierungsdiensteanbieters gem. Art. 6 PE präzisiert lediglich die Dienstleistungshaftung im Rahmen des elektronischen Geschäftsverkehrs. Darauf weist die Tatsache hin, dass Art. 6 PE in gleicher Weise eine Verschuldenshaftung mit Beweislastumkehr für einige der von dem Zertifizierungsdiensteanbieter angebotenen Dienste regelt. Eine Konkurrenz der speziellen Haftungsgrundlage des Art. 6 PE mit der allgemeinen Regelung des Art. 8 Gesetz 2251/1994 ist nach der hier vertretenen Auffassung nicht möglich.

Die Einordnung der Haftung nach Art. 6 PE als eine Spezialform der Dienstleistungshaftung dürfte nicht daran scheitern, dass nach absolut herrschender Meinung in Literatur[1429] und Rechtsprechung[1430] die rechtswidrige Handlung des Dienstleistenden ein Tatbestandsmerkmal der Dienstleistungshaftung ist. Denn die Rechtwidrigkeit wird einerseits - genau wie bei der Dienstleistungshaftung - für die Anwendung des Art. 6 PE nicht ausdrücklich als Voraussetzung genannt. Andererseits stellen die in Art. 6 Abs. 1 lit. a) bis c) PE Haftungstatbestände sowieso konkretisierte Formen von Pflichtverletzungen seitens des Zertifizierungsdiensteanbieters dar und entsprechen somit dem Inhalt der von der Literatur und Rechtsprechung verlangten „Rechtswidrigkeit" im Rahmen der Dienstleistungshaftung. Darüber hinaus kann der Verbraucherschutzcharakter des Art. 8 des Verbraucherschutzgesetzes die Qualifizierung des Art. 6 PE als Spezialform der Dienstleistungshaftung nicht verhindern. Denn der Verbraucherbegriff ist in Art. 1 Abs. 4 des Verbraucherschutzgesetzes sehr weit erfasst[1431]. Ausgeschlossen bleiben lediglich natürliche oder juristische Personen, die Produkte oder Dienstleistungen zur Weiterveräußerung erwerben[1432]. Der „Laiencharak-

---

1428 Vgl. hierzu *Christodoulou*, S. 151.

1429 *Alexandridou*, Verbraucherschutzrecht, Rn. 247; *Augoustianakis*, in Stathopoulos /Chiotellis/Augoustianakis, Gemeinschaftliches Zivilrecht, S. 168; *Delouka-Iglesi*, S. 134.

1430 Vgl. nur Areopag 589/2001, veröffentlicht in NOMOS Datenbank.

1431 Vgl. z.B. *Alexandridou*, Verbraucherschutzrecht, Rn. 18. S. auch *Kapnopoulou*, S. 41 ff. Sehr ausführlich zum Begriff des „Verbrauchers" *Dellios*, S. 15 ff. Kritisch zu dem sehr weit gefassten Verbraucherbegriff *Perakis*, Dikaio Epicheireseon kai Etairion 1995, S. 32. - Für eine Übersetzung der Norm auf Deutsch s. GRUR-Int. 1995, S. 894.

1432 *Kapnopoulou*, S. 45.

ter" des Zertifizierenden in Bezug auf das konkrete Geschäft der Zertifizierung reicht für die Bejahung der Verbrauchereigenschaft völlig aus[1433].

Die Erkenntnis, dass es sich bei Art. 6 PE um eine Präzisierung der Dienstleistungshaftung handelt, kann einen Einfluss auf die Verjährungsfrist der Ansprüche nach Art. 6 PE haben, da die Norm selbst keine Regelung über die Verjährung der aus ihr entstandenen Ansprüche enthält. Dies bedeutet, dass nicht die zwanzigjährige allgemeine Verjährungsfrist des grZGB (Art. 249 grZGB)[1434], sondern die für die Ansprüche nach Art. 8 des Verbraucherschutzgesetztes geltende Frist anzuwenden ist[1435]. Der Anspruch aus Art. 6 PE unterliegt daher der Verjährungsfrist von fünf Jahren. Es ist allerdings zu bedauern, dass der Gesetzgeber nicht auch für die Ansprüche nach Art. 8 des Verbraucherschutzgesetztes und im Ergebnis für die Ansprüche nach Art. 6 PE auf die dreijährige Frist der Produkthaftung verwiesen hat.

Da der Zertifizierungsdiensteanbieter ein breites Spektrum von Tätigkeiten und Dienstleistungen anbietet, sind die Fälle, in denen er in Anspruch genommen werden kann, ebenfalls zahlreich. Da aber die Haftungsregelung des Art. 6 PE lückenhaft ist, stellt sich die Frage des Einflusses des Art. 8 Gesetz 2251/1994 auf das Haftungsrecht des Zertifizierungsdiensteanbieters. Eine Haftung nach Art. 8 Gesetz 2251/1994 kann nach hier vertretener Meinung in Betracht kommen, weil die Dienstleistungen des Zertifizierungsdiensteanbieters regelmäßig gegenüber einem Verbraucher i.S.d. Verbraucherschutzgesetzes erbracht werden. Wird aus einer schuldhaft an Sicherheit mangelnden Dienstleistung des Zertifizierungsdiensteanbieters Schaden verursacht, so hat der Anbieter dafür einzustehen. Speichert z.B. der Zertifizierungsdiensteanbieter gegen die ausdrückliche Anforderung des Anhangs II lit. ι) PE die Signaturerstellungsdaten des Unterzeichners und kommt es nach einer Kopie der Daten zu einer gefälschten elektronischen Signatur und deswegen zum Schaden, macht er sich haftbar, weil er die Einhaltung des berechtigt und in diesem Fall gesetzlich normierten erwarteten Sicherheitsstandards versäumt hat. Somit gelangt man im Falle einer schuldhaften Verletzung der in dem Vertrag oder in der Signaturgesetzgebung geregelten Pflichten über die Dienstleistungshaftung gemäß Art. 8 des Verbrau-

---

[1433] Dass das Kriterium für die Verleihung der Verbrauchereigenschaft der „Leihencharakter" des Dienstleistungsempfängers ist, *Stathopoulos*, in Stathopoulos/Chiotellis/Augoustianakis, Gemeinschaftliches Zivilrecht, S. 40.

[1434] Art. 249 grZGB setzt eine allgemeine zwanzigjährige Verjährungsfrist, unter dem Vorbehalt, dass keine spezielle Frist einschlägig ist. Die Verjährungsfrist läuft nach Art. 251 grZGB von dem Zeitpunkt an, ab dem der Anspruch zustande kommt und seine Rechtverfolgung möglich ist.

[1435] Nach *Alexandridou*, Verbraucherschutzrecht, Rn. 257, ist für die Ansprüche aus Art. 8 des Verbraucherschutzgesetztes die fünfjährige Verjährungsfrist des Art. 937 grZGB bezüglich der Verjährung der deliktischen Ansprüche aus Art. 914 grZGB anzuwenden.

cherschutzgesetzes zu einer Haftung der Zertifizierungsdiensteanbieter. Entsprechendes gilt für einen Dritten, der in einem Attribut-Zertifikat fälschlich als Vertretener angegeben wird. Er fällt nicht unter die Haftungsregelung des Art. 6 PE, da er nicht auf die Angaben des Zertifikats vertraut. Ihm wird regelmäßig ein Anspruch aus der Dienstleistungshaftung zustehen[1436].

Es ist nicht zu bestreiten, dass im Einzellfall Überschneidungen und damit verbundene Abgrenzungsschwierigkeiten zwischen der Produkthaftung und der Haftung für Dienstleistungen auftreten können. Da es sich bei der Zertifizierung um Dienstleistungen handelt, bei denen vom Zertifizierungsdiensteanbieter hergestellte Produkte verwendet werden, ist von einer echten Anspruchskonkurrenz auszugehen[1437]. Das heißt, die Ansprüche aus der Dienstleistungs- und Produkthaftung können nebeneinander geltend gemacht werden. Eine solche Anspruchskonkurrenz ist insbesondere im Hinblick auf die Unterschiede in der Regelung der Verjährung beachtlich[1438].

v) Deliktische Haftung

Auch das Deliktsrecht kann dem geschädigten Unterzeichner Anspruchsgrundlagen bieten. Diese Haftungsnormen sind auch auf Tatbestände zwischen dem Zertifizierungsdiensteanbieter und etwaigen zukünftigen Vertragspartnern des Zertifikat-Berechtigten anzuwenden, da eine Vertragsbeziehung nicht vorausgesetzt wird. Ein zusätzlicher Vorteil der deliktischen Haftung liegt darin, dass der Beschädigte auch die Erstattung seines Nichtvermögensschadens verlangen kann (Art. 932 grZGB)[1439]. Darüber hinaus kann der Beschädigte gemäß Art.

1436 Ein Schadensersatzanspruch auf Grund Art. 23 Abs. 1 i.V.m. Art. 4 Abs. 1 lit. c) des Datenschutzgesetzes kann ebenfalls in Betracht kommen.

1437 In der Konkurrenzlehre wird zwischen Anspruchsnormenkonkurrenz, bei der ein einheitlicher Anspruch auf Grund mehrerer Anspruchsnormen mehrfach begründet wird, und Anspruchskonkurrenz, bei der sich aus mehreren Anspruchsnormen selbständige Ansprüche zur Befriedigung des gleichen wirtschaftlichen Interesses ergeben, unterschieden. S. dazu *Georgiades*, Anspruchskonkurrenz, S. 167 f., 190 f.

1438 Nach Art. 6 Abs. 13 des Verbraucherschutzgesetzes verjähren die Ansprüche gegen den Produkthersteller nach Ablauf einer Frist von drei Jahren ab dem Tag, an dem der Geschädigte von dem Schaden, dem Fehler und der Identität des Herstellers Kenntnis erlangt hat oder hätte erlangen müssen. Die dem Geschädigten gegen den Hersteller zustehenden Ansprüche erlöschen nach Ablauf einer Frist von zehn Jahren ab dem Inverkehrbringen des Produktes. Die Ansprüche aus der Dienstleistungshaftung verjähren nach richtiger Auffassung nach fünf Jahren von dem Zeitpunkt an, in welchem der Beschädigte von dem Schaden und der Person des Ersatzpflichtigen Kenntnis erlangen hat (Art. 937 grZGB). Die dem Geschädigten gegen den Dienstleistenden zustehenden Ansprüche erlöschen in jedem Falle nach Ablauf einer Frist von zwanzig Jahren von der Erbringung der Dienstleistung an. Die Verjährungsfrist bei der Dienstleistungshaftung stellt für den Verbraucher eine besonders günstige Regelung dar.

1439 S. oben Fn. 1427.

1047 Abs.1 grZPO die „Personalexekution“ - in Form der Schuldhaft – des Beklagten beantragen, denn im griechischen Recht ist die Personalexekution für die Durchsetzung von deliktischen Ansprüchen erlaubt[1440].

Da der Zertifizierungsdiensteanbieter als Unternehmen regelmäßig nicht selbst handeln kann, wird meist eine Haftung des Anbieters für ein rechtswidriges Handeln seiner Mitarbeiter in Betracht kommen. Was seine Haftung für den Verrichtungsgehilfen betrifft, welche in Art. 922 grZGB geregelt wird, ist hervorzuheben, dass sie von der deutschen Regelung des § 831 BGB wesentlich abweicht. Der griechische Gesetzgeber hat eine objektive Haftung des Geschäftsherrn eingeführt. Eine Exkulpationsmöglichkeit des Geschäftherrn wird - anders als bei § 831 Abs. 1 S. 2 BGB - nicht vorgesehen. Die Ansprüche aus deliktischer Haftung haben allerdings gegenüber der vertraglichen Haftung den Nachteil, dass sie gemäß Art. 937 grZGB i.d.R. nach fünf Jahren verjähren, ab dem Zeitpunkt, an dem der Beschädigte Kenntnis vom Schaden und dem Schädiger erlangt. Für die vertraglichen Ansprüche gilt die zwanzigjährige allgemeine Verjährungsfrist des grZGB (Art. 249 grZGB).

1) Haftung des Zertifizierungsdiensteanbieters auf Grund der Verletzung eines absoluten Rechtsguts und der Signaturgesetzgebung

Das Risiko, dass durch einen Fehler eines Signatur-Paares, eines Zertifikats oder einer fehlerhaften Erbringung einer Dienstleistung seitens des Zertifizierungsdiensteanbieters jemand getötet oder am Körper bzw. an der Gesundheit verletzt wird, ist als sehr gering einzuschätzen. Eine Deliktshaftung des Zertifizierungsdiensteanbieters auf Grund der Verletzung dieser absoluten Rechtsgüter wird deshalb in der Praxis nur sehr geringe Bedeutung erlangen. Die Fälschung einer elektronischen Signatur und ihre Verwendung im elektronischen Rechtsverkehr können allerdings die Persönlichkeit des Signaturschlüssel-Inhabers und insbesondere seinen Ruf und Ansehen beeinträchtigen. Soweit sich aus der Verwendung gefälschter Signaturdaten oder wegen mangelnder Zertifizierung eine Schädigung von Ruf und Kredit des Betroffenen ergibt, dürfte diesem, da auch eine Verletzung des allgemeinen Persönlichkeitsrechts zu bejahen ist, auch ein Anspruch auf Geldentschädigung gemäß Art. 914 grZGB zustehen (z.B. wegen Kundenverlust)[1441]. Wurde in das Zertifikat ein Name aufgenommen, den der Signaturschlüssel-Inhaber nicht zu führen berechtigt ist, kann der Berechtigte nach Art. 58 grZGB die Beseitigung der Beeinträchtigung verlangen, da der Name Teil der Persönlichkeit ist. Ein Schadensersatzanspruch des Namensinhabers nach Art. 914 grZGB ist nicht ausgeschlossen (Art. 58 S. 2 grZGB).

[1440] Vgl. Kerameus/Kondylis/Nikas ZPO-*Nikolopoulos*, Art. 1047 Rn. 6-11.

[1441] Vgl. z.B. *Georgiades*, FS Larenz, S. 184 ff.; *ders.*, in Georgiades/Stathopoulos ZGB, Art. 914 Rn. 34 ff.

Auch die Verletzung der Signaturgesetzgebung kann unter Umständen eine Deliktshaftung des Zertifizierungsdiensteanbieters begründen. Kommt der Zertifizierungsdiensteanbieter seinen in der Signaturgesetzgebung geregelten Pflichten nicht nach, so ist sein Verhalten rechtswidrig wegen Verletzung einer Verpflichtung, die gesetzlich normiert ist[1442]. Sind auch die anderen Tatbestandsvoraussetzungen des Art. 914 grZGB, und insbesondere die Kausalität zwischen der schuldhaften, rechtswidrigen Handlung und dem Schaden erfüllt, ist von einer deliktischen Haftung des Zertifizierungsdiensteanbieters auszugehen. Es ist jedoch zu beachten, dass die gesetzlich normierten Pflichten, deren Verletzung eine Haftung - beruhend auf Deliktsrecht - begründen kann, i.d.R. nur Zertifizierungsdiensteanbieter betreffen, die qualifizierte Zertifikate ausstellen.

Auch die Zertifizierungsdiensteanbieter, die einfache Zertifikate ausstellen, haben nach der hier vertretenen Auffassung für die inhaltliche Unrichtigkeit der von ihnen ausgestellten Zertifikate einzustehen. Verursachen solche Unrichtigkeiten oder sonstige falsche Auskünfte über die Echtheit und Gültigkeit von Zertifikaten Schäden, so kann das die deliktische Haftung der Zertifizierungsdiensteanbieter gegenüber Anfragenden begründen. Die ungenaue bzw. falsche Auskunftserteilung seitens Personen, denen gerade auf Grund ihrer Funktion im Geschäftverkehr ein gesteigertes Vertrauen entgegengebracht wird, wird zu Recht als rechtwidriges Verhalten qualifiziert[1443].

Da die Funktion der Zertifizierungsdiensteanbieter im elektronischen Geschäftsverkehr (auch „Trusted Third Parties" oder „Trust Center" genannt), die Zertifikatausstellung ist, um Dritten eine vertrauenswürdige Auskunft über die Identität des Unterzeichners zu erteilen, ist eine Haftung der Zertifizierungsdiensteanbieter gegenüber dem auf das Zertifikat Vertrauenden aus Treu und Glauben und nach den Verkehrspflichten anzunehmen.

2) Haftung des Zertifizierungsdiensteanbieters für datenschutzrechtliches Verfehlen

Nach Art. 7 Abs. 1 PE unterliegen alle Zertifizierungsdiensteanbieter ohne Ausnahme, d.h. auch die die nicht qualifizierte Zertifikate ausstellen, den Vorschriften des Gesetzes 2472/1997 und des Gesetzes 2774/1999 zum Schutz natürlicher Personen bei der Verarbeitung personenbezogener Daten.

[1442] *Deligiannis/Kornilakis*, S.142; *Kornilakis*, Schuldrecht, Bes.Teil., S. 488 f. Nach der herrschenden Meinung in der Literatur kann allerdings nicht jede Normverletzung Grundlage für die Begründung einer deliktischen Haftung sein.

[1443] *Deligiannis/Kornilakis*, S.144; *Maniotis*, Der elektronische Vertragsabschluss, S. 77.

Dem Zertifizierungsdiensteanbieter sind auf Grund der Herstellung des Zertifikats verschiedene personenbezogene Daten des Unterzeichners zugänglich. Die Erhebung und Verarbeitung dieser Daten seitens des Zertifizierungsdiensteanbieters unterliegt den Grundsätzen der Gesetzmäßigkeit (Art. 4 Abs. 1 lit. a) Datenschutzgesetz 2472/1997), der Wahrheit (Art. 4 Abs. 1 lit. c) Datenschutzgesetz 2472/1997) der Verhältnismäßigkeit (Art. 5 Abs. 2 lit. e) Datenschutzgesetz), der Geheimhaltung (Art. 10 Datenschutzgesetz), und der Transparenz (Art. 11-12 Datenschutzgesetz)[1444]. Falls der Zertifizierungsdiensteanbieter diese personenbezogenen Daten des Unterzeichners - wie z.B. seine Signaturerstellungsdaten - unter Verletzung der soeben erwähnten Grundsätze verbreitet bzw. verarbeitet und es deswegen zu einem Schaden kommt, ist ein Schadensersatzanspruch auf Grund Art. 23 Abs. 1 i.V.m. Art. 4 Abs. 1 lit. c) des Datenschutzgesetzes zu bejahen[1445]. Eine Verletzung der datenschutzrechtlichen Bestimmungen liegt z.B. vor, wenn der Zertifizierungsdiensteanbieter unberechtigterweise ein Pseudonym aufdeckt. Verursacht eine natürliche oder eine juristische Person einen Vermögensschaden unter Verletzung der Bestimmungen des Datenschutzgesetzes, so ist sie gemäß Art. 23 Abs. 1 des Datenschutzgesetzes zu vollem Schadensersatz verpflichtet. Hat sie Nichtvermögensschaden verursacht, ist sie zusätzlich zur Zahlung von Schmerzensgeld verpflichtet. Die verpflichtete Person hat auch zu vertreten, wenn sie die Möglichkeit der Schädigung anderer wissen sollte. Trotz dieser unglücklichen Formulierung hat der Gesetzgeber - nach dem Vorbild des Art. 23 Abs. 2 der Richtlinie 95/46/EG - die Einführung einer Verschuldenshaftung mit Umkehr der Beweislast intendiert. Für die Frage, ob der Schaden die Folge eines von dem Zertifizierungsdiensteanbieter zu vertretenden Umstandes ist, trifft der Zertifizierungsdiensteanbieter die Beweislast.

c) Haftung des Unterzeichners gegenüber Dritten

Die Frage, ob der Unterzeichner gegenüber Dritten im Rahmen des Signaturrechts haftet, kann im Falle mangelnder Sorgfalt bei der Geheimhaltung des Signaturschlüssels seitens des Signaturschlüssel-Inhabers aufkommen[1446]. Diese Konstellation erscheint bei der Verwendung von akkreditierten elektronischen Signaturen des Art. 3 Abs. 1 PE relativ selten, denn die akkreditierte elektronische Signatur des Art. 3 Abs. 1 PE wird mit einer sicheren Signaturerstellungseinheit und mit einer sicheren kryptographischen Einheit erzeugt. Aus diesem Grund soll die Geheimhaltung und Einzigartigkeit des Signaturschlüssels entsprechend den Anforderungen des Art. 3 Abs. 1 und 2 der Entscheidung der NatKTP Nr. 295/64 technisch gewährleistet sein. Nichtsdestotrotz ist die Gefahr

---

[1444] Vgl. Art. 7 Abs. 1 PE.

[1445] *Christodoulou*, S. 153-155.

[1446] Ausführlich *Maniotis*, Der elektronische Vertragsabschluss, S. 65.

der Preisgabe des Signaturschlüssels durchaus vorhanden, da keine biometrische Koppelung zwischen Signaturschlüssel und Unterzeichner besteht.

In der Regel werden die AGB des Zertifizierungsdiensteanbieters eine Verpflichtung des Unterzeichners statuieren, seinen Schlüssel geheim zu halten. Davon kann allerdings der auf die Signatur vertrauende Dritte nicht profitieren, da für ihn keine Vertragsbeziehung besteht. Vorab erwähnt sei, dass eine Haftung, beruhend auf dem Vertrag zugunsten Dritter nach griechischem Recht von vornherein ausscheidet. Um zur Anwendbarkeit des Art. 410 ff. grZGB[1447] gelangen zu können, müsste die Geheimhaltungspflicht als Leistung direkt dem Dritten zugute kommen. Offensichtlich mangelt es hier einerseits an der Konkretisierbarkeit der zukünftigen Vertragspartner des Zertifikat-Berechtigten, da diese bei Vertragsabschluss weder der Zahl noch der Person nach feststehen werden, und andererseits soll der Geheimhaltungspflicht primär den Anbieter schützen.

Hinsichtlich der Haftung des Unterzeichners für die Nichtgeheimhaltung seines Schlüssels könnte auch das Stellvertretungsrecht in Betracht kommen[1448]. Es wird argumentiert, der Unterzeichner hafte bei einer Nichtgeheimhaltung und einem eventuellen Missbrauch seines Schlüssels wie ein Vertretener in einem Fall der Vertretungswirkung ohne Genehmigung nach Art. 231 Abs. 1 grZGB analog[1449].

Wird eine elektronische Urkunde mit der elektronischen Signatur einer bestimmten anderen Person versehen, ohne dass die Nichtidentität des Unterzeichners mit dem Namensträger (Signaturschlüssel-Inhaber) erkennbar ist, so handelt der Unterzeichner unter fremdem Namen; die Vorschriften über die Stellvertretung sind dann anzuwenden (Art. 211 ff. grZGB), wenn der Erklärungsgegner den Unterzeichner nach den allgemeinen Auslegungsgrundsätzen für den Signaturschlüssel-Inhaber halten durfte[1450]. Das Stellvertretungsrecht ist auch dann analog anwendbar, wenn der unterzeichnende Dritte die Signaturerstellungsdaten manipuliert hat. Das Rechtsgeschäft kommt in diesem Fall nach den allgemeinen Regeln zwischen dem Geschäftsgegner und dem Namensträger zu-

[1447] Gemäß Art. 410 grZGB kann der jenige, der ein Versprechen zur Leistung an einen Dritten empfängt, verlangen, dass der Versprechende dem Dritte leiste.

[1448] Zur Diskussion vgl. *Maniotis*, Der elektronische Vertragsabschluss, S. 70.

[1449] Diese Regelung entspricht dem deutschen § 179 Abs. 1 BGB. Art. 231 Abs. 1 grZGB: „Wer als Vertreter einen Vertrag geschlossen hat, ist, sofern er nicht seine Vertretungsmacht nachweist, und der Vertretene den Vertrag nicht genehmigt, dem anderen Teil nach dessen Wahl zur Erfüllung oder zum Schadensersatz verpflichtet“.

[1450] Vgl. *Georgiades*, AT, S. 616 f. Rn. 3 m.w.N. Zur ähnlichen deutschen Rechtlage vgl. u.a. Staudinger/*Schilken* Vor § 164 Rn. 90 m.w.N.

stande, wenn der Vertreter Vertretungsmacht hatte. Fehlt die Vertretungsmacht, wie bei einem Missbrauch des Signaturschlüssels, so finden Art. 229 grZGB ff. über den Pseudovertreter Anwendung[1451]. In diesem Fall haftet der Signaturschlüssel-Inhaber nur, wenn er den Vertrag genehmigt[1452]. Wird er nicht genehmigt, so haftet der unter falschem Namen Handelnde gemäß Art. 231 grZGB. Der Erklärungsempfänger muss dann - um sich hinsichtlich seiner Erfüllungs- oder Schadensersatzansprüche befriedigen zu können - den Pseudovertreter auffinden; ist allerdings der unter falschem Namen Handelnde zahlungsunfähig oder unbekannt oder haftet er gar nicht (z.B. wegen Geschäftsunfähigkeit – argumentum e contrario aus Art. 213 grZGB[1453]), so trägt i.E. der Geschäftsgegner das Risiko vorhandener Vertretungsmacht.

Aus diesem Grunde stellt sich die Frage ob, im Falle der Preisgabe der Signaturerstellungsdaten die Grundsätze der Duldungs- oder Anscheinsvollmacht als anwendbare Regeln in Frage kommen. Ihnen zufolge besteht eine solche Vertretungswirkung nur dann, wenn der Vertretene Kenntnis vom Auftreten eines anderen in seinem Namen hat und dagegen nicht einschreitet (Duldungsvollmacht) oder dann, wenn der Vertretene zwar keine Kenntnis vom Handeln des Vertreters hatte, dieses jedoch bei verkehrsgemäßer Sorgfalt hätte erkennen und verhindern müssen (Anscheinsvollmacht)[1454]. Dagegen spricht, dass der signierende Dritte die elektronische Signatur nicht in, sondern unter fremdem Namen setzt, er tritt also nicht als Vertreter des Unterzeichners, sondern als der Unterzeichner selbst auf. Dies soll allerdings die Anwendung der Anscheins- und Duldungsvollmacht nicht ausschließen. Gibt der Signaturschlüssel-Inhaber seine Chipkarte und PIN weiter oder bewahrt er sie so auf, dass Dritte sie verwenden können, setzt er zurechenbare Ursachen für den Rechtsschein, dass die elektronische Signatur von ihm abgegeben wurde; so kann auch beim Handeln unter fremdem Namen der Namensträger aus Rechtsscheinsgründen haften[1455].

[1451] *Georgiades*, AT, S. 617 Rn. 3.

[1452] Vgl. auch *Larenz/Wolf*, Allgemeiner Teil, § 46 Rn. 58, wonach bei einer unbefugten Benutzung eines Computers die Erklärung nur dann für den Namensträger wirkt, wenn der Erklärende Vertretungsmacht hatte oder wenn der Computerhalter das Geschäft genehmigt, weil der Halter des Computers als Erklärender erscheint.

[1453] Art. 213 grZGB: „Wer in der Geschäftsfähigkeit beschränkt ist, kann ein Rechtsgeschäft als Vertreter eines anderen vornehmen".

[1454] Zur Duldungs- und Anscheinsvollmacht im griechischen Recht s. *Doris*, in Georgiades/Stathopoulos ZGB, Art. 216-217 Rn. 12-15; *Georgiades*, AT, S. 608 f. Rn. 34 ff.; *Karassis*, Rechtsgeschäft, S. 169 f.; *Klavanidou*, S. 91 f.; vgl. auch *Doris*, S. 185 f.; *Stathopoulos*, Einziehungsermächtigung, S. 149.

[1455] Vgl. *Canaris*, Vertrauenshaftung, S. 68 f.; *Larenz/Wolf*, Allgemeiner Teil, § 46 Rn. 57; vgl. auch *Redeker*, NJW 1984, S. 2392, für das Handeln unter fremder Kennung beim Bildschirmtextdienst.

Wendet man auf das Handeln unter falschem Namen Rechtsscheinshaftungsregeln an, so ist eine Anscheinsvollmacht richtigerweise anzunehmen[1456]. Zwar ist eine Anscheinsvollmacht i.d.R. dann gerechtfertigt, wenn der angebliche Vertreter ein wiederholtes und sich über einen gewissen Zeitraum erstreckendes Verhalten an den Tag legt, aus dem der Geschäftsgegner auf die Bevollmächtigung schließen zu können glaubt[1457]. Diese Voraussetzung ist aber in diesem Fall nicht maßgebend, da das Vertrauen des Signaturempfängers nicht auf das tatsächliche Verhalten des unter fremdem Namen Handelnden, sondern auf der gesetzlich normierten Verpflichtung der Geheimhaltung des Signaturschlüssels beruht[1458]. Auch die deutsche Rechtsprechung zum BTX (Bildschirmtext)-Anschluss,[1459] tendiert dahin, auf das Merkmal der „gewissen Häufigkeit und Dauer“[1460] des Auftretens des unter fremdem Namen Handelnden zu verzichten, um dem BTX-Anschlussinhaber eine Willenserklärung zuzurechnen, die über seinen Anschluss übermittelt wurde[1461]. Bei der Frage bezüglich der Zurechnung einer von einem Unberechtigten abgegebenen elektronisch signierten Willenserklärung können in Anbetracht der Tatsache, dass die Rechtscheinvollmacht des griechischen Rechts vom deutschen Recht und von der deutschen Rechtsprechung geprägt sind, die zum BTX entwickelten Grundsätze zur Rechtsscheinvollmacht herangezogen werden[1462][1463]. Da von der Sicherheit des Zugangskontrollverfahrens durch PIN ausgegangen wird[1464], kann dem Signaturschlüssel-Inhaber eine Sorgfaltspflichtverletzung bei der Verwahrung der Signaturerstel-

---

[1456] Zu den dogmatischen Bedenken, dass die Nichtbeachtung der pflichtgemäßen Sorgfalt nach der Konzeption des BGB nicht das Zustandekommen eines Rechtsgeschäfts bewirken kann, sondern lediglich schadensersatzpflichtig macht, s. *Flume*, S. 832 ff.; vgl. auch *Canaris*, Vertrauenshaftung, S. 48 ff.; *Medicus*, AT, Rn. 969 ff.

[1457] Areopag 939/2004; Kammergerichts erster Instanz Kerkira 75/2005, veröffentlicht in NOMOS Datenbank; vgl. auch hierzu *Deligiannis*, Vollmacht, S. 102 f. und dort Fn. 140; *Georgiades*, AT, S. 608 Rn. 35.

[1458] Art. 4 Abs. 2 und 3 und 8 lit. b) und c) grVO. Dazu, dass das Merkmal der „gewissen Häufigkeit und Dauer“ regelmäßig – d.h. nicht immer – erforderlich ist, vgl. BGH, NJW 1998, S. 1855.

[1459] Der Zugang zum BTX-Netz wird zweifach gesichert, nämlich durch das Erfordernis der Eingabe einer Kennziffer sowie des persönlichen Kennworts eines Benutzers.

[1460] Vgl. dazu nach deutscher Rechtslage BGH, NJW-RR 1986, S. 1169; BGH, NJW 1956, S. 460.

[1461] Vgl. dazu OLG Oldenburg, NJW 1993, S. 1400; OLG Köln, NJW-RR 1994, S. 177; LG Koblenz, NJW 1991, S. 1360; aus der Literatur ebenso *Redeker*, NJW 1984, S. 2394. *Borsum/Hoffmeister*, NJW 1985, S. 1206, sprechen sogar von einer Rechtsscheinsvollmacht neuer Art.

[1462] So auch nach deutschem Recht *Fritzsche/Malzer*, DNotZ 1995, S. 15 f.; vgl. auch Palandt-*Heinrichs*, § 126a Rn. 12.

[1463] *Georgiades*, AT, S. 607 Rn. 33.

[1464] Vgl. BGH Urteil vom 5. 10. 2004 - XI ZR 210/03, NJW 2004, S. 3623 beim ec-Kartenmissbrauch.

lungsdaten auf Grund eines Anscheinsbeweises vorgeworfen werden[1465]. Die Begründung eines so genannten „Vertrauenstatbestandes" zugunsten des Empfängers ist regelmäßig bei einer unberechtigten Verwendung der Signaturerstellungsdaten auf Grund einer nicht sorgfältigen Geheimhaltung bzw. Verwahrung gegeben (z.B. wenn er PIN und Karte nicht getrennt von einander aufbewahrt). Wer auf seine Signiersoftware und Hardware (Chipkarte und PIN) nicht hinreichend achtet, so dass Dritte sie benutzen können, erweckt unter Umständen im Rechtsverkehr den Anschein, dass dieses Verhalten von ihm getragen werde. Denn der Signaturschlüssel-Inhaber hätte bei pflichtgemäßer – sogar gesetzlich vorgeschriebener - Sorgfalt verhindern können, dass die Signatur unberechtigt von einem Dritten erzeugt wird, während der Signaturempfänger nach Treu und Glauben annehmen darf, dass der Signaturschlüssel-Inhaber selbst handelt. Dem Signaturschlüssel-Inhaber obliegt der Beweis dafür, dass er diesen Rechtsschein nicht schuldhaft und in zurechenbarer Weise verursacht hat oder, dass der Signaturempfänger nicht gutgläubig war. Dafür spricht jedoch, dass der Signaturempfänger mangels eigener Möglichkeiten der Kontrolle der Identität des Erklärenden darauf vertrauen muss, dass derjenige, der im Zertifikat als Signaturschlüssel-Inhaber steht, auch der Unterzeichner ist oder in seinem Einverständnis handelt[1466]. Demgegenüber hat natürlich keine Zurechnung von Willenserklärungen zu erfolgen, wenn die Signaturerstellungsdaten ohne Verschulden des Signaturschlüssel-Inhabers ausgelesen wurden oder im Allgemeinen wenn das technische Signaturverfahren versagt.

Unter fremdem Namen handelt auch der Dritte (z.B. Mitarbeiter, Angestellter), dem der Unterzeichner die Signaturerstellungsdaten zur Signierung selbst überlassen hat, also wenn er seine Chipkarte weiter gibt und einem anderen Kenntnis über die PIN verschafft; in diesem Fall ist es einfacher zu entscheiden, ob die Erklärung für den Handelnden selbst wirkt, oder für den Signaturschlüssel-Inhaber. Gibt der Signaturschlüssel-Inhaber den Signaturschlüssel weiter und missbraucht der, dem er den Schlüssel vertraut hat, den Schlüssel, so sind die Voraussetzungen einer Duldungsvollmacht wegen der Veranlassung des rechtsgeschäftlichen Kontakts durch den Signaturschlüssel-Inhaber mutatis mutandis gegeben. Durch sein Verhalten lässt der Signaturschlüssel-Inhaber das Auftreten des unbefugten Dritten als Unterzeichner unter seinem Namen geschehen. Er hat selbst einen zurechenbaren Grund für die Rechtsscheinhaftung gesetzt[1467], und

---

[1465] S. hierzu S. 308 f.

[1466] Bringt nichtsdestotrotz der Signaturschlüssel-Inhaber vor, es fehle an einer willentlichen Abgabe der Willenserklärung, weil die elektronische Signatur von einem unbefugten Dritten erzeugt wurde, verstößt diese Geltendmachung regelmäßig gegen die Norm des Art. 281 grZGB, die die missbräuchliche Rechtsausübung verbietet, und ist als missbräuchlich zu betrachten. Vgl. hierzu *Deligiannis*, Vollmacht, S. 105; *Simandiras*, S. 722.

[1467] Vgl. *Redeker*, NJW 1984, S. 2393.

ist daher aus Rechtsscheinsgrundsätzen an die Erklärung des unberechtigt Handelnden gebunden[1468]. Dafür spricht auch, dass der Vertretene in diesem Fall durch sein Handeln das Fälschungsrisiko erheblich erhöht hat und dass der Geschäftsgegner zur Identitätsüberprüfung des Erklärenden auf das Zertifikat vertraut hat, was für seine Gutgläubigkeit spricht. Der Signaturschlüssel-Inhaber soll daher das Risiko nach Treu und Glauben und unter Berücksichtigung der Verkehrssitten (Art. 288 grZGB) im Ganzen tragen, weil er die Möglichkeit des Missbrauchs eröffnet hat.

Eine Haftung des Unterzeichners bei unberechtigter Verwendung seines Signaturschlüssels wegen nicht sorgfältiger Verwahrung ergibt sich auch aus dem Deliktsrecht. Die Pflicht zur Geheimhaltung des Signaturschlüssels hat eine gesetzliche Grundlage in Art. 4 Abs. 2 und 3[1469] und 8 lit. b) und c)[1470] grVO. Ferner wird gemäß Art. 2 Abs. 2 lit. c) PE über die Anforderungen an die fortgeschrittene elektronische Signatur ausdrücklich verlangt, dass sie mit Mitteln erstellt wird, die der Unterzeichner unter seiner alleinigen Kontrolle halten kann. Bei ordnungsgemäßer Informationserbringung seitens der Zertifizierungsdiensteanbieter hat sich der Unterzeichner entsprechend zu verhalten und seiner ihn individuell treffenden Geheimhaltungspflicht nachzukommen. Kommt er seiner Pflicht nicht nach, ist sein Verhalten rechtwidrig wegen Verletzung einer gesetzlich normierten Verpflichtung[1471].

Selbst wenn man annehmen sollte, dass die Pflicht zur Geheimhaltung des Signaturschlüssels nach Art. 4 Abs. 2 und 3 nur für qualifizierte Zertifikate gelte – was jedoch aus dem Wortlaut der Vorschrift nicht zu entnehmen ist[1472] -, wäre für alle anderen Fallgruppen eine Rechtswidrigkeit wegen Verletzung der ungeschriebenen Sorgfaltspflichten gegeben, die das Gebot der Vermeidung gefähr-

[1468] Für einen Anspruch des Geschäftspartners gegen den Unterzeichner, allerdings aus deliktischer Haftung der Mitarbeiter als Verrichtungsgehilfen, *Maniotis*, Der elektronische Vertragsabschluss, S. 70 ff.

[1469] Art. 4 Abs. 2 grVO: „Der Zertifikat-Berechtigte jedes Zertifikats muss die Signaturerstellungsdaten besitzen, die seinem Zertifikat zugeordnet sind, und mit der notwendigen Sorgfalt bezüglich ihrer Verwahrung und Verwendung und der Verwahrung und Verwendung des Zertifikats vorgehen". Nach Art. 4 Abs. 3 grVO hat der Zertifikatsberechtigte den Zertifizierungsdiensteanbieter unverzüglich davon in Kenntnis zu setzen, wenn die Signaturerstellungsdaten verloren gegangen oder in Besitz bzw. zur Kenntnis von Dritten gekommen sind.

[1470] Wird einer Person ein qualifiziertes Zertifikat ausgestellt, so ist sie u.a. über seine Pflichten bezüglich des Speicherns und der Verwahrung von Signaturerstellungsdaten zu belehren und über die Folgen der Bekanntmachung von Signaturerstellungsdaten Auskunft zu erteilen.

[1471] Vgl. *Kornilakis*, Schuldrecht, Bes.Teil., S. 488 f.

[1472] Die Regelung spricht dagegen von einer Pflicht des Zertifikat-Berechtigten „jedes Zertifikats".

denden Verhaltens konkretisieren[1473]. Die Rechtswidrigkeit als Sorgfaltsverstoß genügt ebenfalls für die Qualifizierung des Verhaltens als fahrlässig[1474]; denn aus demselben Verhalten (dem fahrlässigen bzw. pflichtwidrigen Verwahren) ergeben sich zugleich Rechtswidrigkeit und Verschulden[1475]. Kommt es zum Schaden des Signaturempfängers wegen seines Vertrauens auf die Echtheit der Signatur, so sind die Voraussetzungen der deliktischen Haftung gemäß Art. 914 grZGB gegeben.

Es ist in diesem Zusammenhang hervorzuheben, dass eine vom Gesetz verlangte Nutzung biometrischer Merkmale zur Identifikation des Signaturschlüssel-Inhabers die Möglichkeit der Verwendung der Signaturerstellungsdaten durch Dritte praktisch ausschließen und die Probleme bezüglich der Preisgabe der Signaturerstellungsdaten vermeiden wird.

5. Anscheinsbeweis

Zur Erleichterung der Beweisführung seitens des auf eine elektronische Signatur des Art. 3 Abs. 1 PE vertrauenden Dritten sind folgende Regelungsmodelle denkbar. Erstens eine gesetzliche unwiderlegliche Vermutung der Echtheit der Signatur, zweitens eine widerlegliche gesetzliche Vermutung oder drittens ein Anscheinsbeweis.

Soll die Beweiskraft elektronischer Signaturen des Art. 3 Abs. 1 PE durch gesetzliche Beweislastregeln erhöht werden, wäre eine unwiderlegliche Vermutung für ihre Echtheit angesichts mangelnder Erfahrung mit elektronischen Signaturen und der dargelegten Schwachstellen (Preisgabe des Signaturschlüssels, Ausspähen der PIN, Präsentationsproblem) zu weit gehend und könnte zu falschen Ergebnissen führen. Immerhin könnte eine elektronische Signatur von einem Dritten erzeugt werden, ohne dass sich das Resultat unterscheidet[1476]. Eine solche Regel, welche die Gefahr von Manipulationen außer Acht lässt und das verfassungsrechtlich abgesicherte Recht auf Beweis[1477] (Art. 20 Abs. 1 Verfas-

---

[1473] *Maniotis*, Der elektronische Vertragsabschluss, S. 66 ff. Zur Rechtswidrigkeit als Verletzung der ungeschriebenen Bedürfnisse des sozialen Lebens nach angemessenen Sorgfalt vgl. *Deligiannis*, FS Michaelides-Nouaros, S. 325; vgl. auch Fn. 1225. Diese Form der „Rechtswidrigkeit" ist der Verkehrssicherungspflichten des deutschen Rechts ähnlich.

[1474] Es handelt sich um die so genannte „doppelte Funktion der Fahrlässigkeit"; vgl. hierzu *Deligiannis*, FS Michaelides-Nouaros, S. 337 ff.; *Stathopoulos*, FS Larenz, S. 634 ff.

[1475] *Stathopoulos*, FS Larenz, S. 637 in fine.

[1476] Vgl. *Britz*, S. 246.

[1477] Dieses Recht kann sich auf den Justizgewährungsanspruch (Art. 20 Verfassung) stützen wie auf Art. 6 Abs. 1 EMRK. Ausführlich hierzu *Yessiou-Faltsi*, FS Michaelides-Nouaros, S. 221 ff. m.w.N.; vgl. auch *Klamaris*, FS Schwab, S. 274 f. Ebenso Plenum des Areopags 27/1993, Helliniki Dikaiosini 1994, S. 348, wonach Inhalt des Rechtes auf Beweis auch die

sung)[1478] des Signaturschlüssel-Inhabers abschneidet, wäre unter Berücksichtigung des aus Art. 20 Abs. 2 Verfassung folgenden Verfahrensgrundrechts auf rechtliches Gehör[1479] unzweifelhaft verfassungswidrig. Es muss insoweit der Beweis des Gegenteils offen bleiben.

Maniotis hat die Einführung einer widerleglichen Vermutung zu Gunsten des Empfängers einer elektronischen Erklärung vorgeschlagen. Bestreitet der angebliche Unterzeichner eines mit einer fortgeschrittenen elektronischen Signatur versehenen Dokuments, das Dokument selbst unterzeichnet zu haben, so soll die Nichteinhaltung der Sorgfalts- und Verkehrspflichten seinerseits (oder seitens seiner Verrichtungsgehilfen) bezüglich der Geheimhaltung der Signaturschlüssel vermutet werden[1480]. Der Ermessensspielraum, welcher dem Richter im Rahmen der freien richterlichen Beweiswürdigung eröffnet sei, begründe für die Parteien des elektronischen Geschäftsverkehrs Rechtsunsicherheit, da die getroffene Entscheidung der Willkür einzelner Richter überlassen werde[1481]. Dieser Zweifel an der richterlichen Beweiswürdigung kann aber als Argumentation nicht nur für Beweisverfahren bezüglich elektronischer Dokumente vorgebracht werden, sondern praktisch für jede Beweiswürdigung. Die Forderung nach Vermutungen könnte das gesetzgeberische Prinzip der freien richterlichen Beweiswürdigung nach Art. 340 grZPO zur Ausnahme machen. Im Übrigen ist der Vorschlag der Einführung einer Vermutung im Hinblick auf eine fortgeschrittene elektronische Signatur und nicht eine fortgeschrittene elektronische Signatur des Art. 3 Abs. 1 PE wenig überzeugend, da nur diese „qualifizierte Form" von elektronischen Signaturen, die mittels sicherer Signaturerstellungseinheiten erzeugt wird, die für eine Vermutung notwendige Sicherheit erweisen kann.

Die Skepsis von *Maniotis* bezüglich der richterlichen Beweiswürdigung erscheint darüber hinaus in Anbetracht der aktuellen sehr aufgeschlossenen Recht-

---

Garantie ist, zur Beweisführung zugelassen zu werden und die hierfür notwendigen Beweismittel vorbringen zu können.

1478 Artikel 20 der Verfassung:
(1) Jeder hat das Recht auf Rechtsschutz durch die Gerichte und kann vor ihnen seine Rechte oder Interessen nach Maßgabe des Gesetzes geltend machen.
(2) Das Recht auf rechtliches Gehör des Betroffenen gilt auch bei jeder Tätigkeit oder Maßnahme der Verwaltung zu Lasten seiner Rechte oder Interessen.

1479 Vgl. hierzu *Apalagaki*, rechtliches Gehör, S. 11 ff.; vgl. auch *Nikas*, S. 542 ff.

1480 *Maniotis*, Der elektronische Vertragsabschluss, S. 67 ff. Dahingehend wäre auch die Schaffung einer gesetzlichen Vermutung des Inhalts, dass der Signaturschlüssel-Inhaber den eigenen Schlüssel auch selbst verwendet hat; diese gesetzliche Vermutung würde jedermann zum sorgfältigen Umgang mit dem eigenen Schlüssel zwingen.

1481 *Maniotis*, a.a.O., S. 69. A.A. *Rüßmann*, in Veröffentlichungen der Wissenschaftlichen Vereinigung für Internationales Verfahrensrecht, S. 157 f., wonach gesetzliche Beweisregeln ein anachronistisches Restbollwerk gegen die freie Beweiswürdigung darstellen.

sprechung als unbegründet[1482]. Das Einzelrichtergericht Athen hat sich mit der Frage der Beweislastverteilung im Falle der Versendung einer „einfachen" – d.h. nicht elektronisch signierten - E-Mail beschäftigt. Der angebliche Absender bestritt, die unter seinem Namen (bzw. Kennwort) und unter Verwendung seines Passworts gesendete E-Mail selbst verschickt zu haben. Die Entscheidung des Gerichts folgte diesbezüglich der von der „Sphärentheorie"[1483] vorgeschlagenen Beweislastverteilung. Infolgedessen wurde eine Beweislastumkehr zugunsten des E-Mailempfängers angenommen, weil nach der Auffassung des Gerichts „die Funktion des E-Mail-Systems zuverlässig ist und mögliche Probleme nicht auf Grund technischer Systemmängel, sondern wegen Intervention Dritter auftauchen". So soll der Absender belastet werden, weil er „näher dran" ist und weil die Ungewissheit in seiner Verantwortungs- und Verfügungssphäre entstanden ist. Die Anwendung der „Sphärentheorie" ist jedoch im griechischen Recht nicht möglich, da der Gesetzgeber sich explizit für die „Normentheorie" entschlossen hat und sie in Art. 338 Abs. 1 grZPO als Regelung des positiven Rechts normiert[1484]. Um die Beweislastumkehr zu begründen hat das Gericht nicht die Regelung des Art. 457 grZPO[1485] über den Beweis der Echtheit einer Privaturkunde, der die Beweislast auf den E-Mailempfänger als Beweisführer verlagert, sondern die Regelung des Art. 463 grZPO[1486] über die Urkundenfälschung angewendet. Die Anwendung der Regelung über die Urkundenfälschung ist dogmatisch bedenklich und die Feststellung der Zuverlässigkeit des Passwortsystems bei E-Mails unbegründet. Wenn der Inhaber des Signaturschlüssels oder eines Passwortes bestreitet, dass die Erklärung von ihm oder von einer anderen Person mit seinem Einverständnis abgegeben wurde, bestreitet er die Echtheit der E-Mail. Unter Urkundenfälschung ist die mangelnde Freiheit von nach der Erstellung erfolgten Veränderungen, d.h. die Verletzung der Integrität gemeint, und nicht die Nichtübereinstimmung des angegebenen Ausstellers der Urkunde mit dem tatsächlichen, die Verletzung der Echtheit[1487].

1482 Einzelrichtergericht Erster Instanz Athen 1963/2004, Dike 2005, S. 586 m. zust. Anm. Beys.

1483 Für die Anwendung der „Sphärentheorie" bezüglich der Beweislastverteilung bei nicht signierten elektronischen Dokumenten *Koussoulis*, S. 146 f.

1484 *Yessiou-Faltsi*, FS Baumgärtgel, S. 659.

1485 Nach Art. 457 grZPO muss die Echtheit einer Privaturkunde, falls sie bestritten wird, i.d.R. von demjenigen, der sich auf sie beruft und sie vorlegt, bewiesen werden.

1486 Gemäß Art. 463 grZPO ist derjenige, der die Fälschung einer Urkunde behauptet, gleichzeitig verpflichtet die Urkunden, die die Fälschung beweisen, vorzulegen und die Namen der Zeugen anzugeben und die anderen Beweismittel zu benennen. Andernfalls ist die Behauptung unzulässig.

1487 So *Beys/Kalavros/Stamatopoulos*; Zivilverfahrensrecht, S. 297; *Beys*, Kommentar zum hl. ZPGB, Art. 460, S. 1761. Ebenso OLG Athen 4991/1999, Helliniki Dikaiosini 2000, S. 477. S. auch Kerameus/Kondylis/Nikas ZPO-*Tendes*, Art. 457 Rn. 7-9.

Angesichts der sich bei elektronischen Signaturen stellenden Beweisschwierigkeiten dürfte der prima-facie-Beweis in Betracht kommen, um in bestimmten Situationen dem Beweisbelasteten aus seiner Beweisnot zu helfen. Die griechische Literatur geht insofern davon aus, dass die Voraussetzungen eines Anscheinsbeweises zugunsten des Empfängers bezüglich der Echtheit von Telex und Fax gegeben sind[1488].

Es drängen sich hier Parallelen zu der deutschen Rechtsprechung zum Anscheinsbeweis bei ec-Karten auf. Wegen der offensichtlichen Ähnlichkeit der Problematik (Identifizierung mittels Chipkarte und PIN) kann ein Vergleich mit dem vom BGH anerkannten Anscheinsbeweis beim Missbrauch von ec-Karten und Passwort (PIN) am Geldausgabeautomaten in Betracht kommen[1489]. Der BGH hat sich in diesem Fall grundsätzlich den Befürwortern eines Anscheinsbeweises angeschlossen. Nach dem Urteil ist davon auszugehen, dass es aktuell keinerlei Hinweise hinsichtlich der mathematischen Ermittelbarkeit der PIN gibt, sondern der Einsatz einer ec-Karte unter Eingabe der richtigen PIN in zeitlicher Nähe zum Verlust der Karte den Beweis des ersten Anscheins dafür begründet, dass der Karteninhaber gegen seine Verpflichtung verstoßen hat, PIN und Karte getrennt von einander aufzubewahren oder die PIN nicht auf der Karte zu vermerken.

Vergleichbares gilt für die Verwendung der Chipkarte und PIN bei der Signaturerzeugung. Der Beweis des ersten Anscheins spricht dafür, dass bei einer Signaturerstellung unter Eingabe der richtigen PIN entweder der Signaturschlüssel-Inhaber selbst oder eine von ihm autorisierte Person die Signatur abgegeben hat. Da die PIN nach dem heutigen Standard technisch nicht realistischerweise ermittelbar ist[1490], während Chipkarte und PIN nur in der Hand des Unterzeichners vereinigt werden könnten, kann als regelmäßiger und typischer Geschehensablauf unterstellt werden, dass eine erfolgreiche Verwendung durch den Nichtberechtigten nur durch einen rechtswidrigen Pflichtenverstoß des Signaturschlüssel-Inhabers (Einwilligung oder fahrlässige Verwahrung des Schlüssels) ermög-

---

[1488] Ausführlich *Koussoulis*, S. 128 f., 136 f. S. auch *Beys*, Dike 1992, S. 50.

[1489] BGH Urteil vom 5. 10. 2004 - XI ZR 210/03, NJW 2004, S. 3623. Näher hierzu *Eggers/Goerth*, JuS 2005, S. 492 ff.; *Spindler*, BB 2004, S. 2766 ff.; vgl. auch *Rüßmann*, DuD 1998, S. 400, der in der Entscheidung des OLG Hamm, NJW 1997, S. 1711 zur Ablehnung des Anscheinsbeweises eine „Anschubhilfe" zur Einführung sicherer ec-Karten sieht.

[1490] Der BGH ist den in der Vorinstanz eingeholten Sachverständigengutachten gefolgt, wonach es selbst mit größtmöglichem finanziellem Aufwand mathematisch ausgeschlossen sei, „die PIN einzelner Karten aus den auf ec-Karten vorhandenen Daten ohne die vorherige Erlangung des zur Verschlüsselung verwendeten Institutsschlüssels in einer Breite von 128 BIT zu errechnen".

licht wurde[1491]. Problematisch diesbezüglich erscheint nur, dass - anders als bei ec-Karten - die Signaturverfahren regelmäßig nicht vorsehen, dass die Chipkarte bei mehrfacher Falscheingabe der Schlüssel unbrauchbar wird. Da aber von der hohen technischen Sicherheit des PIN-Systems auszugehen ist, ist auf Grund der allgemeinen Lebenserfahrung und der Erfahrungssätze dem Signaturschlüssel-Inhaber mangelnde Sorgfalt im Wege eines Anscheinsbeweises zu unterstellen.

Die zentrale Frage ist allerdings dahin zu fassen, ob die Abgabe einer mit einer elektronischen Signatur des Art. 3 Abs. 1 PE versehenen elektronischen Willenserklärung ein derart typischer Geschehensablauf ist, dass die Regel „Erklärender = Unterzeichner" prima facie gelten darf. Der griechische Gesetzgeber hat darauf verzichtet, im PE eine Beweislastumkehr für die Echtheit elektronischer Signaturen des Art. 3 Abs. 1 PE vorzusehen. Wird deren Echtheit bestritten, so ist dies im Streitfall vom Signaturempfänger zu belegen. Ausschließlich bei unbestrittener bzw. bewiesener Feststellung der Echtheit der Signatur gilt der dazugehörige Text als vom Unterzeichner stammend, vorbehaltlich ihrer Anfechtung wegen Fälschung (Art. 457 Abs. 3 grZPO). Anders ausgedrückt, besteht nach griechischer Rechtslage eine gesetzliche Vermutung der Echtheit von elektronischen Erklärungen (Art. 457 Abs. 3 grZPO), nicht jedoch bezüglich der Identität des Unterzeichners.

Einer gängigen Ansicht zufolge ist auf Grund der Gleichstellung der elektronischen Signatur des Art. 3 Abs. 1 PE mit der eigenhändigen Unterschrift die Einführung einer widerleglichen Vermutung zugunsten des Signaturempfängers notwendig[1492]. So soll nach einer erfolgreichen Überprüfung der Zuordnung der Signaturprüfdaten (d.h. nach der technischen Verifikation) vermutet werden, dass die elektronische Signatur echt ist, was eine Beweislastumkehr zulasten des angeblichen Unterzeichners bewirkt. Nach *Maniotis* soll die Vermutung sogar auch dann nicht widerlegt werden können, wenn ein Verstoß gegen die Sicherheitspflichten des Signaturschlüssel-Inhabers (z.B. Weitergabe der PIN) vorliegt[1493]. Die vorgeschlagene Echtheitsvermutung würde einen weitergehenden Schutz des Erklärungsempfängers als bei dem Beweis der Echtheit von traditionellen Schrifturkunden bedeuten, da für sie eine entsprechende Beweiserleichterung nicht vorgesehen ist, sondern der Erklärungsempfänger den vollen Beweis der Echtheit einer von dem Beweisgegner nicht anerkannten Unterschrift erbrin-

---

[1491] Dies soll nach *Maniotis*, Der elektronische Vertragsabschluss, S. 67 f., als eine widerlegliche Vermutung gesetzlich geregelt werden.

[1492] *Maniotis*, Der elektronische Vertragsabschluss, S. 31 f. Diese Vermutung ist nach dieser Ansicht notwendig für eine tatsächliche Gleichstellung der elektronischen Signatur mit der traditionellen Unterschrift.

[1493] Vgl. *Maniotis*, FS Geimer, S. 621.

gen muss (Art. 457 Abs. 1 und 2 grZPO)[1494]. Eine derartige Vermutung wäre darüber hinaus wegen der soeben dargelegten Regeln über die Rechtsscheinvollmacht und die Deliktshaftung nicht erforderlich, denn der Signaturschlüssel-Inhaber wird auch bei einem Missbrauch des Signaturschlüssels regelmäßig haften. Zudem dürfen die systembedingten Risiken der elektronischen Signatur des Art. 3 Abs. 1 PE, wie das Präsentationsproblem nicht aus den Augen verloren werden. Die Gefahr des Unterschiebens eines unbekannten oder veränderten Textes beim Signiervorgang ist auch bei elektronischen Signaturen des Art. 3 Abs. 1 PE eine nicht zu vernachlässigende Gefahr, die dem Beweisgegner nicht im Wege einer gesetzlichen Vermutung aufgebürdet werden darf[1495]. Will der griechische Gesetzgeber nichtsdestotrotz – da es in Griechenland keine verfestigten Erfahrungen mit elektronischen Signaturen gibt - die Rechtssicherheit und Verkehrsfähigkeit der elektronischen Signatur durch eine Vermutung gewährleisten, um das Vertrauen in den elektronischen Rechtsverkehr zu stärken, so ist dies mit der Verwendung sicherer und ökonomisch sinnvoll einzusetzender biometrischer Authentifizierungsmechanismen zu bewerkstelligen.

Die im Urkundenbeweisrecht bestehende Hürde des Art. 457 Abs. 1 grZPO, wonach der Beweisführer vollen Beweis für die Echtheit der Signatur zu erbringen hat, kann dem hohen Beweiswert einer qualifizierten elektronischen Signatur des Art. 3 Abs. 1 PE nicht gerecht werden. Die elektronischen Signaturen des Art. 3 Abs. 1 PE erlauben einen eindeutigen Rückschluss auf den jeweiligen Signaturschlüssel-Inhaber, da im Normalfall nur dieser selbst Zugriff auf seine Signaturerstellungsdaten hat.

Gemäß Art. 336 Abs. 3 grZPO kann das Gericht aus bewiesenen Tatsachen Schlussfolgerungen bezüglich anderer Tatsachen ziehen. Erfahrungssätze sind vom Gericht gemäß Art. 336 Abs. 4 grZPO von Amts wegen und ohne Beweisaufnahme zu berücksichtigen[1496]. Ergibt die Prüfung einer auf einem qualifizierten Zertifikat beruhenden elektronischen Signatur des Art. 3 Abs. 1 PE mit dem öffentlichen Schlüssel, dass die Signatur mit dem geheimen Schlüssel erzeugt wurde, so ist nach heutigem Erkenntnisstand mit hinreichend hoher Wahrscheinlichkeit davon auszugehen, dass die Signatur echt ist und der in der elektronischen Erklärung genannte Absender tatsächlich der Erklärende ist (Art. 457 Abs. 3 grZPO). Zu verlangen ist lediglich die Überprüfung der Zuordnung des Signaturprüfschlüssels und des in die Signatur eingeschlossenen qualifizierten Zertifikats mit positivem Ergebnis, wobei das Zertifikat zum Zeitpunkt der Erzeugung gültig gewesen sein muss. Gestützt auf eine derartige Überprüfung der elektronischen Signatur (Indiz) darf das Gericht mit Hilfe eines Erfahrungssatzes einen

[1494] So für die ähnliche deutsche Rechtslage *Rüßmann*, Jusletter 8. November 2004 Rz. 36.
[1495] Vgl. *Pordesch*, S. 251 f.
[1496] *Yessiou-Faltsi*, Beweisrecht, S. 39 ff.

sicheren Schluss auf die Person des Unterzeichners ziehen. Auf den Beweis der gesetzlichen Voraussetzungen einer qualifizierten Signatur kann für die Annahme eines prima-facie-Beweises deswegen verzichtet werden, weil er – anders als im deutschen gesetzlich kodifizierten Anscheinsbeweis des § 371a Abs. 1 S. 2 ZPO[1497], wo die qualifizierte elektronische Signatur als Tatbestandsvoraussetzung für den Anschein der Echtheit der Erklärung geregelt wird – keine logische tatbestandliche Voraussetzung hierfür darstellt. Denn der Nachweis aller Voraussetzungen der elektronischen Signatur des Art. 3 Abs. 1 PE würde die Echtheit der elektronischen Signatur bedeuten, was aber erst der Anscheinsbeweis ermöglichen will; anders gesagt, wäre die Voraussetzung für das Eingreifen des Anscheinsbeweises fast deckungsgleich (sogar qualitativ mehr) mit seiner Rechtsfolge („wenn die Signatur echt ist, spricht der erste Anschein dafür, dass die Signatur vom Unterzeichner stammt").

Es ist zwar richtig, dass mangels ausreichender Erfahrung mit elektronischen Signaturen in Griechenland ein vom Anscheinbeweis vorausgesetzter typischer Erfahrungssatz[1498] nicht ohne Weiteres bejaht werden kann[1499]; die hier vorgeschlagene Beweiserleichterung zugunsten des Erklärungsempfängers beruht aber auf den gesetzlich geregelten Standards, die eine hohe Sicherheit elektronischer Signaturen des Art. 3 Abs. 1 PE gewährleisten wollen[1500]. Der Anschein der Echtheit ist im Hinblick auf die hohen Sicherheitsanforderungen des Signatursystems gerechtfertigt. Hierdurch wird die Rechtsstellung des Signaturempfängers im Prozess gestärkt und im Hinblick darauf Vertrauen in die Rechtssicherheit und die Verkehrsfähigkeit der elektronischen Urkunden erweckt. Schließlich streitet eine normative Überlegung für die Herausbildung eines Anscheins der Echtheit der Signatur. Der Gesetzgeber möchte den elektronischen Geschäftsverkehr fördern. Diese Zielsetzung herrscht sowohl auf nationaler wie auf europäischer Ebene vor. Was durch die Vordertür des Art. 3 Abs.1 PE i.V.m. Art. 8 Abs.1 PE 131/2003 an Förderung gegeben würde, würde aber durch die Hintertür der Beweislastverteilung wieder genommen, wenn man bereits den einfachen Einwand des Beweisgegners, die Erklärung sei nicht von dem Signaturschlüssel-Inhaber abgegeben worden ausreichen ließe, um einen Vollbeweis von Urkundenauthentizität durch den Empfänger zu fordern. Diese Überlegungen sprechen für eine angemessene Beweislastverteilung, welche dem Erklärungsempfänger nicht die unzumutbare Last aufbürden, die Zuverlässigkeit des Signatursystems zu beweisen, obwohl er kein Rechtsverhältnis mit dem Zertifizierungsdiensteanbieter hat.

1497 S. nur *Roßnagel*, NJW 2001, S. 1826; *Stadler*, ZZP 2002, S. 433.

1498 Vgl. nur BGH, NJW-RR 2005 S. 1183; BGH, NJW 1996, S. 1828; vgl. auch MünchKommZPO-*Prütting*, § 286 Rn. 56-63.

1499 S. aber *Melullis*, MDR 1994, 111.

1500 Vgl. SigRL 1999/93, Erwägungsgrund 20.

Die Annahme eines Anscheins hat also im Hinblick auf die hohen Anforderungen an elektronische Signaturen des Art. 3 Abs. 1 PE ihre Rechtfertigung und spricht dafür, dass die elektronische Signatur und daher die im elektronischen Dokument enthaltene Erklärung (Art. 457 Abs. 3 grZPO entsprechend anwendbar) von demjenigen stammt, der auf Grund der Überprüfung der Signatur als Erklärende aus ihr hervorgeht. Der Anschein der Echtheit basiert auch auf der Hypothese, dass der Signaturschlüssel-Inhaber ein berechtigtes Interesse (und eine Pflicht) daran hat, ihn vertraulich zu halten. Dem Beweisgegner steht es offen, den Anschein durch einen vereinfachten Gegenbeweis zu erschüttern, indem er Tatsachen darlegt und gegebenenfalls beweist, die die ernsthafte Möglichkeit eines abweichenden Geschehensablaufs begründen. Der Anschein kann einerseits dann erschüttert werden, wenn der Signaturschlüssel-Inhaber nachweisen kann, dass die Sicherheit der Signatur nicht gewährleistet war, d.h. bei Fällen technischer Mängel. Denkbar sind z.B. Fälle, in denen der Algorithmus ausgeforscht oder diverse technische Manipulationen an Signierhardware oder Software durchgeführt wurden. In Betracht kommen auch Mängel im Bereich des Zertifizierungsdiensteanbieters - wie die falsche Zuordnung des Zertifikats zu dem Unterzeichner, die falsche Identifizierung von Personen usw. Solche Gefahren sind nicht ausgeschlossen, da bei nicht akkreditierten Zertifizierungsdiensteanbietern nur eine „behauptete Sicherheit" besteht, sind aber für den Signaturschlüssel-Inhaber auf Grund mangelnden Zugriffs ins Innere des Zertifizierungsdiensteanbieters schwer zu beweisen. Gelingt ihm dieser Nachweis, trifft die Beweislast den auf die Signatur vertrauenden Dritten, dass die elektronische Signatur doch von dem Unterzeichner abgegeben worden ist. Andererseits kann zur Erschütterung des Anscheins vorgebracht werden, dass ein Dritter Zugriff auf seine Chipkarte und PIN haben konnte. Gelingt es allerdings dem Unterzeichner in diesem Fall, den Anschein zu erschüttern, so kann die mit seinem Schlüssel signierte Erklärung richtigerweise – wie soeben erörtert – dennoch aus Rechtsscheinhaftung zugerechnet werden[1501]. Eine Zurechnung der Erklärung soll also nur dann ausscheiden, wenn der Unterzeichner den Anschein mit Tatsachen erschüttert, die die Sicherheit des Signaturverfahrens betreffen.

Aus der Tatsache, dass die griechische Zivilprozessordnung hinsichtlich der Echtheit der traditionellen Unterschrift keine Vermutung für die schriftliche Privaturkunde normiert, kann richtigerweise kein Umkehrschluss gegen die Begründung eines Anscheins der Echtheit der Signatur angenommen werden. Dagegen spricht die erhöhte Sicherheit der elektronischen Signatur des Art. 3 Abs.1 PE in Vergleich mit der traditionellen Unterschrift[1502]. Ob von einem Anscheinsbeweis ausgegangen werden kann oder nicht, bleibt natürlich eine Frage

---

[1501] Vgl. hierzu S. 302.

[1502] Vgl. *Koussoulis*, S. 145; *Rokas*, Epitheorisi Emporikou Dikaiou 1998, S. 9; *Stathopoulos*, Modern Techniques, S. 27.

der richterlichen Beweiswürdigung. Die Annahme eines Anscheins der Echtheit einer elektronischen Signatur des Art. 3 Abs. 1 PE wird von der richterlichen Überzeugungsbildung im Rahmen der freien Beweiswürdigung abhängen; sie wird nicht gesetzlich festgelegt wie bei einer gesetzlichen Vermutung. Verweigert das Gericht auf Grund der beschriebenen Erfahrungssätze den Anschein der Echtheit der Signatur zu ziehen, so kann die Verweigerung nicht durch das Rechtsmittel der Kassation angefochten werden. Denn nach Art. 559 Nr. 1 S. 2 grZPO kann die Kassation nicht auf die Verletzung von Erfahrungssätzen im Hinblick auf die Beweiswürdigung gestützt werden[1503]. Die Gefahr einer uneinheitlichen Beurteilung des Beweiswerts der elektronischen Signatur durch die Gerichte kann daher nicht ausgeschlossen werden.

Bei den akkreditierten Signaturen wird insofern eine Entlastung der Gerichte von der Prüfung der Sicherheit der Signatur und die Steigerung der Rechtssicherheit erreicht, indem diese Prüfung einer kompetenten Behörde vorbehalten bleibt. Die Akkreditierung kommt also dem Beweisführer zugute. Sie stellt die widerlegliche Vermutung dar, dass die vorliegende elektronische Signatur mit der Signaturerstellungseinheit des im zugrunde liegenden qualifizierten Zertifikat angegebenen Unterzeichners erzeugt wurde und dass die signierten Daten danach nicht verändert worden sind. Denn die Akkreditierung enthält in der Form einer öffentlichen Urkunde eine Entscheidung - Feststellung über die Erfüllung der Anforderungen des PE und der grVO, die die freie richterliche Beweiswürdigung beschränkt. Mit deren Hilfe kann der Signaturempfänger auf die vorweggenommenen Überprüfungen der Sicherheit des Zertifizierungsdienstes durch die NatKTP und der eingesetzten technischen Komponenten durch Prüf- und Bestätigungsstellen Bezug nehmen. Dadurch kann er die ausschließliche Zuordnung der Signatur zum Signaturschlüssel-Inhaber, seine alleinige Kontrolle über den privaten Schlüssel, die Verwendung einer sicheren Signaturerstellungseinheit und das Vorliegen eines qualifizierten Zertifikats, die sichere Identifizierung des Ausstellers und die Verwendung von Algorithmen, die eine unerkennbare nachträgliche Veränderung der Daten ausschließen, nachweisen. Akkreditierte Signaturverfahren können daher auf Grund ihrer Qualität diese Beweiserleichterung genießen.

6. Datenschutzrechtliche Aspekte

Art. 7 Abs. 1 PE stellt klar, dass die Bestimmungen der Datenschutzgesetzgebung von der NatKTP, von den Zertifizierungsdiensteanbietern und von den für die Akkreditierung zuständigen Stellen des Art. 4 PE einzuhalten sind, was sich im Grunde von selbst versteht und keiner ausdrücklichen Erwähnung bedurft

---

[1503] Vgl. Areopag 90/2005, Areopag 914/2004 veröffentlicht in NOMOS Datenbank.

hätte. Der deutsche Gesetzgeber hat – wie auch die meisten EU-Länder - die entsprechende Regelung des Art. 8 Abs. 1 SigRL nicht explizit umgesetzt[1504]. Die weiteren Vorschriften zum Datenschutz in Art. 8 Abs. 2 und 3 SigRL wurden in § 14 SigG umgesetzt.

Gemäß Art. 8 Abs. 2 SigRL hat die Erhebung personenbezogener Daten nach den Grundsätzen von Verhältnismäßigkeit und Zweckbindung zu erfolgen. Der Zertifizierungsdiensteanbieter darf personenbezogene Daten nur insoweit erheben, als dies zur Ausstellung und Aufrechterhaltung des Zertifikats erforderlich ist[1505]. So regelt Art. 7 Abs. 2 PE - wie auch § 14 Abs. 1 SigG - den Grundsatz der Zweckbindung bei der Erhebung von Daten und den Grundsatz, dass personenbezogene Daten nur unmittelbar beim Betroffenen zu erheben sind. Diese Grundsätze gelten nicht nur für den Unterzeichner. Der PE verwendet ausdrücklich den weiteren Begriff des *Betroffenen*. Erfasst sind damit auch Dritte, die in Attribut-Zertifikaten als Vertretene bezeichnet werden.

Beide Signaturgesetzgebungen sehen auch die Ausnahme vor, dass eine Datenerhebung bei Dritten dann als zulässig erachtet wird, wenn eine ausdrückliche Zustimmung - bzw. eine Einwilligung nach dem deutschen SigG - des Betroffenen vorliegt. Das deutsche SigG geht jedoch etwas weiter, indem es auch dann eine Datenerhebung bei Dritten und eine Verarbeitung von Zertifizierungsdaten gestattet, wenn es das SigG an anderer Stelle erlaubt, § 14 Abs. 1 S. 3 SigG. Da es dem griechischen PE an einer entsprechenden Regelung mangelt, kann behauptet werden, dass der griechische Präsidialerlass einer etwas engeren Zweckbindung unterliegt als das deutsche SigG. Diese enge Zweckbindung für die Verarbeitung von Zertifizierungsdaten gem. Art. 7 Abs. 2 S. 2 PE, die keine Ausnahmen kraft der Signaturgesetzgebung vorsieht, steht gewissermaßen im Widerspruch zum Art. 6 lit. f) und zum Art. 7 Abs. 1 grVO, die die Übergabe personenbezogener Daten aus dem Zertifikatverzeichnis und der Dokumentation des Zertifizierungsdiensteanbieters bei Einstellung seiner Tätigkeit und zwar ohne Zustimmung der betroffenen Personen. Dafür ist jedoch ein eigener Erlaubnistatbestand erforderlich. Art. 7 Abs. 2 S. 2 PE muss daher in der Richtung korrigiert werden, dass für die Verarbeitung von Zertifizierungsdaten auch das Gesetz Erlaubnistatbestände vorsehen kann.

Um personenbezogene Datenspuren zu vermeiden, wird dem Unterzeichner gem. Art. 7 Abs. 3 PE und Anhang I lit. c) PE die *Möglichkeit* gegeben, in einem qualifizierten Zertifikat anstatt seines Namens ein Pseudonym aufzuführen.

1504 *Dumortier/Kelm/Nilsson/Skouma/Van Eecke*, Electronic Signatures in Europe, S. 95.

1505 Das „Certification Practice Statement“ eines Zertifizierungsdiensteanbieters, der qualifizierte Zertifikate ausstellt, muss sich u.a. mit dem Datenschutzverfahren und der Verarbeitung personenbezogener Daten befassen, Anhang I Nr. 6 grVO.

Die Regelung gibt dem Antragsteller keinen Anspruch auf Aufnahme eines von ihm gewählten Pseudonyms in das Zertifikat. Der Zertifizierungsdiensteanbieter kann sich dem Verlangen des Antragstellers verweigern.

Die Verwendung von Pseudonymen steht der Erfüllung der gesetzlichen Schriftform nicht entgegen. Pseudonyme setzen aber ein praktikables Aufdeckungsverfahren für den Fall voraus, dass ein pseudonym Handelnder seine Vertragspflichten nicht erfüllt[1506]. Aus diesen Gründen dürfen die Mitgliedstaaten nach der SigRL die Aufdeckung von Pseudonymen regeln[1507].

Das deutsche SigG regelt in § 14 Abs. 2 SigG die Aufdeckung eines Pseudonyms[1508]. Dementsprechend darf der Zertifizierungsdiensteanbieter bei einem Signaturschlüssel-Inhaber mit Pseudonym die Identität nur unter bestimmten Vorraussetzungen und insbesondere nur gegenüber bestimmten zuständigen Stellen übermitteln. Der PE schweigt diesbezüglich, obwohl eine Regelung auch dieses Falls zu erwarten war, da dem Nutzer nicht die Möglichkeit gegeben werden soll, sich unter einem Pseudonym sanktionslos gesetzwidrig verhalten zu können. Der Unterzeichner kann zwar unerkannt im Internet handeln, er muss aber bei Gesetzesverstößen damit rechnen, dass seine Identität offen gelegt werden kann. Wird z.B. die Erhebung einer Klage beabsichtigt, so ist dazu gemäß Art. 118 Nr. 3 grZPO die Angabe des Namens und eine ladungsfähige Anschrift unbedingt erforderlich. Ein Pseudonym allein genügt dem Bestimmtheitserfordernis nicht. Auch die nationalen Sicherheitsbehörden sind im Rahmen der Verfolgung strafbarer Handlungen auf die Offenlegung seitens der Zertifizierungsdiensteanbieter angewiesen. Es handelt sich offensichtlich um eine Unvollständigkeit innerhalb des Regelungszusammenhangs[1509].

[1506] Vgl. hierzu *Roßnagel/Scholz*, MMR 2000, S. 730 f.

[1507] Vgl. SigRL 1999/93, Erwägungsgrund 25. Belgien, die Tschechische Republik, Deutschland, Frankreich, Luxemburg, Österreich, Rumänien, Slowenien und Spanien haben ein Aufdeckungsverfahren eingeführt. S. hierzu *Dumortier/Kelm/Nilsson/Skouma/Van Eecke*, Electronic Signatures in Europe, S. 98.

[1508] Vor dem 1. SigÄndG war in § 14 Abs. 2 Nr. 1 SigG vorgesehen, dass die dort genannten Behörden von Zertifizierungsdiensteanbietern Angaben über die Identität eines Signaturschlüssel-Inhabers anfordern konnten, wenn das Zertifikat auf ein Pseudonym ausgestellt war - nicht aber, wenn es auf einen echten Namen lautete. Diese systematische „Ungereimtheit" wurde durch Art. 1 Nr. 6 SigÄndG beseitigt, wonach die Pflicht zur Auskunftserteilung nicht nur für Pseudonym-Zertifikate, sondern für alle qualifizierten Zertifikate gilt.

[1509] Die traditionelle Methodenlehre hat sich darum bemüht, zulässige von unzulässigen Rechtsfortbildungen mit Hilfe einer Systematik unterschiedlicher Arten von Lücken im Gesetz oder im Recht zu unterscheiden. (vgl. zu den Voraussetzungen im Einzelnen *Larenz*, Methodenlehre S. 368, 370-404). *Koch/Rüßmann*, S. 254, vertreten insofern die Ansicht, der Lückenbegriff trage zur Zulässigkeit einer Rechtsfortbildung nichts bei. Die Feststellung einer Lücke ist nicht Voraussetzung, sondern Ergebnis von Auslegung und Rechtsfortbildung.

Angesichts der genannten Schwachstellen ist mit Blick auf die Rechtssicherheit erforderlich, die Aufdeckung eines Pseudonyms methodisch nachvollziehbar herleiten zu können. Nach Art. 7 Abs. 1 PE unterliegen die Zertifizierungsdiensteanbieter, die NatKTP und die für die Akkreditierung zuständigen Stellen des Art. 4 PE den Bestimmungen des Datenschutzgesetzes 2472/1997[1510] und 2774/1999. Pseudonyme stellen personenbezogene Daten i.S.d. Datenschutzgesetzes dar. Die Voraussetzungen, unter denen die Aufdeckung des Pseudonyms verlangt werden kann, sollen m.E. in der geltenden Datenschutzgesetzgebung gesucht werden. In zivilrechtlichen Angelegenheiten kann sich ein etwaiger Aufdeckungsanspruch nach Art. 5 des Gesetzes 2472/1997 richten[1511], der die Voraussetzungen der zulässigen Verarbeitung personenbezogener Daten regelt[1512]. Nach der Legaldefinition ist unter Datenverarbeitung auch die Wiedergabe von Daten durch Übermittlung zu verstehen und daher kann Art. 5 des Gesetzes 2472/1997 auch bei der Aufdeckung von Pseudonymen angewendet wer-

---

[1510] Ausführlich zum Entwurf zum griechischen Datenschutzgesetz s. *Kaissis*, FS Fenge, S. 258 ff.

[1511] Art. 5 des Gesetzes 2472/1997: „

1. Die Datenverarbeitung ist nur dann zulässig, wenn die betroffene Person ihre Zustimmung zur Verwendung der Daten ausdrücklich erteilt hat.
2. Ausnahmsweise ist die Datenverarbeitung auch ohne Zustimmung der betroffenen Person in folgenden Fällen zulässig:

a) Die Verarbeitung ist erforderlich für die Erfüllung eines Vertrags, dessen Vertragspartei die betroffene Person ist, oder für die Durchführung vorvertraglicher Maßnahmen, die auf Antrag der betroffenen Person erfolgen.

b) Die Verarbeitung ist für die Erfüllung einer gesetzlichen Verpflichtung erforderlich, der der für die Verarbeitung Verantwortliche unterliegt.

c) Die Verarbeitung ist erforderlich für die Wahrung lebenswichtiger Interessen der betroffenen Person, sofern die Person aus physischen oder rechtlichen Gründen außerstande ist, ihre Einwilligung zu geben.

d) Die Verarbeitung ist erforderlich für die Wahrnehmung einer Aufgabe, die im öffentlichen Interesse liegt oder in Ausübung öffentlicher Gewalt durch eine Behörde erfolgt oder dem für die Verarbeitung Verantwortlichen oder dem Dritten, dem die Daten übermittelt werden, übertragen wurde.

e) Die Verarbeitung ist zwingend erforderlich zur Verwirklichung des berechtigten Interesses des für die Verarbeitung Verantwortlichen oder eines oder mehrerer Dritten, denen die Daten übermittelt werden, sofern dies die Rechte und das Interesse der betroffenen Person überwiegt und nicht ihre Grundfreiheiten verletzt.

3. ... "

[1512] Im Sinne des Gesetzes bezeichnet der Ausdruck „Verarbeitung personenbezogener Daten" jeden mit oder ohne Hilfe automatisierter Verfahren ausgeführten Vorgang oder jede Vorgangsreihe im Zusammenhang mit personenbezogenen Daten wie das Erheben, das Speichern, die Organisation, die Aufbewahrung, die Anpassung oder Veränderung, das Auslesen, das Abfragen, die Benutzung, *die Weitergabe durch Übermittlung*, Verbreitung oder jede andere Form der Bereitstellung, die Kombination oder die Verknüpfung sowie das Sperren, Löschen oder Vernichten, Art. 2 lit. c des Gesetzes 2472/1997.

den; denn es handelt sich in letzter Konsequenz um die zulässige Wiedergabe personenbezogener Daten. Da Art. 7 Abs. 1 PE explizit die Datenschutzgesetzgebung für anwendbar erklärt, ist zusätzlich davon auszugehen, dass die Zertifizierungsdiensteanbieter nicht nur bei Pseudonymzertifikaten, sondern generell die Identitätsdaten von Signaturschlüssel-Inhabern unter der Voraussetzungen des Art. 5 Abs. 2 des Gesetzes 2472/1997 zu übermitteln haben.

Gemäß Art. 5 Abs. 2 lit. e) des Gesetzes 2472/1997 müssen für das Auskunftsersuchen berechtigte Interessen bestehen, die das Geheimhalteinteresse des Unterzeichners überwiegen. Ist dies der Fall, dann hat die Aufdeckung gegenüber dem für die Verarbeitung Verantwortlichen oder einem Dritten zu erfolgen, so z.B. gegenüber einem potentiellen Kläger. Denn eine Klage kann nicht erhoben werden, wenn der Beklagte nicht namentlich exakt verifizierbar ist, da die Zustellung der Klage nicht erfolgen kann (Art. 215 Abs. 1 grZPO)[1513]. Als ein entgegenstehendes überwiegendes Interesse im Sinne des Art. 5 Abs. 2 lit. e) des Gesetzes 2472/1997 kommt insbesondere die Erfüllung öffentlicher Aufgaben z.B. durch die Strafverfolgungsbehörden in Betracht. Bei Verwendung eines Pseudonyms hat daher der Zertifizierungsdiensteanbieter die Daten über die Identität des Unterzeichners auf Ersuchen zu übermitteln, sofern dies zum Schutz der öffentlichen Sicherheit oder der öffentlichen Ordnung, insbesondere zur Aufklärung oder Verfolgung von strafbaren Handlungen erforderlich ist. Zudem kann das Aufdeckungsersuchen bei der Erfüllung öffentlicher Aufgaben unmittelbar auf die Regelung des Art. 5 Abs. 2 lit. d) des Gesetzes 2472/1997 gestützt werden.

Nach § 14 Abs. 2 S. 2 SigG sind die von dem Zertifizierungsdiensteanbieter gegebenen Auskünfte zu dokumentieren. Im Rahmen des griechischen Rechts lässt sich eine solche Dokumentationspflicht aus Art. 7 Abs. 1 grVO herauslesen. Die Preisgabe eines Pseudonyms wäre als Information über das qualifizierte Zertifikat entsprechend zu dokumentieren.

Im griechischen PE wird auch nicht explizit geregelt, inwiefern der Unterzeichner über eine Aufdeckung seines Pseudonyms zu unterrichten ist. Das deutsche SigG führt in § 14 Abs. 2 S. 3 diesbezüglich aus, dass der Signaturschlüssel-Inhaber zu unterrichten ist, sobald dadurch die Wahrnehmung der gesetzlichen Aufgaben nicht mehr beeinträchtigt wird oder wenn das Interesse des Signaturschlüssel-Inhabers an der Unterrichtung überwiegt. Im Rahmen der griechischen Gesetzgebung soll Art. 11 Abs. 3 und 4 des Gesetzes 2472/1997 über die Auskunftsrechte der betroffenen Person zum Tragen kommen. Demnach ist die be-

---

1513 Zur Klageerhebung nach griechischem Recht vgl. u.a. *Kerameus*, Zivilprozessrecht, S. 202 ff.

troffene Person vor der Übermittlung der Daten an Dritte diesbezüglich zu unterrichten; im Falle einer Übermittlung zum Schutz der öffentlichen Sicherheit oder zur Aufklärung von Straftaten kann der Zertifizierungsdiensteanbieter von seiner Unterrichtungspflicht durch Beschluss der Datenschutzkommission befreit werden, Art. 11 Abs. 4 des Gesetzes 2472/1997. Die Begründung einer Dokumentationspflicht und einer Auskunftspflicht ist aber notwendig, denn dadurch wird einem etwaigen Missbrauch des Aufdeckungsverfahrens vorgebeugt und das Recht auf informationelle Selbstbestimmung des Art. 9a der griechischen Verfassung gewahrt[1514].

Zusammenfassend kann die Aufdeckung eines Pseudonyms und die Übermittlung der Identitätsdaten nach den Grundsätzen der Datenschutzgesetzgebung erfolgen. Die deutsche Regelung der datenschutzrechtlichen Aspekte ist allerdings wegen ihrer klarstellenden Wirkung vorteilhafter.

7. *Internationale Anerkennung*

Der globale Charakter des Internet und die Entwicklung des internationalen elektronischen Geschäftsverkehrs erfordern die grenzüberschreitende Anerkennung von elektronischen Signaturen und Produkten für elektronische Signaturen. Die Anerkennung von griechischer Seite aus regelt Art. 5 PE.

a) Anerkennung ausländischer Zertifikate

Die Anerkennung ausländischer Zertifikate ist grundsätzlich in Art. 5 PE geregelt. Anders als im § 23 Abs. 1 SigG gibt es im PE keine explizite Regelung über die Anerkennung von elektronischen Signaturen; Art. 5 Abs. 1 PE sieht einerseits vor, dass die im hellenischen Hoheitsgebiet niedergelassenen Zertifizierungsdiensteanbieter und deren Dienste der griechischen Signaturgesetzgebung unterliegen (Herkunftslandprinzip). Andererseits sollen Zertifizierungsdienste in den von der EU-Gesetzgebung zur elektronischen Signatur erfassten Bereichen, die aus anderen Mitgliedstaaten der Europäischen Union stammen, die gleichen Rechtsfolgen wie die von einem in Griechenland niedergelassenen Zertifizierungsdiensteanbieter angebotenen Dienste nach sich ziehen, Art. 5 Abs. 2 PE[1515].

1514 Artikel 9a der griechischen Verfassung: „Jedermann hat das Recht auf Schutz vor Sammlung, Verarbeitung und Gebrauch seiner Personendaten, insbesondere durch elektronische Mittel, wie ein Gesetz bestimmt. Der Datenschutz wird durch eine unabhängige Behörde, welche sich nach Maßgabe der Gesetze zusammenstellt und arbeitet, sichergestellt".

1515 Die Auffassung von *Stavridou*, CRi 2001, S. 155, wonach die in einem Mitgliedstaat der EU niedergelassenen Zertifizierungsdiensteanbieter den Status einer juristischen Person des griechischen Rechts haben, ist missverständlich und lässt sich nicht aus dem Gesetzestext entnehmen.

Dies bedeutet, dass Zertifikate die von einem in der Europäischen Gemeinschaft niedergelassenen Zertifizierungsdiensteanbieter ausgestellt wurden, inländischen Zertifikaten (automatisch) gleichgestellt sind; qualifizierte Zertifikate eines Mitgliedstaates entfalten dieselben Rechtswirkungen wie inländische qualifizierte Zertifikate. Entscheidend für die Einordnung eines Zertifikats als inländisch oder ausländisch ist der Ort, an dem der Zertifizierungsdiensteanbieter seinen Sitz hat. Für die Anerkennung werden keine zusätzlichen Anforderungen gestellt[1516]. Es ist hervorzuheben, dass der PE von einer Gleichsetzung von Zertifizierungsdiensten im Allgemeinen und nicht nur von der Gleichstellung von qualifizierten Zertifikaten bzw. von elektronischen Signaturen ausgeht. Damit sind daher auch Registrierungsdienste, Zeitstempel, Verzeichnisdienste, Rechnerdienste usw. erfasst.

Da der griechische Gesetzgeber - anders als § 23 SigG - bedauerlicherweise keine explizite Regelung über die Zertifikate aus einem Vertragsstaat des Abkommens über den Europäischen Wirtschaftsraum[1517] getroffen hat, sind diese als Zertifikate aus Drittstaaten zu betrachten. Der Anwendungsbereich der SigRL ist allerdings auf den gesamten Europäischen Wirtschaftsraum ausgedehnt worden[1518]. Die Differenzierung in Mitgliedstaaten der EU einerseits und in Vertragsstaaten des EWR andererseits ist gesetzlich zu korrigieren.

Art. 5 Abs. 4 PE beschränkt die Anerkennung der Zertifikate von Anbietern aus Drittländern auf diejenigen qualifizierter Anbieter. Sie müssen entweder in einem Mitgliedstaat akkreditiert oder im Rahmen bi- oder multilateraler Vereinbarungen anerkannt sein, es sei denn, dass ein in der Gemeinschaft ansässiger und den Anforderungen des PE genügender Zertifizierungsdiensteanbieter für sie einsteht. Es ist klarzustellen, dass entgegen der unglücklichen Formulierung des Art. 5 Abs. 4 PE diese drei Voraussetzungen nicht kumulativ sondern alternativ zu erfüllen sind.

Eine Prüfung der Sicherheit von qualifizierten Zertifikaten aus der EU oder aus Drittstaaten findet nicht statt. Dagegen werden ausländische „akkreditierte“ Zertifikate inländischen „akkreditierten“ Zertifikaten nur dann gleichgestellt, wenn für sie eine gleichwertige Sicherheit nachgewiesen ist. Der Gesetzgeber des PE unterscheidet zwar nicht zwischen qualifizierten und „akkreditierten“ Signaturverfahren. Die VfAZ geht aber weiter als der PE. Art. 11 Abs. 1 VfAZ verlangt

---

1516 Vgl. aber § 24 öSigG, wonach die Gültigkeit der Zertifikate von Österreich aus überprüft werden können soll.

1517 Die EU-Staaten haben mit Island, Liechtenstein und Norwegen den Vertrag über den Europäischen Wirtschaftsraum (EWR) geschlossen. Die EWR-Staaten bilden räumlich einen gemeinsamen Binnenmarkt.

1518 Vgl. Art. 1 Abs. 1 SigRL i.V.m. Erwägungsgrund 5 SigRL.

für die rechtliche Gleichstellung ausländischer „akkreditierter" Zertifikate mit den inländischen „akkreditierten" Zertifikaten, dass sie „nachweislich gleichwertige Sicherheit" aufweisen. So wird für die Gleichstellung ein Anerkennungsverfahren gefordert, welches mit dem deutschen Verfahren zur Feststellung der gleichwertigen Sicherheit nach § 18 SigV erhebliche Ähnlichkeiten aufweist.

Die qualifizierten Zertifikate, die von einem in einem Mitgliedstaat der EU niedergelassenen und akkreditierten Zertifizierungsdiensteanbieter ausgestellt werden, werden den von einem in Griechenland akkreditierten Zertifizierungsdiensteanbieter ausgestellten Zertifikaten rechtlich gleichgestellt, wenn sie nachweislich gleichwertige Sicherheit aufweisen. Die NatKTP kann zur Feststellung der gleichwertigen Sicherheit mit der zuständigen ausländischen Behörde des Niederlassungsstaates bzw. des Akkreditierungsstaates des Zertifizierungsdiensteanbieters die Verfahren zur Anerkennung vereinbaren, soweit nicht entsprechende bilaterale oder multilaterale Vereinbarungen getroffen sind, Art. 11 Abs.1 VfAZ. Eine „ausländische Behörde„ kann richtigerweise eine Behörde sein oder jede andere Stelle, die in dem betreffenden ausländischen Staat mit der Anerkennung der Zertifikate betraut ist.

Zur Feststellung der gleichwertigen Sicherheit der Zertifikate eines nicht in der EU akkreditierten Zertifizierungsdiensteanbieters kontrolliert die NatKTP, ob

a. die Anforderungen, nach denen der Zertifizierungsdiensteanbieter freiwillig akkreditiert worden ist,
b. die eingesetzten Produkte für elektronische Signaturen,
c. die Prüfungsmodalitäten für Zertifizierungsdiensteanbieter und Produkte für elektronische Signaturen,
d. die Anforderungen an die Prüf- und Bestätigungsstellen und
e. das Akkreditierungs- und Aufsichtssystem eine gleichwertige Sicherheit bieten (11 Abs.1 VfAZ).

b) Anerkennung ausländischer Produkte

Mit der Vorschrift in Art. 5 Abs. 3 PE wird die automatische Anerkennung von Produkten für elektronische Signaturen aus der EU eingeführt. Produkte für elektronische Signaturen, die mit der geltenden Gesetzgebung der Europäischen Union übereinstimmen, ziehen die gleichen Rechtsfolgen nach sich wie die aus Griechenland stammenden Produkte. Insbesondere die Feststellung der Erfüllung der gemeinschaftlichen Anforderungen an sichere Signaturerstgellungseinheiten, die in einem anderen EU-Mitgliedstaat von der dafür zuständigen Stelle erledigt wurde, genießt auch in Griechenland unmittelbare Wirkung. So sieht

Art. 10 Abs. 1 der Entscheidung der NatKTP Nr. 295/64 zusätzlich vor, dass die Konformitätsbescheinigungen für Produkte, die von einer in einem Mitgliedstaat der EU niedergelassenen und dafür zuständigen Stelle ausgestellt werden, unmittelbare Wirksamkeit auch in Griechenland haben. Nur für Konformitätsbescheinigungen, die von Prüf- und Bestätigungsstellen ausgestellt werden, welche nach dem Recht eines nicht-Mitgliedstaates der EU genannt worden sind, wird der Nachweis einer gleichwertigen Sicherheit verlangt, Art. 10 Abs. 1 der Entscheidung der NatKTP Nr. 295/64. Auch hierfür gelten ähnliche Bedingungen wie zum Art. 11 Abs. 2 VfAZ ausgeführt.

Demgegenüber wird im deutschen Recht zwischen den Produkten, die den Anforderungen der SigRL entsprechen und den Produkten für qualifizierte elektronische Signaturen mit Anbieter-Akkreditierung nach § 15 Abs. 7 SigG unterschieden. Damit ausländische Produkte den Produkten des § 15 Abs. 7 SigG gleichgestellt werden können, müssen sie nachweislich gleichwertige Sicherheit aufweisen, d.h. sie müssen gleichen oder gleichwertigen Sicherheitsanforderungen unterliegen und die Sicherheit muss in gleicher oder gleichwertiger Weise geprüft und bestätigt worden sein (§ 18 Abs. 3 SigV). Zusammenfassend ist das griechische System bezüglich der Anerkennung von Produkten für elektronische Signaturen im Vergleich zu dem deutschen als liberaler zu betrachten; denn die automatische Anerkennung von Produkten wird in Griechenland gewährleistet unabhängig davon, ob sie im Rahmen des Verfahrens der freiwilligen Akkreditierung zum Einsatz kommen, solange in einem anderen Mitgliedstaat der EU festgelegt wurde, dass diese Produkte den Anforderungen der SigRL entsprechen.

Was die Anerkennung von Signaturen betrifft, muss darauf hingewiesen werden, dass nicht nur die qualifizierte elektronische Signatur, sondern auch die von der EU stammenden Zertifizierungsdienste automatisch anerkannt werden sollen. Für einfache und fortgeschrittene elektronische Signaturen kommt allerdings eine Anerkennung nicht in Betracht, da diese nicht mit Zertifizierungsdiensten verbunden sind und damit nicht in dem Anwendungsbereich des Art. 5 Abs. 2 PE fallen, der die Gleichstellung von Zertifizierungsdiensten regelt.

8. *Die elektronische Signatur des Art. 3 Abs. 1 PE*

Art. 5 Abs. 2 SigRL enthält eine Nichtdiskriminierungsklausel, die einer Umsetzung nur dann bedurfte, wenn und soweit entgegenstehende Normen bestanden. Da im griechischen Zivilrecht der Grundsatz der Formfreiheit gilt (Art. 158 grZGB), können Erklärungen grundsätzlich in jeder Art und Weise abgegeben werden, also auch als elektronisch signierte Erklärungen, selbst wenn diese nicht den Erfordernissen einer elektronischen Signatur des Art. 3 Abs. 1 PE genügen, oder z.B. wenn sie auf dem Zertifikat eines nicht akkreditierten Anbieters beruhen. Ferner kann jedes elektronisch signierte Dokument als Beweismittel angenommen werden[1519]. Insofern bedurfte Art. 5 Abs. 2 SigRL keiner Umsetzung in das griechische Recht.

Obwohl es im griechischen Recht keine Vorschriften gab, die nicht „qualifizierten“ elektronischen Signaturen die rechtliche Wirksamkeit oder die Zulässigkeit als Beweismittel in gerichtlichen Verfahren generell absprachen, hat der griechische Gesetzgeber dafür optiert die Regelung des Art. 5 Abs. 2 SigRL in Art. 3 Abs. 2 PE umzuformulieren. Demgemäß werden die Wirksamkeit und die Zulässigkeit als Beweismittel der elektronischen Signatur nicht allein deshalb abgesprochen, weil die Voraussetzungen des Absatzes 1 des Art. 3 PE nicht erfüllt sind.

Die materiellen Regelungen des PE beschränken sich allerdings auf die Verfahren, die elektronische Signaturen im Sinn des Art. 3 Abs. 1 PE ermöglichen. Art. 3 Abs. 1 PE stellt die fortgeschrittene elektronische Signatur, die auf einem qualifizierten Zertifikat beruht und von einer sicheren Signaturerstellungseinheit erstellt wird, mit der eigenhändigen Unterschrift gleich. Diese elektronische Signatur „gilt als eigenhändige Unterschrift sowohl im materiellen Recht als auch im Prozessrecht“. Dies bedeutet nach der hier vertretenen Auffassung, dass die Art. 160 grZGB und 443 grZPO über die Urkunde als gesetzliche Schriftform und als Beweismittel unmittelbar anwendbar sind bei den elektronischen Urkunden, die mit einer Signatur des Art. 3 Abs. 1 PE versehen sind. Die theoretische Diskussion über eine analoge Anwendung der Vorschriften erscheint nach der ausdrücklichen gesetzlichen Regelung gegenstandslos[1520]. Da die griechische Legaldefinition der Schriftform fast ausschließlich auf eine eigenhändige Unterschrift abstellt[1521], bereitet die Erfüllung der Anforderungen an die Schriftform beim Einsatz elektronischer Signaturen des Art. 3 Abs.1 PE keinerlei Probleme. Die elektronische Urkunde, die mit einer elektronischen Signatur des Art. 3 Abs. 1 PE signiert wird, erfüllt gemäß Art. 160 grZGB i.V.m. Art. 3 Abs. 1 PE sowohl die gesetzliche als auch die vereinbarte Schriftform[1522]. Der griechische Gesetzgeber verzichtet richtigerweise auf das Erfordernis des § 126a BGB bezüglich des Beifügens des Namens des Unterzeichners in der Erklärung. Das Beifügen würde nur vermehrte Komplexität bei einem schon komplexen Verfah-

---

1519 Vgl. hierzu oben S. 209 f.

1520 S. hierzu oben S. 211.

1521 Vgl. *Karakatsanis*, S. 156; *Koussoulis*, S. 82; *Papantoniou*, S. 351; *Simandiras*, S. 502.

1522 Ebenso *Alexandridou*, Recht des elektronischen Geschäftsverkehrs, S. 44 f.; *Christodoulou*, S. 76; *Georgiades*, AT, S. 445 Rn. 67; *Linaritis*, Dikaio Epicheireseon kai Etairion 2002, S. 262; *Maniotis*, Der elektronische Vertragsabschluss, S. 23. A.A. *Troulinos*, Dikaio Epicheireseon kai Etairion 2001, S. 1234 ff.

ren schaffen und zur Rechtsunsicherheit hinsichtlich der Gültigkeit von formbedürftigen elektronischen Rechtsgeschäften führen, die diese zusätzliche Anforderung nicht erfüllen.

Vereinzelt wurde jedoch die Meinung vertreten, dass die gesetzliche Gleichstellung der elektronischen Signatur des Art. 3 Abs.1 PE mit der eigenhändigen Unterschrift für die wirksame Vereinbarung von elektronischen Verträgen nicht genügt, da nach Art. 1 Abs. 2 PE Aspekte in Zusammenhang mit dem Abschluss und mit der Gültigkeit von Verträgen von dem PE nicht berührt werden[1523]. Nur nach der Einführung des Art. 8 Abs. 1 PE 131/2003 zur Umsetzung der ECRL, wonach unter dem Vorbehalt des Präsidialerlasses 150/2001 über die elektronischen Signaturen der Abschluss von Verträgen auf elektronischem Wege gestattet wird[1524], sei eine wirksame Vereinbarung von formbedürftigen elektronischen Verträgen möglich[1525]. Diese Auffassung verkennt allerdings, dass, anders als in Deutschland, im griechischen Recht das Erfordernis der Schriftform allein durch die Unterschrift der Parteien erfüllt wird. Der PE lässt die Regelungen des grZGB und die von anderen Gesetzen, die die Schriftform verlangen, unberührt. Wird aber die Schriftform verlangt, so kann sie ex lege durch ein mit einer Signatur des Art. 3 Abs.1 PE signiertes elektronisches Dokument ersetzt werden.

a) Gesetzliche Ausnahmen zur Zulässigkeit des Abschlusses elektronischer Verträge

Die Vorschrift des Art. 8 PE 131/2003 ist von zentraler Bedeutung. Sie setzt den „Ermöglichungsgrundsatz" des Art. 9 Abs.1 ECRL um. Dieser bestimmt im Wesentlichen, dass die Mitgliedstaaten den wirksamen Abschluss elektronischer Verträge zu ermöglichen haben. Korrigierend greift der Ausnahmekatalog des Art. 8 Abs. 2 PE 131/2003 ein, der Verträge, die Rechte an Immobilien begründen oder übertragen[1526], Verträge, bei denen die Mitwirkung von Gerichten, Behörden oder öffentliche Befugnisse ausübenden Berufen gesetzlich vorgeschrieben ist (z.B. Verträge, die eine notarielle Beurkundung verlangen), sowie famili-

---

[1523] *Igglezakis*, S. 145 f.

[1524] Vgl. hierzu *Komnios*, ZfRV2005, S. 66 f.

[1525] Ähnlich *Roßnagel*, in Lehmann, Electronic Business, S. 142 f. Rn. 26 m.w.N.

[1526] Mietverträge können also wirksam in Form einer elektronischen Urkunde (sei es mit elektronischer Signatur des Art. 3 Abs. 1 PE oder nicht) vereinbart werden, ausgenommen von Mietverhältnissen des Art. 618 grZGB. Danach gilt der Mietvertrag über ein Grundstück für eine längere Zeitdauer als neun Jahre dem neuen Erwerber gegenüber nur, wenn er notariell beurkundet und die notarielle Urkunde in das „Transkriptionsbuch" eingetragen wurde. Diese ins „Transkriptionsbuch" einzutragenden Mietverhältnisse fallen unter den Anwendungsbereich der Ausnahmen wegen der Mitwirkung des Notars.

en-[1527] und erbrechtliche[1528] Vereinbarungen ausnimmt. Obwohl der Art. 8 Abs. 2 PE 131/2003 nur „Verträge“ als solche nennt, wären aus systematischen Gründen vom Ermöglichungsgrundsatz auch die entsprechenden einseitigen Rechtsgeschäfte auszunehmen.

Zu beachten ist, dass die Anerkennung der elektronischen Signatur des Art. 3 Abs. 1 PE als Substitut nur Normen betrifft, die ausschließlich eine Handunterschrift fordern. Gemäß Art. 1721 grZGB ist das eigenhändige Testament vom Erblasser vollständig handschriftlich zu verfassen, zu datieren und durch ihn zu unterschreiben. Demzufolge ist ein eigenhändiges Testament in elektronischer Form sowieso unwirksam, da sowohl Text als auch Unterschrift mit eigener Hand zu schreiben sind.

Die in Art 9 Abs. 2 lit. c) ECRL eingeführte Ausnahme der „Bürgschaftsverträge und Verträge über Sicherheiten, die von Personen außerhalb ihrer gewerblichen, geschäftlichen oder beruflichen Tätigkeit eingegangen werden“ wurde von dem griechischen Gesetzgeber nicht übernommen[1529]. Art. 849 grZGB bestimmt im Einzelnen, dass „die Bürgschaft nichtig ist, wenn sie nicht schriftlich erteilt wird. Der Mangel der schriftlichen Form wird geheilt, soweit der Bürge die Hauptverbindlichkeit erfüllt“. Da die mit einer Signatur des Art. 3 Abs.1 PE signierte elektronische Urkunde ex lege der Schriftform genügt, ist der elektronische Abschluss von Bürgschaftsverträgen – anders als gemäß § 766 Abs. 2 BGB - laut griechischem Recht nicht ausgeschlossen[1530]. Das gleiche gilt für das Schuldversprechen und das Schuldanerkenntnis (Art. 873 grZGB)[1531], für das Akkreditiv (Art. 25 S. 3 Gesetzliches Dekret 17-7/18-8-1923) und i.d.R. für die Verbraucherkreditverträge (Art. 9 Abs. 1 Gemeinsame Ministerialbeschluss Φ1-983/91). Der elektronische Abschluss dieser Verträge unter Verwendung einer elektronischen Signatur des Art. 3 Abs. 1 PE ist - anders als in Deutschland -

---

1527 Vgl. Art. 1441 Abs. 3 S. 1 grZGB: „Gibt es minderjährige Kinder, muss für eine Konventionalscheidung eine schriftliche Einigung der Ehegatten über die Regelung der elterlichen Sorge und zur Regelung des Umgangs der Eltern mit den Kindern dem Gericht vorgelegt werden“. Die elektronische Form ist auch in Art. 1443 Abs. 2 grZGB auszuschließen. Danach können die Ehegatten statt einer monatlichen Geldrente eine Abfindung des Unterhalts in Kapital schriftlich vereinbaren. Kritisch zur Ausnahme bezüglich der familien- und erbrechtlichen Vereinbarungen allerdings ohne Begründung *Igglezakis*, S. 148. Diese Ausnahme ist durch den besonderen personenbezogenen Charakter dieser Geschäfte gerechtfertigt.

1528 S. z.B. Art. 1891 grZGB über die elterliche Teilung bezüglich beweglicher Sachen.

1529 Diese gesetzgeberische Entscheidung ist allerdings nicht problematisch, denn den Mitgliedstaaten steht offen die in Art. 9 Abs. 2 ECRL genannten Vertragsarten vom „Ermöglichungsgrundsatz“ auszunehmen.

1530 Ebenso *Maniotis*, Der elektronische Vertragsabschluss, S. 46.

1531 Kritisch hierzu *Alexandridou*, Recht des elektronischen Geschäftsverkehrs, S. 40.

durchaus wirksam[1532]. Die Anweisung des Art. 876 grZGB, die auch eine Urkunde verlangt, kann ebenfalls in elektronischer Form i.S.d. Art. 3 Abs. 1 PE erfolgen.

Ist in arbeitsrechtlichen Normen die Schriftform vorgeschrieben, kann diese grundsätzlich durch die elektronische Form ersetzt werden. So ist im kollektiven Arbeitsrecht der elektronische Abschluss von Tarifverträgen, für die die Schriftform verlangt wird (Art. 680 Abs. 2 grZGB), nicht ausgeschlossen. Vergleichbares gilt für die Erteilung von Arbeitszeugnissen als gesetzliche Nebenpflicht des Arbeitsverhältnisses (Art. 678 grZGB). Das durch Art. 3 Gesetz 2112/1920, Art. 1 Königlicher Erlass von 16/18.7.1920 und Art. 5 Abs. 3 Gesetz 3198/1955 eingeführte Schriftformerfordernis für Kündigungen des Arbeitsvertrages, kann ebenfalls durch die elektronische Form i.S.d. Art. 3 Abs. 1 PE erfüllt werden.

Vergleichbares gilt auch bezüglich der Bestellung des Pfandrechts nach Art. 1211 grZGB. Danach hat die Einigung, dass der Gläubiger an der Sache ein Pfandrecht erwirbt durch notarielle Beurkundung oder durch Privaturkunde mit sicherem Datum zu erfolgen. Die Privaturkunde kann zwar durch die elektronische Form im Sinne des Art. 3 Abs. 1 PE und die Verwendung eines Zeitstempels ersetzt werden. Aber die Vorschrift verlangt zusätzlich, dass der Eigentümer die Sache dem Gläubiger übergibt. Folglich können die Vorteile der elektronischen Kommunikation in diesem Fall nicht durchweg genossen werden.

Nach Art. 869 grZPO wird für die Schiedsvereinbarung die Schriftform als Konstitutivform verlangt. Schiedsvereinbarungen können auch in unterschriebenen Briefen, Telegrammen, Fernschreiber und in unterschriebenen Faxen enthalten sein[1533]. Der griechische Gesetzgeber hat die Regelung des Art. 17 Abs. 1 ECRL im PE 131/2003 nicht explizit umgesetzt. Danach waren die Mitgliedstaaten aufgefordert, rechtliche Hindernisse zu beseitigen, die eine Inanspruchnahme der nach innerstaatlichem Recht verfügbaren Verfahren zur außergerichtlichen Streitbeilegung – auch auf geeignetem elektronischen Wege – behindern kön-

---

[1532] Der Vertag über die Teilnutzung von Wohngebäuden unterliegt nach Art. 1 Abs. 2 Gesetz 1652/1986 der notariellen Beurkundung und ist daher nicht in elektronischer Form zu vereinbaren (Art. 8 Abs. 2 lit. b 131/2003 PE).

[1533] Nach Art VII Abs. 2 ist die im UNCITRAL-Modellgesetz über die internationale Handelschiedsgerichtsbarkeit vom 21. 6. 1985 geforderte Schriftlichkeit der Schiedsvereinbarung gewahrt, wenn die Schiedsvereinbarung in einem von den Parteien unterzeichneten Schriftstück, in Briefen, Fernschreiben, Telegrammen oder anderen fernmeldetechnischen Mitteln enthalten ist, welche die Parteien gewechselt haben. Den Begriff „anderen fernmeldetechnischen Mitteln“ hat der Gesetzgeber der grZPO nicht in der Aufzählung hinzugefügt. Er ist allerdings in Art. 7 Abs. 3 S. 1 Gesetz 2735/1999 bezüglich der internationalen Handelschiedsgerichtsbarkeit enthalten.

nen[1534]. Der PE 150/2001 hat allerdings die Grundlage dafür geschaffen, dass auch Schiedsvereinbarungen und Schiedssprüche auf ausschließlich elektronischem Wege zustande kommen können. Schiedsverfahren können auf Grund elektronisch signierter Urkunden des Art. 3 Abs. 1 PE rechtswirksam vereinbart werden. Nach Art. 892 grZPO ist der Schiedsspruch schriftlich zu erlassen und durch die Schiedsrichter zu unterschreiben. Auch die Prozesshandlungen der Parteien und der Erlass des Schiedsspruches sollen durch elektronische Kommunikation im Rahmen des Art. 3 Abs. 1 PE durchgeführt werden können. Fraglich bleibt, ob eine Schiedsvereinbarung auch per „einfacher" E-Mail gültig zustande kommen kann. Das deutsche Schiedsrecht ermöglicht mit § 1031 ZPO den Abschluss einer Schiedsvereinbarung in elektronischer Form. Während im Verbraucherbereich noch die Form des § 126a BGB verlangt wird (§ 1031 Abs. 5 ZPO), genügt im kaufmännischen Verkehr die Textform - also auch eine „einfache" E-Mail – zum Abschluss einer Schiedsvereinbarung[1535]. Da der Gesetzgeber der grZPO, obwohl ihm der Begriff „anderen fernmeldetechnischen Mitteln" vom Gesetz über die internationale Handelschiedsgerichtsbarkeit als Ersatz der Schriftform schon bekannt war, eine ähnliche Regelung in Art. 869 grZPO nicht eingeführt hat, ist davon auszugehen, dass das griechische Schiedsrecht die „einfache" E-Mail als Substitut der Schriftform im Rahmen der innenstaatlichen Schiedsverfahren nicht zulässt. Dies bedeutet, dass nur im internationalen kaufmännischen Verkehr eine Schiedsklausel wirksam per E-Mail vereinbart werden könnte (!), denn die E-Mail ist unter die „anderen fernmeldetechnischen Mitteln" zu subsumieren.

Bei Gerichtsstandsvereinbarungen für zukünftige Rechtsstreitigkeiten besteht nach Art. 43 grZPO ebenfalls ein Schriftformgebot[1536]. Nach h.M. handelt es sich bei einer Gerichtsstandsvereinbarung um einen Prozessvertrag[1537], für den grundsätzlich die Regeln des grZGB über Rechtsgeschäfte gelten. Diese vom Gesetzgeber geforderte Schriftlichkeit stellt keine Beweisform, sondern eine konstitutive Schriftform dar[1538]. Das Erfordernis der eigenhändigen Unterschrift und damit der Schriftlichkeit des Art. 43 grZPO ist mittels elektronischer Signatur des Art. 3 Abs. 1 PE zu erfüllen, da diese in ihrer Wirkung einer eigenhändigen Unterschriften ex lege gleichgestellt ist. Eine „einfache" E-Mail genügt al-

---

[1534] Vgl. auch ECRL 2000/31, Erwägungsgrund 51.
[1535] *Baldus*, S. 46 ff.; *Voit*, in Musielak ZPO, § 1031 Rn. 4 und 10.
[1536] Art. 43 grZPO: „Die Vereinbarung der Parteien, durch die die Zuständigkeit eines ordentlichen Gerichts für zukünftige Rechtstreitigkeiten begründet wird, ist nur gültig, wenn sie schriftlich getroffen ist und sich auf ein bestimmtes Rechtsverhältnis, aus dem die Streitigkeiten entspringen, bezieht".
[1537] Kerameus/Kondylis/Nikas ZPO-*Nikas*, Art. 42 Rn. 8 m.w.N.
[1538] Kerameus/Kondylis/Nikas ZPO-*Nikas*, Art. 43 Rn. 2; vgl. auch Areopag 884/1994, Helliniki Dikaiosini 1996, S. 606.

lerdings dem Schriftformerfordernis in diesem Fall auch nicht. Dem aktuellen gemeinschaftsrechtlichen Trend folgend sieht Art. 23 Abs. 2 EuGVO Erleichterungen für die elektronische Kommunikation vor, indem elektronische Übermittlungen, die eine dauerhafte Aufzeichnung der Vereinbarung ermöglichen, der Schriftform gleichgestellt werden. Damit wird für den Anwendungsbereich der EuGVO eine Gerichtsstandsvereinbarung per E-Mail auch ohne eine elektronische Signatur des Art. 5 Abs. 1 SigRL grundsätzlich ermöglicht[1539].

Es ist offensichtlich, dass der griechische Gesetzgeber die Sorgen des deutschen Gesetzgebers bezüglich der mangelnden Warnfunktion der elektronischen Form bei diesen Rechtsgeschäften nicht teilt oder schlimmstenfalls nicht gesehen hat. Die Regel ist insofern die Zulassung der elektronisch signierten Urkunde als Ersatz der Schriftform und die Ausnahmen sind in Art. 8 Abs. 2 lit. c) PE 131/2003 in Bezug auf familien- und erbrechtliche Verträge beschränkt; denn die anderen von dem Ermöglichungsgrundsatz ausgenommenen Verträge erstrecken sich i.d.R. nicht auf die einfache Schriftform. Diese vorbehaltslose Gleichsetzung der elektronischen Signatur des Art. 3 Abs. 1 PE mit der eigenhändigen Unterschrift trägt aber den Bedenken bezüglich der meistens aus subjektiven Gründen problematischen Warnfunktion der elektronischen Form gegenüber der Schriftform, die in Griechenland eine lange Tradition und Verankerung im Bewusstsein der Menschen hat, keine Rechnung. Der Gesetzgeber verkennt, dass die elektronische Signatur bis heute kaum Verwendung in der Praxis erlangt hat. Ausnahmen zur Gleichstellung können allerdings schon indirekt erzwungen werden. So werden beispielsweise die Dokumente über die Beendigung von Arbeitsverhältnissen für die Vorlage bei verschiedenen Behörden benötigt, wofür gegenwärtig noch die herkömmliche Papiervorlage erforderlich ist, so dass die Alternative der elektronischen Urkunde praktisch wertlos wird.

Grosse Bedenken bestehen bezüglich der Anwendung der elektronischen Form auf die Wertpapiere. Ein Wertpapier ist eine Urkunde, die ein privates Recht (auf etwas) derart verbrieft, dass der Besitz der Urkunde zur Geltendmachung des Rechts erforderlich ist. Aus signaturrechtlicher Sicht sind die konstitutiven Wertpapiere (z.B. Wechsel, Scheck) von Interesse, da für sie die Schriftform ein konstitutives Element darstellt[1540]. Aus dem Begriff und aus der Natur der Sache folgt, dass das Wertpapier i.d.R. auf Forderungen zugeschnitten ist, die materialisiert sind, d.h. in einem Papier verkörpert sind. Darüber hinaus erschien die Übertragung durch Indossament aus technischen Gründen praktisch unmög-

---

1539 Gültigkeitserfordernisse, die die Form nicht betreffen, bleiben weiterhin bestehen, insbesondere dürfen keine ausschließlichen Zuständigkeiten umgangen werden, und Gerichtsstandsvereinbarungen in Versicherungs- und Verbrauchersachen werden gesondert geregelt.

1540 Ausführlich zu der Problematik *Maniotis*, Der elektronische Vertragsabschluss, S. 39 ff.

lich[1541]. Verkehrsprobleme gibt es auch dann, wenn die elektronisch signierte Forderung auf einer Diskette verkörpert worden ist. Die Möglichkeit, die entsprechende Datei (beliebig) zu kopieren, schließt es aus, die Diskette einem konstitutiven Wertpapier gleichzustellen[1542]. Dies dürfte sowieso keine Zeit- und Kostenersparnis mit sich bringen, da die Partner die Disketten (statt Papier) einreichen hätten müssen. Nach herrschender Auffassung ist also die elektronische Form bei konstitutiven Wertpapieren nicht anwendbar[1543]. Auf der anderen Seite war die Ausstellung eines Konnossements als elektronisches Dokument, bei dem die Schriftform eine deklaratorische Funktion hat, vor dem PE möglich[1544] mit dem Argument, dass die grZPO nach Art. 444 Nr. 3 die elektronischen Dokumente der Beweisurkunde gleichstellt. Der Gesetzgeber hat ferner die Ausstellung von bestimmten elektronischen Wertpapieren in Gesetz 2198/1994 (über die entmaterialisierten Staatstitel) und in Gesetz 2396/1996 (über die entmaterialisierten Aktien) zugelassen.

Solche praxisbezogenen Probleme, die nach heutiger Rechtslage unvermeidlich sind, verlangen eine vorsichtigere Umsetzung der SigRL unter Berücksichtigung der innerstaatlichen rechtlichen und tatsächlichen Besonderheiten[1545]. Aus diesen Gründen ist es notwendig, dass der Gesetzgeber die Möglichkeit von Ausnahmen zur elektronischen Form offen hält und sie konkret regelt. Um Missverständnisse zu vermeiden, sollte die elektronische Form ausdrücklich eingeführt werden, als eine allgemeine, der schriftlichen gleichwertige Form, z.B. durch einen neuen Art. 160a grZGB, der die elektronischen Urkunde unter bestimmten Voraussetzungen den Urkunden in der traditionellen Schriftform gleichstellen wird. Will der Gesetzgeber die elektronische Form – im Rahmen des Art. 8 PE 131/2003 - ausschließen, so sollte das in jeder Vorschrift, die die Schriftform verlangt, ausdrücklich geregelt werden. Ein Art. 160a grZGB könnte beispielsweise in dieser Richtung formuliert werden:

„Die schriftliche Form kann durch die elektronische Form ersetzt werden, sofern durch Gesetz nichts anderes bestimmt ist. Soll die gesetzlich vorgeschriebene

---

1541 *Christodoulou*, S. 100.

1542 *Christodoulou*, S. 99 ff.; *Georgiades*, AT, S. 445 und dort Fn. 56.

1543 *Christodoulou*, S. 102; *Georgiades*, AT, S. 445 und dort Fn. 56; *Sidiropoulos*, S. 80.

1544 *Maniotis*, a.a.O., S. 44 m.w.N. Zum elektronischen Konnossement vgl. *Kiantou-Pampouki*, S. 155 ff.

1545 Kritisch zu der griechischen „Tradition" der wortwörtlichen Umsetzung von EU-Richtlinien, *Stathopoulos*, in Stathopoulos/Chiotellis/Augoustianakis, Gemeinschaftliches Zivilrecht, S. 8 ff. Angesichts der detaillierten Vorgaben der SigRL und der ECRL besteht allerdings die Gefahr für die Mitgliedstaaten, bei einer freien Umsetzung der Richtlinien mit einem Vertragsverletzungsverfahren konfrontiert zu werden. Daher ist es verständlich, dass der griechische Gesetzgeber fast buchstabengetreu die Vorschriften der ECRL übernommen hat.

schriftliche Form durch die elektronische Form ersetzt werden, so muss der Aussteller die elektronische Urkunde mit einer elektronischen Signatur gemäß Art. 3 Abs. 1 PE 150/2001 versehen".

b) Die elektronische Signatur des Art. 3 Abs. 1 PE im Zivilverfahrensrecht

Durch Art. 3 Abs. 1 PE werden generell die elektronischen Signaturen dieser Vorschrift der eigenhändigen Unterschrift gleichgestellt. Dadurch erfüllen solche elektronisch signierten Urkunden in Griechenland im Allgemeinen[1546] die Anforderung der gesetzlichen oder der vereinbarten Schriftform, die gemäß Art. 160 grZGB durch das Anbringen der eigenhändigen Unterschrift definiert ist.

Ähnlich ist die Rechtslage im Beweisrecht. Das einzige notwendige Element einer Privaturkunde i.S.d. grZPO ist die eigenhändige Unterschrift[1547]. Die griechische Zivilprozessordnung begreift zusätzlich auch die technischen Aufzeichnungen, in denen die menschliche Tätigkeit ihren Niederschlag finden kann als Urkunden (Art. 444 Nr. 3 grZPO). Sie sind Urkunden i.S. der grZPO selbst wenn die Signierung mit einer eigenhändigen Unterschrift technisch unmöglich ist[1548]. Die Gleichstellung von elektronischen Signaturen des Art. 3 Abs.1 PE und eigenhändigen Unterschriften gewährleistet, dass elektronisch signierte Dokumente, die mit einer elektronischen Signatur des Art. 3 Abs. 1 PE versehen sind, im Beweisverfahren die Beweiskraft von Art. 445 grZPO haben und nicht die des Art. 448 Abs. 2 i.V.m. 444 Nr. 3 grZPO bezüglich der mechanischen Aufzeichnungen. Art. 445 grZPO ist in diesem Fall nach der hier vertretenen Auffassung unmittelbar anzuwenden. Solche elektronischen Urkunden begründen, falls ihre Echtheit anerkannt oder bewiesen ist, vollen Beweis dafür, dass die in ihnen enthaltene Erklärung vom Aussteller abgegeben wurde. Aussteller der elektronischen Urkunde des Art. 3 Abs. 1 PE ist der Unterzeichner nach Art. 2 Abs. 3 PE. Der Inhalt der elektronischen Urkunde wird - genauso wie bei Schrifturkunden - ebenfalls von der Beweisregel erfasst (materielle Beweiskraft), da andernfalls Art. 445 grZPO nur einen überflüssigen „logisch wahren Satz" regeln würde[1549]. Die in der elektronischen Urkunde enthaltenen Angaben über Tatsachen und Vorgänge, unterliegen also wie auch bei traditionellen Privaturkunden nicht der freien gerichtlichen Beweiswürdigung. Der Beweis des Gegenteils ist zulässig, allerdings ohne Zeugen und richterliche Vermutungen, da es sich um einen Beweis zur Widerlegung des Inhalts einer Urkunde handelt

---

[1546] S. die Ausnahmen nach Art. 8 Abs. 2 PE 131/2003.

[1547] *Yessiou-Faltsi*, Beweisrecht, S. 298.

[1548] *Yessiou-Faltsi*, Beweisrecht, S. 199 Fn. 52; vgl. auch *Mitsopoulos/Kerameus*, Nomikon Bema 1983, S. 329 ff.

[1549] Vgl. AK-ZPO-*Rüßmann*, vor § 416, Rn. 1.

(Art. 393 Abs. 2 grZPO). Da die elektronischen Urkunden gem. Art. 3 Abs. 1 PE der Urkunde i.S.d. griechischen Beweisrechts gleichgestellt sind, müssen sie nach Art. 237 Abs. 1 S. 4 grZPO vor dem Kammergericht erster Instanz i.d.R. zwanzig Tage vor der Verhandlung mit den Schriftsätzen der Parteien vorgelegt werden[1550]. Der griechische Gesetzgeber hat keine Regelung bezüglich des Beweisantritts mittels elektronischer Urkunden getroffen. Der Beweisantritt wird i.d.R. durch Vorlage eines Datenträgers erfolgen. Befindet sich aber die elektronische Urkunde auf einer Festplatte (oder sogar auf einem Server), so soll der Vorlegende nicht gezwungen werden, seine Festplatte vorzulegen. Dieser Fall ist richtigerweise mittels Sachverständigenbeweises zu klären, sofern das Vorlegen des elektronischen Dokuments in Kopie nicht ausreicht. In Anbetracht der Tatsache, dass die Nutzung moderner Informationstechnologie im Gerichtsverfahren Griechenlands zurzeit nur die Ausnahme ist, setzt die Übermittlung der Datei an das Gericht voraus, dass dort die Anforderungen hierfür bereits geschaffen sind. Die Verwendung elektronischer Urkunden in Gerichtsverfahren ist allerdings eine sehr wichtige und komplexe Angelegenheit, welche aus Gründen der Rechtssicherheit nicht der Initiative der Praxis überlassen werden sollte. Das Problem ist durch die Verabschiedung eines Gesetzes zu lösen, welches sich z.B. am deutschen Justizkommunikationsgesetz orientieren könnte. Die Frage der Verfahrenseinleitung auf elektronischem Wege wird in der Signaturgesetzgebung nicht angesprochen. Die Erhebung der Klage im griechischen Zivilprozess erfolg gemäß Art. 215 Abs. 1 S. 1 grZPO durch Einreichung einer Klageschrift bei Gericht und durch Zustellung einer Abschrift an den Gegner[1551]. Die zulässige Klageerhebung setzt die Unterzeichnung der Klageschrift durch die einreichende Person voraus, Art. 118 Nr. 5 grZPO. Entsprechendes gilt für alle von einer Partei der anderen zuzustellenden oder dem Gericht vorzulegenden Schriftsätze (Art. 118 grZPO) - auch für die Einlegung von Rechtsmitteln[1552]. Nach der Gleichsetzung der elektronischen Signatur des Art. 3 Abs. 1 PE mit der eigenhändigen Unterschrift ist die Einreichung elektronisch signierter Schriftsätze für zulässig zu halten. Dieser Übermittlungsform ist allerdings aus praktischen Gesichtspunkten (mangelhafte Ausstattung der Gerichte mit PCs usw.) zurzeit keine große Bedeutung beizumessen.

[1550] Vgl. *Yessiou-Faltsi*, in Yessiou-Faltsi/Apalagaki/Arvanitakis, Das neue Verfahren der grZPO, § 8 Rn. 9. - Diese Vorschrift wird (zurzeit) vor dem Einzelrichtergericht erster Instanz nicht angewendet (Art. 7 Abs. 3 Gesetz 2915/2001, Art. 7 Abs. 45 Gesetz 3043/2002). Zu den Ausnahmen beim „Vorbeweis" in Bezug auf die Urkunden vgl. *Nikas*, Zivilverfahrensrecht I, § 44, Rn. 11-24.

[1551] vgl. u.a. *Kerameus*, Zivilprozessrecht, S. 202 ff.; *Maniotis*, ZZP 1999, S. 326.

[1552] Art. 495 Abs. 1, 585 Abs. 1, 626 Abs. 1, 686 Abs. 1, 747 Abs. 1 grZPO; vgl. hierzu *Maniotis*, ZZP 1999, S. 327.

Die Echtheitsvermutung gemäß Art. 457 Abs. 3 grZPO gilt entsprechend für die elektronischen Urkunden: wird die Echtheit der elektronischen Signatur anerkannt oder bewiesen, so gilt die Echtheit des Inhalts als festgestellt. Dies bedeutet, dass bei unbestrittener Echtheit der elektronischen Signatur auch die Echtheit der elektronischen Urkunde vermutet wird. Die Echtheit der Signatur hat wie nach der für die Echtheit von Privaturkunden geltenden Regelung des Art. 457 Abs.1 grZPO der Beweisführer zu beweisen. Hierbei hilft ihm allerdings, sofern er sich auf eine ihm zugegangene Erklärung des Unterzeichners beruft, kein gesetzlich festgestellter Anscheinsbeweis wie in § 371a Abs. 1 S. ZPO. Es wird auch keine Vermutungsregel aufgestellt, dass die Signaturerstellungsdaten vom dazu berechtigten Inhaber benutzt wurden. Dem Erklärungsempfänger wird allerdings die Beweisführung durch einen Beweis des ersten Anscheins erleichtert.

c) Rechtswirkungen und rechtliche Unterschiede von anderen Signaturverfahren

Im elektronischen Rechts- und Geschäftsverkehr werden Willenserklärungen vor allem in Form von E-Mails oder Web-Formularen ausgetauscht. Rechtsstreitigkeiten im Zusammenhang mit der Verwendung dieser Verfahren haben bereits zu ersten Gerichtsentscheidungen geführt, in denen die Integrität und Authentizität solcher Erklärungen in Frage stand.

Art. 2 PE definiert zwei verschiedene elektronische Signaturen: die einfache „elektronische Signatur" und die „fortgeschrittene elektronische Signatur". Die „qualifizierte elektronische Signatur" des deutschen SigG findet sich in Art. 3 Abs. 1 PE. Gemäß Art. 3 Abs. 2 PE werden die Wirksamkeit der elektronischen Signatur und ihre Zulässigkeit als Beweismittel nicht allein deshalb abgesprochen, weil die Voraussetzungen des Absatzes 1 des Art. 3 PE nicht erfüllt sind. Sowohl die E-Mail-Adresse als auch der eingetippte Name in Web-Formularen fallen unter die Definition des Art. 2 Nr. 1 PE bezüglich der „einfachen" elektronischen Signatur. Dies gilt auch für die Absicherung der E-Mail-Versendung durch Passwortsysteme.

„Einfache" und fortgeschrittene elektronische Signaturen gewährleisten kein amtlich geprüftes Sicherheitsniveau und keine langfristige Prüfbarkeit und bieten dem Dritten keine Haftungsansprüche nach dem PE. Für „einfache" und fortgeschrittene elektronische Signaturen sind auch im griechischen Recht keine spezifischen Rechtsfolgen vorgesehen. Die materiellen Rechtsfolgen ihrer Verwendung beurteilen sich nach dem allgemeinen Recht für Willenserklärungen. Schreibt das Gesetz Schriftform vor, kann die „einfache" und die fortgeschrittene elektronische Signatur nicht eingesetzt werden[1553]. Hierfür fordert der PE eine elektronische Signatur nach Art. 3 Abs. 1 PE. Es ist voraussehbar, dass der Beweiswert elektronischer Urkunden mit „einfacher" und fortgeschrittener elektronischer Signatur vermehrt Gegenstand zivilrechtlicher Rechtsstreitigkeiten sein wird. Über die Zulassung von „einfachen" und fortgeschrittenen elektronischen Signaturen als Beweismittel im griechischen Recht gibt es keinerlei Bedenken. Im Hinblick auf die Tatsache, dass das griechische Beweisrecht neben den klassischen Beweismitteln auch die „richterlichen Vermutungen" zulässt (Art. 339, 395 grZGB), wäre der Ausschluss dieser elektronischen Signaturen im griechischen Zivilprozessrecht als Beweismittel verfehlt. Dass „einfache" und fortgeschrittene elektronische Signaturen als Beweismittel zugelassen sind, sagt jedoch nichts über deren Beweiskraft, also über deren Fähigkeit aus, die Überzeugung des Richters zu beeinflussen.

Die herrschende Auffassung in der Literatur und Rechtssprechung, die jede elektronische Urkunde (mit oder ohne Signierung) als technische Aufzeichnung i.S.d. Art. 444 Nr. 3 grZPO betrachtet, spricht den mittels einer „einfachen" oder einer fortgeschrittenen elektronischen Signatur signierten Dokumenten die Beweiskraft des Art. 448 Abs. 2 grZPO zu[1554]: Sie begründen demzufolge vollen Beweis für die Ereignisse oder Sachen, die sie beschreiben; der Gegenteilsbeweis ist zulässig. Der volle Beweis des Art. 448 Abs. 2 grZPO bezieht sich jedoch nicht auf die Herkunft der elektronischen Urkunde. Wird ihre Echtheit bestritten, muss sie von demjenigen, der sich auf sie beruft und sie vorbringt, bewiesen werden (Art. 457 Abs. 4 grZPO), also i.d.R. vom Signaturempfänger.

Diese Auffassung verkennt allerdings, dass zumindest die „einfachen" elektronischen Signaturen (wie z.B. die „einfache" E-Mail) keinerlei Sicherheitswert aufweisen. Die europäische SigRL[1555] und der PE sehen elektronische Signaturen als das geeignete Sicherungsmittel, um die Beweiskraft elektronischer Urkunden - und damit auch der E-Mail - zu fördern. Wenn jedoch - der herrschenden Auffassung nach - elektronische Urkunden ohne oder bereits mit sonstige Signierung als technische Aufzeichnungen und damit als Urkunden i.S.d. grZPO akzeptiert werden müssen, erscheint die Entwicklung und Regulierung elektronischer Signaturen des Art. 3 Abs. 1 PE als eher überflüssig angesichts der sehr

---

[1553] S. *Christodoulou*, S. 178; *ders.*, Dike 2000, S. 1018; *Linaritis*, Dikaio Epicheireseon kai Etairion 2002, S. 263; *Maniotis*, S. 121; vgl. auch die Darstellung von möglichen Ausnahmen zur Formnichtigkeit in *Christodoulou*, S. 180 ff. Der Formmangel kann auf Grund ausdrücklicher gesetzlicher Bestimmungen (vgl. z.B. Art. 159 Abs. 2 S. 2 grZGB, Art. 849 S. 2 grZGB, Art. 869 Abs. 1 S. 3 grZPO) durch Erfüllung des Rechtsgeschäfts geheilt werden.

[1554] S. nur *Linaritis*, Dikaio Epicheireseon kai Etairion 2002, S. 263 m.w.N.

[1555] Vgl. Europäische Kommission, Mitteilung „Sicherheit und Vertrauen in elektronische Kommunikation" vom 6. 10. 1997, KOM (97) 503, S. 1.

geringen Anzahl von formbedürftigen Rechtsgeschäften des Privatrechts; denn das Ziel eines rechtssicheren elektronischen Rechts- und Geschäftsverkehrs könnte nach dieser herrschenden Ansicht bloß mit „einfachen" E-Mails erreicht werden. Dadurch wären die in der „einfachen" elektronischen Urkunde beschriebenen Ereignisse oder Sachen voll bewiesen. Die dogmatisch bedenkliche gerichtliche Anerkennung einer Beweislastumkehr[1556] würde zusätzlich den E-Mail- Empfänger von dem Beweis der Echtheit der berufenen elektronischen Urkunde nach Art. 457 Abs. 4 grZPO befreien. Und es ist zwar richtig, dass die Möglichkeit eines manipulierenden Dritteingriffs die Qualifizierung eines Beweismittels als technische Aufzeichnung nicht verhindern soll[1557], aber der „einfachen" elektronischen Urkunde sind mögliche Fälschungen gar nicht anzusehen[1558] und so unterscheidet sie sich erheblich von den in Art. 444 Nr. 3 grZPO benannten photographischen und filmischen Wiedergaben, Tonaufnahmen usw.[1559]. Ferner versucht jedenfalls die Rechtsprechung bei den „einfachen" elektronischen Dokumenten von der als Gegengewicht zum vollen Beweis der technischen Aufzeichnungen dienenden Beweislast zu Lasten des Empfängers (Art. 457 Abs. 4 grZPO) abzurücken[1560]. In Anbetracht dieser Tendenz verliert die Argumentation der herrschenden Meinung, wonach der Signaturempfänger immerhin die Echtheit der Signatur zu beweisen hat, bedeutend an Gewicht. Es würde der Förderung eines sicheren elektronischen Rechts- und Geschäftsverkehrs widersprechen, die Anerkennung „einfacher" elektronischer Dokumente als Urkunden i.S.d. Art. 444 Nr. 3 grZPO zu fordern. Die Anerkennung der Urkundenqualität im Sinne der grZPO bei den „einfachen" elektronischen Dokumenten hätte in Zusammenhang mit der Beweislastumkehr bezüglich ihrer Echtheit negative ökonomische Nebenwirkungen für den elektronischen Rechts- und Geschäftsverkehr. Es besteht z.B. die Gefahr, dass viele E-Commerce-Systeme und Verkaufsplattformen auf ungesicherter E-Mail-Kommunikation aufgebaut werden. Die Annahme der herrschenden Auffassung könnte einen erheblichen Anreiz bieten, die Unsicherheit von „einfachen" elektronischen Dokumenten (wie z.B. E-Mail) in Schädigungs- und Bereicherungsabsicht auszunutzen.

[1556] Mahnbescheid 1327/2001 des Richters des Einzelrichtergerichts erster Instanz Athen Dike 2001, S. 457 m. krit. Anm. *Christodoulou* (S. 462 ff.) und m. zust. Anm. *Beys* (S. 466 ff.) Dikaio Epicheireseon kai Etairion 2001, S. 377 m. zust. Anm. *Koussoulis.* Zustimmend *Beys*, Dike 2001, S. 469; *Koussoulis*, S. 146 f.; *ders.*, Dikaio Epicheireseon kai Etairion 2001, S. 381.

[1557] *Mitsopoulos/Kerameus*, Nomikon Bema 1983, S. 331; vgl. jedoch *Yessiou-Faltsi*, Beweisrecht, S. 291 f.

[1558] Vgl. BR-Drs. 966/96 S. 28.

[1559] S. nur BT-Drs. 14/4987, S. 10.

[1560] Vgl. Einzelrichtergericht Erster Instanz Athen 1963/2004, Dike 2005, S. 586 m. zust. Anm. Beys.

in zusätzliches Argument, das gegen die Qualifizierung von „einfachen" elektronischen Dokumenten als technische Aufzeichnungen i.S.d. Art. 444 Nr. 3 grZPO spricht, wird darauf gestützt, dass ein bedeutender Unterschied zwischen diesen zwei Beweismitteln besteht. Die technischen Aufzeichnungen wie z.B. die photographischen Aufnahmen, die Verfilmungen, die Tonaufnahmen usw. haben keinen Aussteller. Sie beinhalten einen objektiven Niederschlag von Ereignissen oder Sachen und aus diesem Grund ist ihr Beweiswert nicht von ihrer Herkunft aus einer bestimmten Person abhängig[1561]. Das durch eine „einfache" oder eine fortgeschrittene elektronische Signatur signierte elektronische Dokument hat jedoch nach Art. 2 Abs. 3 PE einen bestimmten Aussteller, den so genannten „Unterzeichner" und kann daher nicht als technische Aufzeichnung angesehen werden.

Ferner sind die Fälle der Art. 444 Nr. 3 grZPO dadurch gekennzeichnet, dass die dort dargestellten Methoden in der Regel die ursprünglich unverfälschte Abbildung eines tatsächlichen Geschehens ermöglichen. Dem Senden von Berichten und Erklärungen im Rahmen des elektronischen Geschäftsverkehrs fehlt es an einer vergleichbaren Eigenschaft. Immerhin zeichnet die elektronische Urkunde – anders als beispielsweise bei einer Verfilmung - die zu beweisende Tatsache nicht auf, sondern sie verkörpert i.d.R. Worte, Symbole, Nummern usw.[1562]. Als weiteres Argument für die Ablehnung der Qualifizierung von „einfachen" elektronischen Dokumenten als technische Aufzeichnungen ließe sich auch die „Signierbarkeit" der elektronischen Dokumente anführen. Art. 444 Nr. 3 grZPO wurde eingeführt, weil der Gesetzgeber der grZPO beabsichtigte, dass technische Aufzeichnungen, die eigenhändig nicht unterzeichnet werden können, als Urkunden i.S.d. grZPO angenommen werden[1563]. Der PE sieht jedoch explizit vor, dass die elektronischen Urkunden durch eine der eigenhändigen Unterschrift gleichgestellte elektronische Signatur signiert werden können, also durchaus signierbar sind[1564].

Mithin kann die Vorschrift des Art. 444 Nr. 3 i.V.m. 448 Abs. 2 grZPO bei „einfachen" elektronischen Dokumenten nicht angewendet werden. Dies bedeutet allerdings nicht, dass die sonstigen elektronischen Signaturen, die die Voraussetzungen des Art. 3 Abs. 1 PE nicht erfüllen, nicht als Beweismittel zugelassen sind. Die beweisrechtliche Behandlung unterscheidet sich jedoch wesentlich von den elektronischen Signaturen des Art. 3 Abs. 1 PE. Der Gesetzgeber hat nur

---

[1561] *Mitsopoulos/Kerameus*, Nomikon Bema 1983, S. 333.
[1562] *Christodoulou*, Dike 2000, S. 1011 f.
[1563] *Maniotis*, digitale Signatur, S. 70 f.; *Mitsopoulos/Kerameus*, Nomikon Bema 1983, S. 330 mit Darstellung des Meinungsstandes beim Entwurf zur grZPO. S. auch *Yessiou-Faltsi*, Beweisrecht, S. 280 f.
[1564] *Christodoulou*, Dike 2000, S. 1011; *ders.*, Dike 2001 S. 464.

diese elektronischen Signaturen der eigenhändigen Unterschrift gleichgestellt. Wird eine elektronische Urkunde mit einer elektronischen Signatur des Art. 3 Abs. 1 PE versehen, ist Art. 443 grZPO unmittelbar anzuwenden; diese elektronische Urkunde ist eine Urkunde im Sinne der grZPO. Wird allerdings eine sonstige (nicht der eigenhändigen Unterschrift gleichgestellte) elektronische Signatur verwendet, dann handelt es sich um eine „imperfekte" Urkunde, um ein „Beweismittel, das den Gesetzesvoraussetzungen nicht entspricht" (Art. 270 Abs. 2 S. 2 grZPO)[1565]. Es handelt sich nicht um „richterliche Vermutungen" [1566], da nach neuer Rechtslage die „richterlichen Vermutungen" das Auffangbecken für all die Beweismittel ist, die nicht die Merkmale eines der anderen Beweismittel des Katalogs in Art. 339 grZPO erfüllen; sie bezeichnet also die „unbenannten" Beweismittel. Alle im Katalog des Art. 339 grZPO aufgezählten Beweismittel, die die gesetzlich geregelten Voraussetzungen bezüglich ihrer Rechtsgültigkeit nicht erfüllen und bei denen das formale Beweisaufnahmeverfahren nicht eingehalten worden ist, fallen unter die Kategorie der „Beweismittel, die den Gesetzesvoraussetzungen nicht entsprechen"[1567]. Fehlt es also bei den elektronischen Urkunden an einer der eigenhändigen Unterschrift gleichgestellten elektronischen Signatur des Art. 3 Abs. 1 PE, ermangeln sie an einem für ihre Rechtgültigkeit erforderlichen Merkmal (Art. 432 grZPO)[1568] und sind als Beweismittel, die den Gesetzesvoraussetzungen nicht entsprechen" zu betrachten. Diese Auslegung steht mit der herrschenden Auffassung der Literatur und der Rechtsprechung bezüglich des Beweiswerts von traditionellen nicht unterschriebenen Urkunden im Einklang, die die nicht unterschriebenen Urkunden

[1565] S. hierzu oben Fn. 1013. Ebenso obiter dictum Areopag, 1628/2003, Helliniki Dikaiosini 2004, S. 724. Das Plenum des Areopags 15/2003, Helliniki Dikaiosini 2003, S. 937, betrachtet ungültige Urkunden und nicht unterschriebene, aber eigenhändig geschriebene Urkunden als „Beweismittel, die den Gesetzesvoraussetzungen nicht entsprechen".

[1566] So *Christodoulou*, S. 200 f., - allerdings nach früheren Rechtslage (vor dem Gesetz 2915/2001) -, der diese imperfekte elektronische Urkunde als „richterliche Vermutung" bezeichnet. Diese unterschiedliche Einordnung spielt allerdings keine Rolle zumindest im Rahmen der Ansicht, die nach neuer Rechtslage auch „richterliche Vermutungen" unter die „Beweismittel, die den Gesetzesvoraussetzungen nicht entsprechen" subsumiert. Das heißt, dass die „richterlichen Vermutungen" in den „Beweismitteln, die den Gesetzesvoraussetzungen nicht entsprechen" aufgehen; vgl. hierzu u.a. *Kalavros*, Chronika Idiotikou Dikaiou 2005, S. 9 ff. m.w.N.

[1567] *Yessiou-Faltsi*, in Yessiou-Faltsi/Apalagaki/Arvanitakis, Das neue Verfahren der grZPO, § 8 Rn. 51-54; vgl. auch *Paissidou*, Helliniki Dikaiosini 2002, S. 657. A.A. *Kalavros*, Chronika Idiotikou Dikaiou 2005, S. 9 ff.

[1568] Art. 432 grZPO: „Urkunden haben Beweiskraft, wenn sie in der gesetzlichen Form errichtet worden sind, die für ihre Rechtsgültigkeit erforderlichen Merkmale besitzen, nicht zerstückelt, zerrissen oder durchgestrichen sind, von ihnen kein Teil abgeschnitten oder ausradiert worden ist, sie in den wesentlichen Teilen nicht verändert worden und sie lesbar sind".

als „Beweismittel, die den Gesetzesvoraussetzungen nicht entsprechen“, einordnet[1569].

Für die „einfachen“ elektronischen Signaturen ist die kategoriale Einordnung als „Beweismittel, die den Gesetzesvoraussetzungen nicht entsprechen“ aus Gründen der mangelnden Sicherheit unterstützt, da sie die Integrität der Urkunde oder die Authentizität ihres Ausstellers nicht gewährleisten können[1570]. Fortgeschrittene elektronische Signaturen unterliegen zwar höheren Anforderungen als (einfache) elektronische Signaturen (Art. 2 Abs. 2 PE) und bieten damit ein mittleres Sicherheitsniveau[1571], aber sie werden vom europäischen und vom griechischen Gesetzgeber als ungeeignet angesehen, die eigenhändige Unterschrift zu ersetzen. Für fortgeschrittene elektronische Signaturen sind im griechischen Recht keine spezifischen Rechtsfolgen vorgesehen. Die Beweiskraft der fortgeschrittenen elektronischen Signaturen richtet sich ebenfalls nach den Regeln bezüglich der „Beweismittel, die den Gesetzesvoraussetzungen nicht entsprechen“. Ein mit einer fortgeschrittenen Signatur versehenes elektronisches Dokument kann durchaus im Zivilprozess als Beweismittel eingeführt werden. Es unterliegt dann der freien Beweiswürdigung durch das Gericht. Je stärker die technisch-organisatorischen Merkmale des gesamten Signaturverfahrens sind, desto eher muss damit gerechnet werden, dass den zum Beweis vorgelegten fortgeschrittenen Signaturen vom Gericht höherer Beweiswert zugesprochen wird. Das Gericht kann sich zur Beurteilung des genauen Beweiswertes der vorliegenden elektronischen Signatur eines Sachverständigen bedienen (Art. 368 ff. grZPO)[1572].

Praktische Rechtsfolge dieser Kategorisierung der Dokumente, die mit sonstigen Signaturverfahren signiert werden, als „Beweismittel, die den Gesetzesvoraussetzungen nicht entsprechen“, ist es, dass ihre Verwendung im Prozess bei sämtlichen Gerichten erster Instanz im ordentlichen Erkenntnisverfahren von der Zu-

---

[1569] Kerameus/Kondylis/Nikas ZPO-*Makridou*, Art. 270 Rn. 6; vgl. *Arvanitakis*, S. 126; *Koussoulis*, S. 108; Plenum des Areopags 15/2003, Helliniki Dikaiosini 2003, S. 937. So ausdrücklich für die E-Mail, Areopag, 1628/2003, Helliniki Dikaiosini 2004, S. 724. A.A. *Kalavros*, Chronika Idiotikou Dikaiou 2005, S. 15.

[1570] Vgl. BT-Drs. 14/4662, S. 18.

[1571] Für den Anbieter fortgeschrittener Signaturverfahren gelten nicht die speziellen Anforderungen der Signaturgesetzgebung für die Anbieter qualifizierter Zertifikate. Er muss z.B. nicht die spezifischen Vorgaben zur Identifizierung nach Anhang II lit. d) PE, zur Unterrichtung nach Art. 8 grVO, zur Führung eines Verzeichnis- und Widerrufdienstes nach Art. 5 grVO oder zur Erstellung einer Dokumentation nach Art. 7 grVO einhalten. Er unterliegt auch nicht der spezifischen Haftung nach Art. 6 PE.

[1572] Für die Ernennung von Sachverständigen in solchen Fällen *Christodoulou*, Dike 2001, S. 463. Zum Verhältnis des Sachverständigenbeweises zu den übrigen Beweismitteln im griechischen Recht nach früherer Rechtslage *Kerameus*, Sachverständigenbeweis, S. 118 ff.

lässigkeit des Zeugenbeweises gemäß Art. 393-394 grZPO abhängig ist (Art. 270 Abs. 2 n.F. grZPO). Darüber hinaus wird ihnen nicht die Beweiskraft der Urkunde zugesprochen, sondern sie unterliegen der freien richterlichen Beweiswürdigung (Art. 340 grZPO)[1573]. Da sie keine Urkunden i.S. der grZPO sind, kann sich der Erlass eines Mahnbescheids nicht auf sie stützen (Art. 623 grZPO). In Anbetracht dieser Tatsache dürfen sie auch nicht als Anfang eines schriftlichen Beweises betrachtet werden, der nach Art. 394 Abs. 1 lit. a) grZPO den Beweis mit Zeugen auf jeden Fall ermöglicht; denn dafür wird ausdrücklich verlangt, dass eine beweiskraftsfähige Urkunde vorliegt, die die beweisbedürftige Vertragschließung glaubhaft macht[1574].

Die hier vertretene Auffassung, dass das mit einer sonstigen elektronischen Signatur signierte elektronische Dokument als „Beweismittel, welches den Gesetzesvoraussetzungen nicht entspricht" einzuordnen ist, ist sowohl aus dogmatischen als auch aus praktischen Gründen gemeinschaftsrechtlich unbedenklich. Art. 5 Abs. 2 SigRL normiert als einzige Rechtswirkung für sonstige elektronische Signaturen das Diskriminierungsverbot. Danach darf eine sonstige elektronische Signatur nicht allein deshalb vor Gericht als Beweismittel abgelehnt werden, weil sie in elektronischer Form vorliegt oder nicht auf einem qualifizierten Zertifikat beruht oder nicht auf einem von einem akkreditierten Zertifizierungsdiensteanbieter ausgestellten qualifizierten Zertifikat beruht oder nicht von einer sicheren Signaturerstellungseinheit erstellt wurde. Auf nationaler Ebene wird ihr unmittelbar kraft Gesetzes (Art. 3 Abs. 2 PE) rechtliche Existenz zuerkannt. Dies bedeutet, dass der griechische Gesetzgeber seinen gemeinschaftsrechtlichen Verpflichtungen nachkommt. Wird allerdings das mit einer sonstigen elektronischen Signatur signierte elektronische Dokument vom Gericht als „Beweismittel, welches den Gesetzesvoraussetzungen nicht entspricht" betrachtet, so ist seine Verwendung im Prozess bei sämtlichen Gerichten erster Instanz im ordentlichen Erkenntnisverfahren von der Zulässigkeit des Zeugenbeweises gemäß Art. 393-394 grZPO abhängig (Art. 270 Abs. 2 S. 1 grZPO), was die Frage nach einer Diskriminierung sonstiger Signaturverfahren aufwirft. Diesbezüglich ist allerdings darauf hinzuweisen, dass:

[1573] So im Allgemeinen über die „Beweismittel, die den Gesetzesvoraussetzungen nicht entsprechen" *Yessiou-Faltsi*, in Yessiou-Faltsi/Apalagaki/Arvanitakis, Das neue Verfahren der grZPO, § 7 Rn. 15. Das Gericht wird auch nach dieser Auffassung solche Beweismittel nur dann berücksichtigen, wenn die gesetzlichen Beweismittel nicht genügen, das Beweismaß zu erreichen.

[1574] *Yessiou-Faltsi*, Beweisrecht, S. 199. Nach *Mitsopoulos/Kerameus*, Nomikon Bema 1983, S. 329 ff., stellt das Telex den Anfang eines schriftlichen Beweises zugunsten des Absenders dar. Ebenso auch fürs Fax Kerameus/Kondylis/Nikas ZPO-*Tendes*, Art. 394 Rn. 5; A.A. *Kaldellis*, Dike 1982, S. 485 ff.

- derartige Beschränkungen nicht die Zulässigkeit der elektronischen Urkunde als Beweismittel berühren, sondern die Handhabung der freien richterlichen Beweiswürdigung, die vom Geltungsbereich der SigRL ausgenommen ist[1575]. Die Rechtswirkungen einer Signatur (also auch des Mangels einer Signatur) unterliegen sowieso dem nationalen Recht[1576];
- der Ausschluss des Zeugenbeweises und somit der Beweismittel, die den Gesetzesvoraussetzungen nicht entsprechen, für den Beweis von Verträgen, deren Gegenstandswert die Summe von 5.900 € nicht übersteigt, nicht gilt (Art. 393 Abs. 1 i.V.m. Art. 270 Abs. 2 S. 1 grZPO);
- die Beschränkungen des Zeugenbeweises für die besonderen Verfahrensarten der grZPO ebenfalls nicht gelten; dies bedeutet, dass die Verwendung solcher elektronischer Urkunden in diesen Fällen[1577] grenzenlos gestattet ist[1578]. Das gleiche gilt auch in allen Fällen, für die der Freibeweis gilt, also bei den besonderen Vorschriften für Bagatellsachen (Art. 469 Abs. 2 grZPO), bei Sicherungsmaßnahmen (Art. 347 und 690 grZPO) und beim Verfahren der freiwilligen Gerichtsbarkeit (Art. 754 grZPO);
- die Regelung bezüglich der Beschränkungen des Zeugenbeweises nach Art. 394 lit. d) grZPO auch dann nicht gilt, wenn wegen der Natur des Rechtsgeschäfts oder der besonderen Umstände, unter denen das Rechtsgeschäft vorgenommen wurde, insbesondere wenn es sich um Handelsgeschäfte handelt[1579], die Zulassung des Zeugenbeweises gerechtfertigt ist.

Da ein spezifisches Verbot hinsichtlich der Zulässigkeit von elektronischen Signaturen nicht existiert, lässt dies einerseits den Schluss zu, dass eine gesetzliche Diskriminierung sonstiger Signaturverfahren nicht besteht. Andererseits ist auch zu beachten, dass die Bedeutung von Art. 393-394 grZPO i.V.m. Art. 270 Abs. 2 S. 1 grZPO bezüglich der Beschränkung von Beweismitteln, die die Gesetzesvoraussetzungen nicht entsprechen, nur gering sein wird. Wie soeben dargestellt, wird der Ausschluss sonstiger Signaturverfahren im Rahmen des elektronischen Rechts- und Geschäftsverkehrs meist folgenlos sein, da es sich i.d.R. um Han-

---

[1575] SigRL 1999/93, Erwägungsgrund 21.

[1576] Vgl. *Dumortier/Kelm/Nilsson/Skouma/van Eecke*, DuD 2004, S. 142.

[1577] Zum Beispiel bei Rechtsstreitigkeiten aus Kreditpapieren (vgl. Art. 643 Abs. 2 grZPO); bei Rechtsstreitigkeiten über Mietverhältnisse (Art. 647-662H grZPO), bei Rechtsstreitigkeiten in Arbeitssachen (Art. 663-676 grZPO), bei Rechtsstreitigkeiten über Vergütung für geleistete Arbeit (Art. 677-681 grZPO).

[1578] *Yessiou-Faltsi*, in Yessiou-Faltsi/Apalagaki/Arvanitakis, Das neue Verfahren der grZPO, § 7 Rn. 5; vgl. auch Kerameus/Kondylis/Nikas ZPO-*Tendes* (Beilage), Art. 393 Rn. 2.

[1579] Vgl. hierzu Kerameus/Kondylis/Nikas ZPO-*Tendes*, Art. 394 Rn. 14 f.; *Yessiou-Faltsi*, Beweisrecht, S. 203 f.

delsgeschäfte handelt, bei denen mindestens einer der Vertragspartner ein Kaufmann sein wird; daher wird das Gericht den Zeugenbeweis und somit die sonstigen elektronischen Signaturen gemäß Art. 394 lit. d) grZPO regelmäßig zulassen[1580]. Art. 394 lit. d) grZPO soll unter Einbeziehung des Art. 3 Abs. 2 PE systematisch so ausgelegt werden, dass das Gericht zur Zulassung „sonstiger" elektronischer Dokumente als Beweismittel wegen der Natur des elektronischen Rechtsgeschäfts verpflichtet ist. Im Übrigen bleibt festzuhalten, dass diese „sonstigen" elektronischen Dokumente der freien richterlichen Beweiswürdigung unterliegen (Art. 340 grZPO).

d) Die elektronische Form bei formbedürftigen Verträgen

Die griechische Signaturgesetzgebung verliert bedauerlicherweise kein Wort bezüglich der elektronischen Form für formbedürftige Verträge. Der deutsche Gesetzgeber hat sich im Gegenteil insofern ausdrücklich geäußert. Nach § 126a Abs. 2 BGB müssen bei einem Vertrag die Parteien jeweils ein gleichlautendes Dokument in der in § 126a Abs. 1 BGB bezeichneten Weise elektronisch signieren. Auch im griechischen Recht besteht jedoch – trotz mangelnder ausdrücklicher Regelung kein Raum für Rechtsfortbildungen. Die Regelung des Art. 160 Abs. 2 grZGB bezüglich der Schriftform bei Verträgen ist beim elektronischen Vertragsabschluss unmittelbar anwendbar. Dies wird durch die Gleichstellung der elektronischen Signatur des Art. 3 Abs. 1 PE mit der eigenhändigen Unterschrift gewährleistet.

Unterliegt bei einem Vertrag nur die Erklärung einer der Parteien dem gesetzlichen Schriftformerfordernis (z.B. bei Art. 849 S. 1 grZGB für die Bürgschaft), genügt es, wenn nur diese die Vertragsurkunde unterzeichnet. In allen übrigen Fällen gesetzlich vorgeschriebener Schriftform müssen die Vertragsparteien grundsätzlich beide dieselbe Urkunde unterschreiben (Art. 160 Abs. 2 S. 1 grZGB). Beim Abschluss von Verträgen kann die gesetzliche Schriftform gemäß Art. 160 Abs. 2 S. 2 grZGB auch dadurch erfüllt werden, dass zwei Ausfertigungen der Vertragsurkunde erstellt werden und jede Partei die für die andere Partei bestimmte Urkunde unterzeichnet. Dasselbe ist bei der elektronischen Form möglich. Wird die Schriftform verlangt, so wird nach Art. 160 Abs. 2 grZGB der Formzwang bei einem Vertrag dadurch gewahrt, dass entweder von allen Vertragspartnern dasselbe elektronische Vertragsdokument elektronisch signiert wird oder die Parteien gleich lautende Dokumente von dem gesamten

---

[1580] Vgl. Kerameus/Kondylis/Nikas ZPO-*Tendes*, Art. 394 Rn. 15; s. auch hierzu OLG Piräus 408/2001, veröffentlicht in NOMOS Datenbank. Diese Ausnahme vom Ausschluss des Zeugenbeweises gilt nicht, soweit vom Gesetz oder von den Parteien die Beurkundung entweder als für das Rechtsgeschäft konstitutiv oder als Beweisform bestimmt ist (Art. 394 Abs. 2 grZPO).

Vertragstext erstellen und jede Partei je ein Exemplar des Dokuments mit ihrer qualifizierten elektronischen Signatur versieht. Es genügt nicht, wenn die eine Partei ihre eigene Angebots- oder Annahmeerklärung elektronisch signiert. Jede Vertragspartei hat vielmehr das für die andere Partei bestimmte Dokument (und nicht das eigene Exemplar) mit ihrer elektronischen Signatur zu versehen Art. 160 Abs. 2 S. 2 grZGB). Nach neustem Stand der Technik ist ferner eine mehrfache Signatur (so genannte Mehrfachsignatur) desselben elektronischen Dokuments möglich[1581].

Dabei stellt sich die Frage, ob die gesetzlich angeordnete Schriftform auch dadurch erfüllt werden kann, dass die eine Partei eine traditionelle Urkunde in der Schriftform unterschreibt, während die andere Partei ein gleichlautendes Dokument elektronisch signiert. Obwohl das Gesetz dies nicht ausdrücklich anordnet, ist diese Kombination von Schriftform und elektronischer Form m.E. durchaus möglich[1582] in Anbetracht der Tatsache, dass die elektronische Form der Schriftform gleichgestellt wird. Es ist nur erforderlich, dass der Vertragstext in beiden Formarten übereinstimmt.

e) Die gewillkürte elektronische Form

Nach der materiellrechtlichen Anerkennung der elektronischen Signatur im Bereich gesetzlicher Formvorschriften ist die elektronische Signatur im Hinblick auf gewillkürte Formvorschriften zu betrachten. Sieht ein Gesetz für ein Rechtsgeschäft kein Formerfordernis vor, so können die Beteiligten rechtsgeschäftlich die Beachtung einer Form anordnen. Die Parteien sind frei in der Bestimmung der Anforderungen an die rechtsgeschäftlich vereinbarte Form[1583]. Wird die Form von den Parteien bestimmt, so hat ihre Nichtbeachtung im Zweifel Nichtigkeit zur Folge, Art. 159 Abs. 2 S. 1 grZGB. Die Erfüllung des Rechtsgeschäfts in Kenntnis des Formmangels heilt jedoch diesen Mangel. Wird die Schriftform rechtsgeschäftlich zwischen den Parteien vereinbart, muss die Urkunde nach Art. 160 grZGB die eigenhändige Unterschrift des Ausstellers tragen. Art. 160 grZGB i.V.m. Art. 159 Abs. 2 grZGB enthält im Hinblick auf die vereinbarte Schriftform eine Auslegungsregel für den Fall, dass die Parteien keine anderweitige Vereinbarung über die Anforderungen der Schriftform getroffen haben. Nach dieser Auslegungsregel geht eine Vereinbarung der Parteien auf Schriftform ohne nähere Bezeichnung, gelten für deren Erfüllung die Erfor-

---

[1581] Vgl. *Viefhues*, NJW 2005, S. 1012; vgl. auch *Fischer-Dieskau/Roßnagel/Steidle*, MMR 2004, S. 452.

[1582] So auch BT-Drs. 14/4987, S. 18.

[1583] *Häsemeyer*, S. 205; *Kallimopoulos*, Nomikon Bema 1983, S. 1306; *Koussoulis*, S. 88; vgl. auch SigRL 1999/93, Erwägungsgrund 16.

dernisse der gesetzlich vorgeschriebenen Schriftlichkeit, d.h. eine eigenhändige Unterschrift oder eine qualifizierte elektronische Signatur des Art. 3 Abs. 1 PE.

Zu bedauern ist wiederum, dass im Rahmen des laufenden Gesetzgebungsverfahrens zur elektronischen Signatur auf eine explizite Vorschrift zur vereinbarten elektronischen Form verzichtet wurde. Zur Stärkung der Rechtssicherheit wäre die Schaffung von im Zweifel geltenden Erläuterungen für die vereinbarte elektronische Form erwünschenswert. Die Parteien sind frei in der Bestimmung der Anforderungen an die rechtsgeschäftlich vereinbarte Form. So kann sowohl eine einfache als auch eine fortgeschrittene Signatur als Formerfordernis vereinbart werden. Die Wahl des elektronischen Signaturverfahrens bleibt den Parteien unbenommen. Wird allerdings eine elektronische Signierung ohne nähere Erläuterung als Formerfordernis vereinbart, kann eine analoge Anwendung der Regelung über die vereinbarte Schriftform in Betracht kommen. Dies würde bedeuten, dass im Zweifel eine elektronische Signatur des Art. 3 Abs. 1 PE notwendig wäre (Art. 159 Abs. 2 S. 1 analog). Eine solche Anforderung wäre allerdings zu weitgehend in Anbetracht der Tatsache, dass für die vereinbarte Schriftform Brief und Telegramm anerkanntermaßen als Unterschriftenersatz eingesetzt werden (Art. 162 grZGB). Richtigerweise sind bei solchen Unklarheiten zunächst die an die Wahrung der vereinbarten Form zu stellenden Anforderungen durch Auslegung der im Einzelfall getroffenen Formvereinbarung nach Art. 173[1584] und 200[1585] grZGB zu ermitteln.

III. Der Präsidialerlass 342/2002

1. Überblick

Der Präsidialerlass 342/2002, der gemäß Art. 14 Abs. 19 und 20 Gesetz 2672/1998 „die Voraussetzungen für die Erstellung, Nutzung, Verwaltung und Sicherheit von digitalen Signaturen, die Anforderungen an die Zertifizierungsstellen sowie die technischen Standards für die Anfertigung, Absendung, Aufbewahrung und Vervielfältigung der durch elektronische Post übertragenen Nachrichten und Dokumente im Einzelnen“ festlegen soll, ist am 22.11.2002 in Kraft getreten[1586]. Damit hat der griechische Gesetzgeber namentlich den Einsatz der elektronischen Post für die Kommunikation zwischen Behörden und zwischen Behörden und juristischen Personen des Privatrechts oder natürlichen Personen geregelt.

[1584] Art. 173 grZGB: „Bei der Auslegung einer Willenserklärung wird der wirkliche Wille erforscht, ohne an den Worten zu haften“.

[1585] Art. 200 grZGB: „Verträge sind so auszulegen, wie Treu und Glauben mit Rücksicht auf die Verkehrssitte es erfordern“.

[1586] Griechisches Amtsblatt (ΦΕΚ) A΄ 284/22.11.2002.

Nach Art. 1 Abs. 1 PE 342/2002 darf die elektronische Post für die Übermittlung von Verwaltungsentscheidungen, Bescheinigungen und Bestätigungen zwischen Behörden und zwischen Behörden und juristischen Personen des Privatrechts oder natürlichen Personen eingesetzt werden, solange das elektronische Dokument mit einer digitalen Signatur versehen ist[1587]. Art. 1 Abs. 2 PE 342/2002 normiert ferner, dass digital signierte Gutachten, Kopien von Verwaltungsprotokollen, Referate und Berichte von Behörden an juristische Personen des Privatrechts oder an natürliche Personen per elektronischer Post übermittelt werden dürfen. Im Umkehrschluss kann davon ausgegangen werden, dass die oben erwähnten Dokumente zwischen Behörden auch ohne digitale Signatur übermittelt werden dürfen[1588].

Mit demselben Präsidialerlass sind zusätzlich Kategorien von mittels elektronischer Post übertragenen Dokumenten festgelegt worden, für die eine digitale Signatur nicht erforderlich ist. Die Übermittlung von Dokumenten mittels elektronischer Post zwischen Behörden und zwischen Behörden und juristischen Personen des Privatrechts oder natürlichen Personen ist ohne Einsatz digitaler Signaturen zulässig und gültig, wenn sie mit der Entfaltung von Rechtswirkungen und mit der Rechtsausübung nicht verbunden sind[1589]; insbesondere wenn die Dokumente Anfragen, Verwaltungsrundschreiben und -richtlinien, Studien, statistische Informationen oder das Ersuchen von Informationen und die darauf ergehenden Antworten zum Gegenstand haben (Art. 2 PE 342/2002). Bezugnehmend auf seine Anwendung verweist Art. 3 PE 342/2002 ausdrücklich auf die Definitionen des Art. 2 PE 150/2001. Was die Rechtswirkungen elektronischer Signaturen betrifft wird ebenfalls auf Art. 3 PE 150/2001 verwiesen. Nach Art. 4 PE 342/2002 sind die Vorschriften des PE 150/2001 in Bezug auf den Marktzugang, die Binnenmarktgrundsätze, die Zertifizierungsdiensteanbieter und ihre Haftung, den Datenschutz, die Anforderungen an qualifizierte Zertifikate und an sichere Signaturerstellungseinheiten bei der Übermittlung von Nachrichten mittels elektronischer Post nach Art. 1 PE 342/2002 auch anwendbar.

2. *Gesetzeslage*

Die Möglichkeit der Übermittlung elektronischer Dokumente beim Behördenverkehr war schon mit Art. 14 Gesetz 2672/1998 eröffnet worden[1590]. Durch PE

[1587] Der griechische Gesetzgeber betrachtet in Art. 2 Abs. 2 PE 150/2001 die digitale Signatur als Synonym für die fortgeschrittene elektronische Signatur.

[1588] Vgl. auch Art. 14 Abs. 4 Gesetz 2672/1998.

[1589] Die Behörden sollen sogar nach Art. 10 Abs. 8 Gesetz 3230/2004 solche Dokumente mittels elektronischer Post übermitteln, falls sie die dafür notwendige Infrastruktur besitzen. Eventuell eintretende Folgen einer Nichtbeachtung dieser Pflicht sind bislang nicht normiert.

[1590] S. hierzu oben S. 215.

342/2002 sind allerdings einige Änderungen diesbezüglich eingeführt worden. Nach früherer Rechtslage wurde die digitale Signatur zwar gesetzlich definiert aber nicht in der Praxis eingesetzt. Der Einsatz der Informationstechnologie ermöglichte der öffentlichen Verwaltung nur ihre eigene innere Kommunikation zu modernisieren. Gemäß Art. 14 Abs. 4 Gesetz 2672/1998 war die elektronische Post bezüglich der Kommunikation zwischen Behörden für Gutachten, Anfragen, Anträge, Antworten, Verwaltungsrundschreiben und -richtlinien, Berichten, Studien, Protokollen, statistischen Angaben und schriftlichen Vorschläge vorgesehen. Der Einsatz von elektronischer Post zwischen Behörden und juristischen Personen des Privatrechts oder natürlichen Personen wurde allerdings auf Dokumente eingeschränkt, die lediglich das Ersuchen von Informationen und die darauf ergehenden Antworten zum Gegenstand haben. Die digitale Signierung dieser elektronischen Dokumente wurde nicht verlangt. Die Vorschriften des Art. 14 Abs. 4 Gesetz 2672/1998 sind richtigerweise als aufgehoben zu betrachten, insofern sie mit den Regelungen der Art. 1 und 2 PE 342/2002 kollidieren, da der PE 342/2002 lex specialis ist.

Angesichts der großen Vielfalt der elektronischen Kommunikation mit der Verwaltung wären folgende Klarstellungen notwendig. Der PE 342/2002 zusammen mit Art. 14 Gesetz 2672/1998 vermag - zumindest teilweise - das Verwaltungsrecht tauglich für den elektronischen Rechtsverkehr zu machen und die Leistungen der Verwaltung besser und bürgernäher zu gestalten. Der elektronische Behördenverkehr im Verwaltungsverfahren wird allerdings auch im PE 342/2002 nur rudimentär geregelt. Der Titel des PE 342/2002 lautet: „Die Übermittlung von Dokumenten mittels elektronischer Post zwischen Behörden und zwischen Behörden und juristischen Personen des Privatrechts oder natürlichen Personen". Dadurch wird die Frage aufgeworfen, ob der Gesetzgeber damit auch die beschränkte Ermöglichung des rechtlich relevanten elektronischen Behördenhandels beabsichtigte. Der Wortlaut des Art. 1 Abs. 1 PE 342/2002 spricht für eine solche Auslegung, denn dadurch wird der Verwaltung die Möglichkeit geboten, nicht nur Bescheinigungen und Bestätigungen elektronisch zu erteilen, sondern auch Verwaltungsentscheidungen über das Internet unter Einsatz digitaler Signaturen zu übermitteln[1591]. Damit können nunmehr bestimmte Formen von elektronischen Signaturen benutzt werden, um bestimmten Dokumenten d.h. Verwaltungsentscheidungen, Bestätigungen oder Bescheinigungen, die bis dato auf traditionelle Papierurkunden festgelegt waren, elektronisch zu erstellen und zu verschicken. Gutachten, Kopien von Verwaltungsprotokollen, Referate und Berichte dürfen auch von den Behörden an Bürger elektronisch übermittelt werden, solange sie mit einer digitalen Signatur versehen sind. Nimmt man bei-

[1591] Zur Legitimität von automatisierten Verwaltungsakten vgl. *Lazaratos*, To Syntagma 1989, S. 197 ff.

de Möglichkeiten zusammen, so kann man zu dem Ergebnis gelangen, dass nach neuer Rechtslage auch komplexere Verwaltungsverfahren weitgehend elektronisch durchgeführt werden können. In vielen formfreien Bereichen des Verwaltungshandelns bedarf es allerdings keiner elektronische Signaturen; dies gilt bei Dokumenten, die nicht mit der Entstehung von Rechtswirkungen oder der Rechtsausübung nicht zusammenhängen (Art. 2 PE 342/2002). Somit soll auch in den Fällen, in denen keine Beweis- und Sicherheitsanforderungen bestehen[1592], von der digitalen Signatur abgesehen werden können.

In diesem Zusammenhang stellt sich die Frage, ob auch eine elektronische Beantragung auf Übermittlung der elektronischen Dokumente des Art. 1 Abs. 1 und des Art. 2 PE 342/2002 ermöglicht worden ist. Art. 5 des griechischen Verwaltungsverfahrensgesetzes verlangt einen schriftlichen Antrag für den Zugang zu öffentlichen Urkunden (z.B. Berichten, Studien, Verwaltungsprotokollen, statistischen Informationen, Verwaltungsrundschreiben und -richtlinien, Gutachten, Verwaltungsendscheidungen). Ebenso setzt Art. 10 Abs. 2 des griechischen Verwaltungsverfahrensgesetzes voraus, dass der Antrag an die Verwaltung schriftlich und unterschrieben gestellt wird. Art. 2 PE 342/2002 lässt jedoch nur unsignierte elektronische Anträge zu, die das Ersuchen von Informationen zum Gegenstand haben. Sollte der Bürger nicht einen elektronischen Antrag auf Übermittlung der elektronischen Dokumente des Art. 1 Abs. 1 und des Art. 2 PE 342/2002 stellen können, wären die Vorteile der elektronischen Kommunikation mit den Behörden und insbesondere der Rationalisierungsgewinn eher einseitig und hinfällig; denn der Bürger müsste einen traditionellen Antrag in Papierform stellen, um diese öffentliche Urkunde in elektronischer Form zu bekommen. Die elektronische Antragstellung ist daher ein notwendiger Schritt zu einem Verwaltungsverfahren ohne Medienbruch. Abgesehen von diesen teleologischen Überlegungen ist auch zu beachten, dass der Gesetzgeber des Art. 14 Gesetz 2672/1998 den Antrag per Fax ausdrücklich zulässt (Art. 14 Abs. 3 und Abs. 8 Gesetz 2672/1998)[1593]. Es bedarf allerdings keiner Analogie, denn der notwendige schriftliche Antrag kann i.d.R. gemäß Art. 3 PE 342/2002 i.V.m. Art. 3 Abs. 1 PE 150/2001 durch eine mit einer elektronischen Signatur des Art. 3 Abs.1 PE versehenen E-Mail ersetzt werden, kostenpflichtige Antragstellungen vorbehalten. Für die formbedürftige Stellung von elektronischen Anträgen ist daher die Verwendung einer elektronischen Signatur des Art. 3 Abs. 1 PE nötig. Demgegenüber bleibt, soweit der Schriftform keine eigenständige rechtliche Bedeutung zukommt, die Möglichkeit der Nutzung auch einfacher elektroni-

[1592] Zur Beweis- und Garantiefunktion der Signatur bei einem Verwaltungsakt vgl. *Lazaratos*, To Syntagma 1989, S. 208.

[1593] Unverständlich insofern Art. 10 Abs. 2 S. 2 des griechischen Verwaltungsverfahrensgesetzes, der bei einer Antragstellung mit mechanischen Mitteln innerhalb von einer Frist auch einen eigenhändig unterschriebenen Antrag verlangt.

scher Kommunikation offen. In diesem Zusammenhang können einfache Anfragen von Bürgern auf Informationen und entsprechende Auskünfte der Verwaltung via E-Mail abgewickelt werden.

Darüber hinaus besteht kein Zwang für den Bürger, die Voraussetzungen für eine moderne elektronische Kommunikation zu schaffen. Nach Art. 14 Abs. 5 Gesetz 2672/1998 ist für die behördliche Urkundenübermittlung an Bürger mittels elektronischer Post die Einwilligung des Bürgers notwendig. Der Bürger kann sich diesbezüglich in seinem Antrag oder per E-Mail äußern; andernfalls wird seine Einwilligung zur Verwendung des von ihm benutzen elektronischen Mittels vermutet. Anwendung finden kann die elektronische Kommunikation selbstverständlich nur, wenn alle Verfahrensbeteiligten hierzu bereit sind. Der Gesetzgeber hat erstaunlicherweise einen entsprechenden Vorbehalt zugunsten der Verwaltung nicht vorgesehen (vgl. § 3a Abs. 1 VwVfG); der Rückgriff auf klassische Kommunikationsformen sollte insbesondere von der Verwaltung nicht ausgeschlossen werden. Um Missverständnissen zu vermeiden empfiehlt es sich, auf Briefbogen und Webseiten der Behörden eindeutige Hinweise zu geben, welche Kommunikationswege bei der Übermittlung von Anträgen zugelassen werden.

Die elektronische Post gilt als beim Empfänger zugegangen, wenn dem Sender eine elektronische Empfangsbestätigung zugeschickt wird (Art. 14 Abs. 17 Gesetz 2672/1998). Bei elektronischen Postfächern wird dem Absender automatisch eine Eingangsbestätigung übermittelt, so dass der Absender den ordnungsgemäßen Zugang seines abgesandten Dokuments immer sofort überprüfen kann. Wird vom System des Absenders eine automatische Eingangsbestätigung nicht unterstützt und verlangt der Absender eine Bestätigung, so trifft dem Empfänger nach dem Wortlaut des Art. 14 Abs. 17 S. 2 Gesetz 2672/1998 eine Verpflichtung zur Eingangsbestätigung.

Die Behörden haben sicherzustellen, dass E-Mail-Postfächer regelmäßig abgefragt werden und sie sollen alle notwendigen technischen und organisatorischen Maßnahmen gegen den unberechtigten Zugang und die Nutzung der darin gespeicherten Daten treffen (Art. 14 Abs. 18 Gesetz 2672/1998). Unterschiedliche Text- und Kommunikationsprogramme können mangels einheitlicher technischer Standards dazu führen, dass der Inhalt elektronischer Dokumente vom Empfänger nicht oder nicht vollständig zur Kenntnis genommen werden kann. Der griechische Gesetzgeber hat insoweit keine Regelung getroffen. Es ist aber davon auszugehen, dass das übermittelte Dokument nicht zugegangen ist, wenn es gar nicht oder in wesentlichen Teilen unlesbar ist. Die Behörden sollen allerdings ihre Internetseite mit entsprechenden Hinweisen über die einzusetzende Software versehen.

Art. 14 Abs. 17 S. 2 Gesetz 2672/1998 stellt fest, dass die Übermittlung einer E-Mail nicht den Beginn des Fristenlaufes für die Einreichung von Verwaltungsbeschwerden, Rechtsbehelfen und Rechtsmitteln auslösen kann. Der Gesetzgeber bleibt somit misstrauisch gegenüber elektronischer Kommunikation. Zwar handelt es sich um eine bürgerfreundliche Lösung, aber diese Regelung fördert offensichtlich nicht die rechtsverbindliche elektronische Kommunikation durch Verwendung elektronischer Signaturen zwischen Bürger und Verwaltung.

Da auch weiterhin das Bedürfnis bestehen wird, viele Verwaltungstätigkeiten mit Papierurkunden zu führen, wenn das Originaldokument als elektronisches Dokument vorliegt, billigt das Gesetz[1594] dem Ausdruck eines elektronischen Dokuments des Art. 14 Gesetz 2672/1998 und der Art. 1 und 2 PE 342/2002 die Wirkungen des Originals ohne Beweiskraftverlust zu, sofern der Ausdruck vom zuständigen Beamten beglaubigt wird. Diese Möglichkeit gilt allerdings für den binnenbehördlichen elektronischen Rechtsverkehr. Wie und unter welchen Anforderungen an die Feststellung der Übereinstimmung mit dem Ursprungsdokument diese Beglaubigung zu erfolgen hat, wird zurzeit nicht geregelt. Soll an dieser Vorschrift festgehalten werden, so sind die Anforderungen zwingend unter Berücksichtigung des Präsentationsproblems festzulegen.

3. *Kritik*

Da sich sowohl Art. 14 Gesetz 2672/1998 als auch PE 342/2002 mit der Urkundenübermittlung durch elektronische Mittel befassen, sind einige Punkte in Bezug auf ihre rechtliche Beziehung klarzustellen. Wie soeben dargestellt, verweist Art. 3 PE 342/2002 auf die Definitionen des Art. 2 PE 150/2001. Dies bedeutet, dass die Definition der digitalen Signatur in Art. 14 Abs. 2 lit. e) Gesetz 2672/1998, die zum Teil von der Definition des Art. 2 Abs. 2 PE 150/2001 abweicht, stillschweigend aufgehoben worden ist, da PE 342/2002 als lex posterior und lex specialis der Vorrang gebührt[1595].

Gemäß Art. 14 Abs. 22 Gesetz 2672/1998 wird die digitale Signatur der eigenhändigen Unterschrift gleichgestellt. Des Weiteren soll eine durch elektronische Post übermittelte und digital signierte Nachricht den gleichen Beweiswert haben wie eine traditionelle Urkunde. Diese Regelung ist ebenfalls als stillschweigend aufgehoben zu betrachten. Denn nach Art. 3 PE 342/2002 sind die Rechtsfolgen elektronischer Signaturen allein aus dem PE 150/2001 zu entnehmen, wonach nur die elektronischen Signaturen das Art. 3 Abs. 1 PE 150/2001 der eigenhändigen Unterschrift gleichgestellt wird. Soweit der griechische Gesetzgeber die

---

[1594] Art. 10 Abs. 8 Gesetz 3230/2004.

[1595] *Komnios*, Dike 2003 S. 1067 f.

elektronische Signatur im öffentlichen Bereich zugelassen hat[1596], gilt die Pflicht zur prinzipiellen Gleichstellung von eigenhändiger Unterschrift und qualifizierter elektronischer Signatur gemäß Art. 5 SigRL auch für das Verwaltungsrecht. Der Erwägungsgrund 19 der SigRL nimmt sogar ausdrücklich Bezug auf Anwendungen im öffentlichen Bereich. In Art. 3 Abs. 7 eröffnete die SigRL die Möglichkeit, auf freiwilliger Basis höhere Sicherheitsstandards z.B. durch Anbieter-Akkreditierung einzurichten[1597]. Anders als viele EU-Mitgliedstaaten[1598] machte PE 342/2002 von der durch Art. 3 Abs. 7 SigRL eröffneten Möglichkeit, den Einsatz elektronischer Signaturen im öffentlichen Bereich möglichen zusätzlichen Anforderungen zu unterwerfen, keinen Gebrauch. Im Gegensatz dazu sieht Art. 1 PE 342/2002 die Verwendung von digitalen Signaturen i.S.d. Art. 2 Abs. 2 PE 150/2001 im elektronischen Behördenverkehr vor.

Diese Reduzierung der Sicherheitsanforderungen für Signaturen im Verwaltungsbereich steht gewissermaßen im Widerspruch zur SigRL. Die Regelung der Rechtswirkung der elektronischen Signatur im Verwaltungsverfahren befindet sich in Art. 3 PE 150/2001 (i.V.m. Art. 3 PE 342/2001). Da die Forderung der SigRL an eine rechtliche Gleichsetzung der „qualifizierten" elektronischen Signatur mit der eigenhändigen Unterschrift die gesamte Rechtsordnung – d.h. auch das Verwaltungsrecht - betrifft, ist es durchaus nachvollziehbar, dass der PE 150/2001 als die Umsetzungsgesetzgebung (Art. 1 Abs. 1 PE) die Rechtwirkungen elektronischer Signaturen auch im Rahmen des Verwaltungsrechts regelt[1599]. Der PE 150/2001 entfaltet bereits Wirkungen ins Verwaltungsrecht hinein. Dies wurde durch Art. 3 und 4 PE 342/2002 nur bestätigt. Der Grundsatz des Art. 3 Abs. 1 PE, nach dem eine gesetzlich angeordnete Schriftform durch eine mit einer elektronischen Signatur des Art. 3 Abs. 1 PE versehene elektronische Urkunde ersetzt werden kann, gilt grundsätzlich im Anwendungsbereich des Verwaltungsrechts. In Art. 16 des griechischen Verwaltungsverfahrensgesetzes werden die Formen geregelt, in denen ein Verwaltungsakt[1600] erlassen werden kann. Danach muss ein Verwaltungsakt u.a. schriftlich und eigenhändig unter-

---

[1596] Die Festlegung der Rechtsgebiete, in denen elektronische Dokumente und elektronische Signaturen verwendet werden können, unterliegt einzelstaatlichem Recht. Vgl. SigRL 1999/93, Erwägungsgrund 21.

[1597] Zurückhaltend allerdings *Dumortier/Kelm/Nilsson/Skouma/van Eecke*, DuD 2004, S. 142.

[1598] *Dumortier/Kelm/Nilsson/Skouma/Van Eecke*, Electronic Signatures in Europe, S. 5 und S. 99.

[1599] Der PE 150/2001 wurde unter Beachtung von Gesetz 2672/1998 bezüglich der elektronischen Kommunikation mit der Verwaltung erlassen; vgl. vor Art. 1 PE 150/2001. Der Gesetzgeber hat den PE nicht auf den Privatrechtsverkehr beschränkt.

[1600] Der Begriff „Verwaltungsakt" des griechischen Verwaltungsrechts ist weiter als der deutsche „Verwaltungsakt", da er sowohl die so genannten „Einzelverwaltungsakte" als auch die Verwaltungsverordnungen des deutschen Verwaltungsrechts umfasst. Vgl. hierzu *Spiliotopoulos*, S. 112 und dort Fn. 19.

schrieben sein[1601]. Der elektronische Verwaltungsakt als neuer Typus wurde zwar für einzelne Verwaltungshandlungen eingeführt (für Verwaltungsentscheidungen, Bescheinigungen und Bestätigungen)[1602], aber der Gesetzgeber des PE 342/2002 hat hierfür als Ersatz der Schriftform die Verwendung digitaler Signaturen angeordnet. Diese Regelung steht mit der Norm des Art. 3 PE 342/2002 i.V.m. Art. 3 Abs. 1 PE 150/2001 nicht im Einklang. Da die elektronische Signatur des Art. 3 Abs. 1 PE 150/2001 und nicht die digitale Signatur der eigenhändigen Unterschrift gleichgestellt wird, wäre der formbedürftige elektronische Verwaltungsakt, der nur mit einer digitalen Signatur versehen ist, in der Regel nichtig[1603].

Es ist zwar richtig, dass eine breite Nutzung qualifizierter Signaturverfahren im elektronischen Geschäfts- und Rechtsverkehr nicht erreicht werden konnte[1604]. Es fragt sich aber, ob die Sicherheit im elektronischen Rechtsverkehr ökonomisch-politischen Zielsetzungen geopfert werden sollte. Der Gesetzgeber ist mit PE 342/2002 der digitalen Signatur sehr weit entgegen gekommen. Nun wird sich zeigen müssen, ob dies tatsächlich das Engagement der Verwaltung und den Erfolg in der Verbreitung von Signaturverfahren so erhöht, dass es zumindest in dieser Hinsicht das Risiko einer Reduzierung des Sicherheitsniveaus elektronischer Signaturen wert war.

Diese Aufspaltung könnte allerdings die umfassende Nutzung und das Vertrauen der Anwender in die Sicherheit der für den Privatrechtsverkehr rechtswirksamen Signaturen stören. Sie könnte überdies zu einer umfassenden parallelen, aber national zersplitterten Infrastruktur für den öffentlichen Bereich führen. Die einheitliche rechtliche Anerkennung elektronischer Signaturen in allen Anwendungsfeldern ist zentral für ihre Verbreitung im elektronischen Rechts- und Geschäftsverkehr.

Die systematische Auseinandersetzung mit den Vorschriften bezüglich der Verwendung elektronischer Signaturen beim elektronischen Behördenverkehr im Verwaltungsverfahren lässt zusammenfassend den Schluss zu, dass die vorliegende Gesetzgebung fragmentarisch ist und teilweise in Widerspruch zum Art. 3 Abs. 1 PE 150/2001 steht; es ist sogar die Frage zu stellen, ob den bisherigen

---

[1601] Vgl. *Spiliotopoulos*, S. 172 ff.; der Verwaltungsakt kann nur ausnahmsweise mündlich erlassen werden. Nach *Dagtoglou*, S. 27, ist die Unterschrift regelmäßig für die Gültigkeit des Verwaltungsaktes notwendig; sie kann aber bei mit elektronischen Mitteln erlassenen Verwaltungsakten weggelassen werden, sofern die Eindeutigkeit des Verwaltungsaktes und der gerichtliche Schutz der betreffenden Person unberührt bleibt.

[1602] Es handelt sich i.d.R. um Einzelverwaltungsakte.

[1603] *Komnios*, Dike 2003 S. 1069.

[1604] S. nur *Dumortier/Kelm/Nilsson/Skouma/Van Eecke*, Electronic Signatures in Europe, S. 8.

Reformschritten überhaupt ein einheitliches und vorausschauendes Gesamtkonzept zugrunde liegt. Durch die Normierung sich widersprechender Vorschriften hat der griechische Gesetzgeber, im Gegensatz zum deutschen, es somit hier verpasst, eine eindeutige E-Government Gesetzgebung zu treffen. Es bleibt daher der behördlichen wie auch der gerichtlichen Praxis überlassen, Klarheit bei der elektronischen Kommunikation mit der öffentlichen Verwaltung zu schaffen.

Zusammenfassung in Thesen

1. Zusammenfassend kann festgehalten werden, dass die SigRL sowohl vom deutschen als auch vom griechischen Gesetzgeber korrekt im nationalen Recht umgesetzt worden ist.
2. Die im deutschen SigG aufgeführten Signaturarten stimmen im Wesentlichen mit den beschriebenen griechischen Signaturarten überein. Die Terminologie und die inhaltliche Bestimmung der ersten beiden Arten entsprechen exakt den Vorgaben der SigRL. Nur die Bezeichnungen der dritten Form als qualifizierte elektronische Signatur oder als elektronische Signatur i.S.d. Art. 3 Abs. 1 PE weichen marginal voneinander ab. Die Einführung eines Begriffs für die elektronische Signatur des Art. 3 Abs. 1 PE wie z.B. „qualifizierte" oder „sichere" elektronische Signatur wäre aus Gründen der Klarheit vorteilhafter.
3. Es ist grundsätzlich zu begrüßen, dass die Terminologie des griechischen PE – anders als in den deutschen Umsetzungsgesetzen - von der der SigRL nicht abweicht. So wird nur ausnahmsweise das, was die SigRL als „fortgeschrittene elektronische Signatur" bezeichnet, in dem PE auch „digitale Signatur" genannt. Die Terminologie der SigRL ist ohnehin schwierig und komplex genug. Eine hiervon abweichende Terminologie würde nur die Überprüfung erschweren, ob die SigRL korrekt umgesetzt wurde.
4. Die Verwendung des Begriffs „Unterzeichner" für juristische Personen (Art. 2 Abs. 3 PE) ist im Rahmen des griechischen Privatrechts unglücklich.
5. Für „einfache" und fortgeschrittene elektronische Signaturen sind sowohl im deutschen als auch im griechischen Recht keine spezifischen Rechtsfolgen vorgesehen.
6. Das SigG hat den Begriff des (qualifizierten) Zeitstempels eingeführt (§ 2 Nr. 14 SigG), der dem PE (noch) fehlt. Eine genaue Ausgestaltung von Zeitstempeldienst ist auch im griechischen Recht unerlässlich.
7. Sowohl in Deutschland als auch in Griechenland darf die Entfaltung der Zertifizierungsdienstetätigkeit nicht von einem Bewilligungsverfahren abhängig gemacht werden.
8. Die NatKTP stellt – anders als die BNetzA - den akkreditierten Zertifizierungsdiensteanbietern keine qualifizierte Zertifikate aus. Eine Funktion der NatKTP als Wurzelinstanz (Root-CA) ist ausgeschlossen.
9. Die Tatsache, dass nach Art. 9 grVO alle, d.h. auch Zertifizierungsdiensteanbieter von „einfachen" Zertifikaten, der Aufsicht der NatKTP unterliegen, könnte europarechtlich bedenklich sein.
10. Die Ausgestaltung des Inhalts von qualifizierten Zertifikaten ist in beiden Rechtsordnungen von europäischen Vorgaben geprägt worden. Der einzige Unterschied liegt darin, dass nach deutschem Recht (§ 7 Abs. 1 S. 1

SigG) das qualifizierte Zertifikat mit der qualifizierten elektronischen Signatur versehen sein muss, wenn gemäß Anhang I lit. h) PE - und Anhang I h) SigRL – die fortgeschrittene elektronische Signatur des Anbieters genügt.

11. Aus Praktikabilitätsgründen ist die Verwendung von Attribut-Zertifikaten auch im griechischen Signatursystem empfehlenswert, damit eine unnötige Modifizierung des (Haupt-)Zertifikats verhindert wird. Eine ad hoc gesetzliche Normierung ist allerdings nicht notwendig.
12. Die Einfügung einer Bestätigung der Kenntnisnahme der Belehrung des Unterzeichners wäre im griechischen Recht – wie in § 6 Abs. 3 SigG – rechtspolitisch empfehlenswert, da sie der oft bezweifelten Warnfunktion der elektronischen Signatur zugunsten der Nutzer verbessern würde.
13. Aus öffentlichrechtlicher Sicht ist die Akkreditierung der griechischen Signaturgesetzgebung eine Genehmigung des Verwaltungsrechts. Sie enthält eine widerlegliche Vermutung über die Erfüllung der Anforderungen des PE und der grVO, die die freie richterliche Beweiswürdigung beschränkt. Das griechische Signatursystem fördert die Akkreditierung von Zertifizierungsdiensteanbieter nicht. Ein Anreiz für die Nutzung der freiwilligen Akkreditierung und für die Nutzung akkreditierter Signaturverfahren wurde nicht geschafft.
14. Die von der grVO eröffnete Möglichkeit der vorläufigen Suspendierung von Zertifikaten ist zu begrüßen, denn der Zertifizierungsdiensteanbieter kann gegebenenfalls reagieren ohne die Zertifikate endgültig sperren zu müssen. So werden die für die Ausstellung eines neuen Zertifikats notwendigen Kosten gespart. Zu bedauern ist aber, dass der griechische Verordnungsgeber keine zeitliche Grenze für die Suspendierung bestimmt hat.
15. Die grVO sieht u.a. vor, dass im Fall der Geschäftsunfähigkeit, der Verschollenheitserklärung (Art. 40 grZGB) oder des Todes des Zertifikat-Berechtigten das qualifizierte Zertifikat zu widerrufen ist. Die deutsche Signaturgesetzgebung ermangelt an einer entsprechenden Regelung. Eine Widerrufsgrundlage kann im deutschen Recht unmittelbar aus der Natur der Sache ergeben. Ein Zertifikat, das sich auf eine geschäftsunfähigen Person oder eine nicht existierende Person bezieht, ist gegenstandslos und muss widerrufen werden.
16. Da der griechische Gesetzgeber, anders als in § 23 SigG, im Bezug auf die Anerkennung ausländischer Zertifikate keine spezielle Regelung über die Zertifikate aus einem Vertragsstaat des Abkommens über den Europäischen Wirtschaftsraum getroffen hat, sind diese als Zertifikate aus Drittstaaten zu betrachten. Der Anwendungsbereich der SigRL ist allerdings auf den gesamten Europäischen Wirtschaftsraum ausgedehnt worden. Die

Differenzierung in Mitgliedstaaten der EU einerseits und in Vertragsstaaten des EWR andererseits ist gesetzlich zu beseitigen.

17. Der Obertitel des Art. 10 VfAZ – Suspendierung der Berechtigung des Angebots von Diensten freiwilliger Akkreditierung - ist falsch und irreführend und soll korrigiert werden; damit ist die Suspendierung der Berechtigung des Angebots akkreditierter Zertifizierungsdiensten gemeint.
18. Von der EU wurden in Art 6 der SigRL Mindestanforderungen für Haftungsregeln normiert, welche auch ausdrücklich als Mindestanforderungen betitelt wurden. Nur verkannte man in Griechenland die Notwendigkeit, „Mindestanforderungen" im ausreichenden Maße zu vervollständigen, um nicht auf - schon im vorhinein prognostizierte Haftungsprobleme - zu stoßen. Die Haftungstatbestände des deutschen § 11 SigG sind umfassender als die des PE; die in Griechenland niedergelassenen Zertifizierungsdiensteanbieter sollen zusätzlich für die Einhaltung der Anforderungen der Anhänge II und III PE und alle sonstigen, in der griechischen Signaturgesetzgebung vorgesehenen technische Sicherheitserfordernisse einstehen. Anders als die SigRL und der PE spricht das deutsche SigG nicht davon, dass derjenige Zertifizierungsdiensteanbieter haften soll, der ein Zertifikat als qualifiziertes öffentlich ausstellt oder für ein derartiges öffentlich einsteht. Die deutsche Haftungsbestimmung ist in dieser Richtung zu ergänzen, da anderenfalls § 11 SigG nicht anwendbar sein wird, wenn ein Anbieter ein Zertifikat als qualifiziertes bezeichnet, obwohl es sich um keines handelt.
19. Das Anbieten von Zertifizierungsdiensten anderen als die Ausstellung von Zertifikaten - wie etwa das bloße Führen von Zeitstempeldiensten oder Verzeichnisdiensten - fällt nicht unter den Anwendungsbereich des Art. 6 PE.
20. Eine Ersatzpflicht des Zertifizierungsdiensteanbieters gegenüber dem Unterzeichner im Rahmen des Art. 6 PE ist unwahrscheinlich; denn einerseits sind Konstellationen bei denen der Unterzeichner auf das für seine eigene Identifizierung ausgestellten Zertifikat vertraut schwer vorstellbar und zweitens wäre auch in solchen Konstellationen das Vertrauen des beschädigten Unterzeichners auf das qualifizierte Zertifikat selten als „vernünftig" zu qualifizieren.
21. Beachtet der Signaturempfänger eine Beschränkung der Nutzung des Zertifikats nicht, ist er nach griechischem Recht grundsätzlich nicht schutzwürdig und haftet der Zertifizierungsdiensteanbieter überhaupt nicht. Um Vertrauen zu erzeugen und die Transparenz zu fördern ist diesbezüglich die Normierung einer zusätzlichen Anforderung an qualifizierte Zertifikate in Anhang I PE erwünschenswert. So müssen qualifizierte Zertifikate Angaben enthalten, welche darauf hinweisen, dass die Nichtbeachtung der Begrenzungen zum Haftungsausschluss des Zertifizierungsdiensteanbie-

ters führt. Die in der deutschen Literatur vertretene Meinung, dass es ausreichend sei, wenn sich diese Beschränkungen nicht aus dem Zertifikat sondern auch aus anderen Quellen z.B. den online zugänglichen AGB des Anbieters oder aus der „Certification Practice Statement" ergeben, ist mit dem Wortlaut des Art. 6 PE nicht vereinbar.

22. Die Haftung des Unterzeichners und diejenige des auf die Signatur vertrauenden Dritten sind im PE nicht geregelt. Dem Unterzeichner kann die mit seinem Signaturschlüssel erzeugte Erklärung aus Gründen der Rechtsscheinhaftung zugerechnet werden. Eine vom Gesetz verlangte Nutzung biometrischer Merkmale zur Identifikation des Signaturschlüssel-Inhabers wird die Möglichkeit der Verwendung der Signaturerstellungsdaten durch Dritte praktisch ausschließen und die Probleme bezüglich der Preisgabe der Signaturerstellungsdaten vermeiden.
23. Kommt der Zertifizierungsdiensteanbieter seiner in der griechischen Signaturgesetzgebung geregelten Pflichten nicht nach, so ist sein Verhalten rechtwidrig wegen Verletzung einer Verpflichtung, die gesetzlich normiert wird. Sind auch die anderen Tatbestandsvoraussetzungen des Art. 914 i.V.m. Art. 922 grZGB, und insbesondere die Kausalität zwischen der schuldhaften, rechtswidrigen Handlung und dem Schaden erfüllt, ist von einer deliktischen Haftung des Zertifizierungsdiensteanbieters auszugehen. Es ist jedoch zu beachten, dass die gesetzlich normierten Pflichten, deren Verletzung eine Haftung - beruhend auf Deliktsrecht - begründen kann, i.d.R. nur Zertifizierungsdiensteanbieter, die qualifizierte Zertifikate ausstellen, betreffen.
24. Auch die Zertifizierungsdiensteanbieter, die einfache Zertifikate ausstellen, haben nach der hier vertretenen Auffassung für die inhaltliche Unrichtigkeit der von ihnen ausgestellten Zertifikate einzustehen. Verursachen solche Unrichtigkeiten oder sonstige falsche Auskünfte über die Echtheit und Gültigkeit von Zertifikaten Schäden, so kann das auf die deliktische Haftung der Zertifizierungsdiensteanbieter gegenüber Anfragenden führen. Die ungenaue bzw. falsche Auskunftserteilung seitens Personen, denen gerade aufgrund ihrer Funktion im Geschäftverkehr ein gesteigertes Vertrauen entgegengebracht wird, wird als rechtwidriges Verhalten qualifiziert. Das Verhalten des Gehilfen des Anbieters muss auch schuldhaft sein.
25. Die Regelung zur Deckungsvorsorge des griechischen Rechts ist im Vergleich zum § 12 SigG umfassender.
26. Die Aufdeckung eines Pseudonyms und die Übermittlung der Identitätsdaten kann in Griechenland nach den Grundsätzen der Datenschutzgesetzgebung erfolgen. Die deutsche Regelung ist allerdings wegen ihrer klarstellenden Wirkung vorteilhafter.

27. Der Erlass des SigG hat in Deutschland die Anpassung einiger Gesetzesregelungen nach sich gezogen, etwa im BGB und in der ZPO. Das geschah allerdings nicht durch das SigG, sondern in Gestalt eines gesonderten Gesetzes, nämlich mit dem Erlass des Gesetzes zur Anpassung der Formvorschriften des Privatrechts und anderer Vorschriften an den modernen Rechtsgeschäftsverkehr vom 13. Juli 2001. In Griechenland wurde dagegen keine Änderung im grZGB und in der grZPO vorgenommen.
28. Das deutsche Beweissystem geht von dem Grundsatz der freien Beweiswürdigung aus (§ 286 ZPO). Dieser Grundsatz erlaubte auch ohne besondere Regelung die Würdigung elektronischer Dokumente, sofern diese in Gestalt der gängigen förmlichen Beweismittel im Prozess vorgelegt wurden. Nach dem Justizkommunikationsgesetz wurde jedoch gemäß § 371a ZPO eine neue Regelung für elektronische Dokumente eingeführt, in der auf öffentliche und private elektronische Dokumente die Vorschriften über die Beweiskraft und die Echtheit der jeweiligen Urkundsart entsprechend angewandt werden.
29. Elektronische Dokumente mit qualifizierter elektronischer Signatur können nach § 126a Abs. 1 BGB die gesetzlich vorgesehene Schriftform ersetzen, sofern der Aussteller der Erklärung seinen Namen angefügt hat. Die Besonderheit gegenüber dem griechischen Recht liegt in der Notwendigkeit der Hinzufügung des eigenen Namenszugs.
30. Die Gleichstellung von elektronischen Signaturen des Art. 3 Abs. 1 PE und eigenhändigen Unterschriften gewährleistet, dass elektronisch signierte Dokumente, die mit einer elektronischen Signatur des Art. 3 Abs. 1 PE versehen sind, im Beweisverfahren die Beweiskraft des Art. 445 grZPO haben und nicht die des Art. 448 Abs. 2 i.V.m. 444 Nr. 3 grZPO bezüglich der mechanischen Aufzeichnungen. Art. 445 grZPO ist in diesem Fall nach der hier vertretenen Auffassung unmittelbar anzuwenden.
31. Über die Zulassung von „einfachen“ und fortgeschrittenen elektronischen Signaturen als Beweismittel im griechischen Recht gibt es keinerlei Bedenken. Die herrschende Auffassung in der Literatur und Rechtsprechung, die jede elektronische Urkunde (mit oder ohne Signierung) als technische Aufzeichnung i.S.d. Art. 444 Nr. 3 grZPO betrachtet, spricht den mittels einer „einfachen“ oder einer fortgeschrittenen elektronischen Signatur signierten Dokumenten die Beweiskraft des Art. 448 Abs. 2 grZPO zu. Die allgemeine Auffassung ist nicht zuzustimmen. Wird eine elektronische Urkunde mit einer elektronischen Signatur des Art. 3 Abs. 1 PE versehen, sind Art. 443 und Art. 445 grZPO unmittelbar anzuwenden; diese elektronische Urkunde ist eine Urkunde im Sinne der grZPO. Wird allerdings eine sonstige (nicht der eigenhändigen Unterschrift gleichgestellte) elektronische Signatur verwendet, dann es handelt sich um eine

imperfekte Urkunde, um ein „Beweismittel, das den Gesetzesvoraussetzungen nicht entspricht" (Art. 270 Abs. 2 S. 2 grZPO).

32. Die Echtheit der Signatur des Art. 3 Abs. 1 PE hat wie nach der für die Echtheit von Privaturkunden geltenden Regelung des Art. 457 Abs. 1 grZPO der Beweisführer zu beweisen. Hierbei hilft ihm allerdings, sofern er sich auf eine ihm zugegangene Erklärung des Unterzeichners beruft, kein gesetzlich festgestelltes Anscheinsbeweis wie in § 371a Abs. 1 S. ZPO. Es wird auch keine Vermutungsregel aufgestellt, dass die Signaturerstellungsdaten vom dazu berechtigten Inhaber benutzt wurden. Dem Erklärungsempfänger wird allerdings die Beweisführung durch einen Beweis des ersten Anscheins erleichtert.
33. Die Annahme eines Anscheins der Echtheit einer elektronischen Signatur des Art. 3 Abs. 1 PE hat im Hinblick auf die hohen Anforderungen an elektronische Signaturen des Art. 3 Abs. 1 PE ihre Rechtfertigung und spricht dafür, dass die elektronische Signatur und daher die im elektronischen Dokument enthaltene Erklärung (Art. 457 Abs. 3 grZPO entsprechend anwendbar) von demjenigen stammt, der aufgrund der Überprüfung der Signatur als Erklärende aus ihr hervorgeht. Die Normierung einer Vermutung ist nicht notwendig.
34. Der Anschein kann einerseits dann erschüttert werden, wenn der Signaturschlüssel-Inhaber nachweisen kann, dass die Sicherheit der Signatur nicht gewährleistet war, d.h. bei Fällen technischer Mängel. Gelingt ihm dieser Nachweis, trifft die Beweislast den auf die Signatur vertrauenden Dritte, dass die elektronische Signatur doch von dem Unterzeichner abgegeben worden ist. Andererseits kann zur Erschütterung des Anscheins vorgebracht werden, dass ein Dritter Zugriff auf seine Chipkarte und PIN haben konnte. Gelingt allerdings dem Unterzeichner in diesem Fall den Anschein zu erschüttern, so kann die mit seinem Schlüssel signierte Erklärung dennoch aus Rechtsscheinhaftung zugerechnet werden. Eine Zurechnung der Erklärung soll nur dann ausscheiden, wenn der Unterzeichner den Anschein mit Tatsachen erschüttert, die die Sicherheit des Signaturverfahrens betreffen.
35. Die Akkreditierung kommt also dem Beweisführer zugute. Sie stellt die widerlegliche Vermutung dar, dass die vorliegende elektronische Signatur mit der Signaturerstellungseinheit des im zugrunde liegenden qualifizierten Zertifikat angegebenen Unterzeichners erzeugt wurde und dass die signierten Daten danach nicht verändert worden sind.
36. Durch das Art. 3 Abs. 1 PE werden ex lege die elektronischen Signaturen dieser Vorschrift der eigenhändigen Unterschrift gleichgestellt. Dadurch erfüllen solche elektronisch signierte Urkunden in Griechenland im Allgemeinen die Anforderung der gesetzlichen Schriftform, die gemäß Art. 160 grZGB durch das Anbringen der eigenhändigen Unterschrift definiert

ist. Der PE lässt die Regelungen des grZGB und die von anderen Gesetzen, die die Schriftform verlangen unberührt. Schreibt das Gesetz Schriftform vor, kann die „einfache" und die fortgeschrittene elektronische Signatur nicht eingesetzt werden.

37. Da die mit einer Signatur des Art. 3 Abs.1 PE signierte elektronische Urkunde die Schriftform ex lege genügt, ist der elektronische Abschluss von Bürgschaftsverträgen – anders als gemäß § 766 Abs. 2 BGB - laut griechischem Recht nicht ausgeschlossen. Das gleiche gilt für das Schuldversprechen und das Schulderkenntnis (Art. 873 grZGB), für das Akkreditiv (Art. 25 S. 3 Gesetzliches Dekret 17-7/18-8-1923) und i.d.R. für die Verbraucherkreditverträge (Art. 9 Abs. 1 Gemeinsame Ministerialbeschluss Φ1-983/91).

38. Ein eigenhändiges Testament in elektronischer Form ist sowieso unwirksam, da sowohl Text wie auch Unterschrift mit eigener Hand zu schreiben sind.

39. Ist in arbeitsrechtlichen Normen die Schriftform vorgeschrieben, kann diese grundsätzlich durch die elektronische Form ersetzt werden. So ist im kollektiven Arbeitsrecht der elektronische Abschluss von Tarifverträgen, wofür die Schriftform verlangt wird (Art. 680 Abs. 2 grZGB), nicht ausgeschlossen. Vergleichbares gilt für die Erteilung von Arbeitszeugnissen als gesetzliche Nebenpflicht des Arbeitsverhältnisses (Art. 678 grZGB). Das durch das Art. 3 Gesetz 2112/1920, Art. 1 Königlicher Erlass von 16/18.7.1920 und Art. 5 Abs. 3 Gesetz 3198/1955 eingeführte Schriftformerfordernis für Kündigungen des Arbeitsvertrages, kann ebenfalls in elektronischer Form i.S.d. Art. 3 Abs. 1 PE erfolgen.

40. Die vorbehaltslose Gleichsetzung der elektronischen Signatur des Art. 3 Abs. 1 PE mit der eigenhändige Unterschrift trägt aber keine Rechnung Bedenken bezüglich der meistens aus subjektiven Gründen problematischen Warnfunktion der elektronischen Form gegenüber der Schriftform, die in Griechenland eine lange Tradition und Verankerung im Bewusstsein der Menschen hat. Der Gesetzgeber verkennt, dass die elektronische Signatur bis heute kaum Verwendung in der Praxis erlangen hat.

41. Es ist notwendig, dass der Gesetzgeber die Möglichkeit von Ausnahmen zur elektronischen Form offen hält und sie konkret regelt. Um Missverständnisse zu vermeiden sollte die elektronische Form ausdrücklich eingeführt werden, als eine allgemeine, der schriftlichen gleichwertige Form, z.B. durch einen neuen Art. 160a grZGB, der die elektronischen Urkunde unter bestimmten Voraussetzungen den Urkunden in der traditionellen Schriftform gleichstellen wird. Will der Gesetzgeber die elektronische Form – im Rahmen des Art. 8 PE 131/2003 - ausschließen, so sollte dies in jeder Vorschrift, die die Schriftform verlangt, ausdrücklich geregelt werden.

42. Die griechische Gesetzgebung zur Verwendung elektronischer Signaturen beim elektronischen Behördenverkehr ist fragmentarisch und steht teilweise in Widerspruch zum Art. 3 Abs. 1 PE 150/2001; es ist insofern fraglich, ob den bisherigen Reformschritten überhaupt ein einheitliches und vorausschauendes Gesamtkonzept zugrunde liegt.

Anhang: PE 150/2001 in deutscher Übersetzung

PRÄSIDIALERLASS NR. 150
Umsetzung der Richtlinie 99/93/EG des Europäischen Parlaments und des Rates über gemeinschaftliche Rahmenbedingungen für elektronische Signaturen.

DER PRÄSIDENT
DER HELLENISCHEN REPUBLIK

Gestützt auf:

1. Die Bestimmungen:

a) des Artikels 3 des Gesetzes 1338/1983 „Anwendung des Gemeinschaftsrechts“ (A′ 34), wie ersetzt durch den Artikel 65 des Gesetzes 1892/1990 (A′ 101) „Zur Modernisierung und Entwicklung und andere Vorschriften“.

b) des Artikels 4 des selben Gesetzes 1338/1983, wie ersetzt durch den Absatz 4 des Artikels 6 des Gesetzes 1440/1984 (A′ 70) „Beteiligung Griechenlands am Kapital, an den Dispositionsfonds und den Rückstellungen der Europäischen Investitionsbank, am Kapital der Europäischen Gemeinschaft für Kohle und Stahl und der Institution EURATOM“, ergänzt durch Artikel 22 des Gesetzes 2789/2000 (A′ 21).

2. Die Bestimmungen des Artikels 2 des Gesetzes 2077/1992 „Ratifizierung des Vertrags über die Europäische Union, der entsprechenden Protokollen und der im Schlussakt enthaltenen Erklärungen“ (A′ 154).
3. Die Bestimmungen des Artikels 29A′ des Gesetzes 1558/1985 (A′ 137), ergänzt durch Artikel 27 des Gesetzes 2081/1992 (A′ 154) und ersetzt durch den Absatz 2a des Artikels 1 des Gesetzes 2469/1997 (A′ 38).
4. Die Bestimmungen des Gesetzes 2867/2000 (A′ 273) „Organisation und Betrieb der Telekommunikation und andere Vorschriften“.
5. Die Bestimmungen des Gesetzes 2672/1998 (A′ 290) „Finanzielle Mittel der präfekturalen Selbstverwaltung und andere Vorschriften“.
6. Die Tatsache, dass auf die öffentlichen Haushalte das Gesetz nicht kostenbelastend sich auswirkt.
7. Das Gutachten Nr. 98/2001 des Staatrates nach dem Vorschlag des Ministers für Inneres, öffentliche Verwaltung und Dezentralisierung und der Minister der Finanzen, der Justiz und für Verkehrs- und Kommunikationswesen ergeht folgender Erlass:

Artikel 1
Zweck und Anwendungsbereich

1. Durch den vorliegenden Präsidialerlass wird die griechische Gesetzgebung an die Bestimmungen der Richtlinie 99/93/EG des Europäischen Parlaments und

des Rates vom 13. Dezember 1999 „über gemeinschaftliche Rahmenbedingungen für elektronische Signaturen" (ABl. EG Nr. L 13/19.1.2000) - im Folgenden: Richtlinie – angepasst.
2. Die Bestimmungen des vorliegenden Erlasses berühren weder Vorschriften, die im Zusammenhang mit dem Abschluss und der Gültigkeit von Verträgen oder im Allgemeinen mit der Begründung anderer rechtlicher Verpflichtungen die Erfüllung von Formvorschriften verlangen, noch Vorschriften über die beweisrechtliche oder andere Verwendung von Dokumenten und Vorschriften, die den Verkehr und die Vorlegung bestimmter Dokumenten und personenbezogener Daten verbieten.

Artikel 2
Begriffsbestimmungen

Im Sinne dieses Erlasses bezeichnet der Ausdruck:
1. „elektronische Signatur": Daten in elektronischer Form, die anderen elektronischen Daten beigefügt oder logisch mit ihnen verknüpft sind und die zur Authentifizierung dienen.
2. „fortgeschrittene elektronische Signatur" oder „digitale Signatur:" eine elektronische Signatur, die folgende Anforderungen erfüllt:
   a) sie ist ausschließlich dem Unterzeichner zugeordnet;
   b) sie ermöglicht die spezielle und ausschließliche Feststellung der Identität des Unterzeichners;
   c) sie wird mit Mitteln erstellt, die der Unterzeichner unter seiner alleingen Kontrolle halten kann, und
   d) sie ist so mit den Daten, auf die sie sich bezieht, verknüpft, dass eine nachträgliche Veränderung der Daten erkannt werden kann.
3. „Unterzeichner": eine natürliche oder juristische Person, die eine Signaturerstellungseinheit besitzt und die entweder im eigenen Namen oder im Namen der von ihr vertretenen Stelle oder juristischen oder natürlichen Person handelt.
4. „Signaturerstellungsdaten": einmalige Daten wie Codes oder private kryptographische Schlüssel, die vom Unterzeichner zur Erstellung einer elektronischen Signatur verwendet werden.
5. „Signaturerstellungseinheit": eine konfigurierte Software oder Hardware, die zur Implementierung der Signaturerstellungsdaten verwendet wird.
6. „sichere Signaturerstellungseinheit": eine Signaturerstellungseinheit, die die Anforderungen des Anhangs III erfüllt.
7. „Signaturprüfdaten": Daten wie Codes oder öffentliche kryptographische Schlüssel, die zur Überprüfung einer elektronischen Signatur verwendet werden.
8. „Signaturprüfeinheit": eine konfigurierte Software oder Hardware, die zur Implementierung der Signaturprüfdaten verwendet wird.
9. „Zertifikat": eine elektronische Bescheinigung, mit der Signaturprüfdaten eines Individuums zugeordnet werden und seine Identität bestätigt wird.

10. „qualifiziertes Zertifikat": ein Zertifikat, das die Anforderungen des Anhangs I erfüllt und von einem Zertifizierungsdiensteanbieter bereitgestellt wird, der die Anforderungen des Anhangs II erfüllt.
11. „Zertifizierungsdiensteanbieter": eine natürliche oder juristische Person oder eine sonstige Stelle, die Zertifikate ausstellt oder anderweitige Dienste im Zusammenhang mit elektronischen Signaturen bereitstellt.
12. „Produkt für elektronische Signaturen": Hard- oder Software bzw. deren spezifische Komponenten, die von einem Zertifizierungsdiensteanbieter für die Bereitstellung von Diensten für elektronische Signaturen verwendet werden sollen oder die für die Erstellung und Überprüfung elektronischer Signaturen verwendet werden sollen.
13. „freiwillige Akkreditierung": jede Erlaubnis zur Akkreditierung elektronischer Daten, mit der die Rechte und Pflichten für die Erbringung von Zertifizierungsdiensten festgelegt werden und die auf Antrag des betreffenden Zertifizierungsdiensteanbieters von der im Absatz 5 des Artikels 4 des vorliegenden Präsidialerlasses vorgesehenen Stelle erteilt wird.

Artikel 3
Rechtswirkung elektronischer Signaturen

1. Der fortgeschrittenen elektronischen Signatur, die auf einem qualifizierten Zertifikat beruht und die von einer sicheren Signaturerstellungseinheit erstellt wird, kommt der Status einer eigenhändigen Unterschrift zu sowohl nach materiellem als auch nach prozessualem Recht.
2. Die Wirksamkeit der elektronischen Signatur oder ihre Zulässigkeit als Beweismittel wird nicht allein deshalb abgesprochen, weil die Voraussetzungen des vorherigen Absatzes nicht erfüllt sind.

Artikel 4
Marktzugang – Binnenmarktgrundsätze

1. Die angebotenen Produkten für elektronische Signaturen dürfen unter dem Vorbehalt des Artikels 3 des vorliegenden Erlasses sichere oder auch nicht sichere Signatureinheiten betreffen, solange dies ausdrücklich für jeden Dritten angegeben wird.
2. Die Übereinstimmung sicherer Signaturerstellungseinheiten mit den Anforderungen nach Anhang III wird von der Nationalen Kommission für Telekommunikation und Post (NatKTP) (Artikel 3 des Gesetzes 2867/2000) oder von den vom NatKTP benannten öffentlichen oder privaten Stellen festgestellt. Die NatKTP und die von ihm benannten öffentlichen oder privaten Stellen sind zur Anwendung der in der Entscheidung der Europäischen Kommission vom 6.11.2000 (E(2000) 3179 end.) festgelegten Mindestkriterien verpflichtet. Es ist davon auszugehen, dass die Anforderungen nach Anhang II Buchstabe f) und

Anhang III erfüllt sind, wenn ein Produkt für elektronische Signaturen den anerkannten Normen entspricht.
3. Die angebotenen Prüfzertifikate bestimmen ausdrücklich auf für nichtprofessionelle Dritte nachvollziehbare Weise, ob es sich um qualifizierte oder nicht qualifizierte Zertifikate handelt.
4. Unbeschadet des Absatzes 5 des vorliegenden Artikels bedarf die Bereitstellung von Zertifizierungsdiensten jeglicher Art keiner Erlaubnis für die Zertifizierungsdiensteanbieter.
5. Zur Steigerung des Niveaus der erbrachten Zertifizierungsdienste wird vom NatKTP oder von den von ihm benannten öffentlichen oder privaten Stellen auf schriftlichen Antrag des interessierten Zertifizierungsdiensteanbieters freiwillige Akkreditierung angeboten. Mit der freiwilligen Akkreditierung werden Rechte und Pflichten - einschließlich Gebühren - für den Zertifizierungsdiensteanbieter festgelegt. Die mit der freiwilligen Akkreditierung angeknüpften Anforderungen müssen objektiv, transparent, verhältnismäßig und nichtdiskriminierend sein. Die NatKTP darf nicht die Zahl der Zertifizierungsdiensteanbieter einschränken, die eine Akkreditierung nach den Bestimmungen des vorliegenden Artikels beabsichtigen.
6. Die akkreditierten oder nicht akkreditierten Zertifizierungsdiensteanbieter, die die Anforderungen nach Anhang II erfüllen, stellen öffentlich qualifizierte Zertifikate aus.
7. Die Zertifizierungsdiensteanbieter sollen sich ihrerseits besonders um die Einhaltung der Vorschriften über den Wettbewerbschutz, den unlauteren Wettbewerb, das Urheberrecht, das gewerbliche Schutzrecht und den Verbraucherschutz Bemüht sein.
8. Der NatKTP obliegt die Aufsicht und die Überwachung sowohl der in Griechenland niedergelassenen Zertifizierungsdiensteanbieter als auch der Stellen, die gemäß Absatz 5 und Absatz 2 des vorliegenden Artikels mit der Akkreditierung und der Kontrolle der Konformität der Signaturen mit dem Anhang III befasst sind.
9. Die NatKTP verhängt eine Geldbuße von sechzig tausend Euro (60.000) bis zu dreihunderttausend Euro (300.000), wenn ein nicht akkreditierter Zertifizierungsdiensteanbieter als akkreditiert handelt.

Artikel 5
Internationale Aspekte

1. Die Erbringung von Zertifizierungsdiensten innerhalb des Griechischen Staatsgebietes von einem in Griechenland niedergelassenen Zertifizierungsdiensteanbieter unterliegt der geltenden griechischen Gesetzgebung.
2. Zertifizierungsdienste in den von der Gesetzgebung der Europäischen Union zur elektronischen Signatur erfassten Bereichen, die aus einem anderen Mitgliedstaat der Europäischen Union stammen, entfalten dieselben Rechtswirkun-

gen wie die von einem in Griechenland niedergelassenen Zertifizierungsdiensteanbieter angebotenen Zertifizierungsdienste.
3. Produkte für elektronische Signaturen, die mit der geltenden Gesetzgebung der Europäischen Union übereinstimmen, entfalten dieselben Rechtswirkungen wie die aus Griechenland stammenden Produkte. Insbesondere hat die von der jeweils zuständigen Stelle eines Mitgliedstaates der Europäischen Union erfolgte Feststellung der Übereinstimmung mit der geltenden Gesetzgebung der Europäischen Union, die Anforderungen an sichere Signaturerstellungseinheiten betrifft, unmittelbare Wirksamkeit auch in Griechenland.
4. Die qualifizierten Zertifikate, die von einem Zertifizierungsdiensteanbieter eines Drittlandes öffentlich als qualifizierte Zertifikate ausgestellt werden, werden den von einem in der Europäischen Union niedergelassenen Zertifizierungsdiensteanbieter ausgestellten Zertifikaten rechtlich gleichgestellt, wenn:
a) der Zertifizierungsdiensteanbieter die Anforderungen des vorliegenden Erlasses erfüllt und im Rahmen eines freiwilligen Akkreditierungssystems eines Mitgliedstaats akkreditiert ist;
b) ein in einem Mitgliedstaat niedergelassener Zertifizierungsdiensteanbieter, der die Anforderungen dieses Erlasses erfüllt, für das betreffende Zertifikat einsteht.
c) das qualifizierte Zertifikat des Zertifizierungsdiensteanbieters im Rahmen einer bilateralen oder multilateralen Vereinbarung zwischen der Europäischen Union und Drittländern oder internationalen Organisationen anerkannt ist.

Artikel 6
Haftung der Zertifizierungsdiensteanbieter

1. Ein akkreditierter oder nicht akkreditierter Zertifizierungsdiensteanbieter, der ein Zertifikat als qualifiziertes Zertifikat öffentlich ausstellt oder für ein derartiges Zertifikat öffentlich einsteht, haftet in Bezug auf Schäden gegenüber einer Stelle oder einer juristischen oder natürlichen Person, die vernünftigerweise auf das Zertifikat vertraut, dafür, dass:
a) alle Informationen in dem qualifizierten Zertifikat zum Zeitpunkt seiner Ausstellung richtig sind und das Zertifikat alle für seine Ausstellung vorgeschriebenen Angaben enthält,
b) der in dem qualifizierten Zertifikat identifizierte Unterzeichner zum Zeitpunkt der Ausstellung des Zertifikats im Besitz der Signaturerstellungsdaten war, die den im Zertifikat angegebenen bzw. festgelegten Signaturprüfdaten entsprechen,
c) in Fällen, in denen der Zertifizierungsdiensteanbieter sowohl die Signaturerstellungsdaten als auch die Signaturprüfdaten erzeugt, beide Komponenten in komplementärer Weise genutzt werden können.
2. Der Zertifizierungsdiensteanbieter haftet auch, wenn er es unterlassen hat, den Widderruf des Zertifikats zu registrieren.

3. In allen diesen Fällen haftet der Zertifizierungsdiensteanbieter nicht, wenn er nachweist, dass er nicht fahrlässig gehandelt hat.
4. Im qualifizierten Zertifikat können vom Zertifizierungsdiensteanbieter Beschränkungen für die Verwendung des Zertifikats angegeben werden unter der Voraussetzung, dass diese Beschränkungen in einer für jeden Dritten erkennbaren Weise formuliert werden. In diesem Fall haftet der Zertifizierungsdiensteanbieter nicht für Schäden, die sich aus einer über diese Beschränkungen hinausgehenden Verwendung des qualifizierten Zertifikats ergeben.
5. Im qualifizierten Zertifikat können vom Zertifizierungsdiensteanbieter Grenzen für den Wert der Transaktionen angegeben werden, für die das Zertifikat verwendet werden kann unter der Voraussetzung, dass diese Grenzen in einer für jeden Dritten erkennbaren Weise formuliert werden. In diesem Fall haftet der Zertifizierungsdiensteanbieter nicht für Schäden, die sich aus der Überschreitung dieser Hochgrenzen ergeben.
6. Die Bestimmungen der vorherigen Absätze (1 bis 5) gelten unbeschadet der Vorschriften des Gesetzes 2251/1994 (A' 191) in der geltenden Fassung zum Verbraucherschutz und insbesondere über missbräuchliche Klauseln in Verbraucherverträgen.

Artikel 7
Datenschutz

1. Die Zertifizierungsdiensteanbieter, die NatKTP und die Stellen des Artikels 4 des vorliegenden Erlasses unterliegen den Vorschriften des Gesetzes 2472/1997 (A' 50) und des Gesetzes 2774/1999 (A' 287) zum Schutz natürlicher Personen bei der Verarbeitung personenbezogener Daten.
2. Insbesondere der Zertifizierungsdiensteanbieter, der Zertifikate ausstellt, darf personenbezogene Daten nur unmittelbar von der betroffenen Person oder mit ausdrücklicher Zustimmung der betroffenen Person und nur insoweit einholen können, als dies zur Ausstellung und Aufrechterhaltung des Zertifikats erforderlich ist. Die Daten dürfen ohne ausdrückliche Zustimmung der betroffenen Person nicht für anderweitige Zwecke erfasst oder verarbeitet werden.
3. Den Zertifizierungsdiensteanbietern ist es erlaubt im qualifizierten Zertifikat ein Pseudonym anstelle des Namens des Unterzeichners anzugeben.

Artikel 8
Notifizierung

1. Das Generalsekretariat für Kommunikation des Ministeriums für Verkehrs- und Kommunikationswesen informiert die Europäische Kommission so bald wie möglich über die Anwendung des Artikels 4 des vorliegenden Erlasses.
2. Die NatKTP übermittelt der Europäischen Kommission Namen und Anschriften aller der akkreditierten nationalen Zertifizierungsdiensteanbieter.

3. Gegebenenfalls Änderungen bezüglich der oben erwähnten Informationen sind von den oben genannten Organen so bald wie möglich der Europäischen Kommission zu übermitteln.

Artikel 9

Anhänge

Die untenstehenden Anhänge I, II, III und IV sind Bestandteil des vorliegenden Erlasses

ANHANG I

Anforderungen an qualifizierte Zertifikate

Qualifizierte Zertifikate müssen folgende Angaben enthalten:

a) Angabe, dass das Zertifikat als qualifiziertes Zertifikat ausgestellt wird;

b) Angabe des Zertifizierungsdiensteanbieters und des Staates, in dem er niedergelassen ist;

c) Name des Unterzeichners oder ein Pseudonym, das als solches zu identifizieren ist;

d) Platz für ein spezifisches Attribut des Unterzeichners, das gegebenenfalls je nach Bestimmungszweck des Zertifikats aufgenommen wird;

e) Signaturprüfdaten, die den vom Unterzeichner kontrollierten Signaturerstellungsdaten entsprechen;

f) Angaben zu Beginn und Ende der Gültigkeitsdauer des Zertifikats;

g) Identitätscode des Zertifikats;

h) die fortgeschrittene elektronische Signatur des ausstellenden Zertifizierungsdiensteanbieters;

i) gegebenenfalls Beschränkungen des Geltungsbereichs des Zertifikats und

j) gegebenenfalls Begrenzungen des Wertes der Transaktionen, für die das Zertifikat verwendet werden kann.

ANHANG II

Anforderungen an Zertifizierungsdiensteanbieter, die qualifizierte Zertifikate ausstellen

Zertifizierungsdiensteanbieter

a) müssen die nach den jeweils geltenden Kriterien erforderliche Zuverlässigkeit für die Bereitstellung von Zertifizierungsdiensten nachweisen;

b) müssen den Betrieb eines schnellen und sicheren Verzeichnisdienstes und eines sicheren und unverzüglichen Widerrufsdienstes gewährleisten;

c) müssen gewährleisten, dass Datum und Uhrzeit der Ausstellung oder des Widerrufs eines Zertifikats genau bestimmt werden können;

d) müssen mit geeigneten Mitteln nach nationalem Recht die Identität und gegebenenfalls die spezifischen Attribute der Person überprüfen, für die ein qualifiziertes Zertifikat ausgestellt wird;
e) müssen Personal mit den für die angebotenen Dienste erforderlichen Fachkenntnissen, Erfahrungen und Qualifikationen beschäftigen, insbesondere mit Managementkompetenzen, Kenntnissen der Technologie elektronischer Signaturen und Erfahrung diesbezüglich und Vertrautheit mit angemessenen Sicherheitsverfahren; sie müssen auch geeignete Verwaltungs- und Managementverfahren einhalten, die anerkannten Normen entsprechen;
f) müssen vertrauenswürdige Systeme und Produkte einsetzen, die vor Veränderungen geschützt sind und die die technische und kryptographische Sicherheit der von ihnen unterstützten Verfahren gewährleisten;
g) müssen Maßnahmen gegen Fälschungen von Zertifikaten ergreifen und in den Fällen, in denen sie Signaturerstellungsdaten erzeugen, die Vertraulichkeit während der Erzeugung dieser Daten gewährleisten;
h) müssen über ausreichende Finanzmittel verfügen, um den Anforderungen der Richtlinie entsprechend arbeiten zu können. Sie müssen insbesondere in der Lage sein, das Haftungsrisiko für Schäden zu tragen;
i) müssen alle einschlägigen Informationen über ein qualifiziertes Zertifikat über einen Zeitraum von dreißig (30) Jahren aufzeichnen, um insbesondere für Gerichtsverfahren die Zertifizierung nachweisen zu können. Die Aufzeichnungen können in elektronischer Form erfolgen;
j) dürfen keine Signaturerstellungdaten von Personen speichern oder kopieren, denen Schlüsselmanagementdienste angeboten werden;
k) müssen, bevor sie in Vertragsbeziehungen mit einer Person eintreten, die von ihnen ein Zertifikat zur Unterstützung ihrer elektronischen Signatur wünscht, diese Person mit einem dauerhaften Kommunikationsmittel über die genauen Bedingungen für die Verwendung des Zertifikats informieren, wozu unter anderem Nutzungsbeschränkungen für das Zertifikat, die Existenz eines freiwilligen Akkreditierungssystems und das Vorgehen in Beschwerde- und Schlichtungsverfahren gehören. Diese Angaben müssen schriftlich — gegebenenfalls elektronisch übermittelt — in klar verständlicher Sprache vorliegen. Wichtige Teilinformationen werden auf Antrag auch Dritten zur Verfügung gestellt, die auf das Zertifikat vertrauen;
l) müssen vertrauenswürdige Systeme für die Speicherung von Zertifikaten in einer überprüfbaren Form verwenden, so dass
— nur befugte Personen Daten eingeben und ändern können;
— die Angaben auf ihre Echtheit hin überprüft werden können;
— Zertifikate nur in den Fällen öffentlich abrufbar sind, für die die Zustimmung des Inhabers des Zertifikats eingeholt wurde;
— technische Veränderungen, die die Einhaltung dieser Sicherheitsanforderungen beeinträchtigen, für den Betreiber klar ersichtlich sind.

ANHANG III

Gewährleistung der Zuverlässigkeit der Signaturerstellung

1. Sichere Signaturerstellungseinheiten müssen durch geeignete Technik und Verfahren zumindest gewährleisten, dass
a) die für die Erzeugung der Signatur verwendeten Signaturerstellungsdaten praktisch nur einmal auftreten können und dass ihre Geheimhaltung hinreichend gewährleistet ist;
b) die für die Erzeugung der Signatur verwendeten Signaturerstellungsdaten mit hinreichender Sicherheit nicht abgeleitet werden können und die Signatur vor Fälschungen bei Verwendung der jeweils verfügbaren Technologie geschützt ist;
c) die für die Erzeugung der Signatur verwendeten Signaturerstellungsdaten von dem rechtmäßigen Unterzeichner vor der Verwendung durch andere verlässlich geschützt werden können.
2. Sichere Signaturerstellungseinheiten verändern die zu unterzeichnenden Daten nicht und verhindern nicht, dass diese Daten dem Unterzeichner vor dem Signaturvorgang dargestellt werden.

ANHANG IV

Empfehlungen für die sichere Signaturprüfung

Während des Signaturprüfungsvorgangs ist mit hinreichender Sicherheit zu gewährleisten, dass
a) die zur Überprüfung der Signatur verwendeten Daten den Daten entsprechen, die dem Überprüfer angezeigt werden,
b) die Signatur zuverlässig überprüft wird und das Ergebnis dieser Überprüfung korrekt angezeigt wird,
c) der Überprüfer bei Bedarf den Inhalt der unterzeichneten Daten zuverlässig feststellen kann,
d) die Echtheit und die Gültigkeit des zum Zeitpunkt der Überprüfung der Signatur verlangten Zertifikats zuverlässig überprüft werden,
e) das Ergebnis der Überprüfung sowie die Identität des Unterzeichners korrekt angezeigt werden,
f) die Verwendung eines Pseudonyms eindeutig angegeben wird, und
g) gegebenenfalls sicherheitsrelevante Veränderungen erkannt werden können.

Artikel 10

Geltung

Die Bestimmungen dieses Erlasses gelten ab dem Zeitpunkt seiner Veröffentlichung im Regierungsblatt.
Dem Minister für Verkehrs- und Kommunikationswesen übertragen wir die Veröffentlichung und Durchführung des vorliegenden Erlasses.

Athen, 13 Juni 2001

DER PRÄSIDENT DER REPUBLIK
KONSTANTINOS STEFANOPOULOS

DIE MINISTER

Für Inneres, öffentliche Verwaltung
und Dezentralisierung
V. PAPANDREOU

Der Finanzen
G. PAPANTONIOU

Der Justiz
M. STATHOPOULOS

Für Verkehrs- und Kommunikationswesen
CHR. VERELIS

Literaturverzeichnis

- **In deutscher Sprache**

Abel, Stefan; Urkundenbeweis durch digitale Dokumente, MMR 1998, S. 644-650

Akca, Nihal; Moderne Kommunikationsmittel im Verfahren, Köln 2000

Ahrens, Hans-Jürgen; Elektronische Dokumente und technische Aufzeichnungen als Beweismittel - Zum Urkunden- und Augenscheinsbeweis der ZPO, in: Einheit und Vielfalt des Rechts. Festschrift für Reinhold Geimer zum 65. Geburtstag/ Hrsg. von Rolf A. Schütze, München 2002, S. 1–14
zitiert: Ahrens, FS Geimer

Albrecht, Astrid; Biometrie zum Nutzen für Verbraucher? Kriterien der Verbraucherfreundlichkeit biometrischer Verfahren, DuD 2000, S. 332–338

Alternativkommentar zur Zivilprozessordnung; Neuwied und Darmstadt 1987
zitiert: AK-ZPO-Verfasser, §...Rn...

Ax, Rolf/Große, Thomas/Melchior, Jürgen; Abgabenordnung und Finanzgerichtsordnung, 18. Auflage, Stuttgart 2003
zitiert: Ax/Große/Melchior, Abgabenordnung

Bär, Wolfgang/Hohl, Michael/Möstl, Markus/ Müller, Horst (Hrsg.); Rechtskonformes eGovernment - eGovernment- konformes Recht. Gesetzgebung, Verwaltung und Justiz im Informationszeitalter, Stuttgart; München; Hannover; Berlin; Weimar; Dresden 2005
zitiert: Verfasser, in Bär/Hohl/Möstl/Müller, eGovernment

Baldus, Bianca Natalie; Der elektronisch geschlossene Vertrag mit Schiedsabrede, Frankfurt am Main; Berlin; Bern; Wien [u.a.] 2004

Bamberger, Heinz Georg/Roth, Herbert; Kommentar zum Bürgerlichen Gesetzbuch, München 2005
zitiert: Bamberger/Roth-Verfasser, § ...Rn....

Bauer, Friedrich L.; Entzifferte Geheimnisse. Methoden und Maximen der Kryptologie, 3. Auflage, Berlin; Heidelberg [u.a.] 2000

***Baumbach**, Adolf/**Lauterbach**, Wolfgang/**Albers**, Jan/**Hartmann**, Peter*; Zivilprozessordnung, 63. Auflage, München 2005
zitiert: Verfasser, in Baumbach/Lauterbach/Albers/Hartmann (2005), § ...Rn....

***Baumbach**, Adolf/**Lauterbach**, Wolfgang/**Albers**, Jan/**Hartmann**, Peter*; Zivilprozessordnung, 64 Auflage, München 2006
zitiert: Verfasser, in Baumbach/Lauterbach/Albers/Hartmann, § ...Rn....

***Baumgärtel**, Gottfried/**Rammos**, Georgios* (Hrsg.); Das griechische Zivilprozess - Gesetzbuch mit Einführungsgesetz, Köln; Berlin; Bonn; München 1969

***Baumgärtel**, Gottfried*; Beweislastpraxis im Privatrecht - Die Schwierigkeiten der Beweislastverteilung und die Möglichkeiten ihrer Überwindung, Köln; Berlin; Bonn; München 1996

***Bäumler**, Helmut/**Gundermann**, Lukas/**Probst**, Thomas*; Stand der nationalen und internationalen Diskussion zum Thema Datenschutz bei biometrischen Systemen,
<http://www.datenschutzzentrum.de/download/tabga.pdf> Stand: August 2001

***Becker**, Arnd*; Elektronische Dokumente als Beweismittel im Zivilprozess, Bochum 2003

***Berger**, Christian*; Beweisführung mit elektronischen Dokumenten, NJW 2005, S. 1016-1020

***Bergfelder**, Martin*; Was ändert das 1. Signaturänderungsgesetz? Die qualifizierte elektronische Signatur zwischen Anspruch und Wirklichkeit, CR 2005, S. 148-153

***Bergmann**, Margarethe/**Streitz**, Siegfried*; Beweisführung durch EDV-gestützte Dokumentation, CR 1994, S. 77-83

***Bertsch**, Andreas/**Fleisch**, Sophie-D./**Michels**, Markus*; Rechtliche Rahmenbedingungen des Einsatzes digitaler Signaturen, DuD 2002, S. 69-75

***Bertsch**, Andreas*; Digitale Signaturen, Berlin; Heidelberg 2002

***Bettendorf**, Jörg*; Elektronische Dokumente und Formqualität, RNotZ 2005, S. 277-294

***Beutelspacher**, Albrecht*; Kryptologie - Eine Einführung in die Wissenschaft vom Verschlüsseln, Verbergen und Verheimlichen, 7. Auflage, Braunschweig; Wiesbaden 2005

***Beys**, Kostas*; Prozessuales Denken aus Attika, Athen 2000
zitiert: Beys, Prozessuales Denken aus Attika

***Bierekoven**, Christiane*; Der Vertragsabschluss via Internet im internationalen Wirtschaftsverkehr. Zustandekommen, Schriftform, Beweisrecht, elektronische Signaturverfahren - Deutsche und US-amerikanische Rechtslage, Rechtsvergleich, Internationale Lösungsansätze, Köln; Berlin; Bonn; München 2001

***Bieser**, Wendelin*; Das neue Signaturgesetz, DStR 2001, S. 27-35

***Bieser**, Wendelin*; Signaturgesetz: die digitale Signatur im europäischen und internationalen Kontext, RDV 2000, S. 197-202 und S. 264-268

***Bieser**, Wendelin*; Bundesregierung plant Gesetz zur digitalen Signatur, CR 1996, S. 564-567

***Bizer**, Johann/**Hammer**, Volker*; Elektronisch signierte Dokumente als Beweismittel, DuD 1993, S. 619-628

***Bizer**, Johann*; Der gesetzliche Regelungsbedarf digitaler Signaturverfahren, DuD 1995, S. 459-463

***Bizer**, Johann*; Willkommen in der Wirklichkeit! – Vom Staub der Blütenträume <http://www.politik-digital.de/egovernment/esignatur/sig_wirk.shtml>

***Blaurock**, Uwe/**Adam**, Jürgen*; Elektronische Signatur und europäisches Privatrecht, ZEuP 2001, S. 93-115

***Blum**, Felix*; Entwurf eines neuen Signaturgesetzes, DuD 2001, S. 71-78

***Blum**, Felix*; Das UNCITRAL-Modellgesetz zu elektronischen Signaturen, K&R 2000, S. 63–71

***Boehme-Neßler**, Volker*; Electronic Government: Internet und Verwaltung - Visionen, Rechtsprobleme, Perspektiven, NVwZ 2001, S. 374–380

***Boente**, Walter/**Riehm**, Thomas*; Das BGB im Zeitalter digitaler Kommunikation – Neue Formvorschriften, Jura 2001, S. 793-798

Borges, Georg; Verträge im elektronischen Geschäftsverkehr, Vertragsabschluß, Beweis, Form, Lokalisierung, anwendbares Recht, München 2003

Borges, Georg; Prozessuale Formvorschriften und der elektronische Rechtsverkehr, K&R 2001, S. 196-208

Borking, John/Verhaar, Paul; Biometrie und Datenschutz. Bedrohung und Privacy - Enhancing Technologies, DuD 1999, S. 138–142

Borsum, Wolfgang/Hoffmeister, Uwe; Rechtsgeschäftliches Handeln unberechtigter Personen mittels Bildschirmtext, NJW 1985, S. 1205-1207

Bovenschulte, Andreas/Eifert, Martin; Langzeitsicherung qualifizierter elektronischer Signaturen, DuD 2002, S. 76-78

Brandner, Ralf/Pordesch, Ulrich/Roßnagel, Alexander/Schachermayer, Joachim; Langzeitsicherung qualifizierter elektronischer Signaturen, DuD 2002, S. 97-103

Breme, Oliver; Rechtsfolge der Unsicherheit von Systemen, zivilrechtliche Haftung der Zertifizierungsstellen unter Berücksichtigung der europäischen Regelungsansätze, Bonn 2001

Brisch, Klaus M.; Gemeinsame Rahmenbedingungen für elektronische Signaturen, CR 1998, S. 492-499

Britz, Jörg W.; Urkundenbeweisrecht und Elektroniktechnologie, München 1996

Britz, Jörg W.; Beschränkung der freien Beweiswürdigung durch gesetzliche Beweisregeln? ZZP 1997, S. 61-90

Brockhaus Enzyklopädie Online; Stand: 2005
<http://www.brockhaus-enzyklopaedie.de/>

Bröhl, Georg M./Tettenborn, Alexander; Das neue Recht der elektronischen Signaturen, Köln 2001

Brüggemeier, Gert/Reich, Norbert; Europäisierung des BGB durch große Schuldrechtsreform? Stellungnahme zum Entwurf eines Schuldrechtsmodernisierungsgesetzes BB 2001, S. 213-222

Büllesbach, Alfred/Miedbrodt, Anja; Überblick über die internationale Signaturregulierung, CR 2000, S. 751-757

Büllingen, Franz/Hillebrand, Annette; Biometrie als Teil der Sicherungsinfrastruktur? DuD 2000, S. 339-343

Buggisch, Walter; Fälschung beweiserheblicher Daten durch Verwendung einer falschen E-Mail-Adresse?, NJW 2004, S. 3519-3522

Bundesministerium für Wirtschaft und Arbeit; Evaluierung der EG-Signaturrichtlinie 1999/93/EG (EGSRL)- Stellungnahme der Bundesregierung der Bundesrepublik Deutschland
<http://www.iid.de/iukdg/03-10-09%20Stellungnahme.pdf>
(zuletzt 01.04.2006)

Canaris, Claus-Wilhelm; Schutzgesetze – Verkehrspflichten – Schutzpflichten, Festschrift für Karl Larenz zum 80. Geburtstag/ Hrsg. von Claus-Wilhelm Canaris/Uwe Diederichsen , München 1983, S. 27-110
zitiert: Canaris, FS Larenz

Canaris, Claus-Wilhelm; Die Vertrauenshaftung im deutschen Privatrecht, München 1971
zitiert: Canaris, Vertrauenshaftung

Cordes, Alexandra; Form und Zugang von Willenserklärungen im Internet im deutschen und US-amerikanischen Recht, Münster; Hamburg; London 2001

Czeguhn, Ignacio; Beweiswert und Beweiskraft digitaler Dokumente im Zivilprozess, JuS 2004, S. 124-126

Dästner, Christian; Neue Formvorschriften im Prozessrecht, NJW 2001, S. 3469-3471

Dauner-Lieb, Barbara/Heidel, Thomas/Lepa, Manfred/Ring, Gerhard (Hrsg.); Schuldrecht-Erläuterungen der Neuregelungen zum Verjährungsrecht, Schuldrecht, Schadensersatzrecht und Mietrecht, Bonn 2002
zitiert: Verfasser, in Dauner-Lieb/Heidel/Lepa/Ring, Schuldrecht

Dauner-Lieb, Barbara/Heidel, Thomas/Lepa, Manfred/Ring, Gerhard (Hrsg.); Das neue Schuldrecht – Ein Lehrbuch,
Heidelberg 2002
zitiert: Verfasser, in Dauner-Lieb/Heidel/Lepa/Ring, Das neue Schuldrecht

Deutsch, Thomas; Die Beweiskraft elektronischer Dokumente, JurPC Web-Dok. 188/2000, Abs. 1–72

Deutscher Industrie- und Handelskammertag; Stellungnahme des Deutschen Industrie- und Handelskammertages (DIHK) zur Evaluierung der Richtlinie 1999/93/EG des Europäischen Parlaments und des Rates vom 13. Dezember 1999 über gemeinschaftliche Rahmenbedingungen für elektronische Signaturen (EG-Signatur-Richtlinie 1999/93/EG-EGSRL)

Deville, Rainer/Kalthegener, Regina; Wege zum Handelsverkehr mit elektronischer Unterschrift, NJW-CoR 1997, S. 168-172

Dilger, Petra; Verbraucherschutz bei Vertragsabschlüssen im Internet, München 2002

Dix, Alexander; Digitale Signaturen im Verwaltungsverfahren: Besondere Sicherheitsanforderungen erforderlich? K&R Beilage 2 zu Heft 10/2000, S. 20-23

Donnerhacke, Lutz; Anonyme Biometrie, DuD 1999, S. 151-154

Dörner, Heinrich; Rechtsgeschäfte im Internet, AcP 2002, S. 363-396

Doris, Philippos; Die rechtsgeschäftliche Ermächtigung bei Vornahme von Verfügungs-, Verpflichtungs- und Erwerbsgeschäften, München 1972

Dreßel, Jens/Viefhues, Wolfram; Gesetzgeberischer Handlungsbedarf für den elektronischen Rechtsverkehr – werden die wahren Probleme gelöst?, K&R 2003, S. 434-440

Dumortier, Jos/Rinderle, Regina; Umsetzung der Signaturrichtlinie in den europäischen Mitgliedsstaaten, CRi 2001, S. 5-10

Ebbing, Frank; Schriftform und E-Mail, CR 1996, S. 271-278

Ebnet, Peter; Rechtsprobleme bei der Verwendung von Telefax, NJW 1992 S. 2985-2991

Eggers, Jan Christian/Goerth, Andreas; Die Haftung des Bankkunden für unbefugte Abhebungen mittels ec-Karte und PIN, JuS 2005, S. 492-494

Ehlers, Dirk/Wofgang, Hans-Michael/Pünder, Hermann (Hrsg.); Rechtsfragen des Electronic Commerce, Köln 2001
zitiert: Verfasser, in Ehlers/Wofgangl/Pünder, Rechtsfragen

Eifert, Martin/Schreiber, Lutz; Elektronische Signatur und der Zugang zur Verwaltung – Die Folgen der EU-Signaturrichtlinie für das Verwaltungsrecht und die Verwaltungspraxis, MMR 2000, S. 340-346

Eifert, Martin; Online-Verwaltung und Schriftform im Verwaltungsrecht, K&R Beilage 2 zu Heft 10/2000, S. 11-20

Einsele, Dorothee; Formerfordernisse bei mehraktigen Rechtsgeschäften, DNot Z 1996, S. 835-866

Emmert, Ulrich; Haftung der Zertifizierungsstellen, CR 1999, S. 244-250

Engel-Flechsig, Stefan/Maennel, Fritjof A./Tettenborn, Alexander; Das neue Informations- und Kommunikationsdienste-Gesetz, NJW 1997, S. 2981-2992

Erber-Faller, Sigrun; Gesetzgebungsvorschläge der Bundesnotarkammer zur Einführung elektronischer Unterschriften, CR 1996, S. 375-380

Erfurter Kommentar zum Arbeitsrecht; 6. Auflage, München 2006
zitiert: Verfasser, in ErfKoArbR, § …Rn…

Erman, Walter; Bürgerliches Gesetzbuch; Handkommentar mit EGBGB, ErbbauVO, HausratsVO, LPartG, ProdHaftG, UKlaG, VAHRG und WEG/ Hrsg. von Harm Peter Westermann, 11. Auflage, Köln 2004
zitiert: Verfasser, in Erman, §…Rn…

Ernst, Stefan (Hrsg.); Hacker, Cracker & Computerviren - Recht und Praxis der Informationssicherheit, Köln 2004
zitiert: Verfasser, in Ernst, Hacker, Cracker & Computerviren, Rn…

Ernst, Stefan; Beweisprobleme bei E-Mail und anderen Online-Willens erklärungen, MDR 2003, S. 1091-1094

Fischer-Dieskau, Stefanie/Roßnagel, Alexander/Steidle, Roland; Beweisführung am seidenen Bit-String? Die Langzeitaufbewahrung elektronischer Signaturen auf dem Prüfstand, MMR 2004, S. 451-455

Fischer-Dieskau, Stephanie/Gitter, Rotraud/Hornung, Gerrit; Die Beschränkung des qualifizierten Zertifikats - § 7 Abs. 1 Nr. 7 SigG als wichtiges Mittel der Risikokalkulation, MMR 2003, S. 384-389

Fischer-Dieskau, Stephanie/Gitter, Rotraud/Paul, Sandra/Steidle, Roland; Elektronisch signierte Dokumente als Beweismittel im Zivilprozess, MMR 2002, S. 709-713

Fischer-Dieskau, Stephanie; Der Referentenentwurf zum Justizkommunikationsgesetz aus Sicht des Signaturrechts, MMR 2003, S. 701-705

Fischer, Nikolaj; Justiz-Kommunikation – „Reform der Form"? Zum Entwurf des „Justizkommunikationsgesetzes", DRiZ 2005, S. 90-95

Fischer, Nikolaj; Überlegungen zu einem sozialen elektronischen Zivilprozess. Kritische Anmerkungen zur Justiz-Elektronifizierung am Beispiel des „Justizkommunikationsgesetzes", KJ 2005, S. 152-163

Flume, Werner; Allgemeiner Teil des Bürgerlichen Rechts - Das Rechtsgeschäft, Band II, 3. Auflage, Berlin; Heidelberg; New York 1979

Fox, Dirk; Eine kritische Würdigung des SigG, DuD 1999, S. 508-510

Fragistas, Charalambos; Grundzüge des griechischen zivilprozessualen Beweisrechts, in: Rechtspolitische und rechtsvergleichende Beiträge zum zivilprozessualen Beweisrecht / Hrsg. von Helmut Rühl und Charalambos Fragistas, Berlin 1929
zitiert: Fragistgas, Grundzüge

Fringuelli, Pietro Graf/Wallhäuser, Matthias; Formerfordernis beim Vertragsschluss, CR 1999, S. 93-101

Fritzmeyer, Wolfgang/Heun, Sven-Eric; Rechtsfragen des EDI – Vertragsgestaltung: Rahmenbedingungen im Zivil-, Wirtschafts- und Telekommunikationsrecht, CR 1992, S. 129-133

Fritzsche, Jörg/Malzer Hans M.; Ausgewählte zivilrechtliche Probleme elektronisch signierter Willenserklärungen, DNotZ 1995, S. 3-26

Frye, Christian/Pordesch, Ulrich; Berücksichtigung der Sicherheitseignung von Algorithmen qualifizierter Signaturen, DuD 2003, S. 73-78

Fünten, Jörg aus der; Die Haftung der der Zertifizierungsstellen nach dem Signaturgesetz, Münster 2000

Gassen, Dominik; Digitale Signaturen in der Praxis - Grundlagen, Sicherheitsfragen und normativer Rahmen, Köln 2003

Geiger, Matthias; Der US-amerikanische „Electronic Signatures in Global and National Act" - Einordnung im nationalen und internationalen Umfeld, K&R 2001, S. 445-449

Geis, Ivo (Hrsg.); Die digitale Signatur - eine Sicherheitstechnik für die Informationsgesellschaft, Eschborn 2000
zitiert: Verfasser, in Geis, Die digitale Signatur

Geis, Ivo; Elektronische Kommunikation mit der öffentlichen Verwaltung, K&R 2003, S. 21-28

Geis, Ivo; Die neue Signaturverordnung: das Sicherheitssystem für die elektronische Kommunikation, K&R 2002, S. 59-61

Geis, Ivo; Die elektronische Signatur: Eine internationale Architektur der Identifizierung im E-Commerce, MMR 2000, S. 667-674

Geis, Ivo; Europäische Aspekte der digitalen Signatur und Verschlüsselung, MMR 1998, S. 236-239

Geis, Ivo; Die digitale Signatur, NJW 1997, S. 3000-3004

Geis, Ivo; Zivilprozessrechtliche Aspekte des elektronischen Dokumentenmanagements, CR 1993, S. 653-658

Geis, Max-Emanuel; Die Schuldrechtsreform und das Verwaltungsrecht, NVwZ 2002, S. 385-391

Georgiades, Apostolos; Standpunkt und Entwicklung des griechischen Deliktsrechts, Festschrift für Karl Larenz zum 80. Geburtstag/ Hrsg. von Claus-Wilhelm Canaris/Uwe Diederichsen, München 1983, S. 175–198
zitiert: Georgiades, FS Larenz

Georgiades, Apostolos; Die Anspruchskonkurrenz im Zivilrecht und Zivilprozessrecht, München 1968
zitiert: Georgiades, Anspruchskonkurrenz

Gesellschaft für Informatik; Stellungnahme zum Gesetzentwurf „Formvorschriften des Privatrechts", DuD 2001, S. 38-40

Gilles, Peter; Zur beginnenden Elektronifizierung von Zivilgerichtsverfahren und ihrer Verrechtlichung in der deutschen Zivilprozessordnung durch Sondernormen eines neuen „E-Prozessrechts", Magister Artis Boni et Aequi, Studia in Honoris Németh János, Budapest 2003, S. 271-285

Godefroid, Christoph; E-Commerce aus der Sicht des deutschen Vertragsrechts, DStR 2001, S. 400-408

Gogos, Demetrius; Das Zivilgesetzbuch von Griechenland (Mit dem Einführungsgesetz), Tübingen 1951

Gotthardt, Michael/Beck, Carsten; Elektronische Form und Textform im Arbeitsrecht: Wege durch den Irrgarten, NZA 2002, S. 876-883

Gottwald, Peter; Der elektronische Rechtsverkehr vor den deutschen Zivilgerichten, Dike 2002, S. 1255-1266

Gounalakis, Georgios/Rhode, Lars; Haftung der Zertifizierungsstellen – Neue Signaturnormen als Schutzgesetze im Sinne des § 823 Abs. 2 BGB?, K&R 1998, S. 225-234

Gounalakis, Georgios (Hrsg.); Rechtshandbuch Electronic Business, Rechtsgrundlagen, branchenspezifische Geschäftsfelder, Auslandsmärkte, München 2003
zitiert: Verfasser, in Gounalakis, Rhb. Electronic Business, § ... Rn....

Gravesen, Gavan G./Dumortier, Jos/van Eecke, Patrick; Die europäische Signaturrichtlinie – Regulative Funktion und Bedeutung der Rechtswirkung, MMR 1999, S. 577-585

Haas, Lothar; Zur Haftung der Zertifizierungsstellen nach dem Signaturgesetz gegenüber Dritten, in: Recht im Spannungsfeld von Theorie und Praxis, Festschrift für Helmut Heinrichs zum 70. Geburtstag/ Hrsg. von Heldrich Andreas/Schlechtriem Peter/Schmidt Eike; München 1998, S. 261-289
zitiert: Haas, FS Heinrichs

Hähnchen, Susanne; Elektronische Akten bei Gericht - Chancen und Hindernisse, NJW 2005, S. 2257-2259

Hähnchen, Susanne; Das Gesetz zur Anpassung der Formvorschriften des Privatrechts und anderer Vorschriften an den modernen Rechtsgeschäftsverkehr, NJW 2001, S. 2831-2834

Hammer, Volker; Signaturprüfungen nach SigRI, DuD 2000, S. 96-103

Hansen, Mathias; Das elektronische Transaktionssiegel. Eine Alternative für qualifizierte elektronische Signaturen, DuD 2004,S. 233-237

Harnier, Albrecht von; Organisationsmöglichkeiten für Zertifizierungsstellen nach dem Signaturgesetz, Die elektronische Rechtsverkehr, Bd. 2, Baden-Baden 2000 = Diss. Kassel 2000

Häsemeyer, Ludwig; Die gesetzliche Form der Rechtsgeschäfte: objektive Ordnung und privatautonome Selbstbestimmung im formgebundenen Rechtsgeschäft, Frankfurt am Main 1971

Häsemeyer, Ludwig; Die Bedeutung der Form im Privatrecht, JuS 1980, S. 1-9

Heinemann, Jörn; Neue Formvorschriften im Privatrecht: Ein Jahr "Gesetz zur Anpassung der Formvorschriften des Privatrechts und anderer Vorschriften an den modernen Rechtsgeschäftsverkehr", DNotP 2002, S. 414-427

Herchenbach, Judith; Das Signaturgesetz im Umbruch, K&R 2000 Beilage 2 zu Heft 10, S. 6-11

Heun, Sven-Erik; Elektronisch erstellte oder übermittelte Dokumente und Schriftform, CR 1995, S. 2-7

Hillebrand, Annette/Büllingen, Franz; Erfolgsfaktoren digitaler Signaturen, DuD 2000, S. 80-84

Hoeren, Thomas/Sieber, Ulrich (Hrsg.); Handbuch-Multimedia Recht. Rechtsfragen des elektronischen Geschäftsverkehrs, München (13. Ergänzungslieferung - Stand: August 2005)
zitiert: Verfasser, in Hoeren/Sieber, Handbuch Multimedia-Recht, Teil...Rn...

Hoeren Thomas/Schüngel Martin (Hrsg.), Rechtsfragen der digitalen Signatur. Eine Einführung in Recht und Praxis der Zertifizierungsstellen, Berlin 1999
zitiert: Verfasser, in Hoeren/Schüngel, Rechtsfragen der digitalen Signatur

Hoeren, Thomas/Queck, Robert (Hrsg.); Rechtsfragen der Informationsgesellschaft, Berlin 1999
zitiert: Verfasser, in Hoeren/Queck, Informationsgesellschaft

Hoeren, Thomas; Internetrecht, Stand: Januar 2006 <http://www.uni-muenster.de/Jura.itm/hoeren/material/Skript/skript_Januar2006.pdf >
zitiert: Hoeren, Internetrecht

Hoeren, Thomas; Unterschriftenpad und Schriftform - Zugleich Überlegungen zur Zukunft gesetzlicher Formvorschriften, in: Recht als Erbe und Aufgabe. Heinz Holzhauer zum 21. April 2005/ Hrsg. von Stefan Chr. Saar; Andreas Roth; Christina Hattenhauer; Berlin 2005, S. 538 - 548
zitiert: Hoeren, FS Holzhauer

Hoeren, Thomas; Anmerkung zu LG Bonn, U. v. 07.08.2001 - 2 O 450/00 - (Beweislast für Vertragsschluss bei Online-Auktion), CR 2002, S. 295-296

Hoeren, Thomas; Vorschlag für eine EU-Richtlinie über E-Commerce – Eine erste kritische Analyse, MMR 1999, S. 192-199

Hoeren, Thomas; Internet und Recht – Neue Paradigmen des Informationsrechts, NJW 1998, S. 2849-2854

Hoeren, Thomas; Beweisklauseln in EDI-Vereinbarungen. Materielle und prozessuale Probleme, CR 1995, S. 513-518

Hoffmann, Mario; Willenserklärungen im Internet, Rechtssicherheit durch elektronische Signaturen sowie Anpassung der Formvorschriften und des Beweisrechts, Hamburg 2003

Hohenegg, Christoph/Tauschek, Stefan; Rechtliche Problematik digitaler Signaturverfahren, BB 1997, S. 1541-1548

Holzhauer, Heinz; Die eigenhändige Unterschrift - Geschichte und Dogmatik des Schriftformerfordernisses im deutschen Recht, Frankfurt am Main 1973

Hornung, Gerrit/Roßnagel, Alexander; Die JobCard-„Killer-Applikation" für die elektronische Signatur? - Signatur- und datenschutzrechtliche Anforderungen, K&R 2004, S. 263-269

Ibisch, Volker; Der elektronische Verwaltungsakt - ein neuer Dokumententyp im Verwaltungsverfahrensgesetz,
JurPC Web-Dok. 210/2001, Abs. 1–17

Jauernig, Othmar (Hrsg.); Bürgerliches Gesetzbuch Kommentar, 11. Auflage, München 2004
zitiert: Jauernig/Bearbeiter, §...Rn....

Jauernig, Othmar; Zivilprozessrecht, 28. Auflage, München 2003
zitiert: Jauernig, Zivilprozessrecht

Jungclaus, Katrin; Das neue Signaturgesetz, DRiZ 2001,S. 441-443

Jungermann, Sebastian; Der Beweiswert elektronischer Signaturen, eine Studie zur Verlässlichkeit elektronischer Signaturen und zu den Voraussetzungen und Rechtsfolgen des 292a ZPO, Frankfurt am Main; Berlin; Bern.; Bruxelles; New York; Oxford; Wien, 2002

Jungermann, Sebastian; Der Beweiswert elektronischer Signaturen - Zu den Voraussetzungen und Rechtsfolgen des § 292a ZPO, DuD 2003, S. 69-72

juris Praxiskommentar-BGB; Allgemeiner Teil und Schuldrecht, 2. Auflage, Saarbrücken 2004
zitiert: jurisPK/Verfasser, §....Rn....

Kaissis, Athanasios; Die Verwertbarkeit materiell-rechtswidrig erlangter Beweismittel im Zivilprozess, Frankfurt am Main; Bern; Las Vegas, 1978
zitiert: Kaissis, Verwertbarkeit

Kaissis, Athanasios; Datenschutz in Griechenland? Überblick über den neusten Entwurf für ein griechisches Datenschutzgesetz. Wesentliche Merkmale und Regeln, in: Recht in Europa. Festschrift für Prof. Dr. Dr. h.c. Hilmar Fenge zum 65. Geburtstag/ Hrsg. von Pelayia Yessiou-Faltsi; Fritz Jost; Athanasios Kaissis; Charoula Apalagaki, Hamburg 1996, S. 253-288
zitiert: Kaissis, FS Fenge

Kapnopoulou, Elissavet; Das Recht der missbräuchlichen Klauseln in der Europäischen Union, Tübingen 1997

Kelm, Stefan; Signed in Germany? – SigG-Zertifikate für's Volk, DuD 1999, S. 526-528

Kerameus, Konstandinos; Die Entwicklung des Sachverständigenbeweises im deutschen und griechischen Zivilprozessrecht, Köln; Berlin; Bonn; München 1963
zitiert: Kerameus, Sachverständigenbeweis

Kilian, Wolfgang; EG-Richtlinie über digitale Signaturen in Kraft, BB 2000, S. 733-735

Kilian, Wolfgang; Zweck und Inhalt des deutschen EDI-Rahmenvertrages, CR 1994, S. 657-660

Kilian, Wolfgang; Möglichkeiten und zivilrechtliche Probleme eines rechtswirksamen elektronischen Datenaustausches (EDI), DuD 1993, S. 606-610

Klamaris, Nikolaos; Die aktuellen bzw. bevorstehenden Reformen im Bereich des griechischen Zivilprozessrechts. Reformtendenzen und verabschiedete ZPO-Modizifierungen, in: Einheit und Vielfalt des Rechts: Festschrift für Reinhold Geimer zum 65. Geburtstag/ Hrsg. von Rolf A. Schütze, München 2002, S. 437-447
zitiert: Klamaris, FS Geimer

Klamaris, Nikolaos; Das prozessuale Grundrecht auf Justizgewährung - am Beispiel der griechischen Rechtsordnung, in: Festschrift für Karl Heinz Schwab zum 70. Geburtstag/ Hrsg. von Peter Gottwald, Hanns Prütting, München 1990, S. 269-276
zitiert: Klamaris, FS Schwab

Klein, Franz (Begr.); Abgabenordnung Kommentar, 8. Auflage, München 2003
zitiert: Verfasser, in Klein AO, §...Rn...

Knack, Hans-Joachim (Begr.); Verwaltungsverfahrensgesetz (VwVfG), Kommentar, 8. Auflage, Köln ; Berlin ; Bonn ; München 2004
zitiert: Verfasser, in Knack VwVfG, § ...Rn...

Koch, Hans-Joachim/Rüßmann, Helmut, Juristische Begründungslehre – Eine Einführung in die Grundprobleme der Rechtswissenschaft, München 1982

Kodek, Georg E.; Der Zivilprozess und neue Formen der Informationstechnik, ZZP 2002, S. 445-490

Köhler, Helmut; Die Problematik automatisierter Rechtsvorgänge, insbesondere von Willenserklärungen, AcP 1982, S. 126-171

Köhntopp, Marit/Köhntopp, Kristian; Datenspuren im Internet, CR 2000, S. 248-257

Komnios, Komninos; Der griechische Präsidialerlass 131/2003 zur Umsetzung der E-Commerce-Richtlinie, ZfRV 2005, S. 63-68

Kornilakis, Panos; Auf dem Wege zu einem europäischen Haftungsrecht – Der Beitrag Griechenlands. Vorträge, Reden und Berichte aus dem Europa-Institut/ Nr. 73/ Hrsg. von Ress/Will, Saarbrücken 1986
zitiert: Kornilakis, Europa-Institut

Koutsouradis, Achilles; Die Informationsbeschaffung im materiellen Recht und im Prozessrecht - gezeigt am Beispiel des griechischen Rechts, in: Recht und Rechtsdurchsetzung: Festschrift für Hans Ulrich Walder zum 65. Geburtstag/ Hrsg. von Isaak Meier, Hans Riemer, Peter Weimar, Zürich 1994, S. 25 – 47
zitiert: Koutsouradis, FS Walder

Krüger, Thomas/Bütter, Michael; „Justitia goes online!" - Elektronischer Rechtsverkehr im Zivilprozess, MDR 2003, S. 181-190

Kuner, Christopher; Signaturgesetz und „Political Correctness", DuD 1999, S. 227-228

Kuner, Christopher; Das Signaturgesetz aus internationaler Sicht, CR 1997, S. 643-646

Lampe, Ernst-Joachim; Fälschung technischer Aufzeichnungen, NJW 1970, S. 1097-1104

Langenbach, Christian J./Ulrich, Otto (Hrsg.); Elektronische Signaturen - Kulturelle Rahmenbedingungen einer technischen Entwicklung, Berlin, Heidelberg [u.a.] 2002
zitiert: Verfasser, in Langenbach/Ulrich, Elektronische Signaturen

Lapp, Thomas; Zivilprozessualer Beweiswert und Beweiskraft digitales Dokumente, ITRB 2004, S. 64-66

Larenz, Karl/Wolf, Manfred; Allgemeiner Teil des bürgerlichen Rechts, 9. Auflage, München 2004
zitiert: Larenz/Wolf, Allgemeiner Teil

Larenz, Karl/Canaris, Claus-Wilhelm; Lehrbuch des Schuldrechts, Band II, Besonderer Teil, 2. Halbband, 13. Auflage, München 1994
zitiert: Larenz/Canaris, BT Band II/2

Larenz, Karl; Methodenlehre der Rechtswissenschaft, 6. Auflage, Berlin; Heidelberg; New York 1991
zitiert: Larenz, Methodenlehre

Larenz, Karl; Lehrbuch des Schuldrechts, Band I, Allgemeiner Teil, 14. Auflage, München 1987
zitiert: Larenz, Schuldrecht AT

Laßmann, Gunter; Bewertungskriterien zum Vergleich biometrischer Verfahren. Kriterienkatalog der Arbeitsgruppe 6 „Biometrische Identifikationsverfahren“ von TeleTrusT Deutschland e.V., DuD 1999, S. 135-137

Lehmann, Michael (Hrsg.); Electronic Business in Europa, München; Wien 2002
zitiert: Verfasser, in Lehmann, Electronic Business

Leier, Barbara; Haftung der Zertifizierungsstellen nach dem SigG. Betrachtung der geltenden und Überlegungen zur zukünftigen Rechtslage, MMR 2000, S. 13-17

Leue, Arne; Die neuen Formvorschriften des Privatrechts, Münster; Hamburg; London; 2002

Lienemann, Gerhard; TCP-IP-Grundlagen, Protokolle und Routing, 3. Auflage, Hannover 2003

Lo Iacono, Luigi/Dietze, Lars; Gültigkeit von Zertifikaten und Signaturen, DuD 2005, S. 14-17

Lorenz, Stephan/Riehm, Thomas; Lehrbuch zum neuen Schuldrecht, München 2002

Lüdemann, Volker/Adams, Nils; Die elektronische Signatur in der Rechtspraxis, K&R 2002, S. 8-12

Maennel, Frithjof; Elektronischer Geschäftsverkehr ohne Grenzen – der Richtlinienvorschlag der Europäischen Kommission, MMR 1999, S. 187-192

Mallmann, Roman A./Heinrich, Erbo D.; Schriftform bei Geschäften im Internet, ZRP 2000, S. 470-473

Malzer, Hans Michael; Zivilrechtliche Form und prozessuale Qualität der digitalen Signatur nach dem Signaturgesetz, DNotZ 1998, S. 96-121

Maniotis, Dimitrios; Über die Rechtswirkung elektronischer Signaturen gemäß Art. 5 der Signatur (1999/93/EG), in: Einheit und Vielfalt des Rechts: Festschrift für Reinhold Geimer zum 65. Geburtstag/ Hrsg. von Rolf A. Schütze, München 2002, S. 615 – 624
zitiert: Maniotis, FS Geimer

Maniotis, Dimitrios; Über die Zulässigkeit der Einreichung von bestimmenden Schriftsätzen per Telefax, ZZP 1999, S. 315-327

Mankowski, Peter; Zum Nachweis des Zugangs bei elektronischen Erklärungen, NJW 2004, S. 1901-1907

Mankowski, Peter; Für einen Anscheinsbeweis hinsichtlich der Identität des Erklärenden bei E-Mails: zugleich Anmerkung zu OLG Köln v. 6.9.2002-19 U 16/02/, CR 2003, S. 44-50

Mankowski, Peter; Wie problematisch ist die Identität des Erklärenden bei E-Mails wirklich?, NJW 2002, S. 2822-2828

Marinos, Michail-Theodoros; Der Schutz von Computerprogrammen nach dem neuen griechischen Urheberrechtsgesetz Nr. 2121/1993, GRUR-Int. 1993, S. 747-753

Medicus, Dieter; Allgemeiner Teil des BGB, 8. Auflage, Heidelberg 2002
zitiert: Medicus, AT

Medicus, Dieter; Schuldrecht II, Besonderer Teil, 12. Auflage, München 2004
zitiert: Medicus, Schuldrecht II

Meinel, Christoph/Lutz, Gollan; Digitale Signaturen in der Verwaltung, JurPC Web-Dok. 89/2003, Abs. 1-14

Meinel, Christoph/Lutz, Gollan; Der elektronische Personalausweis? - Elektronische Signaturen und staatliche Verantwortung. Was fehlt den heutigen digitalen Signaturen? JurPC Web-Dok. 223/2002, Abs. 1-15

Melullis, Klaus-J.; Zum Regelungsbedarf bei der elektronischen Willenserklärung, MDR 1994, S. 109-114

Menzel, Thomas; Elektronische Signaturen, Wien 2000

Mertes, Paul; Gesetz und Verordnung zur digitalen Signatur-Bewegung auf der Datenautobahn? CR 1996, S. 769-775

Miedbrodt, Anja/ Mayer, Patrick; E-Commerce - Digitale Signaturen in der Praxis, MDR 2001, S. 432-436

Miedbrodt, Anja; Signaturregulierung im Rechtsvergleich. Ein Vergleich der Regulierungskonzepte in Deutschland, Europa und in den Vereinigten Staaten von Amerika, Der elektronische Rechtsverkehr, Baden-Baden 2000 = Diss. Frankfurt a. M. 2000

Miedbrodt, Anja; Das Signaturgesetz in den USA: Electronic Signatures in Global and National Commerce Act, DuD 2000, S. 541-545

Miedbrodt, Anja; Regelungsansätze und -strukturen US-amerikanischer Signaturgesetzgebung, DuD 1998, S. 389 – 394

Miedbrodt, Anja; Anwendungserfahrungen ausgewählter US-amerikanischer Signaturgesetze, DuD 1998, S. 194-198

Münchener Kommentar zum Bürgerlichen Gesetzbuch; Band 1 Allgemeiner Teil (§§ 1-240, AGB-Gesetz) 4. Auflage, München 2001; Band 1a Allgemeiner Teil (Auszug) 4. Auflage, München 2003; Band 2a Schuldrecht Allgemeiner Teil (§§ 241- 432), 4. Auflage, München 2003; Band 5 Schuldrecht Besonderer Teil III (§§ 705-853) 4. Auflage, München 2004;
zitiert: MüKo/Verfasser, §... Rn....

Münchener Kommentar zur Zivilprozeßordnung – mit Gerichtsverfassungsgesetz und Nebengesetzen; Band 1 (§§ 1-354), 2. Auflage, München 2000; Band 2 (§§ 355-802), 2. Auflage, München 2000; Aktualisierungsband-ZPO-Reform 2002 und weitere Reformgesetze, 2. Auflage, München 2002
zitiert: MünchKommZPO-Verfasser, §... Rn....

Musielak, Hans-Joachim; Kommentar zur Zivilprozessordnung mit Gerichtsverfassungsgesetz, 4. Auflage, München 2005
zitiert: Verfasser, in Musielak ZPO, §... Rn....

Musielak, Hans-Joachim; Kommentar zur Zivilprozessordnung mit Gerichtsverfassungsgesetz, 2. Auflage, München 2000
zitiert: Verfasser, in Musielak ZPO 2000, §... Rn....

Musulas, Giorgos; Die Haftung des Softwareherstellers im Hinblick auf das ProdHaftG, Berlin 1990

Neuser, Uwe; Faule Kunden bei „Tante-Emma.com" – Eine europäische Vertrauenshaftung für elektronische Signaturen, MMR 1999, S. 67-74

Nissel, Reinhard; Neue Formvorschriften bei Rechtsgeschäften, elektronische Form und Textform im Privatrechtsverkehr; Erläuterungen, Texte, Materialien, Köln 2001

Noack, Ulrich; Digitaler Rechtsverkehr: Elektronische Signatur, elektronische Form und Textform, DStR 2001, S. 1893–1897

Nöcker, Gregor; Urkunden und EDI-Dokumente, CR 2000, S. 176-182

Nowak, Ulrich; Der elektronische Vertrag - Zustandekommen und Wirksamkeit unter Berücksichtigung des neuen „Formvorschriftenanpassungsgesetzes", MDR 2001, S. 841-844

Oberndörfer, Julian; Digitale Wertpapiere im Licht der neuen Formvorschriften des BGB, CR 2002, S. 358-362

Ondarza, Peter von; Digitale Signaturen und die staatliche Kontrolle von „Fremdleistungen", Baden-Baden 2001

Oertel, Klaus; Elektronische Form und notarielle Aufgaben im elektronischen Rechtsverkehr, MMR 2001, S. 419-423

Palandt, Otto; Bürgerliches Gesetzbuch, 65. Auflage, München 2006
zitiert: Palandt-Verfasser, § ...Rn....

Palandt, Otto; Bürgerliches Gesetzbuch, 61. Auflage, München 2002
zitiert: Palandt-Verfasser (2002), § ...Rn....

Plewe, Lutz-Ingo; Die gesetzlichen Formen des Rechtsgeschäfts - Eine Bestandsaufnahme zu Beginn des 21. Jahrhunderts, Aachen 2003

***Pordesch**, Ulrich/**Nissen**, Kai*; Fälschungsrisiken elektronisch signierte Dokumente, CR 1995, S. 562-569

***Pordesch**, Ulrich*; Die elektronische Form und das Präsentationsproblem, Baden-Baden 2002

***Probst**, Thomas*; Biometrie und SmartCards. Wie kann Datenschutz technisch sichergestellt werden?, DuD 2000, S. 322-326

***Rapp**, Christiane*; Rechtliche Rahmenbedingungen und Formqualität elektronischer Signaturen, München 2002

***Raßmann**, Steffen*; Elektronische Unterschrift im Zahlungsverkehr, CR 1998, S. 36-41

***Redeker**, Helmut*; IT-Recht in der Praxis, 3. Auflage, München 2003

***Redeker**, Helmut*; EU-Signaturrichtlinie und Umsetzungsbedarf im deutschen Recht, CR 2000, S. 455-461

***Redeker**, Helmut*; Geschäftsabwicklung mit externen Rechnern im Bildschirmtextdienst, NJW 1984, S. 2390-2394

***Rieß**, Joachim*; Signaturgesetz – Der Markt ist unsicher, DuD 2000, S. 530-534

***Rosenberg**, Leo/**Schwab**, Karl Heinz/**Gottwald**, Peter*; Zivilprozessrecht, 16. Auflage, München 2004

***Roßnagel**, Alexander* (Hrsg.); Die elektronische Signatur in der öffentlichen Verwaltung, Baden Baden 2002
zitiert: Verfasser, in Roßnagel, öffentliche Verwaltung

***Roßnagel**, Alexander* (Hrsg.); Recht der Multimedia-Dienste, Kommentar zum IuKDG und zum MDStV, München 1999
zitiert: Roßnagel, Recht der Multimedia-Dienste

***Roßnagel**, Alexander/**Fischer-Dieskau**, Stefanie/**Pordesch**, Ulrich/**Brandner**, Ralf*; Erneuerung elektronischer Signaturen-Grundfragen der Archivierung elektronischer Dokumente, CR 2003, S. 301-306

***Roßnagel**, Alexander/**Fischer-Dieskau**, Stefanie*; Automatisiert erzeugte elektronische Signaturen, MMR 2004, S. 133-139

Roßnagel, Alexander/Pfitzmann, Andreas/Garstka, Hansjürgen; Modernisierung des Datenschutzrechts, Gutachten im Auftrag des Bundesministeriums des Innern, Berlin 2001

Roßnagel, Alexander/Pfitzmann, Andreas; Die Beweiswert von E-Mail, NJW 2003, S. 1209-1214

Roßnagel, Alexander/Scholz, Philip; Datenschutz durch Anonymität und Pseudonymität, MMR 2000, S. 721-731

Roßnagel, Alexander; Elektronische Signaturen mit der Bankkarte? - Das Erste Gesetz zur Änderung des Signaturgesetzes, NJW 2005, S. 385-388

Roßnagel, Alexander; Die qualifizierte elektronische Signatur mit Einschränkungen für das Besteuerungsverfahren, K&R 2003, S. 379-385

Roßnagel, Alexander; Die fortgeschrittene elektronische Signatur, MMR 2003, 164-170

Roßnagel, Alexander; Das elektronische Verwaltungsverfahren - Das Dritte Verwaltungsverfahrensänderungsgesetz, NJW 2003, S. 469–476

Roßnagel, Alexander; Die neue Signaturverordnung, BB 2002, S. 261–264

Roßnagel, Alexander; Rechtliche Unterschiede von Signaturverfahren, MMR 2002, S. 215-222

Roßnagel, Alexander; Die elektronische Signatur im Verwaltungsrecht, DÖV 2001, S. 221-233

Roßnagel, Alexander; Das neue Signaturgesetz-Grundlage des elektronischen Rechtsverkehrs, MMR 2001, S. 201-202

Roßnagel, Alexander; Das neue Recht elektronischer Signaturen – Neufassung des Signaturgesetzes und Änderungen des BGB und der ZPO, NJW 2001, S. 1817-1826

Roßnagel, Alexander; Digitale Signatur im europäischen elektronischen Rechtsverkehr, K&R 2000, S. 313-323

Roßnagel, Alexander; Auf dem Weg zu neuen Signaturregelungen – Die Novellierungsentwürfe für SigG, BGB und ZPO, MMR 2000, S. 451-461

***Roßnagel**, Alexander*; Anerkennung von Prüf- und Bestätigungsstellen nach dem Signaturgesetz, MMR 1999, S. 342-347

***Roßnagel**, Alexander*; Europäische Signatur-Richtlinie und Optionen ihrer Umsetzungen, MMR 1999, S. 261-266

***Roßnagel**, Alexander*; Das Signaturgesetz nach zwei Jahren – Hinweise zur Gesetzesevaluierung, NJW 1999, S. 1591-1596

***Roßnagel**, Alexander*; Offene Rechtsfragen des Signaturgesetzes, MMR 1998, S. 75-79

***Roßnagel**, Alexander*; Elektronische Signaturen in Europa – Der Richtlinienvorschlag der Europäischen Kommission, MMR 1998, S. 331-337

***Roßnagel**, Alexander*; Die Sicherheitsvermutung des Signaturgesetzes, NJW 1998, S. 3312-3320

***Roßnagel**, Alexander*; Neues Recht für Multimediadienste Informations- und Kommunikationsdienste-Gesetz und Mediendienste-Staatsvertrag, NVwZ 1998, S. 1-8

***Roßnagel**, Alexander*; Das Gesetz und die Verordnung zur digitalen Signatur – Entstehung und Regelungsgehalt, RDV 1998, S. 5-15

***Roßnagel**, Alexander*; Das Signaturgesetz jetzt verbessern und verabschieden!, DuD 1997, S. 287-288

***Roßnagel**, Alexander*; Das Signaturgesetz - Eine kritische Bewertung des Gesetzentwurfs der Bundesregierung, DuD 1997, S. 75-81

***Rott**, Peter*; Die Auswirkungen des Signaturgesetzes auf die rechtliche Behandlung von elektronischen Datenmanagement und Datenaustausch – eine Prognose, NJW-CoR 1998, S. 420-429

***Rüßmann**, Helmut*; Moderne Elektroniktechnologie und Informationsbeschaffung im Zivilprozess, in: Schlosser (Hrsg.), Die Informationsbeschaffung für den Zivilprozess. Die Verfahrensmäßige Behandlung von Nachlässen, ausländisches Recht und internationales Zivilprozessrecht, Band 8 der Veröffentlichungen der Wissenschaftlichen Vereinigung für Internationales Verfahrensrecht, Bielefeld 1996, S. 137- 205.

zitiert: Rüßmann, in Veröffentlichungen der Wissenschaftlichen Vereinigung für Internationales Verfahrensrecht

Rüßmann, Helmut; Beweisführung mit elektronischen Dokumenten, Jusletter 8. November 2004

Rüßmann, Helmut; Haftungsfragen und Risikoverteilung bei ec-Kartenmißbrauch, DuD 1998, S. 395-400

Rüßmann, Helmut; Das Beweisrecht elektronischer Dokumente, JurPC 1995, S. 3212-3222

Sanner, Marcus; Die Digitale Signatur, Regensburg 2001

Sauerwein, Heike; Die Anwendung moderner Kommunikationstechnologie im nationalen und internationalen Zivilverfahrensrecht, Konstanz 2002

Scheffler, Hauke/Dressel, Christian; Vorschläge zur Änderung zivilrechtlicher Formvorschriften und ihre Bedeutung für den Wirtschaftszweig E-Commerce, CR 2000, S. 378-384

Schemmann, Till; Die Beweiswirkung elektronischer Signaturen und die Kodifizierung des Anscheinsbeweises in § 371a Abs. 1 S. 2 ZPO, ZZP 2005, S. 161-183

Schicker, Stefan; Die elektronische Signatur – Eine praktische Einführung, JurPC Web-Dok. 139/2001, Abs. 1-87

Schilken, Eberhard; Zivilprozessrecht, 4. Auflage, Köln 2002

Schippel, Helmut; Die elektronische Form. Neue Formvorschriften für den elektronischen Rechtsverkehr, in: Festschrift für Walter Odersky zum 65. Geburtstag/ Hrsg. von Reinhard Böttcher, Götz Hueck und Burkhard Jähnke, Berlin 1996, S. 657–667

Schlechter, Richard; Sicherheit im Internet – Grundzüge einer europäischen Rechtspolitik, K&R 1998, S. 147-153

Schlosser, Peter (Hrsg.); Die Informationsbeschaffung für den Zivilprozess - Die Verfahrensmäßige Behandlung von Nachlässen, ausländisches Recht und internationales Zivilprozessrecht, Band 8 der Veröffentlichungen der Wissenschaftlichen Vereinigung für Internationales Verfahrensrecht, Bielefeld 1996.

Schneier, Bruce; Angewandte Kryptographie, Protokolle-Algorithmen und Sourcecode in C, Bonn [u.a.] 1996

Schoch, Friedrich/Schmidt-Aßmann, Eberhard/Pietzner, Reiner; Verwaltungsgerichtsordnung, Kommentar, München, Stand Juli 2005
zitiert: Verfasser, in Schoch/Schmidt-Aßmann/Pietzner VwGO, §...Rn...

Schreiber, Klaus; Die Urkunde im Zivilprozeß, Berlin 1982
zitiert: Schreiber, Urkunde

Schreiber, Lutz; Elektronisches Verwalten - Zum Einsatz der elektronischen Signatur in der öffentlichen Verwaltung, Baden-Baden 2003
zitiert: Schreiber, elektronisches Verwalten

Schriewer, Thomas, Das spanische Gesetz für elektronische Signaturen, RIW 2005, S. 833-838

Schulte-Nölke, Hans/Schulze, Reiner (Hrsg.); Europäisches Vertragsrecht im Gemeinschaftsrecht, Köln 2002
zitiert: Verfasser, in Schulte-Nölke/Schulze, Europäisches Vertragsrecht

Schumacher, Stephan; Digitale Signaturen in Deutschland, Europa und den USA., CR 1998, S. 758-763

Schwemmer, Jürgen; Frontbericht 1.0, DuD 2000, S. 70-73

Seck, Claudia von; Die elektronische Signatur im Hinblick auf die Haftung der Zertifizierungsdienstanbieter, Marburg 2003

Seidel, Ulrich; Dokumentenschutz im elektronischen Rechtsverkehr (II), CR 1993, S. 484-490

Sieber, Stefanie/Nöding, Toralf; Die Reform der elektronischen Unterschrift, ZUM 2001, S. 199-210

Skrobotz, Jan; „Lex Deutsche Bank“: Das 1. SigÄndG - Anmerkungen zum Entwurf eines Ersten Gesetzes zur Änderung des Signaturgesetzes (Stand: 01.04.2004), DuD 2004, S. 410-413

Skrobotz, Jan; Probleme des elektronischen Verwaltungsakts, Anmerkungen zum Entwurf des 3. VwVfG-Änderungsgesetzes, JurPC Web-Dok. 86/2002, Abs. 1-51

Sosnitza, Olaf/Gey, Michael; Zum Beweiswert von E-Mails. Technische Hintergründe und rechtliche Konsequenzen, K&R 2004, S. 465-469

Spindler, Gerald/Schmitz, Peter/Geis, Ivo; TDG – Teledienstegesetz; Teledienstedatenschutzgesetz; Signaturgesetz; Kommentar, München 2004
zitiert: Spindler/Schmitz/Geis- Verfasser, TDG – Kommentar, §...Rn...

Spindler, Gerald; Haftungsrisiken und Beweislast bei ec-Karten. Anmerkung zu BGH, U. v. 05.10.2004 - XI ZR 210/03 -, BB 2004, S. 2766-2769.

Spitz, Stephan; Verifikation von digitalen Signaturen. Modellierung einer vollständigen Signaturprüfung, DuD 2001, S. 459-463

Splittgerber, Andreas; Die elektronische Form von bestimmenden Schriftsätzen, CR 2003, S. 23-28

Sponeck, Henning von; Beweiswert von Computerausdrucken, CR 1991, S. 269-273

Stadler, Astrid; Der Zivilprozess und neue Formen der Informationstechnik, ZZP 2002, S. 413-444

Stathopoulos, Michael; Die Einziehungsermächtigung, Karlsruhe 1968
zitiert: Stathopoulos, Einziehungsermächtigung

Stathopoulos, Michael; Bemerkungen zum Verhältnis zwischen Fahrlässigkeit und Rechtwidrigkeit im Zivilrecht, Festschrift für Karl Larenz zum 80. Geburtstag/ Hrsg. von Claus-Wilhelm Canaris/Uwe Diederichsen , München 1983, S. 630-647
zitiert: Stathopoulos, FS Larenz

Staudinger, Julius von; Julius von Staudingers Kommentar zum Bürgerlichen Gesetzbuch mit Einführungsgesetz und Nebengesetzen, 13. Bearbeitung, Berlin
- Erstes Buch (§§ 90-133; §§ 1-54, 63 BeurkG), 2004
- Erstes Buch (§§ 164-240), 2004
- Zweites Buch (§§ 765- 778), 1997
- Zweites Buch (§§ 779- 811), 2002
- Zweites Buch (§§ 823 – 825), 1999

zitiert: Staudinger/Verfasser, § ...Rn....

Stein, Friedrich/Jonas, Martin; Kommentar zur Zivilprozessordnung, Band 4, Teilband 2 (§§ 348 –510b), 21. Auflage, Tübingen 1999

***Steinbeck**, Anja*; Die neuen Formvorschriften im BGB, DStR 2003, 644- 650

***Stelkens**, Paul/ **Bonk**, Heinz Joachim / **Sachs**, Michael*; Verwaltungsverfahrensgesetz, Kommentar, 6. Auflage, München 2001
zitiert: Verfasser, in Stelkens/Bonk/Sachs VwVfG, § ...Rn...

***Storr**, Stefan*; Elektronische Kommunikation in der öffentlichen Verwaltung: die Einführung des elektronischen Verwaltungsakts, MMR 2002, S. 579-584

***Strack**, Hermann*; Vertrauenswürdigkeit digitaler Signaturen für Verwaltung und E-Commerce vor dem Hintergrund gesetzlicher Regulierung, K&R Beilage 2 zu Heft 10/2000, S. 23-31

***Strauch**, Dieter*; Rechtliche und archivische Probleme der digitalen Signatur, in: Gedächtnisschrift für Alexander Lüderitz, München 2000, S. 751-787

***Streitz**, Siegfried*; Sachverständigenpraxis: Beweisführung bei Verwendung EDV-gestützter Verfahren, NJW-CoR 1996, S. 309-311

***Sujecki**, Bartosz*; Die elektronische Signatur im niederländischen Recht, MMR 2003, Heft 07 XII

TeleTrust Deutschland e.V.; Stellungnahme des TeleTrust e.V. zur Evaluierung der EG – Signatur-Richtlinie 1999/93/EG (EGSRL), 31. Juli 2003

TeleTrust Deutschland e.V.; Stellungnahme des TeleTrust e.V. zum Diskussionsentwurf eines Gesetzes über Rahmenbedingungen für elektronische Signaturen Version 0.7 (Stand April 2000)
zitiert: Stellungnahme zum Diskussionsentwurf

***Tettenborn**, Alexander/**Bender**, Gunnar/**Lübben**, Natalie/**Karenfort**, Jörg*; Rechtsrahmen für den elektronischen Geschäftsverkehr Kommentierung zur EG-Richtlinie über den elektronischen Geschäftsverkehr und zum Elektronischen Geschäftsverkehr-Gesetz-EGG: Inhalt-Auswirkungen-Umsetzung in Deutschland, BB 2001, Beilage 10 zu Heft 50, S. 1-40.

***Tettenborn**, Alexander*; Die Novelle des Signaturgesetzes, CR 2000, S. 683-691

***Tettenborn**, Alexander*; Die Evaluierung des IuKDG, MMR 1999, S. 516-522

***Tettenborn**, Alexander*; Europäischer Rechtsrahmen für den elektronischen Geschäftsverkehr, K&R 1999, S. 252-258

Thomale, Hans-Christoph; Haftung und Prävention nach dem Signaturgesetz, Baden-Baden 2003

Thomale, Hans-Christoph; Die Haftungsregelung nach § 11 SigG, MMR 2004, S. 80-86

Thomas, Heinz/Putzo, Hans; Zivilprozessordnung, 27. Auflage, München 2005 zitiert: Verfasser, in Thomas/Putzo, §...Rn...

Timm, Birte; Signaturgesetz und Haftungsrecht, DuD 1997, S. 525-528

Tönnesen, Christian; Statische und dynamische biometrische Verfahren, DuD 1999, S.161

Truli, Emmanuela; Probleme und Entwicklungen der Dienstleistungshaftung im griechischen, deutschen und Gemeinschaftsrecht, Berlin 2001

Uhlmann, André Marc; Elektronische Verträge aus deutscher, europäischer und US-amerikanischer Sicht- Wirksamwerden, Beweisfragen, Widerruf unter besonderer Berücksichtigung der elektronischen Signatur, Frankfurt am Main 2003

Vehslage, Thorsten; Beweiswert elektronischer Dokumente, K&R 2002, S. 531-533

Vehslage, Thorsten; Das geplante Gesetz zur Anpassung der Formvorschriften des Privatrechts und anderer Vorschriften an den modernen Rechtsverkehr, DB 2000, S. 1801-1805

Viefhues, Wolfram/Volesky, Karl-Heinz; Elektronischer Rechtsverkehr - wird die Chance genutzt? K&R 2003, S. 59-64

Viefhues, Wolfram; Das Gesetz über die Verwendung elektronischer Kommunikationsformen in der Justiz, NJW 2005, S. 1009-1016

Viefhues, Wolfram; Referentenentwurf des Justizkommunikationsgesetzes vorgelegt,
BB 2003, S. 1518-1519

Viefhues, Wolfram; Referentenentwurf des Justizkommunikationsgesetz (JKomG). Auf dem Wege zur elektronischen Gerichtsakte, CR 2003, S. 541-548

Welsch, Günther; Das Signaturänderungsgesetz – Der Entwurf vom April 2000, DuD 2000, S. 408-414

Winter, Ralf; Anmerkung zu LG Bonn, U. v. 19.12.2003 - 2 O 472/03 - (Kein Anscheinsbeweis für Identität und Bevollmächtigung der Vertragsparteien bei online-Auktion), CR 2004, S. 220-221

Winter, Ralf; Zur Formwirksamkeit einer Bürgschaftserklärung im modernen Rechtsgeschäftsverkehr, JurPC Web-Dok. 307/2002, Abs. 1-27

Winter, Ralf; Anmerkungen zum Urteil des AG Erfurt vom 14.09.2001 - 28 C 2354/01 (= JurPC Web-Dok. 71/2002), JurPC Web-Dok. 109/2002, Abs. 1 - 20

Wirtz, Brigitte; Biometrische Verfahren – Überblick, Evaluierung und aktuelle Themen, DuD 1999, S. 129-134

Yessiou-Faltsi, Pelayia; Die Beweislast für das Verschulden bei Schlechterfüllung und sonstigen Pflichtverletzungen nach dem griechischen ZGB im Vergleich zu der deutschen Lehre der positiven Forderungsverletzung, Festschrift für Gottfried Baumgärtel zum 70. Geburtstag/ Hrsg. von Hanns Prütting, Köln 1990, S. 649 – 661
zitiert: Yessiou-Faltsi, FS Baumgärtel

Zöller, Richard; Zivilprozessordnung, 25. Auflage, Köln 2005
zitiert: Verfasser, in Zöller, § ...Rn...

Zöller, Richard; Zivilprozessordnung, 23. Auflage, Köln 2002
zitiert: Verfasser, in Zöller (23), § ...Rn...

- **In englischer Sprache**

Aalberts, Babette/van der Hof Simone; Digital Signature Blindness, Analysis of legislative approaches toward electronic authentication, November 1999, <http://rechten.uvt.nl/simone/Digsigbl.pdf>

American Bar Association (ABA); Digital Signature Guidelines, Legal Infrastructure for Certification Authorities and Secure Elektronic Commerce, August 1, 1996.
< http://www.abanet.org/scitech/ec/isc/dsg.pdf >

Baker, Steward/Yeo, Matthew; ILPF Survey of International Electronic and Digital Signature Initiatives,
< http://www.ilpf.org/groups/survey.htm>

Bell, Josh/Gomez, Ruben/ Hodge, Paul/Mayer-Schönberger, Viktor; Electronic Signature Regulation: An early scorecard - Compering electronic signatures legislation in the US and in the European Union, CLSR 2001, S. 399-402

Camp, Jean; Trust and Risk in Internet Commerce, Massachusetts 2000

Dumortier, Jos/Kelm, Stefan/Nilsson, Hans/Skouma, Georgia/Van Eecke, Patrick; The Legal and Market Aspects of Electronic Signatures in Europe, Legal and market aspects of the application of Directive 1999/93/EC and practical applications of electronic signatures in the Member States, the EEA, the Candidate an the Accession countries. Study for the European Commission within the eEurope 2005 framework, 2003.
zitiert: Dumortier/Kelm/Nilsson/Skouma/Van Eecke, Electronic Signatures in Europe

Dumortier, Jos/Kelm, Stefan/Nilsson, Hans/Skouma, Georgia/Van Eecke, Patrick; The legal and market aspects of electronic signatures, DuD 2004, S. 141-150.

Ellison, Carl/Schneier, Bruce; Ten Risks of PKI, What You`re not Being Told about Public Key Infrastructure, Computer Security Journal 2000, S. 1-8

European Electronic Standardization Initiative (EESSI); Final Report of the EESSI Expert Team (20.7.1999)
<http://www.ict.etsi.fr/EESSI/Documents/Final-Report.pdf>

Hindelang, *Steffen*; No Remedy for Disappointed Trust – The Liability Regime for Certification Authorities Towards Third Parties Outwith the EC Directive in England and Germany Compared, The Journal of Information, Law and Technology (JILT), 2002 (1). <http://elj.warwick.ac.uk/jilt/02-1/hindelang.html>

Igglezakis, *Ioannis*; Electronic Documents as a legal means of evidence in Greece, RHDI 2002, S. 531-539

Lodder, *Arno*/***Kaspersen***, *Henrik* (Hrsg.), eDirectives: guide to European Union law on e-commerce. Commentary on the Directives on Distance Selling, Electronic Signatures, Electronic Commerce, Copyright in the Information Society, and Data Protection, The Hague/London/New York, 2002
zitiert: Verfasser, in Lodder/Kaspersen, eDirectives

Lindholm, *Pia*/***Maennel***, *Frithjof A.*; Directive on Electronic Commerce (2001/31/EC),CRi 2000, S. 65-69

Mason, *Stephen*; Electronic Signatures– Evidence, CLSR 2002, S. 175-178 und S. 241-248

Mason, *Stephen*; Electronic Signatures, The Law Librarian, vol. 31, Summer 2000 S. 81-86

Müller, *Günter*/***Rannenberg***, *Kai* (Hrsg.); Multilateral Security in Communications-Technology, Infrastructure, Economy, München 1999
zitiert: Verfasser, in Müller/Rannenberg, Multilateral Security in Communications

Murray, *Jamie*; Public Key Infrastructure Digital Signatures and Systematic Risk, The Journal of Information, Law and Technology (JILT) 2003 (1)
< http://www2.warwick.ac.uk/fac/soc/law/elj/jilt/2003_1/murray/>

Reed, *Chris*; Internet Law: Text and Material, London; Dublin; Edinburgh 2000

Reed, *Chris*; What is a Signature?, The Journal of Information, Law and Technology (JILT) 2000 (3)
<http://www2.warwick.ac.uk/fac/soc/law/elj/jilt/2000_3/reed/>

Scheuermann, *Dirk*/***Schwiderski-Grosche***, *Scarlet*/***Struif***, *Bruno*; Usability of Bioemtrics in Relation to Electronic Signatures, EU-Studie 502533/8, GMDSIT, Darmstadt 2000

<http://www.gmd.de/publications/report/0118/Text.pdf>
zitiert: Scheuermann/Schwiderski-Grosche/Struif , EU-BioSign

Schneier, Bruce; Crypto-Gram, Stand: 15. Aug. 1998
< http://www.schneier.com/crypto-gram-9808.html#biometrics>

Spyrelli, Christina; Electronic Signatures: A Transatlantic Bridge? An EU and US Legal Approach Towards Electronic Authentication, The Journal of Information, Law and Technology (JILT) 2002(2) <http://elj.warwick.ac.uk/jilt/02-2/spyrelli.html>

Stathopoulos, Michael; Modern Techniques for Financial Transactions and their Effects on Currency, in General Reports presented to the XIVth. I.C.C.L. (Athens 31.7/6.8.1994), Edited by K. D. Kerameus, Maria Gavouneli, Athens 1996
zitiert: Stathopoulos, Modern Techniques

Stavridou, Sylvia; Greek law on E-Signatures, CRi 2001, S. 155-156

Struif, Bruno/Scheuermann, Dirk/Müller, Robert; Need for Specifications and Standardisation to Achieve Interoperability in the Field of Smart Cards and Biometrics, TB 1 – BioNorm, 2002
<http://www.sahkoinenhenkilokortti.fi/download/scc/paris/EU-STUDY_TB_1_BIONORM_web.pdf>
zitiert: Struif/Scheuermann/Müller, Bionorm

Yessiou-Faltsi, Pelayia; Civil Procedure in Hellas, Athens; The Hague; London; Boston 1995
zitiert: Yessiou-Faltsi, Civil Procedure in Hellas

- **In griechischer Sprache**

***Alexandridou**, Elisa*; Das Recht des elektronischen Geschäftsverkehrs, Athen-Thessaloniki 2004
zitiert: Alexandridou, Recht des elektronischen Geschäftsverkehrs

***Alexandridou**, Elisa*; Verbraucherschutzrecht, griechisches und europäisches, Thessaloniki 1996
zitiert: Alexandridou, Verbraucherschutzrecht

Amtliche Begründung zum Gesetzesentwurf über elektronischen Signaturen, Dike 2000, S. 1028-1034

***Apalagaki**, Charoula*; Das Recht der Parteien auf rechtliches Gehörs im Zivilprozess, Thessaloniki 1989
zitiert: Apalagaki, rechtliches Gehör

***Apalagaki**, Charoula*; Das Verfahren in erster Instanz, in: Yessiou-Faltsi, Pelayia/Apalagaki, Charoula/ Arvanitakis, Paris; Das neue Verfahren der grZPO im ersten und zweiten Rechtszug - Nach dem Gesetz 2915/2001 und dem Gesetz 3043/2002, Athen-Thessaloniki 2004, S. 17-67

***Arvanitakis**, Paris*; Zur Problematik der Beweisurkunden nach der grZPO, Thessaloniki 1992

***Beys**, Kostas/**Kalavros**, Konstandinos/**Stamatopoulos**, Stilianos*; Zivilverfahrensrecht, Band II, Athen 2001

***Beys**, Kostas*; Kommentar zum hellenischen ZPGB, Band IIb (Art. 335-465), Athen 1975; Band IV (Art. 591-681), Athen 1979

***Beys**, Kostas*; Anmerkung zum Mahnbescheid 1327/2001 des Richter des Einzelrichtergerichts erster Instanz Athen, Dike 2001, S. 466-470

***Beys**, Kostas*; Die Urkunden im Zivilprozess, Dike 1992, S. 44-52

***Chrisanthis**, Christos*; Der elektronische Dienst der modernen Bankgeschäfte, Athen-Komotini 1997

***Christodoulou**, Konstandinos*; Elektronische Dokumente und elektronisches Rechtsgeschäft, Athen-Komotini 2001

***Christodoulou**, Konstandinos*; Anmerkung zum Mahnbescheid 1327/2001 des Richter des Einzelrichtergerichts erster Instanz Athen, Dike 2001, S. 462-466

***Christodoulou**, Konstandinos*; Zur Problematik der elektronischen Urkunden, Dike 2000, S. 1006-1021

***Dagtoglou**, Prodromos*; Allgemeines Verwaltungsrecht, 5. Auflage, Athen-Komotini 2004

***Deligiannis**, Ioannis/**Kornilakis**, Panos*; Schuldrecht, Besonderer Teil, Band III, Thessaloniki 1992

***Deligiannis**, Ioannis*; Die Gesetzwidrigkeit als Voraussetzung der Deliktshaftung, Festschrift für George Michaelides-Nouaros, Band I, Athen 1987, S. 303-348
zitiert: Deligiannis, FS Michaelides-Nouaros

***Deligiannis**, Ioannis*; Die Vollmacht in unserem (d.h. im griechischen) Privatrecht, Athen-Thessaloniki 1954
zitiert: Deligiannis, Vollmacht

***Dellios**, Giorgos*; Der Verbraucherschutz in der Systematik des Privaten Rechts I, Athen-Thessaloniki 2005

***Delouka-Iglesi**, Kornilia*, Griechisches und europäisches Verbraucherschutzrecht, Athen-Komotini 1998

***Georgiades**, Apostolos/**Stathopoulos**, Michael* (Hrsg.); ZGB–Kommentar, Band I (Allgemeiner Teil), Athen 1978
zitiert: Verfasser, in Georgiades/Stathopoulos ZGB, Art… Rn…

***Georgiades**, Apostolos*; Allgemeiner Teil des ZGB, 3. Auflage, Athen-Komotini 2002
zitiert: Georgiades, AT

***Georgiades**, Apostolos*; Schuldrecht, Allgemeiner Teil, Athen 1999
zitiert: Georgiades, Schuldrecht

***Georgiades**, Asterios*; Die Haftung des Dienstleistungserbringers, Nomos 1998, Festschrift für Aliki Kiantou-Pambouki, S. 143-155

Igglezakis, Ioannis; Rechtsrahmen des elektronischen Geschäftsverkehrs, Athen-Thessaloniki 2004

Igglezakis, Ioannis; Die Regelungen über die digitale Signaturen - Die Richtlinie 1999/93/EG und die nationale Gesetzgebungen, Episkopisi Emporikou Dikaiou 2000, S. 619-638

Igglezakis, Ioannis; Rechtliche Fragen des EDI - Der EDI Vertrag, Epitheorisi Emporikou Dikaiou 1997, S. 238-256

Kalavros, Konstandinos; Das Beweissystem und die Beweismittel im ordentlichen Erkenntnisverfahren des Kammergerichts erster Instanz, Chronika Idiotikou Dikaiou 2005, S. 5-19.

Kaldellis, Emmanuel; Der Anfang eines schriftlichen Beweises, Dike 1982, S. 485-494

Kallimopoulos, Georgios; Zur Problematik der vereinbarten Form, Nomikon Bema 1983, S. 1304-1313

Karadimitriou, Kosmas; Probleme und Gedanken bei Gelegenheit des Präsidialerlasses 150/2001, Harmenopoulos 2002, S. 1535-1548

Karakatsanis, Ioannis; Die Unterschreibung von Privaturkunden durch Vertretung, Athen–Komotini 1980

Karakostas, Ioannis (Mitarbeit: *Giannopoulou, Helena*); Verbraucherschutzrecht (Gesetz 2251/1994) – Kommentierung, Rechtsprechung, Praktische Anwendung, Athen 2004
zitiert: Karakostas, Verbraucherschutzgesetz

Karakostas, Ioannis; Internetrecht, Athen-Komotini 2001
zitiert: Karakostas, Internetrecht

Karagiannis, Vassilis; Der Rechtschutz der Datenfernübertragung, Dikaio Epicheireseon kai Etairion 2000, S. 19-30

Karagiannis, Vassilis; Gemeinschaftliche Rahmenbedingungen für die elektronischen Signaturen - Richtlinie 1999/93/EG, Dikaio Epicheireseon kai Etairion 2000, S. 580-588

Karanassiou, Argiro; Der Erlass eines Mahnbescheids aufgrund eines elektronischen Dokuments, Dike 2002, S. 560-574

Karassis, Marianos; Handbuch des Allgemeinen Teils des Bürgerlichen Rechts, Recht des Rechtsgeschäfts, Athen–Komotini 1996
zitiert: Karassis, Rechtsgeschäft

Karassis, Marianos; Allgemeine Geschäftsbedingungen – Richterliche Inhaltskontrolle, Thessaloniki 1992
zitiert: Karassis, AGB

Kerameus, Konstandinos/Kondylis, Dionysios/Nikas, Nikolaos (Hrsg.); Kommentar zur Zivilprozessordnung, Band I(Art. 1-590), Athen–Thessaloniki-Komotini 2000; Band II (Art. 591-1054), Athen-Thessaloniki-Komotini 2000; Band III (Beilage), Athen-Thessaloniki 2003
zitiert: Kerameus/Kondylis/Nikas ZPO-Verfasser, Art...Rn...

Kerameus, Konstandinos; Zivilprozessrecht - Allgemeiner Teil, Athen 1986
zitiert: Kerameus, Zivilprozessrecht

Kerameus, Konstandinos; Das griechische Beweisrecht unter dem Einfluss der modernen Technologie, Dike 1972, S. 26-47

Klavanidou, Despina; Mangel der Vollmacht, Athen-Thessaloniki 2004

Komnios, Komninos; E-Government und die elektronische Signatur in der öffentlichen Verwaltung, Dike 2003, S. 1059–1069

Kornilakis, Panos; Schuldrecht, Besonderer Teil I, Athen-Thessaloniki 2002
zitiert: Kornilakis, Schuldrecht, Bes. Teil.

Koussoulis, Stelios; Aktuelle Formen des schriftlichen Verkehrs (Telex, Telefax, elektronisches Dokument), Athen-Komotini 1992

Koussoulis, Stelios; Urteilsanmerkung zum Mahnbescheid 1327/2001 des Richter des Einzelrichtergerichts erster Instanz Athen, Dikaio Epicheireseon kai Etairion 2001, S. 379-382

Lazaratos, Panagiotis; Rechtsnatur und Form der automatisierten Verwaltungsakte, To Syntagma 1989, S. 197-216

***Linaritis**, Ioannis*; Die gesetzliche Regelung der elektronischen Signaturen nach der Umsetzung der Richtlinie 1999/93/EG im griechischen Recht durch den Präsidialerlasses 150/2001, Dikaio Epicheireseon kai Etairion 2001, S. 257-266

***Makridou**, Kalliope*; Das ordentliche Erkenntnisverfahren in erster Instanz nach dem Gesetz 2915/2001, Harmenopoulos 2001, S. 1441-1457

***Maniotis**, Dimitris*; Der elektronische Vertragsabschluss und die Haftung der für die Echtheit der elektronischen Urkunde zuständigen Dritten, Athen-Komotini 2003
zitiert: Maniotis, Der elektronische Vertragsabschluss

***Maniotis**, Dimitris*; Die digitale Signatur als Echtheitszeichen von Urkunden im Zivilprozessrecht, Athen-Komotini 1998
zitiert: Maniotis, digitale Signatur

***Maniotis**, Dimitris*; Haftung des Anbieters technischer Unterstützung bei der Anwendung digitaler Signaturen, Kritiki Epitheorisi 1999, S. 31-48

***Michailidou**, Chrisoula*; Zum Rechtsproblem der elektronischen Signatur, Dike 2000, S. 1188-1204

***Mitsopoulos**, Georg/**Kerameus**, Konstandinos*; Das Telex stellt die erste Stufe (der Anfang) eines schriftlichen Beweises zugunsten des Absenders dar (Rechtsgutachten), Nomikon Bema 1983, S. 329-333

***Mylonopoulos**, Christos*; Computer und Strafrecht, Athen-Komotini 1991

***Mylonopoulos**, Christos*; Der strafrechtliche Schutz der Software nach griechischem Recht, Poinika Chronika 1988, S. 9-27

***Nikas**, Nikolaos*; Zivilverfahrensrecht I, Athen-Thessaloniki 2003
zitiert: Nikas, Zivilverfahrensrecht

***Paissidou** Nikoletta;* Zu den „Beweismitteln, die den Gesetzesvoraussetzungen nicht entsprechen“ und deren Einbeziehung in das neue Art. 270 grZPO, Helliniki Dikaiosini 2002, S. 647-662

***Pambouki-Kiantou**, Aliki*; Fragen zum elektronischen Konnossement in: Die Anwendung moderner Technologie in das Handelsrecht, Panhellenische Tagung der Vereinigung Hellenischer Handelsrechtler, Athen-Komotini 1998

***Papantoniou**, Nikolaos*; Allgemeiner Teil des ZGB, 3. Auflage, Athen 1983

***Papathoma-Baetge**, Anastasia*; E-Commerce: Rechtliche Aspekte beim Vertragsabschluss im Internet, Dikaio Epicheireseon kai Etairion 1999, S. 1237-1242

***Perakis**, Evangelos*; Der Verbraucherbegriff im neuen Gesetz 2251/1994, Dikaio Epicheireseon kai Etairion 1995, S. 32-35

***Pitsirikos**, Ioannis*; Aktuelle Kommunikationsmedien (Telefax, Telex, elektronisches Dokument) für das Zustandekommen von formbedürftigen Rechtsgeschäften als Frage der Rechtsbeziehung zwischen der schriftlichen Form und des Rechtsgeschäfts, Athen-Komotini 2002

***Psouni-Zorba**, Niki*; Willenserklärung mittels Computer, Thessaloniki 1988

***Rammos**, Georgios*; in Kommentar zum Zivilgesetzbuch, Art. 158-166

***Rokas**, Nikolaos*; Moderne Technologie und Handelsrecht, Epitheorisi Emporikou Dikaiou 1998, S. 1-15

***Sidiropoulos**, Theodoros*; Internetrecht, Athen–Thessaloniki 2003

***Simandiras**, Konstandinos*; Allgemeiner Teil des ZGB, 4. Auflage, Athen-Komotini 1988

***Spiliotopoulos**, Epaminondas*; Handbuch für Verwaltungsrecht, 11. Auflage, Athen-Komotini 2005

***Spyridakis**, Johannes*; Allgemeiner Teil des ZGB, Athen-Komotini 1985

***Stabelou**, Christina*; Gültigkeit eines per Fax zustandegekommenen Vertrages, Kritiki Epitheorisi 1994, S. 141-167

***Stathopoulos**, Michael/**Chiotellis**, Aristotelis/**Augoustianakis**, Michael*; Gemeinschaftliches Zivilrecht, Band I, Athen-Komotini 1995
zitiert: Verfasser, in Stathopoulos/Chiotellis/Augoustianakis, Gemeinschaftliches Zivilrecht

***Stathopoulos**, Michael*; Schuldrecht AT, 4. Auflage, Athen-Komotini 2004
zitiert: Stathopoulos, Schuldrecht

Troulinos, Epaminondas; Der Präsidialerlasses 150/2001 - Eine vom griechischen Gesetzgeber verlorene Gelegenheit zur Regelung elektronischer Signaturen, Dikaio Epicheireseon kai Etairion 2001, S. 1234-1238

Valtoudis, Anastassios; Produkthaftung, Thessaloniki 1999

Vereinigung Hellenischer Prozessualisten; Die Urkunden im Zivilprozess – Konferenzberichte der 17. Panhellenischen Tagung (Chania 3. bis 6. Oktober 1991), Athen-Komotini 1994
zitiert: Verfasser, in Die Urkunden im Zivilprozess

Yessiou-Faltsi, Pelayia/Apalagaki, Charoula/ Arvanitakis, Paris; Das neue Verfahren der grZPO im ersten und zweiten Rechtszug - Nach dem Gesetz 2915/2001 und dem Gesetz 3043/2002, Athen-Thessaloniki 2004
zitiert: Verfasser, in Yessiou-Faltsi/Apalagaki/Arvanitakis, Das neue Verfahren der grZPO, § ...Rn...

Yessiou-Faltsi, Pelayia; Beweisrecht, 3. Auflage, Thessaloniki 1986
zitiert: Yessiou-Faltsi, Beweisrecht

Yessiou-Faltsi, Pelayia; Das Recht auf Justizgewährung, Festschrift für George Michaelides-Nouaros, Band I, Athen 1987, S. 221-261
zitiert: Yessiou-Faltsi, FS Michaelides-Nouaros

Saarbrücker Studien zum Privat- und Wirtschaftsrecht

Herausgeber:
Johann Paul Bauer, Michael Martinek und Helmut Rüßmann

Band 1 Susanne Jaschinski: Die Haftung von Schwestergesellschaften im GmbH-Unterordnungskonzern. Ein Beitrag zum Konzernverfassungsrecht. 1997.

Band 2 Roman Sascha Ahnert: Die *actio individualis*. Ein Beitrag zur verfassungsrechtlichen Fundierung der Aktionärsklage bei sogenannten Aktien-Interessenverbänden. 1997.

Band 3 Torsten Peters: Der Cateringvertrag. Rechtstatsachen, Rechtsnatur und Rechtsprobleme eines modernen Dienstleistungsvertrags. 1998.

Band 4 Michael Meissner: Persönlichkeitsschutz juristischer Personen im deutschen und US-amerikanischen Recht. Eine rechtsvergleichende Untersuchung des allgemeinen Persönlichkeitsrechts juristischer Personen. 1998.

Band 5 Thomas Tegen: Joint Venture-Vertrag und Projektträgergesellschaft im amerikanischen und deutschen Recht. 1998.

Band 6 Gerhard Wolter: Treuhandrecht im Umbruch? Ein Blick nach Frankreich, Luxemburg, in die Schweiz und in den Libanon sowie auf das Haager Trust-Übereinkommen. 1999.

Band 7 Thomas Dehlfing: Das Recht der irreführenden Werbung in Deutschland, Großbritannien und Frankreich. 1999.

Band 8 Hanno Dornseifer: Börsentermingeschäfte und Börsentermingeschäftsfähigkeit. Zur börsengesetzlichen Behandlung von finanzwirtschaftlichen Festgeschäften, Options- und Optionsscheingeschäften. 1999.

Band 9 Patrick Lenz: Absatzförderung durch *zinssubventionierte* Darlehen. Eine wettbewerbs- und kartellrechtliche Studie zur Zulässigkeit von Niedrigzins-Kreditangeboten unter besonderer Berücksichtigung des Automobilmarktes. 1999.

Band 10 Mansur Pour Rafsendjani: Der Goodwill-Ausgleichsanspruch des Franchisenehmers. Ein Vergleich des deutschen, französischen und US-amerikanischen Franchiserechts. 1999.

Band 11 Jörg Hartmann: Juristische und ökonomische Regelungsprobleme des Insiderhandels. Eine rechtsvergleichende Darstellung USA – Deutschland. 1999.

Band 12 David Altmeier: Rückstellungsbilanzierung in Deutschland und Frankreich. Eine vergleichende Untersuchung der französischen Rückstellungsbilanzierung aus der Perspektive des deutschen Bilanzrechts. 1999.

Band 13 Barbara Günther: Aktivische Bilanzierungshilfen im deutschen und französischen Bilanzrecht. 1999.

Band 14 Bernhard Glasow: Vertikale Preisbindung, Wettbewerbstheorie und Wettbewerbsrecht in den USA, Deutschland und Europa. Bestandsaufnahmen, Kritik und Zukunftsperspektiven. 2000.

Band 15 Dorota Nowak-James: Der Börsenzugang für Anleger in Deutschland und Polen. Eine rechtsvergleichende Untersuchung zum deutschen Finanzkommissionsgeschäft und zum polnischen Brokerauftragsvertrag. 2000.

Band 16 Mathias Queck: Der Nießbrauch am Anteil einer offenen Handelsgesellschaft. Eine Form der (un-)mittelbaren Unternehmensbeteiligung. 2000.

Band 17 Ina Roth: Umweltbezogene Unternehmenskommunikation im deutschen und europäischen Wettbewerbsrecht. 2000.

Band 18 Jörg Preiss: Die Anwendung des markenrechtlichen Erschöpfungsgrundsatzes auf Dienstleistungsmarken. 2000.

Band 19 Kevin M. McDonald: Der Begriff der Dienstleistung im europäischen Binnenmarkt und WTO-System (GATS). 2001.

Band 20 Carolin Opgenhoff: Die europäische Fusionskontrolle zwischen Wettbewerbsrecht und Industriepolitik. 2001.

Band 21 Susanne Schäfer: Die Deliktsfähigkeit juristischer Personen. Eine rechtsvergleichende Untersuchung zur Übertragbarkeit des englischen Modells. 2001.

Band 22 Kay Diedrich: Die Interventionswirkung – Ausprägung eines einheitlichen Konzepts zivilprozessualer Bindungswirkung. 2001.

Band 23 Michael Fröhlich: Zentrale Institutionen des deutschen Urheberrechts und des französischen Droit d'auteur auf dem Prüfstand der elektronischen Netzwerke. 2001.

Band 24 Joël Benjamin Münch: Abtretungsverbote im deutschen und französischen Recht. Rechtsvergleichende Untersuchung der Übertragungshindernisse im deutschen und französischen Forderungsverkehr als Beitrag zu einer weiteren Schuldrechtsvereinheitlichung in Europa. 2001.

Band 25 Monika Prieß: Der Begriff des Sachmangels im deutschen und englischen Kaufrecht. Reformbedarf aufgrund der Verbrauchsgüterkauf-Richtlinie 1999/44/EG. 2001.

Band 26 Katharina Siegel: Produkthaftung im polnischen, tschechischen und slowenischen Recht. 2001.

Band 27 Carolin Kühne: Die gesetzliche Form der Rechtsgeschäfte im deutschen und italienischen Recht. Eine rechtsvergleichende Untersuchung. 2002.

Band 28 Nina Scherf: Die Nachschußpflicht im Gesellschaftsrecht. Eine rechtsformübergreifende Bestandsaufnahme, Analyse und Kritik. 2002.

Band 29 Marc Laukemann: Fernsehwerbung im Programm. Die zunehmende Kommerzialisierung des Fernsehprogramms im Zeitalter einer Ökonomisierung der Aufmerksamkeit als verfassungs-, wettbewerbs- und rundfunkrechtliches Problem. 2002.

Band 30 Michael Bo Jaspers: Nachträgliche Rechtswahl im internationalen Schuldvertragsrecht. Unter besonderer Berücksichtigung der Rechtspraxis in England, Frankreich, Dänemark und Deutschland. 2002.

Band 31 Christina Pernice: Die Insolvenzverschleppung durch das Geschäftsführungsorgan der kleinen Kapitalgesellschaft im deutschen, französischen und englischen Recht. Eine rechtsvergleichende Untersuchung zur Entwicklung eines europäischen Lösungsansatzes. 2002.

Band 32 Anne Christine Janert: Der sachliche und persönliche Anwendungsbereich des deutschen Verbraucherkreditrechts und des britischen Consumer Credit Act 1974. Ein Beitrag zu den Möglichkeiten und Grenzen verbraucherrechtlicher Harmonisierung in Europa. 2002.

Band 33 Annette Trost: Faktische Sitzverlegung unter Sitz- und Gründungstheorie im Vergleich. Unter besonderer Berücksichtigung ihrer gesellschafts- und zivilrechtlichen Folgewirkungen. 2003.

Band 34 Esther Cordula Hilpert: Die Gründerhaftung in der Gesellschaft mit beschränkter Haftung in Deutschland, Frankreich und England. 2003.

Band 35 Wei-ming Liao: Die Schiedsgerichtsbarkeit in Taiwan. Unter besonderer Berücksichtigung der internationalen Handelsschiedsgerichtsbarkeit und mit Hinweisen zu der Entwicklung in Deutschland. 2003.

Band 36 Stefan Stork: Sitzverlegung von Kapitalgesellschaften in der Europäischen Union. Zur Reichweite der Niederlassungsfreiheit unter Berücksichtigung der positiven und der negativen Integration. 2003.

Band 37 Marc Pfeffer: Interbrand-Kartellverbot und Intrabrand-Vereinbarungen. Die Ablösung horizontaler und vertikaler Eingriffsmerkmale im GWB zu Gunsten einer Betrachtung produktexterner und -interner Wettbewerbsfaktoren. 2003.

Band 38 Nicole Burkardt: Der arbeitsrechtliche Aufhebungsvertrag. Einvernehmliche Beendigung von Arbeitsverhältnissen unter Berücksichtigung der Rechtslage nach der Schuldrechtsreform. 2004.

Band 39 Christian Schmeling: Die Entlastung von Mitgliedern geschäftsführender Organe im Recht der Kapitalgesellschaften. Eine rechtsvergleichende Studie zum deutschen, schweizerischen und französischen Recht. 2004.

Band 40 Andreas Wolf: Wege zur virtuellen Haupt- und Gesellschafterversammlung. Eine vergleichende Untersuchung über die Einbeziehung elektronischer Medien in die Hauptversammlung einer Aktiengesellschaft und die Gesellschafterversammlung einer GmbH. 2004.

Band 41 Bianca Natalie Baldus: Der elektronisch geschlossene Vertrag mit Schiedsabrede. Zulässigkeit und anwendbares Recht in nationalen und internationalen Schiedsverfahren. 2004.

Band 42 Vania Dilek: Der Wettbewerbsschutz in Bulgarien und in der Russischen Föderation während des Übergangs vom Dirigismus zur Privatautonomie. 2004.

Band 43 Rudolf Lenders: Treuhand am Gesellschaftsanteil. Die Einbindung des Treugebers in das gesellschaftsrechtliche Organisationsgefüge. 2004.

Band 44 Weizuo Chen: Rück- und Weiterverweisung (Renvoi) in staatsvertraglichen Kollisionsnormen. 2004.

Band 45 Stefan Hahn: Neue Ansätze im Anlegerschutz durch die Ad-hoc-Publizität des § 15 WpHG. 2004.

Band 46 Pietro Graf Fringuelli: Internet TV. Filmurheberrecht im Internet. 2004.

Band 47 Caspar Frhr. v. Schnurbein: Missbrauch von Minderheitsrechten im deutschen und italienischen Aktienrecht. 2005.

Band 48 David Kereselidze: Der allgemeine Teil des Georgischen Zivilgesetzbuches von 1997. Eine rechtsvergleichende Untersuchung. 2005.

Band 49 Miguel A. García Mateos: Das neue Recht der Namensaktie. Bestandsaufnahme, Analyse und Kritik. 2005.

Band 50 Christine Eckstein-Puhl: Prozessbetrug im Schiedsverfahren. Eine Studie zu den vom erschlichenen Schiedsspruch aufgeworfenen Fragen des Aufhebungsverfahrens gemäß § 1059 ZPO. 2005.

Band 51 Steffen Paulmann: Wirksamkeit von Haftungsausschlüssen und –begrenzungen im deutsch-französischen Warengeschäftsverkehr. Unter besonderer Berücksichtigung der UNIDROIT-Principles und der Principles of European Contract Law. 2005.

Band 52 Ina Krischek: Wirtschaftsmediation als alternatives Streitbeilegungsverfahren. Gerichtsverfahren, Schiedsverfahren und Mediation im Vergleich. 2005.

Band 53 Olaf Pick: Verkehrspflichten und Handlungsfreiheit des „Schädigers“. 2005.

Band 54 Thomas Paul: Die Gesellschafterfähigkeit von Gesamthandsgemeinschaften. 2005.

Band 55 Dieter Friedrich Unger: Das Recht der Kapitalaufbringung und -erhaltung bei der Aktiengesellschaft im Rechtsvergleich Deutschland, Österreich und Schweiz. Eine Analyse des Kapitalsicherungsrechts in Deutschland, Österreich und der Schweiz. 2006.

Band 56 Nicole Schröder: Perspektiven der Europäisierung des GmbH-Rechts und der Europäischen Privatgesellschaft vor dem Hintergrund der Europäischen Aktiengesellschaft. 2007.

Band 57 Ivo du Mont: Die Kombination von Rücktritt und Schadensersatz im neuen Schuldrecht. Eine ökonomische und rechtsvergleichende Analyse am Beispiel des Kaufvertrags. 2007.

Band 58 Matthias Kühn: Umweltschutz durch Privatrecht. Eine Studie zur ökologischen Analyse der privatrechtlichen Schutzrechte und des Vertragsrechts in Deutschland und England. 2007.

Band 59 Komninos Komnios: Die elektronische Signatur im deutschen und griechischen Recht. 2007.

www.peterlang.de

FSC
www.fsc.org
MIX
Papier | Fördert gute Waldnutzung
FSC® C083411

Kolibri 360 GmbH
Ferdinand-Jühlke-Straße 7
99095 Erfurt, Deutschland
produktsicherheit@kolibri360.de

Druck:
CPI Druckdienstleistungen GmbH
im Auftrag der
Kolibri 360 GmbH
Ferdinand-Jühlke-Str. 7
99095 Erfurt